मध्य भारत के पहाड़ी इलाके

वन्या

मध्य भारत के पहाड़ी इलाके

केप्टन जे. फोरसिथ

अनुवाद
दिनेश मालवीय

राजकमल प्रकाशन

आदि सन्दर्भ पुस्तकमाला
सम्पादन : श्रीराम तिवारी

Published by Arrangement with Oxford University Press India, New Delhi
मूलकृति *The Highlands of Central India* से अनूदित

ISBN : 978-81-267-1594-7

मूल्य : ₹795

पहला संस्करण : 2008
दूसरा संस्करण : 2019

प्रकाशक : वन्या प्रकाशन
आदिमजाति कल्याण विभाग
राजीव गांधी भवन, 35 श्यामला हिल्स
भोपाल-462 002
फोन : 0755-2661492, फैक्स : 2661152
ई-मेल : vanya_prakashan@yahoo.com

प्रकाशक : राजकमल प्रकाशन प्रा. लि.
1-बी, नेताजी सुभाष मार्ग, दरियागंज
नई दिल्ली-110 002

शाखाएँ : अशोक राजपथ, साइंस कॉलेज के सामने, पटना-800 006
पहली मंजिल, दरबारी बिल्डिंग, महात्मा गांधी मार्ग, इलाहाबाद-211 001
36 ए, शेक्सपियर सरणी, कोलकाता-700 017

वेबसाइट : www.rajkamalprakashan.com
ई-मेल : info@rajkamalprakashan.com

मुद्रक : बी.के. ऑफसेट
नवीन शाहदरा, दिल्ली-110 032

MADHYA BHARAT KE PAHAADI ELAKE
by Captain J. Forsith
Translated by Dinesh Malviya

भूमिका

यह निर्विवाद है कि जनजातीय समाज अपने स्वभाव से ही संस्कृति, परम्परा और प्रकृति की धरोहर को सहेजते-सँवारते रहा है। और यह भी कि चाहे प्रदेश हो या फिर देश, सभी अपनी जनजातीय विशिष्टता से एक पहचान और पूर्णता पाते हैं। हर एक सभ्य समाज की यह सर्वोपरि आवश्यकता है कि वह अपनी जनजातीय संस्कृति, परम्परा, आख्यान, मिथक, विश्वास और जीवन से एक आत्मीय परिचय एवं रिश्ता कायम करे। समय-समय पर देश और दुनिया के संवेदनशील तथा गुणी लेखकों-मानव समाज के अध्येताओं ने जनजातीय समाज के सरल और गूढ़ रहस्यों को समझने के प्रयास किए हैं। वेरियर एलविन, ग्रिग्सन, रसेल हीरालाल आदि के अध्ययन हमारी मूल्यवान सम्पदा हैं। परन्तु इन अध्ययनकर्ताओं की पुस्तकें अब प्रायः दुर्लभ हो चली हैं। और दूसरे ये अध्ययन अधिकतर अंग्रेजी भाषा में हैं। यह जतलाने की आवश्यकता नहीं है कि हमारे समाज का एक व्यापक हिस्सा और स्वयं जनजातीय समाज भी अपनी भाषायी सीमा के कारण इन मूल्यवान अध्ययनों और उनमें संचित अपरिहार्य ज्ञान वैभव से वंचित ही है। *वन्या प्रकाशन* ने काफी समय पहले वेरियर एलविन सहित अनेक अध्येताओं के शोधकार्यों को अंग्रेजी में प्रकाशित किया था। अब इन बहुमूल्यवान अध्ययनों को हिन्दी में अनूदित कर *आदि सन्दर्भ* पुस्तकमाला अन्तर्गत व्यापक लोक समाज तक पहुँचाने की दृष्टि से पहल की है। महत्त्व के शोध कार्यों के अनुवाद तो इस पुस्तकमाला में प्रकाशित किए ही जाएँगे साथ ही साथ हिन्दी में ही मूल रूप से किए गए कार्यों को भी लीक उपलब्ध कराने का प्रयास भी किया जाएगा।

हमारा विश्वास है कि *आदि सन्दर्भ* पुस्तकमाला से जनजातीय समाज की एक बेहतर समझ बन सकेगी।

अध्यक्ष, वन्या प्रकाशन

अनुक्रम

अध्याय-1

परिचय

मध्य भारत के पहाड़ी इलाकों का भौतिक विवरण-सतपुड़ा शृंखला-गोंडवाना का प्रारंभिक इतिहास-राजपूत और उनके चारण-मिश्रित प्रजातियां-हिन्दुओं का आकर बसना, अकबर की फतह-आदिवासियों का भाग्य; गोंड राजाओं की हार-मराठों का आगमन-पहाड़ी आदिवासियों द्वारा निचले इलाके में लूटपाट; पिण्डारी-देश पर अंग्रेजों की फतह-बेहतर प्रशासन-पहाड़ों के अंदरूनी इलाकों के प्रति अनभिज्ञता-मध्यप्रांतों का गठन-नये प्रशासन की ऊर्जा-वन विभाग की स्थापना-पहाड़ी इलाकों का दोहन-पहाड़ी इलाकों की खोज, इनका क्षेत्र और स्वरूप-बंदोबस्त कार्य-इलाके का दिलचस्प नज़ारा; इसकी मौलिक आबादी-गोंड कोलारियन नस्लें-कोल-कोरकू-बैगा-भील-जैविक उत्पादों के वितरण के अनूठे तथ्य-इमारती पेड़-भू-वैज्ञानिक संरचनाओं से संबंध-जन्तु-जंगली भैंसा-बारहसिंगा-जंगली-मुर्गा-पाढ़ा-तीतर-पूर्वी रूपों की घुसपैठ-वनों का प्रारंभिक विनाश-साल-सागौन-इसकी उपयोगिता-सागौन के जंगलों का विनाश।

आमतौर पर लोग भारत के 'पहाड़ी' और 'मैदानी' इलाकों की बात करते हैं। पहाड़ी इलाके से उनका आशय हिमालय की शृंखला तथा मैदानी इलाके से आशय बाकी देश से होता है। पृथ्वी पर बड़े-बड़े पर्वतों को सिर्फ 'पहाड़' से ज्यादा कुछ नहीं कहा जाता, और तथाकथित 'मैदानी' इलाकों के बीच जो बहुत-सी जमीन पड़ी है, उसके लिए कोई विर्निदिष्ट भौगोलिक नाम नहीं है। प्रायद्वीप के दक्षिण में नीलगिरि नाम की पर्वत शृंखला है, जिसकी ऊंचाई 9000 फिट है। लेकिन भारत से बाहर इसे ऐसे इलाके के रूप में बहुत कम लोग जानते हैं, जो बीमार लोगों का आश्रय स्थल और विताप (जिसकी छाल से कुनैन बनती है) की नर्सरी है। लेकिन इससे छोटी पर्वत शृंखलाएं, किसी भी अन्य देश में पर्वत कहलाएंगी। ज्यादातर 'आम पाठक' इसका कोई संज्ञान नहीं लेते।

दरअसल, ऐसा होने का एक बड़ा कारण यह है कि ऐसे इलाकों की स्थितियों का पता नहीं लग पाया और उनका विवरण सामने नहीं आया। बड़ी उत्तरी शृंखला

को बहुत ज्यादा महत्त्व मिला और शिक्षकों तथा उनके विद्यार्थियों का ध्यान इसी पर अटका रहा। फिर, नक्शानवीसी के लिहाज से भी यह ज्यादा उपयुक्त रहा। लिहाजा, कम महत्त्व वाली पर्वत शृंखलाओं की खूबियों को भारत के साधारण नक्शों में दिखाया जाना करीब-करीब असंभव हो गया।

फिर भी, भारत के बीचोंबीच ऐसा काफी बड़ा इलाका है, जिसके लिए मेरे द्वारा शीर्षक के रूप में अपनाया गया शब्द 'पहाड़ी इलाका' एकदम उपयुक्त है। इस इलाके में अनगिनत चोटियां और शृंखलाएं हैं, जिनके लिए, किसी भी दूसरे देश में, 'पर्वत' शब्द का ही इस्तेमाल होगा। इन ऊंचे इलाकों से भारत की कई बड़ी नदियां निकली हैं, जिनका पानी, प्रायद्वीप के दोनों ओर समुद्र में गिरता है–उत्तर में सोन, जो गंगा में मिल जाती है, पूर्व में महानदी, जो स्वतंत्र बहती हुई बंगाल की खाड़ी में समा जाती है, दक्षिण में गोदावरी की बहुत-सी प्रमुख सहायक नदियां और पश्चिम में नर्मदा और ताप्ती जो समानांतर बहती हुई अरब की खाड़ी में समा जाती हैं। अगर कोई पाठक नक्शे में इन नदियों के उद्गम को देखने की कोशिश करेगा, तो उसे वही इलाका मिलेगा, जिसका मैं वर्णन करने वाला हूं और ठीक-ठीक कहा जाए तो यह उत्तरी अक्षांश का 22वां समानांतर है और पूर्वी देशांतर के छिहत्तरवें और बयासीवें समानांतर के बीच स्थित है। यह उन्नत इलाके की पर्वतश्रेणी का केन्द्रीय और अंतिम खंड है, जो संपूर्ण प्रायद्वीप में फैला है–कलकत्ता के पास से लेकर मुंबई के पास तक, और उत्तर भारत अथवा हिन्दुस्तान को दक्खन अथवा दक्षिणी इलाके से अलग करता है। न्यू ग्रेट इंडियन पेनिनसुलर रेलवे से बाम्बे से कलकत्ता का सफर करने वाले मुसाफिर को 275 मील का सफर तय करने के बाद ऐसी जगह मिलेगी, जहां से रेल लाइन दो भागों में बंट जाती है। उत्तरी शाखा उसे नर्मदा घाटी और इसी तरह इलाहाबाद और गंगा की घाटी से होकर महलों के शहर तक ले जाती है। अगर वह दक्षिणी शाखा को पकड़ ले, तो वह नागपुर पहुंच जाएगा, जो भारत के हृदय स्थल में बसा शहर है और इसका वर्तमान टर्मिनल स्टेशन है। इन दोनों शाखाओं के बीच देश का एक त्रिकोण है, जिसमें पहाड़ी इलाके का वह पश्चिमी आधा हिस्सा है, जिसकी मैं बात कर रहा हूं। इसके पश्चिमी छोर से, इन लाइनों के फटाव से पर्वत शृंखलाएं पूर्व की ओर करीब 450 मील तक फैलती चली जाती हैं। इनकी औसत चौड़ाई करीब 80 मील है।

जिसे हम मध्य भारत का मैदानी क्षेत्र कह सकते हैं, उसकी सामान्य ऊंचाई क्रमिक है, जो यात्री को कम ही दिखायी पड़ती है। यह चरणबद्ध क्षेत्र समुद्र तल से करीब एक हजार फिट की ऊंचाई पर स्थित है। वह चढ़ेगा तो सही, लेकिन रेलवे की लाइनों पर किसी भी स्थान पर इससे ज्यादा ऊपर नहीं दिखाई पड़ेगा। लिहाजा, बहुत जल्दी, वह रेल लाइन को छोड़कर त्रिकोण के अंदरूनी भाग में कुछ मीलों तक चला जाएगा और पहाड़ियों की शृंखलाओं पर आने लगेगा। वह पहले तो सामान्यतः

निचले इलाके में जाएगा, लेकिन कहीं-कहीं अचानक मैदान से करीब 1,000 फिट की ऊंचाई तक पहुंच जाएगा। इसके बाद उसे चोटियां और पठार मिलेंगे जो, स्पष्ट है, बहुत ऊंचे होंगे। हर जगह घाटियां पर्वतों के बीच समाती हुई दिखाई देंगीं, जिनका अनुसरण करते हुए, वह धीरे-धीरे इन ऊंचे इलाकों में जा पहुंचेगा। उसे शीघ्र ही समतल भूमि पर समृद्ध खेत देखने को मिलेंगे, जिनसे गुजरकर रेलमार्ग बंजर और ऊबड़-खाबड़ तथा जंगली इलाके में पहुंच जाएगा।

इसके बाद कोई भी अपने आपको ऐसे इलाके में पाएगा, जहां अनजान यात्री के सामने सब कुछ स्पष्ट होगा। जहां एक ही प्रकार के लेकिन अनिश्चित तरह के पहाड़ पर पहाड़ होंगे, जहां झरने एक साथ सभी दिशाओं में भागते दिखाई देंगे, और यह सिलसिला तब तक जारी रहेगा, जब तक यात्री पूरे इलाके को पार नहीं कर जाएगा अथवा नक्शे का बारीकी से अध्ययन न कर लेगा। इसके बाद कोई विधि अपने आप विकसित हो जाएगी और भूगोल एकदम साफ मैदानी हो जाएगा। उसे पता चलेगा कि मैदान से करीब 1,000 फिट की ऊंचाई पर, जो समुद्र से करीब 2,000 फिट है, पहाड़ियां पठारों का रूप लेने लगी हैं। कुछ पर सिर्फ एक पहाड़ की चोटी है और उसका इलाका भी छोटा है, जबकि दूसरी पहाड़ियां, कई पहाड़ियों के एक समूह की तरह हैं, जो अपनी चोटियों को सहारा देती दिखायी देती हैं। इसके बाद उसे फिर और अनेक सपाट शीर्ष वाले बहुत ऊंचे पहाड़ दिखाई देने लगेंगे जिनकी ऊंचाई करीब 3,500 फिट है। इनमें से कुछ इसी अंदाज में करीब उतनी ही ऊंचाई पर पठारों से मिल जाते हैं। इसके बाद ऊंची, लेकिन कहीं भी पठार जैसी नहीं, चोटियां दीख पड़ेंगी, जो समुद्र से करीब 5,000 फिट तक ऊंची हैं।

जैसा कि आमतौर पर होता है, इन पहाड़ियों के बाशिंदों के बीच पूरी शृंखला का खुद कोई सामान्य नाम नहीं होता, हर एक पहाड़ी या छोटी शृंखला को किसी स्थानीय नाम से जाना जाता है, जो निकटतम गांव अथवा वहां के पेड़ों की प्रजाति अथवा देवता या नदी या किसी अन्य संयोग से उपजी घटना पर आधारित होता है। मैदानी इलाकों के हिन्दू इसके विभिन्न खंडों को अनेक नामों से पुकारते हैं। वे सर्वाधिक पूर्वी खंड को मैकल, केन्द्रीय खंड को महादेव तथा पश्चिमी खंड को सतपुड़ा पहाडियां कहते हैं। भूगोलविद पूरी शृंखला को सतपुड़ा कहते हैं। यह नाम कदाचित् उपयुक्त ही है।

इन पर्वतों के जलग्रहण क्षेत्रों की दिशा उनके अनेक खंडों में अलग-अलग है। धुर पूर्व में इस शृंखला का अंत एक खड़े अंतरीप के रूप में होता है, जिसका प्रपाती मुख दक्षिण की ओर है। इससे एक विशाल क्षेत्र का जलनिकास उत्तर की तरफ होता है। यह नर्मदा नदी का अवलंब है जो अपनी पैतृक पहाड़ियों को जल्दी ही छोड़ देता है और शृंखला के उत्तरी मुख से लगकर अपने आप एक विस्तृत घाटी में बहता है। केन्द्र में शृंखला महादेव के सुस्पष्ट समूह में समाप्त हो जाती है, जिसके शीर्ष पर

पंचमढ़ी की चोटी स्थित है और जिससे जल निकास प्रायः समान रूप से उत्तर और दक्षिण की तरफ होता है। उत्तर का निकास नर्मदा में तथा दक्षिण का जल निकास गोदावरी में होता है। पश्चिमी खंड (खास सतपुड़ा) एक गहरी घाटी से फटा हुआ है और अंदर की तरफ जाता है, जिससे ताप्ती नदी का निर्माण होता है। नर्मदा की तरह ताप्ती इन पहाड़ों के कुछ ही भाग में बहकर उनसे पूरी तरह विदा हो जाती है और उनके दक्षिणी मुख से लगकर समुद्र की ओर भागती है। इस प्रकार यह इन पर्वतों की टेढ़ी-मेढ़ी संरचना है। इसी कारण उनके झरने अकसर अपने रास्ते में थोड़ा-सा चक्कर लगाकर आश्चर्य में डाल देते हैं और गलत नदी की तरफ चल पड़ते हैं, मानो कि अचानक उनका निश्चय बदल गया हो। वृहद् केन्द्रीय महादेव खंड का जल प्रवाह इसकी एक अच्छी मिसाल है। इसके दक्षिणी मुख से दो झरने निकलते हैं–देनवा और सोनभद्र। दोनों लगभग दक्षिण की ओर, नर्मदा से दूर, कुछ दूर तक बहती हैं और इसके बाद, पहला वाला झरना पूर्व में तथा दूसरा पश्चिम में मुड़ जाता है। फिलहाल उन्हें इस शृंखला में दो बड़ी दरारें मिलती हैं और वे तेजी से उत्तर की ओर मुड़ जाते हैं। वे इनसे बहकर उत्तरी मुख की ओर बढ़ते हैं, जहां वे एक-दूसरे से मिलकर आखिर में नर्मदा में जा गिरते हैं।

यह फैला हुआ इलाका उस बाहरी अंधकार से उभरा है, जो सिर्फ भारत में ऐसे असीम भागों के अपने प्रारंभिक इतिहास को तीन सदियों से ढंके हुए हैं। इसके पहले हमें इस गहन अंधकार में टटोलने का कोई सहारा नहीं था। हमारे सामने सिर्फ इरादा और परंपरा का फीका उजाला था। इसके अलावा हमारे पास कुछ नष्ट अवशेषों के थोड़े अधिक भरोसेमंद संकेत और अस्पष्ट विवरण थे। आदिवासियों के पास कभी कोई लिखित भाषा तो थी ही नहीं, और हिन्दू प्रजातियों, जो कुछ सदियों से इन पर्वतों के आसपास की घाटियों में रह रही है, ने अपने साहित्य को ब्राह्मण जाति के एकाधिकार में रहने दिया, जिनका अस्तित्व ही पूरे इतिहास को झुठलाने की जरूरत पर टिका था। उनके लेखन में सिर्फ महाभारत और रामायण में ही इतिहास का कहीं बहुत दूर का आभास जैसा होता है। इनमें यमुना के दक्षिण की तरफ के भारत को ऐसा बड़ा उजाड़ क्षेत्र/प्रदेश बताया गया है, जहां विद्वेषी राक्षस और सांप रहते थे। उत्तरी नस्ल के धार्मिक साधुओं को उनके बीच पर्णिल लतामंडपों में रहने वाला बताया गया है, जबकि नायक और देवतागण को परिभ्रामी शूरवीर के रूप में वर्णित किया गया है, जो बुरी शक्तियों से भक्तों की रक्षा करते थे। उनके ये कारनामें मनुष्यों के कार्यों से ज्यादा फुर्तीले बंदरों की उछलकूद जैसे लगते हैं। सर्पों और दानवों का वर्णन किया गया है, जो संभवतः इस इलाके के काले आदिवासी और महाकाव्यों के दृश्य आर्य जाति तथा उनके धर्म की उनके बीच क्रमिक बढ़ोत्तरी को दर्शाने के लिए होंगे। भ्रमणशील राजाओं को अक्सर किसी ताकतवर दानव की कन्याओं से विवाह करते दिखाया जाता है और जहां तक कविताओं का सवाल है, तो उनमें एकदम विपरीत

संभावना को बताया जाता है। ब्राह्मणों की कथाओं में से कोई सुसंगत ऐतिहासिक विवरण नहीं निकाला जा सकता। ऐसी सामग्री में आर्यों अथवा विजेता जातियों के इतिहास की गवेषणा में जो थोड़ी बहुत उपयोगिता होती भी है, तो उसका कोई मूल्य नहीं होता, क्योंकि उनका संबंध वन में एकांत में रहने वाले लोगों से होता है, जिन्हें पूरी तरह मानवता के दायरे से बाहर माना जाता है, क्योंकि उनका देश आर्य क्षेत्र से बाहर स्थित है। उनका स्थान जंगल का खुला इलाका है, जो काले हिरणों से भरा है।

हमारे सामने कुछ वास्तुशिल्पीय अवशेष तथा विवरण हैं, जिनसे पता चलता है कि नर्मदा घाटी के कुछ भागों तथा केन्द्रीय पठारों में चौथी से चौदहवीं सदी के बीच आर्य नायकों की सत्ता थी। लेकिन वे कौन और क्या थे और उनकी वास्तविक स्थिति क्या थी, इसका पता लगाने का कुछ भी साधन उपलब्ध नहीं है। किलों से घिरी धार्मिक इमारतों के अवशेष इस संभावना की ओर संकेत करते होंगे और शायद अपने ज्यादा साहस तथा बेहर शस्त्रों की बदौलत अपने आसपास रहने वाले मूल आदिवासी निवासियों पर उनका कुछ नियंत्रण भी होगा। किसी पशुपालक जनजाति की परम्पराएं मौजूद हैं और कहा जा सकता है कि प्रत्येक प्राचीन भवन उन्हीं से जुड़ा है, क्योंकि इसके अतिरिक्त कोई संभावना नहीं है। इस बात की बहुत संभावना है कि आर्यों द्वारा गाय लाये जाने से पहले यहां के मूल निवासी गाय को नहीं जानते थे। संभवतः परंपरा से यह सिद्ध हो जाए कि उन प्रारंभिक उपनिवेशवादियों के पास गायों के झुंड थे, लेकिन यह जरूरी नहीं है कि यहां कोई खास पशुपालक लोग रहते हों, जो इन मध्य क्षेत्रों में आकर बसने वाले आर्यों से अलग थे।

लेकिन प्रारंभ में आकर रहने वाले लोग वास्तव में क्या थे, इसका कोई महत्त्व नहीं है। क्योंकि 14वीं शती में आक्रमणकारी मुसलमानों के साथ संपर्क में आने के दौरान जब इस इलाके में वास्तविक इतिहास का प्रथम आलोक फूटा, तब उन सभी का पृथक अस्तित्व खत्म हो चुका था। इस बात की सबसे अधिक संभावना है कि वे मूल आदिवासियों के बड़े समूह में ही मिल गये हों, जो उनके आसपास रहते थे। हम देखते हैं कि उस वक्त इस इलाके को गोंडवाना कहा जाता था; क्योंकि वहां मुख्य रूप से गोंड लोग रहते थे। छोटे-छोटे कबीले, जिनमें वे पहले विभाजित थे, एकजुट होकर बड़ी रियासतें बन गये और बड़े नायकों के प्रभाव में आ गये। हमारे पास उपलब्ध सभी साक्ष्य यह सिद्ध करते हैं कि वे मिश्रित उत्पत्ति और हिन्दू (राजपूत) वंश के थे। वास्तुशिल्पीय अवशेषों तथा उस समय इस इलाके की उल्लेखित स्थिति से पता चलता है कि इन छोटे राज्यों में काफी हद तक स्थायित्व और विकास आ गया था। अक्सर इस बात पर आश्चर्य होता है कि गोंड जैसी अपरिष्कृत और बर्बर जाति उस प्रारंभिक काल में सभ्यता की इतनी ऊंचाई पर कैसे पहुंच गई, क्योंकि उसकी इतनी क्षमता पहले कभी दिखाई नहीं दी थी। इसका स्पष्टीकरण उल्लेखित

परिस्थितियों में मिलने लगता है। इन दरबारों के वास्तविक संस्थापक और कलाओं का परिचय कराने वाले गोंड नहीं, बल्कि हिन्दू थे।

जो परिवार अपने को राजस्थान के राजपूतों के हिन्दू राजवंशों से उत्पन्न मानते हैं, उनमें यह रिवाज है कि वे हमारे अपने देश के केल्टिक नायकों की तरह अपने साथ चारणों को रखते हैं, जिनका काम उनकी वंशावली का हिसाब रखना तथा महत्त्वपूर्ण अवसरों पर उसका बखान करना है। इसमें वंश की उत्पत्ति तथा उसके संरक्षकों का पारिवारिक इतिहास शामिल होता है। चारण का पद वंशानुगत होता है और जहां परिवार की वंशावली वास्तव में प्राचीन होती है, वहां उसका चारण भी मूल चारण वंश का ही होता है। अक्सर वह अपने वंश का मुख्य चारण होता है और राजस्थान में अपनी पारिवारिक पीठ में वंशानुगत मुखिया के साथ ही रहता है। वह समय-समय पर अपनी शाखाओं के घरों में उनके पारिवारिक समारोहों में जाता है। गोंडवाना में ऐसे अनेक मुखिया हैं, जो राजपूत वंशों के या तो शुद्ध वंशज होने का दावा करते हैं अथवा अक्सर यह मानते हैं कि उनकी उत्पत्ति किसी ऊंचे राजपूत वंशों के लोगों के साथ आदिवासी लोगों की किसी पुत्री के मिलन से हुई थी। इनमें से बहुत कम लोग अपने को राजस्थान के शुद्ध राजपूत वंश का मानते हैं, लेकिन इन सभी के चारण और वंशवृत्तियां हैं। ये सभी क्षेत्रों में इस तरह के दस्तावेज की तरह, कल्पित अतीत की बात करते हैं और इनमें आधुनिक कथा साहित्य का पुट होता है। बहरहाल, चारणों के इतिवृत्तों में से थोड़े से प्रयास से ही दंतकथा के भाग को संभावित तथ्य से अलग किया जा सकता है।

इन दस्तावेजों से प्राप्त साक्ष्यों के आधार पर एक यह सामान्य निष्कर्ष निकाला जा सकता है, चूंकि परंपरा तथा बाद के इतिहास से इनकी पुष्टि होती है, कि 14वीं और 15वीं सदी के दौरान और यहां तक कि पहले भी, आदिवासियों के इस इलाके में राजपूत वंशों के लोग बड़ी संख्या में यहां आकर बस गए थे। ऊपरी भारत के मुस्लिम आक्रमणकर्ता इन राजपूतों के गंगा और नर्मदा के बीच के इलाके में काफी दवाब बना रहे थे, और निश्चय ही उनके कारण ही इन राजपूतों को दक्षिण की तरफ मध्य भारत के जंगलों की ओर भागना पड़ा। ऐसा लगता है कि यहां उन्होंने स्थानीय आदिवासियों के साथ वैवाहिक संबंध स्थापित किए। आर्य नस्ल के श्रेष्ठ गुणों के कारण अकर्मण्य आदिवासियों के बीच शीघ्र ही उनकी धाक जम गई। इसमें कोई शक नहीं कि मुसलमानों के आने से पहले न केवल गोंड राज्य कहे जाने वाले राज्यों के मुखिया, बल्कि अनेक अधीनस्थ नायक भी रक्त में आदिवासियों की तुलना में हिन्दू ज्यादा थे। शारीरिक बनावट का अकाट्य प्रमाण परंपरा के इन संकेतों की पुष्टि करता है। इनमें से अधिकतर नायकों की कद-काठी सुघड़ थी और उनका रंग हिन्दुओं की तरह गोरा, लेकिन होंठों की मोटाई तथा चेहरे का प्रकार कमोवेश शुद्ध आदिवासियों जैसा है। दूसरी तरफ, जनजातियों के लोगों की त्वचा काली होती है,

कद-काठी छोटी होती है और नाक-नक्शा मनुष्यों में नीग्रेटो कही जाने वाली नस्ल के लोगों जैसा होता है। इन दोनों तरह के लोगों के बीच इन जनजातियों के कतिपय वर्ग ऐसे भी पाये जाते हैं, जिनमें विदेशी रक्त का संचार हुआ होगा, हालांकि यह नायकों की तुलना में कम होगा। नायकों की तरह उनके रीति-रिवाज और आचरण हिन्दुओं जैसे हैं, और संभव है कि इनकी उत्पत्ति भी यहां आये आर्यों तथा स्थानीय जनजातियों के बीच लंबे समय तक संपर्क से ही हुई हो।

ऐसा लगता है कि इन नायकों की हिन्दू प्रवृत्तियों के कारण ही वे शुरू में उन मेहनती और खेती के काम में लगी प्रजातियों के लोगों के इलाके में बसने को प्रेरित हुए जिन्होंने उत्तरी और पश्चिमी भारत में पहले ही जमीन को खेती के काबिल बना लिया था। लेकिन ऐसा नहीं लगता कि आसपास के इलाकों में 17वीं सदी के प्रारंभ में अकबर के अधीन मजबूत मुस्लिम हुकूमत कायम होने से पहले इन नस्लों का यहां बड़े पैमाने पर आगमन हुआ होगा। इन अल्पज्ञात इलाकों में इस महानतम पूर्वी प्रशासक के बुद्धिमत्तापूर्ण शासन से विकास और सभ्यता को जो गति मिली वह काफी महत्त्वपूर्ण थी। हिन्दू और मुस्लिम राज्यों के अकबर मुगल साम्राज्य में विलय से पहले उनका इतिहास लगातार अराजकता और संघर्ष का रहा और अधिक छानबीन करने पर पता चलता है कि राजनीतिक स्थिरता, कानून की सर्वोपरिता, कराधान की ठोस प्रणाली, कुशल भूमि व्यवस्था तथा सभ्य सरकार का प्रत्येक गुण इसी प्रबुद्ध शासक की देन है। उसने इन अव्यवस्थित जंगलों और इनमें रहने वाले लोगों के साथ उतनी ही राजनीतिक सूझबूझ के साथ व्यवहार किया। जहां आसपास के इलाकों में हिन्दू नस्लों ने काफी हद तक जमीन को उपजाऊ बना लिया था, वहीं उसने सामंती व्यवस्था को हर जगह तोड़ा, जिसके तहत मजबूत सरकार तथा स्थायी सुधार नामुमकिन था। उसने इन बंजर क्षेत्रों के सरदारों से अपने साम्राज्य की नाममात्र की अधीनता के सिवा कुछ नहीं मांगा। उसने इस इलाके में सिर्फ शांति स्थापना की अपेक्षा की। उसकी सरहदों पर रहने वाले लोगों को उसने सरहदी पुलिस बना दिया और बाकी लोगों को अपने-अपने तरीके से प्रशासन करने की छूट प्रदान की। बहरहाल, उसने अपनी श्रेष्ठता माने जाने का आग्रह अवश्य किया। ऐसा न होने की स्थिति में वह अपनी सेना तथा सेनापतियों को भेजता था, जो जल्दी ही इन बर्बर नायकों को अकबर के हाथों उनकी असहायता का अहसास करा देते थे। उसकी ताकत और रुतबा तेजी से दूरदराज जगहों तक फैल गया। नायकगण उसके दरबारी हो गये और उसकी इनायतों और इनाम-इकरामों को उन्होंने फक्र के साथ मंजूर किया। अनेक लोगों ने तो प्रचलित चलन के प्रवाह में इस्लाम तक कबूल कर लिया।

अकबर के आगमन के बाद मध्य भारत के इन इलाकों में संसाधनों का काफी विकास हुआ। ऊपरी भारत और दक्खन के बीच सतपुड़ा पहाड़ियों के एक दर्रे ने एक बड़ा मार्ग खोल दिया। ताप्ती घाटी में एक बड़े शहर का उदय हुआ, जो साम्राज्य

के दक्षिणी प्रांत का शासन केन्द्र बन गया। आने-जाने वाली फौजों और लगाने वाले दरबारों के लाव-लश्कर अपने साथ ऐसी मांगे लाते थे, जिनके बारे में पहले सुना तक नहीं गया था। ये मांगें उनकी ज़रूरतों तथा विलासिता को पूरा करने के लिये होती थीं। अकबर के शासन के अंतर्गत यह खुला इलाका हिन्दू आप्रवासियों ने दोबारा तेजी से अपने कब्जे में ले लिया, जो उत्तर और पश्चिम से एक साथ आ रहे थे। उन्हें वृहद् घाटियों में स्थित गोंड राजाओं की समृद्ध भूमिओं में अपने पैर जमाने में देर नहीं लगी। नर्मदा घाटी की जमीनों तथा जिसे बरार कहते हैं, उस इलाके को खेती योग्य बनाना यहां की मूल नस्लों के बूते के बाहर की बात थी। आने वाले लोग अपने साथ अपनी आवश्यक ऊर्जा तथा संसाधन लेकर आये। इसी समय एक प्रक्रिया शुरू हुई, जिसके फलस्वरूप स्थानीय प्रजातियां अपने इलाके के समृद्धतम भागों पर अपने जन्मसिद्ध अधिकार से वंचित हो गयीं। इससे वे कृषि तथा व्यापार कौशल को भी स्थापित नहीं कर सकीं।

गोंड लोग ऊंचे पठारों तथा केन्द्रीय पहाड़ियों की ढलानों पर जाकर रहने लगे, जहां उनकी शिकार की मूल प्रवृत्ति तथा मोटे अनाज के उत्पादन की अनगढ़ प्रणाली के लिए बहुत गुंजाइश थी। उनका जीवन इसी से चलता था। अधिक विस्तृत पठारों पर भी जल्दी ही आक्रामक प्रजातियों का हमला हो गया और उनकी समतल काली मिट्टी पर गेहूं और कपास की खेती होने लगी। ये ऊंचे मैदानी इलाके असमतल खेती के लिए अयोग्य इलाके से घिरे हुए हैं, जो मूल जनजातियों के कब्जे में रहे। इस प्रकार यह जनजातियां न केवल बड़े हिन्दू समूहों से घिरी रहीं, बल्कि आपस में इनका परस्पर सामाजिक मिश्रण भी होता रहा।

वे ब्राह्मण पुजारी, यौद्धा राजपूतों तथा उद्यमशील हिन्दू किसानों के साथ उनके नये इलाके में आये और अपने साथ हिन्दू देवताओं की पूजा तथा जाति व्यवस्था को भी लाये। आने वाले लोगों से अपनी आस्था के पवित्र रहस्यों से अलग-अलग होने की मांग नहीं की गई। न सिर्फ उन्हें यह भी समझाया गया कि वे अब भी पुराने देवताओं के संरक्षण में है, बल्कि स्वयं देवतागण और उनके साजोसामान भी उनके अनुयायियों के साथ प्रवास के दौरान ही सशरीर अस्तित्व में हैं। नये धर्मग्रंथ उद्घाटित किये गये, जिनमें प्रजाति के धार्मिक पौराणिक गाथाओं को पूरी तरह बदलकर उन्हें स्थानीय नामों तथा स्थानों के अनुरूप बना दिया गया। नर्मदा नदी, पवित्रता में गंगा से बढ़कर हो गई। हिमालय की बर्फ से आगे, शिव का धाम कहा जाने वाला कैलाश महादेव श्रृंखला की चोटी में आ गया। कृष्ण और राम ने अपने चमत्कारिक बालकपन से बाहर आकर मथुरा और वृंदावन की कुंजगलियों की जगह मध्य भारत के वनों में अपने महान कारनामों को अंजाम दिया। हमलावरों के आने से पहले जो मूल प्रजातियां यहां से चली गयी थीं, हिन्दू धर्म के संपर्क में आने के बाद उन पर क्या सामाजिक और धार्मिक प्रभाव हुआ, इस पर कुछ टिप्पणियां किसी अन्य जगह की जाएंगी। कुछ

लोग हिन्दू आधिपत्य वाले इलाके में रह गये, मुख्य रूप से कृषि जमींदार, अपने जंगली भाइयों तथा जंगली जानवरों के खिलाफ गांव के रक्षक, लकड़हारे आदि की स्थिति में रह गये। बहरहाल, जाति बंधन के कारण उन्हें सामान्य कुओं से पानी लेने की अनुमति नहीं थी। उन्हें सबसे नीची सामाजिक हैसियत प्रदान की गई और उन्हें दूसरी प्रजाति का जाति निष्कासित माना गया। उन्हें ऊंची जाति के लोगों के रहवासियों तथा आरामदेह मकानों की सीमा से बाहर मामूली झोंपड़ियों में रहने को मजबूर किया गया।

मण्डला, देवगढ़ तथा खेरला की अर्द्ध-आदिवासी रियासतों का यह पूरा पहाड़ी क्षेत्र शामिल था। इन्हें एक के बाद एक मुसलमान शासकों ने एक नीति के तहत छोटी-मोटी सामंती हैसियत बनाये रखने की अनुमति दे दी। यह स्थिति 18वीं सदी के उत्तरार्ध में उस समय तक रही, जब तक मराठों ने मुगलों की सत्ता को उखाड़ फेंकने की कोशिशें शुरू न कर दी। इसके बाद, दक्खन के दबंग झुंडों ने मुस्लिमों के सुव्यवस्थित क्षेत्र को छीन लिया और वे गोंडों के इलाकों का भी दमन करने लगे। सदी के अंत से पहले तीनों राज्य पूरी तरह टूट गये और अब इतिहास में उनका नाम तक नहीं है। ऐसा लगता है कि वे कभी भी अनेक छोटे-मोटे कबीलों के सामंती समूह से ज्यादा कुछ नहीं रहे। अपने मुखिया के पतन के बाद वे पुनः अपने उसी रूप में आ जाते थे। मराठों की जीत का इन पहाड़ियों के आंतरिक स्वरूप पर कुछ खास असर नहीं हुआ। पहाड़ी लोग उनके खिलाफ लगातार संघर्ष करते रहे और अपने किलों से अनियमित लड़ाई लड़ते रहे। वर्तमान सदी की शुरुआत 'संकट के समय' के प्रारंभ से हुई, जब मराठा राज्यसंघ के नेताओं में लूट के माल को लेकर झगड़ा शुरू हुआ और जो क्षेत्र तथा सत्ता के घातक संघर्ष में बदल गया। मराठा सरदारों की माली तंगी के चलते उन्होंने सम्पत्ति पर अधिकार की पूरी तरह अनदेखी कर अपने सैनिकों के नियंत्रण वाली ज़मीन के हर टुकड़े पर निष्ठुरता से लगान वसूलना शुरू कर दिया। पहाड़ी नायकों के पास अब मैदानी इलाके में कोई सम्पत्ति नहीं बची। भ्रष्ट और दबंग किसानों ने उनके सभी संसाधन दबा लिये। लिहाजा, वे अपनी जनजाति के लोगों के साथ पहाड़ियों पर चले गये और अपने को बर्बाद करने वालों के खिलाफ लड़ने लगे। इसके बाद गोंड और भीलों के नाम पहाड़ी लुटेरों के पर्याय हो गये। इस पूरे इलाके को 'लुटेरों का इलाका' नाम दे दिया गया। पहाड़ों तथा मैदान के बीच लंबे विस्तृत क्षेत्र में एक भी जिला ऐसा नहीं है, जहां मैदानों में कटी फसलों पर पहाड़ियों के दलों के अचानक टूट पड़ने, रक्तपात करने, जुल्म करने, गांव जला डालने तथा मराठों के भाड़े के सैनिकों के तीव्र तथा बर्बर प्रतिशोध के किस्से आज भी न सुने जाते हों। गाविलगढ़ के पहाड़ों से बहकर आने वाली ताप्ती की एक सहायक नदी को आज भी 'खूनी झरना' कहा जाता है, क्योंकि सिन्धिया की सेवा में रहने वाले अरबों के एक समूह ने इसकी घाटी में पूरी

नहाल जनजाति का कत्ल कर दिया था और बच्चों, बूढ़ों, महिलाओं तक को नहीं छोड़ा था। इन पहाड़ों में भ्रमण के दौरान मुझे ऐसे कई और किस्से सुनने को मिले। उसके बाद इन पहाड़ों के हर दर्रे पर एक किलेनुमा चौकी बन गयी, जहां पहाड़ी लोग रखवाली करते थे और मैदानी इलाके में प्रत्येक आबाद गांव के आसपास एक कच्ची दीवार तथा एक केन्द्रीय गढ़ी बनायी जाने लगी। इसके बाद घुड़सवारों के संगठित दल बन गये जो पिण्डारी कहलाये। वे इन मध्य क्षेत्रों के जातिभ्रष्ट थे, जो किसी सुनसान जंगल में स्थित अपने गुप्त स्थान से अचानक बाहर आकर अपने शिकार पर इस तरह टूट पड़ते थे जैसे, किसी बड़े आदमी द्वारा मारे गये शिकार पर गिद्ध झपट पड़ते हैं। इसके बाद, करीब तीस सालों तक पहाड़ी जनजातियां, पिण्डारी लुटेरे तथा बेलगाम मराठा फौजी एक-दूसरे की गर्दन पर तलवारें चलाते रहे। लेकिन वे मैदानी इलाकों के किसानों को लूटने के मामले में एक राय थे। ये किसान रात में अपने हलों पर तलवार तथा तोड़ेदार बन्दूक बांधकर अपने खेत जोतते या फिर उन्हें भारी रकम चुकाकर लूटे जाने से बचते थे। उनकी मेहनत से इस इलाके का जो बड़ा क्षेत्र खेती योग्य बन गया था, वह पुनः जंगल और जंगली जानवरों के हवाले हो गया। सिर्फ उन्हीं जगहों पर खेती रह गयी जिन गांवों में किलेबंद दीवार थी और जहां वे संकट के समय जाकर सुरक्षित रह सकते थे।

वर्ष 1818 में, मराठों के खिलाफ हमारी निर्णायक सफलता और पिण्डारियों के समूहों के विनाश के बाद यह अराजकता खत्म हुई। लेकिन जब हम अपने आधिपत्य के इस नये इलाके में गये, तब वहां लगभग सन्नाटा था, जो करीब चौथाई सदी तक सरकार की अनुपस्थिति का परिणाम था। पहाड़ी आबादी पर लुटेरों का जीवन जीने का तरीका उन्मादी था, शायद इसीलिए उन्हें 'असभ्य और हठीला' कहा जाता था। सागर और नर्मदा क्षेत्र, (जैसा कि उस समय इलाके के उत्तरी अर्द्ध भाग को कहा जाता था) का हमने अधिग्रहण कर लिया और इस लड़ाई के बाद वह पूरी तरह हमारे अधीन हो गया। दक्षिणी इलाका नागपुर के राजा की जागीर का नाममात्र हिस्सा रह गया, लेकिन यह लंबे समय से ब्रिटिश प्रशासन के अंतर्गत रहा। 1854 में इसका उत्तराधिकारी न होने से इसे ब्रिटिश साम्राज्य में मिला लिया गया। धुर दक्षिण-पश्चिम में स्थित गाविलगढ़ पहाड़ी बरार इलाके का हिस्सा थी, लेकिन यह भी कई साल ब्रिटिश प्रबंधन में थी।

मजबूत सरकार बनने के बाद पहाड़ी लोगों ने बड़ी जल्दी यह साबित कर दिया कि उन्हें 'असभ्य और हठीला' कहकर किस तरह बदनाम किया गया। जब से वे हमारी हुकूमत के अन्तर्गत आये, उनमें कुछ खास विद्रोह नहीं आया। इसके बाद उनकी छवि काफी विनम्र और कानून का पालन करने वाले लोगों की बन गयी। नायकगण पहले अपनी सामंती स्थिति में सुरक्षित थे और पहाड़ों तथा मैदानी इलाकों में उनका पूरा मालिकाना हक था। काफी सालों से वे अपने आंतरिक मसलों को खुद

ही निपटा रहे थे। हमारे शुरू के प्रशासकों को खुले इलाके में समृद्धि वापस लाने में पूरी तरह व्यस्त रहना पड़ा और गोंडों को उसकी निर्वासित स्थिति से बाहर लाने में अधिक समय देना पड़ा। इस तरह हम देखते हैं कि उनके अंदरूनी इलाके हाल ही के समय तक भी अनजाने और रहस्यमय रह गये।

ढाई सदी पहले अकबर महान को गोंडों के बारे में कुछ भी पता नहीं था। वह उन्हें ऐसे लोग समझता था "जो शेरों को काबू में करके उनसे मनमाना काम करवा लेते हैं और जिनके बारे में अनेक अद्‌भुत कहानियां कही जाती हैं। बीते बीस बरसों से तो उन्हें ऐसे लोग बताया जा रहा है, जो नंगे घूमते या फिर शरीर पर पत्ते लपेटते हैं, पेड़ों पर रहते हैं और नरभक्षण करते हैं।" लिहाजा, 1853 में, जब भारतीय त्रिकोणमितीय सर्वेक्षण ने आधी सदी तक कार्य किया और करीब तीस साल तक विस्तृत सर्वेक्षण किया, तब सर एर्सिकाइन पेरी ने रॉयल एशियाटिक सोसायटी की बॉम्बे ब्रान्च को संबोधित करते हुए लिखा–"वर्तमान में गोंडवाना पहाड़ियों तथा जंगलों में ऐसे बड़े अज्ञात इलाके हैं, कि वे हमारे नक्शों में एक नखलिस्तान की तरह हैं। केप्टन ब्लंट की 1795 में बनारस से राजमंद्री की दिलचस्प यात्रा से हमें वह सब जानकारी मिली जो यहां अनेक अंदरूनी क्षेत्रों के बारे में हमारे पास है।* कुछ ही बरसों के भीतर हमारे सर्वश्रेष्ठ नक्शों के बड़े क्षेत्र पर 'अज्ञात' लिखा गया। यद्यपि यह हमारे एकदम दरवाजे पर स्थित था, लेकिन सचमुच यह अज्ञात ही था। कुछ अपवादों को छोड़कर, उन दिनों के सिविल अफसरों ने अपने प्रभार के पहाड़ी हिस्सों में जाने का स्वप्न तक नहीं देखा। लेखक एक जिले से परिचित है, जिसमें 30 से 40 हजार मील का जंगल है, जिसमें 30 से 40 हजार तक आदिवासी रहते हैं। यहां एक अफसर के पास ग्यारह साल तक भी रहा, लेकिन उसने इस बड़े इलाके में कभी कदम तक नहीं रखा। ऐसे इलाकों के बारे में जानकारी हिन्दू या मुसलमान मातहतों के जरिये छनकर आयी। उन पर जंगल का खौफ और खराब हवा, पानी, जंगली जानवरों तथा आम परेशानियां इस कदर हावी थीं कि उन्होंने इस इलाके और वहां के लोगों की बहुत भयानक तस्वीर पेश की।

लेकिन एक बगावत ने भारत के अंग्रेज हुक्मरां के जमीर को झंकझोर कर उनके प्रभार के इलाके की जरूरतों के प्रति उन्हें जगा दिया। इस बगावत ने उन्हें लगभग सत्ता से बेदखल ही कर दिया था। इसके बाद इन अज्ञात इलाकों में नया सबेरा आया। अनेक महत्त्वपूर्ण प्रांतों के साथ इस एकांत इलाके को भी साम्राज्य के प्रशासन को दी गयी गति का फायदा मिला। राष्ट्रों को सभ्य बनाने वाला वह आयरन रोड़, इस घाटी के हृदय से होकर गुजरता था। मैनचेस्टर ने काली मिट्‌टी के इस मैदानी क्षेत्र को भविष्य में कपास उत्पादन का महत्त्वपूर्ण इलाका मानकर इस पर अपनी नज़र

---

* 'इन्ट्रोडक्शन टू द सेन्ट्रल प्रॉविन्सेज गजेटियर, लेखक : चार्ल्स ग्रान्ट, E & V.C.S. और ग्लेडविन की आइन-ए-अकबरी, जिल्द, 11 पृष्ठ 59।

गड़ा ली थी। इस इलाके और इसमें रहने वाले लोगों में वह सब खूबियां मौजूद थीं, जो तरक्की के लिए जरूरी हैं, जरूरत सिर्फ ऐसी एजेन्सी और ऐसे स्थानीय अफसरों की थी, जो उन्हें मार्गदर्शन दे सकें। ऐसी एजेन्सी और अफसरों की जरूरत नहीं थी, जो अब तक इस मामले में निठल्ले बैठे रहे। लिहाजा 1861 में सेन्ट्रल प्रॉविन्सों का गठन किया गया। बंगाल सिविल सर्विस के मिस्टर (अब सर रिचर्ड) टेम्पल इसके चीफ कमिश्नर थे।

उस वक्त इस अज्ञात इलाके में अजीब दृश्य देखने को मिले। जिन दूरस्थ घाटियों तथा पहाड़ी खड्डों में कभी लकड़हारों की कुल्हाड़ी के अलावा कोई आवाज सुनाई नहीं देती थी, वहां अब जुनूनी बड़े साहब तथा उसके थोड़े से अक्सर थके हुए साथियों के घोड़ों की टापों की गूंज होने लगी। एकांतवासी गोंड या बैगा दूरस्थ पहाड़ी इलाके में स्थित अपने खेत में ज्वार की कटाई करते थे, तो उन्हें वहां जीती-जागती 'सरकार' को किसी ऊंची पहाड़ी पर खड़े देख ताज्जुब होता था। उनके लिए पिछली कई पीढ़ियों से सरकार एक अमूर्त चीज थी, और कभी संयोग से जिला मुख्यालय पर उसका जाना होता था, तो आस्तीन वाली शर्ट पहने अपने गंदे दफ्तर में चुरट पीते किसी 'साहब' के रूप में उस अमूर्त सरकार का प्रतिनिधि दिख जाता था।

यह एक ऐसा बड़ा साहब था, जो घोड़े पर मुश्किल यात्रा करके इस इलाके की जरूरतों को खुद देखने की ज़िद ठाने था। उसे यह समझते देर नहीं लगी कि दूर तक फैले जंगलों तथा खनिज सम्पदा से भरपूर इस पहाड़ी इलाके में असीमित बंजर ज़मीन तथा अधनंगे और आधे जंगली लोगों की बड़ी आबादी रहती है। उसे यह भी समझ आ गया कि यहां कीमती पानी को जमा करने की काफी क्षमता है और यह कि यहां अधिक ध्यान देने पर बहुत फायदा होगा। कुछ लोगों ने उसे धीरे से यह भी समझा दिया था कि यहां के जंगलों का आकलन रेलवे लाइनों के प्रोजेक्टरों द्वारा किया गया है। वे लाइनें यहां से इमारती लकड़ी की आपूर्ति के लिए बिछाई जा रही हैं। लेकिन यहां टूटे हुए नरकटों के सिवा कुछ और मिलने की संभावना नहीं, क्योंकि लंबे समय के कुप्रबंधन के चलते यहां पर्याप्त सफाया हो चुका है। उसे यह भी समझाया गया कि सबसे पहली जरूरत एक जंगल विभाग बनाने की है, ताकि इमारती लकड़ी वाले पेड़ों के क्षेत्रों का विस्तृत परीक्षण करके उसकी सुरक्षा की जा सकें। एक अधिकारी को इस नये विभाग का सुपरिंटेंडेंट चुना गया, वह था, मद्रास आर्मी का केप्टन जी.एफ. पियर्सन। वह अब नॉर्थ वेस्ट प्रॉविन्सेज में कंजरवेटर है, जिसकी पहले इस विषय में दिलचस्पी थी, और जिसने इन इलाकों की खूब खाक छानी थी। वह इस काम के लिए शारीरिक रूप से चुस्त-दुरुस्त था और जिसे इन जंगलों का किताबी नहीं, बल्कि प्रत्यक्ष व व्यवहारिक ज्ञान था। आने वाले पांच सालों में इस 36,000 वर्गमील इलाके की खोज में कई अफसर तैनात हुए, जिसे मध्य पहाड़ी क्षेत्र माना जा सकता है। उन्हें इस प्रॉविन्स के दक्षिण के निचले जंगली इलाके का भी

परीक्षण करना था, जिसका दायरा भी तकरीबन इतना ही ज्यादा था। बाद के सालों में जिले के नियमित सिविल अफसरों ने जो भू-राजस्व व्यवस्थापन, सर्वे की मिशनरीज में नियुक्त थे, इन पहाड़ों के अनेक भागों का दौरा किया और इस संबंध में काफी जानकारी प्राप्त की। उन्होंने इन इलाकों की भौतिक संरचना तथा वहां के रहवासियों के बारे में पता लगाया। उन्हें पता लगा कि यहां अयस्क की एक उपयोगी खदान है, जिससे काफी अच्छा खनिज निकाला जा सकता है। इसमें से अधिकतर जानकारी सरकारी प्रतिवेदनों में पहले भी प्रकाशित हो चुकी है और हाल ही में इसका सार तत्व सेन्ट्रल प्रॉविन्सेज के गजेटियर में दिया गया है, जिसकी भूमिका स्वर्गीय चीफ कमिश्नर के सेक्रेटरी फ्री ग्रान्ट ने लिखी है। यह इस प्रॉविन्स के इतिहास का निचोड़ है, जो उन्होंने शोध करके पूरी ईमानदारी से लिखा है। कुछ अत्यंत दूरस्थ क्षेत्रों को छोड़कर बाकी के नक्शे भी अब उपलब्ध करा दिये गये हैं। इसके अलावा, हर तरह की सांख्यिकीय जानकारी सरकार द्वारा हर साल तैयार कर जतन से छापी जाती है।

मेरा इरादा इन दस्तावेज या उनमें दी गयी जानकारी की सच्चाई को सार्वजनिक रूप से चुनौती देना नहीं बल्कि इसे एक अधिक लोकप्रिय और आसान रूप में प्रस्तुत करना है। मेरी कोशिश एक ऐसे इलाके के अधिक उजले और खूबसूरत पहलुओं को उजागर करने की है, जिसमें हमारे देश के बड़ी संख्या में लोगों की दिलचस्पी लेने की उम्मीद की जा सकती है। यह अब इसलिए और मुमकिन है, क्योंकि भारत और इंग्लैंड के बीच अधिकतर मुसाफिरों को लाने-ले जाने वाले दो रेलवेज गोंडवाना की पहाड़ियों में सैकड़ों मील का सफर तय करते हैं।

हालांकि इस तफ्तीश में से ज्यादातर वह हिस्सा शामिल है जो वर्षों तक इस इलाके के मेरे भ्रमण के दौरान मैंने देखा या पढ़ा-सुना है। लेकिन दूसरों की जुटायी प्रमाणिक सामग्री का उपयोग करने में मुझे कोई आपत्ति नहीं होगी।

यह पहाड़ी इलाका उन उन्नीस जिलों में से ग्यारह जिलों में फैला है, जिनमें प्रशासनिक दृष्टि से इस प्रांत को विभाजित किया गया है। इनमें से अधिकतर जिलों का एक हिस्सा पास के मैदानी इलाके में भी है, जो पहाड़ों के उत्तर या दक्षिण की तरफ है। यह बड़ी सूझबूझ के साथ की गयी व्यवस्था है, जिसके अंतर्गत पहाड़ी तथा मैदानी लोग एक ही कार्यक्षेत्र में हैं और जिनका परस्पर संपर्क है। इन जिलों का कुल भौगोलिक क्षेत्र 44,000 वर्गमील है, जिसमें से 11,000 वर्गमील क्षेत्र कृषि के अंतर्गत है और बाकी इलाका बंजर है। जहां इतने व्यापक पहाड़ों को शामिल किया जाता है, वहां यह जानकर आश्चर्य नहीं होगा कि यह व्यापक बंजर क्षेत्र करीब 20,000 वर्गमील है जो किसी भी तरह कृषि योग्य नहीं बन सकता। बाकी 13,000 वर्गमील में कमोबेश सुधार की गुंजाइश है। ये आंकड़े उस विभाग के विवरण से लिये गये हैं जिसे 'मालगुजारी व्यवस्थापन' कार्य में लगाया गया है। लेखक ने इनमें से एक जिले में व्यवस्थापन अधिकारी के रूप में काम किया और वह इन आंकड़ों की सच्चाई

ठीक से बता सकता है। कुछ ही पाठकों को यह बताए जाने की जरूरत होगी कि भारत में अधिकतर जमीन पर हमेशा से सरकार को टैक्स दिया जाता रहा है (जो वास्तव में लैण्ड रेंट के रूप में होता है और यह जमीन कभी अपने मूल स्वामी शासन से अलग नहीं होती)। इन प्रांतों में हमारे अधीन आने वाले अधिकतर प्रमुखों को टैक्स देना पड़ता था, जो यहां पर बहुत कम था। हमारी हुकूमत के पहले जो अराजकता के हालात थे, उसमें टैक्स की रकम एकदम अनिश्चित थी।

टैक्स निर्धारण को लेकर सरकार और जनता के बीच काफी हील-हुज्जत होती थी। "जिसमें ताकत होती थी वह ले जाता था, और जो बचाने का दमखम रखता था, बचा लेता था।" कई मामलों में तो यह भी तय नहीं था कि टैक्स किससे मांगा जाना है, क्योंकि जमीन का मालिकाना हक ऐसे वक्त में स्थापित हुआ था, जब मालिकाना हक जताने का मतलब गुस्ताखी था और ऐसा करने वाले का दमन होना तय था। हमारी मजबूत और सबको बराबर समझने वाली हुकूमत ने अमन को इस तरह आगे बढ़ाया कि जनता, जो जमीन उसके सामने मौजूद थी उस पर खेती करने लगी और ऐसी स्थिति में जमीन पर लगने वाले कम तथा तयशुदा टैक्स की वजह से जमीन का मूल्य भी निर्धारित हो गया, जो पहले नहीं था। प्रतिद्वंद्वी दावेदार अपनी हकदारी के विरोधाभासी और लंबे समय से सुप्त पड़े दावे लेकर सामने आने लगे। इससे देश के सामान्य कार्यों के लिए बनायी गयी अदालतों में जल्दी ही इस तरह के पेचीदा मामलों की बाढ़-सी आ गयी। जांच-पड़ताल करने पर यह भी पता लगा कि संपत्ति पर अधिकार की कभी स्पष्ट रूप से मान्यता ही नहीं रही। इसके कारण किसानों में कभी जमीनों को बेहतर बनाने की उमंग ही नहीं रही, जबकि अनेक वर्गों के लोगों को इस विशाल बंजर जमीन पर बहुत अपरिभाषित अधिकारों के उपयोग की इजाजत हो गयी थी। जिस जमीन को खेती करने लायक बनाया जा सकता था उसकी मांग उत्साही लोगों में काफी बढ़ गयी। यह एक ऐसी मांग थी जो शीघ्र ही यहां रेलवे लाइन आने की उम्मीद से और अधिक बढ़ जाने वाली थी। इस तरह के कार्य अनिश्चित दावों की वजह से रुके पड़े थे और इस तरह इस इलाके की तरक्की खतरे में थी। जंगलों का सवाल भी एकदम सामने आ खड़ा हो गया। रेलवे को इमारती लकड़ी की बहुत ज्यादा जरूरत थी, जिससे इस इलाके में पूरे जंगल का सफाया हो जाने का डर था। इन बंजर जमीनों की हकदारी का मसला सुलझने तक उस दिशा में कुछ भी नहीं किया जा सकता था। लिहाजा, सरकार ने प्रांत के हर एक जिले में इन मसलों को सुलझाने के लिए एक खास अफसर तैनात करने का फैसला लिया। अब करीब दस साल की मेहनत के बाद इनका समाधान हो गया है। इनमें से एक जिले में व्यवस्थापन कार्य में व्यक्तिगत रूप से मैदान में और दफ्तर में कितनी ज्यादा मेहनत की गयी इसका अनुमान बहुत कम ही लोग लगा सकते हैं। हर गांव और हर खेड़े में जाकर प्रत्येक एक एकड़ जमीन का मूल्यांकन और

आकलन किया गया। प्रत्येक जमीन पर हर एक दावेदार की एकदम शुरू से तफ्तीश की गयी। इस सब कवायद के बाद बहुत बारीकी और करीने से पूरी प्रक्रिया तैयार की गयी, ताकि जिले की दीवानी और राजस्व अदालतों में भविष्य में आने वाले ऐसे मामलों का ठोस तरीके से निपटारा किया जा सके। जमीन के हक और दखल के संबंध में आखिर नतीजा यह निकला कि अगर किसी दावे में जायदाद पर हक साबित हो जाये तो ऐसी स्थिति में सरकार द्वारा तय लैण्ड रेंट भुगतान कराकर जमीन दावेदार को दे दी जाए, वहीं जिन जमीनों पर ऐसा हक साबित नहीं होता, उन्हें अबाध रूप से सरकारी संपत्ति घोषित कर दिया जाये। अधिकतर पहाड़ी प्रमुखों को उनकी विशाल बंजर भूमि पर पूरा मालिकाना हक दे दिया गया, हालांकि इन जायदादों पर 'जैसा कि सभी सभ्य देशों में होता है' जंगलों के विनाश से संबंधित कुछ पाबंदियां लगाई गयीं। इस तरह इन पहाड़ी इलाकों में सिर्फ 14,000 वर्गमील इलाका सरकार के पास रह गया, जिसमें से करीब 9,500 मील इलाका कृषि योग्य तथा शेष इलाका शुष्क बंजर था। इसमें से कुछ इलाका निजी लोगों के अधिकार में न रख कर इसे राज्य वन के रूप में आरक्षित कर दिया गया। लेकिन, प्रत्येक जिले में बहुत-सी अच्छी जमीन उपलब्ध है।

भारत में यहां की तरह ऐसी बहुत कम जगह हैं, जहां खोजबीन के लिए इतनी ज्यादा दिलचस्प कुदरती चीजें मौजूद हों। प्रायद्वीप के एकदम बीचोंबीच स्थित होने के कारण उत्तर और दक्षिण को मानव जातीय, प्राणिशास्त्रीय, वानस्पतिक अपनी विषमताओं के साथ और यहां तक कि भौगोलिक विशेषताएं, यहां मिलती हैं। जैसा कि ऊपर देखा गया कि उत्तरी और पश्चिमी भारत में आने वाली तथाकथित भारतीय आर्यों की दो विशिष्ट धाराएं यहां आकर मिलतीं और एकाकार हो जाती हैं। उनकी शारीरिक बनावट, चरित्र तथा भाषाओं में फर्क है। जहां जमीन उनकी खेती करने के तौर-तरीकों के लिए उपयुक्त थी वहां से उन्होंने मूल निवासियों को मध्य पहाड़ियों में खदेड़ दिया और वहां हम उन्हें अनेक जनजातियों के रूप में पाते हैं। यहां अनुसंधान करने वालों की यह बात सिद्ध हो जाती है कि यहां मानव जाति की अनेक शाखाओं का संपर्क हुआ है।

मैंने इस खाके में इस इलाके के जिन लोगों को शामिल किया है, उनकी संख्या कोई $4^{1/2}$ मिलियन है, मूल प्रजातियों में से $3^{1/2}$ मिलियन आर्य हैं और महज एक मिलियन मूल प्रजातियों के हैं। इनमें सबसे ज्यादा तादाद (826,648) गोंडों की है, जिनकी वजह से इस इलाके का यह नाम पड़ा और जो इस इलाके में सघन या विरल रूप से फैले हुये हैं। भाषा की सटीक जांच से पता चलता है कि गोंड लोग दक्षिण के द्रविड़ों से संबंधित हैं। गोंड और सिंध सीमा के मुसलमानों की जनजाति ब्रादुई के बीच कल्पित संबंध उनकी भाषाओं में कुछ शब्दों के एक जैसे होने से माना गया, लेकिन बारीकी से जांच करने पर यह साबित नहीं होता। इस इलाके

के धुर उत्तर-पूर्व में इस जनजाति के करीब 37,000 लोग पाये जाते हैं, जिन्हें बंगाल के पहाड़ी इलाकों में कोल कहा जाता है। यह जनजाति संथालों तथा उत्तर पूर्व की अन्य जनजातियों से करीब से जुड़ी हैं। इन पहाड़ी इलाकों के ठीक बीचोंबीच, पंचमढ़ी तथा गाविलगढ़ के ऊंचे पहाड़ों पर गोंडों से घिरी तथा अलग-थलग पड़ी एक अन्य जनजाति है, जिसे कुर अथवा कोरकू कहते हैं। इनकी तादाद 44,000 है और भाषा तथा सामान्य प्रकार लगभग इन कोलों तथा संथालों जैसे ही हैं, यद्यपि वे इस संबंध से अंजान हैं। ये सभी कोल जनजातियां द्रविड़ गोंडों से भाषा की दृष्टि से एकदम अलग हैं। बहरहाल उनमें तथा भारत के पूर्व में स्थित इलाकों की मूल प्रजातियों के बीच कुछ संबंध खोजा गया है। इसके अलावा, पूर्व में ही मेखल पर्वत शृंखला में कोरकू तथा गोंडों की तरह करीब 18,000 की जनसंख्या वाली एक छोटी बैगा जनजाति मिलती है, जिनका संबंध अभी तक न तो कोलों से और न द्रविड़ों से स्थापित हो पाया है। इन्हें लेकर अनेक जिज्ञासा जगाने वाली मानवजातीय समस्याएं सामने आती हैं। यह जनजाति आखेट की असभ्य अवस्था से थोड़ी ही ऊपर उठी है और एकांत तथा सुनसान इलाकों में ही रह रही हैं। वे अपनी भाषा पूरी तरह भूल गये हैं और वे बाहर से आकर बसने वाले आर्यों की भाषा को अनगढ़ रूप में बोलते हैं। उनकी कुछ बातें पश्चिमी भारत के भीलों से मिलती हैं, जिनकी तादाद भी कोई 20,000 के आसपास ही होगी। ऐसे आदिवासियों की संख्या कुल मिलाकर 25,000 के करीब होगी, जो अपनी प्रजातियों की आखिरी कड़ी पर हैं और अपनी अलग पहचान, भाषा तथा क्षेत्र को भूल गये हैं।

इन पूरी तरह से अलग परिवारों में से कौन यहां के मूल निवासी हैं और कौन यहां सबसे पहले आकर बसे थे, यह संभवतः कभी नहीं जाना जा सकता। इनमें से किसी के पास भी यहां आने का कोई प्रमाणिक विवरण और सबूत नहीं है। जो है, वह पहले जितना लिखा जा चुका है, उससे ज्यादा नहीं है। बहरहाल, इन जनजातियों के नृवंशीय इतिहास अथवा विशेषताओं की कोई व्यापक खोजकरना मेरा उद्देश्य भी नहीं है। जो सबूत हासिल हैं वे इतने कम हैं कि उनसे कोई ठोस नतीजा नहीं निकल सकता। उनके रीति-रिवाज, धर्म तथा भाषा हिन्दुओं से इतने ज्यादा घुलमिल गये हैं कि अब उनकी किसी भी मूल विशेषता को खोजना असम्भव जैसा लगता है। लेकिन उनकी वर्तमान स्थिति में बहुत कुछ कौतूहलपूर्ण तथा दिलचस्प है, जो अब धीरे-धीरे खो रहा है, क्योंकि वे विशाल आधुनिक हिन्दू प्रजाति में विलीन होते जा रहे हैं। इस तरह इन प्रजातियों के प्रति सरकार के रूप में हमारे कर्त्तव्य को लेकर यहां एक बड़ी समस्या अनसुलझी रह जाती है।

यह इलाका इस लिहाज से भी खास है कि यहां बहुत तरह की वनस्पतियों तथा जानवरों का संगम मौजूद है। यह उत्तर-पूर्वी तथा दक्षिण-पश्चिमी भारत की विशेषता लगती है। ऊपरी भारत का खास जंगली पेड़ साल है, जिसकी यह प्रकृति है कि यह

जहां भी उगता है, वहां पूरी जगह घेर लेता है और दूसरों के लिए कोई जगह नहीं छोड़ता। इस इलाके में, यह बंगाल सब-डिवीजन के छोटानागपुर कहे जाने वाले इलाके में पठारी जमीन से लगकर फैलता जाता है। यहां से दो शाखाओं में बंटकर मध्य प्रांतों में फैल जाता है। यह विभाजन छत्तीसगढ़ के खुले साफ मैदान द्वारा होता है। दक्षिणी शाखा गोदावरी नदी तक जाती है और उत्तरी शाखा मेरे द्वारा वर्णित पहाड़ी इलाके के पूर्वी देशांश के अट्ठारहवें समांतर तक जाकर समाप्त होती है। इसके पश्चिम में प्रमुख और सबसे कीमती जंगली पेड़ सागौन है, जो उत्तरी भारत अथवा बंगाल में नहीं पाया जाता, लेकिन 80^0 देशांश के पूर्व में स्थित मध्य प्रांतों में थोड़ा-बहुत मिलता है। लेकिन सागौन का पेड़ साल की तरह जगह नहीं घेरता, बल्कि दूसरे पेड़ों के बीच-बीच में नजर आता है।

इन दो इमारती लकड़ी के पेड़ों का यह मिजाज उनके बढ़ने की आदतों तथा अलग-अलग किस्म की जमीनों पर बढ़ने के कारण है। साल ऐसा पेड़ है जिसमें फैलने का जबर्दस्त माद्दा है। जब सामान्य जंगली आग बुझ जाती है और इसके बीज जमीन के भीतर जाते ही अंकुरित हो जाते हैं। दूसरी तरफ, सागौन का बीजांकुरण बारिश के बाद होता है और ये बीज कड़े खोल से ढके होते हैं, जिन्हें अंकुरण से पहले लंबे समय तक नमी और उष्मा में रहने की वजह से सड़ना पड़ता है। इससे उनका पूरे गर्म मौसम में रहना जरूरी हो जाता है। यह वह मौसम होता है जब नीचे की जमीन पर उगी घास सालाना आग में जल जाती है। इस तरह बड़ी संख्या में सागौन बीज कभी अंकुरित नहीं हो पाते। लिहाजा, यह बात साफ हो जाती है कि अगर ये दोनों प्रजातियां अपने-अपने लिए उपयुक्त जमीन पर साथ-साथ बढ़ें तो साल को सागौन की बनिस्बत 'जीवन के लिए संघर्ष' का ज्यादा फायदा मिलेगा। अगर इस कुदरती फायदेमंद चीज में बाहरी फायदों को जोड़ दिया जाये, क्योंकि सागौन आदमी के लिए बहुत ज्यादा उपयोगी है खासतौर पर आदिम स्थिति के आदमी के लिए, तो इस बात पर यकीन करने का पर्याप्त कारण हो जायेगा कि ऐसे इलाके में सागौन अपने मुकाबिल पेड़ से पहले गायब हो जायेगा, जहां उसे बराबर की मुफीद जमीन और जलवायु मिल गयी हो। मध्य भारत के जिस इलाके में ये पेड़ पाये जाते हैं, उनका परीक्षण करने पर पता चलता है कि जहां सागौन किसी खास भू-वैज्ञानिक संरचना से परहेज नहीं करता, वहीं यह ट्रेपी पर सबसे ज्यादा उगता है। यह मिट्टी इस प्रांत के दक्षिणी और पश्चिमी इलाके में बहुत पायी जाती है, लेकिन साल को ट्रेपी संरचना से हमेशा परहेज रहता है। देशांश के अट्ठारहवें अंश के पश्चिम के बड़े ट्रेपियन इलाके में, बल्कि इस रेखा के पूर्व में भी इसका अता-पता नहीं है। इसके अपने इलाके में भी यह वहां नहीं उगता जहां ट्रेपी चट्टानों के अलग-थलग इलाके पाये जाते हैं। इसके अलावा, मेरा मानना है कि भारत के किसी भी हिस्से में जहां यह पेड़ उगता है, ट्रेपी संरचना नहीं है। सिर्फ इस ज्वालामुखी

चट्टान के अपवाद को छोड़कर, साल किसी भी अन्य संरचना में उग आता है और अपने इलाके में खूब बढ़ता है, जहां आदिम चट्टाने अथवा बलुआ पत्थर, लेट्राइट बड़े बहुतायत में होते हैं। लिहाजा, मेरा मानना है कि साल ने अपने लिए उपयुक्त अर्थात् ट्रैप चट्टानों से रहित स्थानों से अपने जानी दुश्मन सागौन का सफाया कर दिया। भारत के दीगर हिस्सों में जहां सागौन का दुश्मन नहीं है, जैसे कि मालाबार और बरमा, यह ऐसी मिट्टी पर फूलता-फलता है जहां इसे साल ने निकाल-बाहर नहीं किया हो। सामान्य निष्कर्ष तो दुर्निवार नहीं लगता, लेकिन तीव्र विरोधाभासों से इस तरह की विशेषताएं श्रेष्ठतम रूप में सामने आती हैं। इनमें से अनेक का उल्लेख किया जा सकता है, लेकिन दो बातें खासकर काबिले गौर हैं। इस साल वाले इलाके में जो मंडला शहर के एकदम पूर्व की पहाड़ियों में स्थित है, सागौन से आवृत्त काफी बड़ा क्षेत्र है, जिसमें साल कहीं नहीं है। इस पूरे इलाके में ट्रेप की भरमार है। इसके आसपास जैसे ही ग्रेनाइट और लेटराइट संरचनाएं फिर शुरू होती हैं, साल फिर से सागौन का सफाया कर देता है। पुनः ट्रेप और सागौन वाले इलाके में, जो सामान्य साल इलाके के अंतिम छोर पर 150 मील पश्चिम में देनवा नदी घाटी में स्थित है, इसके अलग-थलग टुकड़े फैले पड़े हैं जो कुछ वर्ग मीलों तक जाते हैं। यहां साल, एक बलुआ पत्थर संरचना पर उगता है। यह तीन तरफ ट्रैप चट्टान से घिरा है और वहां पूरी तरह खत्म हो जाता है और मुख्य इमारती लकड़ी के पेड़ के रूप में सागौन इसकी जगह ले लेता है। लेकिन इस बड़े साल इलाके को खत्म करने वाले इस छोटे तथा गैर महत्त्वपूर्ण बाहरी क्षेत्र का विवरण किसी तरह दिया जाये? हमारी बात को ही जारी रखते हुये उन्हें एक साथ जोड़ने वाली कड़ी का पता लगाया जाना चाहिये। मेरे ख्याल में कुछ काल्पनिक बातों, जो इस तरह की दलीलों में दी जाती है, उससे कम से बात बन जायेगी। देनवा घाटी में साल इलाके की चौथी तरफ नर्मदा का बड़ा खुला मैदान है जिसमें बलुआ पत्थर की संरचना फैली है और जो आदिम चट्टानों से लगकर गुजरती हैं। ट्रैप के बहुत कम हस्तक्षेप में यह नर्मदा घाटी के शीर्ष पर साल जंगलों के मुख्य क्षेत्र तक जाती है। यह सच है कि खुली नर्मदा घाटी में साल मिलना बंद हो जाता है, लेकिन वास्तव में पूरा जंगल ही नहीं रह जाता है, क्योंकि इस इलाके में पीढ़ियों से उनका सफाया कर खेती की जा रही है। लिहाजा, यह मानना बहुत अनुपयुक्त नहीं होगा कि जो साल जंगल, किसी वक्त नर्मदा घाटी में देनवा तक फैले थे और जब इस इलाके में इनका सफाया हुआ तब सिर्फ यह छोटा-सा क्षेत्र महादेव रेन्ज की खड़ी पहाड़ियों के नीचे बचा रह गया, जिनमें बीते कुछ सालों तक कोई सड़क तक नहीं थी।

ये कुछ अजीब तथ्य हैं, लेकिन अगर मैं यहां के जंगली जानवरों का जिक्र न करूं तो यह और भी अजीब बात होगी। साल पेड़ की तरह, मध्य भारत के जंतुओं

का संबंध विलक्षण रूप में भारत के उत्तर-पूर्वी भागों से है। इनमें जंगली भैंसे, बारहसिंघा और जंगली मुर्गा शामिल है। व्यापक साल क्षेत्र में इनकी भरमार है लेकिन देनवा घाटी के साल इलाके को छोड़कर ये इसके पश्चिम में कहीं नहीं पाये जाते। देनवा घाटी में बारहसिंघा और जंगली मुर्गे पाये जाते हैं। देनवा घाटी में बारहसिंघा का एक मात्र झुंड है। मेरा मानना है कि लाल जंगली मुर्गे अपने प्रतिद्वंद्वी की तुलना में अधिक संख्या में नहीं हैं, जो भारत के पश्चिम और दक्षिण में इसकी जगह ले लेता है। इस बात पर कोई आश्चर्य नहीं होना चाहिए कि जंगली भैंसा उस वक्त गायब हो गया हो, जब उसका इलाका बीच के जंगल के सफाये के कारण कम हो गया। उसका इलाका इस छोटी-सी घाटी के संकरे दायरे में सिमट कर रह गया हो। इतने बड़े और मुख्य जानवर को हिरण और पक्षियों से कहीं ज्यादा बड़ा इलाका चाहिये। इसके बाद पुनः साल इलाका शुरू हो जाने तक आसपास के इलाके में उसकी आदतों के हिसाब से कोई भी उपयुक्त इलाका नहीं रह जाता है। हालांकि सफाया होने के पहले नर्मदा घाटी के विस्तृत काली मिट्टी के मैदान इसके लिए उपयुक्त रहे थे। ऐसा मुमकिन है कि यह पहले की तुलना में इस घाटी में बहुत दूर तक फैला हो। नर्मदा के ऊपरी कंकड़ों पर खोपड़ियों और सींग प्राप्त हुये हैं जो किसी भी तरह कतिपय बड़े आकार वालों को छोड़कर वर्तमान प्राप्त जानवरों की खोपड़ियों और सींगों के जैसे ही हैं। उनका बड़ा आकार आश्चर्यजनक नहीं है, क्योंकि इनका आकार उन सींगों से बड़ा नहीं है, जो असम में पाये जाते हैं। असम में भी शिकारियों के हमलों के कारण इनका औसत आकार तेजी से कम होना बताया जा रहा है।

पूर्वी और पश्चिमी प्राणी समूह के अन्य बड़े प्रतिनिधियों में जंगली हाथी और एशियन सिंह शामिल हैं। ऐसा लगता है कि पहले ये भी इस इलाके में दूर-दूर तक पाये जाते रहे होंगे। आधुनिक समय में अलबत्ता, नयी सभ्यता के विकास और शिकारियों के हाथों सताये जाने से यह दोनों ही उस इलाके से प्रायः भाग गये हों। अकबर के समय में (जैसा कि अबुल फजल के इतिहास में पुष्टि की गयी है) जंगली हाथी, पश्चिम में असीरगढ़ तक फैले हुये थे, लेकिन अब इस प्रांत के धुर पूर्व तक सीमित है। मुगल दरबार में जेम्स प्रथम के राजदूत सर थॉमसरो ने 17वीं सदी में इस सिंह के नर्मदा घाटी में आमतौर पर पाये जाने की बात कही थी। अब राजपूताना से आगे पूर्व में इसके होने की बात नहीं सुनी जाती। हालांकि यह इकलौता जानवर कभी-कभी सुदूर पूर्व के अपने पुराने रहवासों में कभी-कभी दिखाई दे जाता है। सागर जिले में 1851 में एक सिंह मारा गया और कुछ साल पहले जबलपुर और इलाहाबाद रेलवे से कुछ मील दूर एक सिंह मारा गया। इस प्रांत में मुझे कहीं भी पाड़ा दिखायी नहीं दिया और पूर्व में इसकी तादाद बहुत है भी नहीं। हालांकि यह उत्तरी भारत के साल इलाकों में बहुत आमतौर पर मिलता है। उत्तरी भारत के काले तीतर इस इलाके में बिल्कुल नहीं मिलते। इसकी जगह रंगीन तीतर मिलते हैं जो इनकी बहुत निकट की

प्रजाति है। दक्षिण भारत का शानदार राजसी कबूतर, मैं समझता हूं, नर्मदा घाटी के उत्तर तक नहीं जाता, हालांकि इस नदी के दक्षिण में ऊंचे जंगलों में इसका पाया जाना असामान्य बात नहीं है। छोटे जानवरों तथा वनस्पति जीवन (जिसके लिए न मेरे पास वक्त है, न उसका इल्म) के वैज्ञानिक अनुसंधान से वितरण नियम की अनेक बातें सिद्ध हो सकती हैं, लेकिन मैंने तो जो कुछ देखा उसे मोटे रूप में एक फॉरेस्टर और शिकारी के हिसाब से सामने रख दिया है।

इस वक्त मैं इस विषय से जुड़ी सिर्फ एक और बात का उल्लेख करना जरूरी समझता हूं। ये पहले ही कहा जा चुका है कि कालोरी प्रजाति से नजदीकी से जुड़े कोरकू लोग, जिनका प्रतिनिधित्व बंगाल के कोल और संथाल करते हैं, इन मध्य पहाड़ियों में गोंडों के साथ मिले-जुले पाये जाते हैं। अब इस प्रजाति के इलाके की शुरुआत देनवा घाटी के साथ के जंगल के अलग-थलग हिस्से से होती है। मण्डला के उत्तर में इस इलाके के कोल इनके सबसे नजदीकी रिश्तेदार हैं, जहां से साल के जंगल फिर शुरू होते हैं। इस प्रकार पूर्वी भारत की मानवीय प्रजातियों के साथ-साथ वनस्पति तथा जानवरों की भी मोटी रूपरेखा हमारे सामने हैं। इन तीनों के बीच के इलाके तथा अन्य जीव स्वरूपों के रहवासों की जानकारी भी हमारे सामने है। यह एक बहुत दुर्लभ संयोग है, और मैंने इसको इतना सारा स्थान दिया, यही मेरा बहाना होगा। बहुत से लोगों को यह अरुचिपूर्ण बात लग सकती है। लेकिन इस विषय पर आगे विवेचना की जानी चाहिए।

मैं कह चुका हूं कि जिस वक्त मध्य प्रांतों का गठन हुआ था, उस वक्त इस व्यापक बंजर क्षेत्र के वन संसाधनों के विषय में सही-सही जानकारी बहुत ही कम थी। इस बात का शक किया जाता था कि रेलवे के प्रोजेक्टरों ने संभावित आपूर्ति का ज्यादा आकलन कर लिया। लेकिन इस बात का कम अनुमान था कि वहां की वन संपदा का विनाश तो हो ही चुका था। एक अन्य जगह पर पहाड़ी जनजातियों के खेती के तरीके का विवरण आएगा, जिन्होंने सदियों से बेहतरीन इमारती लकड़ी को काटकर और उसे जलाकर इन जंगलों को बर्बाद कर दिया। अपनी आधी-जंगली अनाज फसलों के लिए खेतों में इनकी राख की खाद डाली। इन जंगलों के विनाश को साबित करने के लिए इतना ही कहना काफी है, लेकिन ऐसा नहीं कि इसकी अन्य वजह नहीं रही। रेलवे तथा अन्य खास उद्देश्यों की पूर्ति के लिए सागौन और साल सबसे ज्यादा कीमती इमारती पेड़ हैं। सच पूछिये तो भारत की जलवायु में जो बड़े और अचानक अंतर होते हैं, उनमें कोई अन्य पेड़ इतने ज्यादा जीवित नहीं रह पाये हैं। सागौन के पेड़ संभवतः पूरी दुनिया में सामान्य रूप से उपयोगी हैं। संयुक्त शक्ति, हल्केपन, लचीलेपन तथा लंबी आयु के मामले में कोई लकड़ी इसके मुकाबले नहीं ठहरती। आजकल इसका उपयोग महज किसी अन्य इमारती लकड़ी से ज्यादा अधिक चीजों में किया जा रहा है। देशी जंगलों में कुल्हाड़ी के हत्थे बनाने से लेकर इंग्लैंड

की जलसेना के आयरन क्लेड की बैंकिंग तक में इसका उपयोग होता है। लेकिन यह भी दुर्भाग्य है कि इसे काटना, ईंधन के रूप में इस्तेमाल करना तथा इससे कोयला बनाना, किसी अन्य लकड़ी से ज्यादा आसान है। फिर, इसमें आश्चर्य क्या कि जब से इस इलाके में सभ्य प्रजातियों ने रहना शुरू किया तब से लोगों की जरूरतें पूरी करने का सबसे ज्यादा बोझ इस पर ही पड़ा। मैं पहले ही कह चुका हूं कि इस पेड़ को पुनः उगाना बहुत मुश्किल होता है। इसके बीज को अंकुरित होने का अवसर मिलने से पहले ही भारी खतरों को सहना पड़ता है। लिहाजा, सागौन की हर जगह बेरहमी से कटाई हुई और इसे अपने अस्तित्व को बचाने के लिए बहुत विपरीत परिस्थितियों में संघर्ष करना पड़ा है।

बहुत बड़े इलाकों में, जहां यह संभवतः कभी उगा हो वहां से, इसकी जड़ें बुरी तरह उखड़ गयीं और इसकी जगह 'छरिया या नकली अभिजात' लकड़ी बोसवेल ने ले ली। इसे काटने की कोई सपने में भी नहीं सोचेगा और इस पर कुदरत ने इतनी घास उगाई है जिसे कभी खत्म नहीं किया जा सकता। सागौन में एक बहुत मूल्यवान और दुर्लभ गुण है, जिसकी वजह से यह अनेक जगहों पर अपने अस्तित्व को बचा कर रख पाया है। इसकी कितनी भी कटाई की जाए या कुल्हाड़ी चलाई जाए, लेकिन इसकी जड़ को छोड़ दिया जाए, तो इसमें दूसरी शाखाएं उग आती हैं, जो कुछ ही सालों में बड़े लट्ठे का रूप ले लेती हैं। हमारे लोक निर्माण के बड़े कार्यों के शुरू होने से पहले इसी इमारती लकड़ी की सभी स्थानीय छोटे घरों में प्रमुख रूप से मांग थी। शायद इसी कारण देशी सरकारों ने इस बड़े इमारती लकड़ी के जंगल की कटाई के प्रति उदासीनता दिखाई। इस विषय में आगे भी चर्चा होगी।

साल के पेड़ में, जैसा कि मैंने पहले कहा, जीवटता सागौन की तुलना में ज्यादा होती है। इसका उपयोग भी उतना सामान्य नहीं होता, खासकर छोटे-मोटे कामों में, क्योंकि इसे काटना मुश्किल होता है और इसका कोयला भी घटिया गुणवत्ता का बनता है। अलबत्ता, इससे व्यापारिक रूप से कीमती लाट का उत्पादन होता है और इसी के कारण साल जंगलों का बहुत ज्यादा विनाश हुआ। इसके अलावा, साल जंगल आबाद इलाकों की पहुंच से बहुत दूर थे, जहां से बहुत बड़ी तादाद में रेलवे के लिए आपूर्ति की जा सकती। यह दूरी खराब सड़कों के रास्ते करीब 100 मील थी। इस दूरी की वजह से आज तक रेलवे के कार्यों के लिए साल की लकड़ी के सामान्य उपयोग में बहुत बड़ी बाधा आ रही है। इस इमारती लकड़ी की आपूर्ति प्रायः कभी समाप्त होने वाली नहीं है। आसान आवागमन के इस वाणिज्यिक मूल्य के विषय में इससे ज्यादा कठोर बात और क्या कही जा सकती है कि रेलवे को नार्वे से पाइन स्लीपर तथा आस्ट्रेलिया से आयरनवुड मंगवाना पड़ता है, जो इस इलाके में सौ मील के भीतर साल पेड़ उगाने से ज्यादा सस्ता लगा। इसे ऐसा न माना जाए कि साल की लकड़ी का उपयोग बिल्कुल नहीं हुआ। इसका कुछ उपयोग हुआ, लेकिन

आयातित माल की कीमत की तुलना में इसकी कीमत हमेशा बहुत ज्यादा रही। जहां ऐसा किया गया वहां कुछ गड़बड़ थी। गड़बड़ यह थी कि जबलपुर स्थित रेलवे से साल इलाके में जाने का अच्छा रास्ता नहीं था।

यह थी साल जंगलों की कहानी। जहां तक सागौन का सवाल है, इसकी रेलवे को आपूर्ति उपरोक्त कारणों से काफी कम हो चुकी थी। अलबत्ता, दूरस्थ जंगलों में आज भी काफी सागौन बचा है, जहां जाना इतना आसान नहीं था। अगर इन जंगलों को ठीक से हाथ में लिया जाता, तो इनसे कई बरसों तक इमारती लकड़ी की निरंतर आपूर्ति हो सकती थी। लेकिन बदकिस्मती से यह घोषणा करके भारी गलती की गयी कि एक समय के बाद जंगल सरकारी प्रबंधन में लाए जाएंगे और उनकी कड़ाई से सुरक्षा की जाएगी।

यह इस इलाके के पूरे उत्तरी हिस्से में बाकी बचे जंगलों के लिए घातक साबित हुआ। रेलवे ठेकेदारों तथा बहुत से सट्टेबाजों ने रेलवे के कार्यों तथा जंगलों को बंद करने के कारण आने वाले समय में इमारती लकड़ी की बढ़ सकने वाली कीमत को देखते हुए इनका भयंकर दोहन किया। वे रुपयों से भरी थैलियां लेकर जंगलों में गये और वहां रहने वाली जनजातियों के लोगों पर नोटों की बारिश कर कहा कि जहां जो सागौन का पेड़, पौधे से बड़ा हो उसे काट डालों और एक भी पेड़ मत छोड़ों। उन्हें काटकर उन पर अपना खास निशान लगा दो। यह काम पूरी वफादारी के साथ किया गया और कुल्हाड़ी ने किसी पेड़ को नहीं छोड़ा। इसके बाद, रेलवे के कार्यों में देरी हुई, ठेकेदार नाकाम हुए और पैसों की तंगी आ गयी। कटी हुई इमारती लकड़ी जहां पड़ी थी, उसे वहीं छोड़ दिया गया। सागौन में तेल बहुत ज्यादा होता है और कुछ समय उसे यूंही पड़े रहने देने पर इसमें आसानी से आग लग जाती है। लिहाजा, जहां पर लकड़ियां पड़ी थीं, वहां ऊंची घास में आग लग गयी और ज्यादातर लकड़ी जल गयी। कितना विनाश हुआ इसका सही-सही अंदाजा कभी नहीं लगाया जा सकता। कई सालों बाद जब जंगलों की खाक छानते हमें इन मासूम लकड़ियों की राख देखने को मिली, तब हमें पता चला कि बड़ी तादाद में ऐसी लकड़ियां काटी गयी थीं, जिनकी काटे जाने की उम्र ही नहीं थी और जिन्हें कभी काटा ही नहीं जाना चाहिए। जंगल महकमें ने आने वाले सालों में जो भी बचाया वह इस विनाश से कम था और उसकी कीमत भी कई लाख रूपए ज्यादा थी। जितनी लकड़ी काटी गयी थी, वह उसका सौवा हिस्सा भी नहीं था और उसकी कीमत हजारों में नहीं लाखों में आंकी जानी चाहिए। इस बड़ी भूल से जंगलों तथा इस इलाके को जो नुकसान हुआ उसकी भरपाई कभी नहीं की जा सकती। सच पूछिये तो इसकी भरपाई तो लोगों की दो पीढ़ियां भी नहीं कर सकतीं। उस वक्त के प्रशासनिक अफसरों को अपने इलाके से बाबस्ता जंगलों के बारे में जानकारी की कमी की इतनी बड़ी कीमत चुकानी पड़ी। शरारत हो चुकी थी, और इमारती लकड़ी के ज्यादातर सट्टेबाजों ने लेनदारों

से किनारा कर लिया। मध्य प्रांतों के गठन से पहले वे जंगलों में धधकती लकड़ियां छोड़कर चले गये। जंगल विभाग ने कड़ी मेहनत और खोजबीन करके, जो भी बचाया जा सकता था, बचाने का हरसंभव प्रयास किया। लेखक जिन खोजबीन के कार्यों से जुड़ा रहा, उनका विवरण आने वाले अध्यायों में दिया जायेगा। इस विवरण में मध्य भारत के इन जंगलों में शुरुआती खोज की कठिनाइयों और मजे की बातों का भी जिक्र होगा।

अध्याय-2

नर्मदा घाटी

महादेव पहाड़ियों की शुरुआत-एक खोजी का कैम्प-जंगली इलाकों में यात्रा-एक ऊंट को पकड़ना-नर्मदा घाटी में नीचे की ओर यात्रा-नदी में खड्ड-संगमरमर की चट्टानें-मधुमक्खियों की कॉलोनियां-एक गिरोह द्वारा घातक हमला-उनकी निर्दयता-शहर पर कब्जा-चांदनी रात में पिकनिक-मगरमच्छ और मछलियां-मगरमच्छ पर गोली चलाना, सर्द मौसम में कूच-इलाके की खुशहाली-घाटी में हिंदू प्रजातियों का विवरण-शिकार की बहुलता-जंगली मुर्गा और छिपकर गोली चलाना-तीतर और बटेर का शिकार-एक सांप के साथ जोखिम-काला हिरण-लुक छिपकर शिकार करने का तरीका-एक अकेला हिरण भारतीय चिंकारा-शिकार का तरीका-नीलगिरि-शिकारी तेंदुआ-भेड़िया-इंसानों को मारने वाले भेड़िये-एक जोड़े का विनाश-'टिंकर' और भेड़िया-जंगली सुअर-नर्मदा घाटी के लोग-गोंड मजदूर-महुआ का पेड़-कोयला खदानें-लुकछिप कर किया गया शिकार-पहाड़ी किले-जंगलों की सफाई-जंगली जानवर।

जनवरी 1862 की शुरुआत में मुझे पंचमढ़ी के पहाड़ों पर जाने का हुक्म मिला। इस ऊंचे भू-खंड को मैंने नर्मदा के दक्षिण में सतपुड़ा श्रृंखला का मुकुट कहा है। इस व्यापक वन क्षेत्र में हमारे कार्यों का केन्द्र निर्धारित किया जाना था। गोंड और कोरकुओं के इस इलाके के बीचोंबीच एक स्थायी जंगल लॉज बनायी जानी थी। हमें इन बचे हुये बेहतरीन जंगलों को बचाने की अपनी कोशिश में इन्हीं लोगों के हित को अपने हित से जोड़ना था, जिनसे इन पहाड़ियों के ढलान ढंके हुये थे। जैसा कि मैंने बताया कि हमें इस इलाके की बहुत कम जानकारी हासिल थी। लेकिन एक बात काफी हद तक तय थी कि इस उबड़-खाबड़ इलाके में और इसमें रहने वाले लोगों के कारण जो भी दिक्कतें आएंगी उन्हें दूर करने के लिए पहले काफी मेहनत करनी होगी।

इस तरह के जंगली इलाके में ऐसा कैम्प लगाने में ज्यादा वक्त नहीं लगता। करीब एक साल पहले मेरी टुकड़ी के लौटने के समय से ही मैं तकरीबन अकेला ही

ड्यूटी कर रहा हूं या फिर शिकार कर रहा हूं। उस हिमालय की तराई में तीन साल बिताने के बाद तथा बुंदेलखंड की पथरीली बंजर जमीन पर बागियों का पीछा करते वक्त मेरे पास जो कुछ थोड़ी-बहुत संपत्ति थी, उसमें कुछ खास इजाफा नहीं हुआ। ऐसे इलाकों में यात्रा करने के दो तरीके हैं। पहला यह कि बड़े टेन्टों का पूरा इन्तजाम और उनमें लगने वाली आरामदेह चीजों को साथ में ले जाया जाये। इससे भारत की सामान्य परिस्थितियों में चलने-फिरने में कुछ खास परेशानी और असुविधा नहीं होती। आपके साथ नौकरों तथा सामान ढोने वाले जानवरों की फौज होती है। इसके अलावा, घोड़ों की छोटी-छोटी टुकड़ी और छोटी-सी फौज भी हिफाजत के लिए होती है। कैम्प में करीब 50 से 80 आदमी और इससे करीब आधी तादाद में अलग-अलग जानवर रहते हैं। इस तरह का इन्तजाम सिविल अफसर के साथ होना वाजिब और लाजिमी भी है, जिसे मैदानी इलाकों में आबाद तथा आवश्यकताओं की पूर्ति कर सकने वाले किसी जिले से अपने ओहदे की शान को भी बरकरार रखते हुये आहिस्ता-आहिस्ता आगे बढ़ना है। लेकिन बिखरी हुई जनजातियों तथा साधनहीन मूल निवासियों की कठिनाइयां मजबूरन समझ में आ जाती है। गुजरते हुये, जाने वाले को कभी-कभी आगे बढ़ने पर ऐसा लगता है कि ये लोग अपने इलाके में बुरी तरह छोड़ दिये गये हैं। इन बाहरी इलाकों में साधनों की जितनी भयानक कमी है, अगर मैं उसकी बात करूं, तो इस परिस्थिति को समझना शायद ज्यादा आसान होगा।

अपनी शिकार मुहिमों के दौरान मैं सिर्फ एक छोटा टेंट लेकर चलता था, जो आठ वर्गफुट का और पाल का बना होता था। यह दोहरे धागे के बने देशी कपड़े से तीन या चार गुना मोटा होता था। इसे आपस में सिलकर दो खड़ी बल्लियों पर टांग दिया जाता था। यह मजबूती और हलकेपन में बेमिसाल होता था। इस टेंट में न कोई दरवाजा होता न खिड़की, लेकिन बीच में एक दरार होती थी और आंधी-तूफान के वक्त इसे मजबूत बंदों से बांध दिया जाता था। सामान्य मौसम में रात के अलावा इसे खुला रखा जाता है, ताकि सुहानी हवा भीतर आ सके। इस तरह के टेंट वाकई बहुत सुरक्षित होते हैं। इनमें रहने की जगह भरपूर होती है, क्योंकि यात्रियों को इनके भीतर कोई बहुत काम नहीं होता है। अलबत्ता, बहुत गरम मौसम में जब इस टेंट को लगाने के लिए कोई पेड़ नहीं होते, तब तकलीफ होती है। इसमें बांस की बनी एक फोल्डिंग खटिया, केन स्टूल, छोटा फोल्डिंग टेबुल, बाश बेसिन और स्टेण्ड और अपना सूटकेस और बंदूक रखने के लिए काफी जगह होती है। किसी शिकारी या खोजी को तकरीबन इतनी ही चीजों की जरूरत होती है। साथ में, खाने पीने की काफी चीजें रहती हैं, क्योंकि ये जंगल में मिलती नहीं हैं। लिहाजा, इस यात्रा के पहले जो भी मुश्किल अभियान या शिकार की यात्राएं हुईं, उनमें इतनी ही चीजें मुझे लगती थीं। इस मौके पर मैंने नौकरों के लिए बारह वर्गफुट के एक और टेंट तथा कुछ नये रखे हुये देशी फारेस्टरों को भी अपने अभियान में शामिल कर लिया, जो मुझे खोज में मदद

करते। हमें सरकार ने कुछ बड़ा 'डबल-रूफ टेन्ट' उपलब्ध कराया था, जिसे पहाड़ी पर एक डिपो के रूप में लगाना था, जबकि पक्की लॉज की तामीर चल रही थी। इस अतिरिक्त सामान के साथ मैंने चार-पांच छोटे टेंट भी रख लिये थे, जो गंदे और बदहाल थे। इस सब सामानों को लादकर चलने के लिए मैंने चार-पांच टट्टू रख लिये थे। ये इतने मजबूत थे कि इनसे कितना भी काम करा लो थकने का नाम नहीं लेते थे और चरने के लिए उन्हें एक बार खुला छोड़ दो, उसके एकदम बाद वे किसी भी काम के लिए तैयार हो जाते थे।

मेरा अपना टेंट हमेशा की तरह एक ऊंट पर रखा। मैं 'जंगली' के अलावा किसी और ऊंट को अपने साथ लाने का जोखिम नहीं उठा सकता था, क्योंकि जिस इलाके में मैं जा रहा था वह मुश्किलों से भरा था। अगरचे ऊंट मुश्किल और ऊबड़-खाबड़ इलाके में आराम से चलता हुआ सवार को मंजिल तक ले जाता है, लेकिन महादेव पहाड़ियों में ऐसे अनेक दर्रे हैं जहां ये जानवर सामान लेकर नहीं जा सकते। कहीं-कहीं तो हालत ऐसी होती है कि ये बिलकुल आगे नहीं बढ़ पाते। लेकिन यह 'जंगली' आम ऊंटों से अलग प्रकार का था। काबुली व्यापारियों द्वारा इस्तेमाल किये जा सकने वाला यह कम ऊंचा, मजबूत तथा झबरा ऊंट था। हर साल सर्दियों में यह अपने देश से सूखे मेवे लेकर भारत के मैदानी इलाकों में लाता था। मैंने इसे तब पकड़ा जब वह बेतहाशा भाग रहा था और बुन्देलखंड में केन नदी के किनारे पहाड़ियों पर इसका कोई घनघोरी नहीं दिख रहा था। शिकार के लिए बाहर निकला हुआ मैं इसे एक झुरमुट में से निकलकर चट्टानों और बीहड़ों को लांघकर जाते हुये देखकर ताज्जुब में पड़ गया। इसके बाद एक बहुत गैरमामूली दौड़ शुरू हुई—सिपाही, ऊंट वाले और हमारे कैम्प के लोगों के बीच। आखिर हमने एक कोने में से उसे पकड़ ही लिया और उसकी लंबी टांगों तथा खतरनाक जबड़ों को टेंट की रस्सी से बांध दिया। फिर हमने उसकी नाक में छेद किया और उसे भूखा रखा ताकि वह ज्यादा चूं-चपड़ किये बगैर हमारे साथ आ जाये।

गालिबन, उसे मेरे द्वारा देखे जाने से काफी पहले मुसीबतों में पड़े किसी क्रांतिकारी दल ने वहां छोड़ दिया था। जंगल के हालात में वह काफी रमा हुआ लगता था। ऊबड़-खाबड़, कमरतोड़ इलाके में इतना सारा सामान इतनी आसानी से ढोकर ले जाने वाला जानवर मैंने इससे पहले नहीं देखा था। बेचारा! उसकी जंगली जिंदगी का खात्मा एक शेर के पंजे से हुआ, जब वह फिर से वैसी ही आजादी की जिंदगी जीने के चक्कर में बैतूल के जंगलों में चला गया। वह कभी बुन्देलखंड के जंगलों में रहता था।

ग्यारह जनवरी को मैंने छोटे से खूबसूरत जबलपुर स्टेशन और अपने पंजाबी साथियों को अलविदा कहा। 25वीं रेजीमेंट के इन जिंदादिल और जांबाज सिखों से विदा लेते हुये मुझे बहुत दुख हुआ। सन् 1857 में बंगाल आर्मी के खंडहर पर बनी

यह पहली रेजीमेंट थी, लेकिन अमन के वक्त भारत में फौजी काम करना बहुत उबाऊ होता है। मैं कबूल करता हूं कि परेड की रोजमर्रा की कवायद से बचकर जंगल की जिन्दगी जीने पर मुझे कोई अफसोस नहीं हुआ। मैं सोचता हूं कि :

"अब भौंडे बर्बर नगाड़ों की
कर्कश आवाज नहीं
बल्कि जंगल के मुर्गे की सुरीली
बांग मुझे जगाया करेगी"

पहली पांच यात्राओं (82 मील) के लिए मेरा रास्ता नर्मदा की खुली और अच्छी कृषि-समृद्ध नर्मदा घाटी है। पहली यात्रा में मैं एक बेहद खूबसूरत जगह को आखिरी सलाम करने गया, जो सड़क से कुछ मील दक्षिण में है। जबलपुर जाने वाला क्या कोई भी शख्स संगमरमर के पहाड़ों को कभी भूल सकता है? किसी भी इलाके में कोई विशाल नदी अपनी चौड़ाई से तीन गुना सिकुड़कर करीब दो मील तक शुद्ध संगमरमर की सौ फिट ऊंची दो दीवारों के बीच बहती जाती हो, तो इसका खूबसूरत नजारा बेमिसाल होगा ही। लेकिन एक शोर भरे श्यामल पूर्वी इलाके में, इन शुद्ध ठंडी पहाड़ियों से उपजी शीतलता और शांति तथा गहन और नीलाभ लेकिन पारदर्शी जल सम्मोहित कर देता है। बिखरी और प्रतिभासित सूर्य की रोशनी इतनी अद्‌भुत छटाएं बिखेरती है कि इन्हें देखते आंखें नहीं थकतीं। ये किरणें इस वक्त एक बर्फ से ज्यादा सफेद ऊंची संगमरमर की ऊंची चोटी से निकल रही हैं और उनके पीछे नीले आकाश की पृष्ठभूमि है। लगता है जैसे कोई चांदी का टुकड़ा हो। ये किरणें यहां तेज रौशनी का स्पर्श पाकर मध्य ऊंचाई तक आलोक का प्रसार करती हैं और फिर अपनी कोमल नीलाभ गुफाओं में वापस खो जाती हैं। इसके और नीचे, खड़ी पहाड़ियों के निचले हिस्से धुंधले साये में छुप जाते हैं जिससे यह पता नहीं लगता कि चट्‌टानों का कौन-सा हिस्सा पानी में मिल गया है और कितनी गहराइयों से यह प्रकाश वापस आकर उपरोक्त प्रकार से प्रतिबिम्बित हो रहा है। ये हजारों स्फूर्लिंगों के रूप में टूटकर जल के भंवर में समा जाती हैं।

यहां-वहां शक्कर से सफेद चूना पत्थरों पर गहरे हरे अथवा ज्वालामुखी चट्‌टान की शिराएं दिखाई देती हैं। इस विषमता से आसपास के संगमरमर की शुद्धता और बढ़ जाती है। इन संगमरमर की चट्‌टानों पर जाने वाले को चपटे तल की डोंगी से एक तंग दर्रे से होकर 'धुंआधार' तक जाना पड़ता है, जहां नर्मदा इस विशाल घाटी में पहली बार आकर गिरती है। इस अनोखे खूबसूरत नजारे को दिनभर स्वप्न की तरह देखिए, तो भी कम है।

इस सुंदर दृश्य का मौन होकर आनंद लेने में बस एक बाधा यह है कि यहां मधुमक्खियों के अनगिनत छत्ते हैं। बांयें किनारे की चट्‌टानों के अधिकतर बाहर निकले हिस्सों पर इनके झुंड-के-झुंड देखे जा सकते हैं। सर्दी के मौसम में ये मधुमक्खियां

आक्रमक नहीं होतीं, लेकिन मार्च से जुलाई के बीच इनसे जरा-सी भी छेड़छाड़ हो जाये तो इनके दल-के-दल हमला कर देते हैं। इनका हमला बड़ा जबर्दस्त होता है और मेरे इस बार यहां आने से कुछ दिन पहले ही बोडिंग्टन नाम के एक सज्जन के लिए ये यमदूत साबित हो चुकी थीं। वह महाशय एक इंजीनियर थे और रेलवे की क्रासिंग के लिए नदी के पानी की थाह लेने के लिए काम कर रहे थे। ऐसा माना जाता है कि इस मौके पर उनके कुछ साथियों ने उन्हें छेड़ दिया था। वे लोग ऊपर नीली चट्टान पर कबूतरों पर बंदूक चला रहे थे। इस पर इन मधुमक्खियों ने भड़ककर इन सज्जन और उनके साथ नीचे नाव पर सवार श्रीमान आर्मस्ट्रांग पर हमला कर दिया। कुछ देर बाद दोनों लोगों ने पानी के अंदर जाकर जान बचाने की कोशिश की। उसका साथी पानी में गहरा चला गया और इस तरह गुस्साई मक्खियों के कहर से बच सका। वह जाकर चट्टान की कुछ दरारों में छुप गया। लेकिन श्रीमान बोडिंग्टन, अच्छे तैराक होने के बावजूद उनकी नजरों से नहीं बच सके और बचने के चक्कर में आखिरकार नदी में नीचे बहकर डूब गये। उनकी कब्र उसी प्रपात के ऊपर बनी है जिस पर उसी चट्टान की संगमरमर की शिला रखी है, जिसके नीचे उनकी मौत हुई थी।

मैं समझता हूं कि इन चट्टानों पर आने वाली मधुमक्खियां सामान्य बोन्हरा प्रजाति की होती हैं। अंधाधुंध रूप से अपने बड़े छत्ते इन चट्टानों तथा जंगली पेड़ों की शाखाओं पर बनाती हैं।

मध्य भारत में अन्य दो प्रजातियों की मधुमक्खियां भी पाई जाती हैं, लेकिन ये दोनों ही बोन्हरा से छोटी होती हैं और दोनों में से कोई आक्रमक नहीं होती। बोन्हरा जंगली इलाकों में बहुत आमतौर पर पायी जाती हैं। मैं खुद कई बार इनके हमले झेल चुका हूं। हमला होने पर बचने का एक ही रास्ता है कि निकटतम घनी झाड़ियों में घुसकर किसी एक पत्ते वाली शाखा को तोड़कर, जहां भी खुली जगह मिल इसे हिलाओ। एक बार तो मण्डला जिले में मुहिम के दौरान मेरा सामान ढोने वाले जानवरों तथा नौकरों पर मधुमक्खियों ने हमला कर दिया और वे जहां-तहां बिखर गये। कई लोगों और जानवरों को इतनी बुरी तरह डंक लगे कि वे कई दिन बिस्तर से लगे रहे। एक टट्टू, जो अपने ऊपर लदे सामान को नहीं फेंक पाया, वहीं मर गया। हमारा किट पूरे जंगल में इधर-उधर बिखर गया, जिसे कई दिनों तक समेटा नहीं जा सका। एक बार एक बेशकीमती हाथी पर इनका हमला हुआ, जिसे इन्होंने जंगल में खदेड़ दिया। वह इतना डर गया कि उसकी कई दिनों तक खबर ही नहीं मिली। मैंने सुना है कि विद्रोह के दिनों में लखनऊ के पास सैनिकों की एक बड़ी टुकड़ी को भी इन्होंने तहस-नहस कर दिया था। इन भयंकर मक्खियों के झुंड ने इस टुकड़ी के घोड़ों, पैदल सैनिकों, सभी को बेहाल कर दिया था। इस तरह अन्य प्रजातियों की मधुमक्खियों के शहद और मोम का हमारे जंगलों से नियमित रूप से निर्यात किया जाता है। इन चीजों को यहां से ले जाने के काम में लगे लोगों को इनसे निपटने का हुनर तो कुछ खास

नहीं आता, लेकिन वे हिंसक तरीके अपनाते हुये मशाल के धुएं से रात के वक्त छत्तों में ही इनका दम घोंट देते हैं। सबसे ज्यादा उत्पादन नर्मदा पर इस जैसी चट्टानों से ही प्राप्त होता है। बांस की बनी उनकी पतली सीढ़ियां अक्सर इन संगमरमर की चट्टान से लगी देखी जाती हैं, जो चट्टानों की कोर से लटककर पानी के भीतर तक जाती हैं। यह शहद यूरोप में पालतू मधुमक्खियों से मिलने वाले शहद से गुणवत्ता में कमतर होता है। कभी-कभी तो इसकी क्वालिटी जहरीली होती है क्योंकि मधुमक्खी किसी जहरीले फूल पर बैठ गयी होती है। राइफल की गोली से चट्टान को खरोंचकर छत्ता प्राप्त करना आसान होता है। एक बार मैं संगमरमर की चट्टानों पर दूसरे किनारे पर सुरक्षित स्थिति में खड़ा होकर ऐसा कर रहा था कि अनेक छत्ते नीचे गहरे पानी में नष्ट हो गये।

इन उपद्रवी मधुमक्खियों की मौजूदगी से हमारे लिए यह बधाई के लायक बात हो गयी कि संगमरमर की चट्टानों का बेहतरीन नज़ारा हमें 'फीकी चांदनी' में मिला। उस वक्त मधुमक्खियां कोई नुकसान नहीं करतीं। अगर कुदरती नज़ारे की खूबसूरती में इसकी रोशनी और छायाओं की वजह से कुछ कमी भी आ भी जाती है, तो वह ऐसी जगह के लिए उपयुक्त ही है जिसे ईश्वर ने अपने चिरस्थायी मंदिर के रूप में निर्मित किया हो। मुझे यह कहते हुये अफसोस है कि जबलपुर के पुराने दिनों में हम अक्सर इस पावन जगह पर अपावन पिकनिक मनाकर इसकी पवित्रता को नुकसान पहुंचाया करते थे। इस दौरान हम शैम्पेन पीते थे, ब्रास बैंड बजाते थे और गाते थे। ये कभी-कभी भजन के एकदम उलट भाव वाले होते थे। इसमें हमें बड़ा मजा आता था, हालांकि इसमें ज्यादातर बातें गैरमुनासिब होती थीं।

संगगरमर की चट्टानों जैसी कुदरती जगह पर ब्राह्मणों के द्वारा पुण्य कर्म न किये जायें, यह मुमकिन ही नहीं है। हिन्दुओं पर अक्सर यह आरोप लगता है कि उनमें प्राकृतिक सौंदर्य के प्रति अभिरुचि कम है। इसकी सबसे बड़ी मिसाल यह है कि वे अपनी धार्मिक इमारतों के निर्माण के लिए सुन्दरतम स्थलों को चुनते हैं। हिन्दू पुराणों की अधिकतर बहुप्रचलित गाथाओं को ब्राह्मण इस स्थान से जोड़ता है। वानर जाति के हनुमान लंका के लिए यहीं से छलांग लगाते हैं और इन्द्र का दिव्य श्रद्धालू ऐरावत यहां एक सफेद चट्टान पर अपने भारी पांवों के निशान छोड़ता है, जो हाथी यात्रियों को आज भी दिखाया जाता है। दाहिने तट पर स्थिर खड़ी चट्टान पर शिव के अनेक खूबसूरत मंदिर बने हैं। नदी के छोर पर नर्मदा मैया में भक्त हिंदुओं के मृत शरीर को बहाने के लिए एक घाट बना है। तफरीह के लिए जाने वाले लोगों का मजा बीच घाट में किसी मुर्दे के नाव से टकरा जाने से किरकिरा हो सकता है। भारत में अनेक ऐसी खूबसूरत जगहों पर इस तरह की बदसूरत चीजें देखने को मिल जाती हैं और इनका पवित्र जल पिशाच जैसे कछुओं, भयंकर मछलियों तथा वीभत्स मगरमच्छों द्वारा प्रदूषित किया जाता है, जो इन मुर्दों को खाकर मौज करते हैं।

मेरा मानना है कि मध्य भारत की इन नदियों तथा तालाबों की यह आम मगरमच्छ ऊपरी भारत में पायी जाने वाले crocodilus biporcatus ही है। भारतीय मगरमच्छ की अन्य प्रजातियां (Gavialis Gangeticus), लंबी नाक वाली गेवियल, इन प्रांतों में सिर्फ महानदी में पायी जाती हैं। यह नदी बंगाल की खाड़ी में गिरती है। नर्मदा के लंबे विस्तार में चौड़े नथुनों वाली मगरें भी काफी तादाद में पायी जाती हैं। लेकिन जहां तक मैंने देखा है, वे चट्टान तल वाली नदियों में वो आयाम प्राप्त नहीं कर पातीं जो गंगा और यमुना में प्राप्त हो जाती हैं। मैं समझता हूं कि यहां मगरमच्छ की लंबाई आठ से नौ फीट तक होती है। मैंने इस संबंध में कोई पुख्ता बात नहीं सुनी कि हमारी नदियों में किसी मगरमच्छ ने किसी वयस्क व्यक्ति को खाया हो। छोटे-छोटे जानवर ले जाये जाते हैं और कभी-कभी छोटे बच्चे रहस्यमय रूप से घाट से गायब हो जाते हैं। जंगली मुर्ग को ढूंढ़ लाने के काम में लगाया गया कोई कुत्ता कभी-कभी इनका शिकार बनेगा, यह बात एक तरह से निश्चित ही है। पास ही किसी बतख के गिर जाने पर आमतौर पर मगरमच्छ किनारे पर ही आ जाता है और इस तरह गोली से मरने वाले अनेक पक्षी गोली मारने वाले के सामने से जैसे जादू से गायब हो जाते हैं। लेकिन मगरमच्छ अगर यह देख ले कि बतख को ढूंढ़ने मोटा-ताजा कुत्ता उसके पास आ रहा है तो वह उसे ही लपकेगा। मेरे एक प्यारे कुत्ते 'क्वेल' पर 'बतखों की बड़ी सनक' सवार थी। वह कई बार इनका शिकार होते-होते बचा। उसके बाद उसकी चार पीढ़ियों के कुत्ते मेरे पास रहे लेकिन पानी में मगरमच्छ से बतख लाने का हुनर मैंने किसी को नहीं सिखाया।

अगर, मगरमच्छ हमारे जिंदगी के लिए इतने कम खतरनाक हैं और कुछ हद तक तो सफाई कामगार तक होने का दावा कर सकते हैं, लेकिन इंसान की फितरत में यह शामिल नहीं है कि वह मौका मिलने पर इतने भयंकर रेपटाइल को मारने से बाज आए। संगमरमर की चट्टानों के दर्रे में एक जगह है जहां इस तरह का मौका हमेशा रहता है। ठंडा मौसम और गरम सूर्य सबसे ज्यादा अनुकूल स्थितियां हैं। यह जगह बांये तट पर है, जो विश्राम गृह से चौथाई मील ऊपर है। यहां क्रूर जानवर आते ही रहते हैं और जलीय पक्षी उन पर नजर रखे रहते हैं। जब दोपहर होने को हो तब यदि आप अपनी रायफल लेकर वहां जाते हैं, जहां चट्टानों के बीच एक दर्रा है, और अगर इस जगह पर कोई दखल नहीं हुआ होगा तो आपको जल्दी ही (यदि आपसे पहले से वह वहां नहीं हो तो) एक या दो छोटे-छोटे मगरमच्छ बीच धारा में तैरते दिख जायेंगे। अगर आपको अनुभव हो तभी आप उन्हें पहचान सकेंगे, वरना आप उन्हें लकड़ी के ठूंठ समझ लेंगे, जो वहां हमेशा तैरते ही रहते हैं। देखिए, कुदरत भी अपने घृणित उत्पादों का कितनी अच्छी तरह हिफाजत करता है। मगरमच्छ अपने आराम करने की जगह पर बहुत होशियारी से जाता है। वह दूर से ही बहुत ध्यानपूर्वक इसकी टोह लेता है। अगर उसे जरा भी शक होता है तो वह

अपने को रास्ते में बार-बार डूबोता, ऊपर लाता रहता है। अगर पहली बार में ही नहीं आ पाता तो वह फिर पानी में चला जाता है। इसके बाद आप देखेंगे कि उसका खुरदुरा सिर आपके नीचे की चट्टान के फलक पर रखा हुआ है और उसकी मछलीनुमा आंखें धीरे-धीरे घूम कर आखिरी बार आसपास का सर्वेक्षण कर रही हैं। यह सब करने के बाद वह अपनी विशाल पूंछ को पानी से बाहर एक तरफ ले जाकर किनारे पर पसर जाएगा और जरा-सा भी खतरा होने पर दुबारा पानी में जाने को तैयार रहेगा। आप उसकी गर्दन पर निशाना साधेगें, ठीक उस जगह जहां यह सिर से जुड़ती है। इसके बाद अगर आप इसके बिलकुल केन्द्र पर गोली मारेंगे, कहीं और नहीं, तो वह कभी हिलेगा भी नहीं। किसी और तरह से गोली चलाना उसके लिए घातक हो सकता है।

ऐसा होने पर ही वह पानी में जाकर खुद को नहीं बचा पायेगा। कुछ ही घंटे पहले मरे हुये मगरमच्छ से जैसी भयानक 'प्राचीन मछली जैसी सड़ांध' आती है वैसी किसी दीगर रेपटाइल में नहीं आती। आप इन मगरमच्छों को मारने की गरज से नाव के द्वारा इनके पास किसी भी सूरत में नहीं जा सकते। इनके शिकार का बस वही दोपहर वाला एक सटीक तरीका है, जो मैंने पहले बताया है या फिर शाम को चिल्लाने वाले कुत्ते के पिल्ले को उसके सामने चारे के रूप में पेश किया जाए, जब उन्हें खाने की तलाश सबसे ज्यादा होती है। नर्मदा घाटी जैसे समृद्ध और खुले इलाके में एक निर्धारित कैम्प की तरफ ठंडे मौसम में जाने का मजा ही अलग है।

फुर्सत के मूड में धीरे-धीरे एक के बाद एक दिलचस्प चीजें देखते हुये बढ़ते जाइये। बहरहाल, उन दिनों के जंगल अफसरों को ये चीजें देखने को नहीं मिली होंगी। हमारा काम गहन और घने जंगलों में या फिर प्रहाड़ियों और मैदानों के बीच स्थित आधे रूप से कृषि योग्य बनाये गये इलाके में था, जहां आमतौर पर इमारती लकड़ी का धंधा होता था और जहां वनोपजों के लिए मुख्य डिपों कायम किये गये थे। अगर इत्तेफाक से जंगल-से-जंगल हमारा रास्ता ऐसे किसी खुले इलाके में ले जाता तो हमारी गतिविधियां इतनी तेज होती थीं कि जानवर हमारे साथ चल सकते थे और यथाशीघ्र हम सभ्य इलाके से बाहर पहुंचकर किसी सुनसान जंगली इलाके में समा जाते थे। बाद के सालों में जब मैं आबाद जिले में मालगुजारी के काम में लगा था तब मैंने इसकी उलट तस्वीर देखी। हम केनवास घरों (क्योंकि हमारे बड़े भारतीय टेंट ऐसे ही होते हैं) के डुप्लीकेट सेट लेकर अच्छे रास्तों तथा आसान जगहों से गुजर रहे थे। इनमें से एक रातभर के लिए होता था और सुबह किसी अमराई की गहरी छाया में लगा दिया जाता था। यह टेंट किसी ऐसे आबाद गांव के पास लगाया जाता था, जहां से हमें जरूरत की चीजें मिल सकें। सुबह गरमागरम कॉफी पीकर हम धीरे-धीरे हरे और घास के मैदानों से घोड़े पर बैठकर गुजरते तथा जंगल से ढंकी पहाड़ियों का नज़ारा करते घूमा करते थे।

मध्य भारत में सर्दी के मौसम, अर्थात् नवंबर से मार्च तक की जलवायु आउट डोर कार्यों तथा इनडोर व्यवसायों के लिए एकदम उपयुक्त होती है। दोपहर के वक्त अगर सूर्य इतना तपता हो कि खुली हवा में कड़ी मेहनत नहीं की जा सकती हो, तो केनवास के अंदर तापमान मजे का रहता है, जबकि सुबह और शाम ठंडी होती है। रात तो इतनी सर्द होती है कि कई कम्बल औढ़ने पड़ते हैं। जनवरी में पानी पर आमतौर पर बर्फ पायी जाती है, जो रातभर ठंड पड़ने से जम जाती है। ऐसे मौसम में अभियान जितना मजेदार रहता है उसकी बराबरी कोई नहीं कर सकता, बशर्ते साथ में अच्छे लोग हों। रास्ते में दिलचस्प नज़ारे और चीजें, वहां के लोग और कुदरती चीजें, सभी कुछ अद्‌भुत हैं। नर्मदा घाटी इलाका ऐसा ही है।

इस इलाके तथा इसके लोगों के इतिहास के विषय में आखिरी अध्याय में कुछ कहा गया है। बहुत अधिक पुरानी बात नहीं है, जब यह इलाका गोंडो की शिकारगाह था, जो अब आसपास की पहाड़ियों तक सिमटकर रह गया है। हिंदू प्रजातियों के आने से पहले यहां ज्यादा-से-ज्यादा यह होगा कि कुछ थोड़ी-बहुत अनगढ़ तरीके की खेती होती रही होगी। हिंदू प्रजातियों ने यहां के जंगलों को काटकर इनमें विचरण करने वाले जंगली हाथियों को सुदूर पूर्व में खदेड़ दिया और इसकी काली मिट्टी पर गेहूं की खेती शुरू कर दी, जिसे देखकर हर कोई इसकी तारीफ करता है। तीन सदियों से भी कम समय में यह किया गया है, लेकिन फिर भी यह कहने का रिवाज है कि भारत एक अप्रगतिशील राष्ट्र है, और यह भी कि इतिहास की शुरुआत से यह एक ही जगह खड़ा है। हर चीज से स्पष्ट होता है कि यह इलाका आज भी बहुत जवान है। लोगों की कद-काठी मजबूत है और सेहत अच्छी। लगभग नयी जमीन को जोतने वालों के हिस्से में जो समृद्धि आती है उसका वे पूरा आनंद लेते हैं। यह सही है कि इस पर कड़ी मेहनत से खेती करने पर भी उतनी उपज नहीं मिल पाती जितनी लंबे समय से खेती योग्य बनायी हुई कमजोर किस्म की मिट्टी से अधिक सघन आबादी वाले लोग प्राप्त कर लेते हैं। लेकिन फिर भी कम पैसे और सामान वाले गरीब लोगों के लिए इस तरह खेती करना काफी लाभप्रद होता है। ज्यादा जमीन वाले नये देशों की मिसाल हमारे सामने है। जैसा कि अमेरिका में है, जब पूंजी और मशीनों के संसाधन उपलब्ध होते हैं, तो ज्यादा जमीन पर तुलनात्मक रूप से कम परिष्कृत तरीके से खेती करने पर भी छोटे इलाके में ज्यादा बुआई करने की अपेक्षा ज्यादा फायदा होता है। यही कारण है कि भारत के इस और अन्य भागों में आज भी अपरिष्कृत तरीके से खेती की जा रही है। इस अकाट्य तथ्य की उन लोगों द्वारा लगातार अनदेखी की जाती है जो भारतीय खेती की बर्बर प्रक्रियाओं की बात का विरोध करते हैं या जो मध्य प्रांतों में ज्यादा भूमिकर के खिलाफ बोलते हैं। यह उत्तरी तथा पश्चिमी भारत के पुराने इलाके में लिये जाने वाले प्रति एकड़ कर के बराबर है। आज जब जमीन से घिरी इस घाटी का दोहन लोह मार्ग के द्वारा हो गया है, तब वह समय दूर

नहीं है, जब अधिक सघन रूप से बसे इलाकों के लोग यहां आ जायेंगे, और 'जीवन के लिए संघर्ष' शुरू हो जायेगा, जिससे संभवतः प्रति एकड़ उपज काफी बढ़ जायेगी। रेन्ट बढ़ जायेंगे और कुछ लोग धनवान तथा अधिक लोग कंगाल बन जायेंगे, जो 'पुराने देशों' की खास किस्म की खुशहाली है। फिलहाल, सभी के लिए खुशहाली नियम है और गरीबी बहुत दुर्लभ अपवाद। अच्छे मकान, भरी पूरी पशुशालाएं और सामान्य सुख-सुविधाएं और खुशहाली हिंदू गांवों से बच नहीं सकती। यह सच है कि इस जमीन के गोंड लोगों ने, जिन्होंने पहाड़ों पर चले जाने के बजाय किसी हिंदू मालिक की सेवा करना पसंद किया, को अच्छे कपड़े और घर नसीब नहीं हैं, वे हिंदू घरों की सीमाओं से बहिष्कृत जैसा जीवन जी रहे हैं, लेकिन उनके पास भी खाने को पर्याप्त है। यह उनकी स्वाभाविक लापरवाही और दुर्गुण ही है जो उन्हें आसपास बिखरी समृद्धि का बड़ा भाग पाने से रोके हुये है। बहरहाल, इस विषय पर आगे चर्चा की जायेगी।

पूर्व में और वर्तमान में इन आये हुये हिंदुओं का मूल जनजातियों पर पूर्व में हुये और वर्तमान में हो रहे प्रभाव पर चर्चा की जाएगी। इन्हें आमतौर पर आर्य श्रेणी में माना गया है जो 'तौरेनियन' लोगों से अलग हैं। तौरेनियनों के विषय में माना जाता है कि वे ऊपरी एशिया से आये गौर आर्यों से पहले हिन्दुस्तान में आये। इनमें वे जंगली प्रजातियां शामिल हैं, जो इन पहाड़ों में पायी जाती हैं। लेकिन यह बात आसानी से साफ हो जाती है कि ये हिन्दू प्रजाति स्वयं भी किसी के प्रभाव में लंबे समय तक रही, जिसने मूल उच्च आर्य वर्ग को काफी परिवर्तित किया। यह वह वर्ग है जिसमें मनुष्य जाति की श्रेष्ठतम प्रजाति शामिल है। यूरोप की काकेशियन, उच्च एशिया की पर्शियन और संस्कृत भाषी गौरवर्ण के लोगों, जो अनगिनत युगों पहले उत्तर से भारत में आये, के ऊपर सिर्फ जलवायु का ही प्रभाव नहीं रहा होगा, जिसने उनके वंशजों को समान रूप से प्रभावित किया। इनमें हम अनेक तरह की विभिन्नताएं देखते हैं। धुर उत्तर-पश्चिम के ब्राह्मण का रंग गोरा तथा कद-काठी सुंदर होती है। जबकि पूर्व और दक्षिण के चमार और पेरियाह नीग्रो की तरह काले होते हैं। इससे यह पता चलता है कि इसका कारण यहां आकर बसने वाली प्रजातियों का निरन्तर तौरनियन प्रजातियों के साथ मिलन है, जो उनके आने से पहले इस जमीन पर काबिज थे। शारीरिक लक्षणों को देखने से स्पष्ट होता है कि उत्तरी भारत की सर्वोच्च जातियां आर्य रक्त की शुद्धता का कोई दावा नहीं कर सकतीं। देशी रक्त के सम्मिश्रण से, जैसा कि वर्ण और शारीरिक लक्षणों से पता चलता है, उत्तर पश्चिम में आर्यों के मूल स्थान से हम जैसे-जैसे आगे बढ़ते हैं वैसे-वैसे यह अधिक होता जाता है। लिहाजा, इस बात में कोई शंका नहीं रह जाती कि आधुनिक हिंदू एक संकर प्रजाति हैं और वह कहीं ज्यादा निरन्तर प्रजाति के लोगों के विशाल समुद्र में आर्यवाद की लहर से हुये संविलियन का परिणाम है। यह निरन्तर प्रजाति वही थी जिसका प्रतिनिधित्व दुर्गम पहाड़ियों में

आज भी अपनी मूल अवस्था में रहने वाले लोग करते हैं। धीरे-धीरे इस लहर की ताकत कम हो गयी और इस पर कितना प्रभाव हुआ इसको जानना इतना सूक्ष्म हो गया कि अब यह रेखा खींचना कठिन है कि कहां से किसका प्रभाव शुरू होता है। इस स्थिति से कठिनाई और भी बढ़ जाती है कि आर्यों की भाषा, रीति-रिवाज और आस्थाएं आर्यों के रक्त के स्पष्ट प्रभाव की सीमा से बहुत दूर चली गयी हैं। कुल मिलाकर दोनों प्रजातियों का एक-दूसरे में पूरी तरह विलय हो गया है।

बहरहाल आर्य भाषा, धर्म और रीति-रिवाजों का निरन्तर प्रजातियों में विलय, इनमें व्यापक बदलाव के बिना नहीं हुआ है। भाषा को लें, तो अधिकतर उत्तरी जाति के लोगों की बोली शास्त्रीय संस्कृत से बदली हुई है। यह परिवर्तन भाषा के लंबे समय तक प्रचलन के दौरान होने वाले सामान्य परिवर्तन नहीं हैं। इसके शब्दों में काफी तथा कुछ इलाकों में तो आधा तक बदलाव आ गया है और ये शब्द किसी भी तरह संस्कृत के नहीं लगते। जबकि दक्षिण भारत में, जहां मूल प्रजाति के लोगों में बहुत कम परिवर्तन हुआ है, विशुद्ध रूप से वहां की मूल भाषाएं आज भी बोली जाती हैं, जिनका संस्कृत से कोई संबंध नहीं है। आर्य धर्म पर इन निम्न प्रजातियों से संपर्क का इससे भी ज्यादा प्रभाव हुआ। प्राचीन आर्यों के देवता तो एक तरह से इस तरह विलीन हो गये कि व्यवहारिक रूप से उनकी पहचान ही नहीं रही। जिस तरह आक्रमणकारियों के व्याकरण स्वरूप, भाषा के जीवित रहने का मूल आधार होते हैं, उसी तरह मूल व्यवस्था को जीवित रहने का आधार पुरोहितवाद और अनुष्ठान होते हैं। लेकिन चूंकि भाषा के शब्दों को जिस तरह मूल प्रजातियों से अपनाया गया है, उसी तरह संभवतः इनके देवी-देवता भी इनके मूल स्रोतों से लिये गये हैं। किसी भी धार्मिक व्यवस्था में धर्म परिवर्तन और धर्म प्रचार की ऐसी सुविधा नहीं है। इतिहास गवाह है कि जब दो व्यवस्थाएं मिलती हैं, तब उनमें एकीभाव के रास्ते में उनके पुरोहितों के बीच टकराहट के अलावा कोई और बाधा नहीं होती। इन लोगों के मामले में संभवतः इस प्रकार की कोई टकराहट नहीं थी। जो कुछ भी शेष है उस विश्लेषण से पता चलता है कि मूल प्रजातियों ने कोई नियमित पुरोहित व्यवस्था नहीं की और न उनकी कोई सुनिश्चित पुराणविधा थी। उनके सिर्फ अपूर्ण प्रकार के देवता थे जिनका कोई इतिहास नहीं था। इनकी संख्या उन प्राकृतिक वस्तुओं के बराबर थी जिनकी शक्तियों का वे प्रतिनिधित्व करते थे। जब इन प्रजातियों ने हिंदू पुरोहित व्यवस्था और अनुष्ठानों को अपनाया तो पुरोहितों को मूल प्रजातियों के देवताओं की आरंभिक संतुष्टि के निमित्त उन्हें अपने देवी-देवताओं के रूप में स्वीकार करने में कोई कठिनाई नहीं हुई। हिंदुओं के मुख्य देवता, शिव और विष्णु से आर्य लोग पूरी तरह अनभिज्ञ थे और जब ये स्वयं भी अधिकतर लोगों द्वारा उनके मूल स्वरूप में बहुत कम पूजे जाते हैं। वे अपनी पौराणिक पत्नियों, पुत्रों तथा अनेक अवतारों के रूप में पुजते हैं, जिनमें से अधिकतर उन देवताओं और नायकों के स्वरूप हैं जिन्हें मूल प्रजातियां हिंदू धर्म में विलीन होने के

पहले से पूजती थीं। इतना ही नहीं, ब्राह्मण के नियमित देवताओं के इन द्वितीय स्वरूपों की भी बहुत ज्यादा लोग उतनी भक्ति नहीं करते जितनी कि आदिवासियों के देवी-देवताओं, कुल देवी और देवताओं तथा गांव के देवताओं की, जिनके नामों का पुराणों में कोई उल्लेख नहीं है। इन्हें अपनाने में हिंदू पुरोहितों को, जिन्हें उनकी सेवाओं के लिए पारिश्रमिक मिलता है, मान्यता देने में कोई कठिनाई नहीं थी। उथले अन्वेषणों में ऐसा कहा गया है कि हिंदू धर्म में धर्म परिवर्तन की व्यवस्था नहीं है, लेकिन इससे गलत कोई बात नहीं हो सकती। नये भक्तों के द्वारा किसी भी देवता को इसकी परम्परा निष्ठा में लाया जा सकता है, बशर्ते कि वे ब्राह्मण पुरोहित की श्रेष्ठता को स्वीकार कर लें और साथ ही जाति संबंधी नियमों और अनुष्ठानों का पालन करें।

इस तरह एक सामाजिक और धार्मिक व्यवस्था वाली, पहले से ही परिवर्तित प्रजाति ने भारत की देशी प्रजातियों को अपने में विलीन कर लिया और यह अभी मध्य भारत में संपर्क में आने वाली ऐसी ही अन्य अनेक प्रजातियों को आत्मसात करने को तैयार है। इसका परिणाम क्या हुआ, इसकी चर्चा पुस्तक में आगे की जायेगी।

इस जैसे इलाके में पुरातात्विक महत्त्व की बहुत ही कम चीजों की ओर यात्री का ध्यान जाता है। इस इलाके में आर्यों की अलग-अलग बस्तियों के चिह्नों का उल्लेख पहले किया जा चुका है जिन्हें पुनः खदेड़ दिया गया था अथवा जिन्हें इस इलाके का वास्तविक इतिहास सामने आने से पहले अपने आसपास के स्थानीय तत्वों में समाहित कर लिया गया था। 'विस्मृत युगों में' इनमें से कुछ बस्तियों के कुछ अनगढ़ स्थल अब भी शेष हैं। आमतौर पर धार्मिक अट्टालिकाएं जो पूरब में शेष रह गयी थीं, बहुत आधुनिक काल की ही पायी जायेंगी। उनमें कुछ खास दिलचस्प बात नहीं होगी। वे अक्सर किसी जलाशय के किनारे मिलेंगी जो पूरी तरह खिले हुये कमलों से आवृत्त होंगे और उन पर आम, इमली और अंजीर के पेड़ों की छाया होगी। अक्सर कैम्प इन्हीं के पास लगाया जाता है ताकि, अच्छी छाया मिल सके और जहां अक्सर आने वाले जंगली मुर्गों तथा स्नाइप का आनंद लिया जा सके। किसी शिकारी के लिए इसका मजा बेचारी पुरातात्विक चीजों से कहीं ज्यादा होता है। स्नाइप पक्षी और जंगली मुर्गे मध्य एशिया की जमा देने वाली सर्दी से बचकर भारत के मध्य क्षेत्रों में अक्टूबर के प्रारंभ में आने लगते हैं। नवंबर समाप्त होने से पहले पानी और दल-दल वाली हर खोल, इन्हें बंदूक से गुंजा देती है। कॉमन बतख (Querquedula vecca) और व्हिसलिंग बतख सबसे ज्यादा संख्या में तथा सबसे पहले आते हैं। प्यारी नीले पंखों वाली बतख (O. circia) कम आती है। बड़ी बतखें, लाल सिर वाली पोकर्ड (wideou), पिनटेल और गेडवाल पूरे सर्दी के मौसम में लगभग हर ताालाब के पास पायी जाती है। मुख्य नदियों पर और मान्द्रा तथा लचोरा जैसे बड़े जलाशयों पर जंगली मुर्गों की अनेक प्रजातियां पायी जाती हैं। जिनमें बतखों का राजा नीलसर भी शामिल है। सामान्य धूसर हंस तथा काली पीठ वाला हंस भी यहां मिल जायेगा। अन्य पक्षी

बहुत सामान्य किस्म के हैं और तुलनात्मक रूप से ज्यादा नहीं आते। जल में चलने वाले लंबी टांगों वाला पक्षी, बगुले, सारस हर एक पोखर और दलदल में मिल जायेंगे। इनमें से कुछ ही पर शिकारियों का ध्यान जाता है। इसमें डीमाइसेल सारस अपवाद है, जिसे आमतौर पर कूलेन कहा जाता है। इसकी तलाश काफी रहती है और इसीलिए उस तक पहुंचना मुश्किल होता है। नर्मदा घाटी में गेहूं और चने के कुछ ही खेत इस मौसम में ऐसे मिलेंगे, जिनमें ये पक्षी सुबह शाम चोंच न मारते हों।

अगर किसी नदी या दलदल के पास कैम्प लगाया जाये, तो विशाल सारस की सुरीली चहचहाट से सुबह तड़के ही यात्री जाग जायेगा। इस पक्षी को हिंदू लोग दाम्पत्य स्नेह के प्रतीक के रूप में पूजते हैं। ये हमेशा जोड़े में ही दिखाई देते हैं और यदि कोई जालिम शिकारी इनमें से एक को गोली मार दे तो उसका साथी बार-बार उस घटना स्थल पर आकर उसके ऊपर मंडराकर विलाप करता है। यह इतना हृदय विदारक होता है कि कठोर-से-कठोर दिलवाला भी इस प्रजाति के पक्षी को फिर कभी न मार सकें। हिंदुओं में इसकी विपरीत प्रजाति ब्रेमिनी बतख को माना जाता है। यह भी जोड़े से रहते हैं, लेकिन भाग्य की विडंबना यह है कि इन्हें एक ही नदी के दो अलग-अलग किनारों पर रात बितानी पड़ती है और वे दुख भरा विलाप करते हुये अपने प्यार का इजहार करते हैं। ये चकवा-चकवी हैं। शाम के समय यात्रा करने वाला शायद ही कोई ऐसा यात्री हो जिन्होंने इनका यह विलाप न सुना हो।

अन्य पक्षियों में धूसर बटेर भारत का सर्वश्रेष्ठ शिकार पक्षी–(मेरी राय में) अधिकतर अनाज के खेतों में काफी संख्या में पाया जाता है। मैंने ऊपरी भारत के कुछ भागों की तरह इन्हें इस प्रकार झुंड में कभी नहीं देखा। वहां अस्सी या सौ बटेर एक दिन में मारे जा सकते हैं। लेकिन यह जगह भी इस हिसाब से बुरी नहीं है। मध्य भारत में बीस बटेर एक दिन में बुरा सौदा नहीं है। मध्य भारत में बीस बटेर तो आप मार ही सकते हैं। आम तौर पर शिकारी को इससे कम पर भी संतोष करना पड़ता है। सामान्य धूसर तीतर, इंग्लिश बर्ड से काफी मिलते हैं, बहुत-सी जगहों पर ये बहुतायत में हैं। यह गांवों के परिवेश को अपनाकर वहां वीभत्सता से पेट भरते हैं। मैंने इनके झुंड को एक मरे हुये ऊंट के शरीर से बाहर आते तथा अनेक घोड़ियों की तरह मैदान में सरपट भागते देखा है। इनकी यह वीभत्स आदतें तथा कामचोरी का स्वभाव देखकर ऐसा नहीं लगता कि ये शिकार के पक्षी हैं। बहादुर चितकबरे तीतर इनसे बहुत अलग तरह के होते हैं, जो ऊपरी भारत के काले तीतर की जगह लेते हैं। मैंने इन्हें बुंदेलखंड में देखा है, लेकिन यह बात में पक्के भरोसे के साथ कह सकता हूं कि ये मध्य प्रांतों में कहीं नहीं होते। इन दोनों प्रजातियों के पक्षी देखने में इतने सामान्य होते हैं और उनकी आदतें इतनी एक जैसी होती हैं कि इन्हें पहचानना बहुत मुश्किल होता है। कोई अन्य पक्षी शिकार के लिए इतना अनुकूल नहीं होता, जितना कि चितकबरा तीतर। यह खूबसूरत पंखदार पक्षी

खाने में लज़ीज होता है और खेत में इसकी आदतें इसे बंदूक का आसान निशाना बना देती है। वह अक्सर खेतों के किनारे उन जगहों पर जाता है जहां झाड़ियां और घास झरने के किनारों को ढंके होती है। ऐसा लगता है कि वह बहुत प्यासा होता है। उसके लिए फसलों के पास होने की तरह ही जंगल की निकटता भी उतनी ही जरूरी होती है। सुबह और शाम के वक्त उनके छोटे-छोटे झुंड या जोड़े कटी हुई खरीफ फसलों के ठूंठों पर दाने चुगते मिल जायेंगे। छेड़े जाने पर वे कभी भी निकटतम छाया से बहुत दूर तक नहीं जाते, जहां से भगाये जाने पर वे राकेटों की तरह ऊपर उठ जाते हैं और बड़े जोर से झनझनाहट करते हुये बीस-पच्चीस गज तक ऊपर जाते हैं और कुछ सौ गज दूर तक उड़ते जाते हैं। इसके बाद वे झाड़-झंकाड़ के बीच इस तरह जाकर समा जाते हैं कि फिर उन्हें वहां से उठाना आसान नहीं होता। यह खूबसूरत पक्षी मध्य प्रांतों के धुर पश्चिम में आमतौर पर सबसे ज्यादा पाया जाता है। निमाड़ और ताप्ती घाटी में एक बंदूक से दस से पचपन तक का शिकार किया जा सकता है।

बटेर और तीतर का शिकार करने का सबसे आम तरीका यह है कि आदमियों की एक कतार के जरिये उनका हांका कराया जाये, लेकिन कुत्ते से उनका शिकार कराने की तुलना में यह कमजोर तरीका है। मैंने पाइंटर और स्पेनियल दोनों कुत्तों का इस्तेमाल किया है। शिकारी कुत्ते सुबह तड़के और देर शाम में सबसे अच्छा शिकार करते हैं। उस वक्त पक्षी झाड़ियों से बाहर होते हैं। वे आसानी से सूंघकर उनका पता लगा लेते हैं। इस प्रकार दिन में चार घंटे शिकार किया जा सकता है। लेकिन मैं समझता हूं कि भूखे स्पेनियल कुत्तों के एक दल का उपयोग करना ज्यादा अच्छा है, क्योंकि वे ऐसी जगह भी शिकार के काम आते हैं, जहां पाइंटर काम नहीं कर पाते। वे अपनी सेहत भी ठीक रखते हैं और अन्य आयातितं कुत्तों की तुलना में प्रजनन के कारण कमजोर भी कम होते हैं। ऐसा शायद इसलिए हो कि वे उस नस्ल के होते हैं जिसके मूल जन्म स्थान की जलवायु गरम है। ये सबसे अच्छे साथी होते हैं और बड़े कुत्तों की अपेक्षा इनको तकलीफें कम होती हैं। बहरहाल, प्रत्येक दो पीढ़ियों में कम-से-कम एक बार ताजे आयातित खून की जरूरत पड़ती है, ताकि सभी इंग्लिश शिकारी कुत्तों को भारत में उनकी श्रेष्ठतम स्थिति में रखा जा सके। स्पेनियल या तो बड़े क्लम्बर्स होना चाहिये या भारी ससेक्स नस्ल के, क्योंकि कॉकर जैसा छोटा कुत्ता जंगल के भीतर नहीं जा सकता। शानदार क्लम्बर में वैसे तो कोई कमी नहीं होती, लेकिन कमी बस यह है कि यह शिकार पर भौंकता नहीं है। मैंने इस तरह की नस्ल शुरू की, जिसे मैंने बारह साल तक भारत में रखा। यह कुत्ता देखने में और गुणों में भी अपनी नस्ल के कुत्तों से कहीं बेहतर था, जो अब मुझे इंग्लैंड में दिखाई देते हैं। उसके सभी वंशजों को कमोवेश ससेक्स अथवा कॉकर ब्लड से क्रास कराया गया। लेकिन चौथी पीढ़ी तक उनमें से किसी ने भी भौंकना शुरू नहीं किया। इसके

बाद उसके कुछ लक्षण प्रकट होने शुरू हुये। कुल मिलाकर मैं तो भारी ससेक्स नस्ल को ही तरजीह दूंगा।

एक मौका ऐसा आया जब मेरे सभी स्पेनियलों का तकरीबन 'सफाया' ही हो जाता। भारत में इस किस्म की घटना आमतौर पर नहीं होती। मैं जबलपुर के पास एक खेत में बटेर का शिकार कर रहा था। मेरे साथ 'क्वेल', 'स्नाइप', 'नील' और 'जैस' थे। अचानक वे सब बहुत तेजी से आसपास कूदने लगे और एक बड़े चूहे जैसी चीज पर झपटने लगे। लेकिन पास आने पर मुझे समझ आया कि यह एक बड़ा कोबरा था, जो कुंडली मारकर तना हुआ था और कुत्तों पर दायीं तथा बायीं तरफ हमला कर रहा था। मैंने तत्काल मिट्टी के ढेले फेंककर कुत्तों को भगाया और उस जहरीले कोबरा का एक ही झटके में सिर काट दिया। मैंने देखा कि वह कोबरा एक चूहे को निगल रहा है और चूहे की सिर्फ पिछली टांगें और पूंछ उसके जबड़े से बाहर फड़फड़ा रही थी। इसी कारण उसके किसी भी हमले से कुत्तों को नुकसान नहीं हुआ। ये सभी स्पेनियल, चूहे खाने के शौकिन थे और बेशक वे कोबरा के मुंह में फंसे चूहे पर ललचा गये थे। किसी भी घटना में मैंने मेरा कोई कुत्ता नहीं खोया, हालांकि उनका सामना तेन्दुओं, लकड़बग्घों, भेड़ियों, सांपों तथा मगरमच्छों से हो चुका था। ये सभी कुत्ते अच्छी उम्र तक जिन्दा और सेहतमंद रहे। आदमियों की तरह यदि इंग्लिश कुत्तों को भी उनके अनुकूल वातावरण में रखा जाये तो वे काफी सेहतमंद रहते हैं।

व्यवस्थापित हिस्सों में एक इससे भी बड़ा शिकार काला चौसिंघा है जो एक प्रमुख जानवर है। संभवतः यह यहां आकर बसने वाली प्रजातियां द्वारा की गई वनों की कटाई के बाद आया। इस जानवर को बिना कटे सघन जंगलों में रहने में अरुचि है। इसी कारण हिंदुओं के पवित्र ग्रंथों में इसे आर्यों का हिरण माना गया है। यह ऐसे इलाके का है जो गौर वर्ण की प्रजातियों के व्यवसाय के लिए अनुकूल है। भक्त का उपयुक्त आसन आज भी इसकी सफेद और काली खाल है। इसके बारे में लोगों को इतनी ज्यादा जानकारी है कि इसका विस्तृत विवरण दिये जाने की जरूरत नहीं है। इतना ही कहना काफी है कि चौसिंघों की भूमि अफ्रीका तक में भी ऐसी कोई प्रजाति नहीं है जो प्रेम-विरह और शान के मामले में 'कृष्ण चौसिंघे' से बेहतर हो। मध्य भारत में हालांकि यह चौसिंघा अपने शरीर का पूरा आकार प्राप्त करता है, लेकिन इसके सींग (मादा के सींग नहीं होते और इसका रंग भूरा होता है) शायद ही कभी 22 इंच से ज्यादा लंबे होते हों। मैंने साढ़े चौबीस इंच के सींग वाले एक चौसिंघे को मारा था। मैंने एक ऐसा जोड़ा भी देखा जिसके सींग 26 इंच लंबे थे। संभवतः सबसे ज्यादा लंबे सींग गुजरात में तथा उत्तर भारत में भरतपुर के आसपास होते हैं। मध्य भारत के सभी अनाज उत्पादन वाले जिलों में इनके काफी झुंड पाये जाते हैं और ये खड़ी फसलों का काफी नुकसान करते हैं। मैंने 1857 के विद्रोह के तुरंत बाद सागर इलाके में इनके झुंड देखे हैं। उस वक्त उन्हें कुछ सताया गया था। इनकी संख्या कोई एक

हजार से ज्यादा थी। एक शॉट में कितने भी चौसिंघे मर सकते थे। अधिकतर खेती वाले जिलों में कमजोर जमीन पर मवेशी को चराने के लिए घास उगायी जाती है। ये ही आमतौर पर इनकी पसंदीदा जगह होती है और यहीं चौसिंघों का प्रजनन होता है। यहां से वे शाम को झुंड बनाकर आसपास की कृषि भूमि पर चले जाते हैं और गेहूं की कमजोर बालियों को रातभर चरते हैं। इसके बाद वे सुबह तड़के ही अपने सुरक्षित स्थानों पर लौट जाते हैं। अनेक चौसिंघे दिनभर भी खेतों में बने रहते हैं। वे वहां सो जाते हैं और बीच-बीच में चरने भी लगते हैं, बशर्ते कि किसान उन्हें भगा न दें। ऐसी जगहों पर चौसिंघा को भगाने के लिए खेती की रखवाली करने वालों की आवाजें देर रात तक आती रहती हैं। लेकिन उन्हें ज्यादा कामयाबी नहीं मिलती, क्योंकि ये चौसिंघें ज्यादा-से-ज्यादा एक खेत से दूसरे खेत में चले जाते हैं और वहां सूना मिल गया तो और ज्यादा नुकसान पहुंचाते हैं। अगर कोई चौसिंघा सुबह के वक्त मारा जाता है तो उसके पेट में हरा अनाज भरपूर भरा हुआ मिलेगा। हालांकि इनमें से ज्यादातर को रात में गांव के शिकारी मारते हैं और इन्हें जाल में फंसाने का काम पेशेवर शिकारी करते हैं, जिन्हें पारदी कहा जाता है, लेकिन स्थानीय लोगों के संसाधन पूरी तरह नकाफी होते हैं। लिहाजा वे इन अधिक संख्या में पाये जाने वाले तथा सजग जानवरों की संख्या को कम नहीं कर पाते। जब कोई यूरोपियन शिकारी उनके पड़ोस के इलाके को अपनी शिकारगाह के रूप में इस्तेमाल करता है तो यह उनके लिए ईश्वर का वरदान जैसा ही होता है।

इन्हें घेरने के कई तरीके हैं। खुले मैदान में रहने वाले ये जीव अपनी सुरक्षा के लिए मुख्य रूप से अपनी देखने की शक्ति पर ही निर्भर करते हैं। हालांकि वे कभी-कभी अपनी सूंघने की शक्ति द्वारा भी सचेत हो जाते हैं। एक तरीका यह है कि खेती के काम में आमतौर पर उपयोग में लायी जाने वाली बैलगाड़ी में उन तक पहुंचा जाये। देशी शिकारी अक्सर पत्तियों का एक परदा बनाकर धीरे-धीरे रेंगकर उनके पास तक पहुंचते हैं। जब वे बहुत अधिक परेशान नहीं होते, तो यूरोपियन शिकारी मटमैले रंग के कपड़े पहने घास के मैदान और फसलों के बीच से होते हुये अक्सर उन तक सीधे पहुंच सकते हैं। अलसुबह अगर उनके आने-जाने के आम रास्ते पर मोर्चा संभाल लिया जाये तो वे निश्चित ही आपके निशाने की जद में आ जाते हैं। कभी-कभी अंधेरे से बाहर निकलने से पहले ही हिरण की गुरगुराहट से शिकारी सजग हो जाता है। सबसे कामयाब और दिलचस्प योजना यह है कि एक अच्छे मजबूत शिकारी घोड़े पर सवार होकर सीधे उनके झुंड तक पहुंचा जाये। करीब चार सौ गज की दूरी पर घोड़े से उतरकर घोड़े की बगल से ऐसी दिशा में पैदल चला जाये जो आपको झुंड के इतने नजदीक ले जाये कि आप निशाना साध सकें। अगर उन पर इस तरह निशाना लगाया गया हो कि वे घोड़े से घबरा जाये, तो फिर साईस को साथ लेकर चुपचाप आगे निकल जाया जाए। जब कोई सुविधाजनक झाड़ी या पहाड़ी पीछे आ जाए और आदमी

को घोड़ा आगे बढ़ाने की सुविधा मिले, तो झुंड से एकदम आगे निकल जाए। वे संभवतः अपने रास्ते से बाहर उन्हें देखने को उत्सुक होंगे, और बिना किसी खास कठिनाई के उन तक सरक जाएंगे। आबाद जिलों में चौसिंघा पर आज निशाना 150 गज के भीतर ही लग जाता है। आजकल की रायफलें इतना निशाना लगा लेती हैं। इस काम में घोड़े का उपयोग करने का एक बड़ा लाभ यह है कि आप घायल हिरण का पीछा कर उसे पकड़ सकते हैं, अन्यथा वह भाग सकता है। अगर आपने कुछ दूरी पर ग्रेहाउण्ड कुत्तों का कवच रख छोड़ा है तो और भी ठीक रहेगा। जख्मी हिरण ग्रेहाउण्ड कुत्तों को खूब छकाता है। वे सामान्य अवस्था के चौसिंघे को तो मैदान में कभी पकड़ ही नहीं पाते। हालांकि बहुत ज्यादा अनुकूल स्थितियों में कभी-कभार ऐसा कर भी लेते हैं। मेरे पास कई तरह के घोड़े रहे हैं। वह घोड़ा अच्छा शिकारी होता है जो गोली चलने की स्थिति में बिचके नहीं और उसे बांधने की जरूरत नहीं पड़े और जो आवाज देते ही आ जाए। इसी कारण भारत में कई तरह के शिकार करने में यह बहुत उपयोगी साबित होते हैं। अरबी घोड़ों में ऐसा बनने की ज्यादा संभावना होती है। लेकिन ज्यादातर घोड़ों को यह सब सिखाना पड़ता है। अगर आपके पास घोड़ा या शिकारी कुत्ते न हों, तो जख्मी हिरण का तत्काल पीछा किया जाना चाहिए। अगर उसका पीछा नहीं किया गया तो वह रास्ते में आने वाली पहली झाड़ी में ही छुपकर लेट जाएगा।

ऊपरी भारत में अक्सर ऊंट पर सवार होकर इन पर निशाना लगाया जाता है। ऊंट पर जितनी ज्यादा घंटिया और अन्य बजने वाली चीजे बंधी हों उतना ही अच्छा होता है। चौसिंघा इनकी आवाज को समझने की जिज्ञासा और विस्मय का शिकार हो जाता है। मैं एक प्रशिक्षित ऊंट को वहां से मध्य भारत लाया, जिसका उपयोग कर मैंने अनेक चौसिंघों को विस्मित कर अपनी रायफल की जद में लाने में सफलता पायी। लेकिन बरसात के बाद इन प्रांतों की काली मिट्टी में बड़ी दरारें पड़ जाती हैं, जिनके कारण मैं कई बार खतरनाक रूप से गिरते-गिरते बचा। लिहाजा, मैंने शिकार वाहन के रूप में ऊंट का उपयोग करना छोड़ दिया। शिकारी चौसिंघा का शिकार करते-करते ऊब होने लगती है। इसमें विविधता नहीं होती। मुझे लगता है कि ज्यादातर अफ्रीकन शिकारों के मामले में भी ऐसा ही होता होगा। भारत में नये शिकारी के लिए किसी का पीछा करना इससे ज्यादा मजेदार नहीं होता। यह शिकार हमेशा हमें दिखाई देता रहता है और उत्साह दिनभर बना रहता है। हालांकि यह बात बहुत साधारण लग सकती है, लेकिन जिस समय चौसिंघे बहुत ज्यादा घबड़ाये हुए हों, तो उनका शिकार करने के लिए अच्छे शिकारी और अच्छी रायफल की जरूरत होती है। जब वह चौसिंघा के शिकार को लेकर बड़ी डींगे मारता है, तब उस बेचारे के उत्साह पर पुराना शिकारी मुस्कराये बिना नहीं रह सकता। लेकिन पुराना शिकारी भी कभी उस अवस्था से गुजरा होगा, जब उसे पूरे हिरण की जगह उसके सर्पीले सींगों से ही संतोष करना

पड़ा होगा। ऐसा भी हुआ होगा कि 'बस कुछ इंच के फासलों से चूक गया' कहते हुए उसे गर्व का अनुभव हुआ होगा। मैं भी एक होशियार हिरण का पीछा करने की कहानी बताना चाहता हूं, जो मैंने कई साल पहले तब लिखी थी जब मुझे भी 'हिरण का बुखार' चढ़ा हुआ था।

मैंने चौसिंघा वाले मैदानी इलाकों में अक्सर एक असाधारण रूप से शानदार कोयले जैसे काले हिरण को देखा। उसे मैंने अपने 'डोनाल्ड' से चार घंटे तक देखा, लेकिन चुपके-चुपके उसके करीब जाने की मेरी तमाम कोशिशें नाकाम रहीं। उसके सींग बहुत शानदार और बड़े आकार के साथ-साथ ठीक से जमें हुये, मुड़े हुये तथा किसी पुराने बलूत के पेड़ की गांठदार डाल की तरह थे। जैसे ही सूर्य की रोशनी इसकी काली चमड़ी पर पड़ी तो यह किसी रेस के घोड़े की चमड़ी के समान चमक उठी। सच पूछिये तो वह एक आदर्श काला हिरण था। अलबत्ता, यह काम जितना मुश्किल लगता था, मैं उतना ही इस बात के लिए ठानकर बैठा था कि इन सींगों पर कब्जा करके रहूंगा और यह कि आइंदा मैं उसे छोड़कर हर एक काले हिरण की अनदेखी करूंगा। उसके पास हमेशा दो हिरणियां होती थीं, जिन्हें उसने गुप्त रूप से अपनी सुरक्षा के काम में लगा रखा था। ये दोनों उसकी वफादार पहरेदार थीं। दोनों अत्यंत सजग प्रहरी की तरह होशियारी से उसकी रक्षा करती थीं। कोई बहुत चालाक शिकारी ही उसके करीब पहुंच सकता था। कुछ सौ कदम पर ही उसके पैरों की आहट पाकर वे फुंफकार देती थीं, जिससे वह अपनी नींद से जाग जाता था। इसके बाद तो इस हिरण की राजसी शान देखते ही बनती थी।

वह शानदार अंगड़ाई लेकर धीरे-धीरे शंका की चीज की तरफ बढ़ता लेकिन उससे इतनी दूरी रखता था कि कोई उसे नुकसान न पहुंचा पाये। इसके बाद वह ठहरकर हवा में अपने नथुने घुमाता और हवा को सूंघता, जिसमें इंसान की खुशबू उसको मिल जाती। इसके बाद वह आराम से घास के एक या दो तिनके उखाड़ता या फिर अपने सींग की नोक से अपनी चमकीली पीठ पर बैठी किसी मक्खी को उड़ाता और फिर अपने एक सहयोगी के पास दौड़ता और ऐसा लगता कि वह उससे हालात पर मशविरा कर रहा हो। फिर जब उसे दूर कहीं कोई आकृति गतिशील दिखाई देती तो उसकी घूमती आंखों से पता चला कि अपनी लापरवाह दिखने की गतिविधियों के बावजूद भी उसने एक पल भी अपने सुपरिचित दुश्मन से नजर नहीं हटायी। लेकिन जल्दी ही हिरणियां वास्तविक खतरा बताने लगीं और अपने स्वामी के आसपास बैचेनी से चुलबुलाहट करते हुए, मानों कि उसे खतरे से पूरी तरह वाकिफ करा रही हो, किसी अन्य ठिकाने की ओर भाग गयीं। इसके बाद वे एक पल रुकीं और उन्होंने आसपास नजर घुमाकर आग्रहपूर्वक हिरण को देखा और भय का भाव दिखलाती हुई कुलांचे भरती भाग गयीं। अपने बेहतर साहसी चरित्र की लज्जा रखकर काफी समय तक पीछे रहने के बाद आखिर वह भी काफी तेजी से भागता उनके पीछे

हो लिया। उसकी तेजी का मुकाबला, शिकार के पीछे भागते तेंदुए के अलावा धरती पर कोई दूसरा जानवर नहीं कर सकता।

एक सप्ताह की मेरी तमाम कोशिशों का यह नतीजा रहा। मैं लंबा शॉट लगाने का जोखिम नहीं ले रहा था, क्योंकि इससे वह इस इलाके से हमेशा के लिए बाहर चला जाता। घास से भरा एक चौड़ा मैदान उसकी मनपसंद छुपने की जगह थी, जिसमें कहीं-कहीं पानी की झिरियां थीं। वहां जाने के लिए मुझे कई बार बहुत मुश्किल से रेंगना पड़ा। जल्दी ही मुझे वह जगहें मिल गयी जहां वह खाता-पीता था। मैंने देखा कि पानी पीने की जगह पर पहुंचने के लिए वह प्रायः रोजाना इसके पास ही स्थित एक गहरे सूखे नाले को पार करता था। मुझे उसे यहीं घेरने की सूझी। मैंने उस नाले में मोर्चा सम्हाल लिया, लेकिन मेरी बदकिस्मती देखिये कि अगले दो दिन तक उसने किसी और दिशा में जाकर पानी पिया। चौसिंघों के अनेक झुंड मेरे सामने से गुजरे, जिन पर मैं अपनी जगह से आसानी से गोली चला सकता था। लेकिन मैंने ऐसा तब तक नहीं किया जब तक तीसरे दिन मेरी सारी उम्मीद खत्म नहीं हो गयी। मैं अपने दूरबीन से मैदान में दूर तक नजर मार रहा था कि उस उस्ताद हिरण की सुपरिचित आकृति पर मेरी दृष्टि पड़ी। वह अपनी अभिन्न साथिनों के साथ उस पोखर की तरफ धीरे-धीरे जा रहा था, जहां उसने अपनी प्रजाति के कई जानवरों को सुरक्षा के लिए बार-बार गुजरते देखा था।

"हवा अनुकूल थी। वह हिरण मेरी रायफल के शाट की जद में आ गया। उसने अचानक अपना सिर झटका और कुछ लम्हों तक टकटकी लगाये खड़ा रहा। इसके बाद वह तेजी से बांयीं ओर मुड़ा और कुलांचें भरता हुआ नाले के एक दर्रे की तरफ बढ़ा। यह जगह वहां से करीब एक-चौथाई मील दूर थी, जहां मैं बैठा था। मैं जानता था कि न वह मुझे देख सकता था और न मेरी खुशबू सूंघ सकता था। लिहाजा मैं चक्कर में पड़ गया कि वह अचानक चौकन्ना कैसे हो गया। मैंने खिन्न होकर पीछे मुड़कर देखा, तो वजह मेरी समझ में आ गयी। वहां मुझे हिरणियों का जोड़ा दिखा। जाहिर है कि वे पानी पीकर लौट रही थीं। उन्होंने मेरा पिछला हिस्सा देख लिया। उन्होंने मुझे घूरा और लगा कि उन्होंने हवा से उस बूढ़े हिरण को स्थिति से अवगत करा दिया। मुझे लगा कि एक हिरणी को अपने गुस्से की भेंट चढ़ा दूं, लेकिन मैंने दौड़ते हुये ही हिरण पर गोली चलाना बेहतर समझा। मैं नाले की तलहटी तक इस उम्मीद में गया कि वह हिरण वहीं ठहर गया होगा, जिस पर मैं आसानी से गोली चला सकूंगा। मैं गलत भी नहीं था, क्योंकि घुमावदार नाले के एक मोड़ पर वह एक दम मेरे सामने खुले में अपनी पूरी शान के साथ खड़ा था। वह मेरी रायफल से अस्सी गज भी दूर नहीं था। लेकिन हाय री किस्मत! करीब 500 गज दूर तक पूरी ताकत से दौड़ने के बाद कौन गोली चला सकता है? जब मैंने उसके कंधे पर निशाना लगाने की कोशिश की तो मेरा हाथ आस्पेन के पत्ते की तरह कांप गया। मेरे पास कोई चारा

नहीं था। वह भागा चला जा रहा था और अब मुझे दूसरा मौका मिलने वाला नहीं था। लिहाजा, बदहवासी में मैंने गोली चला दी। मुझे यह देखकर कोई आश्चर्य नहीं हुआ कि मेरी गोली से एक सौ गज की दूरी पर धूल का एक गोला उठा और वह हिरण बेतहाशा भाग चला। मैं नहीं कह सकता कि कमान से निकले तीर की तरह वह कितने गज तक भागा। जहां नाश वहां सत्यानाश, लिहाजा मैंने गोलियां चलाने का फैसला किया। अपनी बंधी हुई स्थिति से बाहर आकर मैंने अपनी सांस रोकी और सेकंड बेरल से उस भागती आकृति को कवर करने की कोशिश की। जब मैंने ट्रिगर पर उंगली रखी तब तक वह कम-से-कम 150 गज दूर जा चुका था, लेकिन धूल का गोला चलता रहा और हिरण धूल के बादलों में फंस गया। मेरी जीत करीब थी। मैंने रायफल को कंधे से उतार लिया, तब तक उसने फिर रफ्तार पकड़ ली। ऐसा बहुत कम होता है कि इस तरह फंसा हुआ कोई चौसिंघा अपनी रफ्तार फिर पाने में कामयाब न हो। उनकी जीवटता बहुत जबरदस्त होती है। जब तक उनके सिर पर गोली न लगे या रीढ़ न टूट जाए तब तक वे चोट लगने के स्थान पर ही ढेर नहीं होते। दिल में गोली लगने पर वे आमतौर पर करीब पचास गज भागते हैं और फिर भटककर गिर जाते हैं। मुझे चौसिंघे का इसी तरह का अंत अच्छा लगता है। अपनी अनोखी चाल से चलता हुआ वह तेजी से अपने अंत की ओर बढ़ता है।

इस मामले में, मैंने इस चौसिंघे को करीब क्षितिज की सीमा तक जाते देखा। बीच में उसकी रफ्तार कुछ सेकंड तक कम होती थी। वह अपने घायल बगलों को मुड़-मुड़कर देखता और इसके बाद मानों उसे याद आता कि वह खतरे से बहुत दूर नहीं है, वह पूरी ताकत से फिर दौड़ने लगता। हिरणियां, जैसा कि हिरण के घायल हो जाने पर अक्सर होता है, दूसरी दिशा में चली गयीं थी और अब मैदान में खड़ी थीं। उनकी और मेरी दूरी कोई सौ कदम ही थी। वे अपने घायल स्वामी को लालायित होकर देख रही थीं। ऐसा दृश्य देखकर कठोर-से-कठोर दिल वाले हिरणों के शिकारी का दिल भी पसीज जाता। एक क्षण को मुझे लगा कि जब ईश्वर की इस सुन्दरतम रचना पर गोली चलाने को मैंने ट्रिगर दबाया तब मेरा दायां हाथ कटकर गिर क्यों न गया।

"जब वह मेरी आंखों के सामने क्षीण होते-होते दूर क्षितिज में एक काले बिन्दु के रूप में दिखाई देने लगा, तब तक मैं अपनी दूरबीन से उसे लगातार देखता रहा। मैं इस उम्मीद में था कि जब वह यह समझेगा कि वह छुप गया है, तब लेट जाएगा और मैं चुपचाप उसके करीब जाकर एक और गोली मारकर उसकी पीड़ा को हमेशा के लिए खत्म कर दूंगा। अचानक मैंने उसे अपने रास्ते से हटाकर पूरी रफ्तार से दूसरी दिशा में भागते हुये देखा। लगभग उसी वक्त मैदान की एक झाड़ी में से धुएं का एक गुबार उठा–हिरण लड़खड़ाया और गिर गया। कुछ सेकंड बाद बंदूक की गोली की हल्की आवाज मेरे कानों तक पहुंच गयी।"

ऐन वक्त पर मेरी मदद को आने वाला व्यक्ति एक स्थानीय शिकारी था, जिसे मैंने पहली बार देखा था। वह भारत में मेरे द्वारा देखे गये देशी शिकारियों की तुलना में अमेरिकन बेकबुड्स का पेशेवर शिकारी अधिक था। उसके छोटे ट्राउजर्स और महुआ हरे रंग की शिकारी शर्ट से उसके मजबूत हाथ-पैर और लाल भूरे रंग का गला साफ दिखायी देता था। यह रंग धूप से झुलसे यूरोपियन के रंग से ज्यादा गहरा था। उसकी तनी हुई चाल और फुर्तीले कदमों से लगता था कि वह युवा अवस्था से ही जंगलों में घूम रहा है। उसकी डबल बैरल गन और मजदूरों जैसे पीले रंग की सांभर के चमड़े के कपड़ों में वह पक्का शिकारी नजर आता था। इसके बाद काले हिरण से अच्छे शिकार की तलाश में मैंने उसके साथ शानदार दिन बिताये।

चिंकारा हिरण मध्य भारत में बहुत आमतौर पर पाया जाता है। शिकारी इसे अक्सर 'बीहड़ हिरण' कहते हैं। इसके नाम के पहले हिस्से 'बीहड़' से तो पता लग ही जाता है कि यह नाम क्यों पड़ा। उजड़े बीहड़ों के किनारे इसके छुपने के पसंदीदा स्थान हैं, जो नदियों के पास के मैदानी इलाकों में होते हैं और उच्च केन्द्रीय पठारी भूमि से ऊपर उठे ऊंचे टीलों की ढलानों को जोड़ते हैं। इन पर आमतौर पर विरल छोटी और कांटेदार झाड़ियां होती हैं, जिनकी नयी शाखाओं तथा फलियों को यह घरेलू बकरियों की तरह खा जाता है। बेशक, इसे 'हिरण' कहना गलत है। यह शब्द वस्तुतः ठोस सींगों वाले के लिए हैं। काले चौसिंघे से आकार में काफी छोटा चिंकारा आदतों में भी इससे काफी अलग होता है। यह खुले मैदानों की अपेक्षा निचले जंगलों में रहना ज्यादा पसंद करता है। यह अपनी रफ्तार से ज्यादा अपनी सजगता और गतिविधि पर ज्यादा भरोसा करता है, जिसकी इसमें कोई कमी नहीं होती। चिंकारा को पकड़ना बेहद मुश्किल होता है, खासकर बेफिक्र खड़े इनके झुंड को पकड़ना तो बहुत ज्यादा कठिन होता है। यह देखकर आश्चर्य होता है कि जरा-सा भी खतरा होने पर यह छोटा-सा जानवर ऐसे गायब हो जाता है जैसे जादू हो गया हो। वे संभवतः किसी बीहड़ के तल में चले जाते हैं और करीब सौ गज तक बिजली की गति से इससे लगकर दौड़ जाते हैं। वे दृढ़ता से निश्चल होकर अगले टीले पर झूलती झाड़ियों के पीछे से आपको देखते हैं। अगर आप उनका पीछा करते हैं, तो वह संभवतः वे इसी चालबाजी को दोहराएंगे लेकिर वे आपके और अपने बीच एक नहीं बल्कि तीन या चार बीहड़ों का फासला रखेंगे। वे खेतों को चरकर भी अपना पेट भरते हैं, हालांकि उतने नियमित रूप से नहीं जितने काले चौसिंघे करते हैं। फिर, इनकी संख्या इतनी नहीं होती कि वे कुछ खास नुकसान कर सकें। सुबह के समय उन्हें बीहड़ों के जाल से होकर वापस जाते देखा जा सकता है, जहां वे दिन के समय रहते हैं। अगर आप इस वक्त उन्हें छेड़ते हैं, तो वे पूरी ताकत से दौड़कर कहीं जा छुपेंगे। अगर आप किसी ग्रहाउण्ड को उनके पीछे लगा देंगे तो आप आश्चर्य में पड़ जाएंगे। चिंकारा को अभी तक आधुनिक

'एक्सप्रेस' रायफल की रेन्ज नहीं पता। लिहाजा, वे अब भी पुराने हथियार की जद में आ जाते हैं और 'एक्सप्रेस' द्वारा आसानी से मारे जाते हैं। उनकी पतली काया की गहराई इतनी कम होती है कि एक हाथ की चौड़ाई से थोड़ी ज्यादा जगह में गोली लग जाने पर ही वे ठहर जाते हैं। उन पर गोली अक्सर 100 से 150 गज की दूरी से चलाई जाती है। अनिश्चित दूरी से इस प्रकार की फाइन शूटिंग करने की कठिनाई और उनकी नजरों से बाहर रहने की 'पैंतरे बाजी' से उनके पास जाना और अधिक मुश्किल होता है। मेरी समझ से किसी बड़े चौसिंघे का पीछा करने से यह ज्यादा दिलचस्प होता है। बहरहाल, उनकी कला में विविधता कम होती है। इलाके की विशेषताओं का अनुभव रखने वालों को आसानी से अंदाजा हो जाता है कि सबसे पहले गायब होने के बाद चिंकारा कहां छुपा होगा। जब तक वह पूरी तरह गायब नहीं हो जाएं, तब तक पीछा नहीं छोड़ना चाहिए, क्योंकि इस बात की पूरी संभावना है कि वह दोबारा मिल जाएगा।

खुले इलाके में जो आखिरी हिरण मिलता है, वह है नीलगाय। इसके नर को 'ब्ल्यू बुल' कहा जाता है। इसकी ऊंचाई कंधे तक करीब 135 हाथ होती है। मादा कहीं ज्यादा छोटी होती है और इसका रंग पीलापन लिये हुये भूरा है। इसका रहवास निचली पहाड़ियों पर होता है, जो मैदानों में होती हैं। ये मैदानों में भी वहां रहते हैं, जहां झाड़ियों में इन्हें पर्याप्त सुरक्षा मिलती है। पुराने उजाड़ गांवों तथा खेतों में, जो बदकिस्मती से बहुत हैं, लंबी घास तथा पलाश और बेर की निचली झाड़ियां होती हैं। इनमें अमूमन नीलगाय रहती ही हैं। वे खेतों से बहुत दूर कभी नहीं पाये जाते। वे नियमित रूप से रात में वहां जाते हैं। ब्ल्यू बुल तक आसानी से पहुंचकर उसका शिकार किया जा सकता है। इसको खाने में कोई मजा नहीं आता और इसकी निशानी ले जाना भी कुछ खास मायने नहीं रखता। लिहाजा, शिकारी इसको मारने में ज्यादा दिलचस्पी नहीं रखते। बहरहाल, नौसीखिये, जो अपने को पक्का करना चाहते हैं या फिर आविष्कारक जो किसी नये प्रक्षेपक के लिए ठोस लक्ष्य बनाना चाहते हैं, उन्हें बहुत आसानी से मार देते हैं। ब्ल्यू बुल बड़ा भद्दा, बेढंगी चाल चलने वाला और घामड़ जानवर होता है। इसकी बुद्धि की जड़ता में आत्मसंतोष का भाव देखकर हंसी आती है। यह आपको अपने से पचास गज की दूरी तक आने देगा। इसके बाद नाले के दूसरी तरफ भागने की गलती करेगा। फिर मुड़कर आपकी रायफल की आसान जद में ठिठककर खड़ा हो जाएगा और अपने आपको बड़ा चतुर सुजान समझकर सोचेगा कि उसने आपको बेवकूफ बना दिया है। वह मेहनत न करने वाले मुसलमान सज्जनों का पसंदीदा शिकार होता है। हिरण की चपलता के कारण वह उसके पास नहीं पहुंच पाते। उबड़-खाबड़ जमीन और कांटेदार झाड़ियों की वजह से वह जंगली हिरण का पीछा नहीं कर पाते। वह शेर को पसंद नहीं करते और सुअर को तो छू ही नहीं सकते, लिहाजा वह बैलगाड़ी में बैठकर असावधान ब्ल्यू बुल से कुछ कदम दूरी तक जाते

हैं। उसका शिकार कर और अपने मजहबी विश्वास के अनुरूप गले से उसे हलाल कर उसमें गौ मांस का मजा लेते हैं, जो उन्हें बहुत प्रिय होता है। हालांकि, वह भद्दा और निष्क्रिय दिखता है, लेकिन अगर अपनी रफ्तार पकड़ ले तो ब्ल्यू बुल के आगे घोड़ा भी कहीं नहीं लगता। इसे जंगल में अथवा इसके आसपास मारने की कोशिश बेकार है, लेकिन जब इसे खुले मैदान में एक या दो मील जाना हो, तो आप कामयाब हो सकते हैं। आप भाला लेकर इसका पीछा कर सकते हैं। मैंने कभी सुना नहीं कि एक बार भाले की नोक के सामने आने पर किसी ब्ल्यू बुल ने हमला किया हो।

खुले इलाके में ये प्रमुख जानवर हैं, जो शिकारियों के निशाने पर रहते हैं। फिर भी प्राकृतिक अवस्था में ऐसा कभी नहीं होता कि शाकाहारी जानवरों के साथ मांसाहारी जानवर न होते हों। उनके बीच शह और मात का खेल चलता रहता है। हिरणों और नीलगायों के समूहों पर भी उनके प्राकृतिक शत्रु हमले करते रहते हैं, जिनसे शिकारियों की समय-समय पर पहचान हो जाती हैं। नील गाय, शेर और तेन्दुएं की प्रिय शिकार है। लेकिन यह निचली पहाड़ियों में दिन के समय आराम करती हैं और रात को मैदानों में अपना पेट भरती हैं। उसका सामना अपने इन जानी दुश्मनों से यहीं होता है। खुले इलाके में प्रमुख मांसाहारी जानवरों में शिकारी तेन्दुआ, भेड़िया और सियार शामिल हैं।

हमने हिरण का पीछा करते हुये कई बार शिकारी तेन्दुए से सामना हो जाने पर उसे मारा है। लेकिन भारत के इस भाग में ऐसा आमतौर पर नहीं होता। वे अधिकतर अलग-थलग स्थित छोटे चट्टानी टीलों पर रहते हैं, जिन्हें टोरिया कहा जाता है। ये मैदानी इलाकों तथा मध्य पठार भूमि के बीच जहां-तहां उभरे होते हैं। इनके आसपास घास के मैदान होते हैं, जहां वे अपना शिकार करते हैं। ये आराम तलब और अनाक्रामक स्वभाव के होते हैं और आबादी के पास कभी नहीं जाते। ये घरेलू जानवरों पर हमला नहीं करते। उनका हिरण पकड़ने का अपना तरीका है। वे बिल्ली की तरह चुपके से शिकार के पास जाते हैं और गजब की तेजी से हमला करते हैं। इसका वर्णन अक्सर किया गया है। कुछ को तो अमीर लोग अपने घर में पाल लेते हैं। लेकिन मेरे ख्याल से वे लोग इसे अपनी शान बताने के लिए ज्यादा पालते हैं, शिकार में उपयोग के लिए कम।

सामान्य सियार किसी भी तरह के भोजन के लिए हमेशा तैयार रहता है। वह किसी भी जख्मी जानवर को अपना भोजन बनाने से कभी नहीं चूकता। मैंने अपने द्वारा चलायी गयी गोली से घायल एक हिरण का पीछा करते उनके एक छोटे दल को देखा है। हिरणों तथा चौसिंघों के छोने अक्सर उनका शिकार बन जाते हैं।

इस प्रांत के उत्तरी हिस्से में भेड़िया बहुत आमतौर पर पाया जाता है। वह अक्सर उसी तरह के इलाके में जाता है, जहां हिरण और चिंकारा जाते हैं। मैंने उसे जंगली इलाकों में शायद ही कभी देखा हो। मेरे ख्याल से, भारत में वे स्पष्ट

तौर पर मैदानी इलाका पसंद करने वाला जानवर है। भेड़िये पांच-छह का झुंड बनाकर शिकार करते हैं। मैंने उन्हें अधिकतम छह के झुंड में देखा है। वैसे आमतौर पर ये अकेले या जोड़े से रहते हैं। मैंने उन्हें हिरण का शिकार करते कई बार देखा है। उनका शिकार का तरीका यह है कि वे हिरणियों तथा छौनों के असंबद्ध दलों के पास चारों तरफ से चुपचाप से जाते हैं और इससे पहले के वे भाग सकें, ये मिलकर एक या दो को पकड़ लेते हैं। भेड़िया हालांकि तेज होता है, लेकिन मैं नहीं समझता कि दौड़ में वह हिरण को पछाड़ सकता है। बेशक, पुराने और घायल जानवर इस प्रकार उसके द्वारा मारे जाते हैं। जब शिकार नहीं मिलता, तो भेड़िया पड़ोस के गांव में अपना भोजन पाने से नहीं चूकता। वह वहां कुत्तों या बकरियों को खा जाता है। भेड़िये कुत्तों के जानी दुश्मन होते हैं। भेड़िये रात में किसी गांव अथवा मुसाफिर के कैम्प के बाहर खड़े रहते हैं। वे तब तक चीखते रहते हैं, जब तक कोई अनुभवहीन पाजी कुत्ता उनको जवाब देने सामने नहीं आता। इसके बाद तो उस बेबकूफ कुत्ते की वापसी का सवाल ही नहीं उठता। बदकिस्मती से, मध्य भारत का भेड़िया हमेशा अपने आपको उपयुक्त शिकार के लिए इस प्रकार के विकल्पों तक सीमित नहीं रखता। इसके द्वारा इतने ज्यादा इंसानों की जान ली जाती है कि अब इसको मारने पर भारी इनाम रखा गया है। हालांकि भेड़िया दस-बारह साल तक के बच्चों को ही अपना शिकार बनाता है, लेकिन जब यह पक्का आदमखोर बन जाता है तो यह बड़ी उम्र की औरतों और आदमियों तक को मार डालता है। जबलपुर के उत्तर में निचले जंगलों में रेलवे के निर्माण के दौरान अनेक घटनायें हुईं, जिनमें काम करने वाले मजदूरों पर भेड़िये ने आक्रमण किया और कभी-कभी उन्हें मारकर खा भी गया। आक्रमण आमतौर पर दो भेड़ियों द्वारा मिलकर किया जाता था। एक भेड़िया शिकार की गर्दन को पीछे से दबोचता था, जिससे कि वह चिल्ला न सके, जबकि दूसरा भेड़िया फुर्ती से आकर उसकी अंतड़ियों को फाड़ देता था। ये पक्के आदमखोर काफी चालाक बताये जाते थे और उन्हें असहाय तथा हथियारबंद आदमी को पहचानने में देर नहीं लगती।

भेड़ियों को लेकर मेरा अपना तर्जुबा किसी बड़ी उम्र के व्यक्ति पर उसके द्वारा किये गये आक्रमण से संबंधित नहीं हैं। लेकिन मैं ऐसी बहुत-सी जगहों को जानता हूं जहां भेड़ियों द्वारा बच्चों को नियमित रूप से उठाकर ले जाया गया है। अक्सर अंधविश्वास की वजह से स्थानीय लोग उनसे अपनी हिफाजत नहीं कर पाते और न उन पर पलटकर हमला कर पाते। मैं सन् 1861 में दमोह जिले की सीमाओं पर एक छोटे से गांव से गुजर रहा था। मुझे संयोग से ही यह बात सुनने को मिली कि कई महीनों पहले भेड़ियों का एक जोड़ा कुछ-कुछ दिन के अंतर से बच्चों को उठाकर ले गया। वे उन्हें गांव के बीचोंबीच से दिनदहाड़े ले गये। उन्हें मारने की कोई कोशिश नहीं की गयी, जबकि उनके छुपने की जगह का सबको अच्छी तरह पता था, जो गांव

से चौथाई मील भी दूर नहीं थी। इसकी जगह, पास ही एक पेड़ के नीचे रखी देवी की अनगढ़ पत्थर की मूर्ति पर सिन्दूर पोत कर उसे खुश करने के लिए नारियल और चावल चढ़ाये गये। उनके आक्रमण की योजना एक जैसी और साधारण थी। यह गांव एक पहाड़ी की ढलान पर बसा था, जिसकी तलहटी में एक झरना बहता था। इसके आसपास घनी घास और झाड़ियां थीं। गांव की मुख्य गली में हमेशा बच्चे खेलते रहते थे और खेलते-खेलते पहाड़ी की ढलान तक चले जाते थे। जब एक भेड़िया, जो दूसरे से छोटा था, गांव और पहाड़ी तलहटी के बीच किसी छोटी झाड़ी में छुपा रहता था, तभी दूसरा भेड़िया ऊपर जाकर मौके की तलाश में रहता था। मौका मिलते ही वह गली में दौड़कर जाता और किसी बच्चे को उठाकर किसी सघन झाड़ी में ले जाता था। पहले लोग उसका पीछा किया करते थे और कई बार उनके प्रयासों से इस भयानक जानवर ने अपने शिकार को छोड़ भी दिया। लेकिन मुझे लोगों ने बताया कि ऐसा होने पर दूसरा भेड़िया गफलत के माहौल का फायदा उठाकर किसी दूसरे बच्चे को उठा ले जाता था। बच्चे को वापस भी लाया जाता था तो उसकी हालत इतनी बुरी हो जाती थी कि उसका ठीक होना मुमकिन नहीं होता था। लिहाजा, उन्होंने ठान लिया कि भेड़िया जितने चाहे बच्चे ले जाए, वे कुछ नहीं करेंगे। आखिर वे अमन पसंद हिन्दू जो ठहरे। मैं जिस दिन वहां पहुंचा उसी सुबह कुछ साल के एक बच्चे को भेड़िया ले गया था। यह भरोसा करने लायक बात नहीं है कि मुझे पहले कुछ ऐसे हंकवैये नहीं मिल सके, जो मुझे उस झाड़ी में ले जा सकें जहां वे दो जालिम भेड़िये उस बच्चे को खा रहे थे। आखिरकार कुछ ऐसे अछूत लोग मिल गये जो गांव में नीच काम करते थे। वे लाठियां लेकर मेरे घोड़े के साथ जाने को राजी हो गये। उनके साथ मेरा तलवारधारी सिख अर्दली भी था। वे लोग घास की पट्टी से होकर गये, जबकि मैंने एक पेड़ के पीछे डबल बैरल के साथ मोर्चा सम्हाल लिया। करीब पांच मिनट में भेड़ियों का वह जोड़ा आराम से खुले मैदान में बाहर आया और मुझसे करीब बीस कदम की दूरी के भीतर आ गया। जाहिर था कि वे मां-बेटे थे। बेटे की ऊंचाई करीब तीन-चौथाई थी और उस पर लोहित पीला घने लोमचर्म का आवरण था और वह देखने में थुल-थुल था। उसकी मां दुबली-पतली और भूरे रंग की थी। उसके थन बड़े वीभत्स और लटके हुये थे। उसके घृणास्पद जबड़ों से लार टपक रही थी। मैंने उसे पहले बैरल से गोली मारकर गिरा दिया। उसका बेटा भागने लगा, लेकिन मैंने दूसरे बैरल से उसकी गरदन में गोली मारकर उसे रोक दिया। जब तक मेरा आदमी भाला लेकर आया तब तक मैंने मादा भेड़िये का संघर्ष देखकर संतोष पाया। मैंने इस भाले से उसका खात्मा कर दिया। जिस झाड़ी से होकर वे आये थे, वहां के बारे में मेरे आदमियों ने बताया कि घास में उनकी अनेक मांदें हैं जो टूटी हड्डियों से भरी पड़ी हैं। लिहाजा इस बात में कोई शक नहीं रह गया था कि ये निर्दयी जानवर इन अंधविश्वासी गांव वालों के पास ही मजा कर रहे थे।

सियारों के शिकार के रास्ते में कुत्ते बड़ी तत्परता से किसी भेड़िये का पीछा करने लगते हैं, जब तक कि वह भाग नहीं जाए। लेकिन भेड़िया आमतौर बहुत दूर भागने से पहले अपना पीछा करने वाले पर अपने दरांतेदार दांतों का प्रयोग करने की कोशिश करता है और बहुत जीवट वाले कुत्ते ही उसका सामना कर पाते हैं। मेरे अपने ही कुत्तों को भेड़िये ने कई बार उस वक्त मेरे घोड़े तक खदेड़ा था जब लोमड़ियों और सियारों का पीछा करते हुए उनका उससे सामना हो गया। मैंने सिर्फ एक बार देखा कि बंदूक की सहायता के बिना मेरे कुत्तों ने एक भेड़िये को हरा दिया। उस वक्त मेरे पास दो ग्रेहाउण्ड कुत्ते थे, जो डीयर हाउण्ड और रामपोर नस्ल के थे। उनके साथ एक बहुत बड़ा और ताकतवर बुल मस्टिफ था, जिसका नाम टिंकर था। उसका जबरदस्त प्लेवियन रूप उसके नाम के अनुरूप ही था। वह अपने मूल स्थान मेनचेस्टर से आने से पहले से ही लड़ने में माहिर था। भारत में उसने सियार, जंगली बिल्ली और पेरिया डॉग से कई खूनी लड़ाइयां जीती थीं। उसका सिर बहुत बड़ा था और जबड़े बहुत मजबूत। उसमें हिम्मत भी उतनी ही गजब की थी। इस वक्त ये तीनों कुत्ते एक ऊंची उठी जमीन पर खामोशी से बैठकर दुश्मन की जासूसी कर रहे थे। ये युवा कुत्ते उसे सियार समझकर उस पर पूरी ताकत से झपट पड़े। टिंकर ने हमेशा की तरह पीछे से हमला किया। जल्दी ही, ये कुत्ते भयभीत होकर दुम दबाकर वापस आ गये। भेड़िया एकदम उनके पीछे लगा था। वह भयंकर काला भेड़िया उनके पीछे-पीछे गुर्राता चला आ रहा था। ग्रेहाउण्ड कुत्ते टिंकर से आगे निकल गये, जो आराम से आगे बढ़ रहा था। बेशक, यह भयंकर भेड़िया जानता था कि टिंकर को भी अपने चमकते दांतों को छुपाकर और खड़े बालों को नीचा कर उसी तरह वापस जाना पड़ेगा जिस तरह उस पर हमला करने वाले गये थे। लेकिन वह गलत था, क्योंकि उस पुराने शिकारी कुत्ते ने, जैसे ही भेड़िया उसके कुछ कदम पास तक आया, उस पर पूरी तरह ऊंची छलांग लगाई और अपना गोल सिर उसकी छाती में घुसेड़ दिया। मैंने उन दोनों को एक-दूसरे से गुत्थमगुत्था होते देखा। इसके बाद बहादुर टिंकर उस भेड़िये पर चढ़ गया और उसने अपने शिकंजे जैसे जबड़ों को मजबूती से उसके गले में धंसा दिया। लड़ाई के इस क्षण में उसने अपने अत्यधिक वजन और अंगों की ताकत का उपयोग कर दुश्मन पर पूरी तरह काबू पा लिया और उसे धूल चाटने पर मजबूर कर दिया। इस बीच वह उसकी गरदन पर वार करता रहा। वह यह सब इतनी ताकत से कर रहा था कि उस जगह पर उसकी फुफकार से नीचे जमीन में गड्ढा जैसा हो गया। इसके बाद उसने अपनी कोशिशें अपने मनपसंद पैंतरेबाजी की तरफ मोड़ दीं। लेकिन भेड़िया उससे ज्यादा मजबूत था और उसने बार-बार उसकी कोशिशों को नाकाम कर दिया। लेकिन जवान कुत्ते, जिनमें हिम्मत की कमी नहीं थी, जल्दी ही उसकी मदद के लिए पहुंच गये और भेड़िये को उसकी दूसरी पिछली टांग से पकड़कर उसे इतने जोरदार तरीके से जकड़ लिया कि टिंकर को उसे दबोचने में

कोई मुश्किल नहीं हुई। इस बीच मैं घोड़े से उतर गया और अपने शिकारी कोड़े के हथौड़े जैसे मूठ से उसकी खोपड़ी पर जोरदार बार कर दिया। तीनों में से किसी कुत्ते को भेड़िया काट नहीं पाया। टिंकर शुरू से ही अपने जबड़े उसकी गर्दन में गड़ाये था। मुझे विश्वास है कि ये तीनों कुत्ते, अथवा टिंकर अकेला ही मेरी मदद के बिना उसे मार देता। क्योंकि टिंकर एक बार अगर किसी को दबोच लेता था तो फिर उसे छोड़ता नहीं था। हालांकि वह बहुत बड़ा नहीं था, लेकिन ताकत में वह भेड़िये से कमतर भी नहीं था।

खुले मैदानी इलाके में शिकारियों की दिलचस्पी की इन बातों का जिक्र 'जबर सुअर' की चर्चा किये बिना अधूरा रहेगा। यह प्रायः हर जगह पाया जाता है। खेतों के किनारे निचले जंगल में, और कभी-कभी अन्य बड़ी फसलों के खेत में। अपनी और अपने घोड़े की कड़ी मेहनत से इसे कई जगहों पर मारा जा सकता है। बहरहाल, आमतौर पर घुड़सवारी के लिए इलाका अनुकूल नहीं है। यहां की काली मिट्टी में बड़ी-बड़ी दरारें हैं, जो कहीं-कहीं फिर गहरी हैं या फिर उन पर गोल ट्रेप के अलंगे पड़े हैं। नागपुर के पास का इलाका सबसे अच्छा है। वहां एक नियमित 'टेंट क्लब' है, जहां पूरे साल अच्छी संख्या में सुअर रहते हैं। इस शिकार के बारे में इतना लिखा जा चुका है कि मेरी समझ से अब कुछ भी कहना बाकी नहीं है। खुले मैदानों में रहने वाले सुअर भारत के दूसरे भागों के सुअरों से आकार में किसी तरह कम नहीं हैं। लेकिन इन पहाड़ियों में पाये जाने वाले सुअर काफी छोटे होते हैं और कहीं ज्यादा सक्रिय भी। इनके बीच एक भूरे रंग की प्रजाति भी कभी-कभी देखने में आती है। गांवों में रहने वाले आम सुअरों को देखकर पता लगता है कि उनकी उत्पत्ति जंगली नस्लों से ही हुई है।

नर्मदा घाटी में मेरी यात्रा घुमावदार तथा ऊबड़-खाबड़ गाड़ी मार्ग से चली। यह आसपास के खेतों की गहन दुमट से होकर गुजरी। रेलवे निर्माण के पहले इन उपजाऊ जिलों में आवागमन का साधन सिर्फ बैलगाड़ी थी। सड़क के आसपास टूटी गाड़ियां बिखरी पड़ी थीं और कांटेदार बबूल के झुंड रास्ते तक बाहर लगे थे। इन्हें लोग 'कपास चोर' ठीक ही कहते हैं। इनकी शाखाओं में मेनचेस्टर का प्रिय कपास काफी ज्यादा उलझा हुआ था। जब भैंसागाड़ी में कपास भरकर दूर समुद्र तट तक ले जाया जाता था, तब वह कपास इनमें उलझ जाता था।

पास के पहाड़ी इलाकों के गोंड आदिवासियों के बड़े दल रेलवे के कामों में लगे थे। अंदरूनी पहाड़ियों के ये वास्तविक वनवासी अभी तक मैदानों के श्रम बाजार की ओर आकर्षित नहीं हुये थे। वे जंगली वनस्पतियों को खाना ही पसंद करते थे और किसी पराये मालिक के नियंत्रण में काम करने की बजाय वे अपनी फटेहाल आजादी में खुश रहते थे। लेकिन सीमा क्षेत्र की अर्द्ध-हिन्दू प्रजातियों के साथ ऐसा नहीं था। इनकी संख्या अब सबसे ज्यादा है। मैदानी इलाकों के लोगों के साथ लंबे संपर्क के

कारण वे उन्हीं के जैसी प्रवृतियों को आत्मसात कर चुके थे, जो इनके वनवासी भाइयों को पता ही नहीं थीं। उन्होंने अपने दरवाजे पर आये मजदूरी के अवसर का पूरा फायदा उठाया। यह उनके लिए पूर्णतः लाभप्रद साबित हुआ। इसकी चर्चा आगे की जाएगी। वे लंबे समय तक अर्द्ध घुमक्कड़ जिन्दगी जीते रहे और मजदूर के रूप में एक ही जगह टिककर काम करने के प्रति उनमें सहज अरुचि थी। इससे वे दक्खन से आने वाले नियमित बेलदारों से कमतर पड़ गये, जो शारीरिक रूप से भी उनसे ज्यादा ताकतवर थे। इस तरह के काम में वे किसी भी गोंड से दो गुना काम खींच देते थे।

पच्चीस जनवरी को मैंने मुख्य सड़क को छोड़ दिया। यह जगह घाटी के निचले हिस्से में नरसिंहपुर नाम के छोटे से स्टेशन के पास थी। मैं लगभग समकोण में दक्षिण की ओर चल पड़ा और उन पहाड़ियों की तरफ बढ़ा जो उस दिशा में क्षितिज से बंधी दिखती थीं। करीब आधे रास्ते में पंद्रह मील की दूरी तय करने के बाद घाटी की सघन काली मिट्टी की जगह लाल कंकरीली मिट्टी का असमतल इलाका शुरू हो गया। वहां अनगिनत शानदार महुआ के पेड़ थे, जिनके समूह कुछ दूरी से बहुत कुछ बलूत जैसे लगते थे। वहां अधकटे खेत थे। ये आधी कृषि योग्य की गयी जमीन के सीमा क्षेत्र का पता देते थे, जो खुले मैदान और जंगलों से ढंकी पहाड़ियों के बीच पड़ती थी। भारत के इस हिस्से में महुआ एक बहुत उपयोगी जंगली पेड़ है। उसकी खेती के लिए, जमीन को साफ करने में किसी अन्य जंगली पेड़ की तरह नहीं काटा जाता। इसकी छाया और जड़ों के द्वारा जो इलाका अनुत्पादक हो जाता है, उससे कहीं ज्यादा मूल्य इसका होता है। चूंकि अब इस इलाके में बसाहट ज्यादा हो रही है, लिहाजा अब बात उल्टी हो गयी है। आमतौर पर यह लंबे समय से आबाद इलाकों से गायब हो जाता है। कभी-कभी सामाजिक रीति-रिवाजों का असर किसी इलाके के स्वरूप पर हो जाता है। मैं निमाड़ जिले में इस नियम के अपवाद का जिक्र करना चाहूंगा। वहां पूरी तरह खेती वाले इलाके भी महुआ के पेड़ों से भरे पड़े हैं। मेरी समझ से इसकी वजह यह है कि मेरे द्वारा पिछले अध्याय में वर्णित संकट के समय छोटी जमीनों के ज्यादातर मालिकों को बेदखल कर दिया गया। लेकिन यह दस्तूर बन गया कि इस जमीन पर उगने वाले फलदार पेड़ों की मालकियत जमीन के साथ नहीं गयी। लिहाजा, उन्होंने अधिकतर पेड़ों की मालकियत यथावत् रखी। इस तरह हुआ यह कि जमीन का मालिक कोई और होता है तथा पेड़ों का कोई और। किराये का भुगतान सिर्फ भूधारक करता है। अब चूंकि पेड़ों को काटने पर उसे फायदा होगा, लेकिन पेड़ के मालिक को फायदा नहीं होगा। लिहाजा इस तरह ये पेड़ यहां बचे हुये हैं जिनका बेशक फायदा भी बहुत हुआ है और जिले की खूबसूरती की रक्षा भी हुई है।

महुआ का मूल्य इसके फूलों के गूदेदार दलपुंज और बीजों में निहित है। यह फूल काफी पतझड़ी होता है और मार्च तथा अप्रैल के महीनों में पककर गिरता है।

इसमें बहुत अधिक द्रव्य पदार्थ होता है और इसका स्वाद मीठा लेकिन बदबूदार होता है। सभी जंगली प्रजातियों के लोगों तथा छोटी जाति के हिन्दुओं का यह प्रिय भोजन है, लेकिन इसका मुख्य उपयोग तीखी स्पिरिट के आसवन में होता है, जो ज्यादातर महुआ से शराब बनाने के काम आती है। ज्यादा समय तक पकाई गयी अच्छी स्पिरिट किसी भी तरह घटिया किस्म की नहीं होती और यह कुछ-कुछ आयरिश व्हिस्की से मिलती है। ये रसदार फूल सिर्फ आदमी के पसंदीदा नहीं होते। प्रत्येक शाकाहारी जानवर और सभी फूलों के मौसम में इनका जी भर के आनंद उठाते हैं। महुआ के मौसम में सांभर, नीलगाय तथा भालू कुछ हद तक खतरे को सूंघना तक भूल जाते हैं। इस मौसम में इनका शिकार आसान हो जाता है। अगर फसल की हिफाजत करना है, तो इन पेड़ों पर रात-दिन निगरानी रखनी पड़ती है। जंगल के आदिवासी न जंगली जानवरों से डरते हैं न बुरी आत्माओं से। लिहाजा, आमतौर पर वे उपज के आधे हिस्से को मजदूरी के रूप में लेकर इनकी रक्षा करते हैं। हर एक पेड़ से करीब 136 फूल गिरते हैं, जिनकी कीमत बाजार में पांच शिलिंग होती है। फूल गिरने के बाद जो गिरियों के झुंड बनते हैं, उनसे मोटा तेल निकलता है, जो देखने में तथा गुणधर्म में चर्बी जैसा होता है। इसका उपयोग जलाने तथा साबुन बनाने के साथ-साथ घी में मिलावट के लिए भी किया जाता है, जिसे स्थानीय लोग खूब खाते हैं। हाल ही में इसकी मांग बाम्बे बाजार में उठी है और रेलवे शुरू होने के बाद इसको काफी मात्रा में भेजा भी गया है। इसकी आपूर्ति असीमित हो सकती है। संभवतः इस नयी मांग से इन पेड़ों का मूल्य काफी बढ़ जाएगा।

इस यात्रा के अंत में मोहापानी नाम की जगह पर मैंने पड़ाव किया, जहां नर्मदा कोल एंड आयरन कम्पनी का काम चल रहा था। बहरहाल, इसके मजदूर अभी तक कोयले तक ही सीमित थे। इस उपयोगी खनिज को अब मध्य प्रांतों के अनेक भागों में खोजा गया है। इसकी गुणवत्ता ज्यादातर भारतीय कोयले के बराबर ही है। जब मैं मोहापानी की खानों में गया तब अनेक ट्रायल शॉफ्ट कुछ सौ फिट नीचे जमीन में भेजे जा चुके थे। मैं समझता हूं कि इसमें कोई शक नहीं कि यहां से रेलवे को काफी कोयले की आपूर्ति हो सकती है। तब से अनेक योजनाएं भी सामने आयी हैं। ऐसा लगता है कि कम्पनी के प्रबंधन की बातचीत बहुत विचारपूर्ण नहीं रही है और अब इस बात पर शक होता है कि उनके श्रम और पैसे का उन्हें बहुत फायदा हुआ हो। उस वक्त जो खनन करने वाले लगाये गये थे, उनमें से ज्यादा गोंड थे। धरती को खोदकर विभाजित करने की उनकी हिम्मत दूसरी प्रजातियों से ज्यादातर थी। गोंडों का सर्वजनीन सर्वेश्वरवाद ऐसे मौकों पर उनकी बहुत मदद करता है। उसने अपने पालने से ही हर एक चट्टान, झरने और गुफा-कंदराओं को देखा होता है। उसे सबकी सुरक्षा के लिए इन गुफाओं में रहने वाली आत्मा को बहुत सरल तरीके से प्रसन्न करना होता है। लिहाजा, बारूद से चट्टान को टुकड़े-टुकड़े कर देने से पहले

वह उस पर सिर्फ सिन्दूर लगाता है। इसके बाद उसके सामने मुट्ठी भर चावल और महुआ स्पिरिट से भरा एक नारियल रख देता है। और लीजिये! कोयले की खान का देवता इतना प्रसन्न हो जाता है कि वह अपने निश्छल पुजारी को जितना चाहे कोयला अपने घर ले जाने की इजाजत दे देता है।

जैसा कि कुछ लोग सोचते हैं, अगर उपयोगिता धर्मों में एक अच्छा गुण है, तो हमें निश्चित ही यह अपनी परिपूर्णता में इस तरह की विनम्र आस्था में मिल जाएगा।

इस प्रांत में मोहापानी के पास एक बहुत खूबसूरत स्नाइप झील है। मैं इन कार्यों से जुड़े एक शख्स के साथ दोपहर में वहां गया जिसने निश्चय ही पहले स्नाइप नहीं देखा था। हम उस लंबे दलदल के दूसरी तरफ गये, जहां लंबे बिल बहुत अधिक थे। जब हम इसके छोर पर गये, तो मुझे $27^{1/2}$ जोड़े दिखे, जबकि मेरे साथी ने पटान पेडी बर्ड तथा मैनाओं से एक झोला भर लिया, जिनमें एक भी स्नाइप नहीं था।

मेरी अगली यात्रा सतपुड़ा की मुख्य शृंखला के उत्तरी मुहाने में थी। यह मैदान से करीब 500 फिट ऊंची थी और इसके ऊपर चौरागढ़ की गढ़ी स्थित थी। नर्मदा के दक्षिणी इलाके में नायकों द्वारा बनायी गयी गढ़ियों में से यह एक थी। इनका निर्माण तब किया गया जब ऊपरी भारत और दक्खन में हिन्दू राज्यों को हटाने के बाद मुसलमानों के आक्रमणों का ज्वार आया हुआ था। मध्य प्रांत के इलाकों की रियासतें इनका शिकार बन रही थीं। प्राकृतिक रूप से बनी एक पहाड़ी पर बने ये किले काफी जगह घेरते हैं। इनका रूपांकन इस तरह किया गया था कि बड़ी संख्या में स्थानीय निवासी हमले के समय भागकर इनमें पनाह ले सकें। सपाट छत पर कगारों वाली ये ट्रेप की संरचनाएं मजबूत किले के लिए बहुत उपयुक्त होती हैं। ये किसी अन्य स्थान की जगह ट्रेप इलाकों में ज्यादा होती हैं। ऐसे अतिरिक्त कार्यों के लिए बड़ी चट्टानों के टुकड़ों की जरूरत होती है, जो मोटे तौर पर चोकोर होते हैं और उन पर मेशन का कोई काम नहीं होता। इनके भीतर सामान्यतः चट्टान में जलाशय खोद लिये जाते हैं ताकि पर्याप्त पानी बना रह सके। श्रम की यथासंभव बचत के लिए प्राकृतिक दर्रों का उपयोग कर लिया जाता है। तोपखाने आने से पहले इन जगहों में काफी मजबूती रही होगी, लेकिन ऐसा कभी सुनने में नहीं आया कि इनमें रहने वालों ने पूरी ताकत से कभी इनकी रक्षा की हो। थोड़ी-बहुत लड़ाई करके वे आत्मसमर्पण कर देते थे। बेशक इसकी खास वजह रसद की कमी रही। बड़ी संख्या में लोग इन गढ़ियों में किसी तरह भर जाते थे और इस स्थिति में नहीं होते थे कि इस इलाके में उनके पास जो थोड़ी बहुत रसद हो उसे वहां अपने साथ ले जा सकें। सन् 1564 में अकबर ने मण्डला के गोंड शासक को दबाने के लिए अपने सेनापति को भेजा। आखिर शासक की विधवा दुर्गावती के नेतृत्व में गोंडों की सेना ने जबलपुर के पास हमलावरों का जमकर मुकाबला किया, लेकिन आखिरी में लड़ाई उनके खिलाफ जाने लगी और उनकी नेता ने हार के अपयश से बचने के लिए खुद को कटार मार ली।

इसके बाद चौरागढ़ का किला मुस्लिम हाथों में चला गया। उन्होंने यहां की अथाह दौलत को भी हथिया लिया। इन पुराने किलों की चोटियों पर आमतौर पर पुराने तालाबों में थोड़ा-सा पानी रहता है। ये सामान्यतः घने जंगलों से घिरे होते हैं और गरम मौसम में शेर तथा अन्य जानवरों के ये प्रिय स्थान होते हैं।

चोलपानी में मेरे कैंप से पंचमढ़ी की एक मात्र चोटी दिखायी देती थी। यह बहुत बड़ी नहीं थी, फिर भी मैंने पढ़ा था कि यह 'एक बड़े एग-केप' में से झांकती आधे 'अंडे की आकृति' की थी। रात में दो-एक भालू कैंम्प के पास आये और लड़ने लगे। वे डरावना शोर करने लगे और जब मैं जागा, तो मुझे ऐसा लगा कि वे टेंट की रस्सी के अंदर थे। घोड़े अपने खूंटों से बंधे कसमसा रहे थे और पूरे कैम्प में कोलाहल मचा था। मैं बन्दूक लेकर बाहर निकला, लेकिन लोगों ने बताया कि वे अभी हाल कैम्प से होकर गुजरे हैं और एक-दूसरे पर चिड़चिड़ा कर गुर्रा रहे हैं। अंधेरा इतना ज्यादा था कि मैं बहुत दूर तक नहीं देख सकता था, लिहाजा मुझे वापस लौटना पड़ा। अगली चौदह मील की यात्रा झिलपा तक थी, जो पहाड़ी शुरू होने से पहले आखिरी गांव था। इस यात्रा में पंचमढ़ी का नज़ारा दिखना बंद हो गया, क्योंकि हम पहाड़ियों के बीच आ गये। भालू भी इतनी सुबह के समय ही आसपास सबसे ज्यादा सुनसान झुरमुटों और बीहड़ों की तलाश में रहते हैं। सर्दी के मौसम में वे ज्यादा होशियार रहते हैं। वे इन सघन झाड़ियों में इतनी आसानी से छुप जाते हैं कि अगर वे रात में किसी शिकार के लालच में ऊपर आकर न बैठें, तो इनका शिकार करने का कोई मौका नहीं मिलता। रात के समय निगरानी रखने वाले स्थानीय शिकारी इस मौसम में काफी शिकार कर लेते हैं। यह शिकार बड़े धीरे से और ठंडे दिमाग से किया जाता है। यह एक तरह की पोचिंग है, जिसे यूरोपियन लोग कामयाबी से नहीं कर सकते, क्योंकि वे बिल्ली की तरह दुबककर नहीं जा सकते। अब भारत में शिकार करने वाले (और शुरू में कौन नहीं करता) यूरोपियन शिकारी सिर्फ सर्दी के मौसम में बाहर निकलते हैं और इस आधे साफ किये हिस्से से ज्यादा जंगल में भीतर नहीं जाते। इसका कारण खोजना ज्यादा मुश्किल नहीं है। सफलता सुनिश्चित करने के लिए जानवरों का पीछा जंगल के बहुत भीतर तक करना पड़ता है। आगे के अध्यायों में रेखाचित्र दिये जाएंगे। वर्तमान अध्याय में मेरे द्वारा दिये गये शीर्षक द्वारा इंगित विषय पर कम ही चर्चा हुई है। लेकिन इसे मैंने भारतीय कैम्प जीवन तथा नौसीखिये शिकारियों द्वारा शिकार किये जा सकने वाले जानवरों और इस मौसम के प्रारंभिक भाग के महज परिचय के रूप में बताया है।

अध्याय-3

महादेव पर्वत

महादेव पर्वत-पवित्र पहाड़ियां-पंचमढ़ी की चढ़ाई-वन का स्वरूप-पार्क जैसी दृश्यावली-एक नम रात-अकेला चाहा-पठार का विवरण-खूबसूरत नज़ारे-देनवा घाटी-अंध खोह-स्थान की किंवदंतिया-प्राचीन अवशेष-विशाल बीहड़-सोनभद्र घाटी-बड़ी लाल गिलहरी-हिल चीफ-पहाड़ी लोगों की मौज-उनका खेती का तरीका-जंगलों का विनाश-जंगली जानवरों के हमले-गोंड किंवदंती-घने जंगल-मूल आदिवासियों की बैचेनी-उनकी अनिश्चित आजीविका-वनों के उत्पाद-बांसों का बीजारोपण-पहाड़ियों में अभाव-बंजारा वाहक-प्रोजेक्ट ए टाइगर लॉज-फाइंड लाइम-भारतीय बाईसन-उसके रहवास और रेन्ज-उसके सींगों का विकास-एक जबर्दस्त खोज-सांभार का शिकार-ठाकुर द्वारा सांड को गोली मारना-बाईसन की ताकत-एक पहाड़ी शेर-मां की हिफाजत-गोंड और कोरकुओं का वर्णन-आधी रात का धमाल-जंगली लोगों का समझौता-हमारे द्वारा उन्हें हल बनाना और चलाना सिखाना-देनवा के साल वृक्ष-बारह सींगों वाला हिरण-जंगली मुर्ग-स्पर फाउल-चिंकारे और खरगोश-रात में फायर हंटिंग-भालू और तेन्दूए-एक उपद्रवी तेन्दुआ-पंचमढ़ी में लोमड़ी का शिकार-बाईसन का छुपकर शिकार-सांडों का जोड़ा-बाईसन का पीछा-दिनभर कड़ी मेहनत-सांड की मौत।

आसपास के मैदानी इलाकों में रहने वाले हिन्दुओं की दृष्टि में इन पहाड़ियों की संपूर्ण शृंखला, जो पंचमढ़ी के पठार में समाप्त होती है, उनके देवता शिव को समर्पित है। शिव को देवाधिदेव महादेव कहते हैं। इन पहाड़ियों का नाम इसीलिए महादेव पर्वत है। इन पर्वतों की ऊंची-ऊंची चोटियों से एक श्रद्धायुक्त विस्मय तथा रहस्य का भाव हमेशा जुड़ा रहा है। इनके बीच एक अत्यंत पवित्र शिवमंदिर स्थित है, जहां जीवन में एक बार जाना प्रत्येक श्रद्धालु हिन्दू के लिए आवश्यक है। लेकिन इस तीर्थ यात्रा के लिए तयशुदा मौसम के अलावा, मैदानी इलाके का कोई भी व्यक्ति महादेव पर्वत पर पैर रखने की हिम्मत नहीं कर सकता। मैं इसी मौसम में यह लिख रहा हूं। जैसे-

जैसे हम इसके नजदीक पहुंचने लगे, मेरे साथ चलने वाले लोगों के चेहरे पर विषाद का भाव दिखाई देने लगा। जिन लोगों से वे मिले थे, उनसे बातचीत करने से यह भाव उनमें जागा था। उन्हें बताया गया था कि चोटी तक जाने का रास्ता बहुत दुर्गम और प्राकृतिक कठिनाइयों से भरा है और वहां जंगली जानवर तथा पिशाच रहते हैं और वहां जाकर आदमी बीमार हो जाता है।

मैं एक दिन झिल्पा में ठहरा, जो इस मैदानी इलाके का आखिरी गांव है। इसका मकसद चढ़ाई के लिए आवश्यक व्यवस्था करना था। मार्गदर्शक भी ढूंढ़ना था। इसके बाद 22 तारीख को मैंने अपना छोटा टेंट तथा कुछ जरूरी चीजें बांधकर एक टट्टू पर लाद दीं। मदद के लिए दो लोगों को साथ लेकर मैं पैदल ही पहाड़ी पर चढ़ने लगा। करीब दस मील चलने के बाद पहली बार एक आसान तथा नियमित चढ़ाई मिली, जहां ढलान थी और मिट्टी कम थी। वहां सलेई पेड़ों का विरल जंगल उगा हुआ था। इनकी बहुत-सी प्रजातियां होती हैं। इन ढलानों पर घास और वनस्पतियों पर शुष्क मौसम के कारण कुछ पीलापन आने लगा था। मध्य भारत के इतने बड़े जंगली इलाके में इस तरह का नजारा देखकर किसी ऐसे शख्स को बहुत निराशा होगी जो इस निचले भू-मध्य क्षेत्र में काफी सरसब्ज जंगलों की तलाश में यहां आया हो। दक्षिण अफ्रीका और एशिया के तटीय देशों में वनस्पतियों के सघन मंडप, झाड़-खंखाड़, फूल और गुथी हुई लता वल्लरियां भारत के इन मध्य क्षेत्रों में नहीं हैं। कुछ निचली नम घाटी में कुछ जगहों को छोड़कर इनका स्वरूप ही पता नहीं चलता। इन इलाकों में लकड़हारे की कुल्हाड़ी नहीं पहुंची है और किसी झरने का पानी ठहरकर एक बंद घाटी की गहराई में घुस गया है, जिससे यहां की वनस्पति का स्वरूप वास्तव में ऊष्णकटिबंधीय हो गया है। यहां लाल और भूरे फूलों की जगह पीले फूलों की अधिकता है और झाड़ या अन्य पूर्वी स्वरूप के पेड़ भी कहीं-कहीं नजर आ जाते हैं। यहां के ज्यादातर जंगली इलाके में दिसम्बर के बाद आना चाहिए, जब पतझड़ के जाने का वक्त होता है और मौसम शीतोष्ण रहता है। यहां चमकीले फूलों की अनुपस्थिति से ज्यादा कुछ भी ज्यादा आश्चर्यजनक नहीं है। आमतौर पर माना जाता है कि ऊष्णकटिबंधीय क्षेत्रों की तुलना में यहां के फूल ज्यादा शीतोष्ण होते हैं। हमारे जंगलों में पलाश जरूर एक ऐसा पेड़ है, जिसका रंग चमकीला होता है।

करीब 2,000 फिट (समुद्र से) की ऊंचाई पर पहुंचने के बाद नज़ारा बदलने लगा। लाल बलुआ पत्थर की खड़ी कगारें, जो ऊंचे पठार का निर्माण करती हैं, रास्ते के हर मोड़ पर दिखाई देने लगीं। रास्ता अब संकरा और अंधेरा होने लगा था, जो अलंगों से भरे झरने के किनारे चला जा रहा था। सूखी और निचले ढलानों की पीली घास तथा पेड़ों के नंगे ठूठों की जगह अब सघन वनस्पति ने ले ली थी। झरने के गीले तट टूटे पत्तों और दलदल से भरे थे। गरमी और उमस के मौसम में ऊंची चढ़ाई पर दूर तक चढ़ने के बाद छोटे-छोटे सोतों के स्फुलिंग देखकर बहुत शांति मिली।

सामान ढोने वाले टट्टुओं को अलंगों पर चलना बहुत कठिन हो गया, जो अब रास्ता ही रोकने लगे थे।

हमने टट्टुओं को राहत देने के लिए उनका आधा सामान उतारकर दो मार्गदर्शकों को दे दिया। इस तरह बीहड़ों के बाजू और तल पर कुछ मील गिरते-पड़ते चलकर हम अचानक एक संकरे दर्रे में निकल आये और एक बड़े बरगद के नीचे (जिसके कारण इसका नाम बरघाट पड़ा) एक संकरे रास्ते से हम एक खुले जंगली रास्ते पर पहुंच गये। इस पर छोटी हरी घास फैली थी और आसपास बड़े शानदार पेड़ लगे थे। यहीं से पंचमढ़ी का पठार शुरू होता है।

हमारे सिर पर बादल घिर आये और पानी की बड़ी बूंदें गिरने लगीं। यह इस बात का इशारा था की कि कोई छोटा-मोटा तूफान आने वाला है, जो इस मौसम में यहां आम बात है। पंचमढ़ी गांव अब भी कुछ मील दूर था। हमने इस लगभग समतल पठार पर पानी से बचने के लिए दौड़ लगा दी। अब तक हम करीब सत्रह मील चल चुके थे और सूरज तकरीबन डूब चुका था। अब रास्ता कुछ कड़क था और इसकी रेतीली जमीन कुछ-कुछ ऊबड़-खाबड़। इसके पथरीले तलों पर कई छोटे झरने बहते थे। गहरे हरे रंग के हर्रा, जामुन तथा आम के पेड़ बड़ी संख्या में लगे थे। इनके बड़े-बड़े झुरमुट इस इलाके में मौजूद थे। पठार का यह इलाका किसी इंग्लिश पार्क की तरह लगता था। भारत में कहीं और मैंने ऐसा इलाका नहीं देखा था। धीरे-धीरे पेड़ों से भरे इस नज़ारे से गुजरने के बाद हमें तीन बड़ी अलग-अलग चोटियां दिखाई देने लगीं। ये सूर्यास्त के समय एक बादल की जामुनी पृष्ठभूमि में लाल और अग्नि की तरह चमक रही थीं। इन तीनों में से बीच वाली चोटी, जो एकदम हमारे सामने थी, महादेव पहाड़ी की थी, जिसके अंचल में स्वयं महादेव का मंदिर बना है। इसके बायीं तरफ किसी बड़े किले के बुर्ज की तरह चौरादेव स्थित है, जिसका आकार चौकोर है। दायीं तरफ और इसके आगे धूपगढ़ की चोटी है, जो मध्य भारत की पहाड़ियों में सबसे ऊंची है।

इस शानदार दृश्य का आनंद लेने के लिए हमारे पास ज्यादा समय नहीं था, लेकिन अंधा कर देने वाली तेज बारिश, तूफान और बिजली से बचने के लिए हम पेड़ों के एक झुरमुट में चले गये। गांव अभी कुछ दूर था। किस्मत से, इस झुरमुट में बरगद का एक बड़ा और खोखला पेड़ था, जिसमें सभी को छाया मिल गयी।

मैंने दो मार्गदर्शकों को कुछ जलाऊ लकड़ी और पानी लेने गांव भेजा, क्योंकि मेरा यहां कैम्प करने का पक्का इरादा था। मुझे अंदेशा था कि आगे का रास्ता और खराब हो सकता है और कोरकू गांव भी मुझे रास नहीं आते। हमारे और गांव के बीच एक दलदली घाटी थी। मैंने सुना कि वे मार्गदर्शक इसमें से होकर गांव के अंधेरे में ओझल हो गये तथा पूरे दो घंटे बाद तीन चार कोरकुओं के साथ लौटे जिनके सिर पर लकड़ियों के गट्ठे, घास, पानी के बर्तन तथा खाने की अनेक प्राकृतिक चीजें रखी

थीं। ये चीजें कहीं भी कैम्प लगाने के लिए गांव से प्राप्त की जाती हैं। इस बीच हम अपने पेड़ के नीचे बैठकर सिगरेट पीने लगे। मौसम बहुत ठंडा और खुशगवार, लेकिन सहनीय रूप से शुष्क था। कोरकुओं की मदद से छोटा टेंट तत्काल लग गया और मैं अपने कुत्तों के साथ उसमें चला गया, जबकि खोखले बरगद की खोल में आग जला दी गयी। स्थानीय लोग इसके पास घुटने मोड़कर बैठ गये, जबकि मेरे नौकर ने आग से अंगारे उकेरकर मेरे द्वारा मारे हुये स्पर फाउल को उन पर भूना। करीब आधी रात को बारिश रुक गयी और आसमान साफ हो गया। यह एक बहुत ठंडी रात थी। सुबह जब मैं ठिठुरता हुआ जागा तो मुझे पता लगा कि मेरे लोग रात को ज्यादा समय तक आग तापते जागे थे।

सुबह काफी चटख और खुशगवार थी। मैं पहाड़ पर घूमने चल दिया। टेंट के नीचे पहाड़ी की कगार से गुजरते हुए कुत्ते वहीं डटे रहे और मैंने चाहा पक्षियों के अनेक जोड़ों को निशाना बनाया। इनमें एक जंगली चाहा भी था। इस प्रजाति का चाहा मध्य भारत में बहुत मुश्किल से मिलता है। मैंने पहले इसे सिर्फ एक बार मण्डला जिले में देखा था। मुझे शक है कि यह वही पक्षी है जिसे मध्य प्रांतों में इसके विषय में कही जाने वाली कहानियों में जंगली मुर्गा कहा जाता है। मैंने इस पक्षी की खातिर पहाड़ियों में हर संभावित जगह की ख़ाक छानी थी, लेकिन एक भी नहीं मिला।

पठार पर कोरकुओं की दो छोटी बस्तियां थीं–एक पंचमढ़ी में ही और दूसरी इसके उत्तर में तकरीबन एक मील दूर। पहली बस्ती ज्यादा बड़ी थी, जिसमें करीब तीस घर थे। इसमें ठाकुर के अलावा मैदानी इलाके से आये व्यापारियों के कुछ परिवार भी रहते थे। इन आदिवासियों की ग्रामीण अर्थव्यवस्था में इन हिन्दू व्यापारियों के कार्यों पर आगे कुछ टिप्पणियां की जाएंगी।

पंचमढ़ी के ठाकुर का एक भाई मेरे साथ घूमने निकल पड़ा। अट्ठारह-बीस साल का यह नौजवान काफी चपल और बुद्धिमान था। वह अच्छा खिलाड़ी था, जो आगे चलकर इस पूरे अद्भुत पहाड़ी इलाके में मेरा गाइड रहा। हम करीब पूरे दिन बाहर रहे। एक के बाद एक शानदार ऊंचे पहाड़ और खड़ी चोटियां मुझे ललचाती रहीं। इस तरह थोड़ी-सी देर की सैर पूरे दिन की कड़ी मेहनत में बदल गयी।

मैंने पाया कि इस पठार पर कुछ-कुछ एक कटोरे जैसी कोई चीज है, जो कगारों से केन्द्र की ओर हर एक दिशा से चली जाती है, जहां इसके पानी को दो बड़े सोते अपने में समा लेते हैं और इसे कगार के ऊपर से बहाकर एक अच्छे प्रपात में ले जाते हैं। इस केन्द्रीय घाटी की सामान्य ऊंचाई समुद्र तल से करीब 3,400 फिट है और इसके आसपास की पर्वत श्रेणी इससे कुछ सौ फिट ज्यादा ऊंची है। यहां-वहां इसकी चोटियां उभरी हुई हैं और जिन तीन चाटियों को मैंने पहले शाम को देखा था उनकी ऊंचाई 4,500 फिट थी। पठार का यह इलाका कुल मिलाकर करीब बारह वर्ग मील है, जिसमें से केन्द्र का करीब छह वर्ग मील उस भाग से मिलता-

जुलता है जिससे मैं पहले गुजरा था। यहां की मिट्टी कृषि योग्य लेकिन हल्की है। हर जगह बड़े-बड़े पेड़ों के समूह और पार्क जैसे नजारे आंखों के सामने आते हैं। वन गलियारों की हरियाली और निचले पहाड़ों पर दिखाई न देने वाले जंगली फूल देखकर ऐसा लगता है कि यह इलाका ऊष्णकटिबंधीय क्षेत्र में कम और हमारे अपने शीतोष्ण क्षेत्र में अधिक है। यद्यपि जिस चढ़ाई से मैं आया था, वह आमतौर पर धीरे-धीरे ऊंची होती है, लेकिन मैंने पाया कि अन्य सभी दिशाओं में पठार की ढलान औचक और प्रपाती है। वहां तीन पगडंडियां हैं, जिन पर एक व्यक्ति आसानी से, और बिना बोझा लादे कोई जानवर कठिनाई से ऊपर-नीचे आ-जा सकता है। लिहाजा हमने कम बोझा लादे हाथियों को लिया (जो अपने लिए स्थान होने पर किसी भी जानवर की तुलना में सबसे ज्यादा पैर जमाकर चलते हैं) इन्हें हमने दक्षिण की तरफ जाने वाले दर्रे के लिए लिया, लेकिन पूर्वी दर्रो (कांजी घाटी) कि विषय में मेरा मानना है के इस दिशा में नज़ारा बहुत दिलकश दिखाई देता है। ज्यादा ऊंची चोटियों से और भी ज्यादा दूर तक देखा जा सकता है।

दक्षिण दिशा में जहां तक आंखें देख सकती हैं, वनों से ढंकी पर्वत श्रेणियों पर पर्वत श्रेणियां ही नजर आती हैं। ये एक-दूसरे से जुड़ी लगती हैं। पूर्व दिशा में प्राचीर जैसी खड़ी चट्टानों की एक लंबी पंक्ति है जो महादेव पर्वत शृंखला का दक्षिणी मुख है। इसके गहरे लाल रंग की बलुआ पत्थर की संरचनाएं गहरे हरे बांस के पेड़ों से सूक्ष्म रूप से विषम दिखाई पड़ती हैं, जिनमें से वे उभरी हैं। उनकी आवरण रहित लाल चट्टानों की चोटियां यहां-वहां उभरी हुई हैं, जिनमें से ज्यादातर विलक्षण और खूबसूरत लगती हैं। चट्टान की इस प्राचीर से आगे देखने पर उत्तर दिशा में जंगलों से ढंकी पहाड़ियों का एक लंबा परिप्रेक्ष्य सामने होता है और सबसे पास वाली पहाड़ी पंचमढ़ी पठार का हिस्सा मालूम होती है, जबकि पहाड़ी में एक बड़ी दरार के कारण यह अलग है। इसके आगे की शृंखलाएं नीचे तब तक सीधे धंसती जाती हैं, जब तक कि वे धुंधली और नीली न दिखाई देने लगें। इसके बाद नर्मदा घाटी का मैदान चमकने लगता है। पठार के पूर्वी कगार पर देखने वाले की नजर फिर से 2,000 फिट गहरे नीचे जाती चट्टान पर टिक जाती हैं, जो नीचे लंबी गहरी ढलानों वाली सपाट तथा जंगलों से ढंकी घाटी तक जाती हैं। इसकी चौड़ाई छह से सात मील है और इसके आगे एक लंबी पीली घास से ढंके ढाल से उठती अन्य पर्वत शृंखला दिखाई देती है, जिस पर यहां-वहां काले अलंगे पड़े हैं। यह एक कगारी चोटी पर समाप्त होती है। यह मोटूर (मोहटूर) का पठार है जिससे सतपुड़ा पर्वत श्रेणी की निरंतरता फिर से शुरू हो जाती है, जो महादेव पर्वत समूह में टूट गयी थी। इस तरफ इस घाटी को ढके हुये जंगल तथा पास की ढलानें बहुत गहरी हरी लेकिन चमकीली लगती हैं, जो किसी भी अन्य दिशा की वनस्पति से स्पष्ट रूप से अलग हैं। यह साल का जंगल है, जिसकी चर्चा मैंने पहले की है। देनवा घाटी इससे भरी पड़ी है और यह अन्य

वनस्पति से अलग है। ये बीहड़ों से ऊपर चढ़ते हुये पठार के दक्षिणी पूर्वी भाग को भी ढंक लेते हैं।

पठार की इस बनावट की एक बड़ी खासियत यह है कि यह विशाल लेकिन अनपेक्षित बीहड़ अथवा ठोस चट्टानों में स्थित दरारें, जो कगार के कोरों को जोड़ती हैं, में से कुछ तो नीचे लगभग मैदानी इलाके तक पहुंचती हैं। आपको किसी भी दिशा में घूमते हुये ये मिल जायेंगी और किसी घास से भरे वन गलियारें के बीच अचानक आपका पैर इन पर पड़ जायेगा। इनमें सबसे प्रमुख अंध खोह है। यह गांव से करीब एक मील दूर से शुरू होकर सीधी देनवा घाटी में जाती है। इसके कगार से ऊपर देखने पर इसकी विशाल सघनता में आपकी आंखें कुछ देख नहीं पातीं। तट पर कुछ नीलाभ जंगली आम के पेड़ हैं जो साठ से अस्सी फिट ऊंचे हैं। पाताल से बहते हुये पानी की धीमी आवाज हवा के साथ बहकर ऊपर सुनाई देती है। यहां जमीन का एकमात्र चिह्न यह है कि बीच-बीच में नीले कबूतर उड़ते दिखाई देते हैं, जो दोनों पहाड़ियों के किसी एक तरफ उड़ते हुये किसी पर्वत शृंखला में खो जाते हैं।

अगर बंदूक चलाई जाये तो इसकी लगातार बढ़ती हुई गूंज पूरी घाटी में होकर आपको चक्करा देती हैं। इसकी आवाज बीहड़ के मुहाने से होकर नीचे मैदान तक जाती सुनाई देती है। अगर सुनी-सुनाई बात पर भरोसा किया जाये तो इस अंध खोह में आज तक किसी इंसान का पांव नहीं पड़ा है। मुझे खुद भी कभी इसमें जाने का रास्ता दिखाई नहीं दिया। हालांकि रस्सियों की मदद से मैं इसके तल के कुछ सौ फिट पास तक, जो सबसे आसान जगह थी, पहुंच गया। फिर भी जोखिम उठाने वाले खोजियों के हित में मैं इतना जरूर कहना चाहता हूं कि महादेव की चोटी के पीछे घूमकर जाने पर संभवतः कोई रास्ता मिल सकता है। इसके लिए इस मंदिर की गुफा से निकलने वाले झरने के तट से लगकर जाना होगा। मुझे लगता है कि यह अंततः खोह में गिरता है, जो चौरा देव की खाई तट के नीचे है।

किंवदंतियों के हिसाब से अंध खोह में एक भयंकर नागिन रहती है, जो पहले पठार पर एक तालाब में रहती थी और महादेव के पुजारियों को तंग करती थी। महादेव ने इसके तालाब को ही सुखा दिया और नागिन को इस दर्रे में कैद कर दिया, जिसका निर्माण एक ठोस चट्टान पर उनके त्रिशूल के एक प्रहार से हुआ। इस किंवदंती को समझने के लिए किसी बहुत चतुर व्याख्याकार की जरूरत नहीं है। इसमें बौद्धों की बस्तियों की तरफ इशारा है जिन्हें ब्राह्मणों के लेखनों में सर्प कहा गया है। ये पंचमढ़ी पर्वत पर स्थित थीं। छठवीं अथवा सातवीं शती में ब्राह्मण धर्म के पुनर्जीवन पर इनका लोप हो गया। यह बात तय है कि इस पठार के मध्य में कभी एक बड़ा तालाब था, जिसका निर्माण एक संकरे खड्डे पर बने एक बांध के द्वारा हुआ था। इसके किनारों पर आज भी बड़ी सपाट ईंटें मिलती हैं, जिनका उपयोग प्राचीन भवनों में हुआ था, जबकि बाहर की ओर निकली चट्टानों पर पांच गुफायें बनी हैं, (जिनके कारण इसका

पंचमढ़ी नाम पड़ा)। ऐसे भवन आमतौर पर बौद्धों द्वारा बनाये जाते थे। तालाब के निचले अंत पर लगभग समतल जमीन का एक बड़ा टुकड़ा फैला है, जिस पर आज भी प्राचीन खेती के चिह्न मिलते हैं काटकर बनाई गयी इन गुफाओं के प्रमुख औसारे से देखने पर कल्पना का उस समय में जाना कठिन नहीं हैं, जब इस तालाब के निचले सीमांत पर एक छोटी, शायद बहिष्कृत और प्रताड़ित बौद्धों की कॉलोनी बसी थी। ये लोग इस जंगली इलाके में अपने छोटे से चैत्यालय में फिजाओं में गूंजती शाम को घंटियों की ध्वनि सुनते थे, जो इस तालाब के शांत जल के ऊपर तैरती थीं।

एक अन्य बड़े बीहड़ का नाम जम्बू द्वीप है, जो अंध खोह से पठार के दूसरी तरफ स्थित है। करीब एक हजार फिट की सीधी ढलान एक खड्डे के प्रवेश द्वार तक ले जाती है। इसकी स्थिति ऐसी है कि इन पहाड़ियों पर आने वाले तीर्थ यात्रियों की कल्पना पर यह सहज ही छा जाती है। यहां जंगली आम के पेड़ों के सघन मंडप हैं, जिनके बीच-बीच में बड़ी बेलों के पेड़ जैसे अंग इनके ऊपर या एक-दूसरे से जुड़कर झूलते हैं। इससे सूर्य की रोशनी पूरी तरह बाहर ही रहती है। पेड़ की पत्तियों के टुकड़े तथा नरम और सड़ती हुई वनस्पति रास्ते में बिखरी हैं। एक लोह संसिक्त झरने पर ठोस फेन की परत जमी है। घाटी के तल में धुंधली रोशनी रहती है, जिससे दोनों तरफ गहरे लाल रंग की एक बड़ी चट्टान उभरती है। इसकी चोटी से अनावृत स्टरक्यूलिया यूरेन्स की भूत जैसी भुजाएं फैली हैं। यह एक ऐसा पेड़ है, जो ऐसा लगता है मानों विश्व के जन्म के समय तक मैगाथिरियम इसकी अज्ञात और विकराल शाखाओं तक चढ़ गया हो। इसके बाद यह खड्ड ऊंची खड़ी चट्टानों के बीच एक संकरा दर्रा होकर रह जाता है, जिस पर कोई वनस्पति नहीं है और यह बड़े-बड़े अलंगों से अटा पड़ा है। इन पर चढ़ते और उथले झरनों के पानी से रास्ता बनाते हुये यात्री आखिरकार चट्टान की एक कंदरा में पहुंच जाता है, जिसके बगल और तल पानी की किसी विचित्र क्रिया से घिरकर विशाल जटाजूट की तरह हो गये हैं, जबकि कंदरा के फर्श पर नीचे गहरे में, चट्टान को अंतड़ियों में घिरे हुये पानी की आवाज सुनाई देती है, जिससे गुफा में गूंज होती है। इसमे क्या आश्चर्य है कि इस तरह की कुदरती चमत्कारिक जगह को ऐसे देवता के स्थान के रूप में चुना गया, जिसके लिये ये सभी पर्वत पवित्र हैं। इस परिप्रेक्ष्य में यह एक ऐसा पवित्रम स्थान है जहां भक्त यात्री को जाना अपरिहार्य है।

इस जगह से कुछ दिलचस्प इतिहास भी जुड़ा है। मराठों के साथ अपने चार अंतिम संघर्षों के दौरान नागपुर के राजा अप्पा साहब भोंसले ने अपने निर्वासन के दौरान, जो उन्हें बार-बार विश्वासघात करने के कारण दिया गया था, महादेव पर्वत पर आकर शरण ली थी। इसी एकांत बीहड़ में, अगर परंपरागत रूप से कही जाने वाली बात पर भरोसा किया जाये तो, उन्हें एक वफादार आदिवासी सामंत ने छुपा

लिया था। इसके बाद वह हमेशा के लिए बचकर निकल गये, जबकि अंग्रेजों की फौजी टुकड़ियां उन्हें इन पहाड़ों के कोने-कोने में तलाशती रहीं।

जम्बू द्वीप के आगे और इसके तथा सोनभद्र घाटी के बीच एक और जंगली पहाड़ियों का समूह मौजूद है जो ऊंचाई में पंचमढ़ी खंड से कुछ कम है। इसके सघन वनाच्छादित कोनों में कोरकुओं के एक-दो खेड़े हैं। इसके सघन वनाच्छादित कोनों में मिट्टी पतली है। महादेव शृंखला के इस खंड में पानी की बहुत ज्यादा कमी है। इसी कारण यहां कुछ खास बसावट नहीं है। इस सोनभद्र घाटी में सिर्फ उस जगह से प्रवेश किया जा सकता है जहां से यह पहाड़ियों के फलक को छोड़ती है। इसका कठिन रास्ता एक तेज बहते झरने के किनारे से लगकर जाता है। लेकिन यहां का नज़ारा इतना दिलकश है कि आठ-दस मील पैदल चलकर यहां पहुंचना कोई बुरा सौदा नहीं है। यहां कोई जानवर तक नहीं रहता। सिर्फ कुछ बदमिजाज भालू ही यहां रहते हैं। इसकी लंबी ढलानों तथा घूसर अनावृत चट्टान के बीच जरूर जमीन की तरह बहुत विरल वनस्पति है। इसे देखकर ग्लेन्को घाटी की याद आती है। पंचमढ़ी खंड की ये गहरी छोटी घाटियां शानदार गिलहरियों (sciurus maximum) का घर है। इनकी लंबाई ढाई से तीन फिट होती है और इनका रंग गहरा रक्ताभ होता है। इनके शरीर के ऊपरी हिस्से नीली मीटलिक चमक लिए होते हैं। निचले भागों का रंग आरक्त पीला होता है। ये गिलहरियां जंगली आम के पेड़ों की ऊपरी टहनियों में रहती हैं। वे पत्तों में, आमतौर पर सबसे ऊपर अपना घोंसला बनाती हैं। वे मुख्य रूप से आम के फल खाकर जीवित रहती हैं। जब ताजे आम आते हैं, तो वे जमकर इन्हें खाती-गर्राती हैं। इन्हें खाकर छोड़ी हुई गुठलियों को तोड़कर फेंक देती हैं, जिनकी गिरी बन जाती है। ये गिलहरियां आरामपसंद और लापरवाह मिजाज की लगती हैं। खैर, जिन धूप-रहित बीहड़ों में वे रहती हैं, वहां ऐसा होना ठीक ही है। यहां या अमरकंटक में उनकी संख्या बहुत ज्यादा नहीं है। यहीं एक ऐसा अन्य भाग है, जहां मैंने इस प्रजाति को देखा। जब इनकी उम्र कम होती है, वो ये आसानी से जाल में फंस जाती हैं, लेकिन इन्हें पालना मूर्खतापूर्ण और अरुचिकर होता है। इनके चेहरे भावशून्य होते हैं और गिलहरी परिवार के अन्य सदस्यों की तरह इनमें प्रफुल्लता और जीवंतता नहीं होती। अगर किसी महिला के लिए गुलूबंद या थैली बनाने का लक्ष्य हो, वो छोटी रायफल से उन्हें पेड़ के ऊपरी भाग से आसानी से मारकर गिराया जा सकता है। अनेक पेटू जाति के गीदड़ और पक्षियों ने खड़ी चट्टानों के कगारों पर इनके ढेर लगा दिये हैं। इनमें गरूड़ शामिल है, जिसके पंख एक कोने से दूसरे कोने तक आठ फिट के होते हैं। इनकी ऊंची उड़ाने और कर्कश चीखें पहाड़ी शृंखलाओं की एक बड़ी विशेषता है।

टेंट में लौटने पर मैंने पंचमढ़ी के ठाकुर अथवा मुखिया से मुलाकात की। यह शासक की महादेव पर्वत शृंखला और इसके नीचे घाटियों में काफी बड़े पहाड़ी और

वन क्षेत्र का मालिक है। वह उन परिवारों का प्रतिनिधि है, जिनके बारे में पहले कहा जा चुका है कि वे यहां आर्यों के औपनिवेशीकरण के प्रारंभिक दिनों में यहां आकर बस गयीं। साहसी राजपूतों के रक्त का मूल निवासियों (यहां पर कोरकू) के रक्त के साथ मिश्रण हुआ, जो इस ज़मीन पर काबिज थे। दिखने में तथा आदतों में यह परिवार एकदम अपने पूर्वजों जैसा है। वे आमतौर पर शुद्ध कोरकुओं से ज्यादा लंबे और गोरे हैं। उनके होंठ अब भी मोटे और जबड़े उठे हुये हैं, जैसे कि उनके पूर्वजों के थे। गर्वीले राजपूतों की तरह इन्हें तड़क-भड़क तथा रौबीलापन पसंद है और वनवासियों की उदासीनता तथा गैर-किफायतशारी बहुत हद तक इसमें पाई जाती है। धर्म के मामले में ये (सभी धर्मांतरितों की तरह) चरमपंथी हिन्दू हैं। वे शिव की पूजा करते हैं और गौ हत्या को घोर पाप मानते हैं। (हालांकि वे अपने पहाड़ों पर बाईसन को मार डालते हैं, जिसका गाय से निकट का संबंध है)। वे ब्राह्मणों की तरह जनेऊ पहनते हैं तथा परिवार में कर्मकांड और पूजा-पाठ के लिए एक पुरोहित रखते हैं। पंचमढ़ी का ठाकुर बीस-पच्चीस साल का एक गबरू जवान था। लेकिन उसका व्यवहार भद्दा था और वह किसी भी तरह की बातचीत करने के लायक नहीं था। मुझे बाद में मालूम पड़ा कि ज्यादातर ठाकुर ऐसे ही होते हैं। वह पक्का अफीमची था। उसके पास उसका ब्राह्मण दीवान खड़ा था जो बातचीत में चतुर था और उसने अपनी इस चतुराई से हम दोनों को साध लिया। उनके पीछे गुदड़ी लपटे चार या पांच परिचारक आये। उनकी गुदड़ियां कई रंगों वाली थीं। उनकी कमर पर सांभर की खाल के चौड़े कढ़ाई वाले बेल्ट बंधे थे, जिन पर तलवारें, कटारें तथा तोड़ेदार बंदूकें बंधी या लटकी थीं। वे ठाकुर की ही प्रजाति के थे। दरअसल वे उसके गरीब रिश्तेदार थे। इस विवरण से इन अर्द्ध आदिवासी मुखियाओं में से अधिकतर का पर्याप्त परिचय मिल जाता है, जिनकी संख्या मध्य भारत में काफी है। हालांकि राजपूत और आदिवासी के बीच की इस प्रजाति में बेहतरीन शिकारी और फोरेस्टर होते हैं, लेकिन कुछ ऊंची हैसियत वाले लोग एय्याशी, अहंकार और झूठे घमंड के लिए जाने जाते हैं। इन दुर्गुणों की वजह से वे अपनी हैसियत से ज्यादा खर्च करते हैं और कर्ज के जाल में फंसकर बर्बाद हो जाते हैं। वे अपने आपको 'राजा' कहते हैं और इन गुदाड़ियों की छोटी-सी सेना भी रखते हैं। वे एक या दो पराश्रयी ब्राह्मण भी अपने धर्म तथा लिखा-पढ़ी के काम के लिए रखते हैं। चूंकि वे अपने परिवार के बेटों के लिए अपनी जाति के बजाय राजपूत परिवारों में लड़कियां तलाशते रहते हैं, लिहाजा उन्हें शादी के खर्च के लिए बड़ी रकम अदा करनी होती है और शायद यही उनकी घोर गरीबी का मुख्य कारण है।

मुझे लगा कि हमारी लॉज के निर्माण में जंगली पहाड़ी लोगों को काम में लगाने में बेहद मुश्किले आएंगी। ठाकुर ने अपनी 'प्रजा' पर अपना असर बनाये रखने के लिए हजार तरह के बहाने बनाये। उन लोगों के बीच काफी अभाव था, जिसकी वजह

से उनकी नाजुक फसल नाकाम हो जाती थी। उनमें से तकरीबन सभी लोग पहाड़ छोड़कर काम की तलाश में मैदानी इलाकों में चले गये थे। वे उनकी फसलों के लिए जमीन तैयार करने में लगे थे। वे उन कामों से घृणा करते थे, जिनके वे आदी नहीं थे। वे महादेव पर्वत आदि स्थानों पर किसी भवन के निर्माण में मदद करने से डरते थे। सच पूछिये तो मैं स्वयं यह समझ चुका था कि, खुद मुखिया और उसके सलाहकारों को हमारा वहां आना खराब लगा था। उन्हें लगता था कि हम उनके प्रिय एकांत को भंग करने आये हैं, जो कुछ हद तक सही भी था। हमारा आना वह अपनी स्वच्छंद बर्बरता में भी एक बाधा के रूप में ले रहे थे। उन्हें लगता था कि महादेव मंदिर आने वाले श्रद्धालुओं से जो पैसा उन्हें मिलता था वह खतरे में आ जायेगा। लिहाजा वे हमें सहन नहीं कर पा रहे थे। बहरहाल, उन्होंने लकड़ी और घास की कटाई के लिए आदमियों की एक गैंग सुबह भेजने का वायदा किया। ख़ैर, न उन्हें आना था और न वे आये। मुझे पता चला कि ठाकुर पहाड़ के नीचे अपने एक गांव में चला गया और मेरे कैम्प की पहुंच से बाहर हो गया। वह पंचमढ़ी नहीं लौटा। जब मैं उसे बुलाता था तभी वह आता था। किस्मत से उसके छोटे भाई के रूप में मुझे एक दोस्त और सलाहकार मिल गया, जिसने मुझे इस जगह की खास चीजें दिखायीं। वह मुखिया नहीं था, लिहाजा उसके पास गुजर-बसर के लिए बहुत कुछ नहीं था। वह सामान्य कोरकुओं की तरह ही दिखाई देता था। उसने मुझसे वायदा किया कि वह उन लोगों को मेरे लिए काम करने को राजी कर लेगा। वह आसपास के खेड़ों में गया। उसका मकसद कुछ तो मेरे लिए आदमी तलाशना था और कुछ किसी बाईसन या किसी अन्य बड़े शिकार को खोजना। मैं एक बड़ा शिकारी दल बनाने पर विचार करता रहा, जिससे जंगली आबादी का संकोच दूर हो सके। पिछली फसल नाकाम हो जाने की वजह से उनमें गहरी हताशा थी, क्योंकि इससे उनके पूरे साल का गुजारा होना था। इन प्रांतों की सभी जनजातियों का खेती का तरीका एक जैसा था। वस्तुतः यह वही तरीका है जो पूरे भारत में आदिवासी प्रजातियों के लोग अपनाते हैं। पंचमढ़ी पठार तथा नीचे घाटी में बहुत अच्छे किस्म की बड़ी जमीन पर खेती नहीं होती। कोरकू के पास इस पर खेती करने के लिए पशु या हल भी नहीं हैं। उसके पास उपकरण के नाम पर सिर्फ एक कुल्हाड़ी रहती है, हालांकि उसकी जरूरतों को पूरा करने के लिए यह काफी है। वह पहाड़ी का एक ऐसा हिस्सा चुन लेता है जहां मिट्टी कम और बहुत अधिक घास, इमारती लकड़ी और बांस होते हैं। वह ऐसी जगह को ज्यादा तरजीह देता है, जहां सागौन के नये सीधे लट्ठे काफी मोटे और मजबूत होते हैं। इन्हें काटना सबसे आसान होता है और जल जाने पर इनसे बहुत-सी राख निकलती है। वह चुने हुये हिस्से में खड़े सभी पेड़ों को काट देता है, लेकिन सबसे बड़े वनों को छोड़ देता है। वह उनकी शाखाओं को एक तरफ झुका देता है और उन्हें मोड़ देता है ताकि थोड़े ही समय में वे मर जायें। वह यह काम शुष्क मौसम (जनवरी

से मार्च) के प्रारंभ में करता है और इमारती लकड़ी को तपते सूरज में सूखने के लिए वही ढेर लगाकर छोड़ देता है। मई के अंत तक यह एकदम टिंबर जैसी शीघ्र जलने वाली हो जाती है। तब वह इनमें आग लाकर ऐसी जगह जलाता है जहां से वह आसानी से राख उठा सके। इतनी कड़ी मेहनत करने के बाद भी वह सभी ठूंडों को जल सकने की स्थिति में नहीं रख पाता। सप्ताह खत्म होने पर वह काम से आराम लेता है और जिस तीन या चार एकड़ इलाके में उसने बहुमूल्य इमारती लकड़ी को जलाकर राख किया होता है। उसे संतोष के साथ निहाराता है। इस जमीन पर बड़े ठूंडों तथा वनों के जले हुये टुकड़े बिखरे पड़े रहते हैं। इसके बाद वह जमीन पर राख को एक साथ कुरेदता है और बारिश का इंतजार करता है, जो अपने समय पर आती है। वह मारे अनाज के मुट्ठीभर दाने, जिन पर वह जिंदा रहता है, उसे राख में फेंक देता है और अगर जमीन संतोषजनक रूप से समतल हो तो बिखरा देता है। अगर जमीन खड़ी हो तो ऊपरी तरफ एक पंक्ति में रख देता है ताकि वे बारिश में धुल जायें। मुख्य अनाज में कोदो, कुटकी और मोटा चावल शामिल है। लेकिन पतझड़ के मौसम में मैदानी इलाकों में उगायी गयी सभी साधारण फसले इन 'ध्या' इलाकों में भी कमोवेश बोई जाती है। जी हां, पेड़ जलाकर साफ की गयी इस जगह को वे 'ध्या' कहते हैं। हालांकि यहां बोये जाने वाले बीज मैदानों में बोये जाने वाले बीजों से काफी छोटे होते हैं। इस साफ किये हुये भूखंड के आसपास पेड़ों को काटकर एक बागड़ बना दी जाती है, ताकि जानवर इसमें न घुस सकें। दूसरे साल मरे हुये पेड़ों तथा अधजली शाखाओं को पुनः जला दिया जाता है और आसपास के जंगल से ताजा लकड़ी काटकर यहां लायी जाती है। फिर वही प्रक्रिया दोहराई जाती है। तीसरे साल, इस साफ किये गये भूखंड को छोड़कर नये भूखंड का सफाया किया जाता है। कभी-कभी 'ध्या' का मालिक खेत के बीचोंबीच एक मचान बनाकर रातभर रखवाली करता है और कोशिश करता है कि जंगली जानवर इसमें न घुसें। लेकिन अक्सर वह इतनी मेहनत करना बेमानी समझता है। वह इसे पकने के लिए इसके हाल पर छोड़ देता है और खुद किसी और तरह अपनी आजीविका कमाता है।

'ध्या' का इलाका आसपास के सभी जानवरों की पसंदीदा जगह होती है। मुर्गे, तीतर, खरगोश जैसे छोटे जीव अक्सर इसमें चतुराई से बनाये गये 'मौत के जाल' में फंस जाते हैं। बड़े जानवरों को अक्सर इस समुदाय के लोग अपना शिकार बना लेते हैं। मध्य भारत का कोई गोंड अब तीर-कमान का उपयोग नहीं करता। लेकिन कुछ ही गांव अब पेशेवर शिकारियों से विहीन हैं। पेशेवर शिकारी के पास आमतौर पर एक लंबी और भरमार तोड़ेदार बंदूक होती है। वह बिल्ली की तरह धीरज रखकर शिकार का इंतजार करता है। वह आमतौर पर सभी 'ध्या' इलाकों में एक-एक रात वैकल्पिक रूप से रखवाली करता है। वह पारिश्रमिक के रूप में मारे गये शिकार के साथ-साथ, फसल कटाई के वक्त डलिया भर अनाज भी लेता है। सांभर

की खाल बाजार में महंगी बिकती है। इससे स्पोर्टिंग लेगिंग तथा अन्य वस्तुयें बहुत अच्छी बनती हैं।

छोड़ दिये गये 'ध्या' शीघ्र ही फिर से जंगल से भर जाते हैं। बहरहाल, दोबारा जो जंगल उगता है वह मूल जंगल से काफी अलग तरह का होता है। इसमें सघन रूप से उगने वाले छोटे बांस की प्रजाति तथा कुछ कांटेदार झाड़ियां शामिल होती हैं। ये दोनों मिलकर एक या दो वर्षों में एक ऐसा आवरण बना देती हैं कि इसे आदमी या जानवर नहीं भेद सकते। मुझे भी अक्सर ऐसे जंगलों में घुसने की कोशिश नाकाम होने पर वैसे ही वापस आना पड़ा था। मैंने ऐसे कठिन आवरण को भेदने के आदी एक ताकतवर हाथी के जरिये इनमें घुसने की कोशिश की थी। इस तरह के झुरमुट से इमारती लकड़ी का कोई भी पेड़ दिन के उजाले में नहीं आ सकता। अगर कुदरत के हाथों छोड़ दिया जाये तो ऐसी जमीन पर इमारती लकड़ी के पेड़ को पुनः उगने की तो आशा नहीं की जा सकती। झाड़ी से इतना ईधन नहीं निकलता कि 'ध्या' काटने वाले को संतोषजनक मात्रा में राख मिल सके। लिहाजा, वह कभी पुराने 'ध्या' पर नहीं लौटता और नयी वन भूमि पर 'ध्या' लगाता है। अब अगर इस पर विचार किया जाये तो न जाने कितने युगों से आदिवासी इस तरह जंगलों का विनाश करते आ रहे हैं। लिहाजा, रेलवे इंजीनियरों की इस परेशानी भरी समस्या का कारण पता लगाना भी कठिन नहीं है कि इस देश में इतना बड़ा जंगली इलाका होने के बावजूद उन्हें अपने स्लीपर इंग्लैंड, आस्ट्रेलिया और नार्वे से क्यों मंगाने पड़ते हैं। पंचमढ़ी या किसी ऊंची पर्वत श्रेणी की चोटी पर खड़े हो जाइये और नीचे घाटी को देखिए। 'ध्या' के इलाके पेड़ों के जंगल में अलग ही दिख जायेंगे। आप देखेंगे कि एक एकड़ जमीन के लिए गोंड और कोरकुओं ने हजारों पेड़ों को अपनी कुल्हाड़ी से जमींदोज कर दिया है। मैं तो इस पहाड़ी क्षेत्र के हर एक इलाके में घूमकर किये गये अपने अनुभव से यह कहूंगा कि निजी मालिकों द्वारा जिन थोड़े से पेड़ों की हिफाजत की गयी है, उन्हें छोड़कर कोई भी सागौन का जंगल इस विनाश से बच नहीं सका है। और हां, सागौन के वे पेड़ भी बच गये, जो ऐसे बीहड़ या ढालू पहाड़ी क्षेत्रों में थे, जहां 'ध्या' आदिवासियों के लिए फायदेमंद नहीं था।

जंगली जनजातियों द्वारा इस प्रकार खेती का जो तरीका अपनाया गया, वह उनके कृषि स्कंध की जरूरत के हिसाब से स्वाभाविक लगता है, उससे कमोवेश घुमंतूपन की जिंदगी की आदत पड़ गयी। इस पूरे इलाके में बड़े गांव में सिर्फ वे ही बस्तियां स्थाई हैं, जहां प्रजाति का मुखिया और हिन्दू व्यापारी रहते हैं, जो उनसे छोटा-मोटा वस्तु विनिमय करते हैं। बाकी लोग आपस में छोटे-छोटे परिवारों के साथ छोटों खेडों में रहते हैं। इनके बीच इतनी दूरी रहती है कि प्रत्येक को अनेक वर्षों तक 'ध्या' कटाई के लिए पर्याप्त जंगल मिल जाये। उनकी झोंपड़ियां बहुत अस्थाई प्रकार की होती हैं और स्थानीय रूप से उपलब्ध सामग्री की बनी होती हैं। कुछ सीधी

बल्लियां, जिन्हें बांस की पिंचियों से आपस में बांधकर उन पर मिट्टी का लेप कर दिया जाता है। इन पर सागौन की चौड़ी पत्तियां डालकर घास-फूंस की परत डालकर छत बना दी जाती है। इसे बनाने में उन्हें एक-दो दिन लगते हैं और वे अपने 'ध्या' की जगह के अनुरूप जब चाहे हटकर ले जाते हैं।

(खेती) अगर इसे खेती कहा जा सकता है तो का यह तरीका बहुत ही अस्थिर प्रकार का है। बीज डालने के बाद अगर कुछ दिन तक बारिश न हो तो पूरी खेती बर्बाद हो जाती है, लिहाजा किसान को पूरी तरह जंगली फलों तथा वनोत्पादों के सहारे ही गुजर करने को मजबूर होना पड़ता है। कुदरत ने इन जंगलों में रहने वाले इंसानों को खाने की चीजों का खजाना दिया हुआ है। अनेक तरह के पेड़ अपने मौसम में भरपूर सेहत देने वाले स्वादिष्ट फल देते हैं। जमीन में भी बहुत पोषक कंदमूल उगते हैं। महुआ के फूल, तेंदू पेड़ के बेर और जंगली आम इन इलाकों में खाने की मुख्य चीजें हैं। चिरोंजी की बेरी तथा बेर, साल के बीज, बोहिनिया बेल की फल्ली और अन्य अनेक पेड़ों के उत्पाद भी यहां खाने को खूब मिलते हैं। जंगली आरारोट की एक प्रजाति तथा एक तरह का जंगली आलू भी जमीन से खोदकर खाया जाता है।

बांस के जंगलों के सामान्य बीजारोपण की दुर्लभ घटना मूल आदिवासियों के लिए ईश्वर के वरदान के समान है। हर साल कुछ संख्या में बांस के बीजों का आरोपण होता है, लेकिन ऐसा कहा जाता है कि सामान्य बीजारोपण करीब तीस सालों में एक बार होता है। ऐसा होने पर प्रत्येक बांस बहुत व्यापक क्षेत्र में अपनी पत्तियों को झाड़ देता है और सिरे पर फूलों का एक बड़ा गुच्छ बन जाता है। इसके बाद बड़ी संख्या में बीजों का निर्माण और झरण शुरू होता है, जिन्हें चावल के दानों से अलग पहचानना मुश्किल होता है। ऐसा होने के बाद, मूल बांस अपने आप मर जाता है, जबकि बीज में से एक नयी और ऊर्जस्वी फसल आना शुरू हो जाती है। कुछ वर्षों तक बांस जैसी उपयोगी वस्तु की काफी कमी महसूस की जा सकती है। हालांकि ऐसा अक्सर नहीं होता कि आपूर्ति के सारे स्रोतों को एक साथ काट दिया जाए। लेकिन इस बीच समुचित अनाज की पर्याप्त आपूर्ति न सिर्फ जंगली जनजातियों को बल्कि खुले इलाके में रहने वाले ज्यादा गरीब लोगों को भी बनी रहती है। आसपास के शहरों में भी यह आपूर्ति बनी रहती है, जो ईश्वर के इस वरदान के प्राप्त होने की जगह पर भीड़ लगाये रहते हैं। एक कहावत है कि इस तरह की घटना से देश में सामान्य अनाज की फसल नाकाम हो जाती है। लेकिन अनेक ऐसी ही बातों की तरह, अनुभव से इसकी पुष्टि नहीं होती। बांस की पूरी फसल इतने लंबे अन्तराल के बाद अचानक नवीनीकरण के कारण का अनुमान लगाना संभवतः व्यर्थ ही होगा।

जड़ी-बूटियों का यह आहार विविध प्रकार का है और जंगली जानवरों के मांस द्वारा इसमें सुधार किया जाता है। यह मांस तब व्यापक अभियानों द्वारा प्राप्त किया

जाता है, जब किसी इलाके की पूरी आबादी इकट्ठा होती है। पहाड़ी झरनों से अनेक छोटी मछलियां भी पकड़ ली जाती हैं, खासकर इन्हें विभिन्न वनस्पतियों के रस से विषैला करके। इनमें से मुझे स्ट्रिकनॉस प्रजाति की पत्तियों और फलों के बारे में पता है, जो पहाड़ियों पर उगते हैं।

मैदानी इलाकों के पास रहने वाले जंगली लोग, जो अपने आसपास के निवासियों से संपर्क के आदी हो गये हैं, बड़ी संख्या में बाहर मुहिम पर निकलकर उनके निर्वाह के साधनों में काफी योगदान करते हैं। अपने 'ध्या' की कटाई के बाद मार्च के महीने में मैदानी इलाकों में गेहूं की कटाई में मदद करते हैं। वे यह काम उसी तरह करते हैं जैसे ईरिश लोगों के समूह कटाई के वक्त चेनल को पार करता है। लेकिन बहुत अंदरूनी इलाकों में रहने वाले वास्तविक पहाड़ी लोग ऐसा नहीं कर पाते और अपनी छोटी-सी फसल नाकाम हो जाने पर अक्सर बहुत मुश्किल में पड़ जाते हैं।

पंचमढ़ी पर्वत और इसके आसपास गोंडों और कोरकुओं के साथ अब ऐसा ही हुआ। मैं शीघ्र ही समझ गया कि इनसे कोई भी काम लेने से पहले मुझे उनके पेट की फिक्र करनी होगी। मैंने तत्काल नजदीक ही मैदानी इलाके में स्थित बाजार से काफी मात्रा में गेहूं और ज्वार मंगवायी। करीब बीस-पच्चीस गाड़ी भर लीं। मैंने कुछ बंजारों के हाथों इसे ऊपर भेज दिया जिन्हें बहुत सुदूर इलाकों तक नमक ले जाकर बदले में वनोपज लेकर आने में महारत हासिल थी।

ये बंजारे घुमंतुओं की एक अजीब नस्ल है, जो मध्य काल में हर जगह पायी जाती थी। ये बैलों पर सामान ले जाने का काम करते हैं। इनके नाम का मतलब है 'वन में भ्रमण करने वाले'। ये हिन्दुओं तथा ज्ञात मूल जनजातियों से स्पष्ट रूप से अलग दिखते हैं। कुछ संभावना से यह अनुमान लगाया गया है कि ये जिप्सी हैं। ये बेहतरीन कद-काठी के साफ रंग वाले लोग हैं, जो किसी भी जोखिम के लिए हमेशा तैयार रहते हैं। इनका साहस अदम्य है। अपने शानदार कुत्तों की मदद से वे हमला करने में ज़रा भी नहीं झिझकते और जंगली भालू, रीछ और बाघ तक को मार डालते हैं। वे ऐसे शिकारी हैं, जो कभी थकते नहीं हैं। उनके कैम्प को टांड कहते हैं। प्रत्येक टांड का एक मुखिया होता है, जिसे नायक कहते हैं। उसकी बात सभी मानते हैं। मुखिया, बुजुर्गों की सलाह से जनजातियों के आपस के आपराधिक मामलों को सुलझाता है। ऐसा माना जाता है कि वह मौत की सज़ा तक सुना देता है। बुजुर्ग आदमी और अनेक महिलाएं मुहिमों के दौरान किसी चारागाह में ठहरते हैं, जहां बारिश का मौसम बीतने के बाद सभी लौट आते हैं और अपने मवेशियों को सबल बनाते हैं। हालांकि यह सड़कों पर डकैती करने की कला में माहिर होते हैं, लेकिन कभी विश्वासघात नहीं करते। वे खुले इलाकों और जंगली इलाकों के बीच वस्तुओं के आदान-प्रदान के काम में लगाये जाते हैं और वे इसे पूरी ईमानदारी से करते हैं।

इस बीच मैंने अपने कैम्प के बाकी हिस्से को प्राप्त कर बड़ा टेंट लगा लिया और अनाज तथा औजार रखने के लिए टहनियों और लेप से भंडार बना लिया। इस तरह मेरी सुविधाजनक व्यवस्था हो गयी। साथ ही, मैंने कुछ मिस्त्रियों, बढ़इयों तथा राजगीरों को मैदानी इलाके से ऊपर भेजने के लिए बुलवाया। लेकिन उन्हें उस भयानक जगह पर जाने को राजी करने में काफी वक्त लगा। हालांकि नर्मदा घाटी के भू-वैज्ञानिक सर्वेयर ने इन पहाड़ियों में चूना पत्थर की कोई संभावना नहीं बताई थी, लेकिन मैंने पठार के कगार के कुछ नीचे गहरी तंग घाटियों में इनके काफी मात्रा में होने का पता लगा लिया। लंबे समय तक थका देने वाली इसकी तलाश व्यर्थ नहीं गयी। मुझे हर जगह भेजने वाला एक कोरकू था, जिसे मैंने पान चबाते देखा था। पान में चूना तो लगाया ही जाता है। मैंने इस बीहड़ के तल में फंसी एक सफेद चूना पत्थर की बड़ी चट्टान देखी। लेकिन जिज्ञासा की बात यह थी कि ऐसी कौन-सी भू-वैज्ञानिक प्रक्रिया रही होगी जिससे इतनी बड़ी चूना पत्थर की चट्टान कम-से-कम 2000 फिट इस ऊंचाई पर लाकर इतने आराम से रख दी गयी। इस पहाड़ी के तकरीबन हर बीहड़ में मेरा जाना हुआ है लेकिन चूना पत्थर का और कोई टुकड़ा मुझे देखने को नहीं मिला, सिवा एक छोटे अलंगे के, जो काफी नीचे के हिस्से में इसी तरह रखा था।

नौजवान ठाकुर एक-दो दिन में वापस आ गया और आसपास के पहाड़ों के करीब आधा दर्जन कोरकुओं को अपने साथ लाया। साथ ही यह खबर लाया कि धूपगढ़ की ऊंची चोटी के पीछे बाणगंगा घाटी में बाईसन का एक झुंड मौजूद है। लिहाजा, मैंने इस शिकार का मन बना लिया। आसपास के सभी गोंड और कोरकू मुखियाओं को अपने अनुयायियों के साथ आने का न्यौता भेज दिया गया। पहाड़ों पर उपलब्ध हर व्यक्ति को हांके के लिए भेज दिया गया। उन सभी के लिए पर्याप्त अनाज रोरीघाट दर्रे के पार बसे एक छोटे से खेड़े में भेज दिया गया, जहां यह हांका खत्म होने की उम्मीद थी। पंचमढ़ी की एक शराब की दुकान को वहां दारू की सप्लाई के लिए भेज दिया गया।

बाद के दिनों में बाईसनों की तलाश में इन शानदार पहाड़ों पर मैंने कई दिन बिताये और इस पहाड़ी जानवर के बारे में कई बातों का पता लगाया। यहां उसकी कुछ आदतों की चर्चा करना असमीचीन नहीं होगा, खासकर यह देखते हुए कि इनके बारे में कई गलत बातें फैली हुई हैं। इसका नवीनतम वैज्ञानिक नाम 'गैवस गौरूस' है, लेकिन अंग्रेजी में क्या कहा जाता है यह पक्का नहीं है। शिकारी इसे एक मत से 'इंडियन बाईसन' कहते हैं जिस पर प्रकृतिविदों को ऐतराज है, क्योंकि वह गोवंशीय पशुओं के ठीक उस समूह से ताल्लुक नहीं रखता है, जिससे यूरोप और अमेरिका के बाईसन रखते हैं। वे इसे 'गौर' कहते हैं, जो नेपाल के जंगलों में उनका स्थानीय नाम प्रतीत होता है। लेकिन शिकारियों से मेरा अनुरोध है कि वह इसे 'इंडियन

बाईसन' ही कहें। पहली बात तो यह कि इस नाम से, जिस जानवर की बात हो रही है उसका सीधा पता चलता है। जब से यूरोप को इसका पता चला है, उसे इसी नाम से बुलाया जा रहा है। किसी और जानवर का यह नाम नहीं है। फिर, इसके शरीर की रचना भी अलग है। इसमें चौदह या पंद्रह की जगह तेरह पसलियां होती हैं। इसके सींग गोल की जगह कुछ-कुछ सपाट होते हैं। हाल ही में इसका कोई ऐसा नाम नहीं पड़ा है, जिसे हर जगह जाना जाता हो। 'गौर' मध्य भारत में अपरिचित है। मध्य भारत में इसे कहीं-कहीं भैंसा कहा जाता है। यह सुनने में 'बाईसन' जैसा ही लगता है। इसमें कोई शक नहीं कि यह एक ही धातु से बना है।

इस जानवर और जंगली भैंसे को कहीं-कहीं शिकारियों ने यह कहकर परिभाषित किया है कि बाईसन नर्मदा घाटी के उत्तर में पाया जाता और यह भैंसा इसके दक्षिण में पाया जाता है। वस्तुतः बाईसन न केवल विंध्य पर्वतों के कुछ भागों में रहता है, जो नर्मदा घाटियों के सीधे उत्तर में है, बल्कि यह इस नदी के उद्‌गम के आसपास पाया जाता है तथा छोटानागपुर और मिदनापुर में भी इसकी पहुंच है। नेपाल की तराई तथा पूर्वी बंगाल के पहाड़ी इलाकों में भी यह मिलता है। दरअसल, बाईसन मध्य भारत के भाग में मिलता है। जहां इसे अनूकूल परिस्थिति मिलती है, वहीं यह रहता है। हालांकि यह कहीं-कहीं मैदानी इलाकों में भी रहता है, लेकिन मूल रूप से इसे पहाड़ ही पसंद हैं। जब भी इसे खलल पड़ता है, यह पहाड़ों में ही पहुंचता है या फिर उन विशाल जंगलों में चला जाता है, जहां आदमी या पालतू जानवरों का ज्यादा दखल नहीं होता। भैंसे के विपरीत यह आदमी की नजदीकी बर्दाश्त नहीं कर पाता। इसे ऐसी जगह पसंद है जहां भरपूर पानी और वनस्पति हो, और जहां तक मैंने देखा है, बांस की मौजूदगी भी उसे पसंद है, जिसे वह लगातार चरता है। भारत के मध्य प्रांतों में ये सभी स्थितियां आज भी काफी बड़े इलाके में मौजूद हैं। केन्द्रीय श्रृंखला के हजारों वर्ग मील क्षेत्र में, जिसमें से ज्यादातर खेती योग्य बनाया गया है, बाईसन के लिए आदर्श जगह है।

कदाचित् बाईसन के लिए महादेव पर्वत से बेहतर कोई अच्छा रहवास नहीं हो सकता। सामान्य तौर पर बाईसन किसी भी मौसम में अक्सर सर्वोच्च ऊंचाई पर चले जाते हैं, जहां उन्हें भोजन और पानी मिल जाता है। ठंडे मौसम में वे ज्यादातर ऊंचे पठारों पर रहते हैं, जिनकी ऊंचाई 2000 से 3000 फिट तक होती है। वहां वे रात-रातभर बांसों को चरते हैं, जो दोनों ओर उगे होते हैं। वहां छोटी-छोटी गद्देदार घास होती है और दर्रों के बीच में पानी की झिरियां बहती हैं। वे ऊंचे पठारों में छोटे पेड़ों की छाया में दिनभर सुरक्षित रूप से आराम करते हैं और जुगाली करते हुए सो जाते हैं। पेड़ों के नीचे लेटने का उनका मकसद अपने आपको छुपाना ज्यादा होता है। उनका गहरे काले रंग का बड़ा शरीर इससे छुप जाता है। इसका मकसद सूर्य से अपने को बचाना कम होता है, क्योंकि छाया घनी नहीं होती। फिर सूर्य की रोशनी रहे न रहे, पर स्थिति उनके लिए हमेशा सुरक्षित रहती हैं।

गायों का रंग कई मौसम में हल्का भूरा होता है और मौसम के आगे बढ़ने के साथ गहरा हो जाता है। जवान सांडों का रंग इसी तरह का, लेकिन ज्यादा गहरा होता है। उम्र बढ़ने पर उनका रंग और गहरा हो जाता है। परिपक्व सांड की पीठ और बगलें लगभग पूरी काली होती हैं तथा सिर्फ उनके शरीर के निचले भाग और जांघों के अंदर का हिस्सा गहरे भूरे रंग का होता है। गायों और सांडों का रंग विभिन्न स्थानों में अलग-अलग होता है। सबसे हल्के रंग पश्चिम में खुले घास जंगलों के सांडों और गायों के होते हैं, जबकि सबसे गहरे रंग पंचमढ़ी तथा पूर्व में गहन बांस वनों में रहने वाले इन प्राणियों के होते हैं। इनकी टांगों का निचला सफेद भाग उनकी उम्र बढ़ने के साथ रंग बदलता है। यह इस जानवर की खास पहचान है। बूढ़े बैलों के इस हिस्से का रंग ज्यादा धुंधला हो जाता है। सींगों के बढ़ने में भी एक विशेष परिवर्तन होता है। इसी इलाके (निमाड़) में विभिन्न समयों में मारे गये सांडों के सींगों के चित्रों से यह बात साफ तौर पर सामने आती है। पहला चित्र एक भूरे रंग के सांड के सींगों का है, जिसकी उम्र पांच साल थी। इसकी आकृति गाय (क्र. 5) के सींगों की तरह है। ये कम पतले और नोकों से पुनः मुड़े हुये हैं। क्र. 2 में दिये गये सींग बहुत गहरे रंग के हैं, लेकिन काले नहीं हैं। यह सांड, जाहिर है कि, पहले वाले सांड से एक या दो साल बड़ा, लेकिन बहुत परिपक्व नहीं रहा होगा। ये सींग नीचे गोलाई में काफी बड़े हैं और आगे की ओर ज्यादा मुड़े हैं। कोनों पर ये कम मुड़े हुये हैं। चित्र क्र. 3 में दिखाए गए सींग ज्यादा मोटे और क्षैतिज हैं। इनके कौनों पर कुछ घिसावट के निशान हैं। ये सींग किसी काले स्याह बड़े सांड के हैं, जो अपने समूह का राजा रहा होगा। चित्र क्र. 4 में एक काफी बूढ़े और एकांकी सांड के सींग दर्शाए गये हैं। ये काफी बड़े और खुरदुरे हैं। इनमें मोड़ बहुत कम है और ये घिसे हुए तथा नोंक पर भोथरे हैं। इनके बीच की दूरी साढ़े सैंतीस इंच है और सबसे मोटे हिस्से की गोलाई सत्रह इंच है। चित्र क्र. 3 के सींग के मोड़ की गोलाई सबसे ज्यादा है, जो करीब साढ़े पच्चीस इंच है। इनका आखिरी घेरा सिर्फ साढ़े पंद्रह इंच है। इनमें सबसे बड़ा सांड कंधे पर पूरे सवा सत्रह हाथ, साढ़े नौ इंच का है। मैंने पंचमढ़ी पहाड़ियों पर एक बार एक सांड को नापा था, जो इससे दो इंच ऊंचा था। मुझे विश्वास है कि भारत के इस भाग में यह इसकी अधिकतम ऊंचाई है। मुझे लगता है कि इसकी इससे ज्यादा ऊंचाई जहां भी बताई गयी है, वह गलत नापी गयी है। नापने का आम तरीका यह है कि अगले पैर से पृष्ठ की रीढ़ तक एक तिरछी रेखा ली जाये और शरीर की गोलाई को आसपास से नापा जाये। इस तरह यह 22 हाथ होगी, लेकिन ऊंचाई मापने के लिए नाक और पूंछ की दूरी को भी नापा जा सकता है। वर्ष के इस मौसम (सर्दी के महीनों) में बाईसन मस्ती में रहते हैं और दस और बारह गायों के झुंड में पाये जाते हैं। कुछ सांड गबरू जवान तथा कुछ कमसिन उम्र के भी होते हैं। बूढ़े सांडों को जाड़ों में घूमने के लिये बाहर कर दिया जाता है या

फिर तन्हा कुंवारों की तरह वे मुंह लटकाये मायूस रहते हैं। घिस चुके सींगों वाले बहुत बूढ़े सांड हमेशा अकेले ही रहते हैं और किसी जवान प्रतिद्वंद्वी के हाथों पिटने के बाद वे फिर झुंड में कभी वापस नहीं जाते। ये तन्हा महाशय काफी यहां-वहां भटकते रहते हैं, जबकि झुंड में अगर खलल न डाला जाये तो वह एक ही जगह रहते हैं। ऐसा लगता है कि प्रत्येक झुंड किसी एक इलाके पर कब्जा किये रहता है, जहां दूसरे के आने की पाबंदी होती है। इस इलाके में एक से ज्यादा गढ़ होते हैं, जहां वनों कि सघनता के कारण इनका पीछा करना कठिन होता है। वे बिना देर किये किसी और जगह चले जाते हैं।

जब गरमी का मौसम बढ़ जाता है, और ऊंची श्रेणियों में पानी के झरने सूख जाते हैं, तो बाईसन नीचे की पहाड़ियों पर आ जाते हैं। पानी के न होने पर वे मजबूर होकर मैदानी जंगलों में आ जाते हैं। वे वहां दूसरे जानवरों की तरह ही बड़ी नदियों से पानी पीते हैं। लेकिन ज्यादा परेशान होने पर वे अपने सुकून वाले पहाड़ों पर जाने के लिए हमेशा तैयार रहते हैं। जैसे ही बारिश से उनके पानी के स्थान फिर से भर जाते हैं और ऊंची पहाड़ियों पर घास हरी हो जाती है, तो वे फिर अपने पसंदीदा पठारों पर आराम से रहने लगते हैं। इस मौसम में गाय ब्याने लगती हैं और काफी अलग हो जाती हैं। वे दो या तीन महीने किसी एकान्त स्थान पर रहती हैं, जहां काफी पानी और चारा उपलब्ध होता है। सांड और जवान गायें अक्सर छह और सात के झुंड में पाये जाते हैं। सबसे बूढ़े सांड हमेशा अकेले रहते हैं। मानसून में, जिस समय बरसात नहीं होती, जंगलों में सांड की एक प्रजाति सामने आती है, जो सभी जानवरों को परेशान करती है। ऐसे समय में बाईसन पर्वत की ऊंची खुली चोटियों का रूख कर लेते हैं। उस वक्त मैंने एक अकेले सांड को पंचमढ़ी श्रृंखला की सबसे ऊंची चोटी पर कई घंटों तक किसी मूरत की तरह खड़े देखा।

हालांकि पहले पहल देखने में बाईसन एक बेढंगा जानवर लगता है। ऐसा मुख्य रूप से उसकी बहुत बड़ी पीठ के कारण होता है। लेकिन पहाड़ों पर चढ़ने में यह सब जानदरों से अच्छा है। इसकी छोटी टांगें, लड़ाकू मुर्गे जैसे खुर, कंधों की पसलियों की जबरदस्त ताकत और शरीर के अगले हिस्से के बहुत ज्यादा वजन की वजह से यह खड़ी चट्टानी पहाड़ियों पर आसानी से चढ़ जाता है। बहरहाल, तेजी से नीचे उतरने में वह इतना सक्षम नहीं है। मुझे ऐसे बाईसनों के बारे में मालूम है जिन्होंने तेजी से नीचे उतरने की कोशिश में किसी खड़ी दरार में फंसकर अपनी टांगें तुड़वा लीं। कोई सांड अगली एक टांग जाने पर आगे नहीं चल पाता।

बाईसन की भयंकर क्रूरता के विषय में उन लेखनों में डरावनी कहानियां कही गयी हैं, जिनका मकसद सच को सीधे से बताने के बजाय सनसनी पैदा करना ज्यादा रहा। मैंने खुद देखा कि वे काफी डरपोक होते हैं, और उन पर बाईसन ने कभी हमला नहीं किया। हालांकि ऐसी स्थिति में उन पर जरा भी क्रूर जानवर निश्चित रूप से

हमला कर देता। मेरे अनुभव में मैंने केवल एक या दो मामलों के बारे में सुना है, जिन्हें मैं सही मानता हूं। इनमें इस जानवर को पहले हमला कर घायल कर दिया गया था। एक बार एक घायल सांड ने पंचमढ़ी के पर्वतों पर केप्टन पियर्सन का पीछा किया था। उसने उनके गन-बेयरर पर हमला कर उसे परेशान कर दिया था। एक सांड ने कुछ साल पहले असीरगढ़ के पास एक अफसर को मार डाला था। अक्सर, जान बचाने के लिए बेहताशा भागते हुये जानवर को उत्साही शिकारी उसका हमला मानकर ऐसा लिख देते हैं। इस जानवर के बारे में जो रूमानियत है वह इसकी भारी-भरकम काया की वजह से है। इस ताकतवर जानवर का गुस्सा बहुत असरकारी होता है। फिर, जिस इलाके में यह रहता है वहां के आसपास के लोग इसके किस्से कहते रहते हैं। इनमें अक्सर इसकी क्रूरता को बढ़ा-चढ़ाकर बताया जाता है। लेकिन वे इसका कोई सटीक उदाहरण नहीं दे पाते। इसके पीछे उनकी धार्मिक भावना भी होती है, जिसके कारण वह नहीं चाहते कि कोई इनका शिकार करे। लेकिन, इस बात के उदाहरण भी हैं कि बुल बाईसन ने घायल होकर शिकारी का तेजी से पीछा किया और कुछ को मार तक डाला। इस खतरे के जुड़े होने से अनेक लोगों के लिए इसका पीछा करने का आकर्षण बढ़ गया और वे इस पर हमला करने में सावधानी बरतने लगे। आमतौर पर ये इस जमीन पर मिलते हैं। किस्मत से यह भाग निकलने में काफी उपयुक्त होती है। अगर शिकारी पर हमला हो जाये तो बचने के लिए बड़ी चट्टानें और पेड़ दूर नहीं होते।

हालांकि गौवंश से करीबी से जुड़े ब्रह्मपुत्र पार भारत के गायल को सदियों से पालतू बनाकर उसे जमीन जोतने के काम में लाया जा रहा है, लेकिन यहां ऐसा करना या उन्हें बांधकर रखना मुमकिन नहीं हो पाया है। थोड़े ही समय में यह कमजोर होकर तथा मुरझाकर मर जाता है। मुझे इस बात को जानने की हमेशा उत्सुकता रही है कि उन्हीं जानवरों को जंगली स्थिति से घरेलू स्थिति में ज्यादा कठिनाई क्यों होती है जिनके सजातीय जानवर पहले ही पालतू बनाए जा चुके हैं। तथाकथित जंगली घोड़े और जंगली गधे बिल्कुल वश में नहीं आते। यही हाल जंगली भेड़ और बकरी, कुत्ते और जंगली मुर्गे का है। छोटे बाघ या लकड़बग्घे को पालतू बनाना इन जानवरों से ज्यादा आसान है।

भारतीय बाईसन की इंसान के करीब रहने की इस उदासीनता के कारण इसकी रेंज सिकुड़ती जा रही है। संभवतः इसकी संख्या भी कम हो रही है। छोटे-छोटे खेतों का विस्तार घाटियों में हो रहा है और इन पहाड़ों पर हर जगह खेती होने लगी है। साथ ही मवेशियों को चराने का इलाका भी रिहायशी इलाकों से काफी आगे बढ़ गया है, जिससे यह जानवर पहाड़ियों की दूरस्थ गहराइयों में धकेला जा चुका है। मेरा इन पहाड़ियों से अपेक्षाकृत कम परिचय है, लेकिन मुझे ऐसे बहुत से क्षेत्रों का पता चला है, जहां बाईसन रहा करते थे, लेकिन अब एक भी ढूंढ़े नहीं मिलता। दूसरे

जंगली जानवर आदमी के अतिक्रमण से पहले धीमी गति से दूर चले जाते हैं क्योंकि वे आंशिक रूप से अपनी मेहनत के उत्पादों पर जिन्दा रहते हैं। अपने आपको अचानक मवेशियों के झुंड में पाकर गौर खुद भी स्थिति के अनुसार अपने आहार में बदलाव कर लेता है। वह जंगली सुअरों तथा हिरण की जगह मवेशियों का शिकार करने लगता है। यहां तक कि हिरण भी कभी-कभार ही सघन जंगल में रहता है और खेतों के आसपास ही मंडराता है। वह मुख्य रूप से खेत में उगी चीजों को खाकर ही जीता है। ज्यादा परेशानी आने पर वह जंगलों में चला जाता है, लेकिन बाईसन कोई समझौता नहीं करता। मैंने कभी नहीं सुना कि वह कभी किसी खेत में गया हो, भले ही यह उसकी पहुंच में क्यों न रहा हो। वह कभी डरपोक मवेशियों के साथ नस्ल नहीं बदलता।

हमने बड़े शिकार के लिए जो दिन तय किया था, उस दिन हम अलसुबह ही निकल पड़े। हमारे साथ युवा ठाकुर और कुछ कोरकू थे। हम उस रास्ते से गये जो सीधा धूपगढ़ की चोटी तक जाता है। करीब तीन मील खुले पठार पर चलने के बाद हमने पहाड़ पर चढ़ना शुरू कर दिया, जो पठार से करीब 1000 फिट ऊपर था। टेढ़े-मेढ़े रास्ते बड़ी मुश्किल से समझ आते थे, क्योंकि इनके आसपास बांस और घास उगी हुई थी। हमें रास्ता बनाने के लिए इन्हें कुल्हाड़ी से काटना पड़ रहा था। पिछले बारिश के मौसम के बाद से कोई भी इस रास्ते से नहीं गया था, जब इन पहाड़ियों के सभी रास्ते मिट जाते हैं। बहरहाल, हमें इस शानदार यात्रा का भरपूर पुरस्कार मिला, जब हम उस पहाड़ी पर पहुंचे जो इस श्रृंखला की सबसे श्रेष्ठतम चोटी थी। धूपगढ़ की आगे की ढलान इतनी ज्यादा प्रपाती नहीं थी जितनी हम सोचकर आये थे, लेकिन ऐसा लगता था कि सीढ़ियों के द्वारा यह एक व्यापक घाटी के तल तक जा रही हो। हमें इसी से पार पाना था। इसके आगे पुनः दीवार जैसी खड़ी चट्टान थी जो दक्षिण की ओर इस पूरे खंड को सहारा दिये हुये थी। इसके आगे बायीं तरफ हमारे नीचे वनावृत्त पहाड़ियों का उजाड़ इलाका था, जो बिना किसी खास अंतराल के ताप्ती नदी तक जाता है। इसकी दूरी साठ या सत्तर मील है। यह सारा व्यापक इलाका बाईसन का घर है। इसके आगे, ताप्ती के दोनों तरफ चिकल्दा श्रृंखला की ऊंचाई पर और कालीभीत की जंगली पहाड़ियों में एक इतना ही व्यापक वन क्षेत्र है और वहां भी पहाड़ी सांड घूमते हैं, क्योंकि यहां अभी तक आदमी या मवेशियों का दखल नहीं हुआ है। पर्वत की इस मध्य श्रृंखला में सागौन के ऊपर पेड़ों का जंगल है। इस विषय में पाठकों को मैं आगे के अध्याय में बताऊंगा।

पहाड़ी के ऊपर बाईसन और सांभरों की संख्या बहुत थी। यह क्षेत्र बांस के झुरमुटों से ढंका है और यहां संकर खजूर के कम ऊंचाई वाले पेड़ों के निकुंज हैं। अन्य अवसरों पर मैंने धूपगढ़ की सबसे ऊंची चोटी पर सुबह तड़के बाईसन और सांभर को देखा था। पहाड़ी के आगे तरफ की ढलान भुरभुरे बलुआ पत्थरों से भरी

है और यहां लोहाश्म के दुर्लभ काचित पाईप मिलते हैं, जो इन पहाड़ियों की सड़ी हुई सतह से परत के रूप में निकलते हैं। इस पर उतरना, चढ़ने से ज्यादा थकाने वाला था। इसके बाद, मैं अनेक बार इस घाटी तक पहुंचने के लिये इसी रास्ते पर चला, जहां बाईसन का मिलना लगभग तय ही था। मैंने किसी छोटे और कम ढलान वाले रास्ते की तलाश करने की भी बहुत बार कोशिश की लेकिन नाकाम रहा। हर जगह स्थित ऊंचे बीहड़ धूपगढ़ पहाड़ के पार्श्वों को घेर लेते हैं, जिससे आसपास एक गलियारा बन जाता है। लिहाज़ा, चढ़ने से ज्यादा उतरने में अधिक समय और मेहनत लगती है। घाटी के तल में जंगली आम के पेड़ों के छायादार झुरमुट के नीचे, जहां बहने वाले झरनों ने पहाड़ी पर एक बड़ा पोखर बना दिया है, मैंने तीन या चार राजगोंड मुखियाओं को देखा जो पंचमढ़ी के दक्षिण की तरफ पहाड़ियों में रहते थे। वे पंचमढ़ी के मुखिया से किसी भी तरह कम नहीं थे। बहरहाल, ये उनसे कुछ ज्यादा बुद्धिमान और व्यवहार में ज्यादा परिष्कृत थे। प्रत्येक के साथ तोड़ेदार बंदूक लिए कुछ आदमी और हांका करने के लिए आम गोंड और कोरकुओं के बड़े समूह थे। लिहाज़ा, हमने करीब बीस बंदूकों की जुगाड़ कर ली और दो-तीन सौ लोग हांका करने वाले जुटा लिये। ये लोग सभी रास्तों तथा हांका के स्थानों से अच्छी तरह परिचित थे, क्योंकि सालभर में वे इस तरह के कई अभियान करते थे। मेरे वहां आने से पहले हर एक इंतजाम कर लिया गया था। हांका करने वालों में से अधिकतर घंटों पहले ही घाटी को घेरने चले गये थे। इस बात की पूरी संभावना थी की उन्होंने हांका शुरू भी कर दिया होगा। लिहाजा, हमने समय गंवाये बिना अपनी चौकियों को सम्भाल लिया, जो घाटी के निचले छोर तक एक लंबी कतार में फैली हुई थीं। लेकिन, मुझे सबसे पहले अपने स्थानीय साथियों की तोड़ेदार बंदूकों के लिये बारूद उपलब्ध कराना था। मुझे इस ज़रूरत का पहले से ही अंदाज़ा था वरना मेरे फ्लास्क में पर्याप्त बारूद नहीं होता। इन हथियारों में छह अंगुल बारूद भरने का नियम है। यह बताना जरूरी नहीं कि हमारे बारूद की मार ज्यादा ताकतवर थी। वे इस चार्ज पर ज्यादातर दो बुलेट रखते हैं, एक लेड की और एक लोहे की और मुट्ठीभर पत्तियों की तह लगाते हैं। नतीजतन, अक्सर बैरल फट जाती है और उपयोग करने वाले के कंधे पर काफी बड़ा नील पड़ जाता है।

यह एक खामोश हांका था। इसमें लोगों को बिना शोर किये बढ़ना था और पेड़ों पर कुल्हाड़ी नहीं चलानी थी, क्योंकि वहां नीचे एक और सघन जंगली इलाका था, जहां आमतौर पर बाईसन रहते थे। कभी-कभी कोई शोर भी होता था और दोपहर में उस पर भी हांका करना था। मैं पत्तियों के एक परदे के पीछे एक घंटे तक बैठा रहा, जो हांका का पहला चिह्न प्रगट होने पर मेरे सामने लगा दिया गया था। अगले आधा घंटे तक किसी पेड़ पर कुल्हाड़ी के बट की मार के सिवा कुछ भी सुनाई नहीं दिया। उसी वक्त दूर से एक गोली चलने की आवाज आयी और इसके बाद एक और

गोली चली। कुछ देर बाद खुरों की खड़खड़ाहट सुनाई दी, जिससे लगा कि कोई झुंड बचने की कोशिश में भाग रहा है। जब हांका आगे बढ़ा, तब दोनों तरफ कुछ और गोलियां चलने की आवाज़ सुनाई दी। फिर घिरे हुये जानवरों के तेज भागने की आवाज़ आयी, जिन्हें पीछे से जब-तब गोलियां लग रहीं थीं। इससे मेरे दिल में बहुत जोश भर गया। आखिरकार, जानवरों का एक झुंड झरने के नीचे की तरफ भागा, जहां मैं मोर्चा संभाले था। मुझसे थोड़ी ही दूरी पर आठ-दस सांभर तेजी से निकल गये। मैंने दो हिरणों पर अपनी रायफल के दोनों बैरलों से गोली चला दी। एक हिरण कुछ कदम चलकर वहीं रास्ते में गिर गया। तभी मैंने अपने एकदम दायीं तरफ एक गोली चलने की आवाज सुनी। एक बाईसन, दो गायों और एक छोटे से बछड़े के साथ ठीक उसी दिशा में भागा, जिसमें सांभर गया था। उन दिनों लोडर बंदूक नहीं थी। हालांकि मेरे पास एक और बंदूक थी, लेकिन वह कुछ पीछे पेड़ से टिकी थी। इससे पहले कि मैं उसे उठाता, मेरे सामने इन जानवरों के सिर्फ पुट्ठे ही दिख रहे थे। जब मैंने अपनी यह रायफल उठायी, तो पहले इस सांड पर अपनी दोनों बैरलों से गोलियां चलाईं लेकिन वे बेकार गयीं। नौजवान ठाकुर, जो मेरे दायीं तरफ था, ज्यादा कामयाब रहा। जब हांका करने वाले इसके तत्काल बाद सामने आये, तो मैंने देखा कि चार-पांच साल का एक सांड मरा पड़ा था। दो गोलियां उसकी गर्दन के बीचोंबीच लगी थी। अब सभी बंदूकें रख दी गयीं और मारे गये बाईसन के आसपास इन्हें इकट्ठा कर दिया गया। एक ने एक भालू को देखा था, तो दूसरे ने दो सांभरों को। सभी ने गोलियां चलाई थीं, लेकिन नतीजे में सिर्फ ठाकुर द्वारा मारा गया सांड, मेरे द्वारा मारा गया सांभर तथा दो छोटी 'जंगली मेड़े' ही मिलीं। इनका वास्तविक नाम चौसिंघा है।

मैंने पहले कोई बाईसन नहीं देखा था। यह बहुत युवा और लाल और भूरे रंग का बाईसन था, जिसके सींग छोटे थे। इस जानवर की भीम काया तथा ताकत की अभिव्यक्ति पर मैं चकित रह गया। इसके सीने की चौड़ाई इतनी ज्यादा थी कि जब इसने करवट ली तो आगे के ऊपरी पैर कड़क होकर शरीर के सीधे ऊपर उठ गये। जमीन की तरफ ये जरा भी नहीं झुके। खासकर इसके सिर से इसकी ऊंची नस्ल का पता चलता था। हाल ही में मारे गये इस बाईसन की आंखें सूर्य की रौशनी की ओर तनी थीं और इनमें पन्ने जैसी चमक थी। ऐसी चमक मैंने किसी अन्य जानवर की आंखों में नहीं देखी। उसकी खाल में से वनस्पति की तरह मीठी और मंद सुगंध आ रही थी।

हमने घायल सांभर और बाईसन का दूर नीचे घाटी तक पीछा किया। सांभर को देखकर लग रहा था कि उसे चोट लगी है। सांड के रास्ते पर भी कुछ खून दिखाई दिया। हमने कुछ सबसे अच्छे खोजियों को अगले हांके के लिए उनके पीछे भेज दिया और करीब एक मील नीचे अपने स्थान पर गये तथा रोरीघाट पर अपने कैम्प को बंद

कर लिया। यहां भी वही प्रकिया दोहराई गयी। इस बार ज्यादा आवाजें लगाई गयीं और ढोल बजाये गए, क्योंकि घाटी के इस भाग में आमतौर पर कहीं शेर रहता है। सुबह उसके पंजों के निशान देखे गये थे। इस बार मेरा निशाना नहीं लगा। एक गोंड ठाकुर ने एक सांभर को मार गिराया। मेरे द्वारा घायल हिरण को वहां पाकर गोंडों ने अपनी कुल्हाड़ियों से उसे मार डाला। घायल सांड हांके में था और ठाकुर के साथियों में से एक के पास पहुंच गया। वह इतने अचंभे में पड़ गया कि गोली नहीं चला सका। बाकी बाईसन अथवा एक अन्य समूह, आश्रय स्थल के बगल को तोड़कर भाग निकला और एक खड़ी चट्टानी ढलान से नीचे चला गया। लोगों ने बताया कि उन्होंने एक बार को छोड़कर कभी वहां जाने की कोशिश नहीं की। इस कोशिश में भी एक व्यक्ति की टांग टूट गयी थी। निश्चय ही मुझे यह नहीं सोचना था कि बाईसन जैसा कोई बड़ा जानवर ऐसी जगह जा सकता है और जिन्दा रह सकता है।

शेर का कहीं अता-पता नहीं था। जो मुझे बाद में पता चला वह अगर मुझे पहले भी पता चल जाता तो मुझे अचरज नहीं होता। उसके बाद कई महीनों तक मैं उस शेर को घनिष्ठता से जानता रहा, लेकिन मैंने उसे एक बार भी नहीं देखा। वह बहुत बड़ा जानवर था लेकिन पूरी तरह जंगली था। इसका मतलब यह है कि वह सिर्फ जंगली जानवरों का शिकार करता था और दिन के समय बहुत दुर्गम घाटियों और झुरमुटों में रहता था। वह धूपगढ़ के आसपास बाईसन की जगह अक्सर आता था और उनके समूह के निशान के आसपास घूमता था। ज़ाहिर है वह छोटे जानवरों की तलाश में ऐसा करता था। मुझे कभी ऐसा सबूत नहीं मिला की उसने कभी किसी को मारा हो। बहरहाल, पठार पर मैंने एक ऐसी जगह को देखा जहां उसने पूरी रात एक बदकिस्मत गाय और उसके बछड़े को फंसाने की कोशिश की थी। करीब बीस गज व्यास के दायरे में घास कुचली हुई थी, जो उनके पैरों की ताकत से नम जमीन में चली गयी थी। बछड़े के खुरों के निशान मध्य में थे। ज़ाहिर है अभागी गाय उस खूंखार जानवर और अपने बछड़े के बीच गोल-गोल घूमती रही होगी। मुझे बताते हुए खुशी हो रही है कि मैंने एक दिशा में शेर का और दूसरी दिशा में उस बहादुर मां और उसके सुरक्षित बछड़े का पता लगा ही लिया। मेरा मानना है कि अगर शेर अनुकूल स्थिति में नहीं हो, तो किसी काऊ बाईसन को भी नहीं मार सकता; सांड को मारने का तो सवाल ही नहीं उठता। ऐसा शायद ही कभी हुआ हो कि मैं बाहर गया होऊं और मुझे उस शेर के निशान न मिले हों। मैंने अक्सर रात-रात भर उसके भटकने के स्थानों का पीछा किया, जो झरने के तट के साफ रेत पर एक नक्शे के रूप में बने हुये थे, लेकिन आखिर में उस तक मैं पहुंच नहीं पाया। मुझे लगता है कि उसने अक्सर बिना कुछ कहे अपने कुछ गज पास से मुझे गुजर जाने दिया। वह बाईसन की तरह पठार पर कभी-कभार ही आता था, लेकिन उसका आश्रय स्थल धूपगढ़ के नीचे आसपास ही था। एक बार काफी पहले एक शेर ने पठार पर अपनी जगह बना ली

है और वह आदमखोर हो गया। वह महादेव पहाड़ी पर जाने वाले श्रद्धालुओं को खा जाता था। ठाकुर के चाचा ने उसे मार गिराया था।

मैंने घायल बाईसन सांड का उस जगह से करीब आधा मील तक पीछा किया, जहां वह आखिरी बार दिखाई दिया था। लेकिन वह बहुत तेज भाग रहा था और उसके शरीर से खून गिरना बंद हो गया था। लोगों ने कहा कि वह इन पहाड़ियों में बाईसन के गढ़ तक पहुंचने के पहले कभी नहीं रुकेगा। यह स्थान करीब पांच मील दूर था, जिसका नाम था बूढ़ीमाता। लिहाजा, मैंने मन मारकर उसका पीछा करना छोड़ दिया। जब मैं वापस आया था, सभी हांका करने वाले इकट्ठा हो गये थे। मैंने इससे ज्यादा जंगली और भद्दे लोग पहले कभी नहीं देखे थे। वे कमर पर चिन्दी जैसी लंगोट पहने थे। इनका कद छोटा था। कोरकू लोग गोंडों से लगभग एक या दो इंच ज्यादा ऊंचे होते हैं। इनका रंग आमतौर पर ज्यादा गहरा भूरा और ज्यादातर लोगों का रंग काला होता है। हालांकि, उनका कालापन नीग्रो जैसा कभी नहीं होता। गोंडों के बीच हल्का भूरा रंग भी आसामान्य नहीं था। नाक-नक्श के मामले में दोनों नस्लें एक जैसी थीं। उनका मुंह सपाट, कपाल नीचा तथा नाक जोड़ पर चपटी होती है। इनके नथूने खुले तथा बाहर निकले हुए होते हैं। होंठ भारी तथा बड़े होते हैं। शरीर तगड़ा और सुगठित होता है, लेकिन नीग्रो जैसा यह बड़ा नहीं होता। इनके चेहरे पर बहुत कम बाल होते हैं, जिनकी कमी सिर के घने काले और सीधे बालों से पूरी हो जाती है। इनकी कद-काठी अच्छी और कंधों और जांघों की मांसपेशियां पुष्ठ होती हैं। हाथ पतले होते हैं, जिन पर नसें उभरी होती हैं। चेहरे भाव शून्य होते हैं। हालांकि ये हंसमुख होते हैं। कुछ नौजवानों को उनके हिसाब से खूबसूरत कहा जा सकता है, लेकिन बूढ़े लोगों के शरीर मौसम की मार से खुरदुरे और अनाकर्षक हो जाते हैं। उपस्थित सभी आदमियों के पास छोटी कुल्हाड़ी थी जिसको लिये बिना वे जंगल में नहीं जाते। कुछ के हाथ में फरसे भी थे। हांके के दौरान उन्होंने काफी मयूरों, खरगोंशों तथा हिरणों को भी कुल्हाड़ी फेंककर मारा था। उन्हें इसमें महारत हासिल है। मैंने पाया कि कोरकुओं को हिन्दुओं से प्राप्त पूर्वाग्रह के कारण मरे हुए बाईसन का मांस खाने से परहेज था। लिहाजा, आलमोद से आए गोंडों तथा मोटुर पहाड़ों से बड़ी संख्या में आये भारया आदिवासियों ने ही इसका भोग लगाया, जबकि कोरकू सांभर को अपनी छोटी कुल्हाड़ियों से काटने और छीलने लगे। मेरे नौकर ने जीभें और अस्थिमज्ज हासिल कर लीं और एक मांस का टुकड़ा चिरे हुए बाईसन के शरीर से निकाल लिया। जंगली शिकारियों के लिए खाने की ये सर्वश्रेष्ठ चीजें थीं। बाकी का मांस शेष लोगों को दे दिया गया। रात होने पर उन्होंने, जिस जगह बाईसन गिरा था और गांव के पास उस जगह पर आग जला दी जहां वे हिरण को लाये थे। वे घंटों तक मांस के टुकड़े लेकर घूमते रहे और बाद में उन्हें आसपास के पेड़ों पर लटका दिया। वे हंगामा करते हुए आराम से मांस के टुकड़े खाते रहे। यह उस बड़ी मौज की महज शुरुआत थी। शीघ्र

ही पेड़ों पर खूनी झंडिया लटक गयीं और वे जंगली लोग अधपके मांस पर पिल पड़े। जाहिर है कि अंतड़ियां उन्हें बहुत स्वादिष्ट लग रहीं थीं और वे उन्हें ऐसे खा रहे थे, जैसे इटली के लोग मैकरोनी खाते हैं। उनका यह ठूंस-ठूंसकर खाने का सिलसिला खत्म होने का नाम नहीं ले रहा था। मैं इस खूनी जश्न को अपने टेंट के बाहर बैठा घंटों आंखें फाड़े देखता रहा। उनके द्वारा जलाये गये अलाव की रौशनी खुले वन गलियारे पर पेड़ से लटक रहे मांस के टुकड़ों पर पड़ रही थी। इससे इन जश्न मनाने वालों की ऐसी धुंधली छाया रेम्ब्रेट जैसी दिखाई देती थी, जिसे मैं भूलने वाला नहीं था। देर रात तक और नये लोग आते रहे और उनकी संख्या बढ़ती रही। वे रोरीघाट जाने वाली खड़ी ढलान से, हाथ में मशालें लेकर जोर से चिल्लाते हुए आते थे, जिससे दूसरों को रास्ता पता चल जाए और जंगली जानवर डर जायें। सभी आने वालों को कच्चे मांस का टुकड़ा और महुए की शराब का प्याला देकर स्वागत किया जाता था। शराब का बड़ा भांड पास ही भरा रखा था। इसके बाद वे गाने लगे। फिर उन्होंने आधा दर्जन बांसुरियों से कानों को चुभने वाले संगीत पर नाचना शुरू कर दिया है। शोर-शराबा तथा मेरे पतले टेंट के कैनवास से छनकर आने वाली तेज़ रोशनी से बार-बार मेरी नींद टूटी।

अगली सुबह एक जंगली मुर्गे की बांग से मेरी नींद खुली। वे इस छोटी घाटी में बांसों के झुरमुट में झुंड बनाकर रहते हैं। मैंने देखा कि रात को जश्न मनाने वाले जहां बैठे थे वहीं लुड़क कर लकड़ी के डूंडों की तरह पड़े थे। उन्हें उठाकर इकट्ठा करना कोई आसान काम नहीं था। हर एक को मुहिम के मेहनताने के रूप में दो दिन के लिए आटा दे दिया गया और उनसे वायदा किया गया कि वे पंचमढ़ी में लॉज बनाने में मदद करेंगे तो उन्हें और भी काफी कुछ दिया जाएगा। मैंने मुखियाओं को बारूद के कनस्तर तथा अतिरिक्त गोलियां देकर खुश किया। मुझे ऐसा लगा कि वे खुशी-खुशी विदा हुए। मैं भी खुश था। हमने वायदा किया कि इस तरह के काफी शिकार तथा आयोजन और भी होंगे। बहरहाल, मैंने इस तरह के शिकार से तौबा कर ली और आलमोद के ठाकुर के साथ एक बार के अलावा कभी शिकार के लिए पहाड़ों पर नहीं गया। मेरी राय में यह घटिया शिकार है और यह बहुत कामयाब नहीं होता।

इसके दो दिन बाद मेरे आदिवासी दोस्तों के दल बंगले के काम के लिए आने लगे। चूंकि कुछ राजगीर और ईंट बनाने वाले भी मैदानी इलाके से आये थे, लिहाज़ा संभावना बढ़ गयीं। जंगली लोग अपने साथ अपनी औरतों और बच्चों को भी लेकर आए थे। उन्होंने आधे दिन में ही पेड़ों की टहनियों से अपने रहने लायक झोंपड़ियां बना लीं। उनके दलों को यह कहकर भेज दिया गया कि वे छत की मियालों के लिए साल के डूंडों, बांस और घास बीहड़ों से चुन ले आएं तथा ईंटें बनाने के लिए मिट्टी को गूंथ लें। लकड़ी काटने के काम में तो उन्हें महारत हासिल थी ही, लेकिन जिन्हें चूने और मिट्टी से संबंधित काम मिला वे खीझे हुए थे। उन्हें बड़ी मुश्किल से यह

काम करने को राजी करना पड़ा। सारा भुगतान वस्तु रूप में किया गया। बंजारों की बैलगाड़ियों को मैदानी इलाके से निरंतर अनाज लाने के काम में लगा दिया गया। काम तेजी से चल पड़ा। इसमें उस वक्त कुछ बाधा जरूर आयी जब कुछ मिस्त्री और ईंटें बनाने वाले बीच में ही भाग खड़े हुए, जो यहां बहुत बेदिली से आए थे। जल्दी ही उनकी जगह गोंडों ने ले ली, जो उनके मातहत रखे गये थे और जिन्हें यह काम सीखने के लिये चुना गया था, ताकि वक्त-बेवक्त उनका उपयोग किया जा सके। एक बूढ़े बढ़ई को, जो हमारे साथ टिक गया था और काम की निगरानी करता था, किस्मत से ईंटें जोड़ने के काम की कुछ जानकारी थी। उसकी मदद से हमने इन गोंडों से यह काम कराया, जो काबिले तारिफ था। बहरहाल, मेहराब जोड़ना किसी को नहीं आता था। लिहाजा, मुझे खुद ही ऐसा करने की सूझी और मैंने पहली मेहराब फायर प्लेस के ऊपर बनाई। गोंडों को कोई टोर या 'आदमी', जो वे खुद को कहते थे, की इस तरकीब को देखकर बड़ा मज़ा आया। वे ईंटों और गारे का काम करते हुए सुबह से रात तक हंसते-हंसाते रहे। इन असभ्य लोगों से नियमित काम तो नहीं लिया जा सकता था और मास्टर-रोल पर चढ़े आधे से ज्यादा लोग हाजिर नहीं होते थे। वे चाहे जब झुंड बनाकर चल देते और दो-एक दिन कहीं छककर दारू पीते और लौटकर अगली सुबह फिर काम पर लग जाते थे। वे अपनी सफाई में कुछ भी कहना जरूरी नहीं समझते थे। बेतुकेपन की हद उस वक्त हो गई जब मैंने एक हल और बैलों की जोड़ी नीचे से मंगवाकर एक कोरकू को उद्यान के लिए जमीन पर हल चलाने को कहा। उसे इस काम का कुछ पता तो था नहीं, लिहाजा उसने शुरू से ही सारा गड़बड़ कर दिया। मेरा एक चपरासी नौकरी में आने से पहले यह काम कर चुका था। मैंने उसे इस काम में उसकी मदद के लिए लगाया। कुछ ही समय में अनेक कोरकू इस काम में सिद्धहस्त हो गए। देखते-ही-देखते तालाब के पुराने किनारे पर गहरी जुताई हो गयी और इस जमीन की फेंसिंग करके इसे बारिश शुरू होने के समय उद्यान के रूप में विकसित करने के लिए तैयार कर लिया गया।

आगामी कुछ हफ्तों तक मेरा फुरसत का वक्त आसपास की पहाड़ियों तथा वहां के उत्पादों का जायजा लेने में मजे से बीता। मैं पंचमढ़ी के पूर्व में स्थित देलाकारी के साल जंगल में गया। इस इलाके में यह उन कुछ ही जंगलों में शामिल है, जो इमारती लकड़ी के सौदागरों के हाथों तबाही अथवा 'ध्या' कटाई से बच पाये थे। सौदागर यहां इसलिए नहीं आ सके क्योंकि यहां आने के लिये सड़क नहीं थी और 'ध्या' कटाई इसलिए नहीं हो सकी क्योंकि यहां के पेड़ों का आकार और स्वरूप उसके अनुकूल नहीं था। हालांकि ये पेड़ पूरी तरह परिपक्व दिखाई पड़ते थे, लेकिन इनका आकार किसी भी तरह बहुत अच्छा नहीं था। सबसे बड़े पेड़ की गोलाई औसतन आठ या छह फिट से ज्यादा नहीं थी। इनमें से अधिकतर जब बाद में काटे गये, तो वे लगभग अनुपयोगी ही साबित हुये, क्योंकि वे बीच में से खोखले और घुन लगे हुए

थे। उस वक्त ग्रेट इंडियन पेनिनसुलर रेलवे लाइन डालने के लिये स्लीपरों की बहुत मांग थी। लिहाजा, इस तरह के अच्छे जंगलों की सुरक्षा करना महत्त्वपूर्ण था। यह वर्तमान जरूरत के साथ-साथ आने वाले वर्षों में व्यवस्थित ढंग से दोहन के लिए जरूरी था। यह जंगल पंचमढ़ी के ठाकुर और एक अन्य मुखिया का था। मैंने शीघ्र ही सरकार के साथ उसकी लीज लिखवा दी और खुले इलाके से इसे जोड़ने के लिए एक सड़क बनवा दी। देनवा घाटी से ऊपर पंचमढ़ी की ऊंचाइयों का अथवा दूसरी ओर स्थित मोटुर पहाड़ियों का दृश्य बहुत सुन्दर दिखाई देता है। लाल बलुआ चट्टानों के कगार शाम को सूर्य की रोशनी में बैंगनी और जामुनी दिखाई देते हैं, जबकि छाया के चौड़े क्षेत्र नीचे तराई की हरित ढलानों तक विस्तृत होते हैं। ये चमकीली चोटियों को नारंगी रंग के आकाश में अप्राकृतिक ऊंचाई तक प्रक्षेपित करती हैं।

यहां मैंने बारहसिंगा के अस्तित्व का पता लगाया। यह साल के वन में रहता है। लिहाजा, साल की ही तरह मण्डला जिले के पश्चिम में साल इलाके से आगे नहीं जाता। मुझे यहां हिरण मारने का सौभाग्य नहीं मिला। मैंने दो हिरणियों को जरूर मारा। मैंने एक सरबंद को एक स्थानीय शिकारी के कब्जे में देखा, जिसके साथ मृगश्रृंग भी जुड़े थे। इसके बाद, मुझे पता चला कि एक रेलवे इंजीनियर ने एक अच्छे हिरण का शिकार किया। मेरा मानना है कि इनकी संख्या यहां बहुत ज्यादा नहीं है। यहां साल के पेड़ कुछ वर्गमील में ही हैं, जहां इनका अस्तित्व है।

मैंने यह भी पाया कि उत्तर-पूर्वी भारत का लाल जंगली मुर्गा इस साल जंगल और आसपास के पहाड़ में रहता है। जहां तक मैं जानता हूं, यह इन पहाड़ियों में मण्डला के सघन साल क्षेत्र के पश्चिम से आगे नहीं पाया जाता। जंगली मुर्गे की अन्य प्रजातियां, जो पश्चिमी और दक्षिणी भारत से ताल्लुक रखती हैं, भी पंचमढ़ी की पहाड़ियों पर मिल जाती हैं। जिस जगह महादेव गुफा स्थित है, वहां मैंने एक ही दिन दोनों प्रजातियां को मारा था। लाल मुर्गे की अन्य पालतू प्रजातियों को देखकर या आवाज के आधार पर अलग करना कठिन है, जबकि धूसर मुर्गे की आवाज मुर्गे जैसी नहीं होती। मेरे हिसाब से यह लाल मुर्गे से ज्यादा खूबसूरत होता है। इन पहाड़ियों में जंगली मुर्गे को स्पेनियल की मदद से मारने में बड़ा मज़ा आता है। वे अक्सर जिस झाड़ी में छुपते हैं वह काफी सघन होती है और वे उड़कर पेड़ पर बैठने से पहले काफी शोर करते हैं। जब आप उनके पास पहुंचते हैं तो वे उड़ जाते हैं और अपने और बंदूक के बीच में एक मोटा आवरण बनाने में उस्ताद होते हैं। लिहाजा, उन्हें मारना किसी तरह आसान नहीं होता और सुबह के शिकार में दो एक मुर्गों से ही संतोष करना पड़ता है।

पहाड़ों पर स्पर-फाउल की दो प्रजातियां आमतौर पर बहुत पायी जाती हैं। यह एक सामान्य लाल रंग का पक्षी होता है, जो आकार को छोड़कर, लाल जंगली मुर्गे के जैसे लगता है। यह एक छोटे पालतू मुर्गे की तरह होता है। दूसरी प्रजाति रंगीन

स्पर-फाउल की तरह होती है, जो एक बहुत खूबसूरत पक्षी होता है। इसकी दोनों टांगों पर एक लंबी दोहरी एड़ी होती है। दूसरे तरह की प्रजाति बीहड़ों की कगारों पर पायी जाती है। ये कगारें यहां से पठार से होकर किसी पत्थर की तरह गिरती हैं तो फिर नहीं मिलतीं। यह लाल पक्षी मुझे मुख्य रूप से छोटी टूटी हुई पहाड़ियों पर भी मिला जहां जंगली मुर्गे रहते हैं। स्पेनियल की मदद से इनका बहुत अच्छा शिकार होता है।

इस पठार के ऊबड़-खाबड़ भाग में मैदानी इलाकों के चिंकारा हिरण रहते हैं। यहां छोटे चौसिंघे भी रहते हैं, जिनका जिक्र पहले भी हो चुका है। यहां काले हिरण बिल्कुल नहीं पाये जाते। हालांकि तोरण माल के इसी तरह के पठार पर, पश्चिमी सतपुड़ा पहाड़ियों पर, इन्हें आमतौर पर पाया जाना बताया जाता है। यहां खरगोश बहुत ज्यादा हैं। कोरकू लोग इन्हें रात में बहुत अजीब तरीके से मारते हैं। मैंने अपने टेंट के नीचे एक पहाड़ी के कगार पर बैठकर उन्हें ऐसा करते देखा था। यह बहुत आसान है। एक आदमी अपने कंधे पर एक बल्ली लेकर चलता है, जिसके सिरे पर एक मिट्टी का कढ़ाह बंधा होता है। इसमें नेवारी पेड़ की लकड़ी के जलते हुए टुकड़े होते हैं, जिससे आगे उजाला होता रहे। यह कढ़ाह उनके बहुत साधारण मिट्टी के बर्तन को एक तरफ से तोड़कर बनाया जाता है। इसका संतुलन दूसरे सिरे पर अतिरिक्त टुकड़ों की डलियां बांधकर कायम रखा जाता है। एक दूसरा आदमी एक लंबी लोहे की रॉड लेकर चलता है, जिसमें फिसलते हुए घुंघरु लगे होते हैं। जब वह चलता है तब ये घुंघरु बजते हैं। तीन या चार मोटे ताजे लोग उसके पीछे चलते हैं। उनके हाथ में पंद्रह से बीस फिट के बांस होते हैं। वे झुरमुटों के किनारे घूमने के लिए आगे बढ़ते हैं, जहां बेखबर खरगोश रात में अपना पेट भरने को बाहर आते हैं। आग के कढ़ाह की जमीन पर पड़ती तेज रोशनी में जैसे ही कोई खरगोश सामने आता है, तो पूरा उसकी तरफ दौड़ता है। घंटियां बेतहाशा बजने लगती हैं। वे उसे रोशनी के घेरे में उसे भयभीत बनाये रखते हैं। बेचारा खरगोश शायद ही भाग निकलने की कोशिश करता हो। वह शोर और चकाचौंध में जड़ होकर बैठ जाता है। एक बांस उसके पिछले हिस्से पर गिरकर उसकी जीवन लीला समाप्त कर देता है। एक दल को कुछ ही घंटों में आमतौर पर पांच-छह खरगोश मिल जाते हैं। उन्हें कभी-कभी छोटे हिरण मिल जाते हैं, जिन्हें भी वे इसी प्रकार मार डालते हैं। मैंने तेन्दुओं और यहां तक शेरों के मिलने की कहानियां भी सुनी हैं। उनके मिलने पर इन शिकारियों की अप्रत्याशित तरीके से बाजी ही पलट जाती है। मैंने एक बार इन दलों में से एक दल की बंदूक ले ली, लेकिन मैंने पाया कि उसने तो सारा खेल ही बिगाड़ दिया। एक गोली चलाते ही आसपास के सारे खरगोश झाड़ियों में भाग गये।

मैं पहले ही कह चुका हूं कि शेर कभी-कभार ही पठार पर आते हैं। रीछ भी बहुत कम हैं। मैंने दर्रों के ऊपर कभी कोई निशान नहीं देखा। दूसरी तरफ स्थित मोटुर

पर्वत श्रेणी में तथा महादेव पर्वत के पश्चिम में जरूर इनकी भरमार है। इसके विपरीत, पंचमढ़ी में तेन्दुआ बहुत आमतौर पर मिल जाता है। जिस रात मेरा कैम्प लगा, उस रात मेरी एक भेड़ को एक तेन्दूए ने टेंट के पास ही मार डाला। मैं भेंड़ों के एक झुंड को साथ इसलिए लाया था कि रसद कम पड़ने पर काम आ जाएं। वह एक बाहर लटकती डाल से कांटेदार झाड़ियों के एक बाड़े में कूदा, जो भेड़ों के लिए बना दिया गया था। जब उसने उसे बागड़ के बाहर ले जाने की कोशिश की तो इससे लोगों का इतना कोलाहल हो गया कि वह उसे वहीं छोड़कर भाग गया। अगली रात उसने टेंट के पास मेरे क्लंबर स्पेनियल को पकड़ लिया, लेकिन 'जैक' नाम का एक बड़ा ग्रेहाउण्ड उसे बचाने पहुंच गया, जिससे नन्हा 'नेल' बच गया। उसे कुछ खरोचें आयी थीं, लेकिन वह बहुत डर गया था। आगे चलकर यह तेन्दुआ पहाड़ पर परेशानी का सबब बन गया। जब बंगले पर काम करने वाले चले जाते थे, तो वह हर रात मेरे कुत्तों, भेड़ों और बकरियों पर हमला कर देता और बेधड़क होकर मकान के कमरों में घुस आता था। बहरहाल, वह एक दंतविहीन बूढ़ा जानवर था और इसी वजह से कई बार कुत्ते उसके जबड़े से बचकर निकलने में कामयाब हो गये थे। हालांकि वह हमारे जानवरों पर रात में बहुत निडर होकर हमला करता था, लेकिन वह आदमी के सामने नहीं जाता था। मेरे घोड़ों और कुत्तों की संभाल करने वाले लोगों ने उसे कई बार अपने लंबे बांस से डराकर भगा दिया और वह केकड़े की तरह दुबककर चला गया। मैं उसका शिकार नहीं कर पाया, हालांकि मैंने इसके लिये हर मुमकिन योजना बनाकर काम किया। एक बार जब वह चांदनी रात में मकान की उठी हुई प्लिंथ के नीचे से गुजर रहा था तब मैं उसे मार सकता था, लेकिन जल्दी में मेरे हाथ जो बंदूक लगी वह खाली थी। बाद में मेरे पहाड़ छोड़ने के बाद उसको एक शिकारी ने मार डाला।

लोमड़ी का पीछा करना एक और बड़ा मनोरंजक काम था। मैदानी छोटी लोमड़ियों का एक दल मेरे कैम्प से पश्चिम में थोड़ी दूर एक छोटे वन गलियारे में रहता था। मैदान के लगभग मध्य में उनके अनेक बिल थे, जो एक-दूसरे से अंदर से जुड़े दिखाई देते थे। मुझे 'पिंचर' की मदद से एक या दो लोमड़ियों को बाहर निकालने में कभी नाकामी हाथ नहीं लगी। 'पिंचर' मेरा एक कुछ काला इंग्लिश कुत्ता था, जिसकी हिम्मत शेर की तरह था। वह किसी भी बिल में जा सकता था और लोमड़ी को बाहर निकालने में नाकाम होने के बजाय उसे मारना मंजूर था। उसने ज़मीन के भीतर लड़ने में भी अपनी श्रेष्ठता का परिचय दिया। एक बार तो मुझे लगा कि वह मर गया। हुआ यह कि ग्रेहाउण्ड कुत्तों के झुंड ने एक लोमड़ी को उसी बिल में भगाकर घुसा दिया, जिसमें वह गया था। हमें गेती और फावड़े की मदद से जमीन खोदकर उसे बाहर निकालना पड़ा। हमने उसे वहां लेटा हुआ पाया और उसके सामने एक अंधे बिल के सिरे पर एक लोमड़ी थी, जिसे वह पहले ही अधमरा कर चुका था

और दूसरी लोमड़ी उसके बाहर निकलने का रास्ता रोके खड़ी थी। बेचारा बहादुर नन्हा पिंचर! करीब तीन महीने के बाद लू लगने से वह मर गया। कुत्तों का एक जालिम रखवाला लड़का उसे तपती धूप में अट्ठारह मील चलाकर लाया था और उसे एक बूंद पानी तक नहीं दिया था। उस वक्त मेरे पास केपिटल ग्रेहाउण्डस के दो जोड़े थे। एक जोड़े का इंग्लिश और रामपुर नस्लों के बीच संकर हुआ था और दूसरा जोड़ा एक बंजारा कुतिया से स्कॉच डीयरहाउण्ड के साथ सहवास से पैदा हुआ था। भारतीय लोमड़ी इंग्लिश रेनार्ड के आकार से आधी से ज्यादा नहीं होती। इन कुत्तों की रफ्तार उन्हीं के जैसी होती है। लिहाजा, यह जमीन राइडिंग के लिये उपयुक्त थी। मैं आमतौर पर पैदल ही जाता था। मेरे साथ कुछ काम करने वाले भी होते थे, जिन्हें शिकार में मज़ा आता था। उनमें से कुछ (भारिया) बाद में लोमड़ी को खा जाते थे। यह उनके लिए बाईसन के शिकार का प्रशिक्षण था, जिसमें हवा की कड़ी परीक्षा होती है और मैं भी यदा-कदा एक-दो दिन ऐसा करने में गुजारता था।

इन पहाड़ियों में बाईसन का छुपकर शिकार करना सचमुच बहुत कठिन काम है। कभी-कभी वे आपको अपने एकदम पास मिल जाते हैं, लेकिन ज्यादातर आमतौर पर धूपगढ़ पहाड़ पर या बड़ी घाटी को पार करना होता है। शिकार शुरू होने से पहले इन पर कई मीलों की चढ़ाई चढ़नी होती है। हालांकि बाईसन धीमें चलते हुए दिखते हैं, लेकिन वास्तव में अक्सर बहुत तेज चलते हैं। इस इलाके में बमुश्किल एक गज की दूरी पर वे जिस जगह रहते हैं, वह मैदानी इलाके जैसी हैं। उनके लिए यह कुछ भी नहीं है पर उनका पीछा करने वालों का तो दम ही निकल जाता है। घाटियों के तल वर्षा के इस समय भी काफी गर्म हैं। भारत में धूप में काम करना ठंडे मौसम में काम करने की अपेक्षा ज्यादा थका देने वाला होता है। घायल बाईसन कभी रुकता नहीं और जब तक आशा की किरण है तब तक उसका पीछा करना चाहिए। पीछा करने के इस उत्साह में पहाड़ के बाद पहाड़ और बीहड़ के बाद बींहड़ पार करने होते हैं। अचानक आपको लगता है कि आप इतने दूर आ गये हैं कि अब आधी रात से पहले वापस नहीं पहुंच सकते। अगर आपके पास कुछ खाने को नहीं हो तो यही सबसे अच्छा है कि आप ऐसी स्थिति में जहां हैं वहीं सो जाएं। बाईसन का पीछा करते हुये मैं अक्सर पड़ाव किया करता था और मुझे शायद ही कुछ खास परेशानी हुई हो। कुछ ही मिनटों में अच्छी आग जलाई जा सकती थी, क्योंकि भारत में किसी भी जंगल में सूखी लकड़ी के लिए दूर नहीं जाना पड़ता। ऊंचे पेड़ को इस काम के लिए चुनना चाहिए, क्योंकि घाटियां रात में ज्यादा मलेरिया फैलाने वाली होती हैं। यह जगह हवा से भी सुरक्षित होनी चाहिए। डालियों का आश्रय बना लेना चाहिए, जो आपके साथ आये जंगली लोग पांच मिनट में बना लेते हैं। ऐसे अवसर पर आग के पास बैठकर मुझे जंगल में रहने वालों के सादे स्वभाव के बारे में इतनी जानकारी मिल जाती थी कि कहीं और कई सालों में भी नहीं मिल सकती। मेरी समझ में उन लोगों को मुझ

से काफी लगाव हो गया। हालांकि वे कभी दिखावा पसंद नहीं करते थे, लेकिन उनके निष्कपट काम इतने विचारपूर्ण होते थे कि आप उन जैसे सादे लोगों से इसकी उम्मीद बिल्कुल नहीं कर सकते। मेरा सबसे कठिन दिन वह था, जब मैंने धूपगढ़ की चोटी पर दो सांडों को चरते देखा। वे लाल सूर्य किरणों में स्काई-लाइन में दो हाथियों की तरह दिखाई दे रहे थे। जब मैंने उन्हें देखा तब शाम हो चुकी थी। यह जगह इतनी दुर्गम थी कि यहां एकदम चलकर जाना मुश्किल था। मैंने उनको आगे बढ़ाने के लिए दो कोरकुओं को भेजा, जबकि मैंने खुद उस सड़क पर मोर्चा संभाला, जहां से उनके नीचे जाने की सबसे ज्यादा संभावना थी। लेकिन वे आगे कुछ सौ गज के दर्रे से गये। हालांकि मैं बीच की फिसलन भरी चट्टानों पर चढ़ गया, जहां से मैं गोली चला सकूं, लेकिन मैं उन्हें दो बड़ी पहाड़ियों की तरह नीचे पहाड़ी की ओर दुलकते ही देख सका। वे कहीं भी नहीं रुके और नीचे नीले धुंधलकों में घाटी के तल में ओझल हो गये। वे कौओं से थोड़े ही बड़े दिखाई पड़ रहे थे। चूंकि गोली चलने के कारण चौकन्ने नहीं हुये थे, अतः वे अगले दिन घाटी में संभवतः मिल जाएंगे। लिहाजा, मैं घर चला गया और लंबे शिकार की तैयारी करने लगा। हमने धूपगढ़ जाने के बजाय बड़े बीहड़ के पास का गोल रास्ता चुना क्योंकि घाटी में जाने के लिये यह रास्ता छोटा था और इसलिए भी कि हमें रास्ते में एक और समूह के और मिल जाने की उम्मीद थी। लेकिन, हमें निराशा हाथ लगी। हमें घाटी तक के रास्ते में महज एक भालू, उसके बच्चे के साथ दिखाई दिया। मैंने भालू को मार डाला। घाटी में आकर हम बाईसन के निशान खोजने सभी दिशाओं में फैल गये। पंचमढ़ी का ठाकुर, जो इन पहाड़ियों में सबसे अच्छा शिकारी और ट्रेकर था, बदकिस्मती पांव में मोच आ जाने के कारण वहीं पड़ गया। उसके पैर में एक दिन पहले मोच आ गई थी। लेकिन हमने बड़े बीहड़ के पार स्थित एक गांव से दो प्रमुख बाईसन खोज लिए जहां लोग पहाड़ों पर 'ध्या' कटाई कर रहे थे। मुझे झरने के तट पर धूपगढ़ के शेर के पैरों के निशान दिखाई पड़े। मैं एक कोरकू के साथ उनका पीछा कर रहा था। उसी वक्त मुझे सीटी बजाकर वापस बुला लिया गया, जहां दोनों सांडों के निशान दिखाई पड़े थे। वे सघन बांस जंगल से ढंके एक ऊंचे पठार पर जा रहे थे और हमने उसी वक्त उनका पीछा करना शुरू कर दिया। हर जगह साफ दिखाई दे रहा था। मेरे आदमी तेज चलते हुए उस पहाड़ की चोटी के नजदीक पहुंच गए। लेकिन, बीच में एक चट्टान की शीट आड़े आ गयी और इसके ऊपर बड़े अलंगों का ढेर लगा था। बीच-बीच में बांसों के बड़े झुरमुट थे। हम यहां काफी देर तक भ्रम की स्थिति में रहे, जबकि वे सांड रुककर बांस की कच्ची शाखाओं को खाते रहे। आखिर में हमारे द्वारा चुने गये एक आदमी ने पहाड़ की चोटी से लंबी नजर मारी और यह खबर लेकर लौटा कि वे सांड बिछड़ गये हैं और एक दक्षिण की तरफ जा रहा है। जाहिर था कि वह बोरी के सागौन जंगल के सुपरिचित स्थान की ओर जा रहा था, जबकि उसका साथी दूसरी दिशा में पहाड़ी

पर चला गया था। हमने दूसरे वाले का पीछा करने का निर्णय लिया, क्योंकि वह रास्ता हमारे घर की दिशा से ज्यादा करीब था। बांस से आवृत्त पहाड़ी और बीच में चट्टान वाली या दलदली घाटियां, जिनसे होकर हमने सूर्यास्त तक पीछा किया, अवणर्नीय हैं। अक्सर हमें लगता कि हम उस तक पहुंच गये। नए उगे बांस तथा गोबर लीद से पता लगता कि वह दूर नहीं है, लेकिन वह ज्यादा देर नहीं ठहरा था। बाद में मुझे पता चला कि चंचलता बाईसन का स्वभाव है। निश्चित ही वह किसी दूर स्थान पर जाने के लिए लगातार चला जा रहा था। हमने सांभर के कई समूहों और अकेले हिरणों को देखा। एक बार जब हम एक नाले को पार कर रहे थे, तब एक भालू अचानक हमारे सामने आ गया और कूदकर नीचे पहाड़ी की तरफ चला गया। लेकिन, हमने तो बड़ा शिकार करने का फैसला किया था, लिहाजा गोली नहीं चलायी। शाम तक हम जम्बूद्वीप के आगे बड़े बीहड़ के आगे तक पहुंच गये। धूपगढ़ की चोटी गुलाबी रंग में चमक रही थी और अस्त होते सूर्य की किरणें दूर तक दिखाई पड़ रही थीं। हम पतले पेड़ों और पीली घास के बीच एक लंबी ढलान पर उतर रहे थे। मैं बाकी लोगों से कुछ आगे था। अचानक मैंने देखा कि एक छोटे से झुरमुट से बाईसन का सिर और सींग दिखाई दे रहा है और वह मुझे देख रहा है। जब मैं अपनी रायफल से गोली चलाने को तैयार हुआ, तो वह जोर से गुर्राया और शोर करता हुआ पहाड़ी में विलीन हो गया। यह गुर्राहट बाईसन के नथुनों से आती है और जब उसे कोई परेशान करता है तभी वह ऐसा करता है। मैं भागकर उस जगह गया जो एक गहरी घाटी थी और बांसों से ढकी थी। उसी वक्त मैंने छह-सात गायों तथा बछड़ों के एक छोटे-से झुंड को दूसरी तरफ जाते देखा। लेकिन उनके पीछे एक सांड धीरे-धीरे चल रहा था। वह काला स्याह सांड काफी शानदार था और शाम के धुंधलके में हाथी जैसा दिखाई पड़ रहा था। जब वह पहाड़ी की चोटी पर पहुंचा तो उसने कुछ ठहरकर बाजू में देखा। उसका भारी, गंभीर दिखने वाला मुंह हमारी तरफ था। जहां मैं बैठा था वहां से वह करीब नब्बे गज की दूरी पर था। अपनी आठ बोर रायफल लेकर मैं थका हुआ-सा सारा दिन उसका पीछा कर चुका था, लिहाजा अपने घुटनों के बल बैठ गया। हालांकि ऐसा लग रहा था कि वह मना कर रहा हो, लेकिन मैंने कोहनी के एकदम पीछे से देखा और गोली चला दी। मुझे पूरी उम्मीद थी कि छह ग्राम पावडर वाली बंदूक से निकली दो ओंस की लीड घुसते ही वह ढेर हो जायेगा। लेकिन इसका कोई असर नहीं दिखा। सिर्फ उसे गोली लगने की ठक-सी आवाज आयी। वह पहाड़ पर ऐसे चलता रहा जैसे कुछ हुआ ही न हो। मेरी दूसरी बैरल से निकली गोली उसके बगल में लगी। इसके बाद मैंने एक आतिरिक्त बंदूक संभाली और दौड़कर बीच के बीहड़ के पार चला गया। मैं पसीने में तरबतर हो गया और मेरी सांसें उखड़ गयीं। तभी मुझे आगे एक भारी चीज गिरने की आवाज़ सुनाई पड़ी जो मेरे कानों को अच्छी लगी। मुझे यही संताप था कि कहीं मेरा यह निशाना चूक न गया हो। लेकिन ऐसा

नहीं था। वह वहां गिरकर पड़ा हुआ था और जब तक बांस के झुरमुट ने उसे रोक नहीं लिया तब तक पहाड़ी से नीचे लुढ़कता गया। हमें आखिर मांस की बड़ी मात्रा मिलना तय हो गया। लेकिन हम पंचमढ़ी से छह-सात मील दूर थे और रात होने में बमुश्किल आधा घंटा बचा था। मुझे पता था कि रास्ता भयानक है जिसमें सैकड़ों बीहड़ तथा एक बड़ी घाटी है, जिन्हें पार करना था। रात का तो विचार ही नहीं था। काफी विचार करने पर हमने हाल ही में काटे गये एक 'ध्या' पर विश्राम करने का निर्णय लिया, जिसके बारे में करीब एक मील तक लोगों को पता था। लिहाजा, गिरे हुए बाईसन को वहीं छोड़कर हम चल दिये और हाल ही में काटी गयी शाखाओं के मंडप के नीचे सुविधा से सोने का इंतजाम कर लिया। हमने बांस की स्प्रिंग जैसी शाखाओं को बिछाकर गद्दे बना लिये।

हम दिनभर में कम-से-कम बीस मील चलकर इस खौफनाक जगह पर आये थे। मैं बहुत थका हुआ, लेकिन खुश था। मुझे उस रात जैसी गहरी नींद पहले कभी नहीं आयी थी। कुल मिलाकर मैं समझता हूं कि इन ऊंचे पहाड़ी क्षेत्रों में पहाड़ी सांड को मारने में शिकार का जो मज़ा आता है, वह भारत के किसी भी हिस्से में कहीं नहीं आता।

अध्याय-4

मूल जनजातियां

विषय प्रवर्तन-एक ऐतिहासिक सादृश्य-हिन्दुओं के साथ सम्पर्क का प्रभाव मिश्रित प्रजातियां : राजगोंड-कोरकू-भिलाला-जाति का परिचय-विवेचन में कठिनाई-मूल भाषाओं की उर्वरता : गोंड किंवदंतियां-गोंडों का धर्म-प्रकृति की शक्तियों की पूजा-प्रेतपूजा-पूर्वजों की पूजा-देवता और नायक-शैववाद-धार्मिक समारोह-महान आत्मा-कोरकुओं का धर्म-सूर्य पूजा-जनजातियों के दफन संबंधी रिवाज-व्यक्तिगत रूप-वैवाहिक रीति रिवाज-जनजातियों की आर्थिक स्थिति-नशेलापन-कृषि स्थिति-इमारती लकड़ी का व्यापार-जनजातियों के मनोबल में गिरावट-प्रतिकार-आबकारी कानून-वन नियम-जनजातियों की दशा में सुधार-ऊंची कीमतों का असर-तिलहन पौधों की खेती-हिन्दू धर्म का प्रभाव-मूल जनजातियों का भविष्य-आवश्यक उपाय-महादेव मंदिर की हिन्दू तीर्थ यात्रा-एक भारतीय मेला-मंदिर का विवरध-शैव धर्म-मानव बलि-ओंकार मान्धाता-एक बलिदानी की मौत-एक पुजारी की हत्या-तीर्थयात्रियों में हैजा-भय और पलायन-बलि का बकरा।

मध्य भारत की मूल जनजातियों के हिन्दू रक्त, आचरण और धर्म के साथ हुए मिश्रण के बारे में पहले ही कुछ कहा जा चुका है। यदि यह इस इलाके के जातीय इतिहास में घटने वाली इकलौती घटना होती, तो उसमें तुलनात्मक रूप से कम दिलचस्पी होती। इसका महत्त्व इस बात में निहित है कि यह हमारे सामने एक ऐसी प्रक्रिया का जीवंत उदाहरण प्रस्तुत करती है, जैसा मैंने पहले कहा, जिसने आधुनिक हिन्दू धर्म में शामिल प्रजातियों के विकास में महत्त्वपूर्ण भूमिका अदा की। यह अकथनीय पुरातनता की भू-वैज्ञानिक श्रृंखला का सर्वोच्च तथा सर्वाधिक सुगम स्तर है। भू-वैज्ञानिक प्राचीन संरचनाओं की व्याख्या उस प्रकिया की सादृश्यता में की जाती है। इससे आधुनिक हिन्दूधर्म के निर्माण में उस रूपांतरण की प्रकिया पर कुछ प्रकाश डाला जा सकता है, जो यहां हमारी आंखों के सामने घटित हो रही है।

यह एकदम सही-सही बताना कठिन है कि रक्त का वास्तव में कितना मिश्रण हुआ है। इस बात में शक की कग ही गुंजाइश है कि मुस्लिम काल से पहले के तथाकथित गोंड राजा क्या पूर्ण रूप से विशुद्ध हिन्दू राजपूत थे, जिनका मिश्रित वंशों के छोटे मुखियाओं पर काफी प्रभाव और सामंती अधिकार था। अब उन राजाओं का सफाया हो चुका है और प्रतिनिधि के रूप में नागपुर के पेन्शन भोगी राजा ही रह गये हैं। छोटे मुखियाओं के वंशज आज भी मौजूद हैं और उनके हर सदस्य में मूल हिन्दू और मूल जनजातियों के मिश्रण के स्पष्ट चिह्न दिखाई देते हैं। ऐसे लोगों में हिन्दू तत्व को लेकर श्रमिक आबादी में कोई हीन दृष्टि से नहीं देखा जाता, बल्कि राजपूत राजपरिवारों के शुद्ध अंश की मौजूदगी पर गर्व का भाव व्याप्त है। एक प्रकार से यह मिश्रित प्रजाति में पहला संकर था और, जैसी कि आशा की जाती है, ऐसे लक्षण प्रगट होते हैं कि इसका दोनों तरफ स्पष्ट असर हुआ। अन्य मामलों में, मूल जनजातियों की निचली प्रजातियों के बीच भी संकर हुआ प्रतीत होता है, लेकिन ऐसे मामलों में यह लगता है, कि यह हिन्दू व्यवस्था के निचले पायदान के कमतर माने जाने वाले लोगों से हुआ, जिसके फलस्वरूप एक ऐसी प्रजाति बनी जो उच्च आर्य चरित्र से बहुत नीचे थी। वस्तुतः यह विशुद्ध मूल जनजाति में थोड़ा-सा सुधार ही था। मुखियाओं में, ऐसा लगता है कि संकर सभी विभिन्न देशज जनजातियों से हुआ। पूर्व की तरफ मिश्रित प्रजातियां स्वयं को गोंड-राजपूत या संक्षेप में राज-गोंड कहती हैं। ये राजपूतों और गोंडों के मिलन का सीधा परिणाम है। कोरकू इलाके में ऐसा प्रतीत होता है कि यही चीज राजपूतों और कोरकुओं के बीच घटित हुई। बहरहाल, इनके मामले में यह खास बात थी कि यह जनजाति प्रभावशाली थी और इसके वंशज सिर्फ कोरकू कहलाते हैं। लेकिन वे विशुद्ध कोरकुओं से कई मामलों में अलग हैं। इनका कद लंबा और रंग साफ होता है। इनका आचरण पक्के हिन्दुओं जैसा होता है और ये अपनी ही जनजाति के परिवार में शादी करते हैं। धुर पश्चिम में भिलाला नाम की एक विशिष्ट जनजाति है, जिसकी उत्पत्ति राजपूतों और भीलों के बीच मिश्रण से हुई है। भील जनजातियों के लोग किसी भी अन्य जनजातियों की तुलना में हिन्दुओं के साथ ज्यादा समय तक घनिष्ठ सम्पर्क में रहे हैं। यह भारतीय इतिहास का वह काल था जब जाति बंधनों को पूरी तरह दरकिनार कर दिया गया था। देश के उस भाग में 11वीं या 12वीं शताब्दी तक बौद्ध धर्म और उसकी शाखा जैन धर्म का सबसे ज्यादा प्रभाव था। अब भीलों की संख्या काफी अधिक है और कई बड़े भागों में तो सिर्फ वे ही रहते हैं। लेकिन इनमें तथा इसी वंश के भूमि धारक मुखियाओं में स्पष्ट रूप से भेद हैं। यह भेद वस्तुतः वैसा ही है जो राजगोंडों और कोरकू मुखियाओं और इसी जनजाति के असंख्य सामान्य वर्गों के बीच है, जो नाम के लिये तो विशुद्ध जनजातियां हैं, लेकिन वास्तव में आधे हिन्दू हैं।

जैसा कि आधुनिक हिन्दुओं में शामिल विभिन्न लोगों के मामले में होता है, यह बताना एकदम नामुमकिन है कि इन जनजातीय प्रजातियों में आर्य तत्व का किस हद

तक मिश्रण हुआ है। इनके बीच सम्मिश्रण की सुविधा–मसलन रासायनिक सहज समानता–इतनी ज्यादा थी कि कुछ ही पीढ़ियों में इनमें भेद करने वाली बातें खत्म हो गयीं। लेकिन इनमें से जो घुम्मकड़ थे, वे स्तर-दर-स्तर ऊपर आते गये और दोनों प्रजातियों के बीच की आवश्यकताएं इनमें बहुत स्पष्ट रूप से दिखाई देती हैं। सामान्यतः शारीरिक प्रकार में अंतर के साथ मूल जनजातियों के आचरण और धार्मिक विचारों में भी तथा लगभग उसी अनुपात में हिन्दू धर्म की दशा में अंतर पाया जाता है। यह मुमकिन है कि रक्त का आगे सम्मिश्रण, प्रजातियों में कभी-कभार अनैतिकता को छोड़कर हाल ही के समय में आम लोगों में रुक गया हो। लेकिन मुखिया लोग आज भी राजपूत घरानों से संबंध जोड़कर अपने परिवारों की शुद्धता को बढ़ाने का प्रयास करते हैं। ऊंचे कुल के रक्त का दूसरे देशों की तरह ही यहां के बाजार में भी ज्यादा मूल्य है। मुखियाओं को इस विशेष वस्तु को प्राप्त करने के लिए ऊंची कीमत चुकानी पड़ती है। अपनी प्रजाति ऊंची बनाएं रखने के लिए इन्हें लगातार रिश्वत देनी पड़ती है। यही इनकी आर्थिक तबाही का कारण है। उन्हें इसके लिए पुरोहितों को भी काफी कीमत देनी पड़ती है।

इसी कमजोरी के कारण ब्राह्मणों का प्रभाव इन देशज जनजातियों में घर कर सका है। अनिश्चित वंश की प्रजातियों में उनकी शुद्धता का परीक्षण उनके वंश के वास्तविक प्रमाण की अपेक्षा इस बात से होता है कि वे हिन्दू पवित्रता की संहिता और अनुष्ठानों का कितना पालन करते हैं। ब्राह्मण एक तरह का हेराल्ड्स कॉलेज है, जिसमें प्रवेश पाने के लिए कुछ पीढ़ियों तक व्यक्ति को उन लोगों से संबंध बनाना पड़ता है, जिन्होंने उससे ऊंची हैसियत हासिल की है। इसे प्राप्त करने के लिए ब्राह्मणों का पूरा आदर तथा अनुष्ठानिक शुद्धता का पूर्णतः पालन आवश्यक है। सभी चीजों के लिए अर्द्ध हिन्दू मुखियागण अपना ज्यादा समय और साधन खर्च करते हैं, ताकि वे हिन्दू धर्म और सामाजिक व्यवस्था में सम्मानजनक स्थिति प्राप्त कर सकें। इसके लिए उन्होंने अपने पूर्वजों के देवताओं को अपना लिया है। उन्होंने ब्राह्मणों को अपना सलाहकार और देवताओं के पूजन के लिए पुरोहित बनाया हुआ है। वे खानपान में ब्राह्मणों द्वारा निर्धारित आचार का ही पालन करते हैं। कुछ लोग तो भोजन बनाने के लिए ब्राह्मणों को ही रखते हैं। वे इस उद्देश्य के लिए जलने वाले ईंधन पर पवित्र जल छिड़कते हैं। इस तरह उन्होंने अपने आपको मूल जनजातीय प्रजा से अलग कर लिया है और अपनी अलग जाति बना ली है। ऐसा उन्होंने या तो अपने ही परिवार में शादी करके या संभव हो तो उन परिवारों से दुल्हन लाकर किया है, जो उनसे श्रेष्ठतर हैं। इनमें से कुछ ने तो अपने मूल जनजातीय लक्षणों को प्रायः समाप्त करने में सफलता प्राप्त कर ली है। उन्होंने अधिक शुद्ध लोगों के साथ लगातार संबंध रख कर ऊंची प्रजातियों के भौतिक स्वरूप से भी समानता प्राप्त कर ली है। उनकी सामाजिक हैसियत आदिवासी के बजाय राजपूत के रूप में मान्य हो गयी है। अनेक

लोग जनेऊ पहनने लगे हैं जिसे पहनने से व्यक्ति को द्विज जाति का सदस्य माना जाता है। बहरहाल, इनमें अधिकतर लोग किसी नीति के तहत अथवा अंधविश्वास के कारण अपने आपको आज भी अर्द्ध जातीय वंश का मानते हैं। वे गुप्त रूप से आदिवासी देवी-देवताओं को पूजते हैं। कहीं-कहीं तो वे कतिपय उत्सवों में अपने होंठों पर गौमांस रखते हैं, जो हिन्दुओं में निषिद्ध है। यह मांस एक महीने कपड़े में ढंका होता है। उनमें से अनेक लोगों को मुखिया का उत्तराधिकारी बनने के लिए एक आयोजन करना पड़ता है, जिसमें उन्हें अपने माथे पर अपनी जनजाति के शुद्ध प्रजाति के व्यक्ति के शरीर से निकाला गया रक्त लगाना पड़ता है।

अपने प्रभावशाली मुखियाओं द्वारा रखे जाने वाले इन उदाहरणों का अनुकरण उनकी अधिकतर प्रजा द्वारा किया जाना निश्चित था। यह विशेषकर उन लोगों द्वारा तो किया ही जाना था, जो कुछ हद तक संकर वंश से ताल्लुक रखते थे। तद्नुसार हम जनजातियों को अनेक कुलों या जातियों में बंटा हुआ पाते हैं, जो हिन्दू रीति-रिवाजों तथा धार्मिक स्वरूपों को अपनाये जाने के आधार पर एक-दूसरे से अलग पहचानी जाती हैं। एक सिद्धांत यह भी उभरा है कि गोंड लोगों द्वारा पूजित देवताओं के अनुसार वे साढ़े बारह औपचारिक जातियों में विभाजित हैं। यह विभाजन हिन्दुओं के तौर पर ही है। लेकिन हिन्दुओं में यह विभाजन नाममात्र का है और हिन्दुओं में जातियों की वास्तविक संख्या प्रायः असंख्य है। लिहाजा, गोंडों में यह भेद व्यवहारिक रूप से कहीं दिखाई नहीं देता। उनके उप विभाजन प्रायः हर जिले में अलग-अलग हैं। ये आंशिक रूप से अनेक जनजातीय वंश पर आधारित हैं। लेकिन इसका मुख्य आधार यह है कि वे हिन्दू धर्म के कितने करीब हैं। इनमें से कुछ जातियों को अपने मुखियाओं की तरह राजपूतों की हैसियत प्राप्त करने में सफलता मिली है। यह प्रकिया हमारी आंखों के सामने उन जगहों पर आज भी जारी है, जहां अब हैसियत को पाने के इच्छुक लोगों को उनके मुखिया तथा उनके ब्राह्मण खुलेआम बेचते हैं।

जैसी कि उम्मीद की जा सकती है, गोंडों ने इन हिन्दू भावनाओं को अन्य जनजातियों से कहीं ज्यादा अपनाया है। इनकी संख्या कहीं अधिक है और निचले इलाकों में काफी बड़े क्षेत्र में इनका कब्जा है, जहां वे हिन्दुओं के साथ आपस में मिलकर रहते हैं। उनके अर्द्ध-हिन्दू मुखिया कई पीढ़ियों से इस क्षेत्र में सत्ता की बागडोर सम्हाले हैं। संभवतः वह मानव जाति की एक ऐसी शाखा से संबंधित हैं जो अन्यों की अपेक्षा बदलाव के मामले में ज्यादा उदार हैं। दक्षिण भारत में उन्हीं के सजातीय तमिलियन लोगों ने अपने मूल शारीरिक रूप में परिवर्तन के दौरान हिन्दू धर्म के रीति-रिवाजों को सामूहिक रूप से अपना लिया, जबकि कोलारियन लोगों ने, जहां भी वे गए, हिन्दुओं के साथ मिलने का दृढ़ता से विरोध किया।

अगले अध्याय में मैं गोंडों के बीच प्रचलित किंवदंतियों का एक उदाहरण प्रस्तुत करना चाहता हूं जिससे पता चलता है कि हिन्दू विचारों को अपनाने से जो परिवर्तन

उनमें आये हैं, वे स्वयं उनके लिये कितने उत्सुक थे। इसी बीच मैं मूल जनजातीय विश्वासों तथा संस्थाओं की भी कुछ चर्चा करूंगा, जो उनके सबसे विकसित वर्गों में आज भी प्रचलित हैं, लेकिन उनका स्वरूप कुछ बदला हुआ है, जबकि अधिक जंगली इलाकों में विशुद्ध जनजातियों के बीच वे मूल रूप में पाये जाते हैं।

ऐसी जनजातियों के बीच खोजबीन करने वाले के लिए उनकी भाषा, धर्म या विचारों की विलक्षणताओं का ठीक-ठीक निर्धारण करना आसान नहीं है। सभी असभ्य लोगों की तरह उनमें अपनी धारणाओं को लेकर बच्चों जैसी अस्पष्टता है, जिसे समझना बहुत कठिन है। इसके साथ एक संदिग्धता भी जुड़ जाती है, जिससे वे अक्सर जानबूझकर ऐसी चीजों की जानकारी नहीं देते जिन्हें वे समझने में असमर्थ हैं। इन खास जनजातियों में हिन्दू धर्म का मिश्रण इतना ज्यादा हो गया है कि इस बात के लिये इतना सजग रहना पड़ता है कि ऐसी कोई बात उनसे जुड़ी न मान ली जाए जिसकी उत्पत्ति बाहर हुई हो। लिहाजा, हिन्दू विश्वासों तथा विशेषताओं का घनिष्ठ परिचय उस व्यक्ति के लिए जरूरी है जो इन प्रजातियों की प्रमुख विशेषताओं को समझने का प्रयास कर रहा हो। ऐसा न होने की स्थिति में उनके विवरण में बड़ी भूलें लगातार होती रही हैं। भाषा, उनकी भाषाओं की कमजोरी की खोज करने वाले के लिए एक और बड़ी बाधा है। ऐसा प्रतीत होता है कि मूल जनजातीय भाषाओं में अमूर्त विचारों की अभिव्यक्ति है ही नहीं। इस संबंध में जो थोड़ी-बहुत अभिव्यक्तियां हैं, वे हिन्दी से ली गयी हैं। वस्तुतः मूलजातीय धातुएं उनके जंगली जीवन की बुनियादी जरूरतों की अभिव्यक्ति तक सीमित हैं। यहां तक कि उनके व्यक्तिगत देवताओं तथा धार्मिक समारोहों के नाम, नैतिक गुणों और उनके जीवन की सभी कलाओं के नाम हिन्दी में ही हैं। इन आयातित शब्दों का रूप और आमतौर पर इनका उच्चारण उदार हो जाता है। इस तरह हिन्दी की बोलियों के साथ अधिक परिचय के कारण ऐसे वाक्यांश अपना लिये जाते हैं, जो विशुद्ध रूप से मूल जनजातीय होते हैं। बहरहाल, सबसे बड़ी कठिनाई यह है कि उनकी अवधारणा अस्पष्ट होती है और उनमें अमूर्त विचारों की कमी रहती है। इस तरह, मिसाल के तौर पर सभी अभिलेखित शब्दालियों में यह पाया जाएगा कि 'आकाश' के लिए हिन्दी शब्द 'बादल' या 'सूर्य' की जगह 'चंद्रमा' दिया गया है। सिर्फ सुदूर जंगली इलाकों में अब ऐसे गोंड या कोरकू पाये जाते हैं, जिन्हें मामूली बातचीत के लिए भी पर्याप्त हिन्दी नहीं आती। वे आपस में अपनी ही भाषा में बातचीत करते हैं। मैदानी इलाकों के सीमावर्ती भागों में रहने वाली जनजातियों के लोग, जो वस्तु विनिमय के लिए किसी साप्ताहिक हाट-बाजार में जाते हैं और मैदानी इलाकों के लोगों के संपर्क में रहते हैं, अपनी खुद की भाषा का ज्ञान खो देते हैं और हिन्दी बोलते हैं। इन अनगढ़ स्थानीय बोलियों में ऐसा कुछ नहीं है कि जिसे बचाया जाना वांछित हो। उनके द्वारा मैदानी इलाके की भाषा को आम सम्पर्क भाषा के रूप में अपना लिए जाने पर कोई खेद भी नहीं होना चाहिए।

धर्म के मामले में गोंड जनजाति के लोग आस्था की सभी अवस्थाओं को पार कर चुके हैं और अब विशुद्ध और आसान मूर्ति पूजा के चरण में प्रवेश कर रहे हैं। यह ऐसी अवस्था है जिसमें आज भी नैतिकता का विचार पूर्णतः अलग है। बहरहाल, जैसा कि आमतौर पर देखा गया है, यहां विकास के प्रत्येक नवीन चरण में पूजा की वस्तुएं पहले से चली आ रही वस्तुओं में जुड़ जाती हैं, लेकिन उनका स्थान नहीं लेतीं।

ऐसा प्रतीत होता है कि उनके धर्म की नींव एक अस्पष्ट सर्वेश्वरवाद है, जिसमें समस्त प्रकृति को आध्यात्मिक शक्तियों से व्याप्त माना गया है। इनमें सबसे प्रमुख और ताकतवर शक्तियों का साकार रूप है और वे साधारण पूजा-पाठ से ही संतुष्ट हो जाते हैं। प्रत्येक पर्वत चोटी पर पर्वत की आत्मा का निवास है, उसकी ढलान पर 'ध्या' काटने के पूर्व उसे प्रसन्न करना होता है। वन में वनस्थलों के बेताल रहते हैं, जिनके आश्रय के लिए जंगल कटाई के वक्त खड़े पेड़ों का एक झुरमुट छोड़ दिया जाता है। जब खेत की बुआई की जाती है, तो चावल के खेतों (खोदो पेन) देवता को प्रसन्न किया जाता है। फसल काटते समय भी उन्हें प्रसन्न करना आवश्यक है। अशुभ शक्तियों को लगातार प्रसन्न रखा जाता है। जंगली क्षेत्र में बाघ देवता के लिए झोंपड़ी बनाई जाती है, ताकि वह उनके घरों के पास न आये। जब चेचक और हैजा का खतरा होता है, तो इनके देवताओं को भी पूजा जाता है और प्रसाद चढ़ाया जाता है। इन मूल शक्तियों में मृत व्यक्तियों के भूतों को भी गिना जाना चाहिए जिन्हें कतिपय समारोहों में शांत किया जाता है। भूतों की उपस्थिति किसी प्रत्यक्ष उपस्थित चीज़ में ली जाती है। कहीं निकटतम तालाब से पकड़ी गयी मछली में, तो कहीं शगुन द्वारा चुने गए मुर्गे में इसकी परिकल्पना की जाती है। इन जीवों को मृत व्यक्ति के घर लाकर कुछ देर तक प्रसन्न किया जाता है और इसके बाद उन्हें ज़मीन में दफन कर दिया जाता है या फिर इन्हें ग्राम देवता के ऊपर (द्रव्य रूप में) चढ़ा दिया जाता है। जिन लोगों ने जंगली जानवरों को मारा हो उनकी आत्माओं को विशेष रूप से अशुभ माना जाता है। उन्हें बहुत सजगता के साथ समारोहपूर्वक 'शांत' किया जाता है। इसमें एक प्रथा और जुड़ गयी है, जिसमें मृत पूर्वजों को समय-समय पर बलि द्वारा संतुष्ट किया जाता है, जो किसी अन्य दुनिया में उनके निरंतर अस्तित्व का द्योतक है। इसमें अभी तक वर्णित अनुष्ठानों से एकदम अलग किसी अनुष्ठान को किया जा सकता है। यह सिर्फ इस बात का द्योतक होता है कि दुनिया में किसी अशांत और विद्वेषी प्रेतात्मा का अस्तित्व है, जिसे किसी अनुष्ठान से समाप्त किया जा सकता है। मेरा मानना है कि यह विश्वास हिन्दुओं से लिया गया है, जिनके लिए यह प्रमुख आस्था का विषय है।

इनमें से किसी भी प्राकृतिक शक्ति की मूर्तियां नहीं होतीं और न उनका कोई विशेष स्वरूप या पूजा समारोह होता है। उनका स्थानीय रूप से सिर्फ एक अनगढ़ प्रतीक होता है। पर्वत देवता का प्रतीक किसी प्रमुख पहाड़ पर रखा कोई पत्थर होता

है, जिस पर सिन्दूर पोत दिया जाता है। वृक्ष देवता का प्रतीक बनाने के लिए किसी पेड़ के तने के आसपास पत्थरों का ढेर लगा दिया जाता है। इन प्रतीकों के समक्ष निर्दोष और निश्छल वनवासी अपनी श्रद्धा व्यक्त करते हैं। वह उनको काफी नम्रता से नमन कर सुबह तड़के अपने काम पर निकल जाते हैं। वह या तो इसके सामने साक्षात् दंडवत करते हैं या मुट्ठी भर चावल या प्याज का प्रसाद चढ़ाते हैं। कतिपय मौसमों में बड़े पैमाने पर पूजा-अर्चना की जाती है। आसपास से जुड़े साकार देवताओं को भी ऐसे समारोहों में पूजा में शामिल किया जाता है।

अगले चरण में इन जनजातियों ने शक्तियों की सूची में कतिपय प्रेत-छायाओं को भी जोड़ लिया है। इनमें से प्रमुख लोहे का हरावल है, जिसे फरसा पेन कहते हैं, जो घंटी देवता और लड़ी देवता के सहारे स्थिर रहता है। यह देवता किसी बर्तन पर कुछ तांबे के सिक्के, अनगढ़ पत्थर तथा कई अन्य चीज़े लटकाकर बनाया जाता है। इसमें असीम शक्तियों का वास माना जाता है और प्रकृति की किसी भी चीज़ से यह परे माना जाता है। दवा देने वाले और ओझा लोगों का आज भी जनजातियों में काफी प्रमुख स्थान है। दवा देने वाले लोगों को पुरोहित तो नहीं कहा जा सकता और न ही यह कोई वंशानुगत जाति है। उनका काम अशुभ आत्माओं को दूर हटाना है, प्रेत छायाओं की इच्छाओं की व्याख्या करना, वर्षा करवाना आदि है। उनमें से कुछ ऐसे लगते हैं कि उन्होंने तंद्रा में जाने की शक्ति प्राप्त कर ली है, जिसमें कोई देवता उनके शरीर में आ जाता है, लेकिन इस मामले में वे, आगे पूर्व की तरफ रहने वाली बैगा जनजाति से काफी पिछड़े हैं। इस जनजाति के बारे में आगे चर्चा की जाएगी।

इससे और आगे की अवस्थाओं में गोंडों ने नायकों की पूजा शुरू की। लेकिन यह बड़ी अद्भुत बात है कि उनके द्वारा पूजित सभी देवतुल्य नायक विशुद्ध रूप से हिन्दू धर्म से लिये गये हैं। इनमें प्रमुख भीम है, जो पांडवों में एक है। उसके प्रतीक के रूप में पत्थर या लकड़ी की मिथकीय गदा का पूजन किया जाता है। एक अन्य नायक हरदयाल है, जो काफी बाद के समय का एक राजपूत वीर था। दूल्हा देव तथा अन्य नायकों की भी वे पूजा करते हैं। अंत में हिन्दू देवतओं को मान्यता मिली। ऐसी किसी प्रजाति में जहां खुशियां कम हों तथा परेशानियां ज्यादा, यह आश्चर्य की बात नहीं है के अहितकारी देवताओं को हितकारी देवताओं की अपेक्षा अधिक स्वीकृति मिली। विष्णु की मान्यता इनके बीच न के बराबर है। सिर्फ नृसिंह के भयानक रूप में उनकी पूजा होती है! जबकि विध्वंसक शिव तथा उनकी भयोत्पादक पत्नी काली और पुत्र भैरव अधिक उन्नत जनजातियों के प्रिय देवता हैं। शिव की पूजा लिंग रूप में की जाती है। कई जगह ब्रह्मा की पूजा भी की जाती है। यहां हमें पहली बार माइथालॉजी-पुरोहितों का विज्ञान-काम करती दिखती है। अपनी प्रारंभिक अवस्थाओं में जनजातियों के पुरोहित नहीं होते थे। उनके देवताओं में श्रेणियां नहीं होती थीं, लिहाजा, कोई माइथालॉजी भी नहीं थी। अब इन जनजातियों तथा उनके पूर्व के

देवताओं को हिन्दू कथा साहित्य के व्यापक जाल से जोड़ने के लिए किंवदंतियां गढ़ी जाती हैं। उन्हें जाति और पुरोहितवाद के दायरे में लाया जाता है। अगले अध्याय में इनमें से एक खंड का अनुवाद दिया जाएगा। उनके कला रूप बहुत अनगढ़ हैं, जो हिन्दू परम्परा निष्ठता की आवश्यकताओं से अक्सर बाहर की चीज़ हैं।

अनेक लोगों का अनुमान है कि शिव और उनके मिथकीय साथियों की पूजा, जो आर्य हिन्दुओं की सौम्य आस्था में असंगत रूप से प्रवेश कर गयी, वस्तुतः भारत की मूल जनजातियों से ही आयी है। जहां तक लिंग रूप में स्वयं शिव का प्रश्न है, तो इस तरह की परिकल्पना का कोई खास आधार नहीं प्रतीत होता। मेरा मानना है कि यह प्रतीक ऐसी देशी प्रजातियों के बीच कहीं भी पूजा की वस्तु के रूप में नहीं पायी गयी है, जहां ब्राह्मण धर्म का प्रवेश नहीं हुआ है, जबकि पश्चिमी एशिया के लोगों के बीच यह पूजा का अत्यंत प्राचीन रूप है। यहां तक कि 1600 वर्ष से भी अधिक पहले यह विधर्मी रोम में प्रचलित था। भारत की तरह, यह पश्चिमी एशिया के देशों में भी था, जिसका संबंध मानव बलि से जुड़ा है। यह सही है कि हिन्दू धर्म का यह स्वरूप मुख्य रूप से देश के अधिक जंगली भागों में प्रचलित है, जहां मूल तत्व भारत का है। अधिकतर सबसे प्रमुख मंदिर वस्तुतः एकांत जंगलों में स्थित हैं और इनकी रक्षा मूल जनजातियों या अर्द्ध-मूल जनजातियों के लोग करते हैं। अतः जब बौद्धों के साथ महा संघर्ष के दौरान ब्राह्मणों के अनुयायियों ने इन लोकप्रिय देवताओं को तलाश लिया हो–जब विष्णु को राम और कृष्ण, कच्छप तथा मत्स्य, नृसिंह अवतार के रूप में पेश किया गया, ताकि अर्द्ध हिन्दू प्रजातियों की रुचियों को संतुष्ट किया जा सके, तभी शिव को पश्चिम से लाकर जंगली प्रजातियों में रख दिया गया हो, ताकि उन्हें पुरोहितवाद के बड़े जाल में लाया जा सके। अधिक सभ्य लोगों को आकर्षित करने के लिए विष्णु के अवतारों तथा टोटम को लाया गया। अगर ये देवता वास्तव में गोंडों के स्थानीय देवता होते, तो हमें इनकी पूजा अधिक व्यापक रूप में और अधिक श्रद्धा के साथ होती दिखती। वास्तव में यह मुखियाओं तथा उनके अर्द्ध हिन्दू आश्रितों तक सीमित है। कुछ विकसित लोग और संभवतः अर्द्ध मिश्रित वर्गों के लोग भी इनकी पूजा करते हैं। जब देवताओं को प्रसन्न करने के लिए सार्वजनिक आयोजन किए जाते हैं, तब या तो उन्हें शामिल ही नहीं किया जाता, और अगर किया भी जाता है तो अक्सर उन्हें आदिम आस्था से जुड़ी प्रेत छायाओं या प्रकृति-देवताओं के नीचे ही स्थान मिलता है।

इनमें से प्रमुख समारोह उनके कृषि मौसमों के निर्धारित समय में होते हैं अर्थात् जब फसलें बोई या काटी जाती हैं और जब बेशकीमती महुआ पेड़ में फूल आते हैं। इसके अलावा, जब समुदाय को किसी घोर महामारी का खतरा होता है, तब भी इनका आयोजन किया जाता है। ऐसे अवसरों पर निकटस्थ पहाड़ी स्थान से लाये गए छोटे पत्थरों की एक लकीर बनाकर उस पर सिन्दूर पोत दिया जाता है। ये उन देवताओं

के प्रतीक होते हैं, जिन्हें प्रसन्न किया जाना है। कभी-कभी, इसकी जगह लोहे के छोटे टुकड़ों को एक पात्र से लटका दिया जाता है। एक बड़ा पत्थर अथवा लोहे का टुकड़ा उस अवसर पर 'बड़ा पैन' अथवा महादेवता का प्रतिनिधित्व करता है। यह वह देवता होता है जिस पर इस अवसर पर सबसे ज्यादा ध्यान दिया जाना अपेक्षित होता है। मुर्गों और बकरों तथा महुआ की शराब का प्रसाद समारोहपूर्वक चढ़ाया जाता है। नाच और संगीत होता है और अन्य अधिकतर अवसरों की तरह इनके समापन तक ये लोग खूब नशे में हो जाते हैं। आज भी इन लोगों का यही वास्तविक धर्म है, भले ही इनमें से अधिकतर ने हिन्दू धर्म के रोगन को लगा लिया हो। मैं यहां यह कहना चाहूंगा, कि यह सब मैदानी इलाकों में तथा कथित हिन्दुओं की गतिविधियों से बहुत अलग नहीं है, जो विष्णु और शिव को इन वनवासियों की तुलना में अपने से अधिक निकट मानते हैं। वे वास्तविक श्रद्धा ग्राम देवताओं, घर की वस्तुओं तथा खलिहान के देवता के प्रति ही प्रगट करते हैं। इन सभी को पुरोहितगण मान्यता नहीं देते। इन दोनों मामले में उनका देवता अपने भक्तों से धार्मिक विश्वास और नैतिकता की मांग करे, यह आदिम जनजाति के व्यक्ति या साधारण हिन्दू की वर्तमान क्षमता से बाहर है।

सभी साकार देवताओं से ऊपर और आगे, एक महान आत्मा (Great Spirit) का विचार, जिसे वे भगवान कहते हैं, सभी हिन्दुओं द्वारा स्वीकार किया जाता है और इसे उन्होंने गोंडों से लिया है। वह सभी चीज़ों का महान प्रथम कारण है, लेकिन उसका अपना न कोई रूप है न नैतिक गुण। उसका प्रतिनिधित्व कोई नहीं करता और वह पूजा ग्रहण नहीं करता। कोई हिन्दू अपने देवी-देवताओं का ठीक-ठीक वर्णन कर देगा, लेकिन भगवान को लेकर उसके पास कोई विचार नहीं होता। वह सिर्फ इतना कहता है कि भगवान महान सृष्टा है। वस्तुतः वह वही 'अज्ञात ईश्वर' है, जिस तक पहुंचना मानवता कभी नहीं सीख पाई, अलबत्ता, किसी मानवीय अथवा नर रूपक के माध्यम से कई विकल्प उसके सामने पेश किया गया है।

मैं अभी तक कोरकुओं के धर्म को नहीं समझा पाया हूं। मैं समझता हूं कि यह गोंडों के धर्म से ज्यादा पवित्र है। प्रकृति की शक्तियों की समान रूप से पूजा होती है–मसलन, बाघ देवता, गवल देवता, छोटी माता, हैजा की देवी। लेकिन ये सभी सूर्य और चंद्रमा के बाद आते हैं। सूर्य और चंद्रमा सुदूर पूर्व के कोलों की तरह प्रमुख रूप से पूज्य देवता हैं। मैंने उनमें प्रेतछाया जैसी कोई चीज नहीं देखी। और अगर, जैसा कि कुछ लोग मानते हैं कि यह वह सबसे प्रारंभिक रूप है, जिसमें असभ्य वनवासियों का धर्म स्वयं विकसित हुआ। इससे ऐसा लगता है कि इस मामले में कोरकू लोग गोंडों से आगे निकल गये हैं। सूर्य और एक घोड़े की आकृति (सीथियनों में सूर्य का एक प्रतीक) लकड़ी के स्तंभों पर बनाई जाती है और यहां बलि दी जाती है। वे अपने मृत पूर्वजों को भी बलि अर्पण करते हैं, लेकिन सिर्फ कुछ समय के लिए उन्हें 'शांत' करने के लिए इनके बीच जंतर-मंतर, जादू-टोना भी इतना प्रचलित नहीं है, जितना

गोंडों और बैगा जनजातियों में। उनके अर्द्ध हिन्दू मुखियाओं ने शिव और उनके साथियों को अपना बना लिया है, लेकिन सामान्य कोरकू लोग उन्हें इतना महत्त्व नहीं देते। सिर्फ महादेव पर्वत के कुछ क्षेत्र में उन्हें महत्त्व दिया जाता है। कुछ महिमामंडित नायकों को तवज्जों मिलती है, लेकिन उतनी ज्यादा नहीं, जितनी गोंडों द्वारा दी जाती है। जहां तक मुर्दों को ठिकाने लगाने का सवाल है, ऐसा लगता है कि सभी मूल जनजातियां पूर्व में उन्हें दफन करती थीं। लेकिन जिनका अत्यधिक हिन्दुकरण हो गया है, वे उनका दाह संस्कार करना पसंद करती हैं। इस प्रक्रिया में ज्यादा पैसा खर्चा होता है। अतः ज्यादातर महिलाओं और बच्चों को दफना दिया जाता है जबकि वयस्कों का दाह संस्कार किया जाता है। बारिश के मौसम में दाह संस्कार में असुविधा होती है, लिहाजा सभी को दफनाया जाता है। अधिकतर जनजातियों में मृतकों की स्मृति कायम की जाती है। गोंड लोग आमतौर पर छोटे टीले बनाकर उन पर पत्थर की शिलाएं रख देते हैं, जबकि कोरकू लोग सागौन के बड़े स्तंभ खड़े करके उन पर सूर्य और अर्द्ध चंद्र का अंकन करते हैं और मृतक को एक घोड़े पर सवार हुआ दर्शाया जाता है। ये स्तंभ प्रत्येक गांव के पास इस उद्देश्य से निर्धारित एक वृक्ष के बीच बनाये जाते हैं। पंचमढ़ी गांव के पास इसका एक कब्रिस्तान देखा जा सकता है, जहां इस तरह के बहुत से स्तंभ लगे हैं।

मैंने गोंड और कोरकू जनजातियों की शारीरिक बनावट का पहले वर्णन किया है। मेरी समझ से, इन प्रजातियों में पुरुषों की अपेक्षा महिलाओं में ज्यादा भिन्नता होती है। गोंड जनजाति के लोगों का रंग कोरकुओं की तुलना में आमतौर पर कुछ साफ होता है। लेकिन इस इलाके के विभिन्न भागों में गोंड महिलाओं की रूपाकृति काफी भिन्न होती है। इनमें से अनेक महिलाएं मैदानी इलाकों के अधिक खुले भागों की तुलना में ज्यादा तन्दुरुस्त होती हैं। वे हर लिहाज से आदमियों से बेहतर होती हैं। यहां हिन्दू रक्त के होने का संदेह काफी सही है। अंदरूनी इलाकों में फिर गोंड महिलाओं के झुंड देखे जा सकते हैं, जो मनुष्य से ज्यादा बंदरिया दिखाई देती हैं। इन सभी के नाक-नक्श काफी उभरे हुए और मोटे होते हैं। युवतियों में अक्सर ऐसी सुन्दरता होती हैं, जो उनकी सामान्य स्थूलता और चेहरे के प्रसन्न भाव से मेल खाती हैं। लेकिन जब उनकी अल्पजीवी युवावस्था ढल जाती है, तो वे सभी एकदम कुरूप हो जाती हैं! उनका जीवन बड़ा कठिन होता है। वे शिकार को छोड़कर आदमियों के साथ हर काम में भागीदार होती हैं। इसी कारण ऐसा होता है कि वे सलीकेदार कपड़े पहनती हैं। इनमें एक छोटा पेटीकोट होता है, जो अक्सर नीले रंग का होता है। यह दोनों जांघों के बीच खुरसा होता है, जिससे उनकी टांगें जांघों तक नग्न दिखती हैं। वे सिर पर सफेद सूती आवरण पहनती हैं, जो उनके शरीर के ऊपरी भाग को ढकता है। इसका पल्लू उनके सिर पर रहता है। धुर पूर्वी इलाके में रहने वाली कोरकू (जिन्हें इसीलिए पोड्रिया कहते हैं) जनजाति की महिलाएं कुछ

हिन्दुकृत जनजाति की महिलाओं की तरह चोली भी पहनती हैं। गोंड महिलाएं, जहां तक उन्हें गवारा होता है, अपनी टांगों पर गोदना करवाती हैं, जो नीले अथवा बारूदी रंग का होता है। परधान लोग इस कला में पारंगत होते हैं और इनके द्वारा जो आकृतियां बनाई जाती हैं, वे इन जनजातियों में गहनों के रूप में होती हैं। गोदना उस वक्त किया जाता है, जब लड़की विवाह योग्य हो जाती है। किसी यात्री को कभी-कभी इनके गांवों से आने वाली दर्दभरी चीखें सुनाई पड़ती हैं। ये चीखें लड़कियों को गोदने की सुई से होने वाली तकलीफ की वजह से आती है। सभी बर्बर लोगों की तरह, ये दोनों प्रजातियां भी अपने आपको उन चीजों से सजाती हैं, जिन्हें ये आभूषण मानती हैं। यहां गुणवत्ता की बजाय संख्या पर जोर रहता है। हाथों और पैरों में भारी कड़ियां पहनी जाती हैं। जिनके पास पैसा होता है वे इन्हें चांदी की बनवाते हैं और बाकी लोग पीतल, लोहे अथवा रंगीन कांच के गहने पहनते हैं। कानों में कुंडल, नाक में लौंग तथा गले में सिक्कों या मोतियों का भारी हार पहनने का आम चलन है। विशेष अवसरों पर वे अपने सुंदर जूड़े में बकरी या किसी अन्य जानवर के बाल गूंथ लेती हैं।

उनके शादी के रस्म-रिवाज हिन्दुओं से अलग होते हैं, विशेषकर करार और आयोजन में। ये दोनों तब तय किये जाते हैं जब लड़का और लड़की पूरी तरह युवा हो जाते हैं। बहुविवाह पर रोक नहीं है, लेकिन महिलाएं महंगी होने के कारण इसका चलन बहुत ही कम है। लड़की की शादी होने से उसकी सेवाएं पिता को न मिलने से होने वाली भरपाई के रूप में उसे अच्छा-खासा पैसा दिया जाता है। यह चलन आमतौर पर गरीब प्रजातियों में पाया जाता है, जिनमें महिलाएं जीवन का बोझ बहुत ज्यादा बंटाती है। जो लड़का ज्यादा गरीब होने के कारण यह पैसा नहीं दे पाता, उसे अपने भावी ससुर के घर में कुछ समय तक सेवा करनी पड़ती है। आदिवासियों में यह प्रथा सब जगह है। ऐसे युवक को 'लाभजन' कहा जाता है। अक्सर ऐसा होता है कि लड़का इंतजार करते हुए थक जाता है और अपनी प्रेयसी को भगाकर ले जाता है। शादी के पहले लड़का और लड़की, दोनों की नैतिकता पर निश्चित रूप से टिप्पणी नहीं की जा सकती। कुछ जनजातियों में सभी विवाह योग्य लड़कों को रात में एक कुटिया में बंद कर, इस संबंध में सावधानी बरती जाती है। दरअसल, शादीशुदा जिन्दगी में वेबफाई बहुत दुर्लभ रूप से पायी जाती है। जब ऐसा होता है, तो पति बेहद आक्रोशित हो जाता है और अक्सर अपनी पत्नी की नाक काटकर दोषी जोड़े से बदला लेता है। वह कभी-कभी पत्नी के प्रेमी का सिर कुल्हाड़ी से काट डालता है।

विवाह समारोह काफी विस्तृत और बचकाने होते हैं और ये काफी हद तक सामान्यतः हिन्दुओं से ही लिये गये हैं। कुछ जनजातियों में दुल्हन का चयन चचेरी-ममेरी बहनों के बीच से ही पसंद के अनुसार किया जाता है। अधिकतर संबंध

किसी दूसरी जनजाति में ही तलाशे जाते हैं। आमतौर पर शादी के लिए 'हाथ मांगने' से पहले गुप्त रूप से एक समझौता होता है, ताकि रिश्ता 'नामंजूर' होने की बात दूसरों को पता न चल सके। परधान इस कार्य में दूत का काम करता है और विवाह समझौते की सभी चीजों को तय करा देता है। हिन्दुओं के विपरीत, इन जनजातियों में शादी दूल्हा के घर होती है, ताकि सारा खर्च उसी पर आये। वास्तविक शादी की शुरुआत सबसे पहले शुभ दिन सुदवाने से होती है। इसी दिन से दोनों तरफ से निरंतर व्यवहार शुरू हो जाता है। लड़के और लड़की को विभिन्न तरह के उबटन लगाये जाते हैं, उन पर विभिन्न तरल पदार्थ छिड़के जाते हैं, साथ-साथ खाना खाया जाता है, साथ-साथ कपड़े पहने जाते हैं, एक स्तंभ के आसपास साथ-साथ नृत्य होता है, एक भांड में भरे पानी में डूबकर साथ-साथ खड़े होते हैं और अंगूठी का आदान-प्रदान करते हैं। ये सब प्रक्रियाएं दोनों पक्षों की एकता का प्रतीक होती हैं। कभी-कभी दूल्हा अपना पैर दुल्हन की पीठ पर रखता है, जो उसकी अधीनता का प्रतीक होता है। दुल्हन का बलपूर्वक नकली अपहरण अक्सर विवाह समारोह का एक अंग होता है। यह पुराने समय में 'ताकतवर की विजय' वाले सिद्धांत का ही अवशेष है। समारोह का समापन आमतौर पर देवताओं को बलि दिये जाने, छककर खाने और मदिरापान के साथ होता है। विधवाओं को पुनर्विवाह से नहीं रोका जाता। गोंडों में तो मृत व्यक्ति के छोटे भाई का यह कर्त्तव्य माना जाता है कि वह अपनी भाभी को पत्नी बना ले। लेकिन इसके विपरीत की अनुमति नहीं है। विधवा के पुनर्विवाह के अवसर पर बहुत कम समारोह होता है। इन रीति-रिवाजों में ऐसा बहुत कम है, जो इस जनजाति को अन्य वर्ग की जनजातियों से अलग करता हो। इन सबका विवरण देने का कोई औचित्य नहीं है। मैदानी इलाके की तथाकथित हिन्दू आबादी में आमतौर पर ये ही रीति-रिवाज दोहराये जाते हैं। और जहां तक धार्मिक तथा अन्य रीति-रिवाजों का संबंध है, तो मेरा मानना है कि अगर ये गोंड पहाड़ों और जंगलों से, जिनमें हिन्दुओं का प्रवेश हुआ है, नहीं जुड़े होते तो उन्हें हिन्दू धर्म के व्यापक ताने-बाने में ही काफी पहले ही एक जाति मान लिया गया होता। कोरकू लोग और विचित्र हैं और मैं समझता हूं कि अधिकतर मामलों में यह जनजाति बहुत ज्यादा श्रेष्ठ है। पूर्वी पहाड़ों पर रहने वाले बैगा या भूरिया प्रजाति के लोगों पर तो मानव जाति विज्ञानियों को और भी ज्यादा ध्यान देने की जरूरत है। आगे के अध्यायों में इनके विषय में कुछ कहा जाएगा।

मध्य तथा पश्चिमी पर्वत क्षेत्रों के गोंड और कोरकुओं की वर्तमान आर्थिक स्थिति तथा उनके संभावित भविष्य की पड़ताल करना ज्यादा जरूरी है। इन पहाड़ों के अंदरूनी इलाकों में जीवन निर्वाह के तरीकों का पहले वर्णन किया जा चुका है। यह भी बताया गया है कि उनका जीवन कितनी कठिनाइयों से भरा तथा कड़ी मेहनत पर

निर्भर है। हालांकि अभी तक ये मलेरिया ये बचे हुए हैं और वे जंगलों के बीचोंबीच ऐसी जगहों पर रहते हैं जहां कुछ मौसमों में कोई दूसरा जिन्दा नहीं रह सकता, लेकिन जलवायु और अपौष्टिक भोजन का प्रभाव उन पर स्पष्ट दिखाई देता है। वे अक्सर बुखार और आंतों से संबंधित बीमारियों के शिकार हो जाते हैं और उनकी तिल्ली अक्सर स्थायी रूप से बढ़ जाती है। हैजा और चेचक जैसी बीमारियां भी उन पर घातक असर करती हैं। स्त्री और पुरुष दोनों बहुत कठोर परिश्रम करते हैं और उनके शरीर में बहुत शक्ति नहीं होती। लिहाजा, उनके परिवार भी छोटे होते हैं और उनमें से अधिकतर तो कभी परिपक्वता की अवस्था ही प्राप्त नहीं कर पाते। पहाड़ी जनजातियों की नियमित रूप से गणना नहीं होती, जिससे पता चल सके कि इनकी संख्या बढ़ रही है कि घट रही है। मुझे लगता है कि अंदरूनी इलाकों में रहने वाले लोगों की संख्या कम हो रही है तथा मैदानी इलाकों में तथा इनके आसपास रहने वालों को अच्छा भोजन मिलता है और कुदरत की मार भी उन पर ज्यादा नहीं पड़ती, लिहाजा उनकी संख्या संभवतः बढ़ रही है।

हाल ही में ज्यादा मदिरापान की आदत हो जाने से सुधार में प्राकृतिक बाधाएं ज्यादा हो गयी हैं। हालांकि वे जिस तरीके से खेती करते हैं, उसमें मेहनत ज्यादा है, लेकिन उनके मनमौजी स्वभाव के चलते वे कुछ सप्ताह हाड़तोड़ मेहनत के बाद कुछ समय निष्क्रिय रहते हैं। जब अच्छी बारिश होने पर उम्दा फसल आती है, शिकार कामयाब हो जाता है और महुआ की फसल खूब होती है, तो उनका जीवन सम्पन्नता से भर जाता है और इसके बाद फिर वही अभाव या एकदम कुछ भी नहीं हो जाने का दौर आ जाता है। आड़े वक्त के लिए कुछ बचाकर रखने जैसी बात कभी सोची ही नहीं जाती। उन्हें अपने रहने तथा खेती करने की जगह बार-बार बदलनी पड़ती है, लिहाजा उन्हें किसी एक जगह से लगाव नहीं हो पाता। इस तरह गोंडों के जीवन में उतार-चढ़ाव का दौर हमेशा चलता रहता है। जब अच्छा समय होता है तो वे सब कुछ मदिरा में उड़ा देते हैं और फिर से विपन्न हो जाते हैं। इस जनजाति के लोगों को ज्यादातर दुर्भाग्यपूर्ण स्थितियों का सामना इसी अस्थिरता की वजह से करना पड़ता है। कई बार तो उनकी व्यक्तिगत स्वतंत्रता भी चली जाती है। जब कोई श्रेष्ठ प्रजाति आती है, तो निम्न प्रजाति उसके लिये रास्ता छोड़ देती है। यही स्थिति हर जगह है, चाहे अमेरिका हो या न्यूजीलैंड। गोंड के मामले में अभी तक कुछ भिन्नता रही है। क्या उसने अपनी उबड़-खाबड़ पहाड़ियों से जुड़े रहना और कुदरत के साथ संघर्ष करना पसंद किया है, या वह सभ्यता के हाशिये पर रहा है और उच्चतर प्रजातियों में शामिल होने के लिए उसने परिश्रम किया है? उसकी परिश्रम करने की क्षमता, जो किसी हिन्दू के लिए कठिन है, मलेरिया के विरूद्ध उसकी प्रतिरोधक क्षमता और जंगल में उसकी निर्भीकता के कारण वह इस कार्य के योग्य होता है। उसकी फिजूलखर्ची और किसी एक जगह न टिकने के स्वभाव के कारण उसके परिश्रम का

लाभ मैदानी इलाकों में स्थायी रूप से रहने वाले लोगों को मिलता है। यह प्रक्रिया हर जगह लगभग एक जैसी है। हिन्दू भूमिधारकों या गोंड ठाकुरों या मुखियाओं के अधिकार वाले सीमांत गांवों में आमतौर पर कृषि योग्य लेकिन बिना साफ की हुई काफी जमीन होती है और हमेशा बड़ी संख्या में मूल आदिवासी ऐसे सीमांतों पर यहां से वहां होते रहते हैं। वे लकड़ी काटकर या पत्थर फोड़कर, काम करके या कृषि मजदूरी करके किसी तरह अपनी रोटी कमाते हैं, जिन्हें इसे जोतने के काम में लगाया जा सकता है। अलबत्ता, उनके पास कोई पूंजी नहीं होती और उनके पास देने को कोई प्रतिभूति भी नहीं होती, लिहाजा, नुकसान का जोखिम तो भूमि धारक को ही उठाना पड़ता है। वह हल खरीदने के लिए या तो खुद पैसा या बैलों की जोड़ी देता है और साथ ही काम शुरू करने के लिए कृषि संबंधी कुछ सामग्री भी दे देता है या फिर वह साहूकार से कर्ज दिलाने के लिए उसकी जमानत लेता है, जो गांवों के प्रत्येक सर्किल में मिल जाता है। वह पैसा उधार देने को हमेशा तैयार रहता है। इस तरह के कर्ज पर कभी भी 24 प्रतिशत प्रतिवर्ष से कम ब्याज नहीं लिया जाता। बीज भी उधार ही लेना पड़ता है। साथ ही, जब तक फसल पक न जाए तब तक किसान को पर्याप्त भोजन भी जुटाना पड़ता है। कटाई के समय इसका दो गुना वापस देना पड़ता है। चूंकि कटाई के वक्त अनाज बीज के समय की तुलना में सस्ता रहता है, लिहाजा यह 100 प्रतिशत ब्याज नहीं होता। इस प्रकार की ब्याज दर ज्यादा लगती है, लेकिन ऐसी सट्टेबाजी का जोखिम बहुत ज्यादा होता है। मूलधन तो शायद ही कभी पूरी तरह डूबता हो। हमारे कानूनों के द्वारा लंबे समय से लागू अदूरदर्शी नीति, जिसके कारण ऐसे कर्जों की वसूली बहुत कठिन और अनिश्चित होती है, से ब्याज की इन दरों को कायम रखने में काफी मदद मिली है। यह नीति आज भी खत्म नहीं हुई है, कम-से-कम मध्य भारत में तो नहीं। यहां एक कानून है जिसमें कर्जदार के कृषि भंडार को वसूली के लिए नहीं लिया जा सकता, भले ही यह उधार लिये गये पैसे से ही खरीदा गया हो।

यह स्पष्ट है कि इस तरह के लेनदेन वास्तव में मजदूर और पूंजीपति के बीच भागीदारी के रूप के होते हैं। मजदूर अपनी मेहनत और देखरेख के अलावा कुछ भी नहीं लगाता। कभी-कभी यह भागीदारी अधिक स्पष्ट रूप ले लेती है, जब पैसे वाला आदमी किसान की शारीरिक मेहनत के बदले बैल देता है। बाकी सभी खर्च, जिसमें किसान के परिवार की मजदूरी शामिल है, खेत के सकल उत्पाद से घटा दिया जाता है। पूंजीपति के ब्याज को भी इसमें घटा दिया जाता है, अगर उसने इस प्रकार के खर्च में कोई भागीदारी की हो। इसके बाद जो बचता है, उसे बैल के मालिक तथा किसान के बीच बराबर बांट दिया जाता है। दोनों ही मामलों में आमतौर पर परिणाम यह होता है कि सारा मुनाफा, उसके श्रम की मजदूरी के आगे जो उसे बाजार में मिलता, उस व्यक्ति को मिलता है जो पैसा देता है और जोखिम उठाता है। लेकिन

किसान फिर भी उस स्थिति की तुलना में ज्यादातर फायदे में रहता है, जब वह किराये पर काम करता, क्योंकि उस वक्त वह आधी मेहनत भी नहीं करता। फसल के परिणाम में उसका हित उसे ऐसा करने की ओर प्रेरित करता है।

अभी हाल तक मैंने आरामतलबी की आदत और कृषि उत्पादों के कम मूल्य का जिक्र किया, जिसके कारण मूल आदिवासी किसान इस अवस्था तक नहीं आ सका। फसल कटाई के बाद उसके हिस्से जो भी अनाज आता है वह तुरंत मदिरा विक्रेता (जो अक्सर मदिरा के साथ अनाज का व्यापार भी करता है) के यहां पहुंच जाता है और इसके बदले उसे महुआ की शराब मिल जाती है। इस मौसम में गोंडों के दल-के-दल लगातार मदिरा के नशे में लोटपोट होते या फिर अपनी मढ़ी के दरवाजे पर धुंधली आंखें लिए बैठे दिखते हैं। यह सिलसिला तब तक चलता है जब तक आखिरी कमाई भी पूरी तरह खत्म न हो जाए। इसके बाद उनके पास बाकी मौसम में मजदूरी करने के अलावा कोई चारा नहीं रहता, जब तक कि दोबारा बुआई का समय न आ जाए। वे बीच-बीच मे लकड़ी कटाई या सड़क निर्माण के अलावा जो भी मिल जाए उस कार्य में भी लग जाते हैं। लेकिन मौका मिलते ही वे मदिरा पीने से नहीं चूकते।

जब बड़ी संख्या में ये लोग एक बार मदिरा की दुकान पर पहुंच जाते हैं, तो पूरी तरह अपना आपा खो देते हैं और उसके बाद हमेशा के लिए मदिरा व्यापारी के दास बन जाते हैं।

यह एक सबसे खतरनाक बुराई थी जिससे वन संरक्षण के प्रारंभिक दिनों में निपटना पड़ा। मैदानी इलाकों के लोगों को अपने मकान बनाने और उनकी मरम्मत करने, खेतों की मेड़ बनाने और अन्य कृषि कार्यों के लिए बड़ी मात्रा में इमारती लकड़ी, बांस, घास तथ अन्य वनोत्पादों की जरूरत होती है। मैदानी इलाके में इमारती लकड़ी के पेड़ बहुत पहले ही खेती करने के लिए साफ किये जा चुके हैं। लिहाजा, इसे अंदरूनी पहाड़ियों में से लेकर आना पड़ता है। यह काम सिर्फ मजबूत और साहसी आदिवासी ही कर सकते हैं। यह सारा व्यापार लगभग पूरी तरह कलार या मदिरा विक्रेताओं के हाथ में जा चुका था। आदिवासियों की नशे की लत के कारण उन्हें इसमें बहुत फायदा होता था और वे उनसे यह काम आसानी से करा लेते थे। हालांकि पहले गोंड कृषि साहूकारों के चंगुल में बुरी स्थिति में था, लेकिन कम-से-कम उसे थोक अनाज या नगद पैसे मिल जाते थे, लेकिन कलार लोग तो उन्हें सिर्फ मदिरा देते थे। खाने के नाम पर उन्हें बमुश्किल पेट भरने लायक खाना और पहनने को नाममात्र का कपड़ा दिया जाता था। कलार लोग अक्सर तीन व्यापार एक साथ करते थे। वे गोंडों से किसी शरदकालीन फसल की बुआई उनके स्वयं के उपयोग के लिए करवाते थे। यह कार्य तब कराया जाता था जब जंगल में कोई काम करना मुमकिन नहीं होता। इसके बाद गोंड के पास बचे अतिशेष अनाज के

बदले वह उसे मदिरा दे देता था। यह सिलसिला तब तक चलता जब तक वह दोबारा उसे कर्जदार नहीं बना देता। फिर वह उसे अपना कर्ज पटाने के लिए जंगल में लकड़ी काटने भेज देता था। वह यह लकड़ी देकर अपना ही अनाज खुद खरीदता ताकि जीवन चल सकें। उसे हर बार धोखा देकर नंगा कर दिया जाता। वह घोड़े की तरह मेहनत करता और इसके बदले बमुश्किल पेटभर भोजन पाता, लेकिन उसे जी भर के मदिरा मिलती। यह व्यापार खूब फायदेमंद बन गया। कलार जाति के सदस्यों, जिन्हें कानूनी रूप से मदिरा व्यापार का एकाधिकार था, की संख्या सीमित थी। वे जल्दी ही खूब अमीर बन गये। ये लोग अय्याश और दिखावा पसंद थे और इस तरह कमाये गये धन का कोई अच्छा उपयोग नहीं करते थे। उनका अधिकतर पैसा जुए और अय्याशी पर तथा अपनी औरतों को सोने के जेवरों से लादने पर खर्च होता था। इस अवस्था की बुराइयां निकालना संभव नहीं हैं। गोंड या कोरकू को अपनी इस जंगली अवस्था में ईमानदार और सच्चा माना गया है। वह गुस्से में कुछ हिंसा कर बैठता था, लेकिन, वह घटिया या आदतन आपराधिक वृत्ति से मुक्त था। अब वह चोर तथा गुंडा बन गया है। अपनी नशे की तलब के चलते अब वह हर किसी षड्यंत्री, धोखेबाज के हाथों में आसान हथियार बन गया है। उसका मिजाज भी नशीले बर्बर आदमी जैसा खतरनाक हो गया और जल्दी ही उसमें निकृष्ट और बदमाश आदमी की बुराइयां आ गईं। वनों को हुआ नुकसान काफी कम था। उनके पास कुल्हाड़ी के अलावा और कोई औजार नहीं था और उन्हें काम पर रखने वाले आर्थिक प्रक्रियाओं के प्रति पूरी तरह उदासीन थे। ये लकड़ी काटने वाले उनका सामान अत्यधिक अपव्ययपूर्ण तरीके से खरीदते थे। किसी पशु आश्रय के लिए एक खंभा बनाने के लिए दस-पन्द्रह साल पुराना युवा सागौन का पेड़ काट दिया जाता था और इसके बीच से छह फिट का टुकड़ा निकाल लिया जाता था। बाकी हिस्सा बर्बाद होने के लिए फेंक दिया जाता था। दरवाजे का एक पल्ला बनाने के लिए कोई परिपक्व पेड़ काट दिया जाता था और कुल्हाड़ी से छीलकर उसे वांछित मोटाई दी जाती थी। उस वक्त इमारती लकड़ी बेशक सस्ती थी, क्योंकि इसे प्राप्त करने में इन बेचारे शोषित लोगों की मेहनत के अलावा कुछ भी खर्च नहीं होता था। मदिरा विक्रेता नाम मात्र की मजदूरी देकर इन आदिवासियों के द्वारा जितनी चाहे लकड़ी प्राप्त कर लेते थे। उन दिनों आबकारी व्यवस्था बहुत लचर थी और स्पिरिट पर लगने वाली ड्यूटी काफी कम थी। हमारे पैसे की एक पैनी के खर्च पर गोंड को नशे में धुत करने के लिए पर्याप्त मदिरा बनाई जा सकती थी। इस तरह का बेलगाम अपव्यय किसी भी वन को नष्ट कर सकता है। उनके विनाश का यह एक बड़ा कारण बना।

यह बड़ी अच्छी बात हुई कि उन्नत प्रशासन के तहत इस थोक अपव्यय को रोकने तथा आदिवासी श्रमिकों की दशा सुधारने के लिए तत्काल उपाय किये गये।

इस दिशा में पहला कदम यह था कि एक नया आबकारी कानून लागू किया गया, जिसके अंतर्गत आदिवासियों के बीच शराब कारखाने और मदिरा की दुकानें लगाने के खुले अधिकार को वापस ले लिया गया। शराब आसवन का काम मात्र कतिपय केन्द्रीय स्थानों पर किये जाने की अनुमति दी गई, वह भी एक निर्धारित तथा बड़ी राशि की स्टिल-हेड ड्यूटी चुकाने के बाद। सिर्फ कुछ मात्रा में फुटकर दुकानों की अनुमति दी गई, जिनकी संख्या पर्याप्त थी और जिनसे लोगों की जरूरतों की पूर्ति हो जाती थी। इन पर पुलिस का नियंत्रण स्थापित किया गया। इन सीमित संख्या की दुकानों के लाइसेन्स आम नीलामी के द्वारा दिये जाते थे। इससे पूरी कलार जाति पर विपरीत असर हुआ। इनमें से ज्यादातर लोग मदिरा व्यवसाय में लगे थे, जिनकी संख्या इन दुकानों को चलाने के लिए आवश्यकता से अधिक थी। ये सभी लोग धनवान और खूब खर्चीले थे। वे एक-दूसरे से जलते भी थे। इस प्रकार लाइसेन्स पाने के लिए उनमें कड़ी प्रतियोगिता का जन्म हुआ। अनेक बार नीलामी में बहुत बड़ी रकम की बोली लगा दी जाती थी। इससे तथा भारी स्टिल-हेड ड्यूटी के कारण हर जगह शराब की कीमत इतनी ज्यादा बढ़ गई कि गरीब लोग ज्यादा मात्रा में शराब पी ही नहीं सकते थे। इस तरह शराब की बिक्री कम हो गई, जबकि दुकान के खर्च काफी बढ़ गये। नतीजतन, हर जगह कलार बरबाद होने लगे और उनके व्यापार की व्यवस्था पूरी तरह ध्वस्त हो गयी। जिन सोने के जेवरों को वे दुनिया के सामने शान से दिखाते थे, वे धीरे-धीरे खत्म हो गये और अनेक कलार तो दिवालिये हो गये। कदाचित्, यह खेदजनक हो सकता है कि समाज के गरीब लोगों को नष्ट करने वाले नासूर को खत्म करने के लिए इतना बेरहम दिखने वाला तरीका अपनाना पड़ा, लेकिन कलार जैसी दुराचारी और बेईमान जाति पर दया करना मुश्किल है। हालांकि, शराब की खपत काफी कम हो गई है, लेकिन सरकार को मिलने वाले राजस्व में कमी नहीं आयी। सरकार का लक्ष्य 'न्यूनतम खपत से अधिकतम राजस्व' प्राप्त करना था, जो पूरा हो रहा था।

आबकारी कानून में आमूल सुधार के साथ-साथ हमारे द्वारा लागू की गई वन संरक्षण व्यवस्था से भी भरपूर मदद मिली। इतने व्यापक विषय से, जिसके बारे में इतनी कम जानकारी उपलब्ध हो, पूरी तरह संतोषजनक तरीके से नहीं निपटा जा सकता। कुछ गलतियां हुईं जिनमें सबसे बड़ी गलती थी कि अचानक बहुत ज्यादा प्रयास किया गया, जबकि इसके लिए साधन सीमित थे। इतने व्यापक जिलों में इतनी बड़ी जिम्मेदारी एक या दो अफसरों पर ही डाल दी गई, जिन्हें पूरे इलाके का पूरी तरह पता ही नहीं था। उन्हें कोई मार्गदर्शन भी प्राप्त नहीं था। उनसे अपेक्षा की गयी थी कि वे इस पूरे जिले में एक नियम संहिता का पूरी तरह पालन करें, जो आगे चलकर बहुत मुश्किल साबित हुआ। इससे लोगों को काफी परेशानी हुई। ऐसा किया नहीं जा सका और चीजें उलझ गयीं। इन नियमों के पालन में शिथिलता लाकर ही

स्थिति को सुलझाया गया। फिलहाल, एक उचित उपाय यह किया गया कि सबसे अच्छी संभावना वाले वनों को वन विभाग के प्रत्यक्ष प्रबंधन के लिए आरक्षित कर दिया गया, जबकि इससे भी बड़े जिलों को मामूली सिविल अफसरों की देखरेख में छोड़ दिया गया। अनुभव बढ़ने से अवस्था में भी सुधार आया। लेकिन इसकी मुख्य विशेषताओं को 1864 में ही समाप्त कर दिया गया। इमारती लकड़ी की कटाई प्रणाली पर पाबंदी लागू कर दी गयीं और एक निर्धारित टिम्बर ड्यूटी लगा दी गई। ये उपाय, कुछ अपवादों को छोड़कर, कम-से-कम वनों के दोहन की अधिक किफायती व्यवस्था लागू करने में सहायक हुये। आदिवासी लोग आज भी वनों में परिश्रम करते हैं और इसके लिए उन्हें नियमित बाजार दर पर मजदूरी का नगद भुगतान किया जाता है। जो कुछ भी वे कमा सकते हैं उन्हें उसका लाभ मिलता है। कुछ समय तक कलार व्यवस्था भंग हो जाने से इमारती लकड़ी के व्यापार में निजी एजेन्सी की कमी बनी और वन विभाग को स्वयं इसकी आपूर्ति करनी पड़ी। उस वक्त यह कई दृष्टियों से लाभप्रद था। इससे हम पूरी तरह परिपक्व अधिकतर खड़े पेड़ों तथा वन में पड़ी हुई लकड़ियों का उपयोग कर सकें। हमने यह काम तब तक कीमत बढ़ाकर किया जब तक कि इन्हें बाहर ले जाना लाभकारी नहीं हो गया। अब यह आवश्यक नहीं रह गया है और अब आवश्यकता की पूर्ति के लिए पर्याप्त संख्या में वैध व्यापारी उपलब्ध हैं।

यह तब की बात है जब हमने जंगली जनजातियों द्वारा कुल्हाड़ी तथा आग से वनों को किये जाने वाले नुकसान को रोकने के लिए हस्तक्षेप किया, जिसका जिक्र पहले किया जा चुका है। 'बर्बर और ढीठ फारेस्टर' की छवि बना लेने के बाद हमने बहुत अधिक संकोच के साथ प्रथम उपाय किया। सबसे अधिक संभावनावान वनों को बाउण्ड्री लाइनों से घेरा गया और भयोत्पादक सीमेन्ट के स्तंभों से निशानदेही की गई, जिनके भीतर 'ध्या' कटाई करना प्रतिबंधित था। लोगों ने बिना कुछ खास ना-नुकुर के इसका पालन किया। वर्तमान में इन नियमों का विस्तार कर व्यापक बंजर भूमि पर लागू कर दिया गया है। सफाई के लिए बहुमूल्य इमारती लकड़ी की कटाई पर रोक लगा दी गई है और सिर्फ उसी अवस्था में इसकी अनुमति दी जाती है, जिससे इस भूमि को स्थायी रूप से कृषि योग्य बनाये जाने की संभावना हो। सर्वाधिक जंगली जनजातियों को कतिपय क्षेत्र सौंप दिये गये जो उनके लिए अपने 'ध्या' लगाने के लिए पर्याप्त थे। यह नहीं कहा जा सकता कि इन व्यापक पाबंदियों पर हर जगह पूरी तरह अमल हुआ; और इसकी उम्मीद भी नहीं थी। लेकिन इसका सामान्य प्रभाव काफी स्पष्ट रूप से हुआ : 'डिप्टी फारेस्टरों' ने उन बातों और आवश्यकताओं के प्रति आसानी से अपनी सहमति प्रदान कर दी, जिनका महत्त्व उन्हें सही ढंग से समझाया गया। साल-दर-साल कानून का प्रभाव अधिकाधिक स्वीकृत और महसूस किया जा रहा है।

अब आदिवासियों की आदतों में भी सकारात्मक बदलाव आया है। अब वे अत्यधिक और लगातार शराबखोरी नहीं करते। वे खास मौकों पर ही शराब पीते हैं, वह भी बहुत ज्यादा नहीं। अब उनकी पूरी कमाई शराब में नहीं जाती। अब स्थायी रूप से खेती करने के लिए जितनी पूंजी की जरूरत होती है वह जमा करना उनके लिये मुमकिन हो गया है। कृषि उत्पादों का मूल्य बढ़ने से भी उन्हें काफी मदद मिली है। जंग की वजह से मूल्य बढ़े हैं। भारत के पश्चिम के बड़े क्षेत्रों में जहां पहले अनाज उगता था, अब कपास पैदा की जाने लगी। अनाज की कमी को पूरा करने के लिए कृषि क्षेत्र का काफी विस्तार हुआ है। जहां भी निर्यात करने योग्य आपूर्ति के लिए समुचित संचार सुविधा उपलब्ध हैं, वहां यह विस्तार आज भी जारी है। रेलवे तथा अन्य सार्वजनिक कार्यों में, जिनका एक दशक में विस्तार हुआ, श्रमिकों की मांग भी काफी बढ़ गई है। यहां तक कि, जंगलों में पैदा होने वाले प्राकृतिक उत्पादों का वाणिज्यिक मूल्य हो गया है, जो पहले कभी नहीं रहा। मेरे भारत छोड़ने से पहले बॉम्बे के व्यापारिक घराने, मेरे जिले (निमाड़) में प्राकृतिक रूप से पैदा होने वाली कई चीजों की तलाश कर रहे थे, जो निर्यात के लिए अचानक मूल्यवान हो गयी थीं। इनमें महुआ के तेल वाले बीज, धावड़ा का शुद्ध गोंद शामिल है। 'वनों की इन संतानों' के लिए एक नये युग का सूत्रपात हो चुका था।

श्रम और पूंजी के बीच रिश्ता, जो लंबे समय से श्रमिकों के लिए प्रतिकूल रहा, अब उनके अनुकूल हो गया है और पहाड़ों में नगद पैसा जाने लगा है। इससे यहां के बाशिंदों की भौतिक स्थिति सुधर रही है। इसके विपरीत, पहले यहां शराब रूपी जहर जाता था, जो जिन्दगी को तेजी से तबाह कर रहा था। हिन्दू प्रजातियों से उनका संपर्क लंबे समय तक एक अभिशाप के सिवा कुछ नहीं रहा, लेकिन अब इस बात को लेकर हाल ही में आम सहमति बनी, कि उनमें तेजी से सुधार हो रहा है और उनकी जिन्दगी और चरित्र दोनों में सुधार हुआ है। जहां ये लोग आज भी खेत-मजदूर के रूप में काम करते हैं, वहां उन्हें अच्छी मजदूरी मिलती है और वे कुछ बचत भी कर लते हैं। अपनी इस प्रकार की बचत अथवा रेलवे के कार्यों से होने वाली अच्छी आमदनी का उपयोग कर अब उनमें से अनेक लोग छोटे किसान के रूप में भी स्थापित हो गये हैं। यहां तक कि देनदार के रूप में भी उनकी साख काफी बढ़ गई है। कृषि में फायदेमंद निवेश के रास्ते खोजे जा रहे हैं। अब उन लोगों तक को कर्ज आसान शर्तों पर दिये जा रहे हैं, जो अभी तक पूरी तरह स्थापित नहीं हो पाये हैं। इसमें कदाचित् सबसे ज्यादा महत्त्वपूर्ण भूमिका तिलहनों की कीमतों में वृद्धि की रही है। एक एकड़ में तिलहन बोने के लिए महज एक मुट्ठी बीज की जरूरत होती है। आधी साफ की हुई जमीन पर भी खराब-से-खराब जुताई के बावजूद इसकी फसल खूब होती है। इसके लिए पहले तीन सालों में आमतौर पर कोई लगान नहीं लगता। इसकी कटाई और बिक्री नवंबर के प्रारंभ तक हो जाती है। मैं बिना ऋणभार वाले

दो कोरकुओं को जानता हूं, जिन्होंने बैल और उपकरण खरीदने के लिए 80 रुपये और खाने को दो मानी ज्वार उधार ली थी। इस कर्ज पर ब्याज 20 रुपये था और जैसा कि सामान्य रूप से होता है, उन्हें फसल कटाई पर दोगुना अनाज वापस करना था। उनका कोई अन्य खर्च नहीं था, कोई किराया नहीं लिया जा रहा था और सारा परिश्रम वे खुद ही कर रहे थे। उन्होंने 75 मन तिलहन पैदा की जो 215 रुपए में बिकी। इसमें से उन्होंने 80 रुपये कीमत का अनाज तथा 100 रुपए नगद वापस कर दिये। सारा कर्ज पटाने के बाद उनके पास 35 रुपये बचे। इस प्रकार उन्होंने एक ही सीजन में एक सिंचित् खेत प्राप्त कर लिया और कर्ज से भी मुक्त हो गये और यह सब उन्होंने खुद मेहनत करके हासिल किया। इससे दोनों को आगे चलकर कम-से-कम दस पौंड प्रतिवर्ष की आमदनी होगी, जो उनके लिए बहुत आराम से जीने के लिए काफी होगी। इसी दौरान साहूकार ने 40 प्रतिशत पैसा आठ महीनों में साफ कर दिया। इस तरह का खेत अंग्रेज पाठक को काफी खराब लग सकता है। लेकिन भारत में व्यापक रूप से खेत इसी तरह के हैं। इस तरह की कम सम्भार वाली जोत को प्राप्त करना उन लाखों श्रमिकों के लिए एक सपना है जो किसी तरह रूखा-सूखा खाकर जीवन बिता रहे हैं।

इस बात में शंका की गुंजाइश कम है कि इन मूल जनजातियों में हिन्दू विचारों, आचरण तथा धर्म का लगातार विकास हो रहा है। यह उम्मीद की जा सकती है कि यह प्रभाव अब उनका बुरा करने की जगह भला कर रहा है। मनमौजी, विलासी और दब्बू गोंड एक ऐसा प्राणी था जिसकी मूल सरलता दूषित हो गयी थी, (निमाड़ जिले के व्यवस्थापन पर लेखक की एक रिपोर्ट का अंश) लेकिन अब वह स्थिर और सौम्य हिन्दू किसान की तरह बन रहा है, भले ही वह अनपढ़ और अंधविश्वासी हो, जिस पर किसी को खेद नहीं होना चाहिए। यह सच है कि व्यापक हिन्दू धर्म में इस प्रकार शामिल हो जाने पर वे उन ताकतवर पुरोहितों के सामने अपनी अनगढ़ धार्मिक आस्थाओं को छोड़कर समर्पित हो जाएंगे, जो आज भी भारत के लोगों को एक सीमा से ज्यादा प्रगति करने से रोकते हैं। यह भी वे एक अंधविश्वास के तहत करते हैं, जो आदिवासियों के अंधविश्वास से नैतिक रूप से बेहतर नहीं हैं। मिशनरी शायद उन्हें अपने देवताओं की जगह उसके देवता की पूजा में लगाने में कामयाब न हो सकें। लेकिन वे अपने वर्तमान धर्म की तुलना में नैतिकता के धर्म से तो उतने अधिक दूर नहीं होंगे, जितने कि अभी हैं। अंधकार में जीने वाले भारतीय लोगों के जीवन में नया प्रकाश फैलेगा। उनके जीवन में शिक्षा का प्रकाश आ जाने से अंधविश्वास का अंधेरा छंट जायेगा, वे शुद्ध विश्वास और आस्था की खोज करेंगे और अपने से अधिक श्रेष्ठ नस्ल के संपर्क में आकर उनकी श्रेष्ठता को आत्मसात कर सकेंगे।

ऐसा संभावित भविष्य आदिवासियों के उन वर्गों का दिखाई देता है, जो मैदानी इलाकों में हिन्दू धर्म की सीमाओं के भीतर रहते हैं। लेकिन जब तक मध्य भारत के

इन पहाड़ी इलाकों का व्यापक एकांत समाप्त नहीं होगा, जो भौतिक कारणों से काफी हद तक एक स्थायी आवश्यकता बन जाएंगें, तब तक वहां रहने के योग्य मानव रहवासी भी बने रहेंगे। ऐसे लोगों के लिए वह चीज असंभव होगी, जिसे हम सभ्यता कहते हैं। अगर यह संभव भी हुई तो वांछनीय नहीं होगी। उनके लिए यही किया जा सकता है कि विचारशील प्रशासन के द्वारा उन कारणों को समाप्त कर दिया जाए जिससे उनमें अवसाद और मनोबलहीनता आती है।

संभवतः उनके जंगलों में उनके जैसे बहुत ज्यादा लोगों के जंगली अवस्था में रहने की अब गुंजाइश नहीं हैं। गैर-कृषि योग्य बंजर भूमि के बड़े क्षेत्र में उनके अवशेष आज भी संभवतः मौजूद होने चाहिए, क्योंकि वे जंगल के प्राणियों के साथ अपनी अजीविका के लिए संघर्ष कर रहे हैं। लेकिन उनके इलाके का बड़ा भाग आज भी साफ करके कृषि योग्य बन सकता है। इस कार्य में, जैसा कि अब तक हुआ, आदिवासी ही अग्रणी होंगे। क्या वे अब भी पहले जैसा ही करें कि बंजर भूमि की सफाई करके, जब वह स्थायी व्यवस्थापन योग्य हो जाए तो हिन्दू प्रजातियों के कब्जे के लिए छोड़ दें? क्या हम अब उन्हें उनके पसीने का स्थायी फल दिलाने की उम्मीद नहीं कर सकते, कानून ने कभी भी किसी कमतर को बेहतर के सामने खड़े होने लायक नहीं बनाया है। लेकिन इसने अक्सर आक्रमणकारियों के हाथ में एक हथियार देने में बड़ी भूमिका निभाई है, जिसके बिना आक्रमण झेलने वाले किसी तरह अपने को बचाये रख लेते। जमीन पर कब्जे से संबंधित हमारे कानून में त्रुटियां हैं। कानूनी प्रावधानों की पालन प्रक्रिया में भी कमी है, जिसके कारण ऐसी आशंका है कि, हिन्दुओं को आदिवासियों के विरुद्ध काफी ताकत मिल जाती है। कानूनी रूप से बंजर भूमि के स्वामित्व अधिकार के साथ उस पर कब्जा कोई पूंजीपति ही कर सकता है। आदिवासियों के पास इतनी पूंजी ही नहीं होती कि वह ऐसा कर सके।

इसके अलावा, हमारा दीवानी न्याय प्रशासन जहां व्यवस्थापित जिलों की आवश्यकताओं के हिसाब से पर्याप्त रूप से उपयुक्त है, वहीं इसी आदिवासी को उसके जंगल में ही इसके कारण न्याय नहीं मिलता। अदालतें बहुत दूर बनी हैं। मध्य प्रांतों में तो यहां तक नियम बना हुआ है कि जब तक कि दोनों पक्ष उस स्थल पर न रहते हों, सिविल अफसर दौरे के दौरान मामलों की सुनवाई नहीं कर सकते। यह एक प्रकार से उन्हें पूरी तरह न्याय से वंचित करना ही है। आदिवासी कभी अदालत नहीं जाएगा और अपनी हैसियत के अनुसार ले-देकर वहां न जाने की पूरी कोशिश करेगा। अगर वह चला भी गया तो उसे कामयाबी मिलने के आसार नहीं हैं। वहां इतने गिद्धों की भीड़ है, जो न्याय के चक्र को चलने नहीं देते। वहां पहुंचने वाला आदिवासी अपना बहुत कुछ लुटाकर ही लौटता है। किसी सरकार की दिखावटी जरूरतों की वजह से वह जमीन लोक निर्माण कार्यों पर अपने खजाने को खाली कर देती है। इससे न्यायिक प्रतिष्ठानों में ऐसी व्यवस्था बन गयी है, जिसमें छोटे प्रकरणों

की विवेचना अमूमन बहुत उथली होती है और अदालत की पूरी प्रक्रिया काफी भ्रष्ट हो गयी है। हालात इतने बिगड़ गये हैं कि इनमें हाल ही में किये गये सुधारों के बावजूद धनवान दावेदारों को ही इसका फायदा मिल पाता है, जिन्हें न्यायिक तंत्र की गोपनीय बातों का पता रहता है और वे दबाव और आसेध की प्रक्रियाएं करवाकर देनदार के विरूद्ध डिग्री करा लेते हैं और उस बेचारे को यह तक पता नहीं होता कि उसके खिलाफ कोई दावा लगा है। अलबत्ता, कानून में ऐसे व्यक्ति के लिए पर्याप्त प्रतिविधान उपलब्ध हैं, जिसे इस प्रकार नुकसान पहुंचा हो, लेकिन वे ऐसे नहीं हैं कि दूर जंगल में रहने वाला कोई आदिवासी उनका लाभ ले सके। इस कमी को दूर करने का स्पष्ट रूप से एक उपाय यह है कि बड़े सिविल अफसरों को प्रेरित किया जाए, बल्कि यह उनके लिए अनिवार्य कर दिया जाए कि वे दौरे पर रहते समय पहाड़ी लोगों के विरूद्ध लंबित प्रकरणों की सुनवाई करें। उनके दौरे नियमित रूप से होने चाहिए, आज की तरह अनियमित नहीं। आजकल तो उनके ऊपर दूसरे कामों का इतना बोझ हो गया है कि नियमित दौरे करना एक तरह से संभव नहीं है।

आदिवासी लोग बहुत सच्चे होते हैं। अगर उन्होंने किसी से पैसा उधार लिया है या कोई अपराध किया है, वो वे उससे बहुत ही कम इंकार करते हैं। जब उसे अदालत लाया जाता है, तो वे एक पैर पर खड़ा होकर अपने कान पकड़कर समर्पण की मुद्रा में रहता है। अगर उसने कुल्हाड़ी से किसी का सिर भी काटा हो, तो वह उसे भी मान लेगा। लेकिन वह अनपढ़ होता है और वह पढ़े-लिखे लोगों के हाथ हमेशा छला जाता है। ऐसे मामलों के निराकरण के लिए बेहतर तंत्र के साथ-साथ हमें ऐसे पत्रों के बीच हुये करारों के अनिवार्य पंजीयन की व्यवस्था करने की भी जरूरत है। इसके बिना किसी दावे को नहीं माना जाना चाहिए। अर्थदंड के मामले में हमारी व्यवस्था लोगों के लिए काफी चुस्त और तीव्र है। मैदानी लोगों को तो इसकी आवश्यकताओं के अनुरूप सामंजस्य बैठाने के लिए छोड़ा जा सकता है। वे इतने होशियार होते हैं कि स्वयं को बचा सकें। लेकिन ईमानदार, दब्बू और अव्यवस्थित लोगों के लिए यह मरण जैसी स्थिति है।

बहरहाल, इतने लंबे विषयांतर के बाद अब मैं फिर पंचमढ़ी में किये गये अपने कार्यों पर आता हूं। फरवरी के अंत के आसपास बड़ी संख्या में महादेव पर्वत स्थित शिव मंदिर जाने वाले हिन्दुओं के दल मेरे कैम्प के पास से गुजरने लगे। वे आमतौर पर मंदिर के नीचे पूर्व क़ी तराई में डेरा करते हैं। पठार के ऊपर सड़क के अलावा वे उस रास्ते से भी आते जो पंचमढ़ी कगार के नीचे होते हुए जाता है। दक्षिण की तरफ से अनेक रास्ते वहां जाते हैं। ये सभी रास्ते ऊबड़-खाबड़ और कठिन हैं, जिन पर श्रद्धालु किसी तरह भयभीत होकर लड़खड़ाते चलते हैं। लगभग इसी समय मैंने दूसरी तरफ मोतुर के पठार पर जाने के लिए पंचमढ़ी से रास्ता पार किया। इस जगह का भी एक सेनिटेरियम के निर्माण के लिए संभावित स्थल के रूप में परीक्षण किया

जा रहा था। देनवा घाटी दोनों के बीच स्थित है, अतः करीब 2500 फिट ऊंचाई पर चढ़ना और इतना ही उतरना पड़ता है। मोतुर से 26 फरवरी को लौटने पर मुझे मंदिर के नीचे देनवा घाटी में एक छोटा मैदान मिला, जिससे होकर मेरा रास्ता जाता था। यह रास्ता तीर्थ यात्रियों से पटा था। इनकी संख्या करीब चालीस हजार होगी, जिनमें से सैकड़ों तो इस एकांत घाटी में बीते दिनों में इकट्ठा हुए थे। झुंड-के-झुंड अब उस बीहड़ में जा रहे थे, जहां यह गुफा स्थित है। यह वही बीहड़ था, जिसमें एक-दो सप्ताह पहले मैंने बाईसन के एक झुंड का पीछा किया था।

श्रद्धालुओं के अधिकतर वार्षिक मेले अधिकांश हिन्दुओं के लिए एक तरह के प्रजातीय समागम होते हैं। इन अवसरों पर पशु मेले भी लगते हैं। एक व्यवहारिक अंग्रेज की नज़र में ये सब इन लोगों के कठोर परिश्रमी और कहीं ज्यादा नीरस जीवन में आनंद के अवसर हैं। वे लोग इस बहाने 'पर्यटन' कर लेते हैं। इनमें उनका खूब मनोरंजन होता है। यहां तमाम तरह की चीजें बिकती हैं, बड़े-बूढ़े जमकर गपशप करते हैं, जबकि जवान लोग सौरबीन और गोल घूमने वाले झूलों का मजा लेते हैं। यह आश्चर्य की बात है कि मेरे देश में लगने वाले मेलों की ये बातें यहां पूर्वी रूप रखकर इन तथाकथित धार्मिक मेलों में कैसे आ जाती हैं। यहां पांच पैरों वाली गाय मिलती है, बकरा कई करतब दिखाता, जो उनको बालों वाले घोड़े जैसा दिखता है। यहां भालू का नाच भी बड़ा आकर्षण होता है। मांगने वाला घुमंतु एक जॉगी में सामने आता है। इसकी जिंजर-पॉप और संतरा, महुआ की शराब तथा चिपचिपी मिठाई में समान मात्रा में मिले होते हैं। बंदरिया कहीं भी अकेली नहीं मिलती। उसके लिए भीड़भाड़ से ज्यादा मज़े की और कौन-सी जगह हो सकती है?

इसमें कोई शक नहीं कि इन सभी समागमों में कुछ वास्तविक तीर्थ यात्री भी होते हैं, जिनका मकसद इस तरह के पवित्र मौसम में पवित्र स्थानों पर धार्मिक अनुष्ठान तथा कर्म करना होता है। ये मेले ऐसे समय लगते हैं, जब वहां प्रतिष्ठित देवता की पूजा विशेष रूप से फलदायी मानी जाती है। लेकिन इन लोगों की संख्या डर्बी की भीड़ में 'रिंग के सदस्यों' की संख्या से ज्यादा नहीं होती। इस तरह के आयोजन आमतौर पर आबादी के बड़े केन्द्रों के पास होते हैं, जहां पवित्र नर्मदा के तट पर महत्त्वपूर्ण मंदिर बने हैं। लेकिन महादेव मंदिर पर होने वाला यह आयोजन उपरोक्त अवकाश के समय के पर्यटन से अलग स्वरूप का है। यहां बड़ी संख्या में श्रद्धालुजन एक दूरस्थ और एकांत घाटी में जाते हैं, जो 'शाश्वत पर्वतों' से घिरे हैं और जहां महादेव का मुख्य निवास स्थान है। यहां किसी सैलानी को लुभाने के लिए कोई शानदार मंदिर अथवा आकर्षक कर्मकाण्ड नहीं है। यहां जाने वाले रास्ते महज पंगडंडियां हैं, जो घने जंगल में मुश्किल से नज़र आती हैं। यहां-वहां उन्हें खड़ी पहाड़ियां भी चढ़नी पड़ती हैं। अनगिनत श्रद्धालुओं के चलने से इनमें इतनी घिसावट आ गयी है कि सीढ़ियां जैसी बन गयी है। बूढ़े और जवान इस रास्ते पर पैदल ही

जाते हैं। महामारी, जंगली जानवरों तथा दानवों और आत्माओं आदि की कल्पनाओं से उनका रास्ता और भी रोमांच से भर जाता है। पवित्र पहाड़ की तराई में आने पर श्रद्धालु को न तो आमोद-प्रमोद का कोई साधन मिलता है और न बहुत जरूरत की चीजों के अलावा कोई अन्य चीज। उसे इस यात्रा में महादेव के समक्ष खाने को सूखा भुना हुआ अनाज और सोने के लिए नंगी ज़मीन मिलती है। अगर कोई श्रद्धालु पहले आने वाले झुंड में शामिल हो, तो उसे देनवा नदी पर अपनी प्यास बुझाने आने वाले शेर का दीदार होना भी संभव है।

(इस अवसर पर जब मैं मोतुर गया, तो मैंने एक शेर के चिह्न उस जगह देखे जहां श्रद्धालु पानी पीते हैं। अलबत्ता, उस वक्त वे वहां आये नहीं थे।)

मैं पंचमढ़ी वापसी के रास्ते में, इस अथाह जनसमुदाय के बीच से होकर गुजरा। उनमें से अनेक लोग पवित्र झरने में डुबकी लगाकर मंदिर की पहाड़ी पर चढ़ने लगे थे। मेरा रास्ता भी श्रद्धालुओं के मार्ग पर ही था। अनगिनत जनसमूह बड़ी मेहनत से करीब दो हजार फिट ऊंचाई पर स्थित मंदिर की ओर बढ़ रहे थे। जनसमूह में पुरुष और महिलाएं दोनों थे। पुरुष कमर तक कुछ नहीं पहने थे। औरतें कमर पर एक स्वच्छ सफेद कपड़ा लपेटे थीं। उनके माथे पर लाल और पीले रंग के आड़े तिलक लगे थे, जो उनके शिवभक्त होने की पहचान थी। महिलाएं अपने सामान्य कपड़े पहने थीं, लेकिन वे अपने मुंह को सलीके से घूंघट में छुपाये थीं। सामान्य अवसरों पर ऊंची जातियों की महिलाएं इसे बार-बार सम्हालती हैं, लेकिन इस अवसर के उत्साह में वे इस नियम को कुछ शिथिल किये हुये थीं। (फिर, क्या वे सभी पापों से मुक्ति के मार्ग पर नहीं जा रही थी?) उन सुंदरियों का सौन्दर्य, भूरी त्वचा और भंवर काली आंखें उनके उड़ते पल्लू से उस समय दिख जाती थीं, जब वे आश्चर्य से 'साहेब' को देखने के लिए मुड़ती थीं, जिसके पीछे विचित्र से कपड़े पहने सेवक दो-नाली रायफल कंधे पर टांगे चल रहे थे। वहां पर किसी धार्मिक उत्साह के लक्षण भी नहीं थे। सभी लोग मजे से हंसते हुए चल रहे थे। वे बीच-बीच में 'जय जय महादेव' का नारा जरूर लगाते थे। सबसे नीचे से पहला कदम रखने वाले प्रत्येक व्यक्ति द्वारा यह जयकारा किया जाता था, जिसे ऊपर तक सभी समूह दोहराते थे। आगे चलकर यह भीड़ की गहमागहमी में खो जाता था, जो पहले ही मंदिर तक पहुंच चुकी थी। हिन्दुओं की धार्मिक भावना में उदासी और भय के भाव का आखिरी स्थान है। यहां तक कि यह भावना उनमें तब भी नहीं आती जब वे उस देवता के पास खड़े होते हैं, जिसे देव त्रिमूर्ति में विध्वंस का देवता माना जाता है। इस तरह की तीर्थ यात्रा करने भर को पर्याप्त पुण्यदायी माना जाता है, जिसमें न विलाप हो न शिकायत। उनका विश्वास है कि इससे उनका कल्याण होगा, क्योंकि पुरोहित ऐसा कहते हैं। इस चढ़ाई को लेकर उन्हें कोई कष्ट नहीं है और जहां भी संभव हो वे थोड़ा आराम कर लेते हैं। बहरहाल, जिन लोगों को मेहनत करने की आदत नहीं है, उन्हें यह बहुत कठिन लगता

है। बूढ़े, कमजोर, मोटे व्यापारियों तथा अच्छे घरों की नाजुक औरतों को बार-बार रुककर आराम करना पड़ता है। रास्ता टेढ़ा-मेढ़ा था और हर एक मोड़ पर कोई ऐसी सुविधाजनक चट्टान या शिला रखी मिल जाती थी जो पीढ़ियों से यहां आने वाले श्रद्धालुओं के बैठने से घिस गयी थी।

मंदिर पहुंचने से पहले एक लंबी दूरी तक मार्ग के दोनों तरफ धार्मिक साधुओं और भक्तों की कतारें थीं, जो अपनी झोली फैलाए भीख मांग रहे थे। वे भभूत रमाये थे और सिर पर शिव भक्तों की पहचान स्वरूप आड़ा तिलक लगाये थे। उनकी कमर पर रस्सी बंधी थी, आंखें खोखली तथा धुंधली थीं और वे लोहे के लंबे चिमटे बजा रहे थे, जिन पर घूमने वाले घुंघरू बंधे थे। वे महादेव का जयघोष कर रहे थे। घुंघरू की मधुर खनक तथा अनगिनत आवाजों की गुनगुनाहट हमारे कानों में पहुंच रही थी। पर्वत के आखिरी स्कंध पर चढ़कर हम मंदिर की संकरी घाटी में प्रवेश कर गये। एक लंबे धुंधले गलियारे के दोनों तरफ लाल, बलुआ चट्टानें थीं और यह लंबे आम के पेड़ों से आवृत्त था। इस पर चलकर गुफा तक पहुंचा जाता है। चट्टान के खडंजों की दरारों में आम, जंगली केले तथा पवित्र चम्पा की जड़ें, खोंसी गयी थीं, जो श्रद्धालुओं के पैरों से दबकर चिकनी तथा गुफा से निकलने वाले झरने के पानी के कारण नम तथा फिसलन भरी हो गयी थीं।

इस गुफा का द्वार ऊंचा और प्राकृतिक रूप से मेहराबदार है, जो एक सीधी बलुआ चट्टान में बना है। यह करीब तीन सौ फिट तक पहाड़ी के अंदर तक जाता है। बेशक, यह कुदरती है। इसके आगे एक छोर से ठंडे पानी का काफी बड़ा झरना एक दर्रे से निकलता है। यहां एक लिंगम स्थित है जो महादेव का प्रतिनिधित्व करता है। वर्ष में एक बार यहां ये सब तीर्थयात्री आते हैं। इस वन स्थित धर्मस्थल पर मानव निर्मित मंदिर, कोई उत्कीर्ण मूर्ति और ब्राह्मण धर्म के समारोहों में आमतौर पर होने वाली धूमधाम नहीं है। बाहर, एक चबूतरे पर एक ब्राह्मण बैठकर रेवाखंड में शामिल शिवस्तुति के मंत्रों का उच्चारण करता है और कुछ दूर बैठी एक बूढ़ी औरत बीच-बीच में बड़ा घंटा बजाती है।

लेकिन मंदिर के भीतर कोई पुजारी नहीं है। वहां सिर्फ आदिवासियों के मुखिया का एक नौकर रहता आया है, जो यहां मंदिर की रक्षा का कार्य करता है और श्रद्धालुओं द्वारा अर्पित प्रसाद आदि प्राप्त करता है। कोई भी श्रद्धालु अपने द्वारा अर्पित की जाने वाली सामग्री के अलावा और कुछ भी लेकर ऊपर नहीं आता। इसकी वजह यह है कि वहां से कोई कुछ वापस लेकर नहीं जाता। उसे अपना आखिरी रुपया और यहां तक कि औरतों के जेवर भी भगवान के मंदिर में छोड़कर जाना पड़ता है। गुफा में घुसने के पहले श्रद्धालु बाहर बैठे ब्राह्मणों के पास (उसकी बक्सीश के साथ) मिट्टी के दो छोटे बर्तन पवित्र जल प्राप्त करने के लिए छोड़ देता है। ब्राह्मण इनमें झरने का पानी भरकर, उसे बंद करके श्रद्धालु को सौंप देते हैं। वह इसके बाद महादेव

पर्वत पर स्थित अन्य पवित्र स्थलों का भ्रमण करने निकल पड़ता है। इसमें उसका बाकी बचा सारा दिन निकल जाता है। हर जगह एक नारियल चढ़ाया जाता है। अपनी इस यात्रा के दौरान वह अनेक स्थानों पर बच्चों के ताश के घरों की तरह छोटे पत्थरों का ढेर बनाता है, जो उसकी शिवलोक कैलाश में वास की कामना का द्योतक होता है। अनेक ऐसे स्थान हैं, जहां सैद्धांतिक रूप से जाना अनिवार्य है, लेकिन वे बहुत दुर्गम हैं। इनमें चौरादेव की चोटी शामिल है। बहुत कम तीर्थयात्री इसकी परिक्रमा कर पाते हैं।

मैं कुछ घंटों तक घाटी में बैठा गुफा के द्वार तथा इसके आसपास के रेखाचित्र बनाता रहा। मुझे देखकर कुछ पेशेवर धर्मवादी नाक सिकोड़ लेते थे, तो महिलाएं अपने वस्त्र सम्हालने लगतीं। मैं अपने काम में लगा बस इतना ही देख पाया। हिन्दुओं के समागमों को ऐसी मनमोहकता प्रदान करने वाले तीखे रंगों की छटा इस अवसर पर श्रद्धालुओं के सामान्य अवकाश परिधानों और सजधज से और बढ़ गयी थी। ऊपर से नरम रोशनी लतामंडप से छन-छनकर आ रही थी, जो मुझसे ज्यादा अच्छे किसी चित्रकार के लिए बेहतर विषय होती। यह भरोसा करना मुश्किल था कि यह इतना बड़ा जनसमुदाय एक ही दिन में यहां आया है और एक ही दिन में चला जाएगा और यह घाटी फिर बाईसन और जंगली मुर्ग के हवाले हो जाएगी। इस तरह की तीर्थ यात्राओं वाले अधिकतर धार्मिक स्थानों के विपरीत, तीर्थ यात्रियों के चले जाने के बाद यहां भगवान की देखभाल के लिए, कोई नहीं रहता। घंटे को खोलकर ले जाया जाता है, जो स्पष्ट रूप से उस जगह एकमात्र कीमती वस्तु मानी जाती है। जब मैं पहली बार गुफा में गया, तब मैंने देखा कि महादेव की देखभाल जंगली पशु उनके मनुष्य भक्तों से कहीं बेहतर कर रहे थे। इनमें एक तेन्दुआ या लकड़बग्घा इस मंदिर में रोजाना चढ़ावे के रूप में कुछ-न-कुछ अवश्य छोड़कर जाता है।

यूरोपियन लोग आमतौर पर ऐसा समझते हैं कि इन शैव मंदिरों में की जाने वाली पूजा में कुछ अश्लील स्वरूप के अनुष्ठान या रहस्यमय कार्यकलाप शामिल होते हैं। मेरा मानना है कि यह बात पूरी तरह निराधार हैं। यहां किसी भी तरह ऐसा कुछ हो ही नहीं सकता, जहां इतनी भीड़ होती है। यही नहीं, मैं जिन अनेक मंदिरों में गया हूं वहां भी मुझे ऐसा कुछ देखने को नहीं मिला। बेशक, कुछ ऐसे छुटपुट सम्प्रदाय हैं, जो शिव की नारी शक्ति के रूप में पूजा करते हुए इस तरह के अश्लील क्रियाकलाप करते हैं। लेकिन उनके ये अपवित्र क्रियाकलाप सार्वजनिक धर्मस्थलों पर नहीं, बल्कि अपने गुप्त और एकान्त में स्थित मिलन-स्थलों पर होते हैं। मेरा मानना है कि उनके बारे में शिव के साधारण अनुयायियों तक को जानकारी नहीं होती।

एक वस्तु ऐसी है, जो शिव के इस मंदिर के पास ध्यान आकर्षित करती है। इसकी विस्तृत व्याख्या की जाएगी। पवित्र झरने के ऊपर एक ऊंची खड़ी पहाड़ी से एक छोटा सफेद झंडा निकला हुआ है। देखने में तो इसमें कुछ भी खास नहीं

लगता, लेकिन यह वह स्थान है जहां से 'उन दिनों में जिन्हें भुला दिया गया है' इंसान काली और काल भैरव को अपनी बलि देने के लिए छलांग लगाते थे। काली और भैरव को क्रमशः शिव की पत्नी और पुत्र माना जाता है। ब्रिटिश सरकार पर इस प्रकार के तथाकथित धार्मिक रिवाजों को रोकने के लिए कायरता का आरोप नहीं लगाया जा सकता, जो मानवता के खिलाफ हैं। उसने बहुत पहले रक्तरंजित अनुष्ठानों पर रोक लगा दी है। बहरहाल, इन धार्मिक तीर्थ यात्रा के दौरान सदियों से इस तरह के अनुष्ठान नियमित रूप से होते रहे थे। ये यहीं नहीं शिव भक्तों के अन्य स्थानों पर भी होते थे। इनका संबंध उपरोक्त देवता के भयानक मिथकीय रूपों से है, जो संभवतः आदिवासियों के देवता माने गये और जो ब्राह्मण धर्म के देवताओं में शामिल हो गये।

पंचमढ़ी के सुदूर पश्चिम में, निमाड़ जिले में, नर्मदा नदी में एक पर्वत द्वीप है, जिसे मांधाता* कहते हैं। इस पर शिव का एक मंदिर स्थित है जो औंकार कहलता है। यह भारत के सबसे प्राचीन और प्रसिद्ध शिवलिंगों में से एक है। पंचमढ़ी स्थित मंदिर की तरह यह मंदिर भी जंगल में ऊबड़-खाबड़ पहाड़ियों पर बना है। किसी समय यह शैव सम्प्रदाय की एक बड़ी पीठ थी। पर्वत के कगारों से इसकी किलेबंदी हुई है और करीब दो वर्ग मील क्षेत्र में एक हजार विशाल मंदिरों के अवशेषों के ढेर लगे हैं। सर्वाधिक प्राचीन मंदिरों में आज भी पूजा-अर्चना की जाती है। भील आदिवासी लोग इनकी देखभाल करते हैं। अभी भी एक भिलाला परिवार यह कार्य करता है, जो अपनी उत्पत्ति भीलों से बताते हैं। यहां एक किंवदंती प्रचलित है, जो कुछ-कुछ पुरातन लेखनों पर आधारित है। इसके अनुसार एक राजपूत तथा उसके सहायकों द्वारा यहां औंकार (शिव) की पूजा शुरू करने से काफी पहले भीलों द्वारा काली और काल भैरव की पूजा की जाती थी। ये लोग वर्तमान भिलाला अभिरक्षकों तथा शिव मंदिर के वंशानुगत मुख्य पुरोहित के पूर्वज थे। ऐसा कहा जाता है कि यह राजपूत भीलों से संबंध स्थापित कर इस जनजाति का मुखिया बन गया। उसके साथ आने वाले पुरोहित ने अपनी तप-तपस्या के कारण इन आदिवासियों के पुरातन देवताओं को विध्वंस से बचा लिया। उसने काली को ऊपर एक कंदरा में बंद कर दिया (और अगर आपको भरोसा न हो, तो आप आज भी देख सकते हैं कि यह कंदरा बंद है)। उसने यह प्रण किया कि भैरव को हर साल नरबलि दी जाएगी। अब आप सुनिये कि पहाड़ी से कूदकर स्वयं की बलि देने के लिए शैव कथाओं में क्या प्रलोभन दिया गया है।

औंकार-मांधाता काल भैरव हैं। पार्वती (शिव की पत्नी) ने गंधर्वों की पच्चीस करोड़ पुत्रियां से कहा कि "तुम्हारा विवाह उन व्यक्तियों से होगा, जो इस चट्टान

---

* 'मांधाता में नर्मदा खंड, जिसे स्कंध पुराण का अंग कहा गया है। इस मंदिर तथा द्वीप के विषय में अधिक विवरण सेन्ट्रल प्रॉविन्सेज गजेटियर के दूसरे संस्करण में उपलब्ध है।

से छलांग लगाकर आत्मोत्सर्ग करेंगे।" इस तरह से अपने आपको जो काली को समर्पित करेगा, उसे कृपा मिलेगी, भले ही वह ब्रह्म हत्या का दोषी क्यों न हो। भक्त एक कपड़े पर सूर्य का निशान बनाकर दो झंडे, एक दंड तथा एक चंवर हाथ में लेकर संगीत की धुन पर आनंद मनाता हुआ इस चट्टान पर जाए। जो भी निर्भीक होकर इस चट्टान से कूदकर प्राण देगा, उसका विवाह किसी गंधर्व से होगा। लेकिन अगर कूदते समय उसे भय या झिझक हुई, तो वह नरक में जाएगा। भय के कारण जो लौट आएगा, उसका हर कदम एक ब्रह्म हत्या के पाप के बराबर होगा। लेकिन जो साहसपूर्वक कूदेगा, उसे हर कदम का यज्ञ के समान पुण्य मिलेगा। कोई ब्राह्मण इस चट्टान से न कूदे।

जिस व्यक्ति ने शपथ भंग की हो, पितृ हत्या की हो या कुटुम्ब में व्यभिचार किया हो, वह यदि इस प्रकार प्राणोत्सर्ग करेगा तो पापों से मुक्त हो जाएगा।

सन् 1822 में हमारी सरकार के एक यूरोपियन अफसर ने इस मंदिर पर काल भैरव के संभवतः अंतिम बलिदानी को इस प्रकार अपनी जान देते देखा था। उस वक्त यह द्वीप एक स्थानीय राज्य (सिंधिया) के अंतर्गत था और हमारी सरकार ने उस वक्त तक इस प्रकार के हिंसक अनुष्ठानों में दखल देना शुरू नहीं किया था। लिहाजा, इस विवरण को लिखने वाला वह सियासी अफसर उसे जबर्दस्ती रोकने में असमर्थ था। मुझे यह विवरण कुछ वर्ष पहले एक पाण्डुलिपि में मिला। यह निमाड़ जिले के सरकारी रिकार्ड रूम में अनेक अन्य भूले-बिसरे काग़जों में दबा हुआ था। इसका आखिरी हिस्सा दिलचस्प हो सकता है। किसी व्यक्ति द्वारा प्रत्यक्ष रूप से देखी गयी ऐसी घटना का यह एकमात्र विवरण है। उस अफसर ने अपने विवरण में लिखा है कि उसने किस तरह तर्क करके उस युवा को ऐसा न करने के लिए कहा। इसके बाद उसने लिखा कि वह किस तरह उस युवक के साथ उस चट्टान के एकदम पास तक गया। वह लिखता है कि "मैं सुबह जल्दी ही भैरू (भैरव) की प्रतिमा के पास पहुंच गया। यह बेसाल्ट पत्थर की एक अनगढ़ पहाड़ी थी, जिस पर लाल पुता हुआ था। उस युवक को छलांग लगाने के लिए उस ऊंची चट्टान पर चढ़ने से पहले इस मूर्ति के सामने साष्टांग दंडवत् करना जरूरी था। कुछ देर बाद वह युवक आ गया। इससे पहले भौंडा-सा संगीत बजा। वह धीरे-धीरे उस अनगढ़ मूर्ति के पास गया। उसके चेहरे पर वहशी आनंद के भाव थे। जैसे ही यह सब कुछ कम हुआ, मैंने उससे बहुत अधिक तत्परता से कहा कि वह अपना इरादा बदल दे। मैंने उसे पूरी जिंदगी संरक्षण देने का वायदा किया। मैंने एहतियात के तौर पर एक नाव भी पास रख छोड़ी थी, जो हमें पांच मिनट के भीतर ही भीड़ की नजरों से बहुत दूर ले जाती। मेरी गुजारिश बेकार गयी। उसने और अधिक दृढ़ता से जवाब दिया कि शक्तिमान भैरू को दी जाने वाली बलि को हटाना इंसान के बूते की बात नहीं है। उसने अदम्य संकल्प का परिचय दिया। वह अपने इस

संकल्प से इतना ज्यादा अभिभूत था कि उसने मुझसे यह अनुरोध किया कि अगर वह सुरक्षित रूप से मूर्ति पर गिर जाए, तो मैं उसे पुरोहिताइन* की कटार से बचा लूं। इस तरह के गहरे जड़ जमा चुके भ्रम को सिर्फ ताकत से ही जीता जा सकता है। मैं ऐसा करने के लिए अनाधिकृत था। मूर्ति के सामने आकर उसका भ्रम और बढ़ गया। वहां उपस्थित बर्बर लोग आवाज लगाकर और हाथ उठाकर उसे उकसा रहे थे। उसने मेरे अनुरोध को पूरी तरह नकार दिया। उसने नारियल अर्पित किये। पहले एक नारियल को फोड़ा और पहले से अर्पित पैसे और कोड़ियों को पुरोहिताइन द्वारा दिये गये तुंबे में डाल दिया। इसके बाद उसने नारियल की नट्टी में उसे कुछ स्पिरिट दी। उसने पहले अपने बेटे को यह पिलाई, ताकि किसी को यह शक न हो कि इसमें नशा है। इसमें से कुछ मूर्ति के समक्ष तर्पण में उंडेल दी। उसने युवक को इशारा किया कि वह जो चांदी की अंगूठियां पहने है, वह उसे दे दे। वह अगूंठी निकालकर देते हुए पूरी तरह अविचलित रहा। उसने पहली अगूंठी निकालकर मुंह में छुपा ली। आखिरी अंगूठी देने तक वह इसे छुपाये रहा। फिर अपने आसपास लोगों पर नजर घुमाकर उसने एक आदमी की तरफ इशारा किया, जिसे वह इसे देना चाहता था। यह वह आदमी था, जो उज्जैन से उसके साथ आया था। वहां उपस्थित अनेक लोगों ने अपने हाथ के कंगन और यहां तक कि सुपारी तक को उसका पवित्र स्पर्श कराने की उत्सुकता व्यक्त की। उसने बड़े शांत भाव से इन चीजों को अपने मुंह से रखकर उन्हें लौटा दी। अंत में पुरोहिताइन ने उसे एक पान खिलाया** और दृढ़ कदमों से वहां से चली गयी। इस बीच लोग प्रशंसा में तालियां बजाते रहे।

अपनी चढ़ाई के दूसरे अर्द्ध भाग में उसका काफी शरीर झाड़ियों में छुप गया। बहुत आगे जाने पर वह दिखाई देने लगा और बहुत दृढ़ और शांत मुद्रा में वहां खड़ा हो गया। कुछ समय तक उसने पत्थर की शिला पर कुछ उत्तेजित गतिविधियां कीं। उसने अपनी बाहों को ऊपर उठाया, जैसे कि किसी का आह्वान कर रहा हो। आखिर में उसने यह गतिविधि बंद कर दी और धीरे-धीरे अपने दोनों हाथों को हिलाकर उपस्थित जन समुदाय से विदा ली। ऐसा करने के बाद उसने नारियल, दर्पण, चाकू और नींबू को घुमाकर फेंका, जो वह लगातार हाथ में रखा था और एक कदम पीछे हटकर एक ही क्षण में हमारी आंखों से ओझल हो गया। एक चुप्पी-सी छा गयी, जिसमें मेरा सिर चकरा गया। लगा जैसे दिल डूबने लगा हो तथा शरीर पर चीटियां

---

* यहां जिस पुरोहिताइन का उल्लेख है, वह संभवतः मंदिर की भील अभिरक्षक थी। उस समय वंशानुगत रूप से किसी महिला पुरोहित बनने पर रोक नहीं थी। जबकि भारत में पुरोहिताइन कभी रही नहीं। उसके द्वारा लोगों के चढ़ावों को स्वीकार करना इसी बात की पुष्टि करता है।

** औपचारिक मुलाकात की समाप्ति का सामान्य संकेत! इस जगह को 'बीरकाली' शिला कहते हैं। जिसका अर्थ मेरी समझ में 'शूरवीर' की छलांग ही है।

भी रेंगने लगीं। अगले ही क्षण हमारी कातर आंखों के सामने वह शूरवीर की तरह कूदकर! एकदम प्रकट हो गया।

वह बहुत तेजी के साथ आगे बढ़ा। बाहर निकली हुई शिला में उसने पोजीशन ली और केवल सिर नीचे चला गया। नब्बे फिट नीचे गिरते ही उसकी मौत हो गयी। इस प्रकार इस युवक का अंत हो गया जिसकी आस्था की शक्ति और साहस का किसी श्रेष्ठ काम में उपयोग हो सकता था। भय का भाव कम होने पर उसकी काफी प्रशंसा होती रहेगी। इस प्रकार यह भयानक दृश्य समाप्त हुआ।*

इसके पूर्व की एक घटना में एक बूढ़ी गरीब महिला इस प्रकार की जानलेवा छलांग से उस वक्त पीछे हट गयी थी, जब उसे उस चट्टान की कगार पर लाया गया था। लेकिन उत्तेजित धार्मिक लोगों ने उसे बेरहमी से धक्का दे दिया था। उसके बाद यह घटना आखिरी थी, जिसे होने दिया गया। इसके बाद 1824 में देश हमारे प्रशासन में आ गया।

लेकिन बुरी शक्तियों का शिकार बनने से उन्हें फिर भी नहीं रोका जा सकता। ब्रिटिश सरकार ने भ्रमित और नशे में उन्मत्त भक्तों को वीर-काली चट्टान से कूदकर जान देने से तो रोक लिया, लेकिन क्रूर हत्यारे–हैजा दानव के हाथों मरने से उन्हें नहीं रोक पायी। साल-दर-साल यह माहमारी तीर्थयात्रियों के शिविरों को अपनी चपेट में लेती रही। स्वच्छता विज्ञानी कहते थे कि यह बीमारी बड़े शहरों की गलियों में होने वाली सड़ांध से उपजे रोगाणुओं के कारण हुई थी। इसके अलावा श्रद्धालुओं के शिविरों में खराब भोजन, गंदा वातावरण तथा विषैला पानी भी इसका कारण था। लेकिन हिन्दुओं को यही लगता था कि यह कुछ और नहीं, देवता द्वारा की जा रही बलि की मांग है। साल-दर-साल श्रद्धालुओं में अफरातफरी मच जाती थी। मरने वालों की लाशों को दफनाने के लिए गुफा की घाटी, खड़ी पहाड़ियों के इलाके तथा साल वन गलियारों का उपयोग किया जाता था। बड़ी संख्या में लोग भयभीत होकर मौत के बीज का संक्रमण लिए दूर-दूर तक भाग जाते थे। हर कहीं उनके रास्तों पर बिना दफनायी गयी लाशें पड़ी रहती थीं। नर्मदा घाटी के दूरस्थ गांव और दक्षिण के इलाके इस विध्वंसक दानवीय प्रकोप का शिकार बन जाते थे। इस जानलेवा भीड़ से कोई व्यक्ति भागते हुए विश्राम के लिए ठहर नहीं सकता था। रास्ते में जो गांव पड़ते थे, वे अपने दरवाजे उसके लिए बंद कर देते थे, मानो कि वह कोई पागल कुत्ता हो। इस बीमारी से बचकर निकल भागने में कामयाब अनेक लोग जंगल में भूख से मर जाते थे या जंगली जानवर उन्हें अपना शिकार बना लेते थे। आखिरकार 1865 में एक भयंकर हैजा प्रकोप के बाद सरकार ने महादेव गुफा में सामान्यतः होने वाले समागम पर रोक लगा दी। लोगों ने कोई शिकायत नहीं की। जब पुरोहित उन्हें नहीं

---

* इन्दौर स्थित रेजीडेन्ट, निमाड़ में पॉलिटिकल एजेन्ट, केप्टन डगलस के 29 नवंबर 1822 के पत्र के अंश।

उकसाते, तो वे लोग इन बातों पर कुछ खास ध्यान नहीं देते। यहां पर पुरोहितों को वंशानुगत अभिरक्षकों ने संतुष्ट कर दिया था (जिन पर वे निर्भर थे), कि तीर्थयात्रा से उन्हें होने वाली औसत आमदनी उन्हें पेन्शन के रूप में दी जाएगी। जब उनका लाभ प्रभावित होता है, तब बात बहुत अलग होती है। दो साल पहले, निमाड़ में हैजा के प्रकोप का खतरा उत्पन्न हुआ, लिहाजा, आदेश जारी कर औंकार मांधाता की तीर्थयात्रा को बंद कर दिया गया। मंदिर के पुरोहित और अभिरक्षक तुरंत विरोध में खड़े हुये। उनकी आपत्ति का आधार था कि इससे उन्हें धन की हानि होगी। महादेव तीर्थयात्रा पर रोक से विध्वंस के देवताओं को उनकी बलि मिलना बंद हो गयी। देनवा की घाटी अब हालांकि साल वन में जाने के लिए एक अच्छा काष्ठमार्ग बनने से खुल गयी है, लेकिन इसमें अब श्रद्धालुओं का वार्षिक समागम नहीं होता। मंदिर की गुफा शांत और निर्जन है।

हैजा के इन प्रकोपों के कारण इस इलाके में व्यापार को भारी नुकसान होता था। कभी-कभी तो पूरे गांवों का सफाया हो जाता था। मई 1865 में तीर्थयात्रा के एक रास्ते पर मैं करीब बीस मील चलकर एक गोंड गांव में पहुंचा। यह गांव बैतूल जिले में था। पूरे गरमी के मौसम में मैं हैजा वाले इलाकों से बचता रहा था और मेरे कैम्प में एक भी व्यक्ति को हैजा नहीं हुआ। गरमी अपने चरम पर थी, जिसमें इतनी लंबी यात्रा करके मेरे लोग पूरी तरह बेदम हो गये थे। मैं गांव में जाकर उनके साथ हो गया। मैं भी पहाड़ों की खाक छानकर काफी थक चुका था। मैंने देखा कि मेरा टेंट लगाने वाले तथा एक-दो अन्य लोग बड़ा टेंट लगाने की कवायत में जुटे थे। आमतौर पर इस काम में उन्हें गांव वालों से मिलने वाली सहायता इस काम में नहीं मिल रही थी। उन्होंने शांत मन से बताया कि अब यह गांव जिन्दा लोगों का घर नहीं है। गांव का हर सदस्य हैजा का शिकार बन चुका है। इस गांव में सिर्फ बकरी का एक सफेद बच्चा ही जीवित प्राणी था। वह गले में हार डालकर यहां-वहां घूम रहा था। यह एक बलि का बकरा था, जिसे ये सीधे-सादे लोग, पुराने जमाने के इज़राइलियों की तरह, ऐसे मौकों पर जंगल में छोड़ देते थे जिससे उसके साथ महामारी की आत्मा चली जाए। हम काफी थके हुये थे और इस जगह पर रहना मरने जैसा था। लिहाजा, हमने अपना सामान दोबारा लादा और आठ मील तक आगे जंगल में बढ़ लिये। रात होने पर हमने चौड़ी तवा नदी के किनारे अपना टेंट लगा लिया, जहां दूर-दूर तक इंसानी आबादी नहीं थी। कोई भी इस बीमारी की चपेट में नहीं आया। मेरी अपनी पूरी यात्रा में मैंने साफ-सफाई का पूरा ध्यान रखा। मेरे कैम्प में किसी को हैजा नहीं हुआ।

अध्याय-5

संत लिंगों का अवतरण

गोंडों का सृजन और निष्कासन–लिंगो का आगमन–गोंडों की मुक्ति–जनजातियों में विभाजन और गोंड देवताओं की पूजा।

परधानों अथवा गोंड जनजाति के चारणों के पास अनेक अनगढ़-सी लयबद्ध रचनाएं हैं, जो समारोहों, त्योहारों के अवसर पर वे अपनी जनजाति के समागम के समय गाते हैं। उनके गायन में दो-तारे के लायर नाम के वाद्य यंत्र की संगत होती है। नागपुर स्थित फ्री चर्च ऑफ स्काटलैंड के फादर स्टीफन हिसलॉप ने एक परधान से सुनी हुई करीब एक हजार पंक्तियों को लिख लिया था, जिन्हें उनकी श्रेष्ठतम रचनाएं कहा जाता है। लेकिन उस महान खोजी की दुःखद मृत्यु तथा मध्य भारत के लोगों के तौर-तरीकों से यह काम पूरा नहीं हो सका। आगे चलकर सर आर. टेम्पल के सम्पादन में प्रकाशित उनके कागजों के एक संग्रह में यह किंवदंती काफी लंबी प्रतीत होती है। इसके प्रत्येक शब्द का सही अनुवाद दिया गया है और इसमें जो परिवर्तन किये गये हैं, वे सिर्फ अंग्रेजी व्याकरण की प्राथमिक आवश्यकताओं के अनुरूप ही हैं। इस रूप में ये रचनाएं हालांकि विद्यार्थियों के लिये काफी उपयुक्त हैं, लेकिन साधारण पाठक के लिए कठिन। अगर यह भी माना जाए कि गोंडों की लिखित भाषा नहीं रही, और ये रचनाएं सिर्फ परम्परागत रूप में एक चारण से दूसरे चारण को हस्तान्तरण द्वारा सुरक्षित रखी गयी हैं, तो यह आश्चर्य नहीं होगा कि उसे सामान्य पाठक के लिए उपयुक्त बनाने के पहले काफी पाठ संशोधन की जरूरत पड़ी होगी। यह रचना शुद्ध रूप से मूल गोंड आधार की है या नहीं इसमें शंका हो सकती है, लेकिन यह बात निश्चित है कि इसमें हिन्दू धर्म की भावना और शब्दावली काफी कुछ आ गयी है। इसमें हिन्दू (शैव) देवता के हाथों मूल गोंडों की उत्पत्ति का विवरण दिया गया है। इसमें, हिन्दू धर्म में निषिद्ध मांस खाने के कारण उनके पतन; हिन्दू देवता के द्वारा उनका निष्कासन और बंदी बनाया जाना, लिंगों के नाम से एक संत का जन्म और

उनके बीच जीवन-यापन, जिन्हें उन्होंने कृतघ्नापूर्वक मार डाला, लेकिन जो पुनः जिन्दा हो गये तथा कड़ी तपस्या करके उनके द्वारा गोंडों को मुक्त कराया जाना, उन्हें हिन्दू धर्म के पालन में लगाना, उन्हें कृषि कला तथा आदिवासी देवताओं की पूजा से परिचित कराना और अंततः अंतर्ध्यान होकर देवताओं के पास चले जाना आदि का वर्णन है। इस रचना की रेड इंडियन के पैगम्बर हियावथ की कथा से एकदम समानता है।

मेरी अपनी राय है कि इसकी उत्पत्ति तुलनात्मक रूप से हाल ही की है, जो गोंडों में हिन्दुओं के विचारों तथा नियमों के प्रचार के बाद हुई। उनकी उत्पत्ति को लेकर जो बातें इसमें कही गयी हैं उनका बहुत महत्त्व नहीं है। इसमें उन्हें उत्तर भारत में उत्पन्न बताया गया है, जो उनकी भाषा का दक्षिणी भाषा से निकटता के कारण विवाद के घेरे में आ जाता है। जाहिर है कि इसे हिन्दू तंत्र के एक भाग के रूप में जोड़ा गया है, जो इस रचना में व्याप्त है। एक रचना के रूप में इसका महत्त्व काफी कम है, हालांकि इसमें कहीं-कहीं साहित्यिक सौन्दर्य देखने को मिल जाता है। काफी कुछ हास्य का पुट भी इसमें है। मूल रचना की शैली काफी असंगत है, जिससे कला में लगातार भटकाव आता रहता है और जिसका अंत कहीं नहीं होता। इसमें दोहराव भरा पड़ा है। ये वे त्रुटियां हैं जो गाथा गीतों में स्वाभाविक रूप से आ जाती हैं। ये मौखिक रूप से एक-दूसरे को हस्तांतरित होती हैं। ऐसा लगता है कि अनेक अंकों वाली किसी छोटी-सी कहानी में क्रमिक रूप से कुछ-कुछ जोड़ा जाता रहा और इसे अर्द्ध-हिन्दू परधानों ने पूरी तरह से हिन्दू हो गये गोंडों के मुखियाओं को सुनाने के लिए इसे तैयार किया। फिर भी इस रूप में भी यह कुछ दिलचस्प है, जिसमें अनेक गोंड जनजातियां के हाल ही में हुये हिन्दूकरण को कुछ नाटकीय रूप में दर्शाया गया है। मैंने इसे एक आकार देने की कोशिश की है जिसे पढ़ने में मेरे पाठकों को बहुत कठिनाई नहीं होगी। मैंने इसमें से अधिकतर हिन्दू मनोविज्ञान को कम कर दिया है, जो पुरातन पंथ के सिवा कुछ नहीं था। मैंने लगभग पूरे उत्तरार्ध भाग को हटा देना ही सबसे उचित समझा जिसमें शादी तथा अन्य समारोहों का काफी विस्तृत और उबाऊ वर्णन है और जिसमें आज के समय में प्रचलित प्रथाओं का भी कुछ महत्त्वपूर्ण वर्णन नहीं है।

इस प्रकार, वर्तमान संस्करण काफी छोटा कर दिया गया है और यह अनुवाद की अपेक्षा भावानुवाद अधिक है। हालांकि कई जगह मूल का यथावत् अनुवाद भी किया गया है। मैं हियावथियन छंद और शैली अपनाने के लिये क्षमा याचना करना चाहूंगा। कहीं-कहीं तो इसमें अमेरिकन कवि के शब्दों का भी उपयोग कर लिया है। एक कविता में तो एकदम ऐसा ही लग सकता है कि यह उसकी रेड इंडियन लेजेन्ड का प्रहसन ही है। यह भी मुमकिन है कि दोनों किंवदंतियों का मूल स्वरूप बहुत अच्छा न हो। उन दोनों के बीच काफी अद्‌भुत समानताओं को हियावथा के लेखक द्वारा

अपनायी गई विधि से ही सामने लाया जा सकता है। लेकिन उत्तरी अमेरिका का 'नॉबेल सेवेज' मध्य भारत के गरीब और फटेहाल स्वरूप से काफी अलग है। यहां तक कि लांगफैलो अथवा कैनिमोर कूपर की प्रतिमा भी गोंड तथा उसके परिवेश को महिमामंडित नहीं कर सकती। लिहाजा, मैंने इस कहानी में उपस्थित भौंडेपन के तत्व को ही पूरी तरह उजागर करना श्रेयस्कर समझा। इसके लिये हियावथियन शैली ही ठीक है। मैं यहां यह कहना चाहूंगा कि गोंड संस्थाओं के अध्येताओं को इसकी जगह मूल पाठ ही ग्रहण करना चाहिए।

अध्याय-6

सागौन क्षेत्र

ट्रेप इलाका-सागौन वनों की स्थिति-अन्य इमारती वृक्ष-ताप्ती घाटी-फ्रैंकेस्टिन वृक्ष-ट्रेप क्षेत्र में वनों के पहलू-जंगली आग-प्राचीन बस्तियां-ताप्ती घाटी के कोरकू-अन्वेषण की कठिनाई-वन क्रीड़ाएं-सांभर हिरण-इसकी आदतें और आहार-बोरी हिरण की मृत्यु-सांभर के सींग-शिकार के दौरान अनोखी घटनाएं-शेर के शिकार के दौरान घटनाएं-सांभर का शिकार-हाथी पहाड़ियां-भील-एक भील दुर्ग-मुस्लिम वास्तुकला-सांभर को ढूंढ़ने में कठिनाई-घोटिया-सांभर का ग़ायब होना-मैदानी क्षेत्र में वापसी-गिद्धों की घाटी-सांभर की जमीन पर वापसी-हिरण का शिकार-मिस एनदर-चौसिंग-बाईसन की जासूसी-'झींगुर' और 'स्कंक'-एक झुंड का मिलना-सांड का शिकार-एक खतरनाक स्थिति-एकांतिक सांड-पानी की प्यास-एक अन्य सांड का शिकार-सांभर का एक झुंड-एक शिकार का विवरण।

यह देखकर कि हमारी फॉरेस्ट लॉज का काम तेजी से पूर्णता की ओर है, 28 मार्च को मैं पंचमढ़ी पठार से अपनी पहली लंबी अन्वेषण यात्रा पर निकल गया। मैं पूर्व में उल्लेख कर चुका हूं कि ये जिले इस पर्वत शृंखला के मध्य पठारी-भूमि पर स्थित हैं, जिसके केन्द्र से एक ऊंचा पर्वत उभरता है, जिसे महादेव (अथवा पंचमढ़ी) समूह कहते हैं। इस पठारी भूमि की सामान्य ऊंचाई समुद्र से 2,000 फिट है; लेकिन इस सामान्य समतल पर बड़ी महादेव शृंखला के अलावा अनेक छोटे उभार हैं, जिन पर ट्रेप संरचना की पहाड़ियों के विशिष्ट सपाट-शीर्ष वाले आकर सामान्य तौर पर नज़र आते हैं।*

बसाल्ट का अतिप्रवाह इस विशाल क्षेत्र में लगभग हर जगह है। वृहद् महादेव बलुआ पत्थर खंड और कुछ छिटपुट ग्रेनाइट चोटियां, जो खड़ी और बिखरी हुई हैं,

* इन पृथक रूप से स्थित अनेक पहाड़ियों के शीर्ष समतल हैं और प्रपाती कगारों पर आधारित हैं। इनमें जहां-तहां धसकनें हैं, जिनमें बारिश का पानी एकत्रित होता है। ये प्राकृतिक रूप से निर्मित अजेय गढ़ियों की तरह हैं। कुछ अनगढ़ राजगीर कार्यों के कारण इन पर पुराने समय में पहाड़ी मुखिया लोग रहने लगे थे।

ही इस ज्वालामुखीय समुद्र के बीच में उभरती हैं। लगभग 2,000 फिट में विस्तृत पठार के विस्तार का अनुमान लगाने के लिए यह ट्रेप अतिप्रवाह का मूलस्तर दिखाई देता। ये उस संरचना की अधिक ऊंची चोटियां हैं, जो कुछ स्थानों पर 3,000 फिट ऊपर हैं और संभवतः बाद की उथल-पुथल का परिणाम हैं। बहरहाल, यह पठार लगभग 1,000 फिट गहरे बड़े झरनों के कारण आमतौर पर हरियाली विहीन हो गया है, जहां वे ज्वालामुखीय तलों पर दक्खन के वृहद् दक्षिणी मैदान के स्तर पर बहते हैं। इस प्रकार, समतल पठार का विस्तार काफी कम हो गया है। इसका एक कारण अपवहन तंत्र तथा अन्य कारण ज्यादा ऊंची श्रृंखलाएं और ढलान वाली लंबी घाटियां हैं, जो उन्हें पठार से जोड़ती हैं।

मैंने इस ज्वालामुखीय क्षेत्र को मध्य भारत में सागौन क्षेत्र भी कहा है। यह सामान्यतः ऐसा ही है, लेकिन सच पूछा जाए तो सागौन वृक्ष सिर्फ ट्रेप संरचना तक सीमित नहीं हैं। सागौन ट्रेप क्षेत्र का प्रमुख वृक्ष और एकमात्र इमारती पेड़ नहीं है। प्रकृति में ऐसी कोई विभेदकारी रेखाएं नहीं होतीं, लेकिन मेरे ख्याल से यह संयोग इतना अधिक है कि उनके बीच कोई संबंध होने का अनुमान लग ही जाता है। प्रथम अध्याय में इसे खोजने का प्रयास किया जा चुका है। कमोवेश, सागौन इस अंचल में सभी जगह बिखरा हुआ है, लेकिन मुख्य वन क्षेत्र पठार के सामान्य स्तर से ऊपर उठने वाली ज्यादा ऊंची श्रृंखलाओं के किनारे से सटे पाये जाते हैं। इस क्षेत्र के अधिक व्यापक स्तर के जंगल को बहुत पहले खेती के लिए साफ कर दिया गया, और काफी लंबे समय से वनों की इन बस्तियों के आसपास कुछ छोटी झाड़ियां ही बची रह गयी हैं, जिनसे लोगों की इमारती लकड़ी तथा ईंधन की ज़रूरतें पूरी होती हैं। मैदानी क्षेत्र की ओर पठार की बाहरी ढलानों से भी बहुत पहले ही सभी मूल्यवान सागौन को साफ कर दिया गया है। इनकी प्रकृति अनुर्वरक होने के कारण यह संभवतः कभी भी बहुत मात्रा में पैदा नहीं हुआ। यहां तक कि अधिक ऊंचे और अधिक अलग-थलग इलाकों में, जहां सागौन के वन अब भी रह गये हैं, उपरोक्त कारणों से बड़ी संख्या में परिपक्व और अच्छे बड़े पेड़ों की संख्या काफी कम हो गयी है। यह इतनी कम हो गयी है कि कुछ स्थानों पर उतने से ज्यादा वृक्ष नहीं बचे हैं, जो पचास से सौ वर्ष की अवधि में वनों को पुनः उगाने के लिए पर्याप्त हों। हर जगह, सागौन जंगल के छोटे टुकड़ों में अन्य प्रजातियों के साथ उत्पन्न होता है, जिनमें साज, बिजासल तथा धावड़ा प्रमुख हैं। कुछ क्षेत्रों में अंजन के साथ भी यह उगता है। अनेक अन्य प्रजातियां भी देखी गयी हैं।

मध्य भारत में परिपक्व सागौन पेड़ की गोलाई दस से पंद्रह फिट और इसकी गांठ शाखाओं के शीर्ष तक सत्तर या अस्सी फिट होती है। बहरहाल, परिपूर्ण वृक्ष बहुत दुर्लभ होते हैं। अधिकतर वृक्ष पौधारोपण की अवस्था में ही आग अथवा कुल्हाड़ी से क्षतिग्रस्त हो जाते हैं और उनका स्वरूप स्थायी रूप से विकृत हो जाता है। सागौन

की नर्म परतदार छाल, बड़ी मुलायम पत्तियां और इस पेड़ की बिखरकर तथा 'धीमे' बढ़ने की आदत के कारण उन लोगों को निश्चित ही निराशा होती है, जो अन्य सख्त लकड़ी के जंगलों के व्यवस्थित और सुदृढ़ पक्ष के आदी हैं। विशेषकर उन लोगों को ऐसा लगेगा, जिन्हें और अधिक पूर्वी अंचलों में सदाबहार साल वनों से इनकी तुलना करने का अवसर मिला है। वर्षाकाल में सागौन के वृक्ष हरी पत्तियों से सघन रूप से ढंक जाते हैं, जिन पर पीलापन लिये हुये सफेद फूल लगते हैं। बहुत अधिक मात्रा में इनके लग जाने पर पूरा दृश्य सुहावना नहीं, बल्कि अजीब लगता है। उस मौसम में छतरीनुमा पत्तियां प्रवर्धन कार्य के लिए सराहनीय रूप से उपयुक्त होती हैं। ये पहाड़ी ढलानों की मिट्टी पर तेज वर्षा का सीधा प्रभाव नहीं होने देतीं। ऐसा न हो, तो पहाड़ियों की चट्टानी संरचनाएं मिट्टी और वनस्पति से विहीन हो जाएं। लेकिन यह पर्णावली बहुत अस्थायी होती है और मार्च तक पेड़ पर इसका बहुत कम हिस्सा बचा रह जाता है। इसके पश्चात्, पीली, छोटी और सूखी पत्तियां अनेक जगहों पर बिखर जाती हैं। इनकी परत इतनी मोटी होती है कि बिना आवाज किये इन पर चलना असंभव होता है। जैसा कि एक विनोदप्रिय मित्र ने एक बार कहा कि–"ऐसा लगता है कि हम टीन के बक्से पर चल रहे हों।" यह बात उसने उस समय बिना वजह ही कहीं, जब हम एक सांभर का दुबककर पीछा कर रहे थे।

तथापि, ऐसे वन बहुत कम हैं, जहां अच्छे बड़े सागौन वृक्ष बड़ी संख्या में लगे हों; और जैसा कि मैंने कहा कि हर किसी काम के लिए सागौन के पेड़ों की पीढ़ियों से बेतहाशा कटाई की गयी है। यह कटाई लगभग पूरे सागौन क्षेत्र में की गयी। इसके अनेक बहुमूल्य गुणों में एक गुण यह है कि इसके ठूंठों को ज़मीन में छोड़ दिया जाए, तो इनसे तेजी से पतली बल्लियों के शीर्ष निकल आते हैं। पांच सालों में यह गुल्म वाली झाड़ियां पच्चीस या तीस फिट ऊंची हो जाती हैं और इसकी गोलाई एक या दो फिट होती है। ये झाड़ियां उन क्षेत्रों में बहुत मूल्यवान होती हैं, जहां घर काफी छोटे और लकड़ी के होते हैं। वहां इनका मूल्य इमारती लकड़ी से भी ज्यादा होता है, जिसका उपयोग बहुत उच्च वर्ग के धनवान लोगों के मकान, यूरोपियनों के निवास तथा सरकारी इमारतों के निर्माण में ही होता है। लिहाजा, इसमें कोई बहुत आश्चर्य की बात नहीं थी कि जब हमने अपने रेलवे सिस्टम के लिए वनों से बहुत ज्यादा मात्रा में और स्थायी आधार पर बड़ी इमारती लकड़ी की अचानक मांग की, तो हमने पाया कि इसकी पूर्ति नहीं हो सकती। हालांकि इसका यह मतलब नहीं है कि वन किसी उपयोगी अवस्था में नहीं थे और देश की साधारण आवश्यकताओं को पूरा नहीं कर सकते थे।

सागौन वनों के इस प्रश्न की विवेचना भारतीय प्रशासन की उन कठिनाइयों का एक अच्छा उदाहरण है, जो देश की वास्तविक आवश्यकताओं के बारे में सही जानकारी के अभाव में उत्पन्न होती हैं। इससे हमें ऐसे समाज की निम्न स्थितियों और

प्रायः स्थिर अवस्था सुधार में आने वाली बाधाओं का भी पता चलता है, जहां उन्नीसवीं सदी की 'प्रगति' हुई है और जिस पर सभ्यता का बहुत अधिक दबाव है। हमारी रेलवे के लिए बहुत अधिक मात्रा में बड़ी इमारती लकड़ी की मांग करते समय, हमने लोगों को अपने मकान तथा अन्य उद्देश्यों के लिए पड़ने वाली छोटी इमारती लकड़ी की जरूरत को पूरी तरह भुला दिया, अथवा इसकी उपेक्षा कर दी। हमने सागौन-उत्पादक प्रत्येक एकड़ को जनता के लिए बंद कर दिया और घटिया किस्मों की लकड़ी उनके लिए छोड़ दी। इसके साथ ही सागौन के अलावा श्रेष्ठतम किस्म की सभी लकड़ियों को निषिद्ध कर दिया। अन्य किस्मों की इमारती लकड़ी भारतीय जलवायु में पूरी तरह बढ़ने से पहले उपयोग में लाये जाने पर एक या दो साल में सड़ने लगते हैं। इस प्रकार, लोगों को नवीनीकरण का अनावश्यक श्रम व्यय करना पड़ा, जबकि हमने इनका कर्त्तन और संरक्षण करने का प्रयास किया, ताकि झाड़ियों से बड़ी मात्रा में इमारती लकड़ी प्राप्त की जा सके, जिससे उनकी आवश्यकताएं पहले पूरी होती थीं। लेकिन यह सारा प्रयास व्यर्थ हो गया। यह ठूंठदार सागौन सीधा नहीं उगा और बहुत बड़ा नहीं हुआ, क्योंकि हम ठीक से इसका कर्त्तन नहीं कर पाये। यह उतने ही आकार का बढ़ा, जितने की स्थानीय लोगों को जरूरत होती है। लेकिन इसके बाद, यह सड़ने लगा और दोहरा होकर इसने टेढ़े-मेढ़े रूप धारण कर लिये। हमें करना यह चाहिये था कि हम सिर्फ इमारती लकड़ी के लिए श्रेष्ठतम वनों को आरक्षित कर देते और बाकी इलाके में जो बहुत बड़ा था—ऐसे उपाय करते कि लोगों की आवश्यकताओं को पूरा करने के लिए झाड़ियों का अधिकतम तेजी से उत्पादन होता। ऐसा कहा गया है कि इन लोगों को वही करना सीखना चाहिए, जो यूरोपियन राष्ट्र करते हैं। उन्हें बड़े पेड़ों को आरी से काट कर छोटा रूप दे देना चाहिए, क्योंकि यह एक अकाट्य तथ्य है कि जब वृक्षों को पूरी तरह बढ़ने दिया जाए, तभी वनों से बड़ी मात्रा में इमारती लकड़ी प्राप्त होती है। यही बात भारत में भी बहुत अधिक लागू नहीं होती है। सैद्धांतिक रूप से यह काफी सही है और सुदूर भविष्य में यह सच भी हो सकती है। लेकिन लोगों के पास ऐसा करने के लिए पर्याप्त पूंजी नहीं है, भले ही उनके लिए बड़ी इमारती लकड़ी बढ़कर तैयार क्यों न हो रही हो। हमने एक कदम बिल्कुल सही उठाया कि बड़ी इमारती लकड़ी के उत्पादन के लिए श्रेष्ठतम वन के सीमित क्षेत्र को मुक्त नहीं किया, और न इस पर ऐसी विधि को लागू किया, जिसका उद्देश्य छोटी इमारती लकड़ी का निरंतर उत्पादन करना हो, जिसके लिए सागौन की लकड़ी की प्रकृति एकदम उपयुक्त होती है। इसे साधारण रूप से संरक्षित करने में काफी खर्च आता है और मेरा मानना है कि जब तक हम इस उद्देश्य को सामने रखकर अपनी प्रणाली का पुनरीक्षण नहीं करते, तब तक इन वनों के घटिया और अकुशल प्रबंधन की समस्या कभी संतोषजनक रूप से हल नहीं होगी।

इन वनों में सागौन के अलावा अन्य वृक्षों की भी काफी प्रजातियां उत्पन्न होती हैं। कुछ की लकड़ी सजावटी सामान बनाने के लिए बहुत उपयुक्त होती है, तो कुछ कलात्मक चीजों के लिए। अनेक वृक्ष तो ऐसे होते हैं, जिनके पूरी तरह पकने के बाद उनकी जगह सामान्य भवन निर्माण के उद्देश्य से काम आने वाले सागौन के वृक्ष ले लेते हैं। बहरहाल, कुल मिलाकर उपयोगी वृक्षों का अनुपात बहुत कम होता है, जबकि अधिकतर वृक्ष ऐसे होते हैं, जिनका सामान्य उपयोग अभी तक पता नहीं चल पाया है। बस्तियों के आसपास अधिकतर बहुमूल्य किस्म के वृक्षों का तो सफाया हो गया है; और जिन भागों में खेती नहीं होती, वहां झाड़ियां उग आती हैं, जिनमें अकौआ, कत्था, जिजीफस जुजुबा जैसी कांटेदार प्रजातियां तथा अन्य किस्में शामिल होती हैं। मैं समझता हूं कि यह उल्लेखनीय बात है कि इन कांटेदार वृक्षों ने, जो नष्ट होने के खतरे के विरूद्ध श्रेष्ठतम रूप से संरक्षित हैं, इन क्षेत्रों में जीवन के संघर्ष में कैसे विजय प्राप्त की है?

विशाल क्षेत्रों में इनके अलावा और कोई प्रजाति उत्पन्न नहीं होती और ऐसा नहीं लगता कि वे इन्हें पैदा करने में सक्षम हैं, जो अपनी मुलायमियत के कारण बढ़ई के उपयोग के लिए उपयुक्त हों। ऐसे क्षेत्र का एक प्रतिनिधिक उदाहरण ताप्ती नदी की ऊपरी घाटी में मिलता है। इस अंचल की स्थिति इतनी अच्छी नहीं है कि इसका कुछ वर्णन किया जाना उचित हो। महादेव श्रृंखला के पश्चिमी पर्वत-स्कंध से निकलने वाली यह नदी कुछ दूर तक बैतूल जिले के समतल पठार पर एक उथली सरणी के रूप में बहती है। गर्मी के मौसम में इससे शांत पोखरों की एक श्रृंखला बन जाती है, जिसके किनारों पर कोवा के वृक्ष उग आते हैं और ये जामन तथा करोंदा की मोटी हरी परतों से आवृत्त हो जाते हैं। इनमें रहना शेरों को बहुत भाता है। इसके मार्ग में इस भाग को साफ कर यहां चावल और गन्ने की खेती की जाती है। बहरहाल, वर्तमान में इसका उतार निचले मैदानी इलाकों की ओर शुरू होता है। यह बसाल्ट से होती हुई एक घाटी में समा जाती है, और एक पर्वतीय वेगधारा का रूप ले लेती है। यहां-वहां, यह चौड़ी होकर समतल घाटी भूमि की छोटी खाड़ी का स्वरूप धारण कर लेती है, लेकिन इसके बाद लगभग सौ मील तक यह इसकी सरणियों के किनारो से उभरे ऊंचे तटों के बीच बंद हो जाती है। इनमें से होकर, ऊंचे पर्वतों के तीव्र अपवहन तंत्र अनगिनत संकरी सरणियों का निर्माण कर इसके तल के स्तर की ओर नीचे बह चलते हैं। ये आगे जाकर अनगिनत चट्टानी नलिकाओं में फैल जाती है और हर दिशा में खांचे बनाती हुई बहुत दूर तक निरंतर बेसाल्टी लहरों के रूप में प्रवाहमान होती है। इन क्षेत्रों की सतह की मिट्टी कई स्थानों पर अनुपजाऊ हो गयी है। इसमें ट्रेप के असंख्य गोल काले अलंगे पड़े हैं, जो अंडे से लेकर एक छोटे मकान तक के आकार के हैं। इनके ऊपर छोटे सफेद गोमेद कणों की परत जमी है। ये मूल चट्टान के भरण की प्रकिया के फलस्वरूप यहां एकत्रित हुये हैं। इसकी सतह एक मोटी घास से आवृत

है, जिनकी ऊंचाई मिट्टी की गहराई के अनुसार कुछ इंच से अनेक फिट तक है। और इसमें छोटे-छोटे पेड़ उगे हैं। इनमें सौ में से निन्यानवे पेड़ सलेई, अथवा फैंकिंसेन्स के हैं।

इस वृक्ष को अभी तक धरती पर बोझ समझा जाता रहा है। इसकी इमारती लकड़ी मुलायम और गिलगिली होती है इसलिए भवन निर्माण तथा इसी प्रकार के अन्य कार्यों के लिए इसका कोई उपयोग नहीं होता है। ईंधन के रूप में भी इसे स्वीकार नहीं किया जाता, क्योंकि इसका विनिर्दिष्ट घनत्व इतना कम होता है कि वांछित प्रभाव उत्पन्न करने के लिए सागौन तथा अन्य सख्त लकड़ियों की तुलना में इसकी ज्यादातर मात्रा का परिवहन करना पड़ता है। फिर भी, इसका कोयला बहुत अच्छा होता है, और ईंधन के सामान्य उपयोग के लिए पूरी तरह अनुकूल हो जाता है। जहां भी दूरस्थ क्षेत्रों से इससे बेहतर किस्म की लकड़ी के परिवहन पर उपयोग का खर्च बहुत अधिक होता है, वहां इसकी जगह वास्तविक रूप से सलेई का उपयोग किया जाता है। इससे हमने भारतीय वानिकी में अभी तक जो एक और गलती की है, उसका भी पता चलता है। बेशक, सख्त लकड़ी और बांस की लोगों द्वारा की जाने वाली मांग के आगे झुकने के बजाय उन्हें इस तथा अन्य मुलायम लकड़ी के वृक्षों को ईंधन के रूप में उपयोग किये जाने को मजबूर किया जाना चाहिए था। इसका उपयोग कतिपय विशेष आवश्यकताओं तक सीमित होना चाहिए। बोसवेलिया में अन्य गुणधर्म होते हैं, जिनके कारण, संभवतः भविष्य में कभी ये अत्यधिक उजाड़ क्षेत्र आर्थिक रूप से काफी बहुमूल्य हो जाएंगे। इससे एक सुगंधित चिपचिपी लार निकलती है, जिसे हिन्दू मंदिरों में सुंगध के लिए जलाया जाता है। इसे बहुत समय तक प्राचीन काल में इसी उपयोग में लाया जाने वाला ओलिबेनम माना जाता रहा, लेकिन डॉ. बर्डवुड ने हाल ही में एक पेम्फलेट प्रकाशित कर यह बताने का प्रयास किया कि यह पदार्थ भारत के पश्चिम में स्थित देशों में बोसवेलिया की अन्य प्रजातियों से प्राप्त किया जाता था। बहरहाल, इसका संस्कृत नाम लबाना, इस पुरातन नाम से मिलता है। कदाचित् इस बात में शंका की जा सकती है कि क्या भारत के प्राचीन वाणिज्य के बारे में हमारा ज्ञान इतना पर्याप्त है कि हम भारत को उन देशों की सूची से निकाल दें, जो गैर ईसाई देवताओं के भक्तों को बोसवेलिया का लोबान उपलब्ध कराते थे। इस बात की बहुत संभावना है कि इसका परीक्षण करने में समर्थ लोगों का यदि इस ओर ध्यान आकृष्ट किया जाए, तो इस चिपचिपी लार के किसी ज्यादा सामान्य उपयोग का पता चल जाए। इस बात की भी संभावना से इनकार नहीं किया जा सकता कि इस वृक्ष का नरम काष्ठीय रेशा मोटा कागज या कपड़ा बनाने के लिए उपयोग किया जाता हो। इस वृक्ष के किसी भी भाग का आर्थिक मूल्य पता चल जाए, तो इसकी आपूर्ति असीमित होगी। साथ ही, वनों का पुनरुत्पादन आसान होगा, क्योंकि बरसात के मौसम में ज़मीन में गड़े रह जाने वाले इनके आखिरी, बड़े ठूंठ तेजी से जड़ पकड़ लेंगे और वृक्ष का

रूप ले लेंगे। इस वृक्ष की इस खूबी का लाभ हाल ही में रेलवे कम्पनी द्वारा वायर फेन्सिंग करने के लिए फेन्सपोस्टों के निर्माण में उठाया गया। सलेई की प्रकृति काफी सामाजिक होती है, जो इस मामले में साल की तरह है, लेकिन अन्य प्रजातियों की अपेक्षा इसमें स्वीकार्यता अधिक होती है। इसके साथ उगने वाली प्रजातियों में प्रमुख रूप से साज, टार्चवुड, आयरनवुड आदि शामिल हैं, जो संभवतः इन अंचलों की सबसे शानदार प्रजातियां हैं।

बोसवेलिया के इन विशाल वनों का यह पहलू, मेरे ख़याल से सबसे ज्यादा उल्लेखनीय है। ताप्ती के आसपास का क्षेत्र इसका उदाहरण है और इस ट्रेप अंचल का आधा भाग इससे आवृत है। जिस वक्त मानसून अपने शबाब पर (जुलाई से अक्टूबर) होता है, तब घास हरी होती है और वृक्षों पर छोटी, चमकीली, हरे रंग की पत्तियां निकल आती हैं। नदी तल भी उस समय फैनिल प्रपातों से लबालब होते हैं और सूर्य की तपिश धूसर बादलों के आच्छादन के कारण काफी कम हो जाती है। इस मौसम में इस घाटी को गलती से कोई उत्तरी आदि वन क्षेत्र समझ सकता है। लेकिन, धीरे-धीरे, जब बादल छंटने लगते हैं, बारिश रुक जाती है और झरनों से नदियां अपने तलों में सिकुड़ जाती हैं तथा झरनों से सिर्फ बूंदें तल पर पड़े अलंगों पर टपकती हैं तब यह एक माह पूर्व निरंतर गिरने वाले पर्वतीय प्रपात का सिर्फ प्रतिनिधि होकर रह जाता है, जबकि ऊंचे स्थानों के खड्डे पूरी तरह सूख जाते हैं। घास का रंग बदलकर हरा से पीला हो जाता है। ये कड़क हो जाते हैं और इन पर कांटों का कवच चढ़ जाता है, जो स्टील की सुई के सामान होती है तथा इनकी मुड़ी हुई नोकें, मछली पकड़ने के हुक जैसी। ये एक-दूसरे को पकड़ लेते हैं और मिलकर एक ढेर जैसे हो जाते हैं। अगर कोई पैदल यात्री चमड़े की सुरक्षा के बिना इस घास से आधा मील भी गुजर जाए, तो उसके कपड़ों की हर सिलाई उधड़ जाएगी और उसके शरीर में अनगिनत कांटे चुभ जाएंगे, जिससे असहनीय पीड़ा होगी। कुछ सप्ताह की धूप के पश्चात् सलेई पर्णसमूह मुरझाकर लटक जाता है, और इसके नंगे पीले ठूंठ परिदृश्य को इनके कंकालों से भर देते हैं। लेकिन यह अवस्था भी सबसे खराब नहीं होती। यह अप्रैल माह तक चलती है, जब भयानक गर्मी का मौसम शुरू हो जाता है। आग उगलता सूरज इन बसाल्टिक अंचलों से नमी का प्रत्येक कण सोख लेता है। तब घास शुष्क ज्वलनशील हो जाती है और आग लगने की हज़ारों घटनाएं हो जाती हैं। किसी यात्री के पाइप से ज़रा सी चिंगारी भी गिर जाए, बंजारों की वनों में बसी बस्तियों से हवा छोटी-सी भी चिंगारी को उड़ा लाये, देर रात यात्रा करने वालों के मशाल आदि से यदि आग लगने की घटना टल भी जाए, तो चरवाहों द्वारा जानबूझ कर किये गये किसी कार्य से आग लगना तय है। ये चरवाहे जून में बारिश की पहली फुहार के साथ ही अपने मवेशी लेकर उन्हें चराने इन क्षेत्रों में आ जाते हैं। ये मवेशी नयी घास को चरते हैं।

एक बार जंगल में आग लग जाए, तो फिर वह अपने आप ही बुझती है; इसे बुझाना किसी के बूते की बात नहीं। गर्मी के मौसम की शुरुआत में सुदूर पहाड़ी क्षेत्रों में रात के समय जंगल की आग की रेंगती लाल पंक्तियों को देखना बड़ा अच्छा लगता है। असीरगढ़ के पर्वतीय वनों से आपकी आंख संपूर्ण ताप्ती घाटी को देखती है। इस मौसम में पूरा इलाका रात के समय आग की पंक्तियों से घिरा हुआ दिखाई देता है। पहाड़ियों के मोड़ पर ये पंक्तियां भी मुड़ जाती हैं। रात में एक रक्ताभ तेज इस स्थान के ऊपर आकाश को रंग देता है, जबकि दिन के समय धुएं की एक मोटी परत घाटी पर गहराती है। इस परिदृश्य के पास उड़ती राख के कारण हवा दमघोंटू तथा भारी होती है। जंगली जानवर पड़ोस में भाग जाते हैं, और बढ़ती लपटों के सामने कीड़ों के बादल उठते हैं, जिन्हें देश के हर भाग से आये असंख्य पक्षी निगल जाते हैं। अनगिनत सांप और सभी तरह के ज़हरीले कीड़े-मकोड़े इस आग में नष्ट हो जाते हैं। इनमें अंचलों के अद्भुत घासवाले सांप भी शामिल होते हैं, जो किसी भी उद्यमशील खोजी को अक्सर घास से लिपटे मिल जाते हैं। यह एक अहानिकर जीव है, जो कीड़ों को खाकर जिन्दा रहता है और घास का रंग बदलने के साथ-साथ अपना रंग बदलकर हरे से पीला कर लेता है। जब आग जल चुकती है, तो वातावरण काफी मनहूस हो जाता है। पहाड़ी-दर-पहाड़ी स्याही बिखरी होती है, कहीं-कहीं सफेद राख की पंक्ति इस स्याह सिलसिले को अवश्य तोड़ती है।

तथापि, इस बसाल्टिक अंचल के इन मध्य भागों में, जिन पर यह विवरण पूरी तरह सटीक बैठता है, ऐसे कुछ क्षेत्र हैं, जहां कुछ दूरी पर नखलिस्तान नहीं मिलेंगे। बड़े बीहड़ अक्सर बांस के झुरमुटों से भरे होते हैं, जो कभी अपनी ताज़गी पूरी तरह नहीं खोते। जहां-तहां इनसे आवृत घाटी मिल जाती है, जहां या तो कोई जल पोखर होता है, अथवा नमी होती है, जो सतह से बहुत ज्यादा नीचे नहीं होती। इसके किनारे पर कुछ महुआ अथवा आम के पेड़ मिल जाते हैं, जो संभवतः किसी पुराने गांव की ओर इशारा करते हैं, जिसे मानवीय स्मृति से परे बहुत पहले त्याग दिया गया। ताप्ती की मध्य घाटी में भी बीच-बीच में उर्वरक गहन मिट्टी की खाड़ियां हैं, जिसकी नम परत कभी पूरी तरह नहीं सूखती। इस पर कठिनाई से जलने वाली हरी घास होती है और वन वृक्षों का आवरण भी दिखाई देता है। इनमें से अधिकतर क्षेत्रों को कभी खेती के योग्य बनाया गया था और यहां सघन आबादी थी। यह उन दिनों की बात है, जब दक्खन का मुस्लिम राज्य प्रतिनिधि, इस घाटी से करीब पचास मील नीचे स्थित बुरहानपुर में दरबार लगाता था और जहां दक्खन तथा हिन्दुस्तान के बीच आने-जाने वाली बड़ी सेनाओं को भोजन देने की जरूरत होती थी। इस घाटी की खाड़ियां उस समय के गांवों से भरी पड़ी हैं। इनमें नष्ट हो चुके किले और उनके मुस्लिम शासकों की मज़ारें और मस्जिदें भी हैं। साजनी के प्राचीन स्थल पर, जो इन इलाकों का एक प्रमुख शहर था, एक बहुत विशाल बरगद का पेड़ देखा जा सकता है, जिसके तनों

ने गुंबद युक्त मज़ार को ज़मीन से ऊपर उठा दिया है। हर आयाम में यह लगभग बारह फिट ऊपर उठ गया है। इस उल्लेखनीय मज़ार को इसने अपनी सैकड़ों तहों से इतना ढक दिया है कि इसका एक भी पत्थर दिखाई नहीं देता। एक संकरे रास्ते से इसमें भीतर प्रवेश करते समय गुंबद की मेहराब और दीवार पूरी तरह दिखाई देती है। कोई मुस्लिम इससे बेहतर कब्र की क्या कामना कर सकता है, जो उसके मजहब के पैगंबर की तरह धरती और आकाश के बीच स्थित है।

करीब सत्तर साल पहले, इस अतिक्रमण वाले जंगल में मलेरिया और वर्षा न होने के कारण अकाल पड़ा था और लोग परेशान होकर ताप्ती घाटी की अपनी इन बस्तियों को छोड़कर चले गये। यह अति उर्वर वन उस समय उजाड़ और वृक्षविहीन क्षेत्र था, जिसे मनुष्य ने अपनी मेहनत से अनाज की खेती के लिए उपयुक्त बनाया। उसने अब इसमें वनस्पतियों के निकुंज विकसित कर लिये हैं। इनकी सघनता बहुत ज्यादा है। इनकी विषाक्तता इतनी घातक है कि आसपास के खुले इलाके में सघन रूप से बसे हिन्दू किसानों के इन पर फिर से कब्जा करने के प्रयास विफल हो जाएंगे। यहां-वहां कोरकू लोग, जिनके शरीर की बनावट इस प्रकार की है कि उन पर मलेरिया का असर नहीं होता, आसपास की कुछ ऊंची जमीन पर आ बसे हैं और उन्होंने वहां बांस की स्विटजरलैंड जैसी झोंपड़ियां बना ली हैं। उन्होंने घाटी के अधिक खुले भागों को साफ कर उन पर खेती करना शुरू कर दिया है जहां वे काली मिट्टी में गेहूं की फसल लेते हैं। यह कड़ी भूमि पर खेती करने वाले घाटी के बाहर के मेहनती किसानों के लिए ईर्ष्या का विषय है लेकिन यह कोरकुओं तथा असीमित और सशक्त वनस्पतियों वाले जंगल के बीच रहने वाले आदिवासियों तथा खतरनाक वन्य प्राणियों के बीच कठिन और असमान संघर्ष है। अक्सर, कोरकू की हिम्मत उसका साथ छोड़ देती है और वह मुकाबला छोड़कर किसी पहाड़ी क्षेत्र में चला जाता है, जहां वह पतली पर्वतीय मिट्टी की कम सघन वनस्पति पर कुल्हाड़ी चलाकर उन्हें जलाकर संतोष कर लेता है। बहरहाल, कुल मिलाकर ताप्ती घाटी के कोरकुओं की आदतें आगे पूर्व की दिशा में महादेव पहाड़ी पर रहने वाली जनजातियों से काफी अच्छी हैं। वे कुल्हाड़ी की जगह बैल और हल से खेती करते हैं, जो कहीं ज्यादा स्थायी प्रकृति की होती है। उनके गांव और मकान कहीं ज्यादा व्यवहारिक और सम्पन्न होते हैं। वे इन्हें बदलते नहीं हैं। उनमें भविष्य के लिए बचाकर रखने तथा सतत रूप से मेहनत करने की आदत विकसित हो गयी है, जो अन्य भागों के गोंड अथवा कोरकू के लिए अपरिचित है। बेशक, इसका बड़ा कारण यह है कि वह एक सौभाग्यशाली जगह पर रह रहे हैं। हर साल जंगल को काटकर खेती करना प्रायः असंभव है क्योंकि वहां इमारती लकड़ी तथा पहाड़ों की ढलानों पर मिट्टी का अभाव है, जबकि पड़ोस के बुरहानपुर जैसे बड़े शहर से उन्हें उनके उत्पादों का नियमित रूप से तथा लाभकारी मूल्य मिल जाता है।

इन क्षेत्रों में जंगलों में हर जगह घास में आग लगने से उन्हें अनेक तरह से लाभ मिलता है। घास मिलती है, जो उनके मवेशियों के काम आती है। पास के जंगली क्षेत्रों में लोगों की सम्पत्ति का यह एक बड़ा हिस्सा है। इससे असंख्य सांप तथा जहरीले कीड़े नष्ट हो जाते हैं। इससे उत्पन्न होने वाली राख, बेशक, इन पहाड़ियों से बहकर आने वाली मिट्टी और कृषि योग्य भूमि सतह के लिए बहुत उपयोगी होती है, जिसका धीरे-धीरे इन ऊपरी इलाकों में ही निर्माण होता है। कुछ लोगों का यह मानना रहा है कि यह आग सागौन तथा अन्य बहुमूल्य वृक्षों के विकास के लिए बहुत हानिकारक है। लेकिन यह एक निर्विवाद तथ्य है कि सागौन के बीज ऐसी जगहों पर अंकुरित और उत्पन्न होंगे, जहां घास जला दी गयी है, और यह बात पूरी तरह प्रमाणित नहीं है कि इसके बाद बीजांकुरों को अधिक स्थायी नुकसान होता है। बहुत प्रयास करके कुछ वर्षों तक अनुकूल सागौन वनों में आग को बाहर रखा गया, लेकिन छोटे पेड़ों पर इस पर कोई खास असर नहीं देखा गया। दूसरी ओर, इस शंका के लिए कोई गुंजाइश नहीं है कि बिना जले क्षेत्रों में वन अधिक मलेरिया वाले हो ही जाएंगे और जंगली जानवरों की संख्या तेजी से कई गुना बढ़ जाएगी। बहरहाल, विचार-विमर्श का कभी बहुत व्यवहारिक मूल्य नहीं होता, क्योंकि हमारे पास उपलब्ध किसी भी साधन से सिर्फ बहुत थोड़े से उपयुक्त क्षेत्रों में ही आग को बाहर रखा जा सकता है।

गर्मी के मौसम के दौरान जिन वनों की मैंने चर्चा की उनके अन्वेषण की अपार संभावनाएं हैं। इस मौसम में ये पर्याप्त रूप से खुले और मलेरिया से मुक्त होते हैं। दिनोंदिन आप इन अनंत बसाल्टिक श्रृंखलाओं में मेहनत से चलते जाएं, जहां आपको कई मार्च करने पर एक भी निवासी भी नहीं मिलेगा। आपको छाया के लिए भी हरा वृक्ष नहीं मिलेगा और पानी के लिए आपको कुछ ऐसे प्रवाहहीन पोखरों पर निर्भर रहना होगा, जिन्हें जंगली जानवरों के पैरों ने मचा दिया है। उन प्रारंभिक दिनों में जंगल के अधिकारियों को ऐसी ही स्थितियां मिल पाती थीं। मुझे नहीं लगता कि क्रीड़ा तथा जोखिम से प्यार के बिना उनमें से बहुत लोग अपने कर्त्तव्यों का पालन कर सके होंगे, जिसके कारण उन्होंने वन्य जीवन का मूल रूप से चुनाव किया होगा। उनमें से एक भी व्यक्ति ऐसा नहीं होगा, जिसके स्वास्थ्य में कुछ ही सालों बाद मलेरिया तथा जलते सूरज की तपिश के संयुक्त प्रभाव से गिरावट न आयी हो।

इस अंचल के सर्वाधिक उर्वरक भाग के विशाल क्षेत्र गर्मी के मौसम में पूरी तरह जलविहीन होते हैं। अन्य अनेक क्षेत्रों में किसी छोटे से इकलौते पोखर से ज्यादा कुछ नहीं होता। ये चट्टानों की कुछ छायादार खोलों में मीलों दूर मिलते हैं। इस प्रकार के उजाड़ स्थानों में सिर्फ एक जानवर रह सकता है, और वह है नीलगाय, जो बिना पानी के कई दिन तक रह सकता है। उनके बिखरे हुए झुंड शुष्कतम भागों में भी पाये जाते हैं। इस क्षेत्र के सम्पूर्ण वन क्षेत्र और पहाड़ी भाग में बाईसन विचरता है।

जहां भी आदमी और मवेशी नहीं होते और बांसों की छाया तथा पानी होता है, वह स्थान इनकी आवश्यकताओं की पूर्ति करते हैं। हिरणों की प्रजातियों में सांभर, चीतल हिरण काफी संख्या में तथा मुंजक हिरण दुर्लभता से पाये जाते हैं। इसके अलावा, चौसिंगा का उल्लेख पूर्व में किया जा चुका है। मेरे ख्याल से पाढ़े इस ट्रेप इलाके में दक्षिण-पश्चिम तक नहीं मिलते। चीतल बड़ी नदियों के आसपास के अलावा कहीं नहीं मिलते। पानी और घास की छाया की उपलब्धता इसके अस्तित्व की पहली शर्त प्रतीत होती है। कुछ पाढ़े इस पूरे इलाके में बिखरे मिल जाते हैं, हालांकि वे पानी से कभी बहुत ज्यादा दूर नहीं होते।

सांभर, बहुत अधिक शुष्क अंदरूनी क्षेत्र में दुर्लभ रूप से ही मिलते हैं, लेकिन कभी-कभी वे दिन के समय आराम करने के लिए पानी के पोखर अथवा झरने से दूर चले जाते हैं, जहां वे रात को पानी पीते हैं। समतल पठारी भूमि पर, इनकी संख्या बहुत ज्यादा नहीं होती। वे पहाड़ियों की ढलानों तथा चोटियों पर रहना ज्यादा पसंद करते हैं। लेकिन सांभर की तरह कोई अन्य जानवर वर्ष में मौसम के अनुसार, भोजन आदि के लिए अपने स्थान को इतना ज्यादा नहीं बदलता। जहां भी बाईसन पाया जाता है, वहां सांभर भी अवश्य पाया जाएगा। लेकिन यह श्रृंखला बाईसन की श्रृंखला की तरह सीमित नहीं है। यह मनुष्य तथा चरने वाले पशुओं के झुंडों की समीपता को लेकर सहिष्णु होता है। जब पठारी भूमि और निचले मैदानों की फसलें हरी होती हैं, तब सांभरों के झुंड रात को उनका भोग लगाने को बाहर निकलते हैं। वे दिन के समय जंगल के छोर के पास रहते हैं, बशर्ते कि उनको परेशान न किया जाए और लोग उन्हें सघन जंगल में न खदेड़ दें। वे अनेक तरह के वनोत्पादों को भी खाते हैं और इनकी तलाश में बहुत मनमाने ढंग से विचरते हैं। पोखरों तथा झरनों के तटों को आवृत्त करने वाली छोटी हरी घास और छोटे वृक्षों की मुलायम टहनियों तथा झाड़ियों को उनकी यात्रा का आधार कहा जा सकता है। बारिश के मौसम में यह उनका एकमात्र स्रोत होता है। इसके बाद, पतझड़ के उत्तरार्ध में, पड़ोसी क्षेत्र में गेहूं तथा अनाज की नयी फसलों को उन्हें भारी कीमती चुकानी होती है। गर्मी के मौसम की शुरुआत के साथ ही अनेक तरह के जंगली फल आने लगते हैं। हिरण इन सबको खूब मजे से खाते हैं। एक समय (मार्च और अप्रैल) महुआ पेड़ के रसीले फूल गोंडों तथा भालू के अलावा अधिकतर दूसरे जानवरों तथा पक्षियों के साथ बांटकर खाते हैं। बसंत के मौसम में तेन्दू, चिरोंजी, आंवला और बेर खूब होते हैं तथा अन्य पेड़ों पर भी खूब फल लगते हैं। कुछ समय बाद, बबुल, रेनुजा, खेर तथा इमली के दाने अनेक उजाड़ गांवों में खूब मिलते हैं। गर्मी के मौसम में जंगली अंजीर की अनेक प्रजातियों के फल सांभरों को खूब सहारा देते हैं। इनमें से जहां भी यह बहुतायत में होता है, वहीं सुबह के वक्त रात को सांभरों के आने के निशान मिल जाएंगे। लेकिन सुबह तड़के ये जानवर लुप्त हो जाते हैं, और आसपास से पानी पीकर दिन में आराम करने चले जाते हैं। अगले दो-ढाई घंटे

वे अक्सर कुछ मील की दूरी पर टहलते हुए मिलते हैं, लेकिन पूरे समय धीरे-धीरे कतिपय दिशा में अपना रास्ता बनाते चलते हैं। यह रास्ता ऊंचे पहाड़ी क्षेत्रों तथा सघन वन क्षेत्र की ओर होता है। वे संभावित रूप से अपना पीछा करने वाले पर भी बारीक नज़र रखते चलते हैं। जैसे-जैसे वे बंजर क्षेत्र में भीतर जाते हैं, उनकी सजगता कम होती जाती है, लेकिन आराम करने को लौटते समय आसपास का बारीकी से सर्वेक्षण करते हैं। लेकिन मध्यकाल (अक्टूबर और नवंबर) में भारी और बूढ़े हिरण अधिकतर एकांत में रहते हैं। झुंड में सिर्फ कुछ छोटे जानवर रह जाते हैं, जिसमें दस से पंद्रह हिरण होते हैं। बूढ़े हिरण आमतौर पर जंगल में काफी भीतर चले जाते हैं और लेटने से पहले झुंड से ज्यादा ऊपर पहाड़ियों पर पहुंच जाते हैं, जो उन्हें चरने के मैदान से एकाध मील के भीतर ही मिल जाती है। वे सभी लंबी घास से आवृत्त क्षेत्र को चुनते हैं और प्रत्येक हिरण द्वारा घोड़ी की तरह एक नियमित मांद बना ली जाती है। हर मांद किसी छोटे पेड़ की छाया में, पहाड़ी के एक तरफ या उसके ऊपर होती है, जहां घास लंबी होती है लेकिन वृक्ष बहुत अधिक अथवा मोटे नहीं होते। बहुत सघन झुरमुटों की जगह इन्हें ज्यादा पसंद है। जिस कुशलता से स्थल का चयन किया जाता है, वह अदभुत् है। इसकी सबसे सघन छाया उन पर दोपहर में लगभग तीन बजे पड़ती है। यह दिन का सबसे गरम समय होता है। एक इलाके में कभी-कभी सैकड़ों मांदें मिल जाती हैं। प्रत्येक मांद इसको छाया देने वाले वृक्ष की ठीक परिधि के ठीक उसी बिन्दु पर स्थित होती है। बड़े हिरण छायादार वृक्ष की ज्यादा परवाह नहीं करते और आमतौर पर किसी पहाड़ी पर किसी छोटे खड्ड के पास लेट जाते हैं, जिन पर सिर्फ लंबी घास की छाया होती है। इनकी मांदें अपने बहुत बड़े आकार के कारण दूसरी मांदों से आसानी से अलग पहचान में आ जाती हैं। ये मांदें सामान्यतया उस समय बनाई जाती हैं, जब घास हरी होती है। इलाके के एक ही टुकड़े में एक से अधिक झुंड और कुछ एकांतिक हिरण नहीं पाये जाते। लेकिन मदकाल में वे ऊंचे पठारों पर बहुत बड़ी संख्या में एकत्रित हो जाते हैं और रात के सन्नाटे में हिरणों की कर्कश गुर्राहट दूर-दूर तक गूंजती सुनाई पड़ती हैं। दिन में आराम के दौरान, सांभर, विशेषकर एकांतिक हिरण, किसी को अक्सर अपने पास आने तथा बिल्कुल पास से गुजर जाने देते हैं और उठते नहीं हैं। वे घास में छुपे रहने पर आश्वस्त महसूस करते हैं। अनेक स्थानों पर शिकारियों को उनका पता लगाना प्रायः असंभव होता है, जब तक उनका कदम गलती से उनकी मांद पर न पड़ जाए। कड़क पीली घास, जब बिना जली होती है, तब उन पर किसी एक हिरण के गुजरने के निशान नहीं होते, अतः उनके लेटने के एक घंटा बाद पैदल चलकर सांभर की खोज कभी सफल नहीं होती।

लकड़ी काटने के लिए अक्सर जंगल जाने वालों से यदि कोई जानकारी प्राप्त की जा सकती हो कि सांभर किस जगह चर रहे हैं और उस मौसम विशेष में कहां आराम कर रहे हैं, तो दिन के समय हाथी पर बैठकर उनका अच्छा शिकार किया

जा सकता है। इससे आपको घास के ऊपर से देखने को मिल जाता है और करीब सौ गज की दूरी तक लेटे हुए सांभर पर आपकी नज़र पड़ जाती है। हाथी इतना अच्छा प्रशिक्षित होना चाहिए कि हिरण के उठते ही तत्काल ठिठक जाए। उस पर हौदा नहीं होना चाहिए, सादे पेड़ अथवा चारजामा का ही उपयोग करना उचित होता है। जितना छोटा और सक्रिय हाथी हो उतना ही अच्छा। आप लगभग ग्यारह बजे निकल पड़ें और शाम तक शिकार करें। आप घास के सबसे लंबे भागों में यथासंभव चुपचाप चलें और रायफल को फुल कॉक पर रखें, क्योंकि हिरण के उठ खड़े होने पर आपको तैयारी का मौका नहीं मिलता। हाल ही में उपयोग की गयी मांदों (जिन्हें हिरणों के मल से पहचाना जाता है) से यह अंदाजा लग जाता है कि वे कितनी दूर हैं। ज्यादा लंबे इलाके में शीघ्रता से घूमने के बजाय किसी सीमित क्षेत्र को पूरी तरह छानना अच्छा होता है। जहां पहाड़ियों पर सीढ़ियां होती हैं, जो ट्रेप इलाके में सामान्य बात है, तो प्रत्येक सीढ़ी का बाहरी किनारा ही सबसे संभावित जगह होती है जहां से सांभर हमेशा पहाड़ी पर दौड़कर जाते हैं। जब सांभर पहली बार उठता है, तो कुछ ही सैकंडों बाद कभी-कभी एक स्टेण्डिंग शॉट लिया जा सकता है, लेकिन वे अधिकतर चौंक कर पूरी रफ्तार से भाग जाते हैं। इसके बाद रायफल मैन की कला की सबसे कठिन परीक्षा होती है–एक हाथी पर बैठकर, भागते हुए हिरण पर बिना निशाना साधे गोली चलाना। हाथी कभी एक क्षण से ज्यादा स्थिर नहीं रहता और इसके हिलने-डुलने तथा हिरण की गति ध्यान में रखते हुए ही गोली चलानी पड़ती है। सांभर का आकार बड़ा होता है और इसका रंग स्पष्ट होता है, अतः चीतल अथवा मुंजक या पाढ़े की अपेक्षा इस पर गोली चलाना आसान होता है। लेकिन फिर भी हाथी पर बैठे हुए, भागते हुए हिरण पर बहुत साधकर लगाया हुआ निशाना ज्यादातर चूक जाता है। लगातार अभ्यास के बिना यह संभव नहीं है। बहरहाल, कुल मिलाकर, सांभर का शिकार करना बहुत थका देने वाला लेकिन मजेदार होता है। इस विधि से श्रेष्ठ हिरण मिल जाना बहुत दुर्लभ होता है, क्योंकि वे सुदूर पहाड़ियों की चोटी पर आराम करते हैं, जहां उन्हें तलाशने में एक सप्ताह तक लग जाता है।

हंकवैयों की लंबी कतार के साथ बड़े इलाके में झाड़ियां साफ करना सांभर के शिकार का सामान्य तरीका है। यह अक्सर सफल होता है और कोई अच्छा हिरण हत्थे चढ़ जाता है। लेकिन मैंने इसे बहुत ही कम अपनाया है। बिना जबर्दस्ती किये पर्याप्त मात्रा में हंकवैये नहीं मिलते और खतरनाक जंगली जानवरों के दड़बों में उनके साथ अक्सर दुर्घटनाएं घट जाती हैं। पूरे इलाके में खलल पड़ जाता है। अगर कोई जानवर किसी तरह खुद ही आपके पास आ जाए और उसे मारने में आपको कोई कौशल अथवा मर्दानगी नहीं दिखानी पड़े तो यह कोई शिकार नहीं होता। आपको सफल होने के लिए अनेक अवसरों पर रक्षा के लिए बड़ी संख्या में शिकारी रखना जरूरी है। मेरा ऐसा सौभाग्य कभी नहीं रहा। (मुझे इसका कोई पछतावा भी नहीं है)।

मैं भारत में कभी बड़े शिकारी दल के साथ शिकार पर नहीं गया। कुछ मौकों पर मैंने जंगल में सांभर के अलावा अन्य जानवरों के शिकार में मदद अवश्य की, जो मेरे लिए यादगार अवसर रहे।

सन् 1861 में, जबलपुर के जंगली पहाड़ी क्षेत्र में सांभर तलाश कर रहा था। शाम की छाया नजदीक आ रही थी और हंकवैये इस मुहिम के लगभग अंत तक पहुंच गये थे। तभी अचानक उन्हें वृक्षों के आसपास झुंड के रूप में देखा और मुझ तक एक आवाज पहुंची कि 'दो शेर आ रहे हैं।' मैं जेकब के सिद्धांत पर विस्फोट गोले वाली एक रायफल का पहली बार उपयोग कर रहा था। मुझे इसकी आजमाइश का इतना अच्छा अवसर मिलने पर बहुत प्रसन्नता हुई। मैं एक हरी झाड़ी के पीछे छुपा बेचैनी से इंतजार कर रहा था। हंकवैये इतना शोर मचा रहे थे कि एक दर्जन शेर बहरे हो जाएं। इतने में ही मैंने एक पट्टीदार शरीर को एक खुले स्थान की ओर सरकते देखा, जो मेरी ओर बढ़ रहा था। ट्रिगर पर उंगली रखे, मैं इस नीची झाड़ियों के जंगल में उसके सामने आने की प्रतीक्षा कर रहा था। अचानक मैंने अपने बायीं तरफ झाड़ियों के कुचले जाने की आवाज सुनी और एक शेर उछलकर जंगल के उस मार्ग में चला गया, जिस पर मैं खड़ा था और धीमी चाल से मेरी तरफ बढ़ा। मैंने चक्कर लगाकर जेकब की दायीं बेरल से उसके बायें कंधे पर गोली दाग दी, जिसे खाकर वह खरगोश की तरह लुड़क गया। जिस वक्त मैंने गोली चलायी, मेरी नज़र पास ही में दूसरे शेर पर पड़ी, जो उस दिशा में था जहां मैंने पहले उसे देखा था। पहले वाले को ढेर हुआ देखकर मैंने फिर मोर्चा सम्हाला और ठीक से निशाना साधकर दूसरे शेर की गरदन पर बायें बेरल से गोली दाग दी। किस्मत से उसकी रीढ़ टूट गयी और वह वहीं ढेर हो गया। यह सब कुछ ही सेकंड में हो गया। मैंने बहुत तेजी से दायीं और बायीं बेरल से गोलियां चलायीं। पहले वाले शेर की तरफ ध्यान देते हुए मैंने उसे करीब बीस कदम दूर सघन जंगल की ओर जाते देखा। इससे पहले कि मैं दूसरी बंदूक सम्हालता, वह गायब हो गया। मेरी समझ में आ गया कि उसकी पिछली दायीं टांग टूट गयी है। गोली लगने से उसका बायां कंधा घायल हो गया था। यह गोली उसके शरीर में आगे से पिछले हिस्से तक चली गयी थी, फिर भी आसपास उसके अपंग होने के कोई तात्कालिक लक्षण दिखाई नहीं दे रहे थे। दूसरे, शेर की तरफ जाने पर मुझे यह देखकर क्षोभ हुआ कि वह शेर था ही नहीं। वह एक धारीदार लकड़बग्घा था, जिसे मैंने गोली मार दी थी। मुझसे यह गलती उसके असामान्य रूप से बड़े सिर तथा अपर्याप्त रोशनी के कारण हुई। गोली उसकी गर्दन में पूरी तरह पार हो गयी थी, लेकिन यह गोली अगर फटी भी होगी, तो बाहर निकलने के बाद ऐसा हुआ होगा। बहरहाल, वह शेर जैसा ही दिखता था। मैंने पंजों के निशान और खून की बूंदों के अनुसार उसका थोड़ा पीछा किया, लेकिन काफी अंधेरा हो चला था और मैंने यही उचित समझा कि अगली सुबह तक इस काम को रोक दिया जाए।

बहरहाल, हम उसकी तलाश में नाकाम रहे, हमने दिनभर तलाश की। कुछ दिनों बाद चरवाहों को उसकी लाश कई मील दूर पोखर के किनारे सड़ती हुई मिली।

एक अन्य अवसर पर, मुझे सांभर के अब तक के सबसे बड़े सींग प्राप्त हुये। मैं बोरी के सागौन जंगल में था, जो महादेव पहाड़ी के उत्तरी कगार के नीचे स्थित एक मनोरम छोटी घाटी थी। इसके तीन तरफ खड़ी चट्टानों की भित्तियां थीं। मैदानी स्थानों से पहुंचने में बहुत दुर्गम होने के कारण यहां अधिकतर सागौन वृक्ष इमारती लकड़ी के ठेकेदारों के हाथों नष्ट होने से बच गये। आर.डी. और मैं इसकी सीमाओं को एक आरक्षित वन के रूप में सीमांकित करने में संलग्न थे। कुछ दिनों तक पसीना बहाने तथा खुली दक्षिणी सीमा पर पत्थरों के स्तूप बनाने के बाद, जहां यह भित्तियों से घिरी नहीं है, हमने यह कार्य किया और निर्णय लिया कि इस जंगल में सांभर के शिकार की मुहिम के साथ यहां से जाएंगे। हम उन इलाकों में बाईसन का शिकार भी करना चाहते थे, जिन्हें हमने अपने कार्य के दौरान देखा था। यहां घास इतनी ऊंची थी और जंगल इतना सघन था कि झाड़िया हटाने से ही किसी शिकार के मिलने की संभावना हो सकती थी। सीमांकन कार्य के लिये बड़ी संख्या में गोंड और कोरकू हमारे साथ थे। पर्याप्त मात्रा में मांस के प्रलोभन से वे हमारे लिए हांका करने को सहर्ष तैयार हो गये। कगार की तराई तथा घाटी के तल के बीच खंडित जमीन की एक लंबी ढलान थी, जिस पर दोनों तरफ से हांका किया जाना था। डी. ने कगार के नीचे पोस्ट बना ली और आर. तल के पास रहा, जबकि मैं मध्य स्थल पर रहा। मैं एक सागौन वृक्ष के दोहरे रुण्ड की आड़ में छुप गया, जो जमीन से निकली थी और खड़ी पहाड़ी पर नीचे तक फैली थी। हिरण पूरी रफ्तार में जा रहा था और ऊंची घास तथा बांसों के झुरमुट में काफी छुपा हुआ था। उसने गुजरते समय उन्हें हर तरफ बिखरा दिया। लिहाजा, मुझे ब्रोड साइज शॉट में भरोसा नहीं रहा। बहरहाल, मैंने इसी के साथ उसका स्वागत किया, जो कामयाब रहा। मुझे लगा कि मैंने उसे मार दिया है, लेकिन बहुत अधिक गोलियां चला चुका कोई शिकारी अपने मन की बात के बजाय अपने निशाने पर ज्यादा भरोसा करता है। हालांकि, वह स्पष्ट रूप से बिना चोट लगे भाग गया लेकिन मैं उत्सुकता से उस जगह पर गया, जहां मैं खून को देखना चाहता था। आने से पहले मैंने आर. की दशा से एक रायफल के धमाके और इसके बाद एक लंबी पुकार को सुना, जिससे मुझे पता चला कि हिरण मरकर गिरा है। यद्यपि उसका शानदार सिर खो जाने पर, जिसे मैंने देखा था, मैं बहुत निराश हुआ, और मैंने उसका पीछा किया। वहां मैंने लाल और फैनिल रक्त के बड़े थक्के देखे, जिससे पता चलता था कि गोली उसके फैफड़ों में लगी थी। इसके बाद कुछ गोंड वहां आ गये और मैंने उन्हें उसका पीछा करते हुए नीचे पहाड़ी की ओर जाने को वहीं छोड़ दिया, जबकि मैं तत्परता से वहां चल दिया, जहां वह हिरण गिरा था। वह आर. की पोस्ट के पास करवट लिए पड़ा था। वह जिस वक्त इस पोस्ट के पास से तेजी से गुजर रहा था तभी उसे गोली

मारी गयी। गोली का छेद उसके कूल्हे पर था। मैं जानता था कि इस तरह का घाव लगने से हिरण कभी नहीं मर सकता। अतः हमने उसे उलटकर देखा तो पाया कि मेरी गोली का छेद उसके दूसरी तरफ, दिल के पास था। आखिर यह निशाना बड़ा अचूक लगा था। मुझे बेहद खुशी हुई, जब मैंने उसके शानदार सींगों को बालिश्त से नापा। हालांकि अपने एक शिकारी भाई की निराशा पर मैं दुःखी भी हुआ।

यद्यपि वह कोई बहुत बड़ा हिरण नहीं था और न वह बहुत बूढ़ा था, बल्कि कुछ खरसैला था। उसका सिर बहुत शानदार था और उसके हर सींग पर तीन-तीन नोकें थीं। नीचे से ऊपर तक उसकी ऊंचाई इक्तालीस इंच, पैर की गोलाई दस इंच तथा धरणी पर इसकी सबसे पतली गोलाई साढ़े आठ इंच थी। मैंने मध्य भारत में किसी हिरण का इतना चौड़ा सिर पहले कभी नहीं देखा था। इसका चित्र इस अध्याय के अंत में दिया गया है। सांभर के सींगों का आकार अलग-अलग होता है। कुछ बहुत बड़े होते हैं, तो कुछ छोटे। कई सींग बहुत लंबे लेकिन पतले होते हैं। इस तरह के शानदार सिर काफी दुर्लभ होते हैं और पचास जानवर मारने के बाद उनमें से एकाध का ही सिर इस प्रकार का मिलता है। परिपक्व हिरणों तक के सींगों की औसत लंबाई लगभग तीस से पैंतीस इंच होती है। एक या दोनों मृगश्रृंगों पर अक्सर तीन से अधिक नोकें पायी जाती हैं। लेकिन यह एक असामान्य विकास है, और ऐसे सिरों का विकास अवरुद्ध और बेतरतीब होता है। कभी-कभी अंतिम नोक आंतरिक और बाहरी कांटे ज्यादा लंबे होते हैं।

एक तथ्य के प्रति अपने आपको आश्वस्त कराने में मुझे बड़ी कठिनाई हुई, जिसके विषय में अब मैं पूरी तरह आश्वस्त हूं, कि न सांभर में न चीतल (दोनों रूसिनी के एशियाटिक समूह के होते हैं और सर्वाइडी या वास्तविक हिरण से अलग होते हैं) में ऐसे मृगश्रृंग होते हैं, जो हर साल मध्य भारत के इन वनों में नियमित रूप से अपने सींग छोड़ देते हैं, जैसा कि सर्वाइडी ठंडी जलवायु में करते हैं। इन जानवरों का पीछा करने में ज़िन्दगी गुजार देने वाला कोई भी देशी शिकारी ऐसा ही होने देगा। उस मौसम में बाहर निकले सभी शिकारियों ने पूरी तरह विकसित सींगों वाले हिरणों को गरमी तथा बारिश के मौसम में जरूर देखा होगा, जब वे ये सींग झाड़ देते हैं। उस मौसम में बिना सींग के हिरण दिखाई देते हैं, लेकिन अधिकतर हिरणों के सिर बहुत अच्छे होते हैं। मैंने इसी इलाके के आसपास लगातार कई वर्षों से कुछ हिरणों को देखा है, जिनका मैंने स्थानीय लोगों के साथ इस मौसम में शिकार किया, जिन्होंने उन्हें लगातार देखा था। अतः यह देखने वाला मैं कोई अकेला व्यक्ति नहीं हूं। इस पूरे समय में उन्होंने कभी एक बार भी अपने सींग नहीं छोड़े।

इनमें से एक बहुत विचित्र जानवर है, जिसका रंग स्याह काला है। इसके बड़े सींग इतने सफेद हैं, जैसे कि उन्हें फेन से धोकर साफ किया गया हो। मैं उसे कई वर्षों से जानता हूं। इस दौरान वह अक्सर मोना घाटी के खुले भाग में आता रहा है,

जहां जंगल और घास काटने वाले रहते हैं। वह सुबह अन्य हिरणों की तरह दिखाई नहीं देता; ऐसा लगता है कि वह दिन उगने के पहले तक किसी रणनीतिक रूप से अच्छी जगह पर रहता है, और वहां से वह बिना किसी को दिखाई दिये खिसक लेता है और इतनी दूर चला जाता है कि कोई उसका शिकार नहीं कर सके। हालांकि मैंने उसे अनेक बार देखा, लेकिन मैंने कभी उस पर गोली नहीं चलायी। एक बार मैं सुबह सैर पर जल्दी निकला था, जहां का मैदानी इलाका घास से आवृत्त था। यहीं पर मैंने उसे अक्सर देखा था। भूसा भरकर ले जा रहे कुछ गाड़ीवानों ने मुझे बताया कि एक पहाड़ी के पास एक हिरण लेटा हुआ है और वह स्थान बहुत दूर नहीं है। मैंने उसके दूसरी तरफ जाने के लिए एक लंबा मोड़ लिया और धड़कते दिल से धीरे-धीरे चलकर पहाड़ी के शीर्ष तक पहुंचा। वहां से मुझे कुछ भी दिखाई नहीं दिया और मैं अपनी छोटी 'हेनरी' बंदूक के ट्रिगर पर ऊंगली रखे हुए रेंगता हुआ उसकी ढलान पर पहुंचा। ठीक उसी समय मेरी बायीं तरफ एक लकड़ी चटकने की आवाज आयी। मैंने घूमकर देखा तो पाया कि हिरण एक जलमार्ग के किनारे-किनारे दीनहीन शेर की तरह भागा जा रहा था। मैंने उसे देखा नहीं था, लेकिन बेशक इसका चुनाव उसने अपने रहने के स्थान के लिए बहुत सोच-समझकर किया होगा। मेरे पास सिर्फ स्नेप शॉट के लिए समय था, जो उसके कंधे के ऊपरी भाग पर लगा। इससे वह बहुत अधिक असहाय हो गया। वह मुझसे थोड़ी ही तेजी से चल पा रहा था। उसे बार-बार रुकना पड़ रहा था। लेकिन जब मैं उसके पास जाने लगा तो वह बार-बार मुझे घूरता रहा। इस तरह, वह पहाड़ियों के आधार की ओर कोई चार या पांच मील ले गया। इसके बाद काफी लंबी दूरी पर मेरा एक निशाना किस्मत से उसकी गरदन के बीचोंबीच लग गया और काम खत्म।

यह जिज्ञासा का विषय है कि बोरी सांभर के साथ हुई यह घटना कितनी बार घटती है। कोई जानवर फैंफड़ों में गोली लगने पर भागता चला जाता है, खासकर पहाड़ों से नीचे की ओर। गिरने से पहले वह सैकड़ों गज दूर तक चला जाता है, हालांकि अंततः वह मरकर गिर ही जाता है। अक्सर वह मरकर तभी गिरता है, जब उसे दोबारा गोली लगती है, भले ही यह उसे बहुत हल्के से क्यों न लगे। उसके मार्ग में कोई बाधा आने पर भी वह गिर जाता है। मुझे याद है जब मैं रुहेलखंड की तराई में शिकार कर रहा था, तब एक पाढ़ा हिरण हाथियों की एक पूरी पंक्ति में से गुजर गया। पहले मैंने दायीं तरफ उस पर गोली चलायी। यह गोली मैंने एक छोटी रायफल से चलायी, जिससे बड़ी अजीब गोली निकलती थी। हम सभी ने सोचा कि वह हमें नहीं मिल पाएगा लेकिन वह बूढ़े कर्नल एस.के.जो. मानटॉन की गोली लगने से लाइन के बायें छोर पर गिरा। हम अपने द्वारा मारे गये जानवरों को हाथियों पर लादकर अपने कैम्प में आये। मैंने सोचा कि देखा जाए कि हिरण को गोली कहां लगी है। मैंने देखा कि जिस गोली से वह मरा, वह मेरी ही रायफल

से निकली थी। हमने उसके कंधे के शीर्ष को काटकर वह छोटी-सी गोली निकली। कर्नल की गोली का उस पर एक-चौथाई ही असर हुआ था।

एक अन्य अवसर पर मैंने बैतूल जिले के विरल जंगल में लुक-छिपकर एक बड़े शेर पर गोली चलायी थी। वह भयंकर गर्जना करके भागकर आंखों से ओझल हो गया। लेकिन वह गोल चक्कर लगाकर एक छोटे बीहड़ के किनारे कुलांचें भरने लगा और मेरे सामने दायें किनारे पर आ गया। मैंने उस पर आसान निशाना लगाने का निश्चय किया। जैसे ही मुझे उसका सिर दिखाई दिया, मैंने उस पर गोली चला दी। कुछ दर्जन कदमों की दूरी तक वह लड़खड़ाता हुआ किनारे पर वापस आया और मरकर ढेर हो गया। मुझे कोई कम आश्चर्य नहीं हुआ कि पहले वह मेरे हाथ से साफ बचकर निकल गया था और इस बार वह मेरी एक ही गोली कंधे पर लगने से मर गया।

मोटे तौर पर सांभर का शिकार उस समय सबसे अच्छा होता है, जब एकांत में उसका लुक-छिपकर पीछा किया जाए और आपके साथ न हाथी हों न हंकवैये। मैं रात के समय उसके शिकार की धूर्ततापूर्ण कार्यवाही के विषय में कोई शब्द बेकार नहीं करूंगा। उस समय वह खेतों या पानी पीने के स्थानों पर आता है। कोई भी स्थानीय शिकारी अथवा शिकार का शौकीन यूरोपियन ऐसा करने की नहीं सोचेगा। इसका शिकार करने के लिए ऐसी जगह के पास कैम्प लगाया जाना चाहिए, जहां सांभरों का रात के समय खाने-पीने आना निश्चित हो। उस स्थान के आदिवासियों के एक दल को अनुचर के रूप में काम में महत्त्व दिया जाना चाहिए। इन लोगों को पूरे इलाके की जानकारी होती है। वे हिरणों के आने-जाने की जगहों तथा आदतों से भी परिचित होते हैं और उन्हें अंधेरे में जंगल के किसी भी भाग में जाने से डर नहीं लगता। उन्हें दिन उगने से बहुत पहले जोड़े बनाकर पड़ोस की पहाड़ियों के शिखर पर इस निर्देश के साथ भेज दिया जाना चाहिए कि वे उन स्थानों को चिह्नित कर दें, जहां चरने के मैदान से आधे रास्ते में आराम करने की जगह पर उन्हें दिखाई देते हों। हिरण दिखने पर एक आदमी को उन पर नजर रखनी चाहिए, और दूसरे को यह खबर लेकर सुचिह्नित केन्द्रीय बिन्दु की ओर जाना चाहिए। खुद शिकारी को भी उस दिशा में बढ़ना चाहिए। उसे एक दो आदिवासी को लेकर दिन उगने से करीब आधा घंटा पहले चल देना चाहिए। हो सकता है कि उसे खुद भी कहीं हिरण मिल जाएं। लेकिन ऐसा न होने पर, यह निश्चित है कि कुछ अनुचर हिरणों के आराम के लिए लेट जाने से पहले उनके बारे में जानकारी लेकर आएंगे। विरल जंगलों में भी जासूसी का तरीका बाईसन के शिकार में सफल सिद्ध होता है, जहां वे कभी-कभी मिल जाते हैं। मुझे नहीं मालूम कि ऊपरी ताप्ती घाटी के दोनों तरफ के जंगलों से अधिक किसी अन्य जगह पर इस तरह से बाईसन और सांभर का छुपकर शिकार किया जा सकता है। वस्तुतः निमाड़ जिले के बुरहानपुर शहर में सुबह की घुड़सवारी के दौरान इस तरह का शिकार मिल जाता है। यह जिला ताप्ती के किनारे बसा है, जो

उस स्थान से कुछ मील नीचे है, जहां संकरी असमतल घाटी उर्वरक और खेती में अत्यधिक उपयोग की जाने वाली काली मिट्टी के चौड़े कछार में जाकर खुल जाती है। यहां खूबसूरत मोना झरना ताप्ती से मिल जाता है, जो सतपुड़ा पर्वत की हत्ती पहाड़ियों से निकलता है। यह इस बड़ी बसाल्टिक संरचना के सबसे बड़े भागों में शामिल है। यह मेरे द्वारा वर्णित किये जा रहे पर्वतीय अंचल का पश्चिमी छोर है। पिछले साल मैं इस श्रृंखला के ओर-से-छोर तक गया था। यह यात्रा सीमा व्यवस्थापन कार्य के लिए मैंने अपने मित्र केप्टन टी. के साथ की थी। ड्यूटी पर होने के कारण हमारा पहला मकसद लोगों की सेवा था, लेकिन हमें विभिन्न अवसरों पर अपने पसंदीदा शिकार के लिए भी थोड़ा वक्त मिल जाता था।

फरवरी के अंत में हम घोड़े पर सवार होकर बुरहानपुर से अपने कैम्प गये, जो खुले मैदान के अंतिम गांव में लगा था। अगली सुबह एक छोटे किले में, जिसे गढ़ी कहा जाता है, एक छोटा टेंट लगा दिया गया। यह गढ़ी हत्ती पर्वत के उत्तरी कगार पर स्थित है। हम अलग-अलग रास्तों से इन पहाड़ियों से होते हुए पैदल चलकर एक ही स्थान पर पहुंचे। इन पहाड़ियों के सभी निवासी भील हैं, जिन्हें 'सभ्यता' ने काफी बिगाड़ दिया है। वे सभी काहिल और फिजूलखर्च होने के साथ पक्के अफीमची बन गये हैं। वे उन पूर्वजों की संतानें हैं, जो उस दौरान मुस्लिम हो गये थे, जब बुरहानपुर में ताकतवर मुस्लिम हुकूमत क़ायम हुई। लेकिन अब उनके पास पैगंबर के नाम तथा बहुत प्रारंभिक अनुष्ठानों के अलावा इसका कुछ भी शेष नहीं है। मुस्लिम काल में इन भीलों के प्रमुखों को आर्थिक सहायता देकर इस पर्वत श्रेणी के पहाड़ी दर्रों में रक्षक बना दिया गया। इस श्रेणी के ऊपर ताप्ती घाटी तथा बरार के बीच मुख्य राजमार्ग स्थित है। यह अनुदान उन्हें आज भी हमारी सरकार से मिल रहा है, जो उनके उपद्रवी पूर्वजों द्वारा आसपास के मैदानी इलाकों से ब्लेकमेल के रूप में ली जाने वाली रकम के मुआवजे के अलावा कुछ नहीं है। कुछ ऐसे भील भी इस इलाके में रहते हैं, जिन्होंने धर्म नहीं बदला। वे इन पहाड़ियों के सीमावर्ती हिन्दू गांवों में वंशानुगत कोटवार हैं। उनके ज्यादातर आचार-विचार हिन्दुओं जैसे हैं, लेकिन उनमें वे प्राकृतिक गुण फिर भी मौजूद हैं जो उनको अच्छा शिकारी बनाते हैं। सर्वाधिक असभ्य प्रकृति के भील भी असीरगढ़ के पश्चिमी अंचल में पाये जाते हैं, जिनके जीवन निर्वाह का मुख्य आधार तीर-कमान है। वे किसी भी ग़ैरकानूनी तथा खतरनाक काम को करने के लिए आज भी तैयार रहते हैं। बहरहाल, इस जनजाति के विषय में अब यहां लिखने की गुंजाइश नहीं है, जिसकी इस पर्वतीय अंचल में संख्या बहुत कम है।

गढ़ी का रास्ता हत्ती पहाड़ी में हालांकि समतल जमीन पर है, लेकिन इसमें अनेक पुराने गांवों के स्थल हैं, जिन पर प्राचीन वृक्ष और मुस्लिम मकबरे स्थित हैं। गढ़ी के सबसे ऊंचे स्थान पर से जब हमने देखा तो हमारे सामने लंबा समतल रास्ता और इसके मुहाने पर छोटी पहाड़ियों की अनुप्रस्थ पहाड़ियों के द्वारा निर्मित संकरी घाटी,

ताप्ती घाटी का काली मिट्टी का दूर तक विस्तृत समतल मैदान आदि थे। इससे हमें पता चला कि यह सिंचाई सरोवर के लिए कितना उपयुक्त स्थान है। बाहर पानी के लिए तरसती जमीन के भीतर रेतीली मिट्टी इतनी गहरी थी कि कोई कुआं इसके नीचे की नमी के स्तर का फायदा नहीं ले सकता। इस इलाके में सघन आबादी है, जो अपनी शुष्क और अनुपजाऊ जमीन का लगान दे रही है, जिसे अनेक स्थानों पर सिंचित् गन्ना भूमि के रूप में दे दिया जाता है। भीतर एक प्राकृतिक जलाशय है, जिसमें चालीस वर्ग मील से नदी-नालों का पानी आता है। इस पर सिर्फ कुछ सौ गज का तटबंध बनाने की जरूरत है, जिससे बाहर स्थित संपूर्ण मैदानी क्षेत्र को सरसब्ज करने के लिए पर्याप्त पानी जमा हो सके। हालांकि इस प्रकार के स्थलों पर हमेशा ऐसी अनुकूल स्थितियां नहीं होतीं, लेकिन पर्वतीय और मैदानी क्षेत्रों के बीच लगभग संपूर्ण सीमावर्ती इलाके में कुछ-कुछ अंतरालों पर ऐसे स्थल मिल जाते हैं। लेकिन, दुर्भाग्य। भारत जैसे गरीब देश के पास अपने ही भविष्य की संभावनाओं को साकार करने के लिए पर्याप्त संसाधन नहीं हैं। इसके कारण कई पीढ़ियों तक जीवन देने वाला यह जल इसी तरह हर साल बहकर बर्बाद होता रहेगा और बाढ़ से तबाही होती रहेगी। अब हमें यह समझ आने लगा है कि भारत की गरीबी और पिछड़ेपन की जड़ में कृत्रिम सिंचाई के साधनों के अभाव में जमीन का अनुपजाऊ रह जाना ही है। यहां गेहूं के बीज से चार या पांच गुना उपज होती है, लेकिन नर्मदा घाटी की गहन काली मिट्टी के एक एकड़ जमीन में चालीस पौंड स्वच्छ कपास उपजता है–संपूर्ण भारत में श्रेष्ठतम मिट्टी वाले क्षेत्र की उर्वरकता का यह हाल है। यदि हर साल वर्षा के पानी को बचा लिया जाए, तो भारत की भौतिक स्थितियों तथा अर्थव्यवस्था में क्या गज़ब का बदलाव आ सकता है, इसकी कल्पना तक नहीं की जा सकती। अभी यह पानी बहकर समुद्र में चला जाता है। निचले इलाकों में उत्पादकता से अप्रत्याशित कृषि हो जाएगी और अकाल रूपी दानव नष्ट हो जाएगा, जो हर साल हजारों-लाखों लोगों को निगल जाता है। इससे जलवायु तथा ऊंचे स्थानों पर स्थित वनों में भी सुधार होगा।*

यह गढ़ी एक काफी बड़ी पठारी भूमि की कगार पर स्थित है, लेकिन इसकी रूपरेखा अनियमित है। इसके उत्तर में लंबे बीहड़ों के शीर्ष चारों तरफ दिखाई देते हैं। ये बीहड़ नीचे घाटी में समा जाते हैं। दक्षिण की तरफ अचानक एक खड़ी ढलान आ जाती है, जो बरार के मैदान में सीधी जाकर गिरती है। इस पठार भूमि के अधिक खुले भागों पर सुदूर अतीत में किसी समय खेती होती थी। इसके लिए ट्रेप के अलंगों

* यहां यह न समझा जाए कि मैं यह राय दे रहा हूं कि मध्य भारत का यह बड़ा क्षेत्र बड़ी सिंचाई योजनाओं के लिए तैयार है। इस तरह के कार्यों के पहले कहीं अधिक सघन आबादी और अधिक कृषि स्कंध की आवश्यकता होगी। बहरहाल, निमाड़ जिले का पुराना क्षेत्र–विशेषकर बुरहानपुर शहर के आसपास ताप्ती घाटी का कछार, इस तरह के सिंचाई कार्य शुरू करने के लिए तथा इसकी कीमत चुकाने के लिए पूरी तरह तैयार है।

को हटाकर बड़े चौकोर खेतों की रक्षा के लिए दीवार के रूप में ढेर बनाकर रख दिया गया था। अनेक स्थानों पर यह जमीन काफी गहन और समृद्ध है। इसकी ऊंचाई लगभग दो हजार फिट है, जिस पर, बेशक, चाय और कॉफी की फसल होती होगी। फिलहाल, यह जगह बिल्कुल बेकार पड़ी है। सुस्त भील, सरकार से मिलने वाले अनुदान से संतुष्ट हैं, जबकि सड़कों की कमी और संभवतः खराब जलवायु पास के मैदानी इलाकों के किसानों के लिए बाधा हैं। ऊपर पर्याप्त पानी है और किसी दिन निश्चित ही यहां एक बड़ी बसाहट होगी।

गढ़ी पर टी. शाम के समय बाहर निकल गया और उसने एक उजाड़ गांव के स्थल पर कुछ सांभरों को देखा, जो अकौओं के पौधों को चर रहे थे। एक माहिर शिकारी और निशानेबाज, टी. ने उन पर निशाना साधा और दायें और बायें बेरल से गोली चलाकर दो सांभरों को ढेर कर दिया। दूसरे दिन, हम पठार को पार कर बिनगारा नाम के स्थान पर गये, जिसके पास टी. को एक सर्वे स्टेशन स्थापित करना था। कुछ दूर तक तो काली मिट्‌टी का समतल रास्ता था, जिस पर सागौन की बल्लियों का एक विरल झुरमुट और कांटेदार झाड़ियां थीं। इस रास्ते पर किसी तरह चला जा सकता था। लेकिन, पठार को पार करने के बाद हम एक संकरी पर्वतमाला में पहुंच गये जो इस पूरी लंबाई में इन बेजोड़ पहाड़ियों की मेरूदंड है। कुछ स्थानों पर करीब एक हजार फिट की एक अत्यधिक खड़ी ढलान इस अवतल से दोनों तरफ मैदान की ओर जाती है और जिस रास्ते पर हम चल रहे थे उसके लिए बहुत कम जगह बचती थी। इन संकरे स्थानों पर बोझा लादकर ऊंटों को ले जाना कठिन काम है, क्योंकि यहां वृक्ष बहुत हैं और ट्रेप के अलंगों की बहुतायत है। हालांकि उनके लिए रास्ता साफ करने के लिए हमारे साथ बहुत से कुल्हाड़ीधारी भील थे, लेकिन वे रात होने तक नहीं आते। जिन मोड़ों से मैदान के दोनों तरफ देखा जा सकता था, वहां के दृश्य बहुत अद्‌भुत थे, हालांकि उन्हें मनमोहक नहीं कहा जा सकता। खड़ी पहाड़ी के दोनों तरफ हमारे पैरों के नीचे लंबी पीली घास थी जो इस मौसम में पश्चिमी विस्फोटों के कारण सपाट हो गयी थी। इसके ऊपर बड़े काले अलंगे और सलेई वृक्ष के पीले नंगे ठूंठ जमे हैं। ऊपर, गहरे धूसर ट्रेप की छोटी कगारें पर्वत श्रृंखला की सपाट चोटियों तक जाती थीं, और नीचे थोड़ा-सा भी दूर देखने पर शहर वनकुंज तथा अनाज के खेत एक नीले स्पष्ट धुंधलके के रूप में दिखाई देते थे। साथ ही बरार के कपास के क्षेत्र भी वहां से नज़र आते थे।

बिनगारा में बरार के मुसलमान नवाबों ने कुछ सौ वर्ष पहले अपने हिसाब से एक ऐशगाह बनवायी थी, जो विनाशकारी जलवायु तथा पीपल और बरगद की गहरी फैलती जड़ों के विपरीत प्रभाव के बावजूद, आज तक बची हुई है। इसकी कभी मरम्मत नहीं हुई। इससे इसके निर्माण की मजबूती का पता चलता है। इसके विशाल गुम्बदों, मोटी दीवारों तथा संकरे दरवाजों के कारण यह भारत में पायी जाने वाली शीतलतम

इमारतों में से एक है। बिनगारा में यह इमारत एक छोटी कृत्रिम झील के किनारे स्थित है, जिसका काफी पानी आजकल जीर्णशीर्ण तटबंधों से होकर बाहर निकल जाता है। इसके कारण वहां सिर्फ कीचड़ रह जाती है, जो इस स्थान की खूबसूरती को किसी भी तरह नहीं बढ़ाती। लिहाजा, हमने इस स्थान के कुछ पहले ही कुछ सघन बरगद के पेड़ों की छाया में अपना छोटा-सा टेंट लगा लिया।

जब हम वहां पहुंचे, तभी, जंगल में विचरण कर रहे भीलों के कुछ कुत्ते इस झील के सूखे तल पर से गुजरे। वे एक सांभर हिरणी के पीछे चिल्लाकर दौड़ रहे थे. जिसे उन्होंने भड़का दिया था। हम अपनी रायफलों की तरफ लपके, लेकिन हम ज़रा-सा चूक गये, क्योंकि वह घने जंगल में समा गयी। कुत्ते थोड़ी दूर उसके पीछे गये, लेकिन जल्दी ही लंगड़ाते हुए वापस आ गये।

अगली सुबह हम खोज और शिकार के लिए अलग-अलग दिशाओं में गये। हम सभी के साथ कुछ भील थे। मेरा रास्ता बिनगारा के आगे पर्वत श्रृंखला के मेरूदंड से होकर जाता था। कुछ मील चलने के बाद, दोनों तरफ दूरबीन तथा आंखों से प्रपातों को देखकर चांद नाम के एक लंबे युवा अनुचर ने सुदूर पहाड़ी की तरफ ढलान पर सामान्य से ज्यादा लंबी नज़र गड़ायी और कुछ देर बाद मुझे इशारे से अपने पास बुलाया। उसने मेरे दूरबीन का मुंह एक झाड़ीदार सागौन वन क्षेत्र के मध्य की ओर कर दिया। शुरू में मुझे किसी चलती हुई चीज पर सूर्य की रोशनी चमकती दिखी। मैं समझ गया कि कोई अच्छा सांभर हिरण पेड़ों के नीचे निष्क्रिय खड़ा है और वह सिर्फ अपने सींगों को धीरे-धीरे इधर-उधर हिला रहा है। सीधी रेखा में वह करीब एक मील से ज्यादा दूर नहीं था; लेकिन उसके पास जाने के लिए लंबे बीहड़ के शीर्ष के कई मील का चक्कर लगाना पड़ता। चूंकि यह बात तय थी कि वह जहां खड़ा था, वहीं आराम करने को लेट जाएगा, अतः हम थोड़ा पीछे हटकर तेज चाल से उसे घेरने चल पड़े। तब तक सूर्य काफी तपने लगा था और मार्च महीने के प्रारंभ में ही काफी गर्मी थी। जब तक हमने बीहड़ का चक्कर लगाया, हमारा तापमान, जब हम चले थे उसकी तुलना में काफी बढ़ गया। अब हमने दबे कदमों से चलना शुरू कर दिया। हमारी कमर झुकी थी। गिरी हुई सागौन की पत्तियों पर हमारे चलने से ऐसी आवाज होती, मानो हम टीन के बक्से पर चल रहे हों। एक भी पत्ती पर कदम पड़ने पर हमारी सारी कोशिश पर पानी फिर जाता। हमारे पास सिर्फ ट्रेप के गोल अलंगों पर पैर रखकर चलने का विकल्प था। ज़रा-सी भी असावधानी से पैर पड़ने पर उनके घूम जाने का खतरा था। मेहनत के कारण गर्मी बहुत बढ़ गयी, जो हमारे द्वारा की गयी प्रगति की तुलना में काफी ज्यादा थी। आखिर, हमें लाल शीर्ष वाला वह पेड़ नज़र आ गया, जिसके नीचे वह हिरण हमें मिलना था। इसके बाद चांद ने अपने लगभग सभी कपड़े उतार दिये और आगे देखने के लिए सागौन की एक बल्ली पर चढ़ गया। बहरहाल, उसे कुछ नहीं दिखा। हम धीरे-धीरे और आगे बढ़े। मेरा साथी चांद, थोड़ी-

थोड़ी दूर पर पेड़ों पर चढ़ जाता और मैं अपने आपको संतुलित करता हुआ गोल अलंगों पर कांपता-सा खड़ा रहता। फिर भी हमें कामयाबी नहीं मिली; क्योंकि उस भील ने पेड़ से उतरते समय गलती से एक पत्ती पर पैर रख दिया। खेल खत्म हो गया। हालांकि मैं तत्काल आगे लपका। मुझे लगा कि थोड़ी दूर जाकर मैं उसे मिला लूंगा, लेकिन बहुत देर हो चुकी थी। मुझे नीचे की तरफ भागती सिर्फ एक धुंधली छाया दिखायी दी। वह सागौन की झाड़ियों के बीच बहुत तेज दौड़ रही थी और इतनी दूर थी कि उस पर निशाना नहीं लगाया जा सकता था। मुझे लगा कि इन पहाड़ियों पर वह अकेला सांभर था। हालांकि, छायाएं जहां लेटी दिख रहीं थीं, वे अनेक थीं, और टी. तथा मैंने उनका दिन-दिनभर पीछा किया, लेकिन हमें कोई दूसरा खुर अथवा सींग नज़र नहीं आया। भीलों ने बताया कि वे सभी 'धोटिया' चले गये हैं। इस जगह के बारे में हमें बाद में पता चला कि वह इतना ज्यादा दुर्गम है कि उनमें से बहुत ही कम लोग वहां तक कभी गये हैं। वे इस स्थान को इसी नाम से पुकारते हैं, जिस तरह हम किसी ऐसे अनजान स्थान को 'जेरिको' कहते हैं, जहां हर वो चीज चली जाती हे, जो कहीं नहीं मिलती।

भीलों के आश्चर्य का ठिकाना नहीं रहा, जब हम धोटिया पहुंच गये। हमारे पहुंचने से पहले इसका नाम जितना महान था, हमारे पहुंचने के बाद वह और महान हो गया। हममें से किसी ने भी अपने जीवन में इतनी असाधारण चीज कभी नहीं देखी थी। धोटिया कुछ ऊंचाई वाले सपाट पठारों से घिरी श्रृंखला के शिखर पर एक खोह थी। इसके बीच से स्वच्छ पानी बह रहा था और हर जगह लंबी घास उगी थी। सघन जंगलों में काफी संघर्ष करने और काफी पथरीली मैदान पर कठिनाई से चलकर हम सूर्य डूबने के काफी बाद वहां पहुंचे। हमने रात के लिए वहां खुले मैदान में कैम्प लगा लिया, जो काफी असुविधापूर्ण था। यह स्थान सांभर के पैरों द्वारा पूरी तरह रौंदा हुआ था। उसके पदचिह्न एक दिन से एक सप्ताह तक पुराने थे। हर दूसरे या तीसरे पेड़ की छाल उसके सींगों के रगड़ने से बाहर निकली हुई थी। अगली सुबह हम अतिरिक्त गोला-बारूद लेकर विभिन्न दिशाओं में चल पड़े। हमें बस यही डर था कि हम जितने हिरणों को मारने की उम्मीद लगाये थे, उन्हें लाने के लिए हमारे पास पर्याप्त लोग नहीं थे। मैं पठारों के आसपास तथा उनके ऊपर घूमता रहा; यह दायरा करीब छह मील का था। हालांकि सांभर के ताजा निशान हर जगह दिखाई देते थे और कुछ सप्ताह पुराना बाईसन का मल भी वहां पड़ा था, लेकिन उस सुबह मुझे हिरण का कोई अंग तक दिखाई नहीं दिया। यह सचमुच बड़ी अजीब बात थी और मुझे डर था कि मुझे कैम्प वापस न जाना पड़ जाए, क्योंकि सारे जानवर टी. की तरफ चले गये हों और मैं उसे वहां मारे गये जानवरों के ढेर के बीच मजे से पाइप के कश लगाता हुआ पाऊं। बहरहाल, वह मुझसे पहले लौट गया था। हम दोनों के मुख पर प्रसन्नता का भाव था, क्योंकि

हम दोनों की दुखद कहानी एक जैसी रही थी–हमें कोई खुर अथवा सींग देखने को नहीं मिला। भीलों की इस बात पर भी आधा विश्वास हुआ कि यह स्थान मंत्रित है। हमने दूसरे दिन भी रुक-रुककर कोशिश की, लेकिन नतीजा वही रहा। लिहाजा, हमने निर्णय लिया कि अपने मानसिक नक्शे पर धोटिया को सबसे काले धब्बों से चिह्नांकित कर दिया जाए। भीलों के साथ हमारी भी बुरी दशा हो गयी। इन क्षेत्रों में प्रेत की तरह सांभर के कई निशान देखने के बाद, हमें कोई ऐसा स्थान नहीं मिला, जहां किसी ने हमसे खीसे निपोरकर कह दिया हो कि "अरे, वे सब तो धोटिया चले गये हैं।"

हम बुरी तरह पस्त हो गये। सीमांकन कार्य के लिए बिना जला जंगल काफी घना सिद्ध हो रहा था। हमने मैदानी इलाके में वापस जाने का निश्चय किया। लेकिन हम उस खौफनाक रास्ते से वापस जाना नहीं चाहते थे, जिससे हम आये थे। हमें पता चला कि संभवतः पहाड़ी के उत्तरी ओर से नीचे कोई रास्ता जाता है। हम अगली सुबह धोटिया से चल दिये और आठ या दस मील तक पर्वत शृंखला के शीर्ष से लगे हुये चलकर जामती नामक स्थान पर पहुंचे। यहां एक छोटे भील नायक का निवास था। वहां स्थित बरगद का वृक्ष इतना बड़ा था कि इलाके के हर भाग से दिखाई देता था। दूसरे दिन हम वहां से ताप्ती घाटी में उतर गये। हमारा इरादा पहाड़ियों की तरफ उस वक्त जाने का था जब जंगल साफ हों। सच पूछिये तो हम लोग धोटिया उस वक्त गये थे, जब लगभग सभी सांभर जंगली फल खाने पहाड़ियों से नीचे चले गये थे। ये फल घाटियों में पक गये थे। जो थोड़े से सांभर रह भी गये होंगे, वे बिना जली लंबी घास में दिखाई नहीं देते थे। मेरा मानना है कि हमें जो बहुत ज्यादा निशान दिखाई दिये थे, वे पतझड़ के दौरान वहां बहुत से हिरणों के एकत्रित हो जाने के कारण बने थे। मैं अगर इस इलाके में रुकता तो इसकी पड़ताल करता। लेकिन हम दोनों में से कोई वहां पुनः नहीं गया। मेरा मानना है कि अब टी. हिमालय में सर्वे कर रहा है और मैं स्कॉटलैंड में हूं, और सांभर से बहुत छोटे शिकार से संतुष्ट हूं। किसी कवि ने कहा है कि "जिन्दगी इसी का नाम है।"

हम जिस रास्ते से नीचे गये, वह नंगी बसाल्ट की एक कगार के शीर्ष से लगकर मुड़ जाता है। दोनों तरफ चट्टानों में गहरी और कोयले जैसी काली दरारें थी। चोटी पर पीली घास का पतला आवरण था और कहीं-कहीं कोई सलेई वृक्ष किसी काग पेच की तरह मुड़ा हुआ नजर आ जाता था। एक जगह पर चट्टान ने एक सीधा खड़ा रूप ले लिया, जिसकी ऊंचाई कई सौ फिट थी। इसकी संरचना स्तंभ की तरह थी, जिसका स्वरूप कहीं-कहीं ज्वालामुखी शैल की तरह था। यहां ऐसा लगता था कि यह चट्टान विशाल पंचमुखी स्तंभ हो, जो विभिन्न ऊंचाईयों पर टूटकर अलग हो गये हों। घोंसला बनाने की इन अत्यंत अनुकूल परिस्थितियों का लाभ उठाकर गिद्धों ने यहां एक विशाल कॉलोनी बना ली है। उनकी बीट से चट्टानों का पूरा चेहरा मीलों

तक सफेद हो गया है, जबकि बहुत से पक्षी कगार पर बैठे थे या बीहड़ों के ऊपर उड़ रहे थे। इनमें बहुत बड़ी संख्या धूसर रंग के घिनौने गिद्धों की थी। लेकिन अधिकतर संख्या सफैद अपमार्जक गिद्धों की थी, जो मैदानी क्षेत्र के गांवों में हर जगह गोबर के ढेर पर बैठे हुये मिल जाते थे। मैं अक्सर यही सोचता था कि इनका प्रजनन कहां से होता है, क्योंकि मध्य भारत के सभी आबाद क्षेत्रों में इनकी संख्या बहुत ज्यादा है, लेकिन यहां बहुत कम घोंसले यहां-वहां पेड़ों के ऊपर दिखाई देते हैं। यहां सुनसान घाटी में गिद्धों की उपस्थिति से यह पहेली सुलझ गयी। गिद्धों की यह पहाड़ी, उन्हें सघन रूप से आबाद मैदानी क्षेत्र से अलग करती थी, जहां उन्हें अपना घिनौना भोजन मिलता है।

हत्ती पहाड़ी की हमारी असफल यात्रा के कुछ सप्ताह बाद मुझे टी. ने बताया कि घास अधिकतर जल गयी है और पहाड़ी के उत्तरी ढलान पर बहुत सारे सांभर मौजूद हैं। उसे बाईसन के ठिकाने का भी पता चल गया था, जहां से उसने एक बुल का शिकार कर लिया था। अतः अप्रैल के प्रारंभ में चोंड़ी स्थित उसके कैम्प में गया, जो गढ़ी के नीचे एक उजाड़ गांव का स्थल था। गरम मौसम में शिकार कैम्प के लिए इससे अच्छा स्थान नहीं मिल सकता था। साफ पानी के एक सुन्दर तालाब के पास बरगद का एक विशाल वृक्ष खड़ा था। यह इतना पुराना था कि इससे बाहर आकर जमीन से लगी जटाएं स्वयं ही वृक्ष बन गयी थीं। इनमें से काफी मोटी शाखाएं निकल आयी थीं। मूल वृक्ष की शाखाएं बुरी तरह सड़ गयी थीं। इसकी विपुल छाया में अनेक टेंट लगे थे और हमारे घोड़ों, कुत्तों आदि के अलावा वहां बहुत से नौकर, लश्कर और भील मौजूद थे। निचली पहाड़ियों पर घास काफी हद तक जल चुकी थी, जो हमारी यहां पिछली यात्रा के समय जली नहीं थी। कुछ समय से महुआ के फूल झर रहे थे। रात के समय सांभर घाटी के तल पर उस पेड़ के विरल झुरमुट में आते थे, जो इस कैम्प से कुछ ऊपर थी। अगली सुबह, हमने सुबह होने से पहले भीलों के आधा दर्जन जोड़ों को खोज के लिए पहाड़ी के शिखरों पर भेजा। इसके थोड़े समय बाद ही हम खुद ऊपर पहाड़ी के उस स्थान से रवाना हो गये, जहां हमारा इरादा अलग होकर अलग-अलग हांका करने का था। हमारे दायीं तरफ लगभग आधा मील दूर पेड़ों पर बड़ी संख्या में बंदर कामातुर होकर 'गुर्रा' रहे थे। हमने वहां एक सांभर के मृत शरीर के अवशेषों को देखा, जिसे रात में किसी शेर ने महुआ पेड़ों के नीचे मार दिया था। बेशक, वह क्रूर जानवर खुद घाटी की तरफ जा रहा था, जब उसे बंदरों ने देखा। अनेक सांभर महुआ के फूल खाते रहे थे और ताजे क्षेत्रों में हर दिशा में रास्ते निकल आये। जब हम अलग होने वाले ही थे, तभी एक लंबे पहाड़ी स्कंध को घाटी के दायीं तरफ देखा, जिस पर हम आगे बढ़ रहे थे। जब हम इसके पास पहुंचे, तो हमने हलकी धूसर रोशनी में ऊपर के तरफ लंबी लाइन में खड़े हिरणों को देखा। उनमें से हरएक, दूसरी

तरफ जाने से पहले कुछ रुककर आसमान की तरफ देखता था। उन्हें कुछ सेकंड देखने के बाद हमने देखा कि उनके पीछे काफी दूरी पर एक बड़ा हिरण चला आ रहा है। वस्तुतः जब हमने उसे देखा, तब उसने पर्वत-स्कंध पर चढ़ना शुरू किया ही था। उसी समय उसने हमें रास्ते पर ठिठका हुआ देख लिया होगा, क्योंकि उसकी लापरवाह चाल, अचानक दौड़ में बदल गयी। वह दुबककर भागा और उसके श्रृंगाभ पीछे मुड़ गये। हिरण ऐसा तब करता है जब वह बिना किसी को दिखे भाग जाना चाहता है। हमें सिर्फ उसका पीछे का थोड़ा-सा हिस्सा और सींगों की नोकें दिखाई दे रही थीं। वह पर्वत-स्कंध के दूसरी तरफ चला गया। एक सांभर का दो लोगों द्वारा पीछा किये जाने का कोई फायदा नहीं होता। अतः मैं इन हिरणों के पीछे भागा, जबकि टी. घाटी में ही डटा रहा।

पांच-छह सौ फिट की सीधी चढ़ाई चढ़कर जब मैं वहां पहुंचा, तब पूर्वी आकाश में हरीतिमा लिए पीला प्रकाश फैला हुआ था, जो भारतीय आकाश में सूर्यास्त से पहले का सुन्दर दृश्य होता है। उस समय (वर्ष के इस मौसम में रात में किसी भी समय यहां बहुत अंधेरा नहीं होता) इतना प्रकाश था कि हम उसी श्रेणी पर खड़े भीलों के जोड़ों को पहचान सकते थे। मुझे चोटी पर पहुंचा देखकर उनमें से एक धीरे से मेरे पास पहुंचकर बोला कि हिरण से पहले वाला झुंड बड़े आराम से दूसरी तरफ सघन वनों की ढलानों पर चला गया है। विचार-विमर्श के बाद यह तय किया गया कि मैं पर्वत श्रेणी के शिखर पर ही ठहरूं और वे दो भील उस झुंड का पीछा करें। अगर उन्हें वह झुंड दिखाई दिया, तो वे मुझे इसकी खबर करेंगे। मैं धीरे-धीरे एक ऊंचे स्थान से दूसरे ऊंचे स्थान पर चला गया और भीलों से बहुत पीछे नहीं था। वे ढलान पर झुंड की तलाश कर रहे थे और शिखर से बहुत ज्यादा नीचे नहीं थे। इसी बीच मुझे शिखर के पास लंबी घास से वह झुंड दिखायी दिया, जिसमें पंद्रह-बीस हिरण शामिल थे। लेकिन ये अच्छे हिरण नहीं थे। वे एक भ्रमित भीड़ के रूप में एक-दूसरे से सटकर पहाड़ी के सहारे चले जा रहे थे। उनके शरीर पर हलके रंग के गोल धब्बे उस समय हमें लक्ष्य की तरह दिखते थे, जब वे हवा में अपनी पूंछ लहराते थे। यह बहुत लुभावना दृश्य था, लेकिन मैं हिरण के अच्छे सींग चाहता था और हिरणों को जाने देना चाहता था। हिरण के सामने आने पर मुझे इसका अवसर मिल गया। वह धीरे-धीरे अपनी राजसी चाल से उसी तरफ बढ़ा जा रहा था। ऐसा लगता था कि उसे खतरे का कोई आभास नहीं था। वह मुझसे लगभग सौ गज नीचे था। मैंने अपनी छोटी सिंगल एक्सप्रेस रायफल से उस पर गोली चला दी। वह बिना आवाज किये गिर गया। भील लोग उसी वक्त दौड़ते हुए आ गये। चूंकि मैं उस हिरण की तरफ आगे नहीं बढ़ा, अतः वे परम्परागत मुस्लिम तरीके से उसको हलाल करने को आगे बढ़े। मुझे पक्का पता था कि उनके आने से पहले ही वह मर चुका था। मैंने जितने भी हिरण देखे थे उनमें वह बहुत बेहतरीन था। वह देखने में खूबसूरत था और उसका रंग गहरा

भूरा था। उसके सींग बहुत कड़क, पुष्ट तथा सुन्दर थे। हालांकि ये सींग बोरी हिरण के सींगों से लगभग चार इंच छोटे थे। इन खुले हलके जंगलों के सांभर का रंग आमतौर पर सुदूर पूर्व के वनों में रहने वाले हिरणों की अपेक्षा ज्यादा गहरा होता है। कभी-कभी एकदम काला हिरण दिखाई पड़ जाता था। सभी हिरणों का रंग वर्ष के विभिन्न मौसमों में कुछ अलग-अलग हो जाता है। उस सुबह मुझे और कोई शिकार नहीं मिला। टी. तो खाली हाथ ही लौटा। वह जिस हिरण की तलाश कर रहा था, वह पहाड़ियों के ऊपर लंबी घास की आड़ में कहीं खो गया।

दूसरे दिन हम सुबह होने से काफी पहले ही निकल पड़े। मुझे शिखर पर खड़े भीलों ने इशारे से ऊपर बुलाया। जब मैं वहां पहुंचा, तब सूर्योदय हो चुका था और बड़ी चढ़ाई चढ़कर मैं काफी थक गया था। मुझे उन्होंने बताया कि उन्होंने सामने पहाड़ की ढलान पर दो हिरणों को जाते देखा है। हमारी पहाड़ी और उस घाटी के बीच एक घाटी थी, जो उतनी ही गहरी थी, जितनी से होकर मैं ऊपर आया था। पुनः घाटी से नीचे जाने के अलावा कोई चारा नहीं था, जो चढ़ने से भी ज्यादा कठिन था। इन ट्रेप पहाड़ियों पर घास का हरएक तिनका जलकर महीन कोयला बन गया था, अतः इस फिसलन भरे रास्ते पर चलना खतरनाक था। जिन हिरणों को देखा गया था, वे मुझे नहीं मिले। जल्दी ही मुझे बीहड़ों की कठिन श्रृंखलाओं को पार करना पड़ा। अप्रैल की इस तपिश में मैं काफी थक गया था और मुझे गर्मी लगने लगी थी। मैंने शिकार तो लगभग छोड़ ही दिया और घर की ओर चल दिया। इसी बीच पहाड़ी की एक छोटी-सी खोल में मेरी नज़र किसी चीज़ पर पड़ी। मुझे यह उन टहनियों के एक गुच्छे जैसा लगा, जो इन पहाड़ों पर पुराने सागौन ठूंठों से निकल आते हैं। इन पर सिर्फ एक-दो पत्तियां थीं। लेकिन मुझे लगा कि मैंने इन्हें चलते हुए देखा। मैंने इसे एक मिनिट तक ध्यान से देखा। मैं समझना चाहता था कि यह सागौन टहनियों का कोई गुच्छा है अथवा किसी सांभर का सिर या सींग। इस बार यह पूरा नहीं हिला। जब मेरे साथ के भीलों ने बताया कि यह सिर्फ ठूंठ है, तो मैं आगे जाने के लिए मुड़ गया। मेरी रायफल बैरल की चमक पर सूर्य की रोशनी पड़ गयी होगी, तभी एक अच्छा हिरण अपनी मांद से निकला और एक पल भी रुके बिना मुड़कर भाग गया। जल्दी में चलाई गयी मेरी गोली का निशाना चूक गया और वह एक बीहड़ में जा समाया, जो उस खोल के पीछे था, जिसमें वह बैठा था। मैंने इस उम्मीद में पीछा किया कि मुझे खून मिल सकता है, लेकिन इसका नामोनिशान तक नहीं था। मैं घर जाने के लिए वापस मुड़ गया। मैंने कसम खायी कि आइंदा हर उस सागौन के ठूंठ पर अपनी एक गोली ज़रूर खर्च करूंगा, जो बहुत दूर से हिरण के सिर की तरह दिखाई देती है। टी. और मैं, दोनों को इन पहाड़ों पर इसी तरह की गलतफहमियां हुईं और हमें यह जानने के लिए कुछ गज चलना पड़ा कि वास्तव में यह ठूंठ है या हिरण। ये दोनों एक-दूसरे से इतने मिलते-जुलते हैं कि मैं सोचे बिना नहीं रह सकता

कि इस जानवर ने अपनी मर्जी से अपना सिर अलग कर दिया है, जिससे वह सागौन की टहनियों के झुंड जैसा लग सके। यहां तक कि सांभर के बड़े कान, जिन्हें वे सिर्फ वास्तविक खतरा होने की स्थिति में ही तानते हैं, भी इस तरह हिलते हैं, जैसे हलकी हवा में सागौन की सूखी पत्तियां हिलती हैं। वस्तुतः इन खुले पहाड़ों पर सांभर, बाईसन और भालू जैसे बड़े जानवरों को पहचानना कठिन होता है। कम आवरण वाली पहाड़ियों पर इनकी ठीक से पहचान के बिना कोई शिकार नहीं कर सकता। बाईसन और भालू एकदम काले ट्रेप अलंगों की तरह दिखते हैं, जो इन पहाड़ों पर सघन रूप से फैले हैं। इस प्रकार उनकी काली त्वचा पर चमकीली पीली घास का प्रतिबिम्ब पड़ने पर अक्सर उनकी ओर ध्यान नहीं जाता। टी. फिर हिरण का शिकार किये बिना लौट आया लेकिन उसने खाने के लिए एक मोटी युवा हिरणी को जरूर मार लिया था।

रास्ते में लौटते समय मुझे एक चौसिंगा मिल गया, जिसके सींग बहुत शानदार थे। ये बेचारे छोटे जीव पहाड़ियों पर शिकार करते समय बहुत सामान्य रूप से मिल जाते हैं। ये पूरी पर्वत श्रृंखला में अकेले या समूह में रहते हैं। इसकी मादा के सींग नहीं होते, जबकि नर के चार बड़े आच्छादित सींग होते हैं। इनके पिछले युग्म चार या पांच इंच लंबे और बालों से आवृत ऊंचे वृंतों पर जमे होते हैं। अगले युग्म आमतौर पर सिर्फ घुंडियां होती हैं, जिनकी लंबाई कभी पौने दो इंच से अधिक नहीं होती। कुछ में तो ये होती ही नहीं हैं। यह जानवर पूरे भारत में पाया जाता है और ऐसा लगता है कि दक्षिण में तो आमतौर पर उनके अगले सींग ही नहीं होते। यहां, मध्य भारत में कुछ के अगले सींग होते हैं, कुछ के नहीं। मुझे उन दोनों के बीच कोई और फर्क नज़र नहीं आता। लेकिन यह बात पूरी तरह निश्चित नहीं है कि दो अलग-अलग किस्में नहीं हैं। मादा की प्रधानता बहुत ज्यादा होती है। वे बड़े झुंडों में नहीं रहतीं। किसी हिरण को मारना बहुत दुर्लभ होता है। किसी पूरी तरह विकसित चार सींग वाले हिरण को मारना तो और भी दुर्लभ है। ये काफी आरामपसंद नन्हें जानवर होते हैं, जो कभी खेतों के पास नहीं आते और अपने सीमित क्षेत्र से बाहर नहीं जाते, जहां उन्हें भोजन और पानी मिल जाता है। इन सभी क्षेत्रों में एक जल छिद्र है, जहां वे नहीं आते। वे दिन के समय निकटतम घास के मैदान में पसरे रहते हैं। वे सांभर की तरह छोटी मांदें नहीं बनाते और भागने से पहले कोई उन पर पैर रख दे तो वह ऐसा होने देते हैं। वे थोड़ी दूरी तक कॉफी तेज रफ्तार से दौड़ते हैं। दौड़ते समय उनकी गर्दन नीची रहती है और वे अपने को यथासंभव छोटा बना लेते हैं। इसके बाद वे अचानक ठहर जाते हैं, लेकिन इतनी चतुराई से कि कोई पेड़ का ठूंठ, टीला या सघन झाड़ी उन्हें छुपा ले। इसके बाद वे फिर थोड़ी दूर तक दौड़ते हैं और फिर रुक जाते हैं। जब जंगल में किसी तरह का दखल नहीं होता, तब उनकी चाल अद्‌भुत रहती है। वे इस तरह बेहूदगी से पैर उठाकर चलते हैं कि जैसे बड़े पत्थरों को लांघ रहे हों। वे पैरों को इतनी नफरत से नीचे लाते हैं मानो वे झुंडों में चल रहे हों। उनके सिर और गरदन

मुर्गों की तरह हरकत करते हैं। वे हरी झाड़ियों की शाखाएं और गिरे हुये फल खाकर जिन्दा रहते हैं। उनका मांस घटिया और बेस्वाद होता है।

उसी दोपहर को पहाड़ी के पूर्व की तरफ घाटी में बहुत एकांत जगह पर जासूसी करने गये दो भीलों ने आकर बताया कि वे जहां पर गये थे वहां बाईसनों का एक बड़ा झुंड मौजूद है। जब तक आपके साथ पूरी जानकारी रखने वाले कुछ आदिवासी लोग न हों, तब तक जानवरों के बारे में सही खबर पाना बहुत कठिन होता है। वह भी तब जब उन्हें आपको जानकारी देने में दिलचस्पी हो। यदि आप किसी ऐसे आदमी से पूछें जो आपको बताना नहीं चाहता, तब दस में से नौ तो भाव शून्य चेहरा बनाकर आपसे ही पूछ लेंगे "क्या यह जंगल नहीं है"–अर्थात् अगर आपको यह पता है, तो यह भी पता होना चाहिए कि जानवर कहां मिलेंगे। हम पहाड़ियों के जिस छोटे हिस्से में जा रहे थे, वहां कहीं से भी जाने के सामान्य रास्ते नहीं थे। इसमें कोई मार्ग नहीं है कि गाड़ी ले जाई जा सके। पड़ोस के गांव वाले कभी वहां अपने जानवरों को चरने नहीं भेजते। अतः कोई इसके भीतर नहीं जाता। सिर्फ वंशानुगत तुरवी* भीलों का एक परिवार ही वहां जाता है। कहा जाता है कि यहां की एक घाटी में मुस्लिम शासन के अच्छे दिनों के दौरान एक प्राचीन गांव था, और यह परिवार उसी गांव का है। वहां अब सिर्फ कुछ महुआ के पेड़ हैं, जिनका संग्रह करने ये भील अब भी हर साल वहां जाते हैं। इस परिवार के दो सदस्य हमारे अनुचर थे।

उन्हें इस इलाके के चप्पे-चप्पे की जानकारी थी। जो भील मेरे पास यह खबर लेकर आया, वह झींगर के नाम पर उल्लासित हो गया। वास्तव में कुछ ऐसा संयोग था कि उसकी लंबी पतली बाहें और टांगें तथा अजीब झुर्रीदार अंग झींगर जैसे ही थे। दाढ़ी की जगह थोड़े से लंबे बाल थे, जिनके कारण वह उस मासूम पानी के कीड़े तरह ही दिखता था। दूसरा भील एक पेड़ पर बैठकर उन जानवरों पर नज़र रखे हुआ था। उसका असली नाम खो गया था और 'स्कंक' (गायक पक्षी) नाम चल गया था। मैं समझता हूं कि बाईसनों की सूंघने की शक्ति उस समय काफी कम हो गयी, जब मैंने पाया कि वे उन अति दुर्गंध भरे तरबीनों से बमुश्किल एक मील दूर आधे दिन तक मजे में चरते रहे। केंकड़ा बहुत उत्सुक था कि हम जाकर बाईसन पर आक्रमण करें। वह कह रहा कि अगर स्कंक पूरी रात पेड़ पर बैठा रहा तो उसे बहुत तकलीफ होगी। उसने अपने सिकुड़े हुये पैर पर हाथ मारते हुए बताया कि अगर उन्हें किसी बाईसन का टिक्का मिल जाए तो क्या खूब मजा आएगा। हमें स्कंक पर दया आयी। हमने झींगर को इशारा करके बताया कि सांभर का एक चौथाई मांस टंगा हुआ है, जिसे खाकर वह संतुष्ट हो सकता है। लेकिन उसे अंदाजा नहीं था कि इस इलाके में दिन के तीन बजे छह मील दूर जाना कितना कठिन था।

---

* तुरवी, भील वंश का मुखिया होता है। इस क्षेत्र के इस भाग में भील गांवों के सभी मुखियाओं को सौजन्य से यही कहा जाता है।

मैं पर्याप्त प्रबंध कर लेना चाहता था। हमें तब तक इसका कोई समुचित रास्ता नहीं मिला जब तक हम वहां से चलने ही वाले थे। हमने एक बहुत ही घुमावदार रास्ते से टेंट और आवश्यक सामान घाटी के नीचे मैदानी इलाके में भेज दिया। पहाड़ों की तराई में यह कई मील दूर था। इसके ऊपर की तरफ एक अन्य घाटी में सामान भेजा, जिसे बाईसन क्षेत्र का केन्द्र बिन्दु कहा जाता है। लोगों को निर्देश दिया गया कि वे घाटी पर तब तक चढ़ते रहें जब तक पानी मिलता हो और वहीं टेंट लगा दें। हमें दूसरे दिन सीधे वहीं जाना था और बाईसन का शिकार कर आगे की घाटी के शीर्ष पर कैम्प करना था। हमें यह अनिश्चित निर्देश देने की कीमत चुकानी पड़ी।

अगली सुबह हम झींगर के मार्गदर्शन में रवाना हुये और दो तगड़े दक्खनी खच्चरों पर सवार हो गये। हमें लगा कि ये खच्चर हमें पहाड़ों में चाहे जहां ले जा सकते हैं और तपते सूरज में हमें काफी मेहनत से बचा सकते हैं। रास्ता एक जली हुई घाटी से होकर जाता था, जिसमें सांभरों के साथ-साथ एक बड़े शेर के पंजों के निशान स्पष्ट दिखाई दे रहे थे, जो रात में उनका पीछा कर रहा होगा। बहुत देर हो चुकी थी, अतः ऐसे खुले क्षेत्र में कोई शिकार नज़र आना मुश्किल था। हम ऊबड़-खाबड़ पगडंडी पर मुड़ गये जो पहाड़ की चोटी तक जाती थी। हमें रास्ते में कोई जानवर नहीं मिला।

अब हम काफी कुछ समतल पठार पर आ गये थे। जानवरों की तलाश में चौकन्नी नज़रों के साथ हम कुछ मील तक चले। यह पठार एक बीहड़ की तरफ ढालू होने लगा, जहां बांस के कूपे थे। इनके आगे एक सपाट चोटी वाली पर्वत श्रेणी थी। मेरी नज़र विरल सलेई जंगल में एक अधिक सघन छाया पर टिक गयी, जो आगे की पर्वत श्रेणी के ऊपर पड़ रही थी। मैंने अपना दूरबीन उठाया और देखा कि उस छाया में बाईसनों का पूरा झुंड चर रहा है। हम उनसे कम-से-कम दो मील दूर थे। हम धीरे से एक खोल में चले गये जो हमें नीचे बीहड़ में ले जाती। टी. और मैं झींगर के साथ आगे बढ़े और हमने अपने खच्चरों तथा अन्य भीलों को गोली की आवाज आने पर पीछे आने को कहकर वहीं छोड़ दिया। गर्मी में लंबी दूरी तय कर जब हम वहां पहुंचे तो पाया कि वह झुंड गायब हो चुका है। यह बात स्पष्ट थी कि इस जगह पर ये जंगली मवेशी नियमित रूप से आते हैं, क्योंकि लंबी घास उनके पैरों से दबकर मुड़ गयी थी और सभी झाड़ियां चर ली गयी थीं। हम रायफलें ताने चुपके-चुपके पठार पर चलते रहे। झींगर उस झुंड को देखने के लिए जब-तब पेड़ों पर चढ़ता रहा। लेकिन हमें एक गाय को छोड़कर कोई अन्य जानवर नहीं दिखा। वह अपने छोटे से बछड़े के साथ धीरे-धीरे चली जा रही थी। सूर्य की रोशनी उसकी सुन्दर कांसे जैसी खाल पर बार-बार चमकती थी। इतने सारे निशान थे कि उस झुंड को पाने की कोई उम्मीद नहीं थी। स्कंक कहीं दिखाई नहीं दे रहा था। अतः हम पठार के किनारे चलते रहे। झुंड की तलाश में हम कभी-कभी बांस के कूपों में भी नज़र मार लेते थे। लगभग आधा चक्कर लगाने के बाद मुझे लंबी घास के बीच एक गाय दिखाई दी। उसी समय,

टी., जो मेरी दायीं तरफ कुछ दूर पर खड़ा था, चिल्लाया कि नीचे बांसों के बीच पूरा झुंड खड़ा है।

जिस गाय को मैंने देखा था वह डरकर बुरी तरह भाग गयी और मैं दौड़कर टी. के पास पहुंचा। मैंने देखा कि दस-बारह बाईसन बीहड़ के दूसरी तरफ कठिनाई से चले जा रहे हैं। हम जहां थे, वहां से लांग शॉट ही लग सकता था। एक सांड का पिछला हिस्सा हमारे सामने आया और दूसरा गायों के झुंड में छुप गया। अतः हमने पहले वाले पर गोली चलायी। तीसरी गोली से उसकी टांग टूट गयी। उसे और भी गोलियां लगीं। वह लंगड़ाकर थोड़ी दूर चला, लड़खड़ाया और ढेर होकर पहाड़ी से नीचे गिर गया। अप्रैल की बहुत तेज गर्मी में काफी थके हुये हम तब तक वहीं बैठे रहे, जब तक लोग हमारे चमड़े के वाटर-बेग लेकर वहां नहीं आ गये। पानी पीने के बाद हम उस बाईसन के पास गये, जो अब तक ज़िन्दा था, लेकिन उठ नहीं पा रहा था। स्कंक दौड़कर आया और कुछ दूर खड़े होकर उसने बताया कि वे कहां चले गये थे।

उनमें एक तगड़ा काला बुल था, जिसके सींग लेने का हमने निश्चय किया था। अतः हमने स्कंक के नेतृत्व में खच्चरों के साथ पानी भी भेज दिया ताकि वे हमारी उस जगह सेवा कर सकें जहां वह झुंड था। उनके निशानों के आधार पर हम चल दिये। एक कगार के किनारे चलते हुए टी. को तीन-चार बाईसन एक पहाड़ की श्रेणी के नीचे खड़े हुए दिखाई दिये। हम धीमे कदमों से उनके पास चल दिये। रास्ता लंबा था और गर्मी बहुत भीषण थी। हम शायद इतने सजग नहीं थे जितना हमें होना चाहिए था। परिणाम यह हुआ कि हम ऊपर जाते इसके पहले ही हमें एक चौकन्ने संतरी की गुर्राहट तथा जंगल में भागते झुंड की आवाज सुनाई दी। हम सब दो गहरी घाटियों के बीच एक पर्वत श्रेणी से लगकर चलने लगे–एक घाटी दायीं तरफ थी, जिसमें हमारा कैम्प होना चाहिए और बायीं तरफ की घाटी उस जगह जाती थी, जहां से हमने सुबह चलना शुरू किया था। हमने दूसरी घाटी में नीचे चौकन्ने झुंड को देखा, जो दुलकी चाल से मस्त चला जा रहा था। इसके बाद वह आगे की पर्वत श्रेणी में चढ़ गया। झींगर ने कहा कि वे निश्चित ही 'धोटिया' की ओर जा रहे हैं। आगे चलकर झींगर ने एक निश्चल काली स्याह छाया की ओर इशारा किया, जो स्काई-लाइन की पृष्ठभूमि में खड़ी थी। दूरबीन से देखा, तो वह एक तगड़ा बुल था। गायों के आने तक तथा उससे आगे निकल जाने तक वह कुछ मिनट खड़ा रहा और फिर आराम से उनके पीछे चल दिया। बेशक, वह भी 'धोटिया' की तरफ जा रहा था। हम क्षुब्ध होकर चले जा रहे थे कि हमारी आंख अपने सामने वृक्षों के बीच एक अन्य काली स्याह छाया पर पड़ी। हम एकदम सिकुड़कर बैठ गये, क्योंकि एक अन्य बुल करीब आधा मील दूर धीरे से एक खुली जगह में चल रहा था। हर तरफ ध्यान से देखकर वह धीरे-धीरे उसी घाटी में उतरने लगा। ऐसा लगता था कि वह भी दूसरों की तरह

'धोटिया' की ओर जा रहा था। वह अभी तक वहां नहीं पहुंचा था, और हमने उसे उस तरफ दौड़ाने का निश्चय किया। वह जब तक निचले रास्ते में छिप नहीं गया तब तक हम एक पथरीले जल मार्ग पर दुबके बैठे रहे, ताकि यदि संभव हो तो उसे घाटी से अलग कर सकें। हम सफल हो गये। उसे निश्चय ही हमारी भनक लग गयी और वह दर्रे से नदी की तरफ मुड़ गया और एक खड़ी ढलान के किनारे शाही चाल से धीरे-धीरे चलने लगा। स्पष्ट था कि वह नीचे कोई और रास्ता तलाश रहा था। बहरहाल, ऐसा कोई रास्ता नहीं था। हम कुछ दौड़ते हुए से उसके पीछे चल दिये। वह जब तब एक मिनट के लिए कभी असमतल जमीन पर दिखाई पड़ जाता था। जिस पहाड़ी पर हम थे, वह धीरे-धीरे संकरी होकर खमदार रूप ले लेती थी, जो इस पर्वत श्रृंखला में एक आम बात थी। यह कुछ ही दूर पर अचानक नीचे घाटी में चली जाती थी। इसमें कोई शक नहीं था कि अगर हम थोड़ा धीरज रखें तो वह हमारे जाल में फंस जाएगा, क्योंकि वह या तो घाटी में पहुंचने के लिए उस प्रवेशिका का रास्ता चुनेगा या फिर पर्वत श्रृंखला से लगकर लौटकर हमला कर हमारी कुचली हुई लाशों पर से गुजरेगा। अपना अंत पास आने पर वह बहुत चौकन्ना हो गया और संकरी श्रेणी पर आड़ा-टेढा चलने लगा। वह अपना पीछा करने वालों का पता लगाने के लिए अपनी पूरी क्षमता का प्रयोग करता प्रतीत हो रहा था। उसे बहुत स्पष्ट हो गया था कि कोई उसका पीछा कर रहा है। हम श्रृंखला के ऊपर स्थित बसाल्ट की एक नग्न और छायाविहीन शैल परत पर धीरे-धीरे भुन रहे थे। हमें उसकी नज़र से बचने के लिए इस पर लेटना जो पड़ रहा था। उस वक्त अपने वाटर-सेक से पानी के लिए मैं हर बूंद पर एक रुपया दे सकता था। आखिर, इस अनंत लगने वाले समय के बाद, उस बुल की लंबी काली छाया धीरे-धीरे पहाड़ी के छोर पर डूबने लगी। वह नीचे जा रहा था। उसके बाद दौड़ लगा जाने के अलावा कोई विकल्प नहीं था। हमने भी दौड़ लगा दी, लेकिन अचानक ठहर गये। हमें यह देखकर आश्चर्य हुआ कि वह बुल फिर हमारे सामने पुनः आकर खड़ा हो गया। हालांकि उसका काफी शरीर सलेई के ठूंठों के पीछे छुपा था। वह श्रृंखला के एकदम छोर पर खड़ा था। यह बहुत नाजुक स्थिति थी। अगर वह हम पर हमला कर देता, और हमारी गोली उसे नहीं रोक पाती, तो टी. पहाड़ी से अपनी तरफ लुड़क जाएगा और उसकी कुछ हड्डियां टूट जाएंगी। लेकिन मेरी तरफ तो सौ फिट की एक सीधी ढलान थी और श्रृंखला से ज़रा-सी भी रक्षा नहीं होनी थी। लेकिन हम दोनों के पास डबल बैरल, ब्रीच-लोडिंग, बारह बोर रायफल थी। इनके आगे बहुत कम जानवर टिक पाते हैं। मैंने टी. को उसे घूरते हुए देखा और उस बुल को एक छोटी डरी हुई कराह लेते सुना, जो एक शरारत लगती थी। उसके महत्त्वपूर्ण अंग सलेई ठूंठों के पीछे मेरी गोली से सुरक्षित थे। अतः मैंने किसी दुर्घटना की स्थिति से निपटने के लिए अपने डबल शॉट को रिजर्व में रखा। मेरी गोली किसी चीज से लगी, जो संभवतः कोई सलेई वृक्ष था। वह बुल तत्काल

पर्वत श्रृंखला में गायब हो गया। हम उस स्थान की तरफ दौड़े। हमने देखा कि वह गरजता हुआ बहुत तेज गति से खड़ी पहाड़ी से नीचे की ओर भागा जा रहा है। हम दौड़कर थक चुके थे और गर्मी तथा प्यास से अधमरे हो गये थे, लिहाजा हमारे बाकी तीन शॉट भी बेकार गये। हम हारकर वहीं बैठ गये। हमने देखा कि वह बुल घाटी से उतरकर झरने के तट को भी पार कर गया। वह किसी छायादार वृक्ष की छाया में थोड़ी देर रुककर पीछे मुड़कर देख लेता था। वह और आगे की चढ़ाई के लिए तैयार होकर और दूसरे बाईसन की दिशा में चढ़ गया। निश्चय ही, वह भी 'धोटिया' की ओर जा रहा था। हमें उम्मीद थी कि हमें वह बिना घाव के नहीं मिल सकता।

अब ज़िन्दगी खाली थी। झींगर काफी पीछे छूट गया था और हमें रास्ता दिखाने वाला कोई नहीं था। स्कंक भी खच्चर और पानी के साथ कहां था, भगवान जाने। लिहाजा, हम दुखी मन से धीरे-धीरे पहाड़ी से उतरकर अपनी घाटी की तरफ चल दिये। हम घास चबाते हुए कैम्प की संभावित दिशा में चल रहे थे। करीब एक मील चलकर हमें वह कमबख्त मिल गया। हमें उस बड़े बुल का पीछा करने पर बुरी तरह तुला देखकर उसने घर के लिए अपना अलग रास्ता अपनाया हुआ था। उसने कहा कि इस घाटी में कहीं भी पानी नहीं है। मीलों आगे सिर्फ एक पोखर है, जहां हमारा कैम्प होना चाहिए। दिशा पाकर हमने उसे खच्चर और पानी की तलाशकर लाने के लिए भेज दिया। दोपहर हो गयी थी और सूरज आग उगल रहा था। धरती पर देखने से आंखें चुंधियाती थीं। कुछ मील और घिसटने के बाद हमें एक पगडंडी मिली। हमें लगा कि खच्चर इसी पर से गये होंगे। वहां हम एक जंगली अंजीर के वृक्ष की विरल छाया में पूरी तरह थककर बैठ गये। पास ही एक़ महुआ का पेड़ था। उसके रसीले फूलों ने हमें लुभाया और हमें लगा कि इनसे हमारी प्यास बुझ सकती है। लेकिन इनका स्वाद इतना कसेला और बदबू इतनी खराब थी कि उबकाई आने लगी। अब हमारे मुंह सूखकर चिपक गये थे। अंततः जब हमारे लोग आये, तो हम पानी के लिए उन्हें सिर्फ इशारा कर सके। जब स्कंक ने हमें बताया कि एक बड़े भालू ने रास्ते में उसे और खच्चरों को घेर लिया था, तो हम उसे जवाब तक नहीं दे सके। यदि किसी ने अप्रैल के तपते दिन में निमाड़ की ट्रेप पहाड़ियों में किसी 'उछलते बाईसन' का पीछा नहीं किया हो, तो वह हमारी तकलीफों को नहीं समझ सकता। खच्चर देखकर हमारी बांछें खिल गयीं और उन पर चढ़कर हम अपने टेंट की ओर चल पड़े। नाश्ता करके और सुराही का ठंडा पानी पीकर हममें नयी जान आ गयी। हमने बाकी दिन अपने द्वारा मारे गये बाईसन की खाल निकालने और उसके सिर को संरक्षित करने के काम में बिताया। अकेले सींग का पूरे सिर की तुलना में कोई महत्त्व नहीं है। संभव हो तो इसे पूरा बचाना चाहिए।

अगली सुबह, हमारे भील बहुत जल्दी बाहर निकल गये और हम आली-बाल-कोटे की पहाड़ी की ओर चल दिये। इसका शाब्दिक अर्थ है कि पेन्शन पाने वाले छोटे

मुखियाओं को छोटा कच्चा ढेर। वस्तुतः ये सभी 'राजा' हैं और वे एक-दो गुदड़िया फटीचरों की सेना रखते हैं। हमारे अपने कैम्प में एक 'राजा' हमेशा उपलब्ध था। यह बहुत निराशाजनक था कि वह उन ऐय्याश दिखाई देने वाले, अफीमचट और निपट गंवार तथा क्रूर मुसलमान भीलों से कितना अलग था। हमारे शिकारी और अनुचर-झींगर, स्कंक एंड कंपनी–साधारण भील थे, जिनका धर्म परिवर्तन नहीं हुआ था। वे धर्म परिवर्तित लोगों से हर मामले में काफी बेहतर थे। धर्म परिवर्तन करने वालों को वे नीची नजर से देखते थे।

हम पहाड़ की तराई की तरफ बहुत दूर नहीं गये थे, जब पहाड़ के शिखर पर खड़े भील ने हमें देखकर एक कपड़ा लहराया। ऊपर जाने पर हमने देखा कि पांच-छह सांभर धीरे-धीरे घाटी के किनारे-किनारे पहाड़ी के आंतरिक भाग की ओर जा रहे हैं। बेशक, हमारे द्वारा कल चलाई गयी गोलियों के कारण पहाड़ी से सभी बाईसन चले गये थे। हमने इन हिरणों का पीछा किया। हम उन्हें ऊपर उठती जमीन पर जाते देखते रहे और बाद में तेज दौड़कर उनके करीब पहुंच गये। अंत में, हमने उन्हें एक छायादार स्थान पर दिनभर के आराम के लिए रुकते देखा। उनमें से दो के मृगश्रृंग श्रेष्ठ कोटि के थे और हम ऊपर से उन पर हमला करने के लिए आसपास धीमे कदमों से चलते रहे, ताकि उन्हें इसकी भनक न लग सके। लेकिन हम भूलकर बैठे और गलत जगह पर उतर गये। वह झुंड हमारी दायीं तरफ बहुत दूर भाग गया। टी. ने पीछे से उन पर गोलियां चलायीं। वे उस वक्त एक विपरीत ढलान पर कठिनाई से चल पा रहे थे। गोलियों का कोई असर नहीं हुआ। जब उनमें से आखिरी सांभर नज़र से ओझल होने को था, तभी मैंने अपनी सिंगल 'एक्सप्रेस' से एक लंबा निशाना लगाया। वह करीब ढाई सौ गज की दूरी पर था। मैंने पहले इतनी दूरी से इस रायफल से शिकार किया था। गोली खाकर वह गिर पड़ा। घाटी पार कर जब हम उसके पास पहुंचे, तो वह मर चुका था। यह उन दो हिरणों में एक था जिसके मृगश्रृंगों को हमने श्रेष्ठ कोटि का माना था। लेकिन सांभर आभासी आकार से ज्यादा कोई चीज धोखा देने वाली नहीं होती। उनकी नोकों की संख्या लगभग एक समान होती है और इनके आकार को नापने का कोई आधार नहीं होता। परीक्षण करने पर हमें पता चला कि यह भी एक अजीब घटना रही। टी. की गोली से वह मरा था, और मेरा निशाना चूक गया था।

इसके बाद हमने बाईसन की तलाश में जंगल में एक बड़ा चक्कर लगाया, लेकिन हमें कामयाबी नहीं मिली। जब हम बसाल्ट की एक नंगी, लंबी और संकरी कगार से उतरकर कैम्प की ओर जा रहे थे, तभी हमने स्कंक को एक अलग-थलग स्थित चट्टान पर खड़े होकर हमारी तरफ इशारा करते देखा। शीघ्र ही हमने वहां पहुंचकर देखा कि एक शानदार बाईसन एक छोटे पेड़ की छाया में लेटा हुआ है। यह बहुत आसान शिकार था। हम घास पर लगभग सत्तर गज रेंग कर चले। टी. ने उस पर

अपनी दोनों बेरल से गोलियां चला दीं। यह हमेशा एक गलती होती है। उसके महत्त्वपूर्ण अंग भारी कंधों तथा पृष्ठ के किनारे द्वारा सुरक्षित होते हैं। वह उछलकर हमारे सामने खड़ा हो गया और लहराता हुआ हमारी और इतने खतरनाक ढंग से बढ़ने लगा कि भील लोग भाग खड़े हुये। बहरहाल, मेरी गोली लगने पर वह फिर मुड़ गया और अपनी अगली टांगों तथा पिछले हिस्से के बीच में सिर घुमाता हुआ असाधारण उछालें भरता नीचे एक छोटे बीहड़ में समा गया। उसकी पूंछ हवा में लहरा रही थी। हम शीघ्र ही ऊपर पहुंच गये और उसका पीछा करने लगे। मैं काफी आगे था। मैंने उसे एक खोल के तलं में काफी खराब स्थिति में लेटे हुये पाया। मुझे देखकर वह लड़खड़ाता हुआ उठा और उसने खतरनाक तरीके से अपने सींगों को झटका। लेकिन उस बेचारे का खेल खत्म हो चुका था और गर्दन में एक गोली खाकर वह लुढ़ककर पीठ के बल गिर पड़ा।

हमें दूसरे दिन अपने स्टेशन पर वापस आना था। हमने इन पहाड़ियों को अलविदा कहा। गर्मी बहुत तेज थी। ऐसे में कोई भी व्यक्ति सांभर और बाईसन के शिकार की तलाश में इन पहाड़ियों पर ज्यादा दूर नहीं भटक सकता। मेरे पाठक संभवतः यह सोचेंगे कि मैंने सिर्फ एक साधारण शिकार का वर्णन किया है, जबकि वे कुछ ऐसा पढ़ना चाह रहे थे, जो मैंने पहले नहीं बताया हो। आप पाठक की इच्छा पूरी करने के लिए आसानी से लिख सकते हैं कि मैंने एक ही दिन में छह बाईसन मार गिराये, बहरहाल, मैं सिर्फ तथ्य बता रहा हूं, ताकि लोगों को यह सही-सही पता चल सके कि इस तरह का शिकार वास्तव में कितना कठिन होता है। दिनभर कड़ी मेहनत करने के बाद एक ही शिकार हाथ लग पाता है, और अक्सर वह भी नहीं मिलता। एक बहुत कड़ी मेहनत करने वाले तथा श्रेष्ठ निशानेबाज शिकारी ने, जिसके पास बाईसन और सांभर के शिकार के लिए साल भर में सिर्फ कुछ सप्ताह का समय था, मुझे बताया कि अपनी पूरी ताकत लगाने के बाद उसे दिनभर में औसतन एक भी शिकार मिल जाता था तो उसे इस पर गर्व होता था। मुझे पक्का पता है कि ऐसा बहुत कम शिकारी कर पाते हैं।

काऊ बाईसन और मादा सांभर को मारने के हर अवसर का लाभ उठाकर आप अपने शिकारों की संख्या काफी बढ़ा सकते हैं। मैंने ऐसे दो शिकारियों के बारे में सुना है, जिन्होंने एक वर्ष एक सप्ताह में इस तरह अट्ठाइस बाईसन मारे थे। लेकिन यह शिकार नहीं है, और न ऐसा करने वाले शिकारी होते हैं। जैसा कि विदित है कि बाईसन की संख्या कम हो रही है। निश्चित ही, उसकी रेन्ज काफी सिकुड़ती जा रही है। पूरी दुनिया में वह सबसे ज्यादा अहानिकर जानवरों में से एक है, जिसका खूब शिकार हुआ है। भारत में इसका शिकार सबसे अच्छा होता है। लिहाजा, बिना शिकार-भावना से उसका अंधाधुंध शिकार कर उनकी संख्या को और कम करते जाना बहुत दुःख की बात है।

अध्याय-7

शेर

गर्म मौसम में शेर का शिकार-विभिन्न प्रकार के शेर-आखेट बधिक-मवेशीखोर-शेर की मांदे-शेरों की विनाशकता-स्थानीय शिकारी-शेर के लिए हांका-पैदल शिकार-हाथी के साथ शिकार-शेरों को पाने में कठिनाई-शिकार का तरीका-जानकारी की तलाश-वाइसराय द्वारा शेर का शिकार-तम्बाखू के खेत में एक शेर-गर्म मौसम का कैम्प-ग्रामीण शिकारी-जासूसी-जंगली जानवरों का रात्रि जीवन-शेर का अत्याचार-शेर के पदचिह्न-बंदरों द्वारा जानकारी-एक शेर की मौत-किशोर शेरों की शरारतें-बंदरों की आनाकानी-काफी करीब-एक गोली का अद्वितीय प्रभाव-एक अचानक सामना-आदमखोर शेर-बंदर सही होते हैं-जानवरों की खतरा सूचक आवाजें-एक गायखोर की हत्या-भीषण गर्मी-शेरों का आकार-शेरों के लिए प्रलोभन-जाति संबंधी आपत्तियां-शेर के शिकारी-लल्ला-एक शेर द्वारा उसकी हत्या-प्रतिशोध-एक शिकारी को क्या नहीं होना चाहिए-शेर उसकी मांद में-प्रशिक्षित हाथी-हाथी की खरीदी-उनकी 'खूबियां'-एक शिकारी हाथी का चुनाव-मानव-हत्यारा-हाथी की बुराइयां, हाथी पालन-शेरों का शिकार-एक आदमखोर शेर की ज्यादतियां-दुर्भाग्यपूर्ण विलंब-आम्रकुंजों के निवासी-तीव्र उपचार से रोग निदान-आदमखोर का पीछा-उजाड़ गांव-एक तीर्थ यात्री का भक्षण-नाकाम खोज-प्रलोभन का प्रस्ताव-एक अन्य शिकार-खोज-दिनभर की मेहनत-नये सिरे से पीछा-उत्तेजक शिकार-एक शेर द्वारा एक हाथी की हत्या-आदमखोर की तलाश-उसका घर पर हमला-गोले से उड़ाया जाना-हाथी का किस्सा-शेरों की विनाशशीलता-उनके सफाये के लिये प्रस्ताव-क्या किया जा सकता है-जंगल का बुखार-पंचमढ़ी वापसी-ठंडी जलवायु-'बाईसन लॉज' का कार्यपूर्ण-मानसून का विस्फोट-पंचमढ़ी के फायदे-सेनिटेरियम के रूप में चयन-जबलपुर वापसी।

अप्रैल और मई 1862 में बैतूल जिले के सागौन जंगलों में भटकने के दौरान मैंने एक-दो दिन शेर का शिकार करने में बिताया था। जंगल के अधिकारियों के बीच यह एक सराहनीय परंपरा थी कि वे गर्मी के मौसम में, यदि संभव हो तो, कुछ सप्ताह असंख्य

शेरों पर एक छाप छोड़ने के कार्य को समर्पित करते थे, जिनके कारण जंगलों में कार्य करने तथा इमारती लकड़ी ले जाने में स्थानीय लोगों को बहुत डर लगता था। इससे सरकार को भी नुकसान होता था।

हालांकि शेर के शिकार के खेल में ऐसा बहुत कुछ है, जिसके कारण इन क्षेत्रों में कुछ अन्य जानवरों का पीछा करने की तुलना में यह एक कमतर कवायत या कौशल का प्रयास भर बन जाता है (क्योंकि अनेक ऐसे शिकारी हैं, जिन्होंने चालीस से पचास शेर मार गिराये हैं, लेकिन उन्हें एक भी बुल बाईसन या सांभर का शिकार करने में कभी सफलता नहीं मिली)। फिर भी ऐसे जानवर पर आक्रमण करने से खून में जोश तो आ ही जाता है, जिसके सामने जंगल का हर एक जानवर मिमियाता है और निहत्था आदमी उतना ही असहाय होता है, जितना बिल्ली के पंजे में जकड़ा चूहा। फिर शेर की खूबसूरती, रंग और रूप बहुत बेजोड़ होते हैं और उसमें ताकत बहुत ज्यादा होती है। इसी के कारण आदमी उसकी लगातार तलाश में रहता है। इस उष्णकटिबंधीय इलाके में किसी अन्य जानवर के शिकार में वैसी उत्तेजना और मेहनत नहीं है।

पुराने विवरणों से पता चलता है कि अप्रैल और मई के महीने शेर के शिकार के लिए सबसे उपयुक्त होते हैं, जब गर्मी पूरे शवाब पर होती है। इसके अलावा, इस इलाके में पानी की आपूर्ति सबसे कम होती है। शेर प्यास को ज्यादा सहन नहीं कर पाता और सबसे नीची घाटियों की तलाश करता है। वहां उसके द्वारा शिकार किये जाने वाले बहुत से जानवर इकट्ठा होते हैं और गांव के मवेशियों को भी वहीं पानी पिलाया जाता है। मध्य भारत में शेरों की आदतों तथा रेन्ज में काफी विविधता होती है। उनमें से कुछ आदतन जंगली जानवरों का शिकार करते हैं, कुछ पालतू मवेशियों का और कुछ सिर्फ इंसानों को मारकर अपनी भूख मिटाते हैं। ऐसा नहीं है कि वे इससे हटकर शिकार नहीं करते। बहरहाल, आमतौर पर वे जंगली जानवरों तथा पालतू मवेशियों का ही शिकार करते हैं।

नियमित रूप से शिकार करने वाला शेर अपने रहवास में चला जाता है। वह मुख्य रूप से पहाड़ियों के बीच रहता है, आदमी देखकर वापस कदम पीछे हटा लेता है और पूरी तरह हानिरहित जानवर होता है। वह हिरणों तथा नीलगायों के झुंडों को नियंत्रण में रखता है, जो फसलों को चट कर जाते हैं। गर्मी के मौसम में वह पहाड़ियों के बीच चट्टानी बीहड़ों में रहता है, जहां पानी के पोखर बचे रहते हैं तथा लटकती चट्टाने और बाहर तक फैले वृक्ष उसे धूप से संरक्षण प्रदान करते हैं। यह एक कम वजन का जानवर है (जिसे शिकारी लोधियाना बाघ कहते हैं।) जो बहुत सक्रिय सहनशील तथा शर्मीला होता है, अतः इसका शिकार करना कठिन होता है। मवेशी-चोर शेर भी आमतौर पर बूढ़ा और वजनी जानवर होता है (जिसे ऊंट के रंग की घाटियों के कारण ऊंटिया बाघ कहते हैं।) यह बहुत मांसल होता है और ज्यादा मेहनत

नहीं कर पाता। ठंड के मौसम में मवेशी जहां भी चरने जाते हैं, वहां वह उनका पीछा करता है। उसे नम घास में शिकार के लिये अनेक जानवर मिल जाते हैं। गर्म मौसम में वनों के खुलेपन तथा अत्यधिक गिरी हुई पत्तियों के कारण उसे शिकार मिलने में कठिनाई होती है। वह अपने आपको किसी मजबूत आवरण के पीछे रखता है, जो पानी के पास होता है। यह स्थान उन जगहों के पास होता है, जहां मवेशियों को पानी पिलाने ले जाया जाता है और जहां वे हरी घास चरते रहते हैं। इसके बाद, वह झरनों के बगल में छुपकर अवसर की ताक में रहता है। उसे जब भी ज़रूरत होती है, वह किसी सांड को मार लेता है और उसे खींचकर अपने छुपने की जगह पर ले जाता है। इस प्रकार, ऐसा शेर पानी पीने आने वाले अनेक जानवरों को मार डालता है। लेकिन जब तक उसे आसानी से मवेशी मिलते हैं, वह उनकी तलाश करने की ज़हमत नहीं उठाता।

स्थानीय शिकारी कमोबेश दो तरह के शेरों को पहचानते हैं, जिनके नाम ऊपर दिये गये हैं। यह अटकल का विषय है कि इसका क्या कारण है और क्या परिणाम। ऐसा क्या है कि जब शेर बूढ़े और भारी हो जाते हैं तो मवेशी-चोर बनकर आसान शिकार करने लगते हैं? या फिर उनके द्वारा की जाने वाली तलाश में भेद पीढ़ियों तक चलता है, जो अलग-अलग नस्लों में अलग-अलग होता है। प्रत्येक नस्ल का शेर अस्तित्व के अपने वंशानुगत तरीके में माहिर होता है। मेरा अपना यह मानना है कि पहली बात सही है और भारतीय प्रायद्वीप में शेर की वास्तव मे सिर्फ एक किस्म है। सिर्फ चरम प्रजातियों के लिए उपरोक्त विशिष्ट नाम लिये जाते हैं। अधिकतर शेर मध्यम प्रकार के होते हैं और किसी खास नाम से नहीं पहचाने जाते। यह जानवर जितना बड़ा और बूढ़ा होगा, उतनी ही उसकी खाल ज्यादा पीली होगी तथा धारियां उतनी ही हल्की काली होंगी। छोटे शेरों पर कभी-कभी इतनी अधिक धारियां होती हैं कि वे मेलानॉइड प्रजाति के दिखते हैं। गेरुए रंग की धारियों वाले सफेद शेरों का उल्लेख भी मिलता है, हालांकि मैंने मध्य भारत में उनके होने की बात कभी नहीं सुनी। जिन जानवरों से मैं परिचित हूं, उन सभी की तरह शेर भी दिखने में कुछ अलग-अलग होते हैं और स्थानीय परिस्थितियां तथा शायद 'स्वाभाविक चयन' के कारण विभिन्न स्थानों के शेरों में कुछ-कुछ भिन्नता होती है। लेकिन ये अंतर अभी तक कोई स्थायी रूप नहीं ले पाये हैं।

उन पहाड़ी शेरों का पीछा करने में समय लगाने का कोई फायदा नहीं है, जो सिर्फ जानवरों का शिकार करते हैं। वे जंगल के व्यापक क्षेत्रों में इस प्रकार फैले हैं और इतने सक्रिय तथा सजग होते हैं कि आप संयोग से ही कभी उनका शिकार कर सकते हैं।

गर्म मौसम मे उपयुक्त रूप से स्थित छुपने की जगहों पर एक या अधिक शेर रह सकते हैं। बहुत से मारे जाने पर दूसरे शीघ्र ही उनकी जगह ले लेंगे। इन शेरों

की पसंदीदा जगह जामुन, करोंदा तथा झाऊ के झुरमुट होते हैं–ये सदाबहार होते हैं और गर्मी में इनकी छाया सघन होती है। ये द्वीपों में तथा आंशिक रूप से सूखे जलाशयों के तट पर उगते हैं। इस प्रकार के सघन और व्यापक आवरण, विशेषकर यदि आसपास के नदी तटों पर कांटेदार झाड़ियां लगी हों, तो इस प्रकार के शेर वहां मिल ही जाते हैं। इनसे होकर बीहड़ खुले मैदान की तरफ जाते हैं, जहां मवेशी चरते हैं। कभी-कभी ऐसे उपयुक्त स्थानों पर काफी संख्या में शेर इकट्ठा हो जाते हैं। मैंने दो बार पांच तथा एक बार सात शेरों को एक साथ एक झुरमुट से बाहर निकलते देखा। मुझे लगता है कि इस तरह के मिलन का संयोग मौसम से कुछ संबंध रखता है। आमतौर पर कोई अकेला शेर, अथवा शेर और शेरनी तथा कुछ बड़े बच्चों के साथ कोई शेरनी ही एक स्थान पर मिलती है। शेरनी तीन साल में एक बार से ज्यादा प्रजनन नहीं कर सकती। मेरा मानना है कि शेरनी के बच्चे दो वर्ष के होने तक ही उसके साथ रहते हैं। इस उम्र तक वे प्रायः पूरी तरह बड़े हो गये होते हैं। मैंने एक शेरनी के साथ अधिकतम तीन बच्चों को देखा है। वे बहुत छोटे थे। बहरहाल, मैंने शेरनी के साथ दो से ज्यादा बड़े बच्चों को कभी नहीं देखा।

कोई अकेला शेर, यदि उसे खलल न डाला जाए तो, लगभग हर पांच दिन में एक बैल मारकर खा जाता है। यदि बहुत भूखा हुआ, तो पहली ही रात उसका पिछला हिस्सा खा लेता है। खाने के बाद वह बहुत दूर नहीं जाता। दूसरी रात फिर उस कंकाल के पास जाता है, जो वह अक्सर किसी मेढ़ के नीचे अथवा पत्तियों से दबाकर रख देता है। इस बार वह सिर छोड़कर बाकी पूरा हिस्सा चट कर जाता है। दूसरी रात वह हड्डियों को साफ कर देता है। इसके बाद वह दो दिन तक शिकार का कष्ट नहीं उठाता, हालांकि कोई अन्य शिकार उसके पास अपने आप आ जाए तो वह हमला जरूर कर देता है। बहरहाल, यदि जब वह अपने शिकार की तरफ वापस जा रहा हो, तब उस पर गोली चलाई जाए, तो वह किफायतशारी के ये उपाय छोड़कर, भूख लगने पर नया बैल मार डालता है। शेरनी और जवान बच्चे ज्यादा विनाशकारी होते हैं। वे एक ही रात में पूरे बैल को खा जाते हैं और बड़ी जौंक की बेटी की तरह हमेशा और अधिक के लिए चिल्लाते रहते हैं। उनकी शक्ति को बढ़ता देख युवा शेरनियां आनंदित होती हैं। ये बच्चे वृक्षों से टकरा कर उछलते हैं और अधिकाधिक ऊंचाई तक पहुंचकर पेड़ों की छाल उधेड़ते हैं। यदि वे मवेशियों के झुंड में पहुंच जाते हैं, तो जितने जानवर वे मार सकते हैं, मार ही डालते हैं। शेर कभी-कभार ही अपने शिकार को अपने अगले पंजे का झपट्टा मारकर मारता है, जैसा कि अक्सर कहा जाता है। उसका सामान्य तरीका यह है कि वह जानवर की गर्दन के नीचे के हिस्से को अपने दांतों से पकड़ लेता है और इस बीच अपने पंजे से शिकार को पकड़े रहता है। वह उसकी गर्दन को उस जगह से मरोड़ता है, जहां वह टूट जाती है।

जो शेर मवेशियों का शिकार करते हैं उन्हें सामान्यतः गायों तथा अन्य जानवरों के झुंडों के बारे में सही जानकारी होती है, जो उनके आसपास होते हैं। वे आदमियों को नहीं सताते। वे जानवर का शिकार करने के बाद निःशस्त्र झुंडों द्वारा शिकार के पास से खदेड़ दिये जाते हैं। अक्सर, वे किसी खास नाम से जाने जाते हैं। वस्तुतः ऐसा प्रतीत होता है कि वे ग्रामीणों तथा उनके जानवरों के बीच ही अर्द्ध-पालतू जानवर की तरह रहते हैं। हालांकि परस्पर सहमति से वे यथासंभव एकदम आमने-सामने आने से बचते हैं। उन्हें मुख्य रूप से नदी तट पर उनके पदचिह्नों से जाना जाता है। मवेशियों के शिकार से भी पता चलता है कि वे आसपास ही हैं। हां, वे एक ही गांव के मवेशियों के शिकार तक सीमित नहीं होते। वे आसपास के गांवों में जाते रहते हैं और सब पर बराबर कृपा करते हैं। जो नुकसान वे करते हैं, वह बहुत ज्यादा होता है। वे साल में साठ से सत्तर तक मवेशी मार डालते हैं, और प्रत्येक का मूल्य साठ या सत्तर पौंड तक होता है। गांव के प्रत्येक सर्किल में कम-से-कम एक स्थानीय व्यक्ति ऐसा होता है, जो शिकारी के रूप में काम करता है। वह हमेशा गांव के शेर को मारने की तलाश में रहता है। जब उसे पता चलता है कि कोई बैल मारा गया है, तो वह स्थल पर जाता है और निकटतम वृक्ष पर पत्तीदार शाखाओं का एक मचान बनाकर, रात में शेर के वापस आने का इंतजार करता है। उसने भले ही दिन में शिकार किया हो और खून को चाट लिया हो, लेकिन वह उसे सूर्यास्त से पहले कभी नहीं खाता। आमतौर पर उसे गोली नहीं लगती। शेर जब अपने मृत शिकार के पास जाता है, तब बहुत चौकन्ना होता है। शिकारी आमतौर पर इतने गड़बड़ होते हैं कि वे अपनी तैयारी के समय इतना शोर करते हैं कि वह चौकन्ना हो जाता है। गोली चलाने पर वह अपनी जगह से हट जाता है। जंगल का राजा उसके धैर्य की खूब परीक्षा लेता है। यदि शिकारी साल में एक भी शेर मार ले तो अपने आपको खुशकिस्मत समझता है। उसका हथियार एक तोड़ेदार बंदूक होती है। इसे वह बारूद की छह 'अंगुलियों' तथा दो गोलियों से भरता है। ये कुछ दूर उड़कर अलग हो जाती हैं और यदि लग जाए, तो शेर मारा जाता है। उसके शिकार के तरीके की कभी-कभी यूरोपियन शिकारी नकल करते हैं।

साधारण शेरों को शिकार करने का एक और तरीका यह है कि हंकवैयों के किसी मजबूत दल से उन्हें दोपहर के विश्राम स्थल से बाहर निकलवाया जाए। उन्हें नंगाड़े और पटाखे दिये जाएं और संभावित स्थलों पर बंदूकें तैनात कर दी जाएं। यह योजना तब अक्सर सफल रहती है, जब ज़मीनी जानकारी रखने वाले किसी व्यक्ति द्वारा इस मुहिम को निर्देशित किया जाता है। बहरहाल, शेर अक्सर नहीं मिल पाता। वह या तो बगल से निकल भागता है या हांके को तोड़कर निकल जाता है और बंदूक की जद में आता ही नहीं है। इससे हंकवैयों को भी खतरा रहता हैं। ऐसे बहुत कम हंकवैये होते हैं, जो इस तरह शिकार करते हों और एक या दो हंकवैये न मारे जाते हों। शेर

के रहने के स्थान पर धीर-धीरे पैदल जाना आमतौर पर 'अव्यावहारिक' होता है, क्योंकि व्यक्ति को सघन आवरण में इतना कम दिखाई देता है कि वह गोली चलाने के लिए समय पर शेर को देख ही नहीं पाता। बहरहाल, जिन चट्टानी स्थानों पर शेर रहता है, वहां हाथी नहीं जा पाते। अतः वहां ऐसा करने के अलावा और कोई चारा नहीं होता। वहां पर शिकारी ज्यादा निश्चित होता है क्योंकि वहां आवरण कम होता है और शेर को देखकर गोली चलाने के लिए काफी ऊंचे स्थान उपलब्ध होते हैं। शेर के शिकार करने का सबसे अच्छा तरीका, बेशक, वही है, जो मध्य भारत में अपनाया जाता है, अर्थात् प्रशिक्षित हाथियों की मदद से उसका पीछा कर दोपहर में उसके रहने के स्थान पर उसे गोली मार दी जाए। यदि कोई व्यक्ति यह सोचता हो कि उसे सिर्फ हाथी की पीठ पर चढ़ कर जंगल जाकर, जहां शेरों के झुंड का पता चला है, वह निश्चय ही एक शेर को मार लेगा, तो वह ऐसा करके गलत ही साबित होगा। हाथियों की लंबी कतार के साथ बड़ी संख्या में शिकारी शेरों को तभी मार सकते हैं, जब वे काफी लंबे समय तक संभावित आवरणों में हांका करें। तब अनेक शेर मारे जाएंगे। या फिर हंकवैयों के द्वारा जंगलों की छंटाई करवाई जाए, जिसमें बढ़ईगिरी का कोई कौशल न हो। लेकिन किसी भी तरह के शिकार में इतनी अधिक ध्यानपूर्वक व्यवस्था, जानवरों के रहवास की जानकारी, मेहनत तथा अच्छी निशानेबाजी की ज़रूरत नहीं होती, जितनी किसी एक हाथी पर बैठकर एक ही शिकारी द्वारा शेर की तलाश करने में होती है।

जंगली जीवन के अनुभव के प्रारंभ में इस विश्वास को टालना असंभव होता है कि जिस शेर का पता चला है, वह सघन जंगल में हर एक कदम पर बस सामने आने ही वाला है। उससे मुलाकात का हर मुमकिन प्रयास बेकार हो जाने के बाद ही उसे यह अहसास होता है कि शेरों से खतरा भले ही बहुत कम हो, लेकिन घने जंगल में उनकी तलाश बेकार का घूमना ही साबित होती है। मध्य भारत के सर्वाधिक शेरों वाले स्थानों पर लगभग दस साल तक पैदल भटकने के दौरान मुझे सिर्फ एक बार शेर तब मिला, जब मैं शिकार पर नहीं था। इसके बाद मुझे दो बार और शेर उस समय मिला जब में शेरों की तलाश में ही नहीं था। वास्तविकता यह है कि, ज्ञात आदमखोर शेर के स्थानों को छोड़कर, इस जंगल में अथवा भारत के किसी भी हिस्से के जंगलों में घूमने में कोई खतरा नहीं है।

कुछ लोग ऐसा जताने की कोशिश करते हैं कि उन्हें शेर का पीछा करने में हाथी का उपयोग करना नापसंद है, और वे पैदल चलकर ही शेर का शिकार करने की बड़ी बातें करते हैं। जहां तक शिकारी को खतरे का प्रश्न है, तो दस में से नौ शेरों को तो पेड़ पर बैठकर गोली मारी जाती है, जहां शिकारी सुरक्षित रहता है। वास्तविक खतरा तो बेचारे हंकवैयों को होता है। जिस शिकार में उनका उपयोग नहीं किया जाता, उसमें वनावरण के बाहरी हिस्से में बुरी तरह रेंगकर जाना होता है और किसी

सुरक्षित स्थान से शेर को पीछे से गोली मारनी पड़ती है। शिकार की इस विधि में जितने शेर मारे जाते हैं उनसे ज्यादा घायल हो जाते हैं। किसी घायल जानवर का पीछा करने में ही खतरा रहता है, जिससे बचा जाता है। इस प्रकार कोई अहानिकर जानवर भी खूंखार हो जाता है। कुछ शिकारी, जिन्दगी में कुछ समय तक, पैदल शिकार करने तथा शेरों पर गोली चलाने का अभ्यास करते हैं, लेकिन वे शायद ही कभी सफल होते हों। वे देर-सबेर खुद ही मारे जाते हैं, अथवा बमुश्किल बचकर निकल पाते हैं। उन्हें अपनी यह बेवकूफी ज़िन्दगी भर याद रहती है। घने जंगल में किसी पैदल शिकारी को ऐसा शेर मारने की कोई संभावना नहीं है, जो उसे मारने पर तुला हो। वह अपने सामने एक गज भी नहीं देख पाता और शेर उसकी खुशबू को पहचान लेता है। वह अपने आपको ऐसी जगह पूरी तरह छुपा लेता है, जहां आपको लगता है कि कोई चूहा भी नहीं छुप सकता। वह बिना आवाज या हलचल किये सघन वनावरण से होकर निकल सकता है। जबकि शिकारी, जो आमतौर पर घने वनावरण में हाथी का उपयोग करता है, को पैदल चलकर अपने साहस की परीक्षा करने का काफी अवसर मिलता है, खासकर जब वह शिकारियों को भेजने की जगह स्वयं शेर के निशानों का पीछा करता है। यहां तक कि हाथी पर भी पूरी तरह सुरक्षा नहीं होती। ऐसे उदाहरणों की कमी नहीं है, जब शेरों ने हाथियों को पूरी तरह नीचे गिरा दिया। वृक्ष वाले जंगलों में हाथियों के भाग खड़े होने की घटनाएं तो और भी सामान्य हैं। शिकार का अधिकतर रोमांच शिकारी द्वारा शेर पर आक्रमण के लिए अपनायी गयी विधि पर निर्भर करता है। कुछ लोग शेर को किसी कोने में सीमित कर तमाम जोखिम उठाकर अंदर जाते हैं। उन पर वह बार-बार झपटता है। कुछ लोग एक दूरी बनाए रखते हैं। वे शेर को आसपास से घेरकर उसके निकलने के लिए रास्ता छोड़ देते हैं। उन पर वह कभी नहीं झपटता। सामान्यतः जब आप समतल जमीन पर हाथी पर सवार हों, तो लक्ष्य यह होना चाहिए कि शेर को भाग निकलने की जगह झपटने के लिए मजबूर किया जाए, क्योंकि ऐसी स्थिति में शिकार कम समय में रोमांचक मुकाबले में समाप्त होगा। अगर आप उसे निकल जाने देते हैं, तो उसे फिर से तलाशने में घंटों लग जाएंगे। हो सकता है कि वह आपको फिर मिले ही नहीं।

सबसे पहली कठिनाई आसपास किसी खास जगह पर शेरों की उपस्थिति की विश्वसनीय जानकारी प्राप्त करना है। इसका एक कारण यह बताया जाता है कि 'वे अभिशप्त हब्शी' हैं, जिनके बारे में अधिकतर जगहों पर स्थानीय लोग जानकारी देना नहीं चाहते। पहली बात तो यह कि 'साहिब' लोगों का बड़ा लवाजमा उनके गांव में लाने की जरूरत पड़ती है, जिसके लिए वे ज्यादातर अनिच्छुक रहते हैं। सेना का अधिकारी ग्रामीण भाषा सीखने को तौहीन समझता है। उसके नौकर भी अकड़ू और घपलेबाज होते हैं। शेर खुद उन लोगों से ज्यादा सहन करने योग्य होते

हैं, जो उनके खिलाफ लड़ाई के लिए कैम्प करते हैं। साहब लोगों के नौकर लोगों से अनाज और अन्य वस्तुओं की मांग करते हैं जो उनके पास नहीं होती। वे कैम्प को ले जाने के लिए गाड़ी मांगते हैं, जो वे किसी और आवश्यक कार्य के लिए उपयोग करना चाहते हैं। इसके अलावा, लोगों को डर रहता है कि उनसे शेर के लिए हांका करवाया जाएगा, जो लोग इसके इच्छुक हैं उनसे भी और जो इच्छुक नहीं हैं उनसे भी। इस बात की काफी संभावना रहती है कि वे हांके में मारे जाएंगे। फिर, उन्हें उनकी सेवा के बदले जो दिया जाता है, वह बहुत कम होता है। शेरों के ऐसे कुछ प्रसिद्ध स्थान हैं, जहां लोगों के बीच उनके बारे में कई कहानी पीढ़ियों से प्रचलित है। शिकार करने की सबसे पहली जरूरत यह है कि लोगों का स्वैच्छिक सहयोग प्राप्त किया जाए और उन्हें यह स्पष्ट कर दिया जाए कि आपके पास जरूरत की सभी चीजें इतनी मात्रा में उपलब्ध हैं कि स्थानीय गरीब लोगों पर कोई भार नहीं डाला जाएगा। उन्हें यह भी आश्वस्त किया जाना चाहिए कि आपके शिकार का तरीका ऐसा है कि उन्हें जीवन का खतरा नहीं होगा। स्वाभाविक रूप से उदार अंग्रेज के मन में इस तथ्य के कारण सहानुभूति की कमी आ जाती है कि कहीं वह भारत में शासक जाति का सदस्य न बन जाए। उसे यह भी डर रहता है कि नाकाम मुहिम से लौटकर शिकारियों को यह सुनने को न मिले कि उन्होंने ऐसे लोगों को परेशान किया, जो उनकी शर्तों पर अपने शेरों को मरवाना नहीं चाहते थे। वे उन्हें अभिशाप देकर कह रहे हों कि उनमें से कुछ लोगों को शिकारियों के बेहूदा जोश की भेंट चढ़ा दिया गया। इसके विपरीत, ठीक से आयोजित मुहिम में, जिसमें शिकारी खुद अपनी ज़रूरतों को पूरा करता है तथा शेर के शिकार में अपने साधनों का उपयोग करता है, लोगों का भरपूर समर्थन प्राप्त होता है। वे लोग जंगल की छटाई करने के लिए स्वयं आपके पास आकर भीड़ लगा लेंगे। बस एक बार उन्हें यह भरोसा हो जाए कि उन्हें एक अच्छे शिकारी के लिए काम करना है, जो अनावश्यक रूप से उनकी जान जोखिम में नहीं डालेगा।

किस्मत साथ दे और अच्छे इंतजाम किये जाएं, तो ठंड के मौसम में कुछ शेर मिल सकते हैं। अनेक लोग जनवरी 1861 में हमारी एक शिकार मुहिम को याद रखेंगे, जब हमने भारत के गवर्नर-जनरल के लिए एक शानदार शेर का शिकार किया था। वह अपने क्षेत्र के मध्य भाग में पहली बार आये थे, जो जबलपुर छावनी से एक-दो मील के भीतर ही था। मैंने एक संतरी को उस जानवर के पीछे लगभग एक सप्ताह तक लगाये रखा और उसे आग के द्वारा एक छोटी पहाड़ी में ही घेरे रखा। मैं उसे रात को चरने आने वाली गायों का भोजन देता रहा। इसके बाद आधा दर्जन हाथी, जो कैम्प का सामान लाये थे, उसे खदेड़कर खुले मैदान में ले आये, जहां वह सैंकड़ों नयी रायफलों से निकली गोलियों की बौछार से बुरी तरह छलनी हो गया। उसे यह सम्मान मिला कि टॉर्च की रोशनी में उसे ब्रिटिश झंडे की

छाया में लेण्डसीयर से पोता गया। मेरे हौदे के दोनों तरफ कई दिन तक गोली का निशान बना रहा, जो स्टाफ के किसी सदस्य की सटीक निशानेबाजी का गवाह था।

इस मौसम में शेर कभी-कभी बड़े शहरों के बहुत पास तक आ जाते हैं। वे यूरोपियन स्टेशनों के निकट तक भी आ जाते हैं। मंडला शहर और स्टेशन की दीवारों के भीतर तथा इसके निकट 'पाऊ' गार्डन्स में अनेक शेरों को मारा गया है। सिवनी में 1864 में मैंने एक दल बनाया, जिसने एक बड़े शेर को तम्बाखू के खेत से बाहर खदेड़ा। वह एक बड़े गांव के एकदम पास पहुंच गया। मैंने उसे वहीं मुख्य गली में गोली मारी। इस जगह के आसपास मीलों तक छोटे हरे गेहूं के खेतों के अलावा कुछ नहीं था। हमें इन रहवासों के बीच शेर के होने का इतना पक्का पता इस कारण चला क्योंकि कुछ दिन पहले उसे कुछ चोट लगी थी।

लेकिन जब तक जंगल में घास का अधिकतर हिस्सा जला न दिया जाए और धूप में बड़ी नदियों के पास पानी की अपूर्ति कम न हो जाए, तब तक सफलता की अच्छी संभावना के साथ नियमित शेर का आखेट शुरू नहीं किया जा सकता। इस मौसम में शेरों की जानकारी मिलने और उनके निशान प्राप्त हो जाने पर कैम्प के लिए किसी केन्द्रीय स्थान का चयन करना चाहिए। यह स्थान किसी गांव के पास अमराई की गहरी छाया में किसी विस्तृत बरगद के वृक्ष के नीचे होना चाहिए। इस शुष्क मौसम में भी इतनी सघन छाया की कुदरत ने जो व्यवस्था की है, उसकी सराहना किये बिना नहीं रहा जाता। जिस वक्त जलते सूरज की आग में प्रकृति कांपने लगती है और अप्रैल में धूप के थपेड़े लगते हैं, उस वक्त बरगद और पीपल तथा आम के पेड़ों में नये पत्ते आते हैं। बरगद में से गाढ़ा दूध जैसा रस निकलता है, जो सूर्य की किरणों को अंदर नहीं जाने देता।

घोड़े पर सवार होकर शिकारी कैम्प में जाने पर शिकारी को गांव का मुखिया, कुछ किसान और चरवाहे उसकी अगवानी के लिए मिल जाएंगे। उनके हाथ में दूध का गिलास या उनके बगीचे के केले जैसी मामूली चीजें उपहार स्वरूप होंगी। यदि शिकारी अच्छा होगा, तो पड़ोस के शेरों की कहानियों की उसके लिए कोई कमी नहीं होगी–किस तरह कुछ दिन पहले रामसिंह की गाय झुंड में से ले जायी गयी अथवा गांव का चौकीदार, भैरों किस तरह किसी काम से जाते समय नदी पर पानी पीने गया और एक शेरनी अपने बच्चों को लाकर नहलाने लगी। वह युवक खुद बीच में बोल पड़ेगा और सजीव विवरण बताएगा कि वह किस तरह एक पेड़ पर चढ़कर रातभर उस पर बैठा रहा। यह कहानी संभवतः उसने पड़ोस की शराब की दुकान पर अपने कुछ दोस्तों के साथ गुजारी गयी रात की बात को छुपाने के लिए गढ़ी होगी। शेर के रहने के सामान्य स्थानों के बारे में बताया जाएगा। इसके बाद उसके पदचिह्नों के आकार, उसके सिर की चौड़ाई को काफी अतिरंजना के साथ बताया जाएगा।

पड़ोस का शिकारी उपस्थित होगा, या फिर उसे बुलवाया जाएगा, जो एक लंबा, दुबला व्यक्ति होगा। वह महुआ हरे रंग की रद्दी शर्ट पहने होगा तथा उसकी गंदी पगड़ी उसके खुश्क बालों के गुच्छों से लिपटी होगी।

उसके कंधे से एक लंबी स्माल-बोर्ड मेचलॉक लटकी होगी, जिसका भारी पावडर-फलास्क बाईसन के सींग का होगा। उसके पास चिंकारा के सींग की खोल में थोड़ी-सी बारूद सम्हालकर रखी होगी। उसकी जुबान खुलवाने के लिए रुपए अथवा इसके प्रलोभन की जरूरत होगी। इस पर भी वह जानबूझकर अस्पष्ट बातें बताएगा। उसको पूरे दिल से सहयोग करने के लिए राजी कराना होगा, क्योंकि सिर्फ उसे अच्छी तरह पता होता है कि शेर किन रास्तों से जाता है और कहां रहता है। सिर्फ उसमें वह साहस होगा कि आपके अथवा आपके शिकारी के साथ जाकर उसका पता बता सके। अगर यह पता चल जाए कि आप अच्छा पैसा देते हैं, तो वह तबियत से आपकी सेवा करेगा, वरना आप उससे यह वायदा कर लें कि सफलता मिलने पर उसे अच्छी बक्शीश दी जाएगी।

इससे वह सरकारी इनाम का दावा नहीं करेगा। यह इनाम वित्तीय कठिनाई आने तक आधा किये जाने से पहले पचास रुपए था। चूंकि सभी शिकारियों को इसका दावा करने की पात्रता थी, अतः इससे शिकार पर खर्च हुये पैसे की वसूली हो जाती थी। मैं हमेशा इसे गांव के शिकारी, अपने शिकारी तथा हाथी के महावत के बीच बांट देता था। बहरहाल, अब शिकारी को हर शेर के शिकार पर अपनी जेब से पैसा नहीं देना पड़ता।

स्वयं शिकारी को अधिक सटीक जानकारी प्राप्त करने की कोशिश करनी चाहिए। गांव के शिकारी को शिकार करने के हमारे तरीके के विषय में कुछ नहीं पता, जिसमें शेर पर दोपहर के समय उसकी मांद में हमला किया जाता है। उसका अपना अनुभव संभवतः पेड़ पर चढ़कर रात को शेर का शिकार करने का हो; परन्तु उसे उसकी आदतों तथा रहने के स्थानों का पक्का पता होना चाहिए। उसे यह भी पता होना चाहिए कि फिलहाल उसका ठिकाना कहां है। लिहाजा, ऐसे व्यक्ति के साथ बाहर निकलना जरूरी है, जिसे कार्यशैली की जानकारी हो। वास्तविक आखेट शुरू करते समय उससे आवश्यक विवरण भी प्राप्त कर लें, क्योंकि जिस स्थान पर शिकार किया जाना है उसके विषय में तथा जिस शेर का शिकार करना है, उसकी आदतों के विषय में मुख्य बातें जानना जरूरी है। यह सफलता के लिए बहुत जरूरी है। पूर्व में शिकार के दिनों में, शेरों की प्रारंभिक जानकारी प्राप्त करने मैं स्वयं जाता था। इस जानकारी को प्राप्त करने का यही एक तरीका है। इससे आप बाद में यह कार्य अपने शिकारी को सौंपने में समर्थ हो जाते हैं। जिस शिकारी को इस कार्य का पूरा ज्ञान नहीं होगा, उसे कभी भरोसेमंद शिकारी नहीं मिलेगा। सबसे अच्छे वे लोग होते हैं, जिन्हें अपने मालिकों के साथ इसका पूरा प्रशिक्षण मिला हो।

इस कार्य के लिए प्रातःकाल सबसे अच्छा समय होता है। उस समय ठंडा रहता है और रात को गुजरने वाले जानवरों के पदचिह्न बहुत स्पष्ट होते हैं। जिन जंगली जानवरों की गतिविधियों से बहुत कुछ सीखा जाना होता है, वे चल रहे होते हैं। शेर की गतिविधियों का पता आठ-नौ बजे तक बंदरों तथा मुर्गों की आवाजों से लग जाता है। कौओं तथा छोटे पक्षियों की कटकट ध्वनियों और सांभर तथा हिरण की चीत्कारों से भी इसकी जानकारी मिल जाती है। जंगल के जानवरों का संपूर्ण रात्रि-जीवन उस वक्त शिकारी के सामने बहुत स्पष्ट रूप से उजागर होता है, जिसकी आंखें कुदरत की इस किताब को पढ़ने की अभ्यस्त होती हैं। जलाशयों के किनारे-किनारे गर्मी के मौसम में सुबह के सुहाने वातावरण में चलना बहुत आनंदप्रद होता है। उस वक्त इन जगहों पर बहुत से जंगली जानवर होते हैं। नदी के तटों पर आमतौर पर कॉफी दूर तक रेत और कंकड़ फैले होते हैं और यहां-वहां पानी के पोखर बने होते हैं। इनके किनारे हिरणों, जंगली कुत्तों, भालुओं आदि के पदचिह्नों से भरे होते हैं। कहीं-कहीं जंगल के राजा के पंजों के निशान भी मिल जाते हैं। ये सभी झुलसा देने वाली दिन की गर्मी के बाद ठंडी रात में यहां पानी पीने आते हैं। इन जलाशयों के आसपास ही शाकाहारी पशुओं को उनके मांसाहारी दुश्मन जानवर अपना शिकार बना लेते हैं। हर जगह, शेर की क्रूर ज्यादतियों के चिह्न देखने को मिल जाते हैं। पानी तक उसके निशान सीधे जाते हैं। लगता है कि वह बड़े आराम से वहां जाता है। इसके विपरीत, नीलगायों तथा हिरणों के निशान बताते हैं कि वे रुक-रुककर, संदेह से भरे हुये वहां जाते हैं। जहां इन्हें शेर के पैरों के निशान दिख जाते हैं, वहां वे जान छुड़ाकर दायें-बायें भागते हैं। जहां-तहां पड़ी खून बहाती खोपड़ियां और हड्डियां बताती हैं कि हमेशा पूरा झुंड बचकर नहीं निकल पाता। किनारे पर दर्रे के पास सूखी पत्तियों के घात-स्थान बताते हैं कि चाल कामयाब नहीं हुई। अक्सर पददलित जमीन और खून के धब्बे तथा बाल बताते हैं कि किसी जबर सुअर ने सफलतापूर्वक शेर के आक्रमण का सामना किया। सिर्फ भालू ही शेर के आक्रमण से काफी सुरक्षित रहता है, लेकिन वह भी दूसरों की तरह उसके रास्ते से हट जाता है और किसी अन्य पोखर में पानी पीता है।

शेरों के निशान मिलने से पहले शिकारी, ग्रामीण शिकारी के मार्गदर्शन में ज्यादा लंबे समय तक नहीं रहेगा। जहां आसपास एक या अधिक शेर कुछ समय तक रहे हों, वहां अनेक दिनों के पदचिह्न प्रायः हर नाले के रेतीले किनारे पर मिल जाएंगे। इन निशानों को देखकर स्थानीय शिकारी के मुख से इन शेरों के इतिहास तथा आदतों की जानकारी का झरना फूट पड़ेगा। बीती रात के ताजा पदचिह्न मिलने पर उसके भावशून्य चेहरे पर रौनक आ जाएगी और वह अपनी बंदूक के कौने के साथ उस पदचिह्नों का पीछा करेगा। दबी उत्तेजना के कारण उसकी आवाज धीमी तथा उतावलापन लिये होगी। बहरहाल, इस बात की संभावना कम ही होगी कि उसी सुबह

के समय शेर मिल जाए। वह संभवतः किसी ऊंची जगह पर लेटा हुआ अपनी पसंदीदा मांद की ओर आने वाले रास्तों पर नज़र रखे होगा। वह सुबह की गुनगुनी धूप का मजा लेते हुए हर खतरे के रास्ते पर नज़र गड़ाकर लेटा होगा। लगभग दस बजे तक वह ऐसा ही करेगा, जब गर्मी इतनी बढ़ जाती है कि आसपास कोई गतिविधि नहीं रह जाती। इसके बाद वह सरककर पानी के पास किसी छायादार कोने में चला जाता है और गीली रेत में कुछ देर लोट लगाकर अपनी रात की तंग घाटी की थकान मिटाने के लिए सो जाता है। बहरहाल, कभी-कभी, यदि शिकारी पर्याप्त रूप से जल्दी बाहर निकल जाए तो, उसे जानवरों की चिल्लाहट से पता चल जाएगा कि शेर उसके आसपास ही कहीं है और वह घेरकर उसका शिकार कर सकता है।

एक बार मैंने सुबह जल्दी एक शेर का मीलों तक एक नदी के किनारे तक पीछा किया। मैंने यह कार्य पूरी तरह बंदरों की गतिविधियों के आधार पर किया, जिनकी संख्या नदी किनारों पर बहुत अधिक है, जहां वे जंगली फलों पर जीवित रहते हैं। जब वह शेर उनके नीचे से गुजरा, तो बंदर निकटतम वृक्षों की और भागकर उनकी सबसे ऊंची शाखाओं पर चढ़कर उन्हें जोर-जोर से हिलाने लगे। उनके मुंह से गालियों की बौछार होने लगी। जिसे एक मील तक सुना जा सकता था।* हर एक समूह उस पर तब तक गुर्राता रहा, जब तक वह उनकी आंखों से ओझल नहीं हो गया। आगे जो उनके दोस्त पेड़ों पर बैठे थे, उन्हें भी उन्होंने ऐसा ही करते देखा। इसके बाद वे नीचे आकर इस तरह बेरियों को अपने मुंह में भरने लगे, जैसे कुछ हुआ ही न हो। थोड़ी दूर जाकर नदी लंबा मोड़ लेती है। इसके संकीर्ण भाग को पारकर एकदम शेर के सामने आकर मैं बहुत अधिक बेदम हो गया। मैं दुबककर एक कवा पेड़ के मोटे तने के पीछे छुप गया। वह लंबी बेडोल चाल चलता हुआ वहां आया। उसकी पूंछ नीचे सिकुड़ी हुई थी। वह आधी रात को कत्ल करने वाला कातिल दिखाई दे रहा था, जो वह वास्तव में था। स्पष्ट लग रहा था कि उसके कुकर्म उसकी अंतरात्मा पर बोझ बने थे। वह चलते समय डरता हुआ पीछे देखता जा रहा था। वह बंदरों की तरफ याचक की तरह देख रहा था; मानो उनसे कह रहा हो कि वह इस बात को न बताएं कि वह कहां जा रहा है। मैं जहां था, वहां से उस पार किनारे पर बाहर निकली वृक्ष की शाखाओं की छांव में वह जा रहा था। लेकिन जब वह एकदम मेरे सामने आ गया, तो वह मध्य में आ गया। हाल ही में उदित सूर्य का हल्का पीला प्रकाश फैला था। इस स्थिति में वह एक भयावह सुंदरता की तस्वीर दिख रहा था। उसके पंजे मखमली थे। उसकी चाल लहरदार थी और ढीली चमकीली त्वचा के नीचे उसकी मजबूत मांसपेशियां हिल रही थीं। उसकी क्रूर पीली आंखें सूर्य की रोशनी में मिचमिचा रही थीं। वह रात का भोजन करने के बाद अपने होंठों तथा

---

* ऐसे मौकों पर बंदरों की आवाज उनकी सामान्य आवाज से एकदम अलग होती है। यह शेर की दहाड़ से मिलती भौकने जैसी कर्कश आवाज होती है। क्या यह आवाज की नकल उतारने की शुरुआत है?

गलमुच्छों को चाट रहा था। वह मेरे करीब बीस गज दूर से गुजरकर एक छोटे बीहड़ की तरफ चला गया, जो पहाड़ से उतरकर यहां नदी से मिल गया था। मैंने गोली चलाने से पहले उसे इसके मुहाने तक जाने दिया। गोली खाते ही वह उछलकर आगे इसकी छाया में चला गया। यह एकदम विपरीत नज़ारा था। थोड़ी देर पहले ही वह जानवर शांत दिखाई दे रहा था और उसकी एक दहाड़ से पेड़ों पर बैठा हर बंदर खामोश हो जाता था। मैं जानता था कि वह मर चुका है, लेकिन मैंने शिकारियों के आने और उसे देखने को आगे बढ़ने तक इंतजार किया। हम थोड़ा घूमकर उस जगह पहुंचे जहां वह बीहड़ के एक ऊंचे किनारे पर गायब हो गया था। वहां हमने चौकन्ना होकर आसपास झांका, लेकिन वहां कुछ न देखकर हम आगे नीचे नदी की ओर आ गये। इस जगह मैंने एक अकेले कौए को एक पेड़ पर बैठे देखा। वह एक अस्पष्ट-सी किसी पीली चीज को देखकर कॉव-कॉव कर रहा था। वह चीज शेर की तरह दिखाई दे रही थी। नीचे बैठकर मैंने उस पर एक और गोली चला दी। लेकिन वह हिला तक नहीं, जबकि वह कौआ कुछ फिट दूर तक उड़कर फिर वहीं बैठकर पहले से ज्यादा जोर से कॉव-कॉव करने लगा। अब हम नीचे आ गये जहां वह शेर मरा पड़ा था। गोली उसके दिल के बहुत पास लगी थी।

मुझे लगता है कि बंदरों के बीच शेरों का जो डर समाया है, वह उनकी पुरानी दुश्मनी के बजाय किशोर शेरों की शरारतों की वजह से है। स्थानीय लोगों का कहना है कि शेरनी अपने बच्चों को दुबककर चलना और बंदरों तथा मोरनियों पर झपट्टा पड़वाकर उनसे शिकार का अभ्यास करवाती हैं। मोरनियों के सुन्दर पंख हज़ारों की संख्या में आसपास बिखर जाते हैं। इनसे पता चलता है कि कोई मोर इन नौसीखियों का आसान शिकार बन गया। लेकिन बंदर का तो कोई निशान ही बाकी नहीं रहता। वस्तुतः जब शेर आसपास होता है, तो ये समझदार जीव नीचे जमीन पर ही नहीं आते। हालांकि उनकी इस बात से हमेशा यह नहीं समझ लेना चाहिए कि शेर नहीं है। मैं लंबे समय तक यही समझता रहा। लेकिन 1865 में बैतूल इलाके में एक दिन मई की गर्मी में दिनभर दो शेरों का पीछा करने के बाद, जिनके पदचिह्न चारों तरफ फैले थे, हम एक बीहड़ के शीर्ष पर एक छोटे पोखर तक आ गये। हमें लगा कि अब वे हमें दिखाई नहीं देंगे। हमने बंदरों के एक झुंड को चट्टानों पर खामोशी से बैठे और पानी पीते देखा। मैं पदचिह्नों को देखने लापरवाही से नीचे उतर रहा था। मेरी रायफल मेरे कंधे पर उलटी टंगी थी। एक-दो कदम आगे बढ़ाते ही मैं बीहड़ के तल में चला जाता। इतने में ही वे बंदर एक चीख के साथ उछलकर तट पर आ गये। हमें एक अलंगे के पीछे एक बड़े शेर का सिर और कंधे दिखाई दिये। वह थोड़ी दूरी पर खड़ा मुझे घूर रहा था। मैं सोच में था कि गोली चलाऊं या पीछे हट जाऊं। अचानक मेरे पैरों के बिल्कुल नीचे से एक और शेर एक भयंकर गर्जना करता हुआ उछला। वे दोनों नीचे बीहड़ में भाग गये। मैं इतना ज्यादा चकित था कि ठोस निशाना नहीं लगा

सका। उस समय तक मुझे शेर के शिकार का इतना अनुभव हो गया था कि मैं कोई अनिश्चित निशाना लगाने का जोखिम नहीं उठा सकता था। इस तरह, वे फिलहाल भाग गये।

मैं शीघ्रता से ऊपर खड़े अपने हाथी पर सवार होकर उनके पीछे लग गया। गर्मी बहुत ज्यादा थी। हम दो सौ गज भी नहीं चल पाये थे कि हमने बीहड़ के किनारे एक झाड़ी के नीचे उनमें से एक शेर को घुटनों के बल बैठे देखा। मैंने हौदे में बैठे-बैठे ही निशाना साधा और तीन औंस की गोली उसके चौड़े भाल पर दाग दी। उससे मेरी दूरी लगभग तीस गज थी। मैं बहुत उत्सुक था और मैंने ठहर कर देखा, लेकिन शेर की किसी भी गतिविधि से ऐसा नहीं लगा कि उसे गोली लगी हो। इसके बाद मैं एक-चौथाई गोल घूमा, लेकिन फिर भी वह शेर नहीं हिला-डुला। वह लगातार एक ही दिशा में आंखें गड़ाये देख रहा था। मैं आगे बढ़ा। मेरी रायफल फुल कॉक पर थी। मेरा आश्चर्य बढ़ता जा रहा था–लेकिन शेर ने कोई हरकत नहीं की। क्या वह मर गया है? मैं उसके पीछे की ओर गया और उसी दिशा से उसके करीब गया। उसने कोई हरकत नहीं की। तब मैंने अपने हाथी से उसे लात पड़वायी तो वह गिर गया। वह मर चुका था। उसके भेजे में गोली लगने से वह अपनी ही मूर्ति बनकर रह गया था। उसका एक बाल तक नहीं हिला। मैंने उसके भेजे के बीचोंबीच गोली मारी थी। इसके बाद हमने दूसरे शेर के चिह्नों का पीछा किया। वह नीचे मूरन नदी में चला गया जिसके किनारे पर जामुन की झाड़िया थीं। इनमें शेर का ठहरना निश्चित था। वहां जाकर मुझे उसके ढेर सारे निशान मिले। उस दिन एक सवारी वाली हथिनी अलग से मेरे पास थी, जिसे मैंने नीचे टोह लेने भेज दिया और अपनी खुद की हथिनी-फतेह रानी को वनावरण में ले गया। केन्द्रीय स्थल के आसपास मुझे वह शेर मिल गया, जो दूसरे वाले शेर की तरह घुटने मोड़ कर बैठा था। उसका विशाल सिर उसके अगले पंजों पर रखा था। उसके पिछले पैर तने हुये थे और पूंछ हल्की-सी हिल रही थी, जिससे पता चलता था कि वह कोई शरारत करने वाला है। पहली गोली उसके कंधे के उठे हुये भाग पर लगी। वह मेरी तरफ उछला; लेकिन बायीं बैरल से निकली गोली ने उसे वहीं थाम लिया। वह कुछ ही गज तक आ पाया था। इसके बाद वह तट के नीचे की ओर दायीं तरफ भयंकर गर्जना करता हुआ लुढ़क गया। वह सवारी वाली हथिनी के अगले पैरों के बीच आकर गिरा। उस हथिनी को जंगल के कामों के लिए नया-नया खरीदा गया था। उसका नाम मोती माला था (हाथियों को उनके मुस्लिम मालिकों द्वारा ऐसे ही सुंदर नाम दिये जाते हैं)। लेकिन वह अविचलित रही। वह सिर्फ कुछ कदम पीछे हटी और उसने शेर की ऐंठनों पर सिर्फ थोड़ा-सा सिर हिलाया। शेर के शिकार में, जिस शेर की कमर टूट चुकी हो उसे भयभीत होकर नपुंसक क्रोध करते देखने में सबसे ज्यादा मज़ा आता है। वह एक छोटे घेरे से बाहर नहीं निकल

सकता। वह अपने अंगों तक को नहीं हिला पाता। उसे इस तरह ज्यादा देर तक देखने पर जुगुप्सा होती है। हालांकि उसको जो तकलीफ होती है, उसका ज्यादातर कारण वह स्वयं होता है, लेकिन उस पर दया करके उसके सिर में एक गोली मार देने से यह वीभत्स दृश्य समाप्त हो जाता है।

ये मवेशी-खोर शेर थे, और शायद बंदरों को नहीं सताते थे। एक अन्य मौके पर, बहुत कठिन परिस्थितियों में बंदरों की आवाज से मैं सजग हो गया। मई 1864 में सिवनी जिले के गांव पाह में एक गहरे बीहड़ में मैंने एक आदमखोर शेरनी का पीछा किया। वह कोई पक्की आदमखोर शेरनी नहीं थी, लेकिन उसने पिछले कुछ महीनों में नौ-दस लोगों को खा लिया था। उसके साथ करीब छह माह का शावक था। जब शावक बहुत छोटा था और ज्यादा घूम-फिर नहीं पाता था, तब अन्य शिकार न मिलने पर उसने पहले इंसान को शिकार बनाया। बीहड़ में प्रवेश करते समय मुझे मालूम था कि यह उसका नियमित बसेरा है। बंदरों के एक झुंड ने बाहर हर एक झाड़ी से सभी बेरियों का सफाया कर दिया था। मैंने उन्हें बीहड़ के ऊपर चट्टानों पर बैठे देखा। वे नीचे झाड़ियों में ललचाई हुई नज़रों से देख रहे थे, जहां उनके खाने योग्य पके हुये फल जमीन पर बिखरे हुये थे। वे बीहड़ में चट्टानों के शीर्ष पर मेरे साथ गये, मानों कि उन्हें पता हो कि शेरनी के शिकार में उनकी मदद का कितना अधिक महत्त्व है। उन जैसा निशान बताने वाला मैंने आज तक नहीं देखा। मैं तो शेरनी को देखे बिना ही उससे आगे निकल जाता, क्योंकि वह एक छोटे ढालू तट के नीचे बैठी थी। वह तो शुक्रिया उसके एकदम ऊपर बैठे प्राचीन भूरी दाढ़ी वाले हनुमान का, जिसने चेतावनी की भाषा बोलकर उसे सजग कर दिया। वह तब तक गुर्राता रहा, जब तक उसने उसे उसकी आरामदेह जगह से बाहर नहीं निकाल दिया। बंदरों की उत्तेजना से मैं समझ गया कि वह शेरनी उठकर चली गयी है। अचानक मैंने उसके गोल चेहरे को एक पेड़ के पीछे दो भागों में विभाजित तने में से अपने को घूरते देखा। एक दरार से मैंने उसकी धारीदार त्वचा वाले एक पैर को देख लिया था। मैंने इसी को सही जगह माना। अतः मैंने निशाना साधकर करीब चालीस गज की दूरी से गोली चला दी। वह वहीं ढेर हो गयी। वह हाथ पैर फैलाकर नाले की तलहटी में जा गिरी। इसके बाद उसका शावक आगे बढ़ा। वह ऐसी गर्जना कर रहा था जैसे कि वह इस देश का सबसे बड़ा शेर हो।

जब वह सघन झाड़ियों से गुजरकर तेजी से भाग रहा था, तब मैंने फौरी तौर पर उस पर दो गोलियां चलायीं, लेकिन मैं उसे रोक नहीं सका। जिस जंगली जानवर ने इंसानी गोश्त का स्वाद चख लिया हो, चाहे वह कितना भी छोटा हो, उसे मारना बहुत ज़रूरी है। मैंने शाम का धुंधलका होने तक उसका पीछा किया। जब मैं शेरनी को घर ले जाने के लिए बीहड़ में वापस आया तब मैंने देखा कि मेरे बंदर मित्र सभी दिशाओं में बेरियां खा रहे थे और मृत शेरनी के आसपास उछलकूद कर रहे थे।

लकड़हारों के एक दल को वह शावक मिल गया, जो चलते-चलते निढाल हो चुका था। उन्होंने उसे अपनी कुल्हाड़ियों से मार डाला।

हिरणों की चीत्कारों तथा मोर की चेतावनी की आवाजों से भी अक्सर शेर की गतिविधि का पता चल जाता है। यदि दिन के समय अचानक कोई शेर दिख जाए तो सांभर, हिरण, चीतल, चौसिंगे, सभी बहुत जोर से 'भौंकने' लगते हैं। अप्रैल 1865 में, एक भी गोली चलाये बिना करीब एक हजार मील जंगल की ख़ाक छानने के बाद मैं निमाड़ जिले के चांदवेल के पास एक बहुत बड़े आदमखोर शेर को मारने के लिए रुक गया। चरवाहों का मानना था कि यह जानवर एक हजार से ज्यादा मवेशियों को खा चुका था। इसके बाद चरवाहों ने पूरे क्षेत्र के सबसे अच्छे इस चारागाह में मवेशियों को चराना छोड़ दिया था। उसका ठिकाना नर्मदा नदी की ओर जाने वाले बीहड़ों में था। इसे अब पुनासा आरक्षित वन में शामिल कर लिया गया है, जिसमें तब मैं भ्रमण कर रहा था। नर्मदा के किनारों पर स्थित घास के मैदानों से मवेशियों के झुंड वापस चले गये थे, क्योंकि वह शेर यहां अक्सर शिकार करता था। हाल ही में उसने खुले मैदान में आना शुरू कर दिया था। जंगल के छोर पर चांदवेल गांव के आसपास अनेक रातों तक उसकी गर्जना सुनी गयी थी। मैं जिस सुबह उस गांव में पहुंचा, उसी समय मैंने भैंसों के तबेले से सौ गज के भीतर ही उसके निशान देखे। कुछ ही दिन पहले उसने थोड़ी दूरी पर एक बंजारा शिविर पर आक्रमण किया था। उसने वहां से एक बछड़े को ले जाकर मार डाला और शिविर से थोड़ी ही दूरी पर उसे खा लिया। रात के अंधेरे में जब बंजारों तथा उनके कुत्तों ने बछड़े को बचाने की कोशिश की, तो उसने उन्हें खदेड़ दिया। मैंने पहली ही रात को एक कद्दावर भैंसे को उसके लिए बांध दिया। यह जगह गांव से करीब आधा मील दूर थी, जहां उसके निशानों से पता चलता था कि वह रात में वहां से रोजाना गुजरता था। अगली सुबह पाया गया कि भैंसा मारकर करीब सौ गज दूर एक छोटे शुष्क नाले तक ले जाया गया था। उसे खाने से पहले इस तरह साफ किया गया था, जैसे किसी कसाई ने किया हो। सिर, खाल, पैर और अगले एक धड़ को छोड़कर उसे पूरा खाया जा चुका था। हमने करीब दस बसे उसके निशानों का पीछा करना शुरू किया। यह 12 अप्रैल का दिन था। इससे अच्छा दिन मुझे आज तक याद नहीं है। दोपहर होने से पहले ही मेरे साथ चल रहे चरवाहों तथा शिकारियों ने धूप से बचने के लिए अपने पास के सभी कपड़ों को अपने सिर पर बांध लिया था। मैं एक ऐसे पुराने और बड़े शेर से मुकाबले की आशा लगाये था, जो बहुत पहले से लोगों को खदेड़ने का अभ्यस्त था। हम निशानों का पीछा करते हुए पूरे पांच मील निकल गये! आखिर में हम एक संकरे लंबे बीहड़ में प्रवेश कर गये, जहां तल में पानी के पोखर थे। उन पर वृक्षों और झाड़ियों की छाया सघन रूप से फैली थी। इतनी संकरी जगह में हम हाथी के साथ हांका करने के लिए

भीतर नहीं जा सकते थे। बहुत विचार-विमर्श के बाद हमने निर्णय लिया कि एक हथिनी को बीहड़ के मुहाने पर छोड़ दिया जाए और अपने साथ के लोगों को निशानदेही के लिए आसपास पैड़ों पर बैठा दिया जाए। मैं नीचे उतरकर दूसरे छोर पर गया और चुपके-चुपके तट के शीर्ष से लगा-लगा यह सोचकर चलने लगा कि वह नीचे सोया हुआ मिल जाएगा। मेरे ख्याल से शेर के लिए इससे अच्छा ठिकाना कोई नहीं हो सकता। अनेक स्थानों पर मैं सघन छाया के पार नीचे तल तक देख सकता था। अनेक बार मैंने यह जानने के लिए नीचे पत्थर फेंके कि कहीं अस्पष्ट रूप से हिलती-डुलती चीज़ शेर तो नहीं हैं। मैं आहिस्ता-आहिस्ता बीहड़ को टटोलता चला जा रहा था। अचानक, जिस हथिनी को हम मुहाने पर छोड़ आये थे उसने ज़ोर से चिंघाड़ लगायी। ऐसी चिंघाड़ अप्रशिक्षित हाथी उस समय लगाते हैं, जब वे तकलीफ में होते हैं। वह बेचैन होकर घूमते समय एक पत्थर से टकरा गयी थी। इस घटना के बाद इस बात की उम्मीद कम ही थी कि वह शेर आश्वस्त अवस्था में मिल पाएगा, मेरे पास खड़े होकर सिर्फ यह देखने के सिवा कोई चारा नहीं था कि शायद वह बीहड़ से नीचे आ जाए अथवा पेड़ पर बैठे अनुचर उसे देख लें। मुझे उसकी मौजूदगी की पहली सूचना मोरों के एक जोड़े से मिली जो दूसरी तरफ एक छोटे बीहड़ से फड़फड़ाता हुआ बाहर आया। इसके बाद मैंने देखा कि वह शेर चुपके से एक ढालू तट के मुहाने की ओर जा रहा है। मेरी समझ से उस जगह पर कोई बकरा भी खड़ा नहीं मिल सकता था। वह मेरी रायफल से करीब डेढ़ सौ गज दूर था। मेरी पहली गोली से उसके नीचे की कुछ ज़मीन उखड़कर ऊपर आयी। जब मैंने दूसरी गोली चलायी, तब वह तट के ऊपर खड़ा था। वह एक सेकंड के लिए ठहरा, मानो कि वह पीछे लौटेगा, लेकिन तत्काल स्वयं को सम्हालकर वह ऊपर ही गायब हो गया। मैं दौड़कर एक ऊंचे टीले पर पहुंचा, जहां से मैंने उसे जलायी हुई घास के मैदान पर खिन्नतापूर्वक दुलकी चाल से जाते हुए देखा। वह किसी बड़े जंगली भैंसे की तरह लग रहा था। वह दिखने में ज़रूर बहुत बड़ा और ताकतवर था, लेकिन उसका दिल कमज़ोर था, वरना वह इस शानदार जगह को छोड़कर भयानक, जल विहीन और जले हुये मैदानी इलाके में क्यों जाता। मैंने बिना समय गंवाए, बीहड़ के मुहाने से मुड़कर हथिनी पर बैठकर उसका पीछा किया। जले हुये मैदान की राख पर उसके पंजों के निशान बहुत स्पष्ट दिखाई दे रहे थे। हमने करीब दो मील तक उसका पीछा किया। वह हमें जब-तब दिखाई दे जाता था। फिर वह एक छोटे बीहड़ में गायब हो गया और पथरीले तल पर उसके निशान दिखाई देना बंद हो गये। मैं तट से लगा-लगा जा रहा था जबकि दूसरा हाथी बीहड़ के तल में था। मैंने अपने बायीं तरफ ऊपर की तरफ से सांभर की चीत्कार सुनी। मैंने फतेह रानी को उस दिशा में पूरी गति से दौड़ा दिया। शीघ्र ही मुझे वह शेर दिखाई दिया, जो खुले मैदान के पार भद्देपन से

खड़ा था। स्पष्ट था कि उसको ज़ख्म लगा था। उसकी जीभ बाहर लटक रही थी और वह बहुत उदास दिखाई दे रहा था। मुझे देखकर उसने कुछ चेष्टा की और बांसों के जंगल में करीब सौ गज तक दौड़कर गया। मुझे स्थानीय शिकारी से पता चल गया था कि वह करीब आधा मील दूर एक जल स्रोत की ओर जा रहा था। उसे रास्ते में हाथी ने मिला लिया। अब मुझे उसकी गति का पता चल गया और मैं पानी और उसके बीच आ गया। मैंने किसी जानवर को पहले कभी इतना खिन्न नहीं देखा, जितना यह शेर उस समय था जब वह पहाड़ी से नीचे आया और उसने हाथी को अपने एकदम सामने खड़ा पाया। ऐसा लगता था कि वह स्पष्ट कह रहा हो कि "चाहे जो हो जाए, मैं अब एक गज भी आगे नहीं जाऊंगा और किसी ने भी मुझ पर हमला करने की कोशिश की, तो यह उसके लिए अच्छा नहीं होगा।" अतः वह एक बड़े अर्जुन वृक्ष के पीछे लेट गया। उसकी सिर्फ एक आंख और कान दिखाई दे रहे थे। मैं पचास गज आगे बढ़ा, जिससे मुझे उसकी पूंछ का छोर भी दिखाई देने लगा। इस अवस्था में मैं उस पर गोली नहीं चला सकता था। लिहाजा मैं तब तक आहिस्ता-आहिस्ता बढ़ता गया, जब तक उसका कंधा नहीं दिखाई देने लगा। उसने सामने खुले हिस्से को हसरत से देखा, मानो कि वह लड़ने की जगह, अगर मुमकिन हुआ तो उस रास्ते से निकल भागेगा। लेकिन इससे पहले कि वह कुछ तय कर पाता मैंने उसके कंधे पर गोली मार दी। वह उठा और उसने एक कमजोर गर्जना की। वह लड़खड़ाता हुआ पहाड़ी के नीचे चला गया। इतना धीरे जैसे उसके भीतर बिल्कुल शक्ति नहीं रह गयी थी। उसने उठकर ठीक से झपटने की कोशिश की तो वह नाकाम हो गया। दायीं और बायीं बैरल से निकलकर लगीं गोलियों से वह ठहर गया और एक अन्य गोली कान में लगने के बाद वह वहीं ढेर हो गया। इसके बाद फतेह ने पास जाकर उसे लात मारी और उसका खेल खत्म हो गया। वह एक बहुत बड़ा शेर था, जिसकी लंबाई लेटने पर दस फिट एक इंच थी। वह मांस का एक पहाड़ जैसा था। जब चरवाहे वहां आये तो उन्होंने विषादपूर्वक टिप्पणी की कि हज़ार गायों का मांस। उसकी खाल बड़ी शानदार थी, साफ लाल और सफेद, जिस पर सुन्दर दोहरी धारियां थीं और उसके सिर पर 'डब्ल्यू' का निशान था। उसके गलमुच्छे काफी बड़े थे, जिससे उसकी ट्राफी की सुन्दरता बढ़ गयी थी। गर्म चट्टानों पर चलने से उसके पंजे की गद्दियों में छाले पड़ गये थे। हमारी हालत भी मरे समान हो गयी थी। हम पानी पीने उस जगह गये, जहां वह जा रहा था। हमारा एक संदेशवाहक गांव से और आदमी लाने चला गया। हमारे एक दर्जन मजबूत चरवाहे तथा मेरे अपने आदमी भी मिलकर उसे हाथी पर रखकर घर ले जाने में असमर्थ थे। किसी साधारण शेर का वजन लगभग साढ़े चार सौ से पांच सौ पौंड होता है, लेकिन बहुत गायों का मांस खाये हुये इस दैत्य का वजन कम-से-कम सात सौ पौंड था। वैसे भी शेर को उसकी लंबाई और लचीलेपन की वजह से ज़मीन से

उठाना काफी कठिन होता है। जैसा कि मैंने कहा, दस फिट एक इंच किसी शेर की असाधारण लंबाई होती है। पूरी तरह से विकसित शेर की नाक से पूंछ की नोक तक लंबाई लगभग आठ फिट चार इंच होती है। जिन शिकारियों से मैं मिला हूं उनके अनुभव के अनुसार भी यही लंबाई ठीक है। जब भी इससे ज्यादा लंबाई मापी गयी है, तो या तो इसे शेर की बिछी हुई खाल को नापकर अथवा लापरवाही से नापा गया माना जाना चाहिए। किसी दस फिट के शेर की खाल तेरह या चौदह फिट तक खींची जा सकती है। जब स्थानीय लोगों को टेप दे दिया जाता है, तो वे 'मालिक को खुश करने के लिए' एक-दो फिट ज्यादा ही नाप देते हैं। इसी तरह, कभी-कभी मालिक भी स्वयं को खुश कर लेते हैं। एक प्रसिद्व शिकारी और लेखक ने, जिसके अभिलेखित माप के अनुसार शेर की लंबाई इससे भी काफी ज्यादा है, स्वयं मुझे बताया कि उसने सारे माप सपाट खाल से लिये हैं। लेकिन अंग्रेज जनता बारह फिट का शेर मांगती है। यह ठीक इसी तरह है, जिस तरह वह पाम वृक्ष के बिना भारतीय भू-दृश्य को मानने से मना कर देती है।

शिक़ार की कहानियों से अक्सर एक कहानी से दूसरी कहानी का जन्म होता है। एक घटना से दूसरी घटना बनती है। मुझे लगता है कि मैंने कोई पांच-छह शेर मारे हैं, लेकिन अपने विषय को शुरू करते समय मैं शेर के ठिकाने की प्रारंभिक खोज पर काफी बात करूंगा। बहरहाल, इस विषय पर कहने के लिए मेरे पास कुछ और भी है। इसका लब्बोलुआब यह है कि शेर के इलाके की प्रत्येक जानकारी, वह रास्ता जो वह एक स्थान से दूसरे स्थान पर जाने कि लिए आमतौर पर अपनाता है, वे स्थान जहां उसे आसानी से बीच में रोका जा सकता या जहां वह लापरवाह होता है, अनुचरों के लिए अच्छे स्थल इत्यादि, प्राप्त कर ली जानी चाहिए। रात में उसको प्रलोभन देने के स्थान तय कर लेना चाहिए। यदि संभव हो तो, भैंसा या बैल बांधकर उसे इन्हें मारने के लिए ललचाना चाहिए। इसे ऐसी स्थिति में रखा जाना चाहिए कि वहां से उसके किसी सामान्य ठिकाने तक उसका आसानी से पीछा किया जा सकता हो। किसी जिन्दा जानवर को शेर को ललचाने के लिए बांधना क्रूरता प्रतीत होती है, लेकिन इसमें कोई शक नहीं कि एक जानवर की इस तरह बलिदानी से कई जानवरों की जान बच जाती है। अगर शेर ऐसे किसी जानवर को स्वाभाविक रूप से मार दे, तो उससे इतना फायदा नहीं होता। उसे अगले दिन तलाश करना संभव नहीं हो पाएगा और इसके दूसरे दिन ऐसा किये जाने का कोई फायदा नहीं होगा। इसके अलावा यह एक ऐसी जगह होना चाहिए जहां से शेर की मांद के पास जाना आसान हो, अन्यथा उसे गलत जगहों पर तलाश करने में पूरा दिन चला जाएगा। अनुभव यह बताता है कि चारा या प्रलोभन दिये बिना कुछ खास शिकार आप नहीं कर सकते। मैं आमतौर पर सीजन के प्रारंभ में ही आधी विकसित बारह-पन्द्रह भैंसें खरीद लिया करता था। ये सबसे सस्ती होती हैं और शेर इन्हें अत्यधिक तत्परता से मार डालता

है। किसी दुबले, बूढ़े और कमजोर अथवा मजबूत और पूर्ण रूप से विकसित भैंस को कोई भरे पेट वाला शेर छूना भी पसंद नहीं करेगा। सुबह के समय उसके पदचिह्न ऐसे ही किसी प्रलोभन के आसपास मिलते हैं, जिसके पास आकर उसने उसे सूंघा और (अलंकारिक रूप से) उसकी पसलियों में धक्का मारकर कुछ नुकसान किये बिना ही चला गया होगा। लेकिन कम उम्र का रसीला लगभग साढ़े तीन फिट ऊंची भैंस को खाने के लिए कोई अति तृप्त शेर भी लालायित हो जाएगा। चरवाहे, अच्छे हिन्दू होते हैं, अतः वे शेर को ललचाने के लिए बांधे जाने के उद्देश्य से मवेशी बेचने को किसी भी तरह तैयार नहीं होते। आपके हिन्दू शिकारी भी उन्हें अपने हाथ से वहां नहीं बांधते। हालांकि इस पूरी कार्यवाही पर निगरानी रखने पर बहुत कम लोगों को ऐतराज होगा। चरवाहों की अंतरात्मा थोड़ा-सा भी परिवर्तन करने से शांत हो जाती है। वे छोटी भैंसों के किसी झुंड को खुले बाजार में आपके मुसलमान शिकारी को बेच देंगे, जो गाय के व्यापारी के रूप में वहां जाते हैं, हालांकि उन्हें मालूम होता है कि वे शिकारी हैं और उनकी पूरी जिन्दगी शेरों के प्रलोभन के लिए इन पशुओं को बांधने में गुजरी है। मुझे याद है कि निमाड़ जिले में एक बार मुझे शेर को ललचाने के लिए पशु के कितने अभाव का सामना करना पड़ा था। मैं ऐसी जगह पहुंच गया था, जहां शेर बहुत विध्वंसक थे और मेरे पास एक भी पशु नहीं था। मेरे कहने से उस जगह का गवली (गौ-पालक) मुझे दिन के समय एक भी पशु बेचने को तैयार नहीं हुआ। गांव का स्वामी एक बघेल राजपूत था, जिसका वंश एक राजसी बाघ का वंशज होने का दावा करता है और वे लोग जहां भी संभव हो, शेर की रक्षा करते हैं। शाम को मैं अपने टेंट के बाहर खड़ा हुआ था। उस समय गांव के मवेशियों को वापस लाया जा रहा था। मैंने शेर के शिकार के लिए एक दिन और रुकने का विचार छोड़ दिया था, तभी एक नौजवान गवली ने आकर मुझे सलाम करके कहा कि "साहब, मेरी एक बहुत अच्छी युवा भैंस जंगल में खो गयी है, और इस बात की पूरी संभावना है कि उसे शेर खा जाएंगे। लेकिन अगर आप उस रास्ते से किसी को भेज दें तो शायद वह उसे ढूंढ़ लेगा और अगर आप ही उसे रख लें तो हमें खुशी होगी, क्योंकि आप कल यहां से जा रहे हैं।" अपनी बात पूरी करते समय वह बुरी तरह खिसिया गया। मैं उसका खेल समझ गया, अतः मैंने 'लल्ला' को भेज दिया। करीब एक चौथाई मील चलने के बाद ही हमें एक भैंस एक छोटे पेड़ से रस्सी से बंधी हुई मिली। रात होने से पहले उस जानवर को सही जगह बांधने के लिए हमारे पास समय बहुत कम था। लेकिन हम उसे सुरक्षित रूप से ले गये। अगले ही दिन हमने एक शेरनी का शिकार किया और एक शेर को घायल कर दिया, जो जिन्दा बचकर निकल गया!

जानवर को बांधने के बाद दूसरी ही सुबह शिकारी को परिणाम देखने के लिए निकल पड़ना चाहिए। जिन जानवरों को नहीं ले जाया गया उन्हें खोलकर ले आना चाहिए और यदि कोई निशान मिलें तो, शेर के मिलने की संभावना होने पर, उनका

दिन में पीछा करना चाहिए। मैंने ऊपर 'लल्ला' का ज़िक्र किया, जो मुझे शिकारी के विषय पर ले आता है। वास्तव में, प्रथम श्रेणी के शेर का शिकारी मिलना दुर्लभ होता है। किसी स्थानीय व्यक्ति में इसके लिए आवश्यक सभी योग्यताएं नहीं पायी जातीं। लल्ला का वर्णन करते हुए मैं बताऊंगा कि उसे कैसा होना चाहिए। पहले मैं उसके नाम की बात करूंगा। 'लल्ला' का मतलब ऊपरी भारत में कायस्थ जाति का एक क्लर्क होता है। हमारा दोस्त इसी जाति का है। हालांकि, बीहड़ के रेतीले तट पर एक शेर के पंजे द्वारा बनाये गये चिह्नों को छोड़कर उसे किसी भी अन्य अक्षर का ज्ञान नहीं है, लेकिन लोगों ने प्यार से उसका नाम 'लल्ला' रख दिया। इसके बाद उंसका असली नाम ही गुम हो गया। इसके बाद, जब वह एक शेर के द्वारा मारा गया, तब किसी को भी उसके असली नाम के विषय में कुछ नहीं मालूम था। वह एक नाटा आदमी था। वह एकदम मरियल और सूखा-साखा था कि और खुद कहा करता था कि "कोई शेर मुझे खाने की कभी सोचेगा भी नहीं।" अपने शुरुआती दिनों में वह ऊपरी भारत के राजपरिवार के लोगों के लिए बाजों को पकड़ने और प्रशिक्षित करने का काम करता था और पक्षियों को मारकर उन्हें बाजार में बेचता था। वह मध्य भारत में नीले कबूतरों तथा कौडिल्ला का शिकार करने आया था, जिनके पंखों की मांग पूर्वी इलाके में फेन्सी सामान बनाने के लिए काफी ज्यादा थी। उसे किसी पक्षियों के शौकीन व्यक्ति ने पकड़ लिया। भगवान जाने किस तरह इसके बाद वह किसी शिकारी के पास पहुंच गया, जिसने उसे शेरों के पीछे लगा दिया। वह इस काम का कुछ अनुभव लेकर आखिर में मेरे पास आ गया। उसके प्रारंभिक प्रशिक्षण के कारण उसकी नज़र काफी तीखी हो गयी और वह जंगल में शेरों के निशानों को पढ़ने में तेज हो गया। उसने अपने भ्रमणों के दौरान अनेक राक्षसों तथा शैतान से संबंधित अनेक कहानियां सीख ली थीं। उसे हिन्दू पुराणों की भी काफी बातें मालूम थीं। रात को आग के आसपास बैठे चरवाहों तथा स्थानीय शिकारियों को इनके बारे में बताते समय वह शेरों से संबंधित आसपास के अनेक रहस्य बताने से कभी नहीं चूकता था। मैंने ऐसा चापलूस और छली गोंड पहले कभी नहीं देखा। हालांकि वह काफी कमज़ोर दिखाई देता था, लेकिन वह पूरे दिन चल सकता था। पूरे सप्ताह, हर दिन वह झुलसा देने वाली गर्मी में निशानों का पीछा करते हुए दिनभर चल सकता था। उसके सिर पर सिर्फ एक पतली मलमल की स्कल-केप होती थी। वह बिना किसी हथियार के शेर की मांद में निडर होकर घुस जाता था। जब वह किसी शेर को देखता अथवा उसके शब्दों में "शेर को सलाम करता" था, तो उसके भद्दे चेहरे पर एक चमक आ जाती थी। बाद के वर्षों में, जब मुझे सारी व्यवस्था उस पर छोड़नी पड़ती थी, तब मुझे याद नहीं है कि अगर उसने शिकार को देखे बिना भी उसके होने की संभावना बताई हो तो मुझे बाहर जाना पड़ा हो। थोड़ा-बहुत शिकार वह स्वयं कर लेता था। करीब बीस कदम की दूरी पर स्थित वृक्ष पर बैठे किसी पक्षी को वह निशाना बना

लेता था। वह बंदूक आदि को एकदम दुरुस्त रखता था। लेकिन शीघ्र ही शेर के अलावा किसी और के शिकार को वह नापसंद करने लगा। उसे शेर के शिकार का जबर्दस्त जुनून था। यहां तक कि वह बाईसन के शिकार को भी कमतर समझता था और मानता था कि भद्र पुरुषों को बाईसन के पीछे नहीं दौड़ना चाहिए। साल में दस महीने वह बुरी तरह बदहाल होकर बेकार घूमता रहता था। इस दौरान उसे हाथी और रायफलों के अलावा किसी अन्य चीज मे दिलचस्पी नहीं रहती थी। वह एक अप्रैल को फिर से जाग जाता था। भारतीय पंचांग में इस तिथि के सामने भविष्य में लिखा होगा कि "शेर का शिकार शुरू होता है।" जब मध्य भारत के आरक्षित वनों में इस राजसी पशु का संरक्षण किया जाएगा, ताकि यहां के राजसी परिवार इनका आखेट कर सकें।

बेचारा बूढ़ा लल्ला! आखिर वह शेरों के प्रति धृष्टता का शिकार बना, जो अत्यधिक बेतकल्लुफी से उपजी थी। जून 1866 में मैं बुखार से बहुत पीड़ित था और घर का चक्कर लगा आने की सोच रहा था। मैंने पंखों के लिए कुछ पक्षियों का शिकार करने के लिए लल्ला को एक डबल गन के साथ भेजा। उसे एक शेर के निशान मिल गये और आदेश के विरूद्ध उसने एक बछड़े को उसके प्रलोभन के लिए रात में बांध दिया और स्वयं बंदूक लेकर ऊपर पेड़ पर बैठ गया। शेरनी आयी और उसकी जांघ में उसकी गोली लग गयी। ज़ख्मी होकर वह एक नदी के तट पर बहुत सघन वनावरण में चली गयी। साहसी, लेकिन बेबकूफ लल्ला दूसरे दिन सुबह उसके खून के धब्बों का पीछा करता हुआ वहां पहुंच गया। लेकिन उसे शीघ्र ही पता चल गया कि गोली से ज़ख्मी शेर का पीछा करना किसी गैर-ज़ख्मी शेर का पीछा करने से बिल्कुल अलग बात है। वह कोई बारह कदम भी नहीं चला होगा कि शेरनी उस पर झपट पड़ी। उसकी बंदूक हाथ से छिटककर दूर जाकर रेत में गड़ गयी। शेरनी के पंजे की झपट से, जो लगभग उसके सिर के पास लगा, उसकी पगड़ी उछल कर एक ऊंचे पेड़ पर चली गयी। गुस्से में तमतमाई शेरनी से उसे अपने नीचे लेकर कंधे से टखने तक चबा डाला। उसे करीब बारह मील दूर खंडवा लाया गया, जहां मैं था। उसे लाने वाले लोग उसकी खोज में वहां तब गये थे, जब शेरनी वहां से जा चुकी थी। उसकी आंखों में उन्माद की आग थी और वह अपने सामने से शेर की आकृति के गुजरने के बारे में प्रलाप कर रहा था। उसकी आंखों में खून था। लेकिन जब मैं उसके सामने आया, तो उसने मुझे पहचान लिया। उसने मुझसे निवेदन किया कि यदि मैं उसे जिन्दा देखना चाहता हूं तो तत्काल वहां से जाकर उस शेरनी की लाश लेकर आऊं। मुझे पता था कि इस संबंध में स्थानीय लोगों के बीच एक अंधविश्वास है। हालांकि उस वक्त मुझे तेज बुखार था, फिर भी मैंने अपने हाथी को आधी रात में उस स्थल के पास एक गांव में भेजा और सुबह मैं स्वयं घोड़े पर सवार होकर वहां गया। काफी बारिश हो चुकी थी और सारे निशान मिट गये थे। जंगल भी बहुत हरा और

सघन था और दोपहर तक पूरा दिन मैंने उसकी खोज करते वहां बिताया। मुझे बाद में पता चला कि मैं गलत दिशा में था। आखिर मुझे एक नया निशान मिला। घिसटते हुए पिछले पैर का रेत में निशान था। मैं समझ गया कि मैं उस खूंखार जानवर के आसपास ही हूं। हम नदी तट पर एक सघन जामुन की छाया तक दौड़े। मेरे पास इतना भी समय नहीं था कि अपने साथ पैदल आने वाले लोगों को सुरक्षित पेड़ों पर चढ़ा सकूं। वह शेरनी बहुत पक्के इरादे के साथ मेरे सामने आ गयी। वह एक विशाल बिल्ली की तरह दिख रही थी, जिसका कुत्तों ने पीछा किया हो–उसके रोयें लथेड़े हुये और खड़े थे, आंखों में गुस्से की आग थी। वह हमला करने को तत्पर कर्कश गर्जना कर रही थी, जिसे सुनकर पक्के-से-पक्के शेर के शिकारी के खून की रफ्तार बढ़े बिना नहीं रह सकती। मेरी पहली दो गोलियां काफी कारगर रहीं, लेकिन वह रुकी नहीं। वह हाथी की सूंड से कुछ ही गज की दूरी पर थी कि तीसरी गोली सीधे उसके मुंह पर लगी। उसका एक श्वानीय दांत उखड़कर उसके गले से होकर हृदय तक चला गया। वह लेटकर दहाड़ने से ज्यादा कुछ नहीं कर सकी। जब तक मैंने उसे सिर पर एक गोली मारकर उसका अंत नहीं कर दिया, तब तक वह अपने पंजे फड़फड़ाती रही। वह एक छरहरी ग्रेहाउण्ड जैसी शेरनी थी, जो तेन्दुए से थोड़ी-सी बड़ी थी। लल्ला का बदला पूरा हो गया–लेकिन वह बेचारा किसी भी मदद से आगे जा चुका था। उसे अपने दुश्मन की लाश देखकर संतोष अवश्य होता। वह सभी का प्यारा था और सारी तीमारदारी के बावजूद वह मृत्यु को प्राप्त हो गया। उसे इतने सारे गहरे ज़ख्म जो लगे थे। शेर के शिकारियों का आम तरीका लल्ला से बहुत अलग होता है। वह संभवतः कोई लंबा शेखीमार मुसलमान होगा, जो शेर की तरह अपनी दाढ़ी पर हाथ फेरता है। अधिक खूंखार दिखने के लिए वह इसे जवानी में इस्पाती नीले रंग से तथा बुढ़ापे में बदरंगी लाल रंग से रंगता है। वह जंगल के रंग के लंबे कपड़े पहनता है और सांभर के चमड़े के थैले को एक बेल्ट से लटकाता हैं, जिसमें जानवर का गला काटने के हथियार रखे होते हैं, जिनका उपयोग करने के बारे में उसे कुछ पता नहीं होता। वह अपने तथा अपने दिलेर मालिक के कारनामों की बड़ी डींगे मारता है, जो लोगों के गले नहीं उतरतीं। वह किसी लड़याये पालतू कुत्ते की तरह आलसी होता है। उसे सिर्फ अपने काम के बारे में पता होता है। उसको यह ज्ञान भी प्रारंभिक दिनों में किसी असली शिकारी को पानी की थैली लेकर चलते समय मिला होगा। वह जहां भी जाता है, वहां एक ऐसी मनगढ़ंत लेकिन सही लगने वाली कहानी गढ़ लेता है। वह हर झूठ बोलने पर, हर चोरी करने पर और हर जघन्य पाप करने पर दंडित होता है।

यह हमने पिछले विवरण में देखा कि किस तरह सुबह निशानदेही किये गये शेर को दोपहर में खोजकर मार डाला जाता है, जबकि जंगल का पूरा जीवन जलते सूरज की गर्मी में झुलस रहा होता है। उस समय वह जानवर भी कम सजग होता है और

चलना-फिरना नहीं चाहता। पढ़ने में एक शेर का शिकार दूसरे शेर के शिकार जैसा ही लगता है, लेकिन हर शिकार की अलग याद शिकारी के मन में अंकित रहती है। अन्य सभी शिकारों की याद धुंधली पड़ जाती है, लेकिन शेर के शिकार की हर घटना का वह काफी लंबे समय बाद भी सजीव चित्रण कर सकता है। इस विवरण में मुख्य रूप से शिकार की प्रारंभिक तैयारियों, शेर के भागने के सभी रास्ते बंद करने, शेर के संभावित रूप से वापस भागने की सूचना देने के लिए अनुचरों की तैनाती, सजगता और खामोशी से शेर तक पहुंचने, सघन वनावरण में घुसते समय की उत्तेजना (जहां शेर के छुपे होने की संभावना हो) आदि के किस्से शामिल होते हैं।

शेर का पीछा करते समय शिकारी और उसके आजमाये हुये हाथी के बीच काफी स्नेह पैदा हो जाता है। वह जानवर जिसे लोग सिर्फ प्राणिशाला में देखते हैं अथवा जिसे हम भारी वजन ले जाते हुए देखते हैं और सिर्फ मस्त चाल से चलता हुआ मांस का पिंड समझते हैं, वह शिकारी की आत्मा का आधा हिस्सा बन जाता है। वह अपनी पूरी शारीरिक और मानसिक क्षमताओं के साथ अपनी सेवाएं देता है। वह शिकार में बुद्धिमतापूर्ण दिलचस्पी लेता है, जो कोई अन्य जानवर नहीं कर सकता। जिसने भी इसे देखा नहीं है, वह उस आश्चर्यजनक सजगता पर विश्वास नहीं करेगा, जिसके साथ कोई सुप्रशिक्षित हाथी किसी शेर के पास जाता है–वह गिरी हुई इमारती लकड़ी आदि प्रत्येक बाधा को बिना आवाज़ किये अत्यधिक कुशलता से हटाता है और गज़ब की शांति के साथ खड़खड़ करती पत्तियों के ढेर, अथवा लुड़कते पत्थरों अथवा दलदल पर चलता है। जब मालिक हुक्म देता है, तब वह वनावरण पर फेंकने के लिए उसे पत्थर थमा देता है। जब कोई स्पेनियल किसी पक्षी पर हमला करता है, तो वह उसकी भीनी गंध को सूंघ लेता है। वह छुपे हुये शेर की तरफ अपनी संवेदनशील सूंड से पक्का इशारा करता है या फिर उसे जमीन पर बेचैनी से पटककर यह बता देता है कि शेर आसपास ही कहीं है। इसके बाद अपने शत्रु को देखकर वह बहुत दृढ़ता से खड़ा रहता है, जिससे वह स्वाभाविक रूप से डरता है और स्थानीय मांदों में डर के मारे भाग जाता है। वह अपने सवार की कुशलता पर पूरा विश्वास रखकर इस मुकाबले में बिना विचार किये अपनी पूरी ताकत का उपयोग करता है–कोई अच्छा हाथी स्वयं शेर से भिड़ने की कभी कोशिश नहीं करता। ऐसा करने से शिकार और कदाचित् शिकारी को ही नुकसान होगा, क्योंकि अगर हाथी किसी शेर से भिड़ रहा हो तो उसका सवार उस पर बैठा नहीं रह सकता। ऐसी स्थिति में बंदूक का उपयोग करने की तो बात ही छोड़िये। हाथी का काम यह है कि वह हर स्थिति में चट्टान की तरह अडिग खड़ा रहे। यहां तक कि शेर अगर उसके सिर से भी आकर चिपट जाए–जैसा कि कई बार होता है, तब भी वह डिगे नहीं।

इस प्रकार से शेर के शिकार में अच्छी मदद करने वाला हाथी हजार में कोई एक ही होता। ऐसे हाथियों की बाजार में बहुत ज्यादा कीमत होती है। प्रथम कोटि

के शिकारी हाथी की कीमत इस वक्त 200 से 400 पौंड है। हालांकि, इससे काफी कम कीमत पर खरीदे गये हाथी की मदद से भी काफी शिकार किया जा सकता है। बीते कुछ वर्षों में हाथियों की आपूर्ति में काफी कमी आयी है, क्योंकि उत्तर भारत के जंगलों में सरकार ने उन्हें पकड़ना बंद कर दिया है। मध्य भारत में जंगल के कार्यों के लिए 1864 में हाथी खरीदने के लिए मैं गंगा तट पर सोनपुर के वार्षिक मेले में गया। यह भारत का एक शानदार मेला है और मैं अभी इसका जितना वर्णन कर रहा हूं उसका इससे अधिक वर्णन किया जाना चाहिए। यह मेला शिव के प्रसिद्ध मंदिर में पूजा के लिए तीर्थयात्रियों का समागम है। वे कार्तिक(सितंबर-अक्टूबर) की पूर्णिमा को गंगा में स्नान करते हैं। भारत के हर भाग से लाखों लोग इस पवित्र नदी के तटों पर एकत्रित होते हैं। वहां हर तरह की चीजें बेचने वाले व्यापारी भी बड़ी संख्या में आते हैं। वे तिब्बत के जंगली याक की पूंछ से लेकर लाख से पुते क्रोके (खेल) का सामान तक बेचते हैं। वहां हर तरह के जानवर–सफेद चूहे से लेकर हाथी तक–बिकते हैं। बंगाल के यूरोपियन सज्जनों ने भी यहां एक अच्छे रेसकोर्स का निर्माण किया है। इस मेले के दौरान यहां भारत की कुछ सबसे अच्छी दौड़ों का आयोजन होता है। जिस साल मैं वहां था, तब लगभग बारह हजार घोड़े वहां बिकने के लिए आये थे–नेपाल के छोटे, ऊन जैसे बाल वाले टट्टू जो विश्व के सबसे श्रेष्ठ टट्टू होते हैं, से लेकर आस्ट्रेलिया के थोरो-ब्रेडस और भारतीय केवलरी के मेड-अप नस्ल के घोड़े शामिल थे।

मेरे सामने करीब पांच सौ हाथियों में से अपने लिए हाथी चुनने का विकल्प था। मेले में घोड़े खरीदना कठिन होता है, लेकिन हाथी खरीदना इससे दस गुना ज्यादा कठिन काम है। हाथी (और ऊंट) पालन से जुड़ा हर एक व्यक्ति स्वभाव और प्रशिक्षण से अपनी युवावस्था से ही पक्का धूर्त होता है। उस जानवर में खुद अनेक बुराइयां और कमजोरियां होती हैं। घोड़ों की तरह हाथियों में भी 'खूबियों' को लेकर काफी भिन्नता होती है। किसी अशिक्षित आंख के लिये इन्हें पहचानना काफी कठिन होता है, विशेषकर जब वे काफी मोटे होते हैं। मेले में जब उन्हें लाया जाता है, तब वे इसी स्थिति में होते हैं। इसके अलावा, हमारे सौभाग्य से हाथी की (घोड़ों की तरह) खूबियों को लेकर स्थानीय लोगों का विचार हमसे एकदम अलग होता है। वह आकार अथवा अच्छी गतिविधि अथवा कड़ा परिश्रम करने की क्षमता को नहीं बल्कि इस बात को देखता है कि कहीं उस पर किसी दुर्घटना के निशान तो नहीं हैं–जैसे पैरों पर अंगूठे के नाखूनों की संख्या, जो चार की जगह पांच या छह होती है, पूंछ, जो पूरी तरह ठीक होनी चाहिए और उसकी कलगी पूरी होनी चाहिए। उसके तालव्य का रंग लाल होना चाहिए जिस पर काला धब्बा न हो। मैंने जो सर्वश्रेष्ठ हाथी देखे हैं, उनमें इनमें से कोई खूबी नहीं थी। इसके अलावा, हथिनी अथवा दंतरहित हाथी का स्थानीय व्यक्ति की नज़र में कम मूल्य होता है। वह बड़े

दांत चाहता है। स्थानीय खरीददार तेज उद्दंड गतिविधि वाले तथा बहुत हल्के रंग की सूंड और कपाल वाले हाथी के लिए अनुरोध करते हैं। वह चेहरे को छोड़कर हाथी के प्रत्येक अंग को एक विशेष रंग के बड़े कपड़े से ढक देते हैं। इसके विपरीत, हम तेज उद्दंड गतिविधि को नापसंद करते हैं और कभी ऐसे हाथी को नहीं खरीदते, जो बदमिजाज हो। हम छोटे और अच्छे सिर तथा सूंड वाले हाथी को पसंद करते हैं, जिसकी आंखों में आत्मविश्वास झलकता हो और जिसके हावभाव भद्दे न हों। वह तेज़ और आश्वस्त चाल से चलता हो। उसकी पृष्ठ और पुट्ठे सीधे हों, कटि विस्तृत हो और उसकी हड्डियां तथा मासपेशियां ठीक से विकसित हों। इसका परीक्षण उसके प्रकोष्ठ की गोलाई से हो जाता है, जो किसी नौ फिट ऊंचे हाथी में लगभग तीन फिट आठ इंच होना चाहिए। ज्यादा लंबा हाथी अच्छा काम नहीं करता। उसकी चाल आमतौर पर बेढंगी होती है। कंधे तक हाथी की ऊंचाई नौ फिट और हथिनी की ऊंचाई आठ फिट चार इंच से ज्यादा नहीं होनी चाहिए। आठ फिट दो इंच से कम ऊंचाई का हाथी, शेर के शिकार के लिए कम पड़ेगा। हथिनी सर्वश्रेष्ठ शिकारी जानवर तब होती है, जब वह पूरी शिद्दत से यह काम करे, क्योंकि उसके कदम और मिजाज आमतौर पर बेहतर होते हैं और वह 'मस्त' और अनियंत्रित होने के खतरे से बची रहती है, जबकि हाथी एक खास उम्र के बाद समय-समय पर ऐसा करते हैं। लेकिन साहस के मामले में हथिनी हाथी की तुलना में ज्यादा अनिश्चित होती है। अतः शिकार के उद्देश्य से हथिनी की परीक्षा किये बिना उसे खरीदना जोखिमपूर्ण होता है। मेरा मानना है कि अधिकतर 'मकना' (दंतरहित) हाथियों पर भरोसा किया जा सकता है कि जब वे समुचित रूप से प्रशिक्षित होते हैं, तो शिकार में पूरी शिद्दत से भाग लेते हैं। जहां तक मेरा सवाल है, तो मैं पूरी तरह अपरीक्षित हाथी पसंद करूंगा। वे दांत वाले हाथियों की तुलना में ज्यादा जीवंत और विकसित होते हैं, हालांकि वे आमतौर पर ज्यादा लंबे नहीं होते। नर्मदा के स्रोतों के पूर्व के जंगलों के एक वनवासी ने मुझे इसका कारण समझाया था, जो उचित प्रतीत होता है। वहां बड़ी संख्या में जंगली हाथी मौजूद थे। उसने कहा कि उसने देखा है कि जब हाथी के छोटे बच्चे दूध पीते समय मां को अपने छोटे और तीखे दांत गड़ाने लगते हैं, तो वह उन्हें खदेड़ देती है और उन्हें कहीं और चले जाने देती है, जबकि मादा और मकना का वह लगातार पोषण करती है, जब तक कि उसको कोई दूसरा बच्चा नहीं मिल जाए। कुछ परेशानी के बाद मैंने दस हाथी खरीद लिये–उनमें आठ मकना और दो हथनियां थीं। उनकी औसत कीमत 150 पौंड और सबसे ज्यादा कीमत 200 पौंड थी। सबसे सस्ता हाथी 100 पौंड का था। मैंने सुना कि मेले में एक शानदार हाथी की सबसे ज्यादा कीमत 500 पौंड थी, जिसे पंजाब के किसी राजा के लिए खरीदा गया। जहां तक मेरी जानकारी है, उनमें से किसी ने भी कभी कोई शेर नहीं देखा था। एक बड़े मकना को छोड़कर उनमें से

सभी अच्छे शिकारी बन गये। वह मेले में एकदम शांत था, संभवतः उसे अफीम खिलाई गयी थी। लेकिन मध्य भारत आते समय वह भड़क गया और उसने एक आदमी को मार डाला। इसके बाद वह बहुत अनियंत्रित हो गया। बहरहाल, स्थानीय व्यक्ति को उसकी पूरी कीमत मिली थी, क्योंकि वह बहुत खूबसूरत जानवर था। कोई धनवान स्थानीय व्यक्ति हाथी को अपने घर के द्वार पर बांधना शान की बात समझता है और कोई व्यक्ति उसके पास नहीं जा सकता।

जिन हाथियों को शेरों के शिकार में लगाना हो उन्हें अच्छा प्रशिक्षण दिया जाना चाहिए और शिकार में उनकी दिलचस्पी पैदा की जानी चाहिए। अच्छा महावत प्राप्त करना कठिन होता है। घुड़सवारों की तरह उनकी भी हाथी पर पकड़ में विभिन्नता होती है। दिलेर महावत हाथी को और दिलेर हाथी महावत को पक्का बना देता है। हाथी को पीछे से गोली चलने की आवाज का आदी बना देना चाहिए। उसे अपने सामने हिरण तथा अन्य अहानिकर जानवरों को मारे जाते देखने का भी आदी बनाना चाहिए। उसे हाथी अथवा किसी सुअर अथवा भालू के शिकार में जबरन नहीं लगाया जाना चाहिए, जिन्हें वह और भी ज्यादा नापसंद करता है। जब वह कुछ आत्मविश्वास अर्जित कर ले तभी इस काम में उसे लगाना चाहिए।

हालांकि कुछ मामलों में वह पहली ही बार किसी भी जानवर के सामने खड़ा हो जाता है। कुछ शेरों को पूरी तरह मारे जाने को देखकर अधिकतर हाथियों को अपने इंसान दोस्तों पर विश्वास जम जाता है और वे अपने क्षेत्र में पर्याप्त रूप से सुदृढ़ हो जाते हैं। लेकिन उनकी श्रेष्ठतम खूबियां उनके स्वाभाविक मिजाज पर निर्भर करती हैं। कोई हाथी जितना स्वाभाविक रूप से साहसी होगा, वह किसी शेर द्वारा बुरी तरह ज़ख्मी किये जाने पर भी उतना ही अडिग रहेगा–यह ऐसी दुर्घटना है जिसे यथासंभव टाला जाना चाहिए। बहरहाल, कभी-कभी श्रेष्ठ शिकारियों के साथ भी इस तरह की घटनाएं हो जाती हैं। अतः कोई स्वाभाविक रूप से डरपोक हाथी, जिसे ज़ख्मी होने से बचाते हुए लंबे समय से अडिग बनाया गया हो, पूरी ज़िन्दगी इसी तरह बिगड़ा हुआ रहेगा। इसके विपरीत, वास्तविक रूप से दिलेर हाथी ऐसी घटना के बाद और मजबूत हो जाएगा।

अन्य मामलों में पक्के शिकारी कुछ हाथी अपनी किसी विशेषता को हमेशा बनाये रखते हैं। मेरे पास कुछ समय तक एक हथिनी थी, वह जानवरों के रास्ते में हर स्थिति में डटकर खड़ी रहती थी। एक बार भालुओं के एक पूरे परिवार ने उस पर हमला कर दिया (यह किसी हाथी की भयंकर परीक्षा होती है), लेकिन वह मनुष्यों की जोरदार आवाजों से डरकर भाग खड़ी हुई। ऐसे ही एक अन्य अवसर पर वह स्थानीय बाबुओं के एक कार्गो को गहरी नदी के बीच में छोड़ आयी कि वे स्वयं तैरकर अपनी जान बचा सकते हों तो बचा लें। एक और मौके पर मुझे लगा कि मैं हंसते-हंसते मर जाऊंगा। हालांकि उसकी शरारतों से एक दुःखी गोंड की मृत्यु हो गयी। उसे उस

हथिनी के साथ एक सेवक ले गया, जिसका काम वृक्षों की शाखाओं को चारे के लिए काटना था। वह उसे पीठ पर बोझा लादकर लाने के लिए वहीं छोड़ आयी। उस समय दूसरा व्यक्ति शाखाएं काटने के लिए पेड़ पर चढ़ा था। इसी बीच, पड़ोस से एक तेज़ आवाज सुनकर वह तेजी से कैम्प की ओर भागी। वह घास से ढंके एक तालाब में गिर पड़ी और डूबने-उतराने लगी। जब भी वह डूबने लगती थी, तब उसका अनिच्छुक सवार दया से चिल्लाने लगता। वह आधा डूब गया और डर के मारे लगभग मर ही गया था, हमने दो हाथियों को महावतों के साथ उसमें भेजकर उस हथिनी को बचा लिया। वे उसे अपने अंकुश की मदद से एक कोने में ले गये और उसकी जान बचा ली।

गेहूं के आटे की वर्तमान कीमत के हिसाब से हाथी पालना काफी महंगा है। वह ज्यादातर यही खाता है। मध्य भारत में इस पर सालाना 80 से 90 पौंड का खर्च आता है। कुछ ही लोग हाथी पालते हैं। हालांकि कोई व्यक्ति अगर लगातार जंगल में रहता हो तो यह काफी संतोषजनक होता है। सरकार के पास काफी संख्या में हाथी हैं, जिनमें से अनेक प्रशिक्षित शिकारी हैं। उनमें से किसी की एक सप्ताह तक सेवा लेने में कभी कोई कठिनाई नहीं होती। इन्हें अक्सर धनवान स्थानीय लोगों से नहीं लिया जाता। उनके पास जो हाथी होते हैं उनमें उतनी ताकत नहीं होती कि वे गर्मी के मौसम में परिश्रम कर सकें। अपने जंगल कार्य के बाद के वर्षों में हमारे पास हमेशा अनेक सरकारी हाथी होते थे, जिन पर सामान और लोग सवार होते थे। मैं अपने पास एक हाथी हमेशा अतिरिक्त रखता था। मैं आमतौर पर मध्य भारत में शेर के स्थानों पर प्रभावी रूप से इन पर चढ़कर जाता था। लेकिन अकेले शिकार करते समय मैं शायद ही कभी अपने हाथी के अलावा एक से ज्यादा हाथी रखता था। मेरा अनुभव था कि बहुत से हाथियों के शोरगुल की अपेक्षा खामोशी से शिकार करने में अधिक सफलता मिलती है। इसके अलावा, शेर के शिकार में साथ चलने वाले लोग भी काफी शोर करते हैं।

अप्रैल और मई 1862 के अंत में मैंने बैतूल के जंगलों में छह शेरों तथा एक तेन्दुएं का शिकार किया। इसके अलावा मेरे हाथों दो शेर ज़ख्मी होकर भाग निकले। मैं रोज़ाना शेरों का शिकार करने में असमर्थ था, क्योंकि मेरे पास जंगल का बहुत काम था। साथ ही, मेरे शिकार में कुछ अचानक उत्पन्न परिस्थितियों से भी बाधा आयी। मांसपेशी में खिंचाव आने से मैं सर्वश्रेष्ठ मौसम (सबसे गर्म) में पंद्रह दिन बिस्तर पर पड़ा रहा। आसपास बहुत हैजा फैला हुआ था और अनेक स्थानों पर मैं जाने से रह गया। उसी जिले में एक और दल शिकार कर रहा था। हालांकि वे लोग मेरे बाद मैदान में आये थे, वे आगे निकल गये और उन्होंने हिरणों तथा मोरों का अंधाधुंध शिकार कर पूरे इलाके में खलबली मचा दी। यह कहने की जरूरत नहीं है कि जब आप शेर का पीछा कर रहे हों, तो किसी अन्य जानवर पर गोली नहीं चलानी चाहिए।

ऐसी परिस्थितियों में लल्ला मजबूत हो जाता था और आगे जाकर पक्की जानकारी प्राप्त करता था, जो किसी और के पास नहीं होती थी। हमारे प्रतिद्वन्द्वियों द्वारा लोगों को आवश्यक सामग्री के लिए परेशान किया जाता था और उनके पहुंचने पर यदि शेर नहीं मिले तो वे लोगों की पिटाई करते थे। इसके कारण हमारे लल्ला को ज्यादा पसंद किया जाता था और उसे पक्की जानकारी मिल जाती थी। एक बार मैं उनके मैदान में तब पहुंचा जब उनका आखिरी ऊंट नये कैम्प की ओर जा रहा था। वे यहां पर एक सप्ताह इस व्यर्थ आशा में ठहरे रहे थे कि उन्हें दो शेरों की तलाश में मदद मिल जाएगी, जिनके निशान उन्होंने देखे थे। वे शेर इस पूरे समय उनके कैम्प से आधा मील के दायरे में ही रहे। उसी दिन दस बजे से पहले मैंने उन दोनों को तलाश लिया। मेरा मानना है कि पूरे एक महीने के दौरान उन्हें सिर्फ एक शेर मिल पाया था, वह भी उन्होंने रात में पेड़ पर से गोली चलाकर मारा था। कुछ वर्षों बाद, जब मैं उससे कहीं अधिक अनुकूल परिस्थितियों में उसी इलाके में शिकार कर रहा था, तब अत्यधिक इनाम और जंगल अधिकारियों द्वारा बहुत ध्यान दिये जाने के कारण शेरों की संख्या काफी कम हो गयी थी और मुझे उतने ही शेर मिल सके जितने 1862 में मिले थे। एक महीने तक एक बंदूक के साथ शिकार करने पर अगर पांच-छह शेर भी मार डाले जाएं, तो इसे बहुत अच्छा माना जा सकता है। यहां तक कि मध्य प्रांतों के श्रेष्ठतम भागों में भी यही बात लागू होती है। लेकिन अगर आपके पास दो या तीन बंदूकें और हाथियों की आनुपातिक संख्या हो, तो शिकार बेहतर होना ही चाहिए।

मैंने इस बार एक मशहूर आदमखोर का विनाश करने में करीब एक सप्ताह बिताया, जिसकी वजह से अनेक रास्ते पूरी तरह बंद हो गये थे और वह करीब सौ इंसानों का भक्षण कर चुका था। इनमें से एक मार्ग बैतूल के सागौन वनों से उस समय नर्मदा घाटी में निर्माणाधीन रेलवे तक जाता था। इससे स्लीपर निर्माण का काम पूरी तरह रुक गया था। वह मोरन तथा गंजाल नदियों के बीच एक बड़े त्रिकोण पर नियमित रूप से कब्जा कर लेता था। वह कभी-कभी पूर्व और पश्चिम में और बहुत आगे तक जाकर विनाशलीला करता था। उसका आतंक तीस से चालीस मील तक फैला हुआ था। इसलिए, यह माना जाता था कि यह विनाश एक से ज्यादा जानवरों द्वारा किया जा रहा है। मेरा विचार था कि अप्रैल के प्रारंभ में हमने इनमें से एक को मार डाला, जब हमने बहुत दिनों तक खोज करके बहुत बदनाम और धूर्त बूढ़े शेर का सफाया किया था। लेकिन अब मुझे पक्का विश्वास हो गया है कि जिस खूंखार शेर को मैंने आगे चलकर मारा था। वह वहां भी बहुत बड़ा कुकर्मी था। क्योंकि हमारे वहां से जाने के बाद हत्याएं फिर शुरू हो गयीं और अंततः जब तक उसे मार नहीं डाला तब तक इंसानी जानों का नुकसान बंद नहीं हुआ।

इस इलाके में आने के बाद एक या दो सप्ताह तक हमें उसके बारे में कुछ भी पता नहीं चला। मैंने मोरन नदी के तट पर एक बड़े लोकरतलाई नाम के गांव के पास

एक शानदार आम के पेड़ के नीचे अपना कैम्प लगा दिया। यहां भी मांसपेशी के खिचाव से मैं बहुत परेशान रहा। लेकिन इसके कारण थोपी गयी निष्क्रियता के दौरान समय बिताने की इससे अच्छी जगह हो ही नहीं सकती थी। बाहर खुले धूसर इलाके में चारों तरफ अमराई थी, जिनके बीच-बीच में शानदार चंदोवे थे। इनकी नाजुक डालियों पर अधपके आम लटक रहे थे। नीचे मोरन नदी के स्वच्छ पानी की कुछ-कुछ झलक दिखाई देती थी, जिसके तट पर कंकड़ बिखरे थे। हरे आमों को कई तरह से खाने के लिए तैयार किया जाता है। इसके अचार, खाने का स्वाद बढ़ा देते हैं। पूरी अमराई में बड़ी संख्या में पक्षी और कीड़े सक्रिय थे। उन्हें देखते हुए घंटों बीत जाने का पता ही नहीं चलता था। प्रत्येक पेड़ पर धूसर धारीवाली छोटी गिलरियां अति सक्रिय थीं। ये गिलहरियां पूरी अमराई में दिनभर उछलकूद करती थीं। मैं समझता हूं कि अगर इन पकड़ में न आने वाली गिलहरियों का छुपकर तथा खुलकर पीछा करने का काम न होता तो मेरे कुत्ते ऊबकर मर ही जाते। वे कुत्तों को अपने से दो इंच दूर तक आने देतीं और गिरी केरियों का मस्ती से मजा लेते रहतीं और इसके बाद फुर्ती से उनकी पहुंच से आधा फुट दूर चली जातीं। वे अपनी लंबी पूंछ हिलाकर और लंबी चहचहाट कर उनका मुंह चिढ़ाती थीं। ऐसा लगता था कि वे उन्हें उकसा रही हों। हरे और गोल कंठ वाले सुग्गों के झुंड शोर मचाते एक पेड़ से दूसरे पर जाते और हर दिशा में आम के पेड़ों की शाखा पर बैठ जाते थे।

चटख रंग की अनेक प्रकार की बुलबुलें, कठफोड़वा और सुनहरे पीलक अथवा आम्र-पक्षी यहां से वहां उड़ते रहते जबकि न दिखाई देने वाले अनेक कीड़ों की लगातार आती आवाजों से उनकी उपस्थिति का पता चलता था।

मेरा टेंट दो पेड़ों के बीच लगा था, जिन पर काली और लाल चींटियां थीं। ये इस इलाके में बहुतायत में होती हैं। इस टेंट में मुझे बहुत मज़ा आया। उनके पेड़ों से बंधी टेंट की रस्सियों पर उनके बीच तकरार और प्रतिहिंसा के कई दृश्य देखने को मिलते थे। एक सुबह थोड़ी देर बाहर टहलकर टेंट में वापस आने पर मैंने देखा कि मेरे टेंट के ऊपर हरएक दल की सेनाओं के बीच में घमासान छिड़ा हुआ है। दोनों तरफ से अनगिनत सैनिक मारे गये थे या घायल हो गये थे। पेड़ों की चोटियों पर स्थित उनके टेलीग्राम उसी तरह के थे जैसे फ्रांसीसियों और प्रशा के सैनिकों के हुआ करते थे, क्योंकि दोनों पक्ष अपनी जीत का दावा कर रहे थे। दोनों पक्ष एक-दूसरे के पक्ष के मारे गये सैनिकों को लेकर भाग जाने में व्यस्त थे। ऐसा शायद इसलिए था क्योंकि घेराबंदी हो जाने की स्थिति में चारा मिलता रहे! बहरहाल, मरने वाली चींटियों में काली चींटियों की संख्या ज्यादा थी। लाल चींटियां सर्वाधिक अड़ियल और विषैली होती हैं। जब वे किसी को काटती हैं तो अपनी पकड़ छोड़ने के बजाय अपने सिर और कंधों को उस जगह पर छोड़ना ज्यादा पसंद करती हैं। मैंने एक बार लाल चींटियों के घौंसले में खलल डाल दिया था, जो एक विशाल वृक्ष पर स्थित था। मैं

एक शेर के निशान देखकर उत्तेजना में था। अपनी इस नादानी को मैं कभी नहीं भूल सकता। देखते ही देखते मेरे हाथी, हौदे तथा करोड़ों चींटियां मुझ पर टूट पड़ीं और हमारे शरीरों के नाजुक स्थानों पर अपनी चिमटी गड़ाने की कोशिश करने लगीं। हम बेतहाशा भागकर पास के एक जलाशय में चले गये जिसमें आधा घंटे तक हमने स्वयं का तथा आधे पगला चुके हाथियों का इन खतरनाक चींटियों से पीछा छुड़ाया। उन्होंने जो डंक छोड़े थे उन्हें भी धोकर साफ किया।

बाहर झुलसाती गर्मी में कड़ी मेहनत के बाद इस अमराई में आराम के दिन मजे से बीते। लेकिन जब लल्ला यह खबर लेकर आया कि पड़ोस में नदी के तट पर शेरों के परिवार शिकार होने का इंतजार कर रहे हैं, तो मुझे झुंझलाहट होने लगी। जब मुझे पड़ोस की पुलिस चौकी से जानकारी मिली कि वह आदमखोर फिर प्रगट हो गया है और उसने एक आदमी तथा एक लड़के को मार डाला है। जहां उसने उन्हें मारा वह जगह मुख्य मार्ग पर मेरे कैम्प से लगभग दस मील दूर थी। मैं और सब्र नहीं कर सका। मैं अपनी टांगों पर ठंडा पानी डाल रहा था। लेकिन अब मैंने ज्यादा मजबूत उपाय करने का फैसला लिया। मैंने अपने पैर पर जेम्स के हांस-ब्लिस्टर का लेप किया, जिससे मुझे कुछ दिनों तक भयंकर पीड़ा हुई, लेकिन मैं पूरी तरह ठीक हो गया। इस दौरान मैं आदमखोर के किस्से सुनकर मन बहलाता रहा–उसका भयानक आकार और रूप, उसका पेट जमीन तक लटका है और उसके कपाल के ऊपर सफेद चंद्रमा है; जब वह रेत में लोट लगाता है, तो यात्रियों को रोकने के लिए सुअर काटने वाले कसाई की तरह तरीके अपनाता है, और आखिर में आकर उनके आसपास निरीक्षण करता है। उनमें से सबसे मोटे-ताजे व्यक्ति को चुनता है, उसमें मासूम लकड़हारों का रूप धरने की ताकत है, जब तक कोई लापरवाह शिकार न आ जाए, तब तक वह जंगल में चिल्लाता सीटी बजाता घूमता है, किस तरह उसका शिकार बने लोगों की आत्मा उसके सिर पर सवार होती है और उसे हर खतरे से खबरदार करती है और उसे घात-स्थान तक ले जाती है जहां से कोई यात्री शीघ्र ही गुजरेगा। उस इलाके के सभी श्रेष्ठतम शिकारी कैम्प में इकट्ठा हो गये; और जमींदार तथा अनेक लोग सुबह-शाम मेरे कैम्प को घेरे रहते थे। एक औरत के शिशु को मेरे पास लाया गया, जिसे शेर उस वक्त ले गया था, जब वह कुएं से पानी खींच रही थी। शेर को मारने के लिए मुझसे हर संभव मदद की पेशकश की गयी। लेकिन इतने भयभीत लोगों से किसी उपयोगी सहायता की उम्मीद करना बेमानी था। वे बेरीकेड लगे घरों में रहते थे, और बड़े झुंड बनाकर तभी बाहर निकलते थे जब आवश्यकता होती थी। वे हथियारबंद लोगों से घिरे होते थे। उस समय नगाड़े बजाये जाते थे और वे सड़क पर चिल्लाते हुए चलते थे। अनेक गांव तो पूरी तरह खाली हो गये थे। इस अकेले जानवर की वजह से यह इलाका धीरे-धीरे जनसंख्याविहीन हो रहा था। जहां तक मैं जान पाया, वह अकेला ही करीब एक साल से लोगों को खा रहा था। जो

दूसरा शेर पहले उसकी मदद कर रहा था, उसको पिछले गर्मी के मौसम में मार दिया गया था। आदमखोर शेर बैतूल को कुछ ज्यादा ही पसंद करते हैं। इसका स्पष्ट कारण यह है कि उस इलाके में बड़ी संख्या में मवेशी एक सीमित मौसम में चरने को आते हैं। जिस समय वे नहीं होते, तब अन्य शिकारों की कमी हो जाती है। साथ ही अधिकतर सड़कों के किनारे शेरों को छुपने के लिए जगह आसानी से मिल जाती है। मध्य भारत के आदमखोर कभी-कभार ही स्वयं को मानव-भोजन तक ही सीमित रखते हैं, हालांकि मेरी जानकारी के अनुसार कुछ ने ऐसा किया है। अनेक ऐसी परिस्थितियां होती हैं, जिनके कारण शेर आदमी का शिकार करता है। जो शेर काफी मोटा और वजनदार, अथवा बहुत बूढ़ा हो जाता है अथवा जो चोट लगने से अपाहिज हो जाता है, या कोई शेरनी उस जगह अपने शावकों का पालन करती है, जहां शिकार की कमी हो–तभी वे स्वाभाविक रूप से आदमी का शिकार करते हैं। आदमी को मारना सबसे आसान होता है। दूसरे जानवरों को न मार पाने के कारण उनकी भूख असहनीय हो जाती है। एक बार किसी शेर को यह अनुभव हो जाता है कि इंसान को मारना बहुत आसान है, और उसे खाना कितना अच्छा लगता है, तो वह आदमी का ही शिकार ज्यादा करना चाहता है। जिन सघन चारागाह वाले जिलों में मवेशी सिर्फ एक सीमित मौसम में रहते हैं—वहां आदमखोरों का प्रकोप सबसे ज्यादा होता है। जहां मवेशी पूरे वर्ष रहते हैं, जैसा कि निमाड़ जिले में है, वहां शेर शायद ही कभी आदमखोर होते हैं।

जहां तक मैं हौदे पर बैठकर जा सकता और जब तक मैं किसी तरह पैदल चल सकता था उसके बहुत पहले मैं एक जगह पहुंचा जिसका नाम चारखेड़ा था। वहीं उस शेर के द्वारा आखिरी शिकार किये जाने की जानकारी थी। मेरे साथ आमतौर पर छितरकर चलने वाले लोग अब पास-पास चलने लगे थे। उनके आगे और पीछे हाथी सामान लादकर चल रहे थे। पुलिस का एक गार्ड भी मस्कटें लेकर उनकी सुरक्षा के लिए साथ था। चपड़ासियों के पास मेरी अतिरिक्त बंदूकें थीं। साथ ही मेचलॉक लिए शिकारियों की पूरी टुकड़ी थी। मार्ग पर हम दो उजाड़ गांवों से गुजर गये। बीच-बीच में पत्थरों के ढेरों से पता चलता था कि वहां किसी यात्री पर हमला हुआ था। आदमखोर शेर के लिए इससे अच्छा शिकार स्थल हो ही नहीं सकता। मार्ग के दोनों तरफ झाड़ियों से भरे सागौन के जंगल थे। इसके साथ ही बहुत दूर तक एक पानी का झरना था, जो संकरा लेकिन गहरा था। इस पर सघन जामन के पेड़ों की छाया थी। यहां-वहां पानी के छोटे पोखर अब भी बचे थे। मैं इस नाले के किनारे-किनारे चला और पूरा रास्ता तय कर लिया। मुझे एक बहुत विशाल शेर के अनेक पुराने निशान दिखाई दिये।* उन्हें देखकर शिकारियों ने घोषणा की कि यह वही आदमखोर

* विभिन्न आयु और लिंग के शेरों के निशानों को पहचानने का एक आसान तरीका है। बूढ़े नर के निशान मादा के निशान से ज्यादा चौकौर होते हैं, जो अंडाकार पदचिह्न छोड़ती है।

है। ये निशान काफी दिन पुराने थे। शेर की वजह से चारखेड़ा भी उजाड़ हो गया था, और वहां कोई विशेष आश्रय नहीं था। लेकिन यह एकदम केन्द्रीय स्थल था, जो शेर की मांदों की पहुंच में था। लिहाजा, मैंने वहीं कैम्प किया और सामान ढोने वाले हाथियों को रसद लेने भेज दिया। शाम को ली नामक स्थान से आये एक संदेश वाहक ने मुझे चौंका दिया। यह स्थान मोरन नदी पर था, जो उसी दिशा में था, जहां से मैं आया था। उसने मुझे बताया कि तीर्थ यात्रियों के दल के एक सदस्य को जंगल में शेर उठाकर उस जगह ले गया है। दूसरे दिन सुबह जल्दी ही मैं दो हाथियों को लेकर चल पड़ा और करीब आठ बजे उस जगह पहुंच गया। उस आदमी पर उस जगह हमला किया गया था जहां एक छोटा बीहड़ मोरन नदी तक जाता था। रास्ते में ली के पूर्व में कुछ मीलों का एकांत रास्ता था। वह अभागा तीर्थस्थल से जिन बर्तनों में पवित्र जल भरकर लाया था, वह तथा उसकी कंधे पर टांगने वाली लकड़ी ज़मीन पर पड़ी थी। इसके आसपास खून का डबरा सूख गया था। उसके कपड़ों के चीथड़े झाड़ियों में अटक गये थे, जहां उसे नाले तक खींचकर ले जाया गया था। हमने उस आदमखोर और उसके शिकार के निशानों का पीछा किया। हम एक बहुत गहरे घास के आवरण में पहुंच गये, जहां चीतल बहुत ज्यादा थे। वहीं पर आदमखोर ने उस आदमी को फाड़कर खाया था। उसकी सिर्फ कुछ हड्डियां, मांस के लोथड़े, कपाल, हाथ और पैर ही बचे रह गये थे। वह शेर अपने शिकार के पास कभी लौटकर नहीं आता, अतः इस उम्मीद में उसे मारने की कोई योजना बनाना बेकार था। हमने मृतक के शरीर से निशानों का पीछा किया और बहुत धैर्य के साथ मोरन नदी के तट पर बहुत सघन जंगल में पहुंच गये–पीछा करने वाले भयभीत थे और मेरे हाथी की सूंड के नीचे कांप रहे थे। मैंने अपनी रायफल को फुल कॉक पर रखकर उन्हें सुरक्षा दी हुई थी। नदी पर ये निशान रेत की लंबी संकरी पट्टी तक पहुंच गये, जो पानी में निकली हुई थी। वहां शेर ने पानी पिया था और वह ढालू किनारे के तल में एकत्रित चट्टानों के एक बड़े ढेर पर लौट गया था। इसमें अनेक कंदराएं और दर्रे थे। हमने पत्थरों तथा पटाखों की मदद से इसमें खोज की, जो मेरे हौदे में रखे थे। लेकिन इनमें से एक मरियल लकड़बग्घे के अलावा कुछ नहीं निकला। हमने उसे भाग जाने दिया। हमने यहां दिनभर व्यर्थ ही तलाश की। सूर्यास्त के आसपास ही मैं अपने कैम्प की ओर वापस चला।

धुंधलका हो चला था। हम घर से कुछ ही मील दूर थे और उसी रास्ते पर चले जा रहे थे, जिससे पिछले दिन आये थे। अचानक, हाथी के पीछे चल रहे आदमियों में से एक ने चिल्लाकर रुकने को कहा। उसने किसी शेर के पदचिह्न देखे थे। हाथी के पैरों से यह कुछ मिट गये थे। लेकिन आगे, जहां हाथी नहीं गया था, ये चिह्न बहुत स्पष्ट थे। ये वही चोकौर पदचिह्न थे, जिनकी हम दिनभर से तलाश कर रहे थे। उस शाम उसको पाने के लिए बहुत देर हो चुकी थी। हम निशानों का पीछा करते

हुए बहुत धीमे ही चल सकते थे। हां, लल्ला ने अवश्य प्रस्ताव रखा कि वह कुछ आगे शेर के लिए प्रलोभन के रूप में चले और मैं हाथी पर बैठकर अपनी रायफल से उसे सुरक्षा प्रदान करूं। लेकिन उसने यह शंका जताते हुए बात खत्म कर दी कि उसके मरियल शरीर से शेर आकर्षित होगा भी कि नहीं। मैंने सुझाव दिया कि एक तगड़े पुलिसवाले को (जिसने शेर द्वारा किये गये आदमी के आखिरी शिकार की जगह अपनी ड्यूटी पर जाने के लिए हमारी सुरक्षा का सहारा लिया था) उसकी जगह भेज दिया जाए, इस पर लोग खूब हंस पड़े। कैम्प से करीब एक मील दूर ये निशान एक गहरे नाले की ओर मुड़ गये, जो सड़के के किनारे था। लगभग अंधेरा हो चुका था, अतः हम कैम्प में चले गये। हमने विभिन्न तरफ तीन हाथियों को तैनात कर कैम्प को सुरक्षित कर लिया। बीच में जोरदार आग जला दी। रात में एक बार एक हाथी बीच में से चौंककर उठा और जोर से चिंघाड़ने लगा। लेकिन सुबह हमें शेर का कोई निशान नहीं मिला। मैं सुबह नाले की तरफ गया। आदमखोर किसी सामान्य शेर की तरह नहीं होता और उसकी तलाश सुबह, दोपहर तथा रात को की जानी चाहिए। लेकिन मुझे एक जगह को छोड़कर कहीं कोई निशान नहीं मिला, जहां वह पहले शाम को नाला पार कर घने जंगलों में गया था।

कैम्प में लौटकर, जब मैं नाश्ता करने को बैठ ही रहा था कि दीखना नामक स्थान के कुछ बंजारे दौड़कर मेरे पास आये और बोले कि उनके एक साथी को बैलों के झुंड में से शेर उठाकर ले गया है। वे उस समय अपने रात के शिविर से निकले थे। मैंने हाथी को कुछ खिलाया और मदिरा की एक बोतल पिला दी। हम दो मिनट के भीतर चल पड़े। यह घास का मैदान, जिसमें बीच-बीच में नाला आ जाता था, लंबी घास से आवृत्त था। यही मैदान इस अंतिम हत्या का स्थल बना। कुचली हुई घास की चौड़ी लंबी पट्टी से पता चलता था कि नाले की तरफ शरीर को घसीटकर कहां ले जाया गया था। किसी खोज की आवश्यकता नहीं थी। उपलब्ध निशान एकदम नाले की ओर नहीं जाते थे; जिसके आसपास की ज़मीन एकदम खड़ी थी। ये निशान मुड़कर इसके करीब से होते हुए कुछ बहुत लंबी घास में गये थे। इस घास की ऊंचाई इतनी थी कि यह लगभग हौदे तक पहुंच रही थी। यहां सरजू प्रसाद (एक सरकारी मुकना, जिस पर मैं सवार था) ने जमीन पर जोर से एक लात मारी और चिंघाड़ा। उसी वक्त आगे की लंबी घास में कुछ हलचल हुई। हम पूरी रफ्तार से आगे बढ़े। वहां उस बंजारे की आधी खायी जा चुकी लाश पड़ी मिली। लेकिन वहां घास का आवरण बहुत सघन था। मुझे किसी पीली चीज की एक झलक देखने को मिली, जो नाले में कूद गयी। लेकिन गोली चलाने का समय नहीं था। हमें हाथी को नाले के तट पर लाने और उस राक्षस के चौड़े पदचिह्नों का पीछा शुरू करने में कुछ समय लगा, जो झूमता हुआ दुलकी चाल से चला जा रहा था। वह नाले में करीब एक मील चलता रहा और पुनः घास के मैदान में आ गया। लेकिन यहां वह हमसे बहुत दूर नहीं था और हम

हौदे से उसके निशान देख सकते थे। बहरहाल, ये निशान एक पथरीले ऊबड़-खाबड़ मैदान में चले गये और हमारा चलना काफी कठिन हो गया। स्पष्ट रूप से, वह बहुत तेज चल रहा था और हमें बहुत दूर ले जाता। अतः मैंने खोजकर चलने वाले कुछ और लोगों को बुलवाया। जाने वालों को मैंने आदेश दिया कि वे गंजाल नदी के किनारे स्थित एक खेड़े में एक छोटा टेंट भी ले आएं, जिसकी ओर हम जाते हुए प्रतीत हो रहे थे। पूरे दिन हम बहुत कठिन इलाके में निशानों का पीछा करते हुये चलते गये। हम निशान-दर-निशान देखकर बहुत धीरज के साथ चल रहे थे, लेकिन हमें उसकी चितकबरी खाल से ढंकी काया की झलक कहीं नहीं मिली। अनेक स्थानीय शिकारी अच्छे ट्रेकर थे; और हम नदी के एक मील के भीतर के दायरे में ही चलते रहे, जहां सघन कांटेदार आवरण शुरू हो गया। इनसे गुजरकर कोई भी शेर का पीछा नहीं कर सकता था।

उस रात हम उस छोटे खेड़े में ही सो गये। दूसरे दिन सुबह जल्दी ही तेजी से चलकर तत्काल नदी पर पहुंच गये। वहां हमें वह निशान मिल गये, जो सीधे रेतीले नदी तट तक जा रहे थे। ऐसी जानकारी मिली कि आगे कुछ मील दूर नदी तट पर कुछ कठोर आवरण मौजूद है। वह जगह भादूगांव के पास है। मैंने टेंट वहीं पर लाने के लिए आदेश दिया। अन्य अनेक शेरों ने इसी रास्ते से नदी पार की थी, लेकिन उस आदमखोर के बड़े पंजे अलग से पहचान में आ रहे थे। निशानों से यह भी पता चलता था कि वह अपना एक अगला पांव घिसटाकर चलता है। लोग बताते थे कि उसका यह पैर कुछ माह पहले एक शिकारी की मेचलॉक बंदूक की गोली से घायल हो गया था। इसमें कोई शक नहीं रह गया कि हम उसी आदमखोर के पीछे लगे थे। मैंने दृढ़ निश्चय किया कि आखिरी दम तक और जब तक निशान उपलब्ध हैं, हम उसका पीछा करते रहेंगे। ये निशान हमें जामुन और झाऊ के बहुत घने जंगल में ले गये, जो नदी के तल और किनारे तक फैला था। इसके कुछ मील ऊपर ही भादूगांव था। बीते दिन बहुत अधिक पीछा किये जाने के बाद हमें आशा थी कि वह यहीं कहीं लेटा होगा। इसके अलावा, ऐसी कोई अन्य जगह नहीं थी, जहां उसे पानी और छाया मिल सकती। अतः हमने उस आवरण को चारों ओर से घेर लिया। हमें बाहर जाने के कोई निशान नहीं मिले। हमने यह मान लिया कि वह ठीक से घिर चुका है। इसके बाद हम नाश्ता करने गांव में चले गये और दिन की गर्मी में वहां लौटने का निश्चय किया।

वहां एक महावत ने मुझे एक कहानी सुनायी, जिसकी बाद में एक प्रमुख व्यक्ति ने पुष्टि भी की। यह कहानी इसी आवरण में शेर के साथ एक शानदार मुकाबले की थी, जहां हमने उस आदमखोर को घेरा था। यह घटना 1853 की है। एन. और कर्नल जी. नाम के दो भाइयों ने इस आवरण में शेरों के एक परिवार के छुपे होने की खबर के बाद इसमें हांका किया। एक भाई एक पेड़ पर चढ़ गया जबकि जी

और दूसरा एन. हाथी पर सवार हो गये। पेड़ पर चढ़े आदमी ने पहले दो शेरों को मार डाला। इसके बाद, कर्नल जी. ने एक बहुत बड़े शेर को एक घनी झाड़ी की छाया में लेटे हुये देखा। उसने उस पर गोली चला दी। इससे वह भड़ककर हाथी के सिर पर चढ़ गया। यह एक छोटी हथिनी थी, जिसकी सूंड तथा आंखों के पास इससे गहरे घाव हो गये। हालांकि महावत (रमज़ान नाम का साहसी आदमी, जो बाद में मेरी भी सेवा में रहा) ने अपने लोहे के अंकुश से शेर के सिर पर चोटें कीं, जिससे उसकी खोपड़ी की हड्डियों में गहरे निशान बन गये। अंततः उसे झटककर अलग कर दिया गया और वह पीछे हट गया। लेकिन जब उस शिकारी ने हाथी को फिर से आगे बढ़ाया, तो शेर ने फिर पहले की ही तरह झपट्टा मारा। हथिनी घूम गयी और शेर ने उसकी पिछली टांग पकड़ ली और उसे काफी हद तक एक तरफ झुका दिया। मुझे जानकारी देने वाले आदमी ने (जो उसके हौदे में था) बताया कि कुछ समय तक उसकी बांह हौदे और शेर के शरीर के बीच फंसी रही, जो शिकारी को पीछे की सीट से बाहर खींचने की कोशिश कर रहा था।

वे सभी अपनी बंदूकों के साथ जमीन पर गिर गये। कर्नल जी. ने एक बंदूक से शेर के सीने में गोली दाग दी, जिससे वह पीछे हट गया। हाथी उस जगह से भाग गया और वे दोनों शिकारी पैदल ही उस खूंखार जानवर के पास गये। वह फिर झपटा, लेकिन उनके पास आते ही शिकारियों की एक गोली उसके सिर पर लगी और वह वहीं गिर गया। लेकिन, शिकार यहीं खत्म नहीं हुआ। उन्हें इस घटना के तत्काल बाद उसी आवरण में दो शेर और मिले। उन्होंने उनमें से एक को मार डाला या एक ही दिन में चार को मार डाला। हाथी की मौत हो गयी, जिसे भादूगांव में दफना दिया गया। यह उन कुछ थोड़ी-सी घटनाओं में एक है, जिनमें किसी शेर ने हाथी को मार डाला हो।

लगभग ग्यारह बजे हम फिर गर्मी से झुलसने लगे और चुपचाप उस आवरण की ओर चल दिये, जहां वह आदमखोर छुपा था। मैंने इसके आसपास पेड़ों पर अनुचरों को बैठा दिया। मैंने एक हाथी को उस जगह तैनात कर दिया, जहां से वह शेर आसानी से निकलकर भाग सकता था। इसके बाद मैं बूढ़े सरजू के ऊपर बैठकर ध्यानपूर्वक उस आवरण में चला गया। जैसे ही हम आगे बढ़े, बड़ी संख्या में मोर हरेक झाड़ी से निकल आये तथा कुछ खरगोश और अन्य छोटे जानवर भाग खड़े हुये। ऐसे सघन आवरणों में आमतौर पर गर्मी के मौसम में आसपास के छोटे जानवर दोपहर में आराम करते हैं। मध्य तक आते-आते जंगल काफी सघन हो गया और मजबूत जड़ों के बीच अनेक समांतर जल-नलिकाएं तल में बह रही थीं। उन पर झाऊ की शाखाएं बाहर लटक रही थीं। यहां हाथी रुक गया और जमीन पर लात मारने लगा। वह ऐसी आवाज निकालने लगा, जो शेर के आसपास कहीं होने पर हाथी निकालते हैं। तेज धड़कनों के साथ हमने चारों तरफ ध्यान से देखा। अंततः महावत, जो नीचे हाथी की

गर्दन पर बैठा था, ने कहा कि उसने शेर को एक सघन झाड़ी के नीचे लेटे देखा है। हौदे में हमारे पास कुछ पत्थर रखे थे। मैंने अपने पीछे की सीट पर बैठे लल्ला को एक पत्थर झाड़ियों में मारने को कहा। तत्काल वह शेर चौंककर उठा और उसने एक छोटी दहाड़ मारी और तेज दौड़ता हुआ झाड़ियों से होकर भागा। मैंने उस पर दायीं और बायीं दोनों बैरलों से गोली दागी, जिनकी तेज़ आवाज हुई। लेकिन वह तब तक बढ़ता गया जब तक हाथी ने उसका उस जगह पर रास्ता नहीं रोक लिया, जहां से वह भागना चाहता था। वह मुड़कर भयंकर गर्जना करता हुआ मेरी तरफ झपटा। सघन झाड़ियों में उसे देख पाना बहुत कठिन था। जब मैंने उस पर पुनः गोली चलाई तो वह हमसे बीस गज की दूरी के भीतर ही था। इससे वह एक चैनल में गिर गया, लेकिन उठकर बहुत क्रूर तरीके से फिर वापस आया। हालांकि इस बार उसकी गति पहले की अपेक्षा धीमी थी। अब मैं उसे बड़ी शेल रायफल से कवर कर रहा था। उसी वक्त अचानक हाथी घूम गया और मेरा मुंह एकदम विपरीत दिशा में हो गया। मेरे पीछे से चिन्ता में डूबी आवाज तथा हाथी की गतिविधि ने मुझे बताया कि मेरे साथ एक और व्यक्ति बैठा है। यदि ऐसा नहीं होता तो मेरा सफाया हो जाता। मैं सिर्फ अपने आपको हाथी पर जमाये रख सकता था, जो मुझे बचाने के लिए पर्याप्त नहीं था। मेरी कोशिश यह थी कि बंदूकें भी मेरे पास से न गिरें। बहुत जल्दी ही सरजू को समझ में आ गया कि वह उसे लात मारकर दूर नहीं कर सकता, अतः वह कुछ रुककर सोचने लगा कि अब क्या करना है। मैंने बीच की जगह को पकड़ा और कुछ पीछे की ओर झुककर रायफल की मज़ल को शेर के सिर पर मार दिया, बड़े गोले से उसके सिर के पचास टुकड़े हो गये। वह आलू की खाली बोरी की तरह गिर पड़ा, तभी मैंने डरपोक महावत को झुरमुट से हाथी को बाहर निकालते देखा। बहरहाल, मेरे गन-स्टॉक शेर के सिर पर लगने से एंजिन एकदम मुड़ गया। सरजू अपनी पूरी मर्जी से वापस आया और उसने अवहेलना स्वरूप एक तीखी चिंघाड़ लगायी। वह लेटे हुये अपने दुश्मन के पास आकर उसकी लाश पर युद्ध-नृत्य करने लगा। वह अपनी एक पिछली टांग से उसकी लाश को ठोकर मारता, इसे अपने अगली टांगों के बीच में पकड़ता और अपने पैरों के बीच आगे-पीछे लुढ़कता था। उसने अपने नृत्य का समापन उसकी लाश पर अपने भारी अगले पैर को रखकर तथा दूसरे पैर को इसके ऊपर से निकालकर किया। वह उसके भारी वजन से रेत में घुस गया। इसके बाद मैंने देखा कि हाथी की सहायता करने वाले लड़के (जिसका काम हौदे के पीछे खड़ा होना था और ज़रूरत पड़ने पर उसकी पीठ में एक मोटी लकड़ी घुसेड़कर उसे सीधा रखना था) की इस जोखिम भरे कार्य में जान जाते-जाते बची। वह डर के मारे लगभग उस शेर के जबड़े में ही गिर गया था। शेर ने सीधे हाथी पर झपट्टा मारा। इस बीच वह लड़का उठा और अपनी रक्षा के लिए दूसरे हाथी के पास चला गया।

सरजू एक पक्का शिकारी हाथी नहीं था। लेकिन उसका अत्यधिक साहस ही उसकी कमी थी। उसका अफीमची महावत ही उसे उस नाजुक स्थिति में वहां से भगा ले गया। उसके पिछले हिस्से में काफी खरोंचें आयी थीं। लेकिन दो दिन बाद मैं उसे टेन्टों के पास ले गया और मैंने दो और शेर मारे। इस दौरान वह बिल्कुल पीछे नहीं हटा। जिस शेर को हमने मारा वह पक्के तौर पर वही आदमखोर था। वह दस फिट लंबा और पूरी तरह जवान था। उसका रंग वयस्क शेर की तरह हल्का पीला था और कहानी में हमें जिस तरह का शेर बताया गया था, वह किसी भी तरह वैसा खरसैला अथवा दंतविहीन नहीं था। उसके सिर पर कोई चंद्रमा नहीं था और न उसका पेट जमीन से लगता था। बाद में मुझे पता चला कि सभी आदमखोरों के बारे में भोले-भाले लोगों द्वारा यही बातें कहीं जाती हैं।

सरजू को इन पृष्ठों से खारिज़ करने से पहले मैं उसकी समझदारी का एक किस्सा जरूर बताना चाहूंगा, जो मैं मानता हूं कि हाथी की बुद्धि के बाबत जो मैंने सुन रखा है, उसको गलत साबित करता है। वह एक पक्का चोर था; और इतना धूर्त हो गया था कि वह जिस भी रस्सी या जंजीर से बांधा जाता, उसे खोल देता था। रात में अगर उस पर नज़र नहीं रखी जाए, तो वह अक्सर ऐसा करता था। खुलकर वह यहां-वहां घूमकर जो कुछ भी खा सकता था, खाता रहता था। ऐसे मौकों पर गन्ना उसका पसंदीदा चीज होता था। अगर वह किसी गन्ने के खेत में घुस जाता था, तो खेत के बड़े हिस्से को कुचलकर उसे नुकसान पहुंचाता था। उसके द्वारा किये गये इस प्रकार के नुकसान की मैंने कई बार भरपाई की थी। इस तरह भाग निकलने पर वह स्वयं को पकड़ में नहीं आने देता था, जबकि उसके पालक उसे लकड़ियों की मदद से और धमकियां देकर वापस लाने की कोशिश करते थे। लेकिन वे जैसे ही उसे पुचकारकर मनाते और उसे न मारने का वचन देते, वह तत्काल समर्पण कर देता था। एक रात की बात है कि कैम्प के लोग छोटी-सी आग जला कर उसके आसपास बैठे थे, कि उन्होंने सरजू को पैरों की जंजीर खोलकर कैम्प से धीरे से गुजरते देखा। वह उस जगह को सूंघता हुआ दिखाई दे रहा था, जहां कैम्प की जरूरत की चीजें बोरों में भरकर दिन के समय एक व्यापारी आया था। एक लगभग खाली बोरा एक सोते हुए लड़के के सिर के पास रखा था। सरजू रुका और ऐसा लगा कि वह यह सोच रहा है कि बोरे के भीतर के सामान को कैसे हासिल किया जाए। अंत में देखा गया कि वह उस बोरे को अपनी सूंड से खींच रहा है और अपने अगले पैर के निचले हिस्से को उस लड़के के सिराहने रख रहा है। चावल खा लेने के बाद उसने बोरे को गोल मोड़ा और लड़के के सिरहाने रखकर धीरे से चला गया। दूसरे दिन सुबह सम्मानित स्थानीय लोगों ने मुझे यह किस्सा बताया, जिन्होंने इस पूरे घटनाक्रम को देखा था। इसके बारे में मुझसे झूठ बोलने का उनके पास कोई कारण नहीं था। जहां तक मेरा सवाल है, तो मुझे सरजू की क्षमताओं पर विश्वास था।

शेरों के विषय को छोड़ने से पहले मैं उस बाधा की ओर ध्यान दिलाना चाहूंगा, जो बड़ी संख्या में इन जानवरों ने आबादी और खेती की प्रगति में खड़ी की। मध्य प्रांतों में पांच-छह सौ इंसान और असंख्य जानवर हरेक साल इन जानवरों द्वारा मारे जाते हैं। जानमाल का बहुत ज्यादा नुकसान अत्यधिक चर्चा का विषय रहा है; और इनके विनाश के लिए अनेक योजनाएं प्रस्तावित की गयी हैं। इनमें से अधिकतर अव्यावहारिक और कुछ तो बेहूदा हैं। कुछ समय तक प्रत्येक शेर और अन्य खतरनाक जानवर के शिकार पर बड़े इनाम दिये गये। आदमखोरों के सिर पर विशेष इनाम घोषित किये गये। मुझे विश्वास है कि पहले की अपेक्षा उस दौरान कहीं अधिक जानवर मारे गये। यद्यपि, जब इनाम घोषित नहीं था, तब के आंकड़े तुलना के लिए उपलब्ध नहीं हैं। इस प्रोत्साहन से हर साल ज्यादा-से-ज्यादा शिकार होते गये। सन् 1867 में (अंतिम वर्ष, जिसके आंकड़े उपलब्ध हैं) 2414 शेरों, तेन्दुओं, भालुओं तथा भेड़ियों को मारने के लिए इनाम के दावे किये गये, जबकि 1865 में इनकी संख्या 1863 थी। अनेक हिस्सों में अब निश्चित ही उससे अधिक नहीं है, जितनी छह-आठ साल पहले थी। इन क्षेत्रों से मैं व्यक्तिगत रूप से परिचित हूं। अब इनाम को भी काफी कम कर दिया गया है। कुछ वर्षों के अनुभव से पता चलेगा कि क्या शेर फिर से बेहतर स्थिति में आ सकेंगे। सिर्फ मवेशी मारने वाले और आदमखोर शेर ही घायल करते हैं, लेकिन जो शेर मुख्य रूप से छोटे मोटे जानवर खाकर जिन्दा रहते हैं, वे संभवतः अधिक उपयोगी होते हैं। कभी-कभी ज़हर देने से किसी आदमखोर को मारने में सफलता मिल जाती है। छिन्दवाड़ा जिले के पश्चिमी भागों में लंबे समय से तबाही मचाने वाली एक शेरनी को 1865 में ज़हर देकर मारा गया था। यह घटना मेरे सौ मील का सफर तय करने के बाद वहां पहुंचने के एक दिन पहले की है। बहरहाल, आमतौर पर ज़हर का इन पर कोई असर नहीं होता। सामान्यतः आदमखोर सिर्फ यूरोपियन शिकारियों द्वारा किसी हाथी की मदद से मारे जाते हैं। स्थानीय शिकारी उन पर शायद ही कभी हमला करते हों। पहले की अपेक्षा अब अधिक हाथी उपलब्ध हैं। कुछ जंगल वाले जिलों में एक सरकारी हाथी वहां सम्बद्ध होता है। इसके अलावा, विभिन्न सार्वजनिक विभागों के पास अनेक हाथी होते हैं और खूंखार आदमखोर अब ज्यादा लंबे समय तक ज़िन्दा नहीं रह पाते। मेरी जानकारी में, 1862 से यूरोपियन अधिकारी आठ या दस आदमखोरों को मार चुके हैं। बीते कुछ सालों में एक भी आदमखोर के मारे जाने की मुझे जानकारी नहीं है। इन खूंखारों को शुरू में ही मार देने में फायदा है, क्योंकि अगर उन्हें आदमखोर होने के समय ही नहीं मारा गया, तो वे इतने चालाक हो जाते हैं कि उन्हें मारना बहुत कठिन हो जाता है।

वास्तव में शरारत करने वाले प्रत्येक शेर के बारे में स्थानीय लोगों को पूरा पता चल जाता है और समय तथा व्यवस्था उपलब्ध होते ही उसका सफाया कर देना

चाहिए। स्थानीय सरकारी अधिकारियों का यह कर्त्तव्य है कि वे हत्यारे शेरों का विनाश उसी तरह करें, जिस तरह वे डाकुओं तथा हत्यारों को पकड़ते हैं। ऐसा करने के लिए उनके पास साधन भी होते हैं। इस तरह के पीड़ित जिले में कम-से-कम एक स्थानीय अधिकारी, पुलिस अथवा मजिस्ट्रेट को पक्का शिकारी होना चाहिए और ऐसे हर एक जिले में पक्के हाथी को वहां की नियमित स्थापना का अंग होना चाहिए। जो धनराशि इनामों के लिए रखी जाती है, उसे स्थानीय अधिकारियों के अधिकार में रख दिया जाए। इस राशि को स्थानीय जरूरतों के हिसाब से खर्च किया जाना चाहिए। जानकारी प्राप्त करने, शिकारियों को संगठित कर उन्हें हथियार उपलब्ध कराने, कुछ खास शेरों के विनाश के लिए पैसा देने, आदि कार्यों पर इस राशि को उस विधि से बेहतर ढंग से खर्च किया जा सकता है, जिसमें प्रत्येक जानवर मारने पर इनाम दिया जाता है। इसके अलावा, शेरों के खिलाफ हर साल की जाने वाली मुहिम में शिकारियों तथा हाथियों के उपयोग के लिए मेरे पास बेहतर संसाधन उपलब्ध होंगे। प्रत्येक छावनी में कुछ दर्जन शिकारी रहते हैं, जो ड्रिल सेशन पूरा हो जाने के बाद सरकार के लिए कोई खास महत्त्वपूर्ण कार्य नहीं करते। वे पूरे गर्मी के मौसम में बेकार रहते हैं, तब शेरों को मारने का सबसे अच्छा मौका होता है। यदि उनके अतिरिक्त खर्च का भुगतान करते हुए, उन्हें इस काम में लगाया जाए, तो उन्हें बेहद खुशी होगी। साथ ही प्रत्येक रसद विभाग के पास बीसियों सरकारी हाथी होते हैं, जिनमें से अधिकतर पहले से ही पक्के होते हैं, और सभी में ऐसा बनने की पूरी क्षमता होती है। मार्चिंग सीजन के बाद उनके पास कुछ भी काम नहीं होता और पर्याप्त काम के अभाव में वे अनुकूल स्थिति से बाहर जाकर मर जाते हैं। लिहाजा, क्या इन सभी बेकार बैठे शिकारियों तथा हाथियों को मार्च से जून तक तीन महीने के लिए पूरे भारत के जंगलों में शेरों को मारने नहीं भेजा जा सकता? सिर्फ एक छोटे से संगठन की ज़रूरत है। सरकार के विभिन्न विभागों को मिलकर काम में लगाया जाए, जब रसद अधिकारी यह कहे कि उनके प्यारे हाथियों के मारे जाने का खतरा है, तो उनकी बात न सुनी जाए। ये हाथी इसी काम के लिए बेहतर होंगे। सेना के अधिकारियों को सूचित कर दिया जाना चाहिए कि जरूरत पड़ने पर उनके अधिकारियों और जानवरों को दो दिन के नोटिस पर वापस भेज दिया जाएगा। इलाके के सिविल अधिकारियों को शिकार के इलाके में इन मुहिमों में सहयोग करना चाहिए। उनके सहयोग के बिना कुछ नहीं किया जा सकता। इलाके से अच्छी तरह परिचित और स्थानीय लोगों के साथ अच्छे संबंध रखने वाले किसी पक्के शिकारी को प्रत्येक दल का सर्वाधिकार प्राप्त मुखिया बनाया जाना चाहिए। मुझे इससे ज्यादा विवरण में जाने की ज़रूरत नहीं है। यह योजना इतनी सरल है कि सरकार को बिना कुछ अतिरिक्त खर्च किये सफलता मिलना निश्चित है। आश्चर्य इस बात का है कि इतनी सारी योजनाएं बनीं, जिन पर ध्यान भी दिया गया, लेकिन इस योजना को लागू नहीं किया गया, जिससे जंगली जानवरों

पर स्थायी प्रभाव पड़ना था। अलबत्ता, यह कहने की जरूरत नहीं है कि आधे-अधूरे और कमजोर प्रयोगों से कोई ठोस परिणाम प्राप्त नहीं किये जा सकते। मुहिमों का स्तर व्यापक होना चाहिए और संगठन की व्यवस्था ध्यानपूर्वक होनी चाहिए। इसमें किसी तरह का स्वार्थ नहीं होना चाहिए। मैंने कहा है कि कोई अतिरिक्त खर्च करने की जरूरत नहीं है। अधिकारियों का वेतन और हाथियों का खर्च इस कार्य के खाते में नहीं जाएगा। कैम्प, गाड़ियों, आखेट आदि पर होने वाले खर्च को इनाम की राशि से पूरा किया जा सकता है।

इसके बाद, 27 मई को मैंने उस सीजन के अपने आखिरी शेर का शिकार किया। यह शिकार दपारा के प्रसिद्ध वनावरण में हुआ। अगले ही दिन मुझमें कुछ लक्षण प्रगट होने लगे, जो बाद में पता चला कि जंगली बुखार के थे। दिन में भयंकर गर्मी में घूमने तथा रात में इस तंग घाटी के मलेरियस हवा के कारण यह हुआ। हमारे आसपास हैजा का प्रकोप भी चल रहा था। अतः मैंने पंचमढ़ी की शीतल ऊंचाइयों पर वापस जाने का निर्णय लिया। मैं बोरी के रास्ते वापस गया। रास्ते में मुझे चार लंबे मार्च करने पड़े। मैं गर्मी में झुलसते मैदानी इलाके से ऊब गया था। साथ ही बुखार से भी त्रस्त था। पंचमढ़ी पठार की ठंडी हवा का पहला अहसास होते ही मुझे जो आनंद आया, वैसा आनंद मुझे पहले कभी नहीं आया था। टोरी घाट की खड़ी चढ़ाई के बाद मैं इसकी कगार पर चला गया। जब मैं चला था तब नीचे मेरे कैम्प का थर्मामीटर दिन के समय तापमान 98 से 110 डिग्री तक बता रहा था। एक बार तो यह 120 डिग्री तक पहुंच गया था। मैं घबराकर किसी शेर की तरह एक पोखर के पास कुछ जामुन की झाड़ियों में लेट गया था। पंचमढ़ी की लॉज के बरामदे में, जो अब लगभग पूरा हो गया था, मैं 85 डिग्री में खड़ा था। यहां की रातें शीतल और आनंददायक थीं। ऊपर आने के शीघ्र बाद ही मैं बुखार में पड़ गया और लगभग दो दिन तक सन्निपात में रहा। एक स्थानीय डॉक्टर के इलाज से मैं ठीक हुआ, लेकिन काफी कमज़ोर हो गया था। मेरे साथ गर्म मौसम में साथी रहे लगभग सभी नौकर और सहयोगी भी पंचमढ़ी आते ही बुखार में पड़ गये और वह स्थान कुछ सप्ताह तक किसी बड़े अस्पताल की तरह दिखाई देता रहा।

मानसून की पहली बारिश 12 जून को हुई। वर्षा जोरदार थी। ऐसा लगता था कि किसी जादू से चारों तरफ गहरे हरे रंग का आवरण फैल गया हो। चारों तरफ जंगली फूल खिल गये। उन दिनों पहाड़ी पर प्रायः हर रोज बारिश होने लगी। यहां रहना इतना आनंदपूर्ण था कि उसे शब्दों में व्यक्त नहीं किया जा सकता। जलवायु पूरी तरह इंग्लिश थी। आकाश शीतल और धूसर था, चारों तरफ हरियाली व्याप्त थी। निचले हिस्से में भयानक गर्मी में कष्ट से भरे दो माह बिताने के बाद यहां का वातावरण अत्यंत आनंदकर था। मेरे कोरकू दोस्त मुझे वापस पाकर खुश नज़र आ रहे थे। मैंने उनके साथ बाईसन का पीछा करने की कोशिश की, लेकिन मैं इतना कमज़ोर हो गया

था कि धूपगढ़ की खड़ी चढ़ाइयां नहीं चढ़ सकता था। बारिश के मौसम का प्रारंभिक समय, बाईसन का शिकार करने के लिए सबसे उपयुक्त समय होता है। उस समय निशानों को देखकर आसानी से बढ़ा जा सकता है, जबकि आसमान पर सामान्यतः बादल छाये रहते हैं और इस ऊंचे इलाके में मौसम ठंडा रहता है। माह की समाप्ति के करीब बादल गहरे बैंजनी रंग के होकर ऊंची चोटियों के पीछे एकत्रित हो जाते हैं और रात के समय क्षितिज में बिजली लगातार कड़कती रहती है। बहुत मेहनत के बाद हमने समय रहते घर पर छत चढ़वा ली ताकि दरवाजे पर बाईसन के मुख को टांगा जा सके। हमने इसे 'बाईसन लॉज' नाम दिया। यह काम हमने इस पठार पर मूसलाधार बारिश से पहले ही कर लिया, जो जून के आखिरी दिन शुरू हो गयी। अब मैं बाद के वर्षों में उन चाहरदीवारी के भीतर, बीते सुहाने दिनों तथा आनंदपूर्ण रातों की चर्चा करूंगा। मैं मेहराबदार जाली के अंदर जलती आग के पास बैठकर अपने देशी पहाड़ों से आयात की गयी व्हिस्की टोडी का 'जोरम' बनाया करता था, जिसे पीकर हमें लगता था कि हम मध्य भारत के पहाड़ी इलाकों के प्रवास से बहुत दूर हैं। जिस रात मानसून आया, तब जैसी आंधी मैंने जिन्दगी में कभी नहीं देखी। झौंके-के-झौंके कमरों में आ रहे थे, जबकि हरी बिजली पहाड़ी पर चमक रही थी। तकरीबन पूरी रात यही स्थिति रही। उस रात करीब चार इंच बारिश हुई। लेकिन सुबह सब जगह एकदम सफाई थी। पठार पर जलनिकासी की इतनी अच्छी व्यवस्था थी कि एक घंटे से भी कम समय में कोई घोड़ा किसी भी दिशा में आराम से दौड़कर जा सकता था। बरसाती बादल ऊंची चोटियों पर छाये रहे और पठार के कगारों पर घूमते रहे। मैं पूरे समय पहाड़ पर रहा, लेकिन उसके बाद कोई भारी तूफान नहीं आया। लेकिन जैसा कि ऐसी ऊंचाई पर बहुत आमतौर पर होता है, यहां बादल पठार के केन्द्र से बिल्कुल नहीं टकराये। मुझे बार-बार बुखार आता रहा और मेरे आदमी भी इससे नहीं बच पाये। इलाज के लिए बाहर जाने के साधन भी नहीं थे। लिहाजा, मैं 20 जुलाई को पठार छोड़कर जबलपुर के लिए चल दिया। यह पहाड़ से नीचे की ओर एक उदास यात्रा थी। मरियल और बुखार-पीड़ित साथी, हाथियों की पीठ पर ठस-ठस कर बैठे थे। वे उन्हें बारी-बारी से नीचे गाड़ियों तक ले जा रहे थे, जो वहां उनके इंतजार में खड़ी थी।

पंचमढ़ी में एक अन्य अधिकारी ने मुझे कार्यमुक्त किया और वह बारिश का मौसम समाप्त होने तक वहीं रहा। मौसम वैज्ञानिकों की बातों का अभिलेख रखा जा रहा था ताकि प्रतिद्वन्द्वी मोटुर पठार पर रहने वाले एक दल द्वारा उसी समय की जा रही बातों से उनकी तुलना की जा सके। परिणामस्वरूप जून से सितंबर तक चार महीनों के दौरान दोनों जगहों पर निम्न तापमान लगभग 70 डिग्री तथा बारिश 60 इंच से ज्यादा दर्ज की गयी, जिससे पता चलता है कि गर्मी मैदानी इलाके से 8 से 10 डिग्री कम तथा बारिश दोगुना थी।

दुर्भाग्य से, पंचमढ़ी की असीम सुन्दरता और उपयुक्ता की जगह इस पर पहुंचने की दुर्गमता को बढ़ा-चढ़ाकर बताया गया; और दलदली, जंगली तथा कुरूप मोटुर पहाड़ी को, जो पूर्ववर्णित ताप्ती घाटी की तरह दिखाई देता है, आने वाले मौसम में यूरोपियन सैनिकों के लिए सेनेटेरियम बनाने के लिए चुन लिया गया। यह प्रयोग एकदम असफल रहा। वहां की जलवायु खराब थी और ऐसी जगह पर इंसान की दिलचस्पी की कोई चीज नहीं होती। यह बात लगता है भुला दी गयी। एक-दो वर्षों में उत्तर में पंचमढ़ी से तीस मील की दूरी से कोई गुजरेगा, जिसके लिए कम खर्च पर पहाड़ी के एक तरफ ह्वील-रोड बनाया जा सकता है।

तब से ही इस पहाड़ी पर स्थित लॉज पर नियमित रूप से वन विभाग का कब्जा रहा है और इसने इसके आसपास विस्तृत बगीचे बना दिये हैं। कुनेन देने वाली सिन्चोना की छोटे स्तर पर खेती का प्रयास विफल हो गया है। इसकी वजह संभवतः यह रही कि इस पर पर्याप्त ध्यान नहीं दिया गया और इसके विषय में जानकारी कम थी। आलू तथा सभी यूरोपियन सब्जियों तथा फूलों की खेती पंचमढ़ी में खूब हो रही है। एक और घर बनाया गया है और कुछ समय से अनेक यूरोपियन और स्थानीय अधिकारी यहां आकर अच्छी सेहत बना रहे हैं। हाल ही में, वनखेड़ी स्टेशन से पहाड़ी तक एक ह्वील-रोड बन गया है और भारत के इस एक सबसे प्यारे स्थान के साथ आखिर अच्छा न्याय हुआ है।*

बरसते पानी में करीब सौ मील की लंबी यात्रा के बारे में मैं बहुत अधिक बात नहीं करूंगा। यह यात्रा मैंने नर्मदा घाटी की कड़क, काली कीचड़ तथा बिना बांध वाली नदियों से गुजरकर की। यह यात्रा बहुत कष्टकारी और वहां की सर्दी हाड़ कंपा देने वाली थी। प्रथम श्रेणी के सैलून में आरामदेह सीट पर बैठे हुये यात्री को यात्रा अब सुखद लगती है और पहले यहां आ चुके लोगों को अपने द्वारा उस कठिन यात्रा के दौरान उठाये गये कष्टों के बारे में प्रलाप नहीं करना चाहिए। कुछ दिनों को छोड़कर, जब मैं अपने दोस्त केप्टन पियर्सन के साथ रहा, मैंने इन छह महीनों के जंगल भ्रमण के दौरान एक भी गोरा चेहरा नहीं देखा। मैं जंगल के जीवन से, एक फॉरेस्टर की आज़ाद ज़िन्दगी से अथवा पहाड़ी लोगों तथा हथियों के साथ से बिल्कुल नहीं ऊबा था, लेकिन उन दिनों के जबलपुर जैसे अच्छे स्टेशन पर रहना वास्तव में एक सुखद परिवर्तन था।

---

* मेरे द्वारा उपरोक्त बात लिखे जाने के बाद मैंने देखा कि सरकार ने पंचमढ़ी में यूरोपियन सिपाहियों के लिए एक सेनेटेरियम की स्वीकृति दे दी है। यदि इसकी व्यवस्था ठीक से की गयी, तो यह निश्चित रूप से सफल सिद्ध होगा!

अध्याय-8

उच्चतर नर्मदा

रूपांतरित जबलपुर-नर्मदा किनारे रेलवे के प्रभाव-एक स्टेशन-शिकारी-तेन्दुआ और चीता-तेन्दुआ के शिकार के खतरे-एक आदमखोर तेन्दुआ-विचित्र कहानी-तेन्दुओं की मक्कारी-एक संकलित आक्रमण-तेन्दुआ के लिए प्रलोभन-गर्म मौसम में भ्रमण-मोरों का नृत्य-एक 'डग-आउट' के लिए हिरणों का शिकार-चीतल-शेर से मुकाबला-बंदरों की कूद-हिरणों का विशाल झुंड-मशहूर शेर-सफल हांका-सफल प्रलोभन-आधी रात का घुसपैठिया-पौहरी का आदमखोर-भूत की कथा-सांभर का पीछा-स्थानीय कुत्ते-जंगली कुत्ते-बंजारा कुत्ते-काला भालू-भालू का शिकार-विशाल अजगर।

जबलपुर अब एक काफी महत्त्वपूर्ण स्थान है। यह दो रेलवे लाइनों का जंक्शन है, जो भारत की राजनीतिक राजधानी कलकत्ता को व्यापारिक राजधानी बंबई से जोड़ती हैं। इंग्लैंड और ऊपरी भारत के बीच यात्रियों तथा सामान की आवाजाही के लिए भारत के भीतर की यात्रा इन्हीं लाइनों के जरिये होती है। मैं जिस समय के जबलपुर के बारे में लिख रहा हूं, वह एक छोटा-सा सिविल और सैनिक केन्द्र था। ऐसे बहुत कम लोग हैं, जो वहां गये बिना इसके बारे में जानते हों। उन्हें सिर्फ इतना पता था कि यह मध्य भारत के जंगलों में कहीं स्थित है। मुझे याद है कि जब हमें ऊपरी भारत से वहां जाने का आदेश मिला, तो हमें वहां जाने का रास्ता भी कोई नहीं बता सका। उस वक्त वहां मद्रास की सेना रह रही थी, और स्वाभाविक है कि बंगाल के अधिकारियों से कैसे उम्मीद की जा सकती है कि वे इसके बारे में कुछ जानें। हमें यह भारत के सबसे रमणीक स्थानों में एक लगा। यह ग्रेनाइट पहाड़ियों के बीच एक निचली घाटी में स्थित था। ये पहाड़ हमेशा हरियाली से ढके रहते थे। साफ-सुथरी पक्की सड़कें थीं, जिनके आसपास खूब हरियाली थी। काफी बड़े बंगलें थे, जिनमें शानदार बांसों के झुरमुट थे। बंगलों में खूबसूरत और रसीले फलों के छायादार पेड़ थे। इनमें अनन्नास भी शामिल था, जो मध्य भारत में और कहीं नहीं उगता। यहां समुद्र नहीं होने के कारण यहां से कोई निर्यात नहीं होता था। इस तरह यह एक बहुत सस्ता

शहर था। लेकिन अब सब कुछ बदल गया है। रेलवे के कारण इसकी हरियाली काफी नष्ट हुई है और बांस के कूपे ज़मींदोज हो गये हैं, जो कभी यहां की शान हुआ करते थे। विशाल तटबंध बन गये हैं, बड़े होटल खुल गये हैं और हर मोड़ पर ब्रिटिश वास्तुकला वाली अन्य इमारतें खड़ी हो गयी हैं। रेल-सवार 'सौन्दर्य प्रेमी', संगमरमर की चट्टानों तथा इनके आसपास हमला करते हैं। बीते दस सालों में तेज 'प्रगति' के चलते हर चीज के दाम इतने बढ़ गये हैं, जैसे अकाल के समय हो जाते हैं। जी हां, यह प्रगति ही तो है! नर्मदा घाटी अब बाहर की दौड़-धूप भरी दुनिया का हिस्सा हो गयी है। कभी यह एक जंगल के मध्य अलग-थलग स्थित एक नखलिस्तान की तरह थी। इसे सिर्फ अपनी छोटी-मोटी ज़रूरतों और सरकारों का पूरा करने से मतलब था। किसान, व्यापारी और अन्य वे सभी लोग, जो जीवन के विशाल समुद्र में 'अपना डोंगा खुद चलाते हैं' की स्थिति में पहले से सुधार आया है। खर्च की तुलना में उनकी आमदनी में ज्यादा इज़ाफा हुआ है। सिर्फ वे लोग परिवर्तन से खुश नहीं थे, जिनका वहां अपना कुछ नहीं था। उनकी निश्चित आमदनी थी, जो खर्च बढ़ने के साथ नहीं बढ़ी। बेचारा क्लर्क, जो पहले दस रुपए माहवार के वेतन से किसी तरह ज़िन्दगी की गाड़ी खींच रहा था, उसे आज भी उतना ही वेतन मिल रहा है, जबकि उसका खर्च दोगुना हो गया है। उसके बाजार में सरकारी स्कूलों के कारण उसके प्रतिस्पर्धियों की बाढ़ आ गयी है, जो अपने दुराग्रहों के चलते उनका वेतन नहीं बढ़ने देते। सरकार अभी तक अपनी आमदनी बढ़ाने का रास्ता नहीं निकाल पायी है। जब उससे वेतन बढ़ाने को कहा जाता है, तो वह अपनी खाली जेब उलटकर दिखा देती है और उन ढेर सारे लोगों की तरफ इशारा करती है, जो इससे कम वेतन में भी सेवा देने को तैयार हैं। क्लर्क ने इसका उपाय खुद निकाल लिया है; वह इस कमी को पूरा करने के लिए चोरी का सहारा लेता है। लेकिन पैदल सेना के सैनिक अथवा युवा सिविलियन अपने सम्मान से बंधे होने के कारण ऐसा कुछ नहीं कर सकते। वे तो बस किसी तरह अपने छोटी-मोटी सुविधाओं में सुखी रहने की कोशिश करते हुए अपनी तरक्की और अच्छी तनख्वाह की उम्मीद में जीते रहते हैं, जो निश्चित नहीं है।

इस पूरी सभ्यता ने ऐसे व्यक्ति के लिए इस स्थान को बर्बाद कर दिया है, जिसके लिए जंगल और इसके जंगली रहवासी के साथ ही आनंद है। पुराने समय में, जबलपुर किसी शिकारी के लिए एक आदर्श मुख्यालय हुआ करता था। यह नर्मदा घाटी के अंतिम वृहद् कछारों के लगभग मुहाने पर स्थित है, जिन पर लोगों ने खेती करना शुरू कर दिया है। ये कछार इस घाटी की विशेषता हैं और हमारे प्रांत में इनकी संख्या चार है। विशाल गोल मैदानों के आसपास खड़ी पहाड़ियां हैं, जहां की मिट्टी जलोढ़ है। इनसे होकर नदी धीरे-धीरे ऐसे स्थानों पर जाती है, जो शांत हैं। वहां सिर्फ जहां-तहां कोई शांत झरना ही मिलता है। इनके बीच ऊबड़-खाबड़ मैदान के छोटे-छोटे खंड हैं जहां दोनों तरफ पहाड़ियां आकर मिलती हैं। इनके बीच से नदी कुछ

कम शांत मार्ग से गुजरती है। जबलपुर से कुछ ऊपर की तरफ इनमें से अंतिम कछार पुनः पहाड़ियों के संगम के कारण समाप्त हो जाता है। इसी जगह से मंडला सिविल स्टेशन तक नदी एक संकरी घाटी में बहती है। यहां कहीं-कहीं थोड़ी-बहुत खेती होती है। इस घाटी में नदी के दोनों ओर बांसों के झुरमुट हैं और पहाड़ियों पर नीचे जंगल हैं, जिनमें सामान्य प्रजातियों के वृक्ष लगे हैं। इस भाग में अनेक छोटी नदियां आकर नर्मदा से मिलती हैं। ये नदियां घाटी के दोनों तरफ आंशिक रूप से कृषि क्षेत्र में भी बहती हैं। सर्दी के मौसम में जब उनमें पानी होता है और घाटी में खूब वनस्पति होती है, तो इनमें बड़ी संख्या में सभी तरह के जंगली जानवर रहते हैं।

गर्मी का मौसम आगे बढ़ने पर इनका पानी धीरे-धीरे सूख जाता है और बड़ी संख्या में पशु नीचे नर्मदा घाटी में आ जाते हैं। जनवरी 1863 में इस प्रांत के पूर्वी भाग के साल वनों की खोज करने जाते समय मैं इस घाटी से गुजरा था, लेकिन समय की कमी के कारण मैं बहुत चाहकर भी शिकार नहीं कर पाया। बहरहाल, वन विभाग में आने से पहले वाले वर्ष में गर्मी के मौसम में मैंने इस घाटी का भ्रमण किया था। जबलपुर छावनी में रहते हुए मैं इस घाटी के आसपास के इलाकों में कई बार घूमा था। मुझे ऐसे अनेक प्रकार के जानवर बहुतायत में मिले, जिनका अभी तक उल्लेख नहीं किया गया है। अपने पाठकों को साल वनों में ले जाने से पहले मैं इन भ्रमणों के विषय में कुछ चर्चा करूंगा।

मैं उस वक्त काफी 'नौसीखिया' था और जानवरों की तलाश में मुझे स्थानीय शिकारियों की मदद लेना लाजिमी था। जबलपुर के आसपास इन शिकारियों का मुखिया पक्का बदमाश था, जो छावनी की भैंसों के आसपास मंडराता रहता था और सबसे ज्यादा कीमत देने वाले को तेन्दुओं, भालुओं, हिरणों आदि की जानकारी देता था। मैं नहीं समझता कि मैंने कभी उसका नाम सुना हो। उसे उसकी जाति के कारण 'बामनजी' अथवा 'ब्राह्मण' कहा जाता था। उसे बीस मील तक जंगल के चप्पे-चप्पे की जानकारी थी। उसके बेटों और भतीजों का भी शेरों तथा अन्य जंगली जानवरों से सभी दिशाओं में करीब का रिश्ता था। उसे शिकार करने योग्य विभिन्न जानवरों तथा उनकी आदतों की पूरी जानकारी थी। वह जब चाहे तब अपने ग्राहक को श्रेष्ठतम शिकार उपलब्ध करा देता था। लेकिन स्वभाव से वह एक नंबर का बदमाश था और अपनी जानकारी को ज्यादा-से-ज्यादा कीमत लेकर बेचने के चक्कर में पूरे स्टेशन में घूमता था। वह सर्वाधिक पैसा देने वाले को शिकार पर ले जाता था, जिसमें अमूमन कोई घटना जरूर होती थी। या तो जिस जानवर का पीछा किया जा रहा होता था उसे कोई खरोंच लगे बिना वह भाग जाता था। अक्सर दूसरे दिन वह सरकारी इनाम लेने के लिए उस जानवर को मारकर ले आता था। उसके अनुसार वह उसे 'संयोग से मिल गया' होता था और उसे आत्मरक्षा के लिए उसे मारना पड़ा था। तेन्दुआ तो उसके लिए खदान की तरह था। उसने अपनी लंबी जिन्दगी में अनगिनत तेन्दुओं को

मारा था। वह स्टेशन से बाहर करीब चार मील की दूरी पर रहता था। उसका घर अलग-अलग उभरी एक ग्रेनाइट पहाड़ी के बिल्कुल नीचे था। मैदान में ये पहाड़ियां जहां-तहां उभरी हैं। उसने एक बार मुझे एक खांचेदार डंडा दिखाया, जिसमें पचास खांचे थे। इतनी संख्या में उसने तेन्दुए सिर्फ इसी पहाड़ी पर मारे थे। जबलपुर के आसपास इन जानवरों की संख्या बहुत ज्यादा है। उल्लेखित चट्टानी पहाड़ों में दर्रों तथा कंदराओं की भरमार है। इनके ऊपर झाड़ियां उगी हुई हैं, जिनमें वे आराम से छुपे रहते हैं और हिरण, चौसिंघे, बकरे, भेड़ें, पहाड़ी कुत्तों तथा सुअरों को खाकर जीवित रहते हैं, जो वहां खूब मिलते हैं। कोई बड़ा नर तेन्दुआ बहुत भारी मवेशी को सामान्यतः नहीं मारता। वह उपरोक्त छोटे जानवरों को ही शिकार बनाता है। तेन्दुएं गांवों से ज्यादा दूर नहीं रहते। वे रात को गांव के आसपास ही शिकार की तलाश में घूमते हैं और सुबह होने से पहले ही अपने रहने के स्थान पर वापस चले जाते हैं। शेरों के विपरीत, वे आसपास पानी होने या न होने की चिन्ता नहीं करते। यहां तक कि गर्मी के मौसम में भी उन्हें पानी की चिन्ता नहीं रहती। वे सिर्फ रात को पानी पीते हैं और पानी पीने की जगह भी उनके दोपहर के रहवास से दूर होती है।

शिकारियों तथा लेखकों को बिल्ली प्रजातियों को लेकर बहुत भ्रम रहता है। वे समझ नहीं पाते कि इसे 'पेन्थर' कहें, 'लेपर्ड' कहें या 'हंटिंग लेपर्ड'। जेर्डन ने अपनी पुस्तक 'मेमल्स ऑफ इंडिया' में इनके स्पष्ट रूप से अलग-अलग नाम दिये हैं। उसने ऐसी दो प्रजातियां बताई हैं जिनके शरीर पर गुलाब के फूल की तरह चिह्न होते हैं (त्वचा का रंग गेहुंआ होता है, जो काले रंग से बाहर निकला दिखाई देता है)। यह विशेषता सिर्फ 'हंटिंग लेपर्ड' में होती है। वह दोनों तरह के तेन्दुओं को एफ. पारदस को करते हुए उन्हें सिर्फ किस्में मानता है, प्रजातियां नहीं। अंग्रेजी में वह बड़े तेन्दुए को पेन्थर और छोटे को लेपर्ड कहते हैं। यही अच्छा होगा कि शिकारी भविष्य में भ्रमित होने से बचने के लिए इसी नामकरण को स्वीकार कर लें। एफ. पारदस की दोनों किस्मों में जो भेद है वह यह हैं कि बड़े आकार वाले पेन्थर की लंबाई नाक से पूंछ के छोर तक सात फिट ग्यारह इंच होती है, जबकि लेपर्ड की लंबाई पांच फिट छह इंच से ज्यादा नहीं होती। पेन्थर का रंग हल्का होता है, वह ज्यादा लंबा और पतला होता है और लेपर्ड का सिर बुल-डॉग की तरह ज्यादा गोल होता है। मैंने खुद इस भेद को पहचान लिया और 17 मई, 1862 को 'द फील्ड' में इसका वर्णन किया है।

शिकारी जीवन के प्रारंभिक दिनों में अधिकतर शिकारियों की तरह मैंने भी यह समझने की गलती की कि तेन्दुए को पैदल ही मारा जा सकता है और उसके शिकार में शेर के शिकार से कम सजगता की जरूरत होती है। दो-तीन अवसरों पर मुझे इस गलती की बड़ी कीमत चुकानी पड़ी। अब मैं मानता हूं कि तेन्दुआ शेर से कहीं ज्यादा खतरनाक जानवर है। पहली बात तो यह कि वह बहुत साहसी होता है। वह आमतौर

पर जितनी दूर चाहे लुकछिप कर जा सकता है। एक बार वह बहुत नज़दीक ले आया जाए, तो वह अत्यधिक तेजी से हमला करने में शायद ही कभी चूकता हो। फिर, वह आखिरी दम तक लड़ता है। वह शेर से भी ज्यादा सक्रिय होता है और बड़े-बड़े झरनों को सहज ही लांघ जाता है, जो शेर नहीं कर पाता। उसमें स्वयं को छुपाने की गजब की क्षमता होती है। वह अपने शरीर को सिकोड़कर बहुत छोटी जगह में भी घुस जाता है। अपनी काया की बनावट के कारण वह अत्यधिक तेज चलता है और उसके किसी नाजुक अंग पर गोली चलाना कहीं अधिक कठिन होता है। वह पेड़ों पर चढ़ सकता है, जबकि शेर सिर्फ किसी मोटी ढलान वाली शाखा पर कुछ ही ऊपर तक चढ़ पाता है। कुछ वर्ष पहले छिन्दवाड़ा जिले में एक तेन्दुआ इस प्रकार एक शिकारी को ऊंचे मचान से उठकार ले गया था। इसके अलावा, उसकी आक्रमण करने की शक्ति शेर से किसी भी तरह कम नहीं होती। वह एक बार किसी आदमी को पकड़ ले, तो फिर वह ज़िन्दा नहीं बच सकता। जबलपुर के निकट दमोह में रहने के दौरान मैंने एक माह से भी कम समय में सात लेपर्ड और पेन्थर मारे। इन सभी का शिकार अपने स्टेशन के कुछ ही मील के दायरे में हुआ। मैंने उन्हें हंकवैयों की मदद से खदेड़ा। जिनमें हमला करने की ताकत थी उन्होंने हमला भी किया, लेकिन 'नौसिखियों' पर नज़र रखने वाले नन्हें देवदूत ने हमें बचा लिया और मुझे तथा मेरे हंकवैयों को खरोंच तक नहीं आयी। एक छोटे तेन्दुए ने, जो पांच फिट से ज्यादा लंबा नहीं था, अनेक बार मुझ पर हमला किया और मेरी रायफल की मजल तक आ गया (किस्मत से मेरे पास दो मजल थे)। हर बार गोली खाकर वह पीछे गिरता। उसने भागने की कोशिश नहीं की। और आखिर वह मरकर मेरे पैरों के पास गिर पड़ा। वह एक छोटे से पेड़ की जड़ को अपने दांतों में कसकर दबाये था, सेई का काटा उसके सीने में लगभग छह इंच भीतर जाकर टूट गया था। एक मादा ने कुछ लंबी घास से गुजरते हुए गोली लगने से पहले मेरे घोड़े पर एक और छलांग लगायी और लात मारे जाने पर उसने मेरे साईस और गन केरियर पर हमला कर दिया। वे बहुत मुश्किल से भागकर अपनी जान बचा पाये। वे मेरी इकलौती बंदूक तेन्दुए के सामने ही छोड़कर भाग खड़े हुये थे। मुझे दूसरी रायफल लेने छावनी जाना पड़ा और मैंने कुछ हंकवैयो को जुटाया। लौटकर मैंने एक चट्टान पर मोर्चा सम्हाला जो घास के एक मैदान के किनारे थी। हंकवैयों ने हांका शुरू ही किया था कि वह तीर की तरह उन पर लपका। अगर मेरी गोली चूक जाती और उस दैत्य को नहीं रोक पाती तो कोई दुर्घटना होना तय था। उसके शावक घास में थे, इसी कारण वह मादा बहुत गुस्से में थी। लेकिन ऐसी स्थिति में कोई शेरनी अपने शावकों को उनके हाल पर छोड़ देती है। मैंने आखिरी में जिस तेन्दुए को मारा, वह आदमखोर था। उसने एक गांव के आसपास ऊंची खड़ी फसलों के बीच अपना अड्डा जमा रखा था। वह गांव से बाहर निकलने वाली औरतों और बच्चों को घसीटकर ले जाता और खा लेता था। वह एक बहुत बड़े आकार का पेन्थर

था और एक शिकारी द्वारा पेड़ पर से गोली चलाने से घायल हो चुका था। वह गोली उसके बाहरी कान और एक पंजे में लगी थी, जिसके कारण वह जानवरों को नहीं मार पाता था। मैं एक सप्ताह तकउसकी खोज करता रहा। वह इतना सजग था कि किसी भी तरह दिखाई नहीं देता था। आखिर मैंने उसे एक गौशाला में मारा, जिसमें वह घुस गया था। लोगों ने हिम्मत करके जब तक दरवाजा बंद किया, तब तक वह अनेक मवेशियों को मार चुका था।

जब कोई पेन्थर आदमखोर हो जाता है, तब वह शेर से कहीं ज्यादा खूंखार हो जाता है। सन् 1858 में एक आदमखोर पेन्थर ने सिवनी जिले के उत्तरी भाग में तबाही मचायी और (यह अविश्वसनीय लग सकता है) उसने एक शिकारी द्वारा मारे जाने से पहले करीब सौ लोगों को खा लिया था। वह शरीर को नहीं खाता था, बल्कि गले से सिर्फ खून को चाटता था। वह या तो रात को किसी घर में घुस जाता था और किसी सोते हुए व्यक्ति का बिस्तर में ही गला घोंट देता था। उसकी पकड़ इतनी मजबूत होती थी कि वह व्यक्ति आवाज भी नहीं निकाल सकता था। या फिर वह किसी ऊंचे मचान पर चढ़ जाता था, जहां से लोग हिरणों से अपने खेतों की रखवाली करते थे। वहां से वह अपने शिकार को खींच लाता था। उसे शिकार करने से रोका नहीं जा सकता था। उसे जब गांव के एक छोर से खदेड़ा जाता था, तब वह घूमकर दूसरे छोर पर चला जाता था और भ्रम मे किसी दूसरे को पकड़ लेता था। कुछ ही क्षणों में उसका यह घातक काम पूरा हो जाता था। असाधारण साहसिकता के साथ-साथ उसमें शैतानी धूर्तता भी इतनी थी कि कई महीनों तक उसे ढूंढ़कर मारने के सारे प्रयास असफल होते रहते थे। यूरोपियन शिकारी, पूरे दिन उसकी तलाश में नाकाम होने के बाद जब बाहर जाते थे, तो सुबह उन्हें उसके पंजों के निशान उनके टेंट के दरवाजे पर ही मिलते थे। कुछ वर्षों बाद जब मैं वहां से गुजरा, जहां उसने भयंकर तबाही मचाई थी, तो इस पेन्थर के इतिहास को लेकर एक अद्‌भुत दंतकथा बन चुकी थी। एक आदमी और उसकी पत्नी बनारस से तीर्थयात्रा करके अपने घर लौट रहे थे, उन्हें रास्ते में एक पेन्थर मिला। औरत काफी डर गयी, लेकिन आदमी ने कहा कि "डरो मत, मैं एक मंत्र जानता हूं, जिससे मैं कोई भी रूप धारण कर सकता हूं। अब मैं एक पेन्थर बन जाऊंगा और मार्ग से इस बाधा को दूर कर दूंगा। मेरे वापस आने पर तुम यह चूर्ण मेरे मुंह में रख देना तो मैं अपने असली रूप में आ जाऊंगा।" इसके बाद उसने जादू का वह चूर्ण खा लिया। उसने पेन्थर का रूप धर कर दूसरे पेन्थर को समझाकर रास्ते से हटा दिया। पत्नी के पास वापस लौटकर उसने उस पावडर को खाने के लिए मुंह खोला, लेकिन वह भयंकर रूप को देखकर डर गयी और चूर्ण दलदल में गिरकर खो गया। पेन्थर ने गुस्से में इस दुर्भाग्य के रचयिता को ही मार डाला और इसके बाद वह उस प्रजाति से ही बदला लेने लगा, जिसका रूप वह दोबारा नहीं पा सका।

सिवनी पेन्थर का कोई अकेला किस्सा नहीं है। इस प्रांत के अन्य भागों में आदमखोर पेन्थरों ने इससे कोई कम उत्पात नहीं मचाये थे। पानी के प्रति उनकी उदासीनता के कारण उन्हें पकड़ पाना अत्यंत कठिन होता है। यह बात भी है कि ढूंढ़ने की बनिस्बत पेन्थर आपको अचानक ज्यादा मिलते हैं। हाथी के साथ हांका करने पर तो उनका मिलना दुर्लभ होता है, लेकिन इस तरह की खोज में वे अक्सर आपके पास से ही गुजर जाते हैं और आप उन्हें नहीं देख पाते। सन् 1862 में खापा के पास एक शेरनी और उसके शावकों की तलाश कर रहा था। यह स्थान बैतूल में लवा नदी के किनारे था। उनके कुछ सप्ताह पुराने निशान नदी के चट्टानी किनारे की एक दरार में ले गये जिस पर मैं गया। मैंने हाथी को नीचे छोड़ दिया और कगार पर खड़े होकर पत्थर फेंके। कुछ ऊपर जाकर मैंने एक पेन्थर को चुपके से जाते हुए देखा। वह मैदान से गुजरकर जा रहा था और गोली की जद से बाहर था। मैंने उसके निशानों का पीछा किया, जो कुछ सौ गज तक काफी स्पष्ट थे। एक छोटे चट्टानी नाले के पारगमन पर वे गायब हो गये। मैं इसका अर्थ नहीं समझ पाया और हाथी के पास लौट रहा था, तभी मैंने ड्रायवर को इशारा करते देखा। वह मेरे पीछे ऊपर तक आ गया था। उसने पेन्थर को छोटे वाले किनारे चुपके से वापस जाते और पुनः इसमें प्रवेश करते देखा था। मैं जाकर ऐसी जगह बैठ गया, जहां से बीहड़ का शीर्ष दिखाई देता था और लोगों को पत्थर फेंकने के लिए नीचे भेज दिया। वह पेन्थर फिर उसी जगह पर दिखाई दिया। इस बार वह तेज चाल से मैदान को खुलकर पार कर रहा था। मेरी रायफल के दोनों बैरलों से निकली गोलिया निशाना चूक गयीं, लेकिन एक स्मूथ-बोर से निकली एक गोली ने उसे उल्टा दिया। वह दो सौ गज से ज्यादा दूर था। मैं हाथी पर सवार होकर उसके पास गया। उसने उठने तथा मुझ पर आक्रमण करने का कमज़ोर प्रयास किया, लेकिन वह ऐसा करने में असमर्थ रहा। पेन्थर हाथी पर भयंकर क्रोध में आक्रमण करता है। सन् 1863 में संबलपुर के पास हमारा एक दल बांसों के एक झुरमुट में सुअरों के लिए हांका कर रहा था। मेरा हाथी उनके साथ था। तभी एक तेज आवाज़ ने घोषणा की कि एक पेन्थर दिखाई दिया है। वे पेड़ों पर चढ़ गये और उसे बाहर लाने के लिए मैं हाथी पर चढ़ गया। दूसरे लोगों ने अपने भालों के बदले रायफलें ले लीं और उस जगह को घेर लिया। वह मादा छोटे बांसों से उछलती हुई मेरे सामने आयी। मैंने एक लाइट ब्रीच-लोडिंग गन से उसके पुठ्ठे पर मारा, लेकिन वह गायब हो गयी। पेड़ों पर से चली अनेक गोलियां उसे रोक नहीं सकीं और उसने एक छोटे झरने के किनारे एक बहुत सघन कांटेदार झुरमुट में शरण ली। मैं दो बार ऊपर-नीचे आया गया, लेकिन वह नहीं दिखी। मैंने लकड़ी के एक डूंड को गलती से पेन्थर समझ कर उस पर गोली चला दी। मैं तीसरी बार उस झुरमुट के ऊपरी भाग के किनारे चला जा रहा था, तभी हाथी ने अपनी

सूंड फैलाकर तट के नीचे की ओर इशारा किया। हमने कुछ पत्थर फेंके, लेकिन कोई हलचल नहीं हुई। आखिर में एक चपरासी अपने सिर पर एक बड़ा पत्थर लेकर आया और उसने उसे नीचे फेंक दिया। अगले ही क्षण एक पीली पट्टी झाड़ियों से उभरी और उस दुस्साहसी चपड़ासी को जमीन पर गिराकर वह मादा सीधे मेरे हाथी के सिर पर झपटी। एकदम आखिरी झरने पर मैंने ब्रीच-लोडर से उसकी कमर तोड़ दी। वह हाथी की सूंड के नीचे आकर गिर पड़ी और खतरनाक गुस्से में मिट्टी और पत्थर के साथ-साथ अपने ही शरीर को नोचने लगी। झुरमुट में उसका एक शावक था, जिसका आकार बिल्ली जैसा था। लौटते समय मैंने उसे भी मार डाला।

पेन्थर और लेपर्ड को मारने के लिए बामनजी और अन्य स्थानीय शिकारी सामान्यतः एक मेमने को मछली के कांटे से जुड़े एक धागे से बांध देते थे। यह कांटा उसके कानों में पिरो दिया जाता था। अपनी मां को पुकार-पुकार कर जब वह थककर चुप हो जाता था। तब इस धागे को खींचने पर वह बेचारा चीखता रहता था। हिन्दू के मन में इस घटना को लेकर कोई मानवीय संवेदना नहीं होती थी। किसी कुत्ते को गड्ढे में पटककर उसके ऊपर डलिया डाल देने तथा इसी तरह बांधने का तरीका भी उतना ही प्रभावी होता था।

मुझे यह बात कई बार पता चली कि पेन्थर अपने शिकार को मारकर उसे खाने के लिए पेड़ों के झुरमुट में ले जाते हैं। मुझे एक बार बैतूल जिले में एक बच्चे की लाश मिली, जिसे एक पेन्थर ने मार डाला था। इसे एक पेड़ की दो शाखाओं में पटक दिया गया था। पेन्थरों को झुरमुटों के बाहर निकालने का एक प्रभावी तरीका हंकवैयों द्वारा आवाजें निकालने तथा पटाखे चलाना है। कुल मिलाकर इस मक्कार जानवर को मारने का सबसे ज्यादा सफल तरीका यही है। लेकिन अगर वह बहुत दुस्साहसी हुआ, तो इस तरीके में हंकवैयों के साथ-साथ शिकारी को भी काफी खतरा होता है। ज्यादातर मामलों में निराशा ही लगती है। मेरा अपना अनुभव यह है कि अधिकतर पेन्थर आपके प्रयास से नहीं संयोग से ही मिलते हैं।

अप्रैल 1861 में, जिस बूढ़े बामनजी के साथ मैंने अक्सर कम समय के लिए सफल भ्रमण किया था, उसने मुझे एक माह की छुट्टी लेकर उसके साथ जबलपुर से नर्मदा घाटी चलकर शिकार करने को राजी कर लिया। उसने वायदा किया कि शिकार में शेर, भालू, सांभर और चीतल मिलेंगे। यह सच साबित हुआ और मैंने पाया कि वहां इनकी कोई कमी नहीं थी। सांभर और भालू नदी के दोनों तरफ पर्वत श्रेणियों पर रहते थे; जबकि चीतल हमेशा की तरह नदी किनारे रहते थे, जहां बीहड़ों का एक जाल है। इस पर बांस के कूपों का आच्छादन है। इनको यहां पर्याप्त छाया और पानी मिलता है, जिससे वे मजे में रहते हैं। शेर इनका खूब शिकार करते हैं। वे इनको उस वक्त मारते हैं जब वे बड़ी संख्या में नदी के पास एकत्रित होते हैं। घाटी में चरते मवेशियों और भैंसों को शायद ही कभी छुआ जाता हो। एक बार ज़रूर मैंने देखा कि

कुछ शेर पूरी तरह उन पर जीवित थे। हमें लगभग हर रोज़ चीतल, सांभर तथा नीलगाय के अवशेष मिल जाते थे, जो बेचारे शेरों के शिकार हुये होते थे। वह शेर भी सफलतापूर्वक हमारे रास्ते से काफी हद तक दूर रहता था। मैं इतना कच्चा था कि शेर का शिकार खामोशी से धैर्य के साथ नहीं कर सकता था, जो इसके लिए ज़रूरी होता है। शेर के शिकार की संभावना दूर होने पर मैं दूसरे जानवरों के आसान निशाने पर आ जाने पर उन्हें मारने से नहीं चूकता था। मैं यह भी नहीं मानता कि श्रीमान बामनजी की भी जंगल के राजा से मुलाकात की कोई बहुत इच्छा रहती थी। चीतलों की संख्या असीमित थी और वे नदी किनारे हर जगह चीत्कार करते घूमते रहते थे। वे बांसों से आवृत्त बीहड़ों में भी खूब होते थे। उस समय इस गरीब प्राणी का शिकार करना बहुत आसान होता था। इसके लिए सबसे अच्छा तरीका यह था कि किसी ठूंठ को खोखला कर बनाई गयी डोंगी में सवार होकर नदी के किनारे से कुछ दूर तक सुबह तड़के और दस-ग्यारह बजे के बीच जाया जाए। उस समय इस क्षेत्र की नीरवता पशुओं की हलचल से भंग नहीं होती। मगरमच्छ की सुस्त डुबकी, बड़ी मछली की अत्यधिक ऊंची उछाल, कौडिल्ला के मंडराने, गहरे रंग के चौकोर पंख वाले बाज की परवाज, यहां की शांति को भंग करने के बजाय इसकी खूबसूरती को बढ़ाते थे। किनारों पर असंख्य मोर भी होते थे। यह उनके प्यार का मौसम होता है। लगभग प्रत्येक खुली चट्टान पर उनके झुंड बैठे रहते थे। मोरनियां सकुचाकर बीच में बैठी रहतीं और मोर अपने पंख फैलाकर उन्हें फड़फड़ाते और अपने शानदार पुछल्ले को फैला देते थे। वे अत्यधिक बेहूदगी के साथ उनके आसपास चक्कर लगाते थे। केवट लोग उन्हें इस तरह प्रेम में विभोर होकर नाचते हुए पकड़ने की कोशिश करने के आदी थे। मैंने कभी नहीं देखा कि उनके हाथ कोई मोर लगा हो। मैंने एक सक्रिय व्यक्ति को गिर पड़े और वापस जाते हुए मोर के पास जाकर उसकी पूंछ से कुछ पंख जरूर खींचते देखा था। किसी भी तरह की आवाजों से घाटी की शांति भंग नहीं होती थी। पक्षी कोयल किसी पेड़ पर बैठकर अपना अलग राग गाती थी। जलाशय जैसी नदी में सारस तैरता हुआ लरजकर पुकार लगाता था।

लेकिन ध्यान से देखिये! उलझे हुए बांसों के एक कूपे से एक चीतल की तेज़ आवाज़ आती है। केवट अपने लंबे बांस को नदी के तल में गड़ाकर डोंगे को वहीं रोक देता है, जबकि शिकारी अपनी रायफल तैयार कर निशाना साधकर देखता रहता है। तभी नदी के तट पर स्थित चमकीली हरी जामुनों की झाड़ियों के छोर से सरसराहट होती है और एक शानदार हिरण का सिर और कंधे दिखाई देते हैं। वह संकोच के साथ एक अगला पांव पानी के पास पीली रेत की पट्टी पर बढ़ाता है। वह खड़ा हुआ, सुन्दरता और शालीनता की तस्वीर दिखाई देता है। अब उसने नाव को देख लिया है। उसके लापरवाह हावभाव बदल गये और वह सजग हो गया। वह स्थिर खड़ा है और उसका सिर ऊपर की ओर उठा है। उसके सींग दोनों तरफ हिल

रहे हैं। उसका फोटो लिया जा सकता है। अगले ही क्षण वह पलटकर झाड़ियों में जा कूदेगा, बशर्ते कि कोई गोली आकर उसका काम तमाम न कर दे। कोई सच्चा शिकारी एकदम निशाने पर होने के बावजूद उस सुन्दर प्राणी पर गोली नहीं चलाएगा, बशर्ते कि उसे एक-दो सप्ताह तक भरपूर शिकार मिले हों और उसके कैम्प में इफ़रात में मांस और शिकार किये हुये जानवरों के सींग और अन्य स्मृति चिह्न भरे पड़े हों। उन दिनों ऐसा नहीं होता था कि आपको आधा मील चलने पर कोई हिरण दिखाई न दे। मेरा अनुभव है कि आप बहुत लापरवाही से भी एक गोली चलाकर एक सुबह में छह हिरण मार सकते हैं।

इस उम्मीद के कारण कुछ उत्तेजना थी कि नदी किनारे शायद हरियाली के शीतल झुरमुट से कोई शेर निकल आये। एक बार मैं एक घायल हिरण का पीछा कर रहा था। मेरा एक शेर पर लगभग पांव ही रखा गया। वह भी उसका पीछा कर रहा था। उस वक्त शाम का धुंधलका छाया हुआ था। मैंने उसे अपने से लगभग बीस कदम की दूरी पर देखा। वह खून के निशानों का पंखयुक्त चेड़ पक्षी पर सवार किसी शिकारी की तरह पीछा कर रहा था। वह दो बीहड़ों के बीच एक निचली पर्वत श्रेणी पर होकर गुजर रहा था और मैं उसके नीचे था–यह किसी खतरनाक जानवर से पैदल भिड़ंत की बड़ी विचित्र स्थिति थी। अतः जब तक वह दूसरी तरफ गायब नहीं हो गया, मैं वहीं खड़ा रहा। इसके बाद मैं धीरे-धीरे दौड़कर ऊपर गया और बांसों के एक झुरमुट के पीछे से मैंने नीचे झांककर देखा। वहां मैंने घायल हिरण को देखा। दो हिरणियां बीहड़ के आगे कुछ झाड़ियों से बाहर एकटक देख रही थीं। अचानक उस शेर की कुछ हलचल हुई, जो उनके कुछ नीचे ही खड़ा था। जब वह तेजी से उनकी दृष्टि से बाहर आया, तो मुझे दिखाई पड़ा। मैंने बैठकर लगभग सत्तर गज की दूरी से उसके कंधे का निशाना लगाकर गोली चला दी। वह लुढ़ककर पीछे नाले में चला गया, जिसके ऊपर मैं खड़ा था। पत्तियों के बीच कुछ देर गुर्राकर और संघर्ष करके वह शांत हो गया। अनिश्चित रोशनी में उसके पास जाना मूर्खता होती, अतः मैं नाव पर वापस आ गया। दूसरे दिन सुबह मैं हाथी पर सवार होकर परिणाम देखने वहां पर गया। यह अच्छा ही रहा कि मैं रात के अंधेरे में नीचे नहीं गया, क्योंकि वह शेर जहां गिरा था, वहां कुछ देर लेटे रहने के बाद खून का एक बड़ा डबरा छोड़कर वह धीरे-धीरे दर्द से कराहता हुआ, नदी की तरफ चला गया था। हमने उसके निशानों का पीछा किया और लगभग तीन सौ गज चलने के बाद वह हमें मिल गया। वह एक झाड़ी में पड़ा था। उसका शरीर अकड़ गया था। उसके आसपास चिड़ियां चहक रही थीं। वह पानी पीना चाहता था, लेकिन नदी तक पहुंच नहीं पाया।

जबलपुर से लगभग पच्चीस मील दूर 'बंदरकूदनी' नाम की एक अद्भुत जगह है। बाघोरा (अथवा बाघ नदी) दक्षिणी पहाड़ियों से बहकर यहां मिलती है। यह नर्मदा की एक उपनदी है। नर्मदा मिलने के सौ गज के भीतर ही फिर अलग होकर वह कुछ

मील बहने के बाद पुनः इससे मिल जाती है। सामने दोनों तरफ के जलमार्गों में पानी भर जाता है। नदियों के बीच झाड़ियों की पट्टी में गर्मी के मौसम में सभी तरह के जानवर रहते हैं। मुझे पड़ोस के ठाकुर ने इस जगह उसके द्वारा आयोजित शिकार की मुहिम में शामिल होने का न्यौता दिया था। उसे वहां एक मशहूर शेर के मिलने की आशा थी, जो लगातार उसे चकमा दे रहा था। नर्मदा के तट पर ग़ैरा बैरा (सफेद सिर) लंबे समय तक याद रहेगा। मेरी जानकारी के अनुसार उसने जबलपुर के शिकारियों की एक पूरी पीढ़ी को शिकार दिलवाये हैं और वह कभी नहीं मारा गया। कालांतर में वह विलुप्त हो गया। बकरी की टांग की तरह इस तिकोने रास्ते पर हांके के लिए सैंकड़ों हंकवैयों को लगाया गया, जिसका यह 'बंदरकूदनी' पिछला नीचे का भाग है। इसके ग्रीवा के मध्य में वटवृक्ष का एक बहुत बड़ा और पुराना ठूंड खड़ा था। मौसम की मार से इसके शीर्ष भाग का स्वरूप एक कप की तरह खोखला हो गया था और उड़कर आने वाली रेत से इसका निकला हुआ हिस्सा कुछ इंच उसमें दब गया था। किसी गनर के लिए इससे अच्छा मोर्चा और क्या हो सकता था! मैंने और ठाकुर ने यहीं मोर्चा जमा लिया। एक घंटे से ज्यादा समय तक कोई जानवर दिखाई देना शुरू नहीं हुआ और चीतलों के समूह धीरे-धीरे चट्टानों पर इकट्ठा होना शुरू हो गये जिसका भीतरी भाग हमें दिखाई देता था। उनकी संख्या बढ़ती ही गयी। वे आगे और पीछे मुड़-मुड़कर पेड़ों पर बैठे हंकवैयों को ताकते जाते थे। इस जगह पहले भी उन पर आक्रमण हो चुके थे। मैं बहुत देर तक शेर की राह ताकता रहा और इस बीच अनेक हिरण निकल गये। सबसे पहले एक लड़खड़ाती हिरणी निकली, इसके बाद एक छोटा झुंड और आखिरी में बड़े सींगों वाले चीतल तेजी से सरसराते हुए निकले। इस हांके में शेर दिखाई नहीं दिया। ठाकुर की लंबी मेचलॉक से एक हिरण मारा जा चुका था और वह बड़ी मेहनत के साथ अपने बाबा आदम के जमाने के चार्जिंग उपकरणों से इसकी लंबी नली को फिर से भर रहा था। मेरे पास दो रायफलें थीं, सिंगल और डबल। तीनों बैरलों को चलाने में तीन ही सेकंड लगे, जिनसे दो हिरण मारे गये और एक घायल हो गया। उन दिनों ब्रीच-लोडर नहीं होती थीं। लेकिन जब हिरणों के झुंड सामने से गुजर रहे थे, तब मुझे डबल को पुनः लोड करने का समय मिल गया। हंकवैयों के आने से पहले मैंने दो और हिरणों को मार डाला। घायल हिरण मुझे बाद में मिल गया। इस हांके में चीतल की संख्या एक हज़ार से कम नहीं थी। ऐसा दृश्य मैंने न पहले कभी देखा था न इसके बाद देखा। एक ब्रीच लोडर से बीस-तीस हिरण आसानी से मारे जा सकते थे। मेरे द्वारा मारे गये एक हिरण के सींग मेरे द्वारा देखे गये अब तक के सबसे बड़े सींग थे। घुमाव पर इनकी गोलाई अड़तीस इंच थी।

इसके बाद, मैंने इसी जगह के पास 'व्हाइट हेड' के लिए एक और हांका किया। वह लंबी घास के एक जंगल में हंकवैयों को मिल गया। स्पष्ट है कि वह वहां से

गया नहीं। एक बार वह एक शिकार के दौरान घायल हो गया था और दोबारा बंदूकों का सामना करना नहीं चाहता था। आखिर हमने जंगल में आग लगा दी जबकि मैं एक कौने में एक पेड़ पर चढ़कर इंतजार करता रहा। आग की लपटें पूरी तरह उस पर से निकल गयी होंगी। लपटों के मेरे पास आने अथवा उनकी आंच लगने से पहले ही मैं अपनी जगह से पीछे हट गया। मैं ज़मीन पर उतरा ही था कि मुझे हंकवैयों की आवाज सुनाई दी, जो उस झुरमुट के आसपास पेड़ों पर बैठे थे। शेर उनके बीच आ गया था। जब वह इन पेड़ों के नीचे रुका तो पेड़ों पर से उसके ऊपर गालियों की बौछार होने लगी। उसने ऊपर बैठे लोगों को घूरकर देखा। मैं जल्दी से लपका। मैंने उसे एक पर्वत श्रेणी के शिखर पर एक क्षण के लिए ठहरते देखा। उसका बड़ा शरीर असामान्य रूप से विकराल दिख रहा था। उसकी मासपेशियां फड़फड़ा रही थीं, वह अपनी पूंछ को झटक रहा था। अस्त होते सूर्य और आग की रोशनी में वह नहा रहा था। मेरी रायफल की गोली उसे लगती इससे पहले ही वह नीचे कूदकर गायब हो गया।

इस भ्रमण में मेरी किस्मत ने काफी साथ दिया और जंगल के राजा की तलाश में मुझे जो भयंकर निराशा हुई थी, उसकी क्षतिपूर्ति हो गयी। मैं उस विवरण को उद्धृत करता हूं, जो उस समय लिखा गया। इससे जो उत्साह प्रदर्शित होता है वह मैं आजकल किसी विवरण को लिखने में नहीं जुटा सकता। इस विवरण से शेर के शिकार में अपनायी गयी एक विधि को बताया गया है, जिसे मैंने बाद में त्याग दिया था, क्योंकि इसमें इंसानी जान को बहुत खतरा रहता था। यह विधि थी हंकवैयों के साथ शिकार पर जाना। बहरहाल, ऊपरी नर्मदा घाटी जैसे किसी इलाके में हाथी पर बैठकर शिकार करने की विधि को अपनाया जाना प्रायः संभव नहीं होता, क्योंकि यहां वनावरण का विस्तार और पानी बहुत ज्यादा है।

तीन शेरों, यथा, एक शेरनी और उसके दो लगभग पूरी तरह युवा शावकों का नदियों के तटों पर बसे कुछ गांवों में लंबे समय से प्रकोप था। उनकी विध्वंसक गतिविधियों का शिकार करीब पांच मील तक इलाका था। इस इलाके में उन्हें गौमांस खूब मिल जाता था, अतः वे अपने सामान्य रहवास से बहुत दूर तक नहीं भटकते। ये रहवास नर्मदा की सीमा पर स्थित अत्यधिक दुर्गम बीहड़ों में थे। ये ऊपर पहाड़ियों तक चले जाते थे। पड़ोस के इलाके में मेरे आगमन पर मुझसे तत्काल गुजारिश की गयी कि मैं इस इलाके को इन जानवरों से मुक्त करवाऊं और मुझे हर सहायता का आश्वासन दिया गया। अतः मैंने, उनके रहने की जगहों के निकटतम गांव में अपना कैम्प लगा दिया और उनके विनाश की योजना बनाने लगा। शेरों को ललचाने के लिए बाहर पशुओं को बांधने की जरूरत नहीं थी, क्योंकि यहां वे हर दूसरे दिन एक या दो गायों को खा जाते थे। हालांकि उनके लिए खाने को बहुत होता था, फिर भी वे मारे गये पशुओं के कंकालों के पास ज्यादा देर नहीं ठहरते थे। मेरे आने के तीसरे

दिन, मेरे कैम्प से लगभग एक मील दूर दो गायों को मार डाला गया। मैंने किसी को उन्हें छूने तक नहीं दिया। मुझे विश्वास था कि रात में जमकर खाना खाने के बाद शेर आसपास ही कहीं पड़े होंगे और हम अगली सुबह उन्हें खोज सकते हैं तथा दिन की गर्मी में उन्हें हांका लगाकर बाहर निकाला जा सकता है।

जब निशानों के आधार पर कोई खोज की जानी हो, तो यह बहुत आवश्यक है कि आप सुबह काफी जल्दी ही स्थल पर पहुंच जाएं, क्योंकि दिन उगते कुछ ही देर बाद बहने वाली समीर के कारण निशानों के कोर नष्ट हो जाते हैं और नौ बजे तक यह समझना असंभव हो जाता है कि निशान नये हैं या पुराने। अतः हम सुबह से ही 'मुर्रियों' के लिए निकल पड़े और उस जगह पर पहुंचने में हमें कोई कठिनाई नहीं हुई, जहां शेरों और गायों, दोनों के गहरे निशान मौजूद थे और एक विस्तृत लकीर भी थी, जो वहां जाती थी, जहां शेर गायों की लाशों को घसीटकर ले गये थे। इसका पीछा करते हुए हम जल्दी ही एक बीहड़ में पहुंच गये, जहां हमें दोनों गायों के अवशेष विभिन्न संकरी दरारों में रखे हुये मिले। शेरों ने इन्हें यहां इसलिए रख दिया था कि रात के समय आराम से खाएंगे। एक गाय का तो सिर्फ सिर और दूसरी का सिर तथा अगला धड़ ही बचा था। इन लाशों को इन पेशेवर कसाइयों ने बहुत वैज्ञानिक तरीके से साफ किया हुआ था। गोबर और अन्य अवशिष्ट को बहुत जतन से कुछ दूरी पर एक जगह ढेर लगाकर रख दिया गया था, ताकि खाने के समय इनकी बदबू न आये। गिद्धों, चीलों तथा कौवों ने गायों के अवशेषों को नष्ट करना शुरू कर दिया था। यह इस बात का पक्का संकेत था कि हमारे शिकार एकदम पड़ौस का इलाका छोड़कर चले गये हैं।

बीहड़ के किनारे-किनारे निशानों का पीछा करते हुए हम लगभग आधा मील की दूरी तक नदी की ओर चले। शेरनी और उसके शावकों के पंजों के निशान लगभग एक ही आकार के थे और उन्हें अलग-अलग पहचानना बहुत कठिन था। पीछा करने वाले गोंडों ने घोषणा की कि वे दोनों शावक मादा हैं। मुझे इस पर भरोसा नहीं हुआ, हालांकि उनकी खोज संबंधी असाधारण हुनर का मैं बहुत प्रशंसक था। मैंने सोचा कि वे सिर्फ यह बात मुझे खुश करने के लिए कह रहे हैं कि अगर यह बात सच निकल आये, तो मैं उनका और कायल हो जाऊंगा। फिर यह बात तो सभी को पता थी कि यहां मादा शावकों की संख्या नर शावकों से ज्यादा हैं।* यह बात थी भी, लेकिन मैंने यह समझ लिया था कि पदचिह्नों को पहचाना जा सकता है। पूछताछ करने पर मुझे पता चला कि नर के पदचिह्न लगभग गोल होते हैं, जबकि मादा के अंडाकार। उन्हें

* स्थानीय लोगों का मानना है कि बूढ़ी शेरनी अपने नर शावकों को युवावस्था में अपने सामने आने पर मार डालती है। इसका विवरण इलाके के विभिन्न भागों में एक जैसा मिलता है। वह मादा अपनी 'संभावित' युवा बेटियों को उनके अनैसर्गिक पाप से रक्षा करती है। मुझे इस बात पर भरोसा नहीं है।

एक साथ देखकर भेद तत्काल पता चल जाता है। यही बात नर और मादा पेन्थर पर भी लागू होती है। एक अपवाद को छोड़कर, थोड़े से भी अभ्यास से इसकी बड़ी बिल्ली के पदचिह्नों को निश्चित रूप से पहचाना जा सकता है। अक्सर, यह शिकारी के लिए बहुत सहायक होता है। अपवाद यह है कि बड़े नर और युवा नर शावकों के पदचिह्न एक जैसे होते हैं और अच्छे-से-अच्छा स्थानीय खोजी उन्हें नहीं पहचान सकता।

लगभग आधा मील तक रेतीले तल वाले बीहड़ में आसानी से समझ आनेवाली लकीर का पीछा करने के बाद, बीहड़ दो भागों में बंट गया। मुख्य भाग सीधा नदी की तरफ जाता था और दूसरा भाग चट्टानों से घिरी एक संकरी गली में जाता था। यह समकोण पर बायीं ओर मुड़ गया था। उस वक्त नेतृत्व करने वाला नाटा लेकिन मजबूत गोंड हमारे जंक्शन तक पहुंचने पर कुछ चिन्तित दिखाई देने लगा। उसके सांवले चेहरे पर मुस्कान की चमक आ गयी, जो देखने में अच्छी लगती थी। यह चमक और मुस्कान तब आयी थी, जब उसने देखा कि तीनों शेर बायीं तरफ तंग घाटी में चले गये हैं।

"वे हमें मिल गये।" वह चिल्लाया, "वे देवुर में हैं, और समझो कि मारे ही गये।"

देवुर, स्थानीय बोली में उस जगह को कहा जाता है, जहां दो या तीन नाले मिलते हैं और एक ऐसी खाड़ी बनाते हैं, जिसमें पूरे गर्मी के मौसम में पानी रहता है। यदि इसमें पर्याप्त छाया और ठंडाई हो, तो शेर की यह पसंदीदा जगह होती है। वास्तव में इस बात की पूरी संभावना लगती थी कि यदि शेरों ने रात को भरपेट आहार लिया होगा, तो वे देवुर में आराम करने चले गये होंगे, जैसा कि गोंड का अनुमान था। पक्का निश्चय करने के लिए हमने उस जगह के चारों ओर एक गोल घेरा खींच दिया और इससे निकलने वाले सभी नालों को ध्यानपूर्वक देखा। हमें उनके बाहर निकलने का कोई निशान दिखाई नहीं दिया। हम कैम्प में लौट आये। हमें पूरी तरह भरोसा हो गया कि हमने पूरे शेर परिवार को 'घेर लिया' है और यह कि हमें लगभग बारह बजे वे सोते हुए मिल जाएंगे। नाश्ता करने के बाद जब मैं टेंट से चला तो पूरे खुले मैदान में गर्म लपट चल रही थी। मैं हौदे पर चढ़ा हुआ था। भयंकर गर्मी थी और ऐसा लग रहा था कि नंगी ज़मीन पर अस्थिर धुंध ऐसी लग रही थी मानो इसकी सतह से गैस निकल रही हो। यह मकानों, पेड़ों तथा आकृतियों के साथ खिलवाड़ करती प्रतीत हो रही थी और आंखों को बहुत तकलीफ दे रही थी। कोई बात नहीं! इस बात की पूरी संभावना थी कि शेर मिल ही जाएंगे। हम शीघ्र ही देवुर के रास्ते पर थे। करीब 150 हंकवैये इकट्ठा हो गये थे। वे सभी शेर के इस परिवार के विनाश के लिए स्वाभाविक रूप से काफी उत्सुक थे।

कार्यवाही के स्थल पर पहुंचकर उन्हें चार दलों में बांट दिया गया। प्रत्येक दल को एक अधिक सम्मानित निवासी के प्रभार में रख दिया गया। उन्हें पेड़ पर चढ़ने

आदि से संबंधित सख्त निर्देश देकर तैनाती के लिए विभिन्न स्थानों पर भेज दिया। केवल दो स्थान थे जहां शेरों के जाने की संभावना थी। इसमें से एक स्थान से रास्ता नदी की ओर जाता था और दूसरे स्थान से, जो एक शुष्क जलमार्ग था, एक रास्ता पास की पहाड़ियों की ओर जाता था। जमीन की कुछ विशेषताओं के कारण मैंने स्वयं की तैनाती के लिये दूसरे स्थान को चुना। दूसरे स्थान पर बूढ़े शिकारी को उसकी मेचलॉक के साथ तैनात कर दिया। मुझे जामुन की झाड़ियों के एक सघन आवरण में अच्छी जगह मिल गयी। वहां से मुझे दर्रा भी साफ दिखाई देता था।

आधा घंटे बाद हंकवैयों के बीच से एक भयंकर बर्बर चिल्लाहट सुनाई दी, जैसे पेंडे मोनियम से निकलती है। गांव में एक धनवान व्यक्ति की शादी में आये एक बैंड को मैंने रख लिया था और साज के संगीत के मामले में हम काफी ताकतवर थे। हमारे बैंड में फैन्सी ड्रम, कानफोड़ू फाइफ, बड़े रमतुल्ला आदि थे। उनके संगीत और हंकवैयों शेरों को द्वारा दी जा रही गालियों से मिलकर एक स्थानीय बिलिंग्सगेर जैसा तेज शोर पैदा हुआ।

वे जैसे-जैसे पास आ रहे थे, हमारी उत्तेजना बढ़ रही थी और बहुत शीघ्र देवुर के अनेक निवासी सामने दिखाई देने लगे। पहले एक मोर तथा दो मोरनियां आयीं, जो गिरी हुई पत्तियों पर आवाज करती हुई चल रही थीं। उनकी नज़र जंगल के किसी भी अन्य जानवर से तीखी होती है। उन्होंने शीघ्र ही मुझे देख लिया और डरकर नदी की तरफ उड़ गयीं। इनकी उड़ान बहुत सुन्दर थी। मोर के शानदार पंखों का सुनहरी और बैंजनी रंग धूप में चमक रहा था। इनकी लंबाई करीब छह फिट थी।

एक बार फिर सरसराहट हुई और चीतलों का एक झुंड दुलकी चाल से चलता हुआ थोड़ा आगे तक आया। उनका नेतृत्व एक बहुत बड़े सींगों वाला हिरण कर रहा था उनके पीछे दो और शानदार हिरण चल रहे थे। हंकवैयों के शोर से पूरी तरह घबरा जाने के कारण वे मुझे नहीं देख पाये। वे मेरे हाथी से पंद्रह कदम की दूरी से निकलकर जंगल में विलुप्त हो गये। मैं उनमें से एक या दो हिरण मार सकता था, लेकिन मुझे जो ज्यादा दिलचस्प नज़ारा दिखाई दे रहा था उसने मेरा हाथ रोक लिया। मेरे सामने बंदरों का एक झुंड था–श्वेत दाढ़ी वाले बूढ़े प्राणी। माताएं अपने हाथ में नन्हें-मुन्नों को लिये थीं–जो सामने पेड़ों पर बैठे थे। उन्होंने तेज़ आवाज़ में चेतावनी देना शुरू कर दी कि शेर वहां है।

इसके बाद वह शानदार उत्तेजना का पल आया–अनेक दिनों तक पसीना बहाने का पुरस्कार। शेरनी झाड़ियों से सटी लुकती-छिपती चली आ रही थी। ये झाड़ियां नाले के किनारे थीं! वह करीब साठ कदम दूर ठहरी, एक क्षण के लिए उसने अपना सिर घुमाकर हंकवैयों को देखा। अब स्थिरता थी! उसकी गर्दन का निचला भाग सामने था और रायफल का निशाना एकदम सही जगह। धड़ाक! और वह गुर्राती हुई नाले में लुढ़क गयी। यह वही थी? या शैतान था, अथवा क्या? निश्चय ही वही गिरी थी।

लेकिन जिस जगह वह खड़ी थी वहां उसकी एक खड़ी छाया थी। उसकी गर्दन से खून के धारे बह रहे थे! इसके बाद, एक तीसरा शेर उछलकर एकदम मेरे हाथी के सामने आ गया। पूरा जंगल शेरों से जीवंत लग रहा था। मैंने सिंगल की जगह डबल रायफल ले ली। जब यह वाला शेर पूरी रफ्तार से मेरी तरफ आया, तब मैंने उसके कंधे में गोली मार दी। इसी बीच घायल शेर मेरे पीछे से कहीं ओझल हो गया। मैं मैदान का निरीक्षण करने और मरने वाले शेरों की गिनती करने आगे बढ़ा। आखिरी में एक शावक मरा था। पहली गोली खाकर जो नाले में लुढ़क गया था वह भी एक शावक था। मेरे पीछे से जो भाग गयी, वह बूढ़ी शेरनी थी। यह सब कुछ एक रहस्य था। अचानक मैंने देखा कि पहले शेर को गोली दिल में लगी थी। गोली उसकी पसलियों को चीर गयी थी। जिस शेर को मैंने सबसे पहले गोली मारी थी जब मैं पीछे हटा, तो एकदम मेरे सामने ही खड़ा था। तब यह रहस्य खुल गया। दो औंस की एक गोली शेरनी को लगकर पार निकल गयी और इसने दूसरी तरफ खड़े शावक नंबर एक को मार डाला।

मेरी छोटी हथिनी, जिसका नाम काली था, बिल्कुल नहीं थकी थी। इसे मैंने जबलपुर रसद विभाग से लिया था। उसका व्यवहार बहुत अच्छा था। अपनी सूंड को आगे मोड़ कर वह इतने सारे शोर के बीच चट्टान की तरह खड़ी रही। उसके मजबूत अगले पांव एकदम उसके सामने रहे। (वे तीनों बुरी तरह दहाड़ रहे थे)। इसी कारण घायल शेरनी का पीछा करने के लिए मैं पूरे विश्वास के साथ आगे बढ़ा। मैंने शीघ्र ही देखा कि नाले के किनारे काफी खून बहकर पहाड़ियों की तरफ जा रहा है। मैंने सावधानी के नाते अपने अनुचरों को सभी प्रमुख पेड़ों पर बैठा दिया था। उनमें से कुछ ने उसे खुली जगह पार कर नाले में घुसते देखा था। यह एक पहाड़ी दरार में भटक गयी। उन्होंने बताया कि हालांकि उसकी गर्दन से खून बह रहा था, लेकिन वह मजबूती से जा रही थी। पूछताछ करने पर मुझे बताया गया कि पहाड़ी में वह दरार आगे चलकर बंद थी। दूसरी तरफ जाने का इसमें कोई रास्ता नहीं था। निकलने का एकमात्र रास्ता एक ऊंचे पठार से था, जो इतना स्पष्ट रूप से नंगा था कि वहां कोई ज़ख्मी शेर जाने का साहस नहीं कर सकता था। अतः इस बात में कोई शक नहीं था कि वह इस खड्‌ड में ही रुक गयी थी और मुकाबला करेगी। लिहाजा, मैं हमला करने की तैयारी करने लगा। सबसे पहले मैंने आदमियों को एक घुमावदार रास्ते से ऊपर पहाड़ी पर भेजा ताकि वे बीहड़ के शिखर पर आसपास पेड़ों पर चढ़कर बाहर नज़र रखें। इसके बाद मैं नाले के किनारे तब तक बढ़ता गया, जब तक मुझे दोबारा खून दिखाई नहीं देने लगा। मैंने धीरे-धीरे इसका पीछा किया और आगे तीखी नज़र गड़ाये रहा। बीहड़ के दोनों तरफ बांस के घने कूप थे। मैं पहले कूप के पास पहुंचा ही था कि दहाड़ती हुई शेरनी उछलकर बीहड़ के मुहाने की तरफ ऐसे कूद गयी, मानो उसे कुछ हुआ ही नहीं हो। मैंने

उस पर जल्दी में दो गोलियां चलायीं जिससे सिर्फ उसकी दहाड़ और तेज हो गयी। उस पर और कोई असर नहीं हुआ। ऊपर बैठे लोगों ने चिल्लाकर बताया कि वह फिर से ऊपर नाले की तरफ चली गयी है और किनारे पर आधे रास्ते में कहीं कुछ बांसों के बीच है। नीचे से इस स्थिति में उस तक जाने से काम नहीं चलने वाला था क्योंकि अगर वह झपटती तो हम लुढ़ककर बीहड़ के तल में जा सकते थे। अतः बहुत मेहनत करके हम पठार पर गये और उसके ऊपर पहुंचने तक वहीं घूमते रहे। बहरहाल, यहां किनारा इतना खड़ा था कि इससे उतरा नहीं जा सकता था। हमने हौदे में काफी पत्थर भर लिये और बांस के कूपों में पत्थर फेंकना शुरू कर दिया। तीसरा पत्थर फेंकते ही शेरनी भड़ककर बाहर आ गयी। बीस कदम के भीतर आ जाने पर उसकी हिम्मत पस्त हो गयी। वह तेजी से बायीं तरफ मुड़ी। उसको दो गोलियां अच्छी तरह लग गयीं। वह तेजी से कराही, लेकिन पहले की ही तरह मजबूती से चलती रही। इस बार वह बीहड़ को पार कर उसके दूसरी तरफ चली गयी और किनारे पर चढ़ गयी। ऐसा लगता था कि मानो वह खुले मैदान को पार करने का इरादा रखती हो। अनुचर चिल्लाकर मुझे पास बुलाते रहे। मैंने ऐसा ही किया। मैंने देखा कि वे काफी डरे हुये थे, क्योंकि शेरनी उन्हें पेड़ पर देखकर वहीं आसपास घूमकर उन्हें खा जाने वाली नज़रों से देखती रही थी। वह भयानक रूप से गुर्राकर पूंछ को यहां-वहां पटक रही थी। जब मैं उनमें से पहले आदमी के पास पहुंचा, तो उसने बताया कि वह आगे एक पेड़ के नीचे लेटकर शाखाओं पर बैठे गोंडों को घूर रही है। मैं जल्दी ही उस जगह पहुंच गया। वे गोंड इतने भयभीत थे कि बोल नहीं पा रहे थे। उन्होंने पेड़ के नीचे जमीन की ओर इशारा किया और जब में वहां पहुंचा तो बैठकर बंदरों की तरह बड़बड़ाने लगे। अब मुझे शेरनी की पूंछ समझ में आ रही थी, जो वह बहुत बेचेनी से फड़फड़ा रही थी। वह लंबी घास में घुटनों के बल बैठी थी। मुझे उसका शरीर दिखाई नहीं दे रहा था। हाथी को देखकर वह उछल पड़ी और थोड़ी दूर आगे भागकर फिर बैठ गई। हम स्थिरता से आगे बढ़े। यह देखकर कि वह हमें नहीं भगा सकती, वह स्वयं भाग खड़ी हुई। वह पुनः उछलकर बीहड़ की तरफ चली गयी। जब वह किनारे पर से ओझल होने को थी, तभी मैंने एक और गोली चलायी। इस बार गोली बड़ी रायफल से चली थी, जो सीधी उसे लगी। यह बात ऐसे पता लगी कि जिस जगह से वह गायब हुई थी, वहां नीचे हम उसकी गुर्राने तथा ज़मीन पर जिन्दगी के लिए संघर्ष करने की आवाज सुन सकते थे। यहां से उतार अधिक क्रमिक था, हालांकि बांसों का झुरमुट काफी ज्यादा सघन था। हाथी अपने कूल्हों के बल नीचे सरक रहा था और उसके सामने पत्थर और मिट्टी लुढ़कती जा रही थी। जब हम नीचे उतरे तो गुर्राहट और गहरी हो गयी और संघर्ष की आवाज बंद हो गयी, जैसे कि शेरनी ने आखिरी हमला करने के लिए खुद को तैयार किया हो। आखिरी

संघर्ष के लिए जब मैं हौदे में अपनी डबल स्मूथ-बोर के साथ खड़ा था तब बांस के वृंत मेरे चेहरे से टकरा रहे थे। मेरा चेहरा जल्दी ही खून से तरबतर हो गया और मेरी शूटिंग जेकेट तार-तार हो गयी। मेरा हलक प्यास से सूख गया, क्योंकि मैं लगातार पांच घंटे से धूप में था। बांसों के झुरमुट में प्रवेश करते ही मेरा हेट उड़ गया था। सूर्य की किरणें सीधे मेरी खोपड़ी पर पड़ रही थीं। मुझे लगा कि मेरा सिर चकरा रहा है और बांस के वृंत मेरे सामने अंधाधुंध नाच रहे हैं। अगर यह सब और बहुत ज्यादा देर चलता तो निश्चित ही मुझे लू लग जाती। लेकिन इस नाटक का अंतिम भाग चल रहा था। मेरा हाथी सघन वन कूपों में बेधड़क घुस गया। एक टेड़े-मेढ़े वृंत ने मेरी गर्दन को चपेट में लिया और मैंने इससे छूटने के लिए हाथ ऊपर उठाया। शेरनी की गर्जना एकदम मेरे चेहरे के सामने फूट पड़ी। कूपे के मध्य से एक घाटीदार आकृति उभरी। वह हाथी के मस्तक की ओर उछलकर आ रही थी। मैंने हौदे की रैलिंग पर झुककर अपनी बंदूक सीधी की और दोनों बैरलों से उसके सीने पर डबल-शॉट मारा। मैं दूसरे ही क्षण चिल्लाया : "भगवान के लिए सुराही और पानी लेकर आओ। तुम में से आधा दर्जन लोग आओ और इस कंकाल को ले जाओ।"

इस प्रकार, मैंने शेरनी के पूरे परिवार को मार डाला। स्थानीय पशुपालकों की खुशी का ठिकाना नहीं रहा।

उन दिनों जबलपुर और मंडला मार्ग के आसपास एक बड़ा पेन्थर काफी उपद्रव मचाये हुये था। उसने विभिन्न गांवों में अनेक बच्चों को मार डाला था और यह बात तय थी कि अगर उसे काबू में नहीं लाया गया तो वह नियमित आदमखोर बन जाएगा। पहली ही रात उस दुष्ट ने मेरे कैम्प से एक बड़े भारवाहक टट्टू को ले जाने की घृष्टता की। उस रात गर्मी थी और ठंडी हवा के लिए मैं बाहर सो रहा था। अपने बिस्तर के पास गड़गड़ाने की आवाज सुनकर मेरी नींद खुल गयी। इतना ज्यादा अंधेरा था कि कुछ दिखाई नहीं दे रहा था। मैंने रिवॉल्वर निकाली, जो उन अनिश्चितता के दिनों में हमेशा मेरे तकिये के नीचे रहती थी, और घुसपैठियों को डराने के लिए दो गोलियां चला दीं। रोशनी करने के बाद मुझे पता चला कि वह किसी इंसान की नहीं टट्टू की आवाज़ थी। हम मरने वालों की हालत देखने आगे बढ़े।

उस निर्दयी ने उस टट्टू को गर्दन से दबोचा था। वह अपनी जगह से अलग हो गयी थी। गल-नाल भी फट गया था। यह स्पष्ट था कि जब मैंने गोलियां चलायीं, तब वह उसका खून पी रहा था और शायद वह रोशनी होने पर डरकर भाग गया। रात इतनी ज्यादा अंधेरी भी कि पेन्थर को मारने की कोई कोशिश नहीं की जा सकती थी। वह पेन्थर संभवतः डरकर कैम्प से बहुत दूर भाग गया था। बहरहाल इस बात की काफी संभावना थी कि वह रात का अंधेरा काफी घिर जाने से पहले उस टट्टू

की तलाश में अगली शाम वापस आएगा। तब तक इतना अंधेरा हो चुकेगा कि गोली नहीं चलाई जा सकेगी। मुझे बूढ़े शिकारी ने एक 'मचान' पर बैठकर उसे देखने को राजी कर लिया। नदी से एक छोटा नाला निकलकर लगभग कैम्प तक जाता था। ऐसी स्थिति में ही हमेशा दुःसाहसिक कार्य होते हैं। कैम्प के लिए जगह चुनते समय मैंने इस बात की अनदेखी कर दी थी। हम बिना स्पर्श किये उस कंकाल को घसीटकर इस नाले के मुहाने पर ले गये। उस जगह एक सुविधाजनक पेड़ था। उस शिकारी ने जो इस खेल का पुराना खिलाड़ी था–कुछ कदमों की दूरी तक टट्टू के आसपास गेहूं की सफेद भुसी बिखेर दी। उसने बताया कि इसके कारण वह पेन्थर टट्टू को खाने आने से नहीं रुक पाएगा और रात में उस पर गोली चलाने की संभावना काफी अधिक हो जाएगी। सूर्यास्त के आसपास उसने और मैंने मचान पर मोर्चा सम्हाल लिया। इस बात की संभावना कम थी कि पेन्थर शाम को जल्दी आएगा, अतः मैं मचान पर बैठकर शिकार करने के विषय में शिकारी के साथ फुसफुसाकर बात करने लगा। उसके अनुसार यह शिकार करने का दुनिया में सबसे अच्छा और सबसे सुरक्षित तरीका था। उसने स्वयं तथा दूसरों के साथ हुई अनेक विचित्र घटनाओं के संबंध में बहुत-सी कहानियां सुनायीं। इनमें से, मुझे सुबह तक सिर्फ एक कहानी याद रही, जिसे मैंने अपने जर्नल में लिख लिया। किसी तरह हम आदमखोर शेरों के विषय में बात करने लगे। मैंने उससे पूछा कि क्या उसने कभी उस आदमी की लाश पर से आदमखोर शेर को देखा है, जिसे उसने मारा हो।

"हां" उसने कहा, "लेकिन मैंने बहुत दिलचस्पी नहीं ली, क्योंकि इसमें से बहुत बुरी बदबू आती है। इसके अलावा, भूतों से वह ज्यादा मतलब नहीं रखता, जितना मैं रख सकता हूं, खासकर पोन्हरी के पद्‌मसिंह के साथ जो हुआ उसके बाद।"

बहुत ज्यादा आग्रह के बाद उसने मुझे यह अद्‌भुत कहानी सुनायी : "ग्राम पोन्हरी यहां से लगभग तीस कोस दूर है। वहां कुछ वर्ष पहले एक आदमखोर का आतंक था, जो पूरा शैतान था। वह बहुत बूढ़ा और मक्कार था। वहां दो घाट थे, जो गांव से खुले मैदान तक जाते थे। वह इन दोनों घाटों के बीच ऊपर पहाड़ी पर रहता था। वह जब भी व्यक्तियों को गांव से बाहर जाते देखता था, उस पर दौड़ जाता था, जिसे उन लोगों ने जाने के लिए चुना हो। वहां वह उन पर घात लगाता था। वह गरजकर उछलता हुआ सामने आता और बिजली जैसे फुर्ती से किसी एक व्यक्ति को उठा ले जाता था। गांव वालों ने उसे अक्सर अभागे लोगों को इस तरह उठा ले जाते देखा था। वह राक्षस ज्यादातर छुपकर ही हमला करता, जो कोई आदमखोर ही कर सकता था। कभी-कभी वह कुछ दिनों के लिए अपना स्थान छोड़ देता था और इसके बाद कहीं किसी अन्य आसपास के गांवों में उसके होने की खबर मिलती थी। यह उसकी पुरानी तरकीब थी। शीघ्र ही पोन्हरी का मार्ग पूरी तरह बंद हो गया और उस रास्ते से कोई भी नहीं गुजरता था, जबकि यह रास्ता कई बड़े गांवों को जाता था। उस

शेर को खाने का अभाव रहने लगा, क्योंकि आदमी के खून का स्वाद उसको इतना ज्यादा लग चुका था कि अब वह किसी अन्य प्राणी को खा ही नहीं सकता था। उसने दो-तीन बार अहीरों का चुपके से उनके दरवाजे तक पीछा किया। वे अपने मवेशी चराकर घर लौट रहे थे। जैसा कि आप जातने हैं, जिस वक्त भैंसे समूह में होती हैं, तो वे शेर से नहीं डरतीं। उन्होंने उसको देख लिया और कुछ शरारत करने से पहले ही खदेड़ दिया। इस तरह बार-बार परेशान होकर उस आदमखोर ने एक साहसिक विचार बनाया कि किसी चरवाहे के घर के भीतर लेटकर ही उसका इंतज़ार किया जाए। उसने वही किया। वह लोगों की नज़र चुराकर किसी तरह एक चरवाहे के घर में घुस गया। बेचारा चरवाहा रात को अपने मवेशियों को गोशाला में बांधकर अपने घर आया। जैसे ही वह घर के दरवाजे पर पहुंचा, वैसे ही गांव का वह दैत्य उछलकर सामने आ गया और अपने भयानक जबड़ों में उस अहीर को दबाकर पहाड़ी की तरफ दौड़ गया और तत्काल गायब हो गया।"

"यह घटना सूर्यास्त के लगभग हुई। काम से लौटकर अधिकतर ग्रामीण गांव के पीपल वृक्ष के नीचे महादेव की प्रतिमा के पास एकत्रित हो गये। वे दिनभर की घटनाओं की चर्चा करने लगे। उनमें पद्मसिंह नाम का एक गोंड ठाकुर था। जिसने शेर को मारा था और उसके बाद उसे शिकार के मामले में गांव का सबसे अधिकृत व्यक्ति माना जाने लगा। वह पक्के इरादों वाला आदमी था, जो उसके बाद के व्यवहार से पता चलता है। उसने तत्काल प्रस्ताव रखा कि उन सब को इकट्ठा होकर निकलना चाहिए और अपने उस ग्रामीण भाई के शरीर के बचे हुए अंगों को उस दुष्ट से लेकर आना चाहिए। वे अपने पास उपलब्ध श्रेष्ठतम हथियार और गांव के तेज आवाज करने वाले सभी ढोल और अन्य वाद्ययंत्र साथ लेकर निकल पड़े। वह उस जगह पर पहुंचे जहां वह आदमखोर अहीर को खाने के लिए ले गया था। जब शेर स्वयं हमलावर होता है, तो बेहद निडर और साहसी होता है, लेकिन इस तरह लोगों का झुंड सामने आने पर खतरनाक-से-खतरनाक आदमखोर की हिम्मत कम हो जाती है। लिहाजा, वह भाग गया (गांव वालों को भी अच्छी तरह पता था कि वह भाग जाएगा)। उन्हें उस अहीर की आधी खाई हुई लाश मिली। ऊपरी धड़ अछूता था। सिर्फ पद्मसिंह के पास मेचलॉक थी। उसने सुझाव दिया कि बची हुई लाश को अनछुई छोड़ दिया जाए और वह किसी पेड़ के ऊपर बैठकर शेर के वापस आने का इंतजार करेगा तथा गांव को आदमखोर के आतंक से सदा के लिए मुक्त करा देगा। इस प्रस्ताव पर मृतक के रिश्तेदरों ने बहुत अनिच्छा से अपनी सहमति दी। पद्मसिंह को लाश के साथ छोड़ दिया गया। वह पास ही एक ऊंचे पेड़ पर बैठ गया। शीघ्र ही आदमखोर वहां आया और ठाकुर ने अपने ऊंचे स्थान से बैठे-बैठे ही बहुत सुकून के साथ उसे आते देखा। शेर लगभग अस्सी गज के भीतर आ गया–मेचलॉक से सही निशाना लगाने के लिए तीस गज भी बहुत दूर

होता है। वह कुछ रुका। अचानक यह देखकर वह भयभीत हो गया कि उस क्षत-विक्षत लाश ने अपना दायां हाथ उठाकर चेतावनी स्वरूप उसकी तरफ इशारा किया। इस इशारे पर वह आदमखोर तत्काल जंगल में गायब हो गया। डर के मारे वह ठाकुर बुत की तरह होकर पेड़ से चिपट गया। जल्दी ही शेर फिर से वापस आया और उस लाश ने फिर वही इशारा किया। शेर पहले की ही तरह फिर गायब हो गया। ठाकुर को एक विचार कौंधा। अब तक उसकी कुछ चेतना लौट आयी थी। उसने चाकू से दो तीव्र खूंटों को काटा, पेड़ से नीचे उतरा और लाश के दोनों हाथों को जमीन में मजबूती से ठोंक दिया। वह बमुश्किल पेड़ पर अपनी जगह वापस पहुंचा ही था कि, वह आदमखोर फिर से आ गया। उसने इशारा न होने पर यह समझ लिया कि खतरा टल गया है। वह धीरे से अपने भोजन की ओर बढ़ा। उसने लाश की गर्दन में अपने जबड़े गड़ा दिये। इतने में ही मेचलॉक से गोली चमकी। उसके कंधे पर दो गोलियां भरपूर लगीं और वह आदमखोर मरकर अपने आखिरी शिकार की लाश पर लुढ़क गया।"

इस कहानी से यह पता चलता है कि जिन व्यक्तियों को जंगली जानवर मार डालते हैं उनकी आत्माएं अपने साथियों के प्रति दुर्भावना रखती हैं, यह अंधविश्वास कितना व्यापक रूप से फैला है। सर जे. लबॉक के अनुसार, "भारत के अलावा, अन्य देशों की अनेक जंगली प्रजातियों में इस तरह का अंधविश्वास व्याप्त है।' मंडला के जंगली बैगाओं में इस अंधविश्वास पर आधारित एक समारोह ही मनाया जाता है।

वस्तुतः वह पेन्थर टट्टू की लाश के पास कभी आया ही नहीं। मैंने अभी तक किसी भी जानवर को ऐसा करते नहीं देखा था। लेकिन मैं मानता हूं कि मैंने कुछेक बार सिर्फ इसकी कोशिश की। कुछ शिकारी रात के समय मचान-शिकार में बहुत सफल रहे हैं, लेकिन अगर कोई हर रात एक शेर मार ले, तो भी इसमें उतना मज़ा नहीं आएगा।

उस समय घाटी के दोनों तरफ पहाड़ों पर सांभर बहुत अधिक संख्या में थे, विशेषकर उत्तरी तरफ। किसी भी पहाड़ी पर हंकवैयों के साथ जाकर उनका आसानी से शिकार किया जा सकता था। मैंने इस तरह और चुपके से जाकर अनेक सांभरों को मारा। हालांकि अप्रैल माह का अंत होने को था, जिस समय सिद्धांततः सांभर और चीतल अपने सींग गिरा देते हैं; लेकिन इनकी इतनी बड़ी संख्या में मैंने इस यात्रा के दौरान सिर्फ एक सांभर और तीन चीतलों को बिना सींग के देखा। इस घाटी में मैंने जो सर्वश्रेष्ठ शिकार किये वे कुत्तों के साथ सांभरों का पीछा करके हुये थे। इस भ्रमण के दौरान मेरे साथ गोंड लकड़हारों का दल था, जिनके पास अनेक शानदार लाल रंग के कुत्ते थे, जिनकी मदद से वे अनेक हिरणों तथा जंगली सुअरों को काबू में कर भाले से मार देते थे।

पेरियाहों की यह लाल नस्ल निश्चय ही इन भागों की स्थानीय नस्ल है, जो इन जंगलों में अक्सर आने वाले जंगली कुत्तों से उत्पन्न हुई या नहीं इसके बारे में मुझे संदेह है। ये बड़े जानवर खुली घाटी में हिन्दू गांवों के आसपास दिखाई देते हैं। इन्हें संभवतः अपने मालिकों के साथ यहां लाया गया था। जंगली कुत्ते पन्द्रह-बीस के झुंड बनाकर रहते हैं और सिर्फ जानवरों का शिकार करते हैं। वे सभी तरह के हिरणों को काबू में कर उन्हें शिकारी कुत्तों के झुंड की तरह मार डालते हैं। जब कोई झुंड कुछ देर तक आखेट कर रहा हो तो अधिकतर जानवर स्वाभाविक रूप से गायब हो जाते हैं। यह बात शेर तक पर लागू होती है। ऐसा कहते हैं कि इन्हें जहां भी शेर मिल जाता है, ये उस पर हमला कर देते हैं। अगर जंगली कुत्तों ने हिरणों के झुंड को भगाया हो, तो स्वाभाविक रूप से शेर हिरणों का पीछा करेंगे। लेकिन स्थानीय लोगों की यह सर्वसम्मति है कि जंगली कुत्ते कभी-कभी शेर को मार डालते हैं। इस बात को पूरी तरह खारिज करना कठिन है। मैं नहीं मानता कि ईमानदारी से लड़कर कितनी भी संख्या में कुत्ते किसी शेर पर काबू पा सकते हैं; लेकिन यह बात एकदम संभव लगती है कि वे उससे चिमट जाएं और उसे उसके स्वाभाविक भोजन से वंचित कर उसे थका दें। कुत्तों से बचने के लिए शेर के पेड़ पर चढ़ जाने के संबंध में अनेक कहानियां हैं (जो उनके स्वभाव के एकदम विपरीत है)। मैंने एक बार एक शेर की हड्डियों को एक चट्टान के किनारे पड़ा देखा। मुझे एकाधिक लोगों ने आश्वस्त किया कि उन्होंने उसे जंगली कुत्तों के एक बड़े झुंड के बीच पड़ा हुआ देखा था।

भारत के इन भागों में जंगली कुत्ते का आकार किसी छोटे शिकारी कुत्ते के बराबर तथा इसका रंग टेरीज की पुरानी 'मस्टर्ड' नस्ल के कुत्तों जैसा होता है। बहरहाल, इसकी आकृति कुत्तों की किसी भी यूरोपियन नस्ल से ज्यादा, लोमड़ जैसी होती है। इसका मुंह लंबा और चेहरा नोकदार होता है। इसके कान खड़े लेकिन ज्यादा लंबे और नुकीले नहीं होते। इसकी बेडौल पूंछ कभी इसकी पीठ से ऊपर नहीं उठती। इन मामलों में वह उपरोक्त आवारा कुत्तों से ज्यादा मिलता-जुलता है। इनमें इतना ही फर्क होता है कि आवारा कुत्ते अपनी पूंछ का वलय बनाकर इसे पीठ से ऊपर उठा सकते हैं। बहरहाल, अक्सर तेज चलते समय आवारा कुत्ते अपनी पूंछ को जंगली कुत्तों की तरह ही रखते हैं। इन दोनों में इतनी समानता होती है कि पहचान करना मुश्किल हो जाता है। एक बार, मंडला के पास मैंने एक जंगली कुत्ते को आवारा कुत्ता समझकर अपनी रायफल के सामने से निकल जाने दिया। वह मेरे सामने दुलकी चाल से सड़क पार कर गया और मैं यही समझता रहा कि वह किसी गांव से भटककर आया हुआ आवारा कुत्ता है। अलबत्ता, इन दोनों के बीच एक खास पहचान भी है। जंगली कुत्ता भौंक नहीं सकता जबकि आवारा कुत्ता भौंक सकता है। लेकिन इस बात पर हर किसी ने ग़ौर किया होगा कि किसी गांव के पास से गुजरते समय जब आवारा

कुत्ते सलाम करने सामने आते हैं तो उनकी आवाज किस तरह जंगली जानवर की चीख जैसी हो जाती है।

लेकिन, अब हम अपने विषय पर लौटते हैं। मैंने कुछ लाल कुत्तों के मालिकों की मदद से सुबह के समय सांभर-शिकार का इंतजाम किया, जिसमें मेरे अपने दो प्रमुख शिकारी कुत्ते शामिल थे। अनुचर, सुबह से पहले ही निकल चुके थे और उन्होंने करीब बीस सांभरों के झुंड को चिह्नांकित कर लिया था। यह स्थान पर्वतों की मुख्य श्रृंखला से मैदान की ओर जाने वाले एक पर्वत स्कंध पर था। इस स्कंध पर महुआ वृक्षों का आवरण था, जिनके स्वादिष्ट फूल सभी प्रकार के हिरणों के लिए आकर्षण का केन्द्र होते हैं। भालू और गोंड आदिवासी भी इन्हें बहुत पसंद करते हैं। हिरण बहुत दूर से रात में इन फूलों को खाने के लिए आते हैं। ये फूल पकने के तत्काल बाद बड़ी मात्रा में झड़ते हैं। अगर भालू को इनकी दावत उड़ाने आने में ज्यादा देर हो जाती है, तो वह लपककर वहां पहुंच जाता है और कुछ फूल तो प्राप्त कर ही लेता है। योजना यह थी कि हंकवैयों के एक मजबूत दल को पर्वत-स्कंध के संकरे भाग में भेजा जाए और हम सभी लोग अपने कुत्तों के साथ उस जगह पर रहें, जहां यह मैदान में समाप्त होता था। मैं इसे मैदान कह रहा हूं, लेकिन यह तुलनात्मक दृष्टि से ही मैदान था। यहां खंडित और जोखिम भरी 'कपासी मिट्टी' थी, जिसमें जगह-जगह नाले थे। इस पर से निकलना जोखिम भरा था।

हम धीरे-धीरे उस ढलान वाले रास्ते से उतर रहे थे, जो गांव से हमारे अभियान स्थल तक जाता था। मैं जिस गोंड से बात कर रहा था वह किसी बहाने पीछे रह गया और थोड़ी दूर चलकर ही हम एक आदिम वेदी पर पहुंचे, जो लगभग हर मार्ग के पास बनाई जाती है। इसमें कड़ी मिट्टी का एक चबूतरा बना होता है, जिस पर उनके सादा जीवन में उपयोग किये जाने वाले आवश्यक वस्तुओं की छोटी प्रतिकृतियां रखी होती हैं। ये भी मिट्टी की ही बनी होती हैं। इनमें तवा, थाली आदि शामिल हैं। चबूतरें के पास एक ठूंठ जमीन में गढ़ा होता है, जिससे दो लकड़ी की भुजाएं निकली होती हैं जो छेद करके लगाई जाती हैं। इनके आरपार एक छालरहित तना लगाया जाता है, जिसके ऊपरी भाग पर लाल कपड़े की झंडी लगाई जाती है। इसके पास ही पत्थरों का एक टीला होता है, जिस पर हर गुजरने वाला व्यक्ति एक पत्थर रख जाता है। ये वेदिकाएं उन पूर्वजों की स्मृति में बनाई जाती हैं, जिनका आचरण संतों की तरह रहा होता है। ऐसा माना जाता है कि उन पर भेंट चढ़ाने से वे प्रसन्न होते हैं। जो गोंड पीछे रह गया था उसी ने मुहिम के नेता और जिसने यह योजना बनायी थी, वह इस वेदिका के सामने रुका और दंडवत् करके उसने अपनी बंडी से एक छिलका रहित प्याज निकालकर उसमें इसी उद्देश्य से थाली में रख दिया। फिर दल के हर सदस्य ने एक-एक पत्थर उस टीले पर रख दिया। इस दौरान वे कुछ बुदबुदाते

रहे, जिसे मैं नहीं समझ पाया। हम लोग आगे बढ़ गये। यह सब सौभाग्य के लिए किया गया था।

हम अपने निर्धारित स्थान पर पहुंच गये और अपने को ठीक से छुपाकर शिकार के आने का इंतजार करने लगे। हंकवैयों का रास्ता बहुत घूमकर आता था और आधा घंटे बाद हमें उनकी आवाजें सुनाई दी।

वे पर्वत-स्कंध के एकदम उस पार एक लंबे संकरे मार्ग से चले आ रहे थे। वे अब भी हमसे एक चौथाई मील दूर थे। उनकी आवाजें अचानक रुक जाने पर मैंने समझा कि अवश्य कुछ अप्रत्याशित हो गया है। इसके बाद वे सब मिलकर ज़ोर से चिल्लाये। मैंने अपने दूरबीन से देखा कि उनमें से कुछ लोग पेड़ पर चढ़ गये हैं और वे सभी पर्वत की तरफ से नीचे बायीं और देख रहे हैं। मैंने अपने डो लोण्ड को आगे बढ़ाते हुए कुछ काली चीजों को पहाड़ी से नीचे जाते हुए देखा। कुछ ही क्षणों बाद, जब वे मैदान पर दिखाई दिये तो मैंने देखा कि वहां एक भालू और दो शावक थे। वे सभी एक अन्य पर्वत-स्कंध की तरफ जा रहे थे, जो उस पर्वत-स्कंध के समानांतर था, जिस पर हम हांका कर रहे थे। यह लगभग आधा मील दूर स्थित था। उन दोनों के बीच एक शुष्क तल वाला नाला था, जो प्रस्तर खंडों की कुदरती पट्टियों के द्वारा बना था। इसमें अलंगे पड़े थे, जो ऊपर पहाड़ी से लुढ़ककर आये थे। अपने टट्टू पर मैं लपककर चढ़ गया और तेज गति से नाले की ओर बढ़ा। पत्थरों के कारण मैं ऊपर-नीचे हिचकोले खाता बढ़ता गया। मेरी नज़र फिर से उन भालुओं पर पड़ी, जो मुझसे लगभग दो सौ गज आगे आराम से चले जा रहे थे। वह मुझे देखते इसके पहले ही मैं पचास गज और आगे बढ़ गया। मैं बंदूक सम्हालकर गोली चलाने ही वाला था कि वे सरपट दौड़ पड़े। ज़मीन खराब होने के कारण मैं उनसे काफी पीछे रह गया। एक बेहतर जगह पर आकर मैं उन्हें फिर से अच्छी तरह देखने लगा, लेकिन पहाड़ी काफी नज़दीक थी। जब उन्होंने इस पर चढ़ना शुरू किया, तब मैं उनसे पूरे 150 कदम दूर था। मैंने पूरी सजगता के साथ अपनी दोनों बैरलों से गोलियां दाग दीं। दूसरी गोली बूढ़ी 'मादा' के आसपास कहीं लगी थी, जो उसकी गुर्राहट से सिद्ध हो गया। लेकिन यह दूरी इतनी ज्यादा थी कि अंदाज से चलाई गयी गोली निशाने पर लगना मुश्किल था। उनकी गति भी बहुत तेज थी। अपनी लगाम को एक शाखा पर डालकर मैंने कुछ ही सेकंड में फिर से लोडिंग कर ली और भालुओं के निशानों का पीछा करने लगा। मैंने अपने ऊपर पहाड़ी पर सूखे पत्तों पर उनके चलने की आवाज सुनी, लेकिन एक और गोली ठीक निशाने पर नहीं चला पाया। न मुझे कहीं खून दिखा। यह बहुत बदकिस्मती थी, क्योंकि अगर मुझे शंका होती कि ये भालू पहाड़ पर हैं, तो मैं उस जगह पोजीशन नहीं लेता, जहां मैंने ली थी। भालू किसी खुले मैदान में जाने के बजाय भागता है, क्योंकि मैदान में उसको छुपने की कोई जगह नहीं मिलती। भालू को महुआ बहुत अच्छा लगता है, और स्पष्ट रूप से ये भालू

उन्हीं की दावत उड़ाने आये थे। अगर वे यहां के नियमित रहवासी होते, तो गांव वाले उनके पदचिह्नों को देखकर उनसे परिचित होते।

भालुओं का पीछा किये जाने का परिणाम देखने के लिए हंकवैयों ने अपनी कार्यवाही रोक दी थी। अब उन्होंने फिर से हांका शुरू कर दिया, जबकि मैं धीरे-धीरे नाले के तल से लगकर यह सोचकर चलने लगा कि हो सकता है कि शायद उस भालू परिवार का कोई और सदस्य वहां छूट गया हो। जहां हमारे कुत्ते छुपे थे, उस स्थान के लगभग 200 गज की दूरी तक हम पहुंच गये। तभी मैंने दो झाड़ियों में एक धूसर खाल को चमकते हुए देखा। इसके थोड़ी ही देर बाद सांभरों का पूरा झुंड पहाड़ के सामने धीरे-धीरे आ गया। वे अब भी अनिश्चय की स्थिति में थे। यह सोचकर कि कहीं वे वापस न भाग जाएं, मैंने अपनी रायफलों से गोली चला दी। इसी बीच हंकवैयों द्वारा फेंका हुआ एक गोल पत्थर पहाड़ से लुढ़ककर उनके बीच आकर गिरा। ये सांभर सरपट शिकारी कुत्तों की ओर दौड़े। गोंडों ने, अपनी उत्सुकता में अपने कुत्तों को ज्यादा ही पहले छोड़ दिया। नतीजा यह हुआ कि लगभग आधा झुंड हंकवैयों के बीच से होकर वापस भाग गया। बाकी के सांभर मैदान पार कर उस पर्वत-स्कंध की तरफ भागे जहां भालू पहुंच चुके थे। मैंने चिल्लाकर अपने आदमी को ग्रेहाउण्ड कुत्तों को छोड़ने को कहा। मुझे हिरण पूरी तरह दिखाई दे रहे थे। अतः मैं उस ज़मीन पर जितनी तेजी से दौड़ सकता था दौड़ गया। अगर मेरे अपने कुत्ते नहीं होते, तो वे सांभर पहाड़ पर पहुंचकर सुरक्षित हो जाते। सांभरों ने जब यह देखा कि वे पहाड़ पर नहीं जा सकते, तो वे नदी की तरफ मुड़ गये। यहां पर एक कोण काटकर मैं उनके काफी करीब पहुंच गया और मैंने देखा कि मेरे शिकारी कुत्ते और कुतिया काफी आगे जा चुके हैं। मेरा कुत्ता काफी भारी, ताकतवर, रामपुर हाउण्ड था, जबकि कुतिया वजन में हल्की थी। वह कुत्ते से ज्यादा तेज़ दौड़ती थी। उसने सबसे पीछे वाले हिरण पर तेज छलांग लगायी और उसके पिछले घुटने को पकड़ लिया। हिरण और कुतिया एक साथ लुढ़कने लगे। कुतिया में ताकत कम थी। इससे पहले कि कुत्ता उसकी मदद को आता, वह हिरण उठकर अपनी पूरी रफ्तार से भाग गया। दो-तीन गोंडी कुत्ते कुछ दूरी बनाये रखकर उनके साथ हो लिये। वे इस तरह चल रहे थे जैसे ऐसा करने में उनका कुछ आशय हो। थोड़ी देर बाद मैं एक नाले के पास आ गया और जिस रास्ते से हिरण और कुत्ते गये थे उसे देखने से चूक गया तथा इसे खोजने में काफी दूरी बर्बाद हुई। हर जगह यह किनारा लगभग पच्चीस फिट गहरा और लंबवत् था। आखिर मुझे वह जगह मिल गयी। वहां जाकर मुझे यह संतोष हुआ कि मैं एकदम अकेला हूं और कुत्ते तथा हिरण गायब हो चुके हैं।

मुझे नदी की दिशा का पता था और मैं उसी तरफ चला गया, लेकिन जल्दी ही नालों की भूलभुलैया में आ गया। मुझे कोहनी से बांसों को हटाकर अपना रास्ता तय

करने में बहुत परेशानी हुई। वे नाले अपने आप में एक कठिन पहेली थे। अंदर और बाहर वे घूम जाते थे। रोजमंड हरम की गलियों की तरह चाहे जहां मुड़ जाते थे। मैं अक्सर घूमकर उसी जगह आ जाता था, जहां से चला था। अंततः मैं एक मुख्य नाले के तल में आ गया, जो सीधा नर्मदा की ओर जाता था। बार-बार अपने टट्टू की गर्दन के नीचे अपने सिर को छुपाकर और उसे जबरदस्ती बांसों में ले जाकर मैं नदी के कंकरीले तट पर आ निकला। रुककर कुछ सुनने पर मैंने बहुत दूर ऊपर झरने के ऊपर एक हल्की-सी चीख सुनी।

जंगल और सूखी नदी के बीच रेत और कंकरों की एक चौड़ी पट्टी थी, जिस पर मैं करीब एक मील चला। जैसे-जैसे मैं आगे बढ़ा, कुत्तों की आवाजें और स्पष्ट होती गयीं। कुछ मिनट के बाद मैं संघर्ष स्थल पर पहुंच गया। यह वृक्षों की डालियों से आच्छादित नदी का एक छायादार निर्जन स्थल था। जलाशय के किनारे पर एक विशाल जंगली पेड़ गिरा पड़ा था जिसको दीमक चट कर गयी थी और वह पानी में डूबा हुआ था। ऐसा लगता था कि वह यहां सदियों से पड़ा हो। इसके आगे वह हिरण निकट के शिकारी कुत्तों का सामना करने तैयार खड़ा था। उसके सीने तक का हिस्सा पानी में था। चार गोंडी कुत्ते और मेरी ग्रेहाउण्ड कुतिया गिरे हुये पेड़ से उस पर भौंक रहे थे। मेरे आते ही एक काला नाटा गोंड हाथ में भाला लेकर जंगल से बाहर आया और कूदकर उस पेड़ पर आ गया। उसने दो-तीन बार उस हिरण को कोंचने की कोशिश की, लेकिन उसका हथियार उस तक नहीं पहुंचा। वह पानी में कूदने ही वाला था कि मेरे ग्रेहाउण्ड ने, जो मेरे आने से उत्साहित हो गयी थी, हिरण के ऊपर कूद गयी। वह उससे करीब एक गज पीछे रह गयी। हिरण तत्काल आगे की ओर उछला और उसने अपने अगले पैरों से पानी के भीतर कुतिया को मारा। लेकिन ऐसा करते समय वह अपने बाड़े को भूल गया और उसके बगल का हिस्सा उसके इंसानी दुश्मन जद में आ गया। उसने उसके बगल में दो बार भाला गड़ा दिया। उसके शरीर से निकले खून से मिलकर पानी का रंग किरमिची हो गया। उस बेचारे जानवर ने किनारे तक जाने के लिए संघर्ष किया, लेकिन कोई परिणाम नहीं निकला। सभी कुत्तों ने एक साथ उस पर हमला कर दिया। उसे भाले से कुछ और जख्म दिये गये। वह बहादुर हिरण पानी में ही मर गया।

यह स्थान करीब चार मील दूर था, लेकिन मैंने संभवतः इसकी दोगुनी दूरी तय की थी। कुत्ते काफी थक गये थे, क्योंकि उस समय गर्मी बहुत भयंकर थी। लेकिन नदी में तैरकर आधा घंटे ठंडी छाया में आराम करने के बाद वे ताज़ा दम हो गये। इस जलती जमीन पर सूंघकर पूरी रफ्तार से हिरणों का पीछा करने की गोंडी कुत्तों में अवश्य ही जबर्दस्त शक्ति रही होगी। उनके बारे में ऐसा ही कहा जाता है। इस बार भी उन्हें कुछ खास परेशानी नहीं हुई। ग्रेहाउण्ड कुतिया ने उस हिरण को कभी आंखों से ओझल नहीं होने दिया और दूसरों के लिए काम को आसान बना दिया।

अन्य अवसरों पर बंजारा वाहकों के पास रहने वाले अच्छी नस्ल के कुत्तों के साथ मैंने शानदार शिकार किया। इनका उल्लेख पिछले अध्याय में किया जा चुका है। यदि प्रजनन के लिए कोई जंगली कुत्ता मिल जाए, तो सांभर के शिकार के लिए एक कहीं बेहतर शिकारी कुत्ता प्राप्त किया जा सकता है। बेहतर नियमित संगठन, बेहतर कुत्तों तथा ज्यादा शिकारियों के साथ इस इलाके में काफी अच्छा शिकार किया जा सकता है। यदि जंगली कुत्ता उपलब्ध न हो, तो स्कॉच डीयर हाउण्ड और बंजारा कुत्ते के बीच प्रजनन से अच्छी नस्ल के कुत्ते मिल सकते हैं। बंजारा कुतियां के पिल्ले अमूमन 'स्थानीय' आदतों के साथ बड़े होते हैं। उनमें यूरोपियनों के प्रति नफरत होती है। बहरहाल, किसी असली बंजारा कुत्ते का चयन किया जाना चाहिए। यह आसान काम नहीं है। इस नस्ल का गांव के साधारण आवारा कुत्तों के साथ काफी संकर हो चुका है। असली बंजारा कुत्ता बेहतरीन और करीब अट्ठाइस इंच ऊंचा होता है। उसके ऊपर आमतौर पर काले चकत्ते होते हैं। उसकी खाल भूरी या नीली, लोमश लेकिन रेशमी होती है। उसका सिर हाउण्ड की तरह होता है और कान, टांगों तथा पूंछ पर बालों के काफी गुच्छे होते हैं। वह फारसी ग्रेहाउण्ड से काफी मिलता-जुलता होता है। लेकिन इसकी काठी ज्यादा मजबूत होती है और इसकी थूथन ज्यादा चौकोर होती है। संभवतः जिप्सियों की इस घुमक्कड़ प्रजाति के लोग इसे पश्चिम एशिया से लाये होंगे। बाद में देशी नस्लों से संकर होने के बाद इसमें बदलाव आ गये होंगे। बंजारा नस्ल में काफी साहस होता है और वे लोमड़ी का शिकार करने वाले कुत्तों की तरह तेज और पूरे दिन दौड़ सकते हैं। गर्म जलवायु में उसकी सूंघने की शक्ति किसी भी अन्य देशी नस्ल के कुत्तों से ज्यादा होती है। लेकिन उसे भागते हिरणों का पीछा करने के लिए और अधिक रफ्तार और यूरोपियनों के प्रति लगाव की दरकार है।

भारत के मैदानी इलाकों का सामान्य काला रीछ जबलपुर और मंडला के बीच नर्मदा के दोनों तरफ पहाड़ों पर बहुतायत में पाया जाता है। वस्तुतः इन पहाड़ी इलाकों में ऐसा नहीं होता कि आपको किसी भी समय कोई काला रीछ न मिले। जब तक उन पर हमला न किया जाए, वे किसी को नुकसान नहीं पहुंचाते। वे कंदमूल, शहद और कीड़े, विशेषकर दीमक, खाकर ज़िन्दा रहते हैं, जिन्हें वे मिट्टी की पहाड़ियों से खोद लेते हैं। स्थानीय लोग इन्हें आदमज़ाद कहते हैं, जिसका मतलब होता है, 'आदमी के बेटे'। वे उन्हें आधा इंसान मानते हैं और सामान्यतः उन्हें सताते नहीं हैं। सच पूछिये तो उनकी बेहूदा हरकतों से यह बात सही लगती है। बहरहाल, कभी-कभी यह रीछ बिना किसी कारण बहुत बर्बरता से हमला कर देता है–सामान्यतः, जब वह आपको अचानक मिल जाए और उसको निकल भागने का कोई रास्ता न मिले। आमतौर पर, वे रात होने तक अपने दोपहर के विश्राम स्थलों से बाहर नहीं आते, जो कंदराओं तथा सघन झाड़ियों में होते हैं। लेकिन सुदूर

स्थानों पर वे दोपहर में भी मिल जाते हैं। एक बार मुझ पर चार रीछों ने एक साथ हमला कर दिया, जो मुझे जबलपुर और दमोह के बीच एक मुख्य मार्ग पर एक महुआ के पेड़ के नीचे आहार लेते मिल गये थे। मेरे पास दो बंदूकें थीं। मैंने तीन रीछों को गोली मारी, लेकिन चौथे से मुझे भागना पड़ा, जिसने करीब सौ गज तक मेरा पीछा किया और इसके बाद बीहड़ में कूद गया। कार्यवाही स्थल पर लौटकर मैंने एक पेड़ के नीचे एक रीछ को बैठे देखा, जो बहुत विषादग्रस्त होकर रोते हुए अपनी किस्मत को लेकर विलाप कर रहा था। मैंने उसके कान में गोली मारकर उसका काम तमाम किया। अन्य दो रीछ एक पहाड़ के नीचे ढलान पर चले गये थे। मैं उनका पीछा करने चल पड़ा। ज़मीन चट्टानी और फिसलन भरी थी और थोड़ी ही दूर चलकर मैं गिर गया। मेरी बंदूक फिसलकर पहाड़ से नीचे चली गयी। इसके स्टॉक और बेरल्स को काफी नुकसान हुआ। मैं उठा और तेज दौड़कर ऊपर उन दोनों रीछों के बराबर आ गया। मैं उनसे दौड़ते हुए लड़ने लगा और अगर मेरे पास मजल लोडर की जगह ब्रीच होती तो मेरे जीतने की संभावना बहुत बेहतर थी। मुझे यह सोचकर एक बेरल को बिना चलाये रखना पड़ा कि कहीं रीछ हमला न कर दे। साथ ही लंबे नियमित अंतराल पर मुझे दूसरे रीछ के साथ जी-जान से मेहनत करनी पड़ी। आखिरकार, उनमें से एक रीछ ऊपर पहाड़ से घूमकर मेरे सामने आया और अपनी पिछली टांगें उठाकर, वृक्ष की शाखाओं को नोचकर इतने हास्यास्पद तरीके से नाचने और फड़फड़ाने लगा कि हंसी के मारे मुझसे गोली चलाते नहीं बना। जब मैंने गोली चलायी तो दोनों बैरल की गोलियां उसके सीने में लगीं और वह ढेर हो गया। मुझे दूसरा हिरण नहीं मिला। उसके पास इतना पर्याप्त रास्ता था कि वह नदी किनारे किसी कंदरा में घुस गया होगा।

घायल रीछ अक्सर बहुत दृढ़ता से हमला करता है। वह तोप के गोले की तरह आता है। आमतौर पर यह धारणा है कि वह अपने पिछले पैरों पर खड़ा होकर गोली को अपने सीने पर स्थित 'नाल' पर झेल लेता है, जिसे भेदने पर वह मर सकता है। परन्तु, यह धारणा गलत है। अगर उसे दस या पंद्रह गज की दूरी से गोली मारी जाए और वह नहीं मरे, तब वह तकरीबन वापस लौटती है। रीछ के शिकार का सबसे सफल तरीका यह है कि सुबह जल्दी उठकर किसी ऊंची जगह पर मोर्चा सम्हाल लिया जाए, जहां से नीचे मैदान से लौटते हुए जानवरों के रास्ते पर नज़र रखी जा सके। वे वहां रात में आहार प्राप्त करने जाते हैं। या तो उन्हें रास्ते में रोका जा सकता है, या किसी झाड़ी में चिह्नांकित करके बाद में बाहर निकाला जा सकता है। यह ऐसा छोटा शिकार है, जिसमें कम मज़ा आता है। लेकिन इसमें शिकारी जल्दी थक जाता है। इसमें जानवर इतनी आसानी से मर जाते हैं कि शिकारी को न उनकी अच्छी निशानी (ट्राफी) मिल पाती न भोजन मिलता। अधिकतर शिकारियों ने बहुत पहले स्थानीय लोगों की बात मानकर

आदमजाद को अकेला छोड़ दिया, हां यह बात अलग है कि जब वे अचानक सामने आ गये, तो शिकार भी किया।

इन्हीं जंगलों में मैंने पहली बार भारत का विशाल पर्वतीय अजगर देखा, जो अनेक अद्‌भुत कथाओं का विषय है। मैं एक घायल हिरण के चिह्नों का पीछा कर रहा था। दिन बहुत गर्म था। मैं अपने असली अरबी घोड़े पर सवार था, जिस पर से मैं गोली चला सकता था। मेरे पास एक रायफल थी। मेरे घोड़े ने उसको लगभग कुचल ही दिया। वह एक संकरी पगडंडी पर लेटा हुआ था। वह जोर से फुफकार मारकर पीछे हट गया। वह विशाल अजगर धीरे-धीरे मुड़कर मार्ग से हट गया और पहाड़ के नीचे ढाल पर चला गया और वहां से वह मुड़ गया। भारी सरसराहट और जहां-तहां घास को मुड़ी देखकर मैं समझ गया कि किनारे के नीचे कोई चीज चल रही है। मेरा घोड़ा काफी अनिच्छुक था। इसके बाद एक तेज फुफकार हुई और एक सर्प बड़ी कुंडली मारकर घोड़े की एकदम नाक के नीचे बैठ गया। कुंडली के पिरामिडों से किसी बड़ी देग के उबलने जैसी बहुत अरुचिकर आवाज आयी। मैंने बिना देर किये दोनों बैरलों से उसमें गोली चला दी। साथ ही घोड़े को पगडंडी से पीछे खींच लिया, क्योंकि मुझे नहीं पता था कि मेरा सामना किससे हो रहा है। वह सर्प पहाड़ से नीचे चला गया। मेरे घोड़े ने उसके पीछे जाने से मना कर दिया। मैं घोड़े से उतरकर पैदल पीछा करना शुरू करता, इसके पहले ही उसका नामोनिशान तक गायब हो गया। अगर यह सब अचानक नहीं होता तो, परिणाम बेहतर होता। मेरा मानना है कि वह प्राणी लगभग पच्चीस फिट लंबा था। उसका रंग शीशे जैसा था और इसकी मोटाई किसी बड़े आदमी की जांघ के बराबर थी। मैंने इसी जंगल में एक मरा हुआ अजगर देखा, जिसकी लंबाई सौलह फिट थी। ये काफी सुस्त मिजाज के होते हैं और आदमी को नहीं सताते। उनके द्वारा हिरणों, चौसिंघों आदि को समूचा खा जाने संबंधी कहानियां, मेरे ख्याल से, मिथ्या हैं।

अध्याय-9

साल वन

मंडला के ऊपर नर्मदा घाटी एक खुली उच्च भूमि में जाकर खुलती है। इसके और जबलपुर के बीच मुख्य नदी, जिसमें कई छोटी नदियां आकर मिलती हैं, यहां हाथ की उंगलियों की तरह फैल जाती है। एक विस्तृत त्रिकोणी पठार से वर्षा का पानी इनसे बहता है। इस क्षेत्र को मंडला जिला कहते हैं। ये घाटियां दक्षिण की तरफ ऊंची उठ जाती हैं, जहां ये पहाड़ियों की एक अनुप्रस्थ शृंखला के रूप में समाप्त हो जाती हैं। इनके बीच नीचे की ओर पर्वत-स्कंध हैं, जो जल निकास को कई भागों में विभाजित कर देते हैं। ये घाटियां स्वयं धीरे-धीरे सामान्य रूप से ऊंची होती जाती हैं। ये सोपान का स्वरूप लिए पश्चिम से पूर्व की तरफ बढ़ती हैं। सुदूर पश्चिम में बंजारा नदी के पहाड़ों की ऊंचाई लगभग 2,000 फिट है। इसके बाद दालोन और फेन हैं जिनकी ऊंचाई 2,300 फिट है। और आगे पूर्व की तरफ खोरमेर का कछार लगभग 2,800 फिट ऊंचा है। इन सबके धुर पूर्व में अमरकंटक का पठार है, जो नर्मदा का मुख्य स्रोत है। इसकी सामान्य ऊंचाई लगभग 3,300 फिट है। इसकी छोटी सपाट शिखर वाली पहाड़ियों की ऊंचाई समुद्र से 4,000 फिट तक हो जाती है। जिले की दक्षिणी सीमा से लगकर चलने वाली इस पर्वत शृंखला को मैकाल कहते हैं। एक खड़ी ढलान में दक्षिण की ओर स्थित इस स्थान से एक निचला इलाका दिखाई देता है, जिसे छत्तीसगढ़ कहते हैं।

नर्मदा के उन्नत उद्गम स्थल के पर्वतों के बाह्य घेरे के भीतर 7,000 वर्ग मील का क्षेत्र है जिसका अधिकतर भाग विच्छिन्न और अकृष्य है। लेकिन इस घाटी में ऐसी जगह भी है, जिसके अधिकतर हिस्से को श्रेष्ठतम किस्म की अदूषित जमीन कहना ही उपयुक्त होगा। मैकाल शृंखला और विस्तीर्ण पर्वत-स्कंध इस पठार को विभाजित करते हैं। ये अधिकतर साल वृक्षों से आच्छादित हैं। अन्य जगहों की तरह यहां भी ये वृक्ष जहां उगते हैं, वहां उनका एकाधिकार होता है। इसके साथ-साथ कुछ साज भी उगता है। कुछ पहाड़ियों पर अन्य भागों के वनों की साधारण प्रजातियां उगती हैं। जैसा कि मैंने पूर्व में कहा किसी स्थान पर किस प्रकार की वनस्पति उत्पन्न होगी, यह वहां की भू-वैज्ञानिक संरचना पर निर्भर होता है।

ये घाटियां स्वयं आमतौर पर खुली और झाड़-झंखाड़ से मुक्त हैं और इनमें जहां-तहां शानदार साल वृक्षों की पट्टियां और द्वीप मौजूद हैं। इनका अधिकतर स्वरूप अमेरिकन प्रेअरीज की तरह है। सबसे निचले भागों में मिट्टी गहन, काली और उपजाऊ है और इस पर मजबूत लंबी घास उगी है। जैसे-जैसे ये घाटियां पर्वत श्रृंखलाओं में जाकर मिलती हैं, यह मिट्टी हल्की और अधिक लाल हो जाती है। इसका कारण यहां की लेटराइट परत है, जो पहाड़ियों के बसाल्टिक आधार पर बिछी है। ये घासें कम फैलने वाली और घटिया हैं। अनेक जगहों पर स्वच्छ ठंडे पानी के झरने फूटते हैं जिससे यह इलाका हमेशा हरा-भरा रहता है और यहां अद्‌भुत ताज़गी रहती है, जो मध्य भारत के इस तुलनात्मक रूप से कम नीचाई वाले भाग में उल्लेखनीय बात है। हर चीज के मेल से यह स्थान गर्मी के मौसम में अधिकतर उच्च क्षेत्रों की तरह उजाड़ और बंजर नहीं दिखाई देता। साल वृक्ष भारत का प्रायः इकलौता जंगली वृक्ष है जो सदा हरा-भरा रहता है। पूरे गर्मी के मौसम में इसकी गहरी-हरी पत्तियां हज़ारों विविध रंगों में रोशनी को प्रतिबिम्बित करती हैं, जबकि इस दौरान अन्य सभी पेड़-पौधे बहुत खराब दशा में होते हैं। वार्षिक मानसून से स्वर्ग के द्वार खुलने से कुछ सप्ताह पहले साल वृक्ष नये चमकदार परिधान में अत्यंत मुलायम हरियाली लेकर एकदम खिल जाता है। इस मौसम तक इन जंगलों में रुक जाने वाला यात्री दूसरे वसंत के आगमन पर मंत्रमुग्ध हो जाता है। ऊपरी जमीन पर स्थित झरनों में जो पानी बचा रहता है उसके कारण होने वाली नमी से पूरा वातावरण आर्द्र रहता है। वहां से रात में ओस खुली घाटी में पहुंचती है। सालाना लगने वाली आग में प्रशाद्वल की पुरानी घासें जल गयी हैं और उनकी जगह हरियाली के नये आवरण ने ले ली है। जब-तब, कोयल की कूक और शानदार हारिल की कोकिल ध्वनि से वातावरण की मोहकता बढ़ जाती है। उच्चतर पहाड़ियों पर अगर बांस के झुरमुट नहीं होते, जिनकी पंखदार पत्तियां उनके किनारों पर लगे साल वृक्षों के झुंडों से खूबसूरती के साथ जुड़ जाती हैं, तो इस ऊष्णकटिबंधीय इलाके के भूदृश्य में कुछ भी विशेषता नहीं होती।

इस भाग में जलवायु संतुलित है। गर्मी के मौसम में नीचे का तापमान थर्मामीटर पर लगभग 77 डिग्री होता है। बहरहाल, दिन और रात के तापमान में काफी अंतर रहता है। गर्मी के मौसम में केनवास के अंदर यह अंतर लगभग 50 से 100 डिग्री तक होता है। यह किसी भवन में काफी अधिक स्थिर होता है और इसकी रेन्ज निचली घाटियों की तुलना में उच्चतर पठारी इलाकों में बहुत कम होती है। सर्दी के मौसम में (जो हमारे विन्टर के समय ही होता है) तापमान खुली हवा में रात के समय गलन अंत तक पहुंच जाता है। यह दोपहर के समय टेंट के भीतर 65 से 70 डिग्री से ज्यादा नहीं जाता।

इस इलाके को आबाद कहना मुश्किल है। सिर्फ कुछ दूरी पर स्थित मंडला में ही आबादी है। वहां निचली नर्मदा घाटी के हिन्दुओं ने एक ऊंचे क्षेत्र में उर्वरक जमीन

पर खेती कर ली है। मंडला, किसी समय गोंड राजपूत राजवंशों का मुख्यालय था। अनेक वनाच्छादित टीलों पर उनके किलों तथा अन्य भवनों के जर्जर अवशेष अब भी मौजूद हैं।

यहां के गोंड बहुत गरीब और दलित हैं, जिनकी स्वतंत्रता का भाव बहुत पहले चला गया है। आज वे तंगहाल और तनहा हैं। अब भी सामान्य प्रगति का प्रभाव उन तक नहीं पहुंचा है, जिसने अधिकतर हिस्सों में कुछ हद तक उन्हें उच्चतर प्रजातियों की दासता से मुक्त करा दिया है। वे बैल पर निर्भर रहने की जगह आमतौर पर मवेशियों की मदद से हल चलाते हैं और महाजनों के कर्ज के फंदे में बुरी तरह फंसे हैं, जो उनके द्वारा पैदा की गयी उपज पर सट्टा लगाते हैं। कोई स्थानीय बाजार नहीं है और सत्तर-अस्सी मील के बेहद खराब मार्ग पर अनाज को खुले इलाकों में बेचने में इतनी ज्यादा कठिनाई होती है कि उनके बदले जो दाम मिलते हैं, वे बहुत कम होते हैं। वे लोग गंदे छोटे गांवों में रहते हैं। इन गांवों में मुर्गियों और सुअरों की भरमार है और वहां साफ-सफाई की कोई कोशिश तक नहीं होती।

इन लोगों से तो पूरी तरह से आदिम अवस्था में रहने वाले जंगली बैगा हर लिहाज से कहीं बेहतर हैं। ये लोग मैकाल श्रृंखला की पहाड़ियों तथा पर्वत-स्कंध पर रहते हैं, जो इन घाटियों को काटती हैं। यही जनजाति मंडला के पश्चिम में वनाच्छादित क्षेत्र के बड़े भाग में फैली हुई है, जहां वे हमें आगे चलकर पुनः भूमिया के नाम से मिलती है। उनमें से बहुत कम लोगों ने ही अपने मूल रहवासों में कुछ बदलाव किया है। वे घाटियों के निचले भाग में स्थित गांवों में गोंडों के साथ रहते हैं। इन पर हिन्दुओं का कुछ असर है। वे अपने जटाजूट काटते हैं और जातिसूचक नाम रखते हैं। लेकिन पर्वत श्रेणियों का असली बैगा आज भी लगभग प्राकृतिक अवस्था में ही रहता है। बैगा लोग बहुत काले होते हैं। उनकी काठी उन्नत, छरहरी, लेकिन बहुत मजबूत होती है। इन अन्य जंगली जनजातियों की तुलना में इनके नाक-नक्श हब्शियों जैसे कम होते हैं। वस्त्र के नाम पर वे सिर्फ कपड़े की एक लंगोटी बांधते हैं और अगर पूरे कपड़े भी पहनना हो, तो सीने पर एक मोटा सूती कपड़ा डाल लेते हैं। उनके घुंघराले बाल कोयल की तरह काले होते हैं। वे अपने साथ तीर-कमान रखते हैं और एक धारदार छोटी कुल्हाड़ी उनके कंधे पर होती है। बैगा पर्वतीय आदिवासियों के आदर्श प्रतिनिधि हैं। खेती-बाड़ी में उसकी कोई रुचि नहीं होती, लेकिन वे पहाड़ों में 'ध्या' लगाते हैं। वे बांस की पिंचियों से अपने घर बनाते हैं, जो गरूड़ की नीड़ की तरह दिखते हैं। वे अपने घर किसी पर्वत-शिखर पर अथवा चट्टान के कगार पर बनाते हैं, जो घाटियों से काफी ऊपर होते हैं। पगडंडी से चलकर वे इन तक जाते हैं। बैगा, जमीन पर उगने वाले फल खाकर जिन्दा रहते हैं। बहुत साहसी और एक-दूसरे पर निर्भर रहने वाले, ये लोग जंगल के किसी भी जानवर पर हमला करने में नहीं झिझकते। इनमें शेर भी शामिल है। इनके पास बहुत घातक ज़हर होता है, जिसमें वे अपने तीरों की

नोक को बुझाते हैं। बड़े से बड़ा जानवर भी एक तीर खाने के बाद एक मील से ज्यादा नहीं जा पाता और पहले ही गिर जाता है। यह ज़हर स्थानीय नहीं होता। वनोपजों का व्यापार करने इन जंगली इलाकों में आने वाले व्यापारी उन्हें यह लाकर देते हैं। मेरा मानना है कि यह एकोनिटम फेरोक्स की जड़ का अर्क होता है, जिसका उपयोग पूर्वी हिमालय की कुछ जनजातियों द्वारा इसी उद्देश्य से किया जाता है। जख्म की जगह आसपास कुछ दूर तक मांस बदरंग होकर सड़ जाता है। इस हिस्से को काट कर फेंक दिया जाता है और बाकी शरीर को खाने के लिए उपयुक्त माना जाता है। इनके कमान पूरी तरह बांस के बने होते हैं। इनके आकार छोटे होते हैं, लेकिन इनकी मारक क्षमता अत्यधिक होती है। अच्छा निशाना लगने पर कोई टोप पचास गज दूर जाकर गिरेगा। इनके तीर दो तरह के होते हैं। एक तरह के तीर साधारण किस्म के होते हैं जिनके फलक लोहे के बने होते हैं। इनका उपयोग मामूली कामों के लिए किया जाता है। इन पर मोरपंख बंधे होते हैं। दूसरे तरह की तीर ज़हर बुझे होते हैं, जिनका उपयोग शिकार करने के लिए होता है। इन तीरों के फलक ढीले होते हैं, जिनके आसपास ज़हर बंधा होता है। यह ज़हर घाव में रह जाता है। ज़हरीले तीर दक्षिण अफ्रीका के बुशमेनों द्वारा उपयोग किये जाने वाले तीरों से बहुत मिलते हैं। इनकी कुल्हाड़ियां भी दो तरह की होती हैं। एक कुल्हाड़ी गोंडों की साधारण कुल्हाड़ियों जैसी होती है, जिसका उपयोग लकड़ी आदि काटने के लिए होता है। दूसरे तरह की कुल्हाड़ी काफी बड़ी होती है, जिसे टोंगिया कहते हैं। इसका फलक लंबा और अर्द्ध चंद्राकार होता है, जो प्राचीनकाल के लघुचित्रों में दिखाई देने वाले फरसे की तरह होता है। इन सभी औजारों तथा कृषि उपकरणों के लिए पहाड़ियों के स्थानीय लोह अयस्क का प्रयोग होता है। अगुरिया वर्ग के लोग इन्हें यह उपलब्ध कराते हैं, ऐसा लगता है कि ये गोंडों का ही एक वर्ग है। एक ऐसा बैगा भी है, जिसने सिर्फ अपनी कुल्हाड़ी से एक शेर को मार दिया था। यह छोटा-सा हथियार फेंक कर भी मारा जाता है। बैगा लोग इस विधि से खरगोशों, मोरों आदि को बहुत कुशलता के साथ मार देते हैं।

इतने जंगली इलाके में अलग-थलग रहने के बावजूद मंडला के बैगा किसी तरह शर्मीले या संकोची नहीं होते। अजनबियों से भरी रेलगाड़ी पास से गुजर जाए, पर वह शांति के साथ अपना 'ध्या' काटता रहता है, जबकि ऐसी स्थिति में कोई गोंड या कोरकू खेत छोड़कर जंगल में भाग जाता है। वे ज़रूरत से ज्यादा सच्चे और ईमानदार होते हैं। इसी कारण व्यापारी लोग इन्हें खूब ठगते हैं। उनकी स्व-शासन की पुरातन व्यवस्था आज भी इतनी प्रभावी है कि उनके लगभग सारे विवाद बिना किसी अपील के बुजुर्गों द्वारा हल किये जाते हैं, हालांकि हमारी विदेशी व्यवस्था में इसकी कोई कानूनी वैधता नहीं है। इन लोगों के बीच गंभीर अपराध होने की बात प्रायः कभी सुनने में नहीं आती। इनके बारे में सबसे अजीब बात यह है कि ये लोग

सबसे ज्यादा जंगली प्रजाति के हैं, लेकिन इनकी अपनी कोई जनजातीय बोली नहीं है। ये लोग एक अनगढ़ बोली बोलते हैं, जिसका लगभग हर एक शब्द हिन्दी से जुड़ता है। वे गोंडों से भी उनकी भाषा में संवाद कर सकते हैं, हालांकि वे आपस में इसका उपयोग नहीं करते। यही स्थिति भीलों की है, जो इन्हीं पहाड़ों के पश्चिमी हिस्से में रहते हैं। हालांकि वे भी अत्यधिक जंगली हैं, लेकिन उनकी अपनी कोई खास भाषा नहीं है और न पहले कभी रही है। कम-से-कम इतिहास तो यही बताता है। बैगा और भीलों से उनकी अनेक बातें मिलती हैं और इस बात का कोई प्रमाण नहीं है, कि उन्हे कोलारियन और द्रविण जनजातीय परिवारों से जोड़ा जा सके। आगे अध्ययन से शायद यह पता चल सके कि ये इन दोनों जनजातियों के अवशेष हैं और इन्हीं से हिन्दी ने अनेक ग़ैर-संस्कृत शब्द ग्रहण किये हैं। हमें पता है कि हिन्दी के इतिहास के प्रारंभिक काल में भील लोग इस इलाके में यमुना नदी तक रहते थे। अब वे सैकड़ों मील दूर हैं।

यह मानने का हर उपयुक्त कारण मौजूद है कि ये बैगा, स्वस्थानिक नहीं तो, कम-से-कम पहाड़ों के इलाके में गोंडों के पूर्ववर्ती अवश्य हैं। वे अपने आप को गोंडों से श्रेष्ठ मानते हैं, और उन्हें मानने भी दिया जाता है। गोंड लोग उनके साथ भोजन नहीं कर सकते और उनके पुजारी तथा ओझा बैगा होते हैं। उनका काम आत्माओं की दुनिया से संवाद स्थापित करना है। आत्माओं का वजूद जनजातीय अंधविश्वास में हर जगह है। इन पुजारियों का काम टोटके करना, बरसात करवाना तथा मंत्र से शेर अथवा बीमारी को भगाना है। बैगा ओझा उनके किरदार की तरह ही दिखता है। वह लंबा, पतला तथा मरियल होता है। उसकी आंखें भावशून्य और रहस्यमयी होती हैं। उसकी जरूरत पड़ने पर उसे बुलाने बहुत दूर आत्माओं के ठिकाने पर जाना पड़ता है। वह अपने कमंडल में मंत्रित जड़ी-बूटियां लेकर आता है। उसके गले में पड़ी जंगली फलों की गुठलियों की माला उसकी पवित्रता की सूचक होती है।

बैगा ओझा का सबसे खतरनाक काम उस आदमी की आत्मा को संतुष्ट करना होता है, जिसे किसी शेर ने मारा हो। मंडला में आदमखोर हमेशा बड़ी संख्या में रहे हैं। वर्ष के एक भाग में मवेशियों के बड़े झुंड यहां चरने आते हैं जो शेरों के लिए अच्छा भोजन बन जाते हैं। बाकी समय में ये मवेशी ऐसी जगह चले जाते हैं, जहां शेर नहीं जा सकता। अतः शेरों को भोजन की कमी हो जाती है। अतः शेर भोजन के अस्थायी अभाव में आदमखोर हो जाते हैं। लंबी घास यहां भरपूर है, जहां वे आसानी से छुप जाते हैं। जंगली लोगों की अनिश्चित आदतों के कारण तथा नर्मदा घाटी और छत्तीसगढ़ के मैदानों के बीच छोटा रास्ता लेकर चलने वाले यात्री इनके आसान शिकार बन जाते हैं। बैगा को उस जगह पर जाना होता है, जहां शेर ने आदमी को मारा होता है–उस जगह पर शेर अक्सर आता है। उसे अपने साथ मुर्गे तथा चावल जैसी विभिन्न सामग्री ले जानी होती है, जो पूर्वजों को अर्पित की जाती है। इसके बाद

बैगा उस घटना का मूकाभिनय करता है। वह शेर की तरह हरकतें करता है। अपने शिकार पर उछलता है और खून से सनी जमीन को मुंह में भर लेता है। आठ दिन गुजरने के बाद, यदि इस बीच में शेर उस बैगा को उठाकर नहीं ले गया हो तो, यह माना जाता है कि आत्मा ठीक से संतुष्ट हो गयी है। इसके बाद लोग पुनः जंगल जाते हैं। यह सिद्धांत इस अंधविश्वास पर आधारित है कि शिकार हुये व्यक्ति के भूत को यदि मंत्रों से शांत न किया जाए, तो वह शेर के सिर पर सवार रहती है और उसे अधिक हत्यारे काम करने को उकसाती है। इससे वह भी उसकी अतिप्राकृत निगरानी से भी सुरक्षित हो जाता है। महामारी और बीमारी दूर करने के लिए उनकी यह सुखद धारणा है कि इसे किसी और को भेज दिया जाए। अतः आमतौर पर दी जाने वाली बलियों के बाद वे अपने गांव को झाड़ते हैं और गंदगी को मार्ग पर डाल देते हैं अथवा किसी अन्य गांव की सीमा के भीतर फेंक देते हैं।

सच्चे ओझा में स्वयं को तंद्रा की स्थिति में ले जाने की क्षमता होती है। ऐसा माना जाता है कि इस दौरान उसमें देवता आ जाता है, जो भविष्य के रहस्य उन्हें बताता है। मैंने स्वयं तो ऐसा होते कभी नहीं देखा, लेकिन इसकी पुष्टि करने वाले लोग बताते हैं कि ओझा के शरीर में प्रगट होने वाले लक्षण इतने दुस्सह होते हैं कि इसे महज अभिनय नहीं माना जा सकता। अन्य लोगों से इस बात के पर्याप्त प्रमाण मिलते हैं कि कुछ लोग इस तरह की अवस्था में जाने के लिए स्वयं को प्रशिक्षित कर सकते हैं, ताकि हम यह मान लें कि बैगा की यह गतिविधि आत्मवंचना से ज्यादा कुछ नहीं है। धर्म के मामले में, बैगाओं ने हिन्दुओं के कुछ विध्वंसक प्रकार के देवताओं को अपना लिया है। लेकिन वे मुख्य रूप से सम्मान और श्रद्धा मृतात्माओं तथा धरती माता के प्रति ही व्यक्त करते हैं, जो उनके जनजातीय भगवान हैं। उनका एक जनजातीय नाम भूमिया है, जिसका अर्थ है 'धरती पुत्र'। यह बड़ी अद्‌भुत बात है कि इन पहाड़ों पर रहने वाली हर एक जनजाति (भील सहित) में पुजारी अथवा ओझा को इसी नाम से बुलाया जाता है। किसी मृतात्मा को मंत्र द्वारा किसी भौतिक वस्तु में उतारने का अनुष्ठान भी इन्हीं बैगाओं द्वारा किया जाता है। यह सिर्फ इन्हीं पहाड़ी क्षेत्रों में होता है।

पुरुष बैगा किसी गोंड से अलग आसानी से पहचान में आ जाता है, लेकिन बैगा और गोंड महिलाओं में किसी प्रकार की भिन्नता नहीं होती। बैगा महिलाओं का रंग कुछ ज्यादा काला जरूर होता है, लेकिन उनके कपड़े पहनने का तरीका एक जैसा होता है। वे एक जैसे आभूषण (बकरे के बालों का जूड़ा सहित) पहनती हैं और उन्हीं के समान पांवों पर गुदना करवाती हैं। बैगा लोग, भीलों की तरह, अन्य जनजातियों की तुलना में बड़े गांवों में एक साथ रहना कम पसंद करते हैं। उनके घर एक-दूसरे से पूरी तरह असंबद्ध होते हैं। लेकिन ऐसे गांवों की संख्या भी काफी है, जहां इनके बहुत अधिक परिवार रहते हैं। ये चौकोर घर बहुत सुघड़ता से बनाये जाते हैं और पूरी जगह को बेहद स्वच्छ रखा जाता है।

इन पहाड़ी इलाकों में हमने जितनी भी जनजातियां देखीं उनमें बैगा जंगलों के सबसे जबर्दस्त दुश्मन हैं। उन्होंने अपनी 'ध्या' खेती के लिए हजारों वर्गमील क्षेत्र में साल वनों का सफाया कर दिया है। इसके बाद इस जमीन पर ठूंठों से छोटे साल वृक्षों पर हर जगह उन्होंने काटकर घेरे बनाये हुये हैं, ताकि साल से निकलने वाला गोंद राल वहां से निकाला जा सके।

इस राल को यहां ढोक कहा जाता है। इसका उपयोग गोदी बाढ़ा की जमीन बिछाने के लिए व्यापक रूप से किया जाता है। व्यापारिक पैकेटों पर परत चढ़ाने के लिए भी इसका काफी उपयोग होता है। इसे पाने के लिए पेड़ पर नीचे की ओर से तीन या चार फिट तक ऊंचाई पर उसकी छाल में एक गोल घेरा काट दिया जाता है। यह उस समय किया जाता है, जब पेड़ में से गोंद बड़े बुलबुलों के रूप में निकलता है। बहरहाल, अनेक अर्द्ध वृत भी उतने ही प्रभावी होते हैं। इनसे पेड़ का जीवन नष्ट नहीं होता, जबकि पूरा घेरा काटने से पेड़ का जीवन खतरे में पड़ जाता है। अब हमारे इलाके में पूरा घेरा काटने पर पूरी तरह पाबंदी लगा दी गयी है। लेकिन मुझे नहीं लगता कि कोई और कम खर्चीली विधि इसकी जगह ले पायी है। देशी राज्यों में स्थित साल के विशाल क्षेत्र से व्यापार की वर्तमान जरूरत पूरी हो जाती है। राल को इकट्ठा कर इसे लाख रंजक के साथ बेचकर इसके बदले नमक, मोती तथा तीर का ज़हर प्राप्त किया जाता है, जो घुमंतु व्यापारी हर साल बैलों पर लादकर जंगलों में लाते हैं। यह कहा जा सकता है कि पूरे साल में बैगाओं द्वारा किया जाने वाला यह एक मात्र व्यापारिक लेनदेन होता है। वह नीचे बाजार में बहुत कम जाता है और उसे सिक्कों के बारे में कुछ भी पता नहीं होता।

सौभाग्य से, साल वृक्ष में, सागौन के विपरीत, पुनः उगने की शक्ति बहुत अधिक होती है। प्रत्येक परिपक्व वृक्ष की छाया में लाखों बीज होते हैं और अनुकूल स्थिति मिलते ही अंकुरण के लिए तैयार हो जाते हैं। जंगल की आग के खतरे से ऊपर ये बीज तेजी से ऊपर आते हैं और शाखाएं फूटने से पहले सीधे बढ़कर काफी लंबे हो जाते हैं। हालांकि बढ़ईगिरी और आड़ी मियालों जैसे कुछ कामों के लिए साल की लकड़ी सागौन से कमतर होती है, लेकिन पहियों के निर्माण तथा संरचनाओं को सहारा देने जैसे कामों में यह सागौन से बेहतर होती है। यह लकड़ी सीधी और मजबूत होती है और संरचना को नीचे नहीं गिरने देती। ऊपरी भारत की यह एकमात्र इमारती लकड़ी है, जहां सागौन का पता नहीं है। इन नदियों की असीमित ज़ल शक्ति इन्हें स्थल पर ही रूपांतरित करने का साधन उपलब्ध करा देती है और नर्मदा में बहाकर इसे खुली घाटी में पहुंचा दिया जाता है। साल अपने आप नहीं तैरता, जब कि इसे अनेक वर्षों तक पकाया न जाए। लेकिन पहाड़ों में श्रेष्ठ बांस प्रचुर मात्रा में पैदा होते हैं। इन्हें साल के डूंड के आसपास बांध दिया जाता है, जिससे वे तैर जाते हैं। लेकिन इन बांसों का भी काफी मूल्य होता है। वर्तमान में इन जंगलों से बहुत ज्यादा जलाऊ

लकड़ी की आपूर्ति नहीं की जाती, क्योंकि यह इलाका नर्मदा से लगभग तीस या चालीस मील दूर है और ऐसी कोई सड़क नहीं है जिस पर भारी इमारती लकड़ी का परिवहन किया जा सके।

इन क्षेत्रों में साल के गोंद के अलावा और भी अनेक लघु वनोपजों का संग्रहण किया जाता है, जिन्हें मैदानी इलाकों में व्यापारियों को बेच दिया जाता है। इनमें से कुछ का उल्लेख पहले ही किया जा चुका है। एक अन्य लघु वनोपज चिपकाने वाली लाख है, जो अनेक प्रकार के पेड़ों की छोटी टहनियों पर एक कीड़े द्वारा जमा की जाती है। इन टहनियों को तोड़कर उसी अवस्था में बेच दिया जाता है। ये अत्यधिक लाल (मूंगे की तरह) दिखाई देते हैं। एक पेड़ से करीब बीस पौंड लाख सालाना प्राप्त होती है, बशर्ते कि कुछ कीड़ों को इन पर प्रजनन के लिए रहने दिया जाए। लेकिन दुर्भाग्य से अक्सर जंगली लोग पेड़ पर चढ़ने की मेहनत से बचने के लिए पूरे पेड़ को ही काट डालते हैं। इन जंगली लोगों में जंगलों का विनाश करने की जन्मजात प्रवृत्ति निश्चय ही बहुत ज्यादा है। यहां तक कि जहां जंगलों का विनाश उनके स्वयं के हितों के विरूद्ध होता है, वहां भी वे ऐसा करने से बाज नहीं आते। कोई बैगा या गोंड रास्ते पर चलते हुए बिना सोचे-विचारे ही अपने कंधे से कुल्हाड़ी उतारकर आसपास उगते किसी भी नये पौधे को बिला वजह ही काट देगा और आपको हर जगह इस तरह कटे हुये पौधे मिल जाएंगे। लाख का उपयोग रंजक बनाने में किया जाता है। जबलपुर के एक कारखाने में इसका बड़ी मात्रा में उपयोग होता है। कारखाने के एजेन्ट कच्चे माल की तलाश में इन जंगलों के दूरस्थ इलाकों तक जाते हैं।

जंगली टसर रेशम-कीड़ों के ककून भी काफी मात्रा में एकत्रित कर रेशम कातने वालों को बेचे जाते हैं, जो मैदानी इलाकों के गांवों में इसी के सहारे जीवनयापन करते हैं। अनुभव यह बताता है कि ये कीड़े बंधन में रखे जाने पर रेशम उत्पादन करने वाले स्वस्थ कीड़ों की दूसरी पीढ़ी को जन्म नहीं दे पाते और उनके स्थानीय पहाड़ों से उन्हें हर साल नयी आपूर्ति करनी होती है। ये कीड़े मुख्य रूप से साज वृक्ष की पत्तियां खाकर जीवित रहते हैं। पत्तियां पतझड़ी होती हैं, अतः इन कीड़ों की कोषावस्था में इन्हें सुरक्षा नहीं मिल पाती, यदि अन्य प्रजातियों की तरह, ककून को सिर्फ पत्ती से ही संलग्न कर दिया जाए। इस नन्हें प्राणी की सहजवृत्ति इसे बताती है कि वह अपने ककून को एक मजबूत रेशमी रस्सी के जरिये पत्ती के तने से बांध दें, जहां यह पेड़ की हर एक पत्ती के झड़ जाने के बाद सुरक्षित रूप से यहां-वहां झूलता रहता है। प्रजननकर्ताओं द्वारा जंगल से लाये गये ककूनों को बिना ठूंठ वाले साज पेड़ों से संलग्न कर दिया जाता है, जो उनके गांवों के पास उगे होते हैं। वे तब तक संलग्न रहते हैं, जब तक कीड़े अंडे देकर जोड़े नहीं बना लें। उस वक्त मादाओं को पकड़कर उनसे बंद बर्तनों में अंडे दिलवाए जाते हैं, जहां उन्हें गर्मी में सेया जाता है। अंडों से उत्पन्न कीड़ों को पुनः साल वृक्षों पर रखा जाता है, जहां वे अपने ककून बनाते हैं।

इन ककूनों को कातकर मोटा रेशम बनाया जाता है, जिसे 'टसर' कहते हैं। यह काम बड़ा अनिश्चित है और इसकी सफलता मौसम की अनुकूलता पर निर्भर करती है। इस अनिश्चितता के कारण इससे अंधविश्वास भी जुड़ गया है। अतः स्थानीय पहाड़ियों से ककून को ले जाते समय उनके साथ बैगा से खरीदा गया आशीर्वाद भी जाना जरूरी है। यदि प्रजननकर्ता को सफलता की इच्छा है, तो उसे यह करना अनिवार्य है।

इन जंगलों से अत्यंत अल्पमात्रा में होने वाले लघु वनोपजों के निर्यात के अलावा, इनका एकमात्र आर्थिक उपयोग अभी तक यह है कि मवेशियों के लिए वे शानदार चारे का काम करते हैं, जो हर साल गर्मी के मौसम में यहां मैदानी इलाकों से दूर-दूर से दोनों तरफ चराने लाये जाते हैं। यहां की अच्छी घास और छाया तथा पानी के कारण यह भारत का एक श्रेष्ठतम चारागाह है।

इन बेहतरीन चारागाहों को खेती के योग्य बनाने की संभावना को लेकर कुछ हिचक महसूस की जा सकती है, जब यह विचार किया जाए कि भारत जैसे देश के जीवन के लिए बैलों का बड़ी संख्या में प्रजनन कितना ज्यादा जरूरी है। यहां इंग्लैंड के स्टीम इंजन और कृषि-घोड़े की जगह भारवाही बैल से खेती की जाती है। यहां मवेशियों का प्रजनन खाने के लिए नहीं बल्कि कृषि कार्यों में उपयोग के लिए किया जाता है। कड़ी और जली हुई मिट्टी, मौसम की जलती हुई धूप में, घोड़ा या इंजन इन बैलों की जगह नहीं ले सकते, जिस समय पतझड़ी फसल की जुताई और बुआई चल रही हो, भले ही कम कीमत पर इफरात में ईंधन क्यों न मिल जाए। इसीलिए, हिन्दुओं को धार्मिक रूप से इस बात का निषेध है कि वे सींग वाले पशुओं को भोजन के रूप में उपयोग न करें। यह सच हो सकता है कि ऐसे जानवरों की लाशों को छूने अथवा उनकी मृत्यु का किसी भी तरह का व्यापार करने पर सख्त प्रतिबंध के कारण हिन्दू पशुपालक उनके चमड़े, सींग, चर्बी, सरेस आदि से होने वाली आमदनी से वंचित हो गये, लेकिन धार्मिक मान्यताओं के पीछे के निहितार्थ को समझ पाना असंभव होता है। कृषि के लिए उपयोगी जानवरों की हत्या को रोकने का और कोई प्रभावी उपाय नहीं था। इस नीति का उद्देश्य यह था कि इन जानवरों को इतना पवित्र बना दिया जाए कि कोई उनकी हत्या न करे। यदि भोज्य वस्तु के रूप में भी देखा जाए, तो गाय की रक्षा करने से नुकसान कम और नफा ज्यादा है, क्योंकि उससे गर्म जलवायु वाले इलाके में स्वास्थ्य के लिए गोमांस से ज्यादा लाभकारी दूध और मक्खन प्राप्त होता है। निश्चय ही, ऐसा कोई भी उपाय अत्यधिक आपत्तिजनक होता, जिससे कृषि के लिए उपयोगी पशुओं की आपूर्ति कम हो सकती हो। लेकिन मैं समझता हूं कि मंडला के उष्णकटिबंधीय घास के मैदानों के संभावित कृषिकरण से ऐसी किसी आशंका को स्थान देने की जरूरत नहीं है। उच्चतर क्षेत्रों में पर्याप्त वन भूमि हमेशा उपलब्ध रहनी चाहिए, ताकि गर्मी

के मौसम के अंत में घास मिल सके, जो वर्ष के सबसे कठिन समय में जानवरों के लिए सबसे जरूरी होती है। शेष इलाके में लोग स्वयं अपने खेती के क्षेत्र के एक भाग पर पशुओं के लिए चारागाह विकसित करना सीख जाएंगे। ऐसा अन्य देशों में और भारत के अन्य भागों में हुआ भी है। यह बेहतरीन प्राकृतिक चारागाह, बेशक बहुत फायदेमंद है, लेकिन यहां तक कि भारत में भी यह पूरी तरह अपरिहार्य नहीं है।

यह असंभव है कि इस जैसा इलाका लंबे समय तक निर्जन रहा हो तथा यहां सिर्फ भैंसों और जंगली जानवरों के झुंड रहते हों। प्राकृतिक क्षमताओं के मामले में यह भारत के अधिकतर अंचलों से ज्यादा पसंद किया जाता है। यहां हर तरह की मिट्टी बहुतायत में है और जहां भी प्रयास किया गया वहां ज्ञात पूर्वी कृषि का हर एक उत्पाद काफी पैदा किया गया है। यहां गेहूं, अनाज, चावल, कपास और विशेषकर पटसन की बहुत अच्छी फसल हुई है। इस बात में कोई शक नहीं कि ऐसी जगह मिल सकती हैं, जहां हर वह चीज पैदा की जा सकती है, जो भारत में पैदा होती है। इनमें आलू, चाय, कॉफी और सिनकोना शामिल हैं। घोड़ों सहित पशुओं का प्रजनन, भेड़ों को छोड़कर, उन इलाकों में लाभकारी होता है, जहां प्राकृतिक चारागाह, छाया तथा पानी प्रचुरता से उपलब्ध होते हैं।

इस इलाके में लोहे तथा अन्य खनिज सम्पदा का कभी पूर्ण परीक्षण नहीं किया गया, जबकि सतह पर देखने से यह स्पष्ट होता है कि वे यहां बहुतायत में हैं। एकाधिक झरनों में रेत के साथ थोड़ी मात्रा में सोना बह जाता है। इससे मेहनत की वसूली तक नहीं हो सकती। यह संभव है कि इसके निक्षेप ज्वालामुखीय सामग्री के प्रवाह के काफी नीचे स्थित पुरातन चट्टानों के क्वार्ट्जों में दबे पड़े हों।

तब यह प्रश्न पूछा जा सकता है कि इस अनुकूल क्षेत्र में मानव बसाहट क्यों नहीं हो पायी? जबाव आसान है, यदि हम भारत की पुरानी अवधारणा की जगह ज्यादा सही अवधारणा को सामने रखें। पुरानी अवधारणा यह है कि पूर्व में भारत एक ऐसा देश था, जहां पौराणिक युग में उद्यमशील प्रजातियां रहती थीं। इससे अधिक सत्य धारणा यह है कि इस देश का बड़ा क्षेत्र युवा है, जिस पर अब उत्तर से आर्य तत्व के धीमे विस्तार के कारण लोगों का रहवास होने लगा है। यही एक कारण है कि पृथ्वी पर किसी भी अनजान क्षेत्रों में बस्तियां बसी हैं। आबादी के इसी बहाव के कारण निचली नर्मदा घाटी से जंगली हाथी बाहर चले गये हैं और मूल वन क्षेत्र में गेहूं की फसल होने लगी है। लेकिन इसका असर इस अधिक निर्जन क्षेत्र में अभी तक नहीं हुआ है। ऐसा होने में असामान्य बाधाएं हैं, लेकिन अब वे ज्यादा लंबे समय तक नहीं रहेंगी। ऐसा तब होगा जब इस इलाके से बाहर रहने वाले लोग यहां की प्राकृतिक संपदा से आकर्षित होकर हिन्दू जैसे गृहप्रेमी और कम जोखिम लेने वाली प्रजाति के लोग यहां आकर रहने लगेगें, जैसा कि

उन्होंने विंध्य श्रृंखला में किया, जब वे बड़ी संख्या में गंगा घाटी से पहले वहां पहुंचे। उनकी स्वाभाविक अप्रगतिशीलता अब विदेशी हमले अथवा घरेलू दमन के द्वारा बाधित नहीं है, जैसी पुरातन काल में थी। वे आज भी निचली घाटी के उर्वरक क्षेत्रों में विरल रूप से रहते हैं और सिर्फ पांच या छह गुना प्रतिफल के लिए इस समृद्ध भूमि का उपयोग करते हैं और काफी ज्यादा बेकार भूमि उनके दरवाजे के पास ही बेकार पड़ी है। किसी उथले प्रेक्षक के द्वारा इस विशाल पर्वतीय क्षेत्र की अविकसित स्थिति पर आश्चर्य व्यक्त करना स्वाभाविक है। वह जब बहुत लाभप्रद प्रस्तावों की पड़ोस के लोगों द्वारा अनसुनी होते देखता है, तो उसे बड़ा ताज्जुब होता है। इसका स्पष्टीकरण वही है, जो मैंने बताया है। बाहर आबादी का दबाव इतना अधिक नहीं है कि वे लोग पड़ोस के क्षेत्र में जाकर कठिनाइयां उठाना चाहें।

इनमें से कुछ कठिनाइयों का मैं उल्लेख करूंगा। इनमें इस इलाके की दुर्गमता, नये आकर रहने वालों के प्रकृति शक्तियों के साथ टकराव, अस्वास्थ्यकर जलवायु, सघन जंगल और भयानक जानवर शामिल हैं। इस मामले में ज्यादातर भय तो काल्पनिक हैं, हालांकि उनका असर कुछ कम जरूर है। बेशक, इस इलाके में पहुंचना बहुत कठिन है। रेलवे लाइन अथवा किसी बाजार से निकटतम उपलब्ध बंजर भूमि लगभग अस्सी मील ऊपर की तरफ है और बीच में कोई अच्छा मार्ग भी नहीं है। कुछ वर्षों में दक्षिण की ओर कुछ प्रयास किया गया है, ताकि निम्नतम घाटियों में पहुंचा जा सके। इसके लिए पहाड़ों में मार्ग बनाकर ऐसा प्रयास किया गया है। ये पहाड़ इस इलाके को नागपुर के मैदानी क्षेत्र से अलग करते हैं। इससे लगी घाटी में आबादी नर्मदा घाटी की आबादी से ज्यादा सघन है। इस मार्ग तथा जंगल के बीच में यूरोपियन सिविल अफसर तथा उसके सहयोगियों द्वारा दिये गये प्रोत्साहन के परिणाम के कुछ लक्षण मार्ग की ऊपरी जमीन पर कुछ हिस्सों में आवास निर्माण के रूप में दिखाई देने लगे हैं। लेकिन यहां भी अनेक वर्षों तक बहुत ज्यादा आबादी की उम्मीद नहीं है। निकटतम बाजार सौ मील दूर होगा, जहां जाने के लिए ठीक रास्ता भी नहीं होगा। अतिरिक्त आबादी कोई बहुत ज्यादा नहीं है और काम शुरू करने के लिए पास ही में बहुत ज्यादा बंजर भूमि आज भी पड़ी है। मुझे भय है कि यह प्रयोग वैसा ही होगा जिसका एक ही परिणाम होता है–एक ऐसी निष्क्रिय बस्ती की मदद करने के प्रयास में भारी खर्च हो जाना, जो आबादी के प्राकृतिक विस्तार के कुछ आगे बसा दी गयी है।

जलवायु के मामले में, इतनी कम ऊंचाई पर इस फैलाव में स्थित सभी वनाच्छादित इलाकों की तरह इस इलाके में भी अक्टूबर से जनवरी तक मलेरिया बुखार का प्रकोप होता है। लेकिन अनुभव से पता चलता है कि यह असर तब तक रहता है, जब तक इलाके की कटाई नहीं होती। यह भी संभव है कि किसी समय निचली नर्मदा घाटी इतनी ही अस्वास्थ्यकर हो। लेकिन अब यह देश के किसी भी

अन्य भाग की तरह स्वास्थ्यकर है। इन प्रांतों में इतनी ही खराब छवि वाले जंगल के मध्य अनेक स्थानों पर अनेक स्टेशन स्थापित किये जा चुके हैं और यह पाया गया कि जंगल की कटाई के साथ ही यह बुखार भी गायब हो गया। मलेरिया को छोड़ दिया जाए, तो यहां की ज़लवायु मानव रहवास के लिए अत्यधिक अनुकूल है। यहां की स्थितियां ही ऐसी हैं। इन विशाल पर्वत श्रेणियों के बाहर किसी भी अंचल में यहां जैसी शीतलता और ताज़गी नहीं है। यहां पर्याप्त आर्द्रता है और इसके आसपास सदा हरियाली छाई रहती है।

जहां तक निकृष्ट वनस्पतियों तथा खतरनाक जानवरों से उत्पन्न हो सकने वाली बाधाओं का सवाल है, तो ये मुख्य रूप से काल्पनिक हैं। खेती के लिए असीमित मैदानी इलाका उपलब्ध है। सिर्फ मोटी प्राकृतिक घास को हटाने की जरूरत है। यहां पर झाड़ों के जंगल और भारी इमारती लकड़ियों के पेड़ कुछ खास नहीं हैं। इन घासों की विपुलता सिर्फ इस जमीन की उर्वरकता की परिचायक है। इस घास को मई के महीने में आग लगाकर इस बड़े क्षेत्र को खेती के योग्य बनाया जा सकता है। किसान की कुल्हाड़ी और हल के सामने, अन्य जगहों की तरह, यहां से भी जंगली जानवर भाग खड़े होंगे। यहां वैसे भी इंसानी जान के लिए खतरनाक जानवरों की संख्या देश के अन्य अधिक खुले भागों की तुलना में ज्यादा नहीं है। दोनी और बैतूल जिलों में अवश्य शेरों की संख्या मंडला जैसे क्षेत्रों की अपेक्षा ज्यादा है। वहां ऐसा नहीं पाया गया कि उनके कारण आबादी और खेती के निरंतर विस्तार में कोई गंभीर बाधा उत्पन्न हुई हो।

इस प्रकार मैंने इस क्षेत्र की संभावनाओं पर विस्तार से चर्चा की, क्योंकि पहाड़ी इलाके की बंजर भूमि को खेती योग्य बनाने में आने वाली कठिनाइयों को उजागर होने में मदद मिली। इसके अलावा अन्य अनेक क्षेत्रों में प्रायः ऐसी ही स्थितियां मौजूद हैं, हालांकि विस्तार और महत्त्व के मामले में उनमें से किसी की भी तुलना इससे नहीं की जा सकती। यहां बसने वालों के लिए यहां ज्यादा लाभ उपलब्ध हैं, विशेषकर यूरोपियन लोगों के लिए। मैं उन लोगों में से नहीं हूं जो यह मानते हैं कि यूरोपियन लोग भारत के 'मैदानी क्षेत्रों' में अपने हाथों से कोई लाभकारी मेहनत का कार्य नहीं कर सकते; और यहां तक कि इस ऊंचाई पर, मेरा मानना है कि, सूर्य इतना ज्यादा तपता है कि किसी संतुलित क्षेत्र के निवासी भी यहां शारीरिक श्रम नहीं कर सकते। हालांकि रात के समय शीतलता और ठंडी हवा रहती है और तापमान कम रहता है और वनस्पति में ताज़गी रहती है। लेकिन मैं समझता हूं कि यह ऐसा इलाका है, जहां यूरोपियन ऊर्जा, बुद्धि तथा पूंजी के उपयोग तथा स्थानीय श्रमिकों को निर्देश के काफी अच्छे परिणाम मिल सकते हैं।

श्रमिक प्राप्त करने में बहुत ज्यादा कठिनाई होगी। मुझे इस बात में शक है कि बाहर मैदानी इलाकों के नियमित हिन्दू किसानों को कोई भी लालच देकर इन

जंगलों में लाया जा सकता है। जहां वे हैं, वहां जब तक उन्हें दाना-पानी मिल रहा है, तब तक यह संभव नहीं है। आदिवासी लोग इतने भीरू और अस्थिर होते हैं कि वे कभी भरोसेमंद श्रमिक हो ही नहीं सकते। मैं तो आवश्यक मात्रा में श्रमिक प्राप्त करने के लिए समुद्र तटीय जिलों की ओर देखना पसंद करूंगा। अगर इन बंजर जमीनों को एक सुसंगत समय सीमा में खेती योग्य बनाना है, तो यही उपयुक्त होगा। यह सचमुच आश्चर्य का विषय है कि ये समुद्र तटीय लोग अनेक वर्षों से समुद्र पार कर वेस्टइंडीज, मारीशस और अन्य दूरस्थ देशों में जाने को उत्सुक हैं और बड़ी संख्या में उन्हें वहां भेजा गया है, जबकि उनके अपने देश के अंदरूनी क्षेत्रों में बेहतरीन भूमि के बड़े क्षेत्र श्रमिकों के लिए तरस रहे हैं। यदि उन्हें वैसा ही प्रलोभन दिया जाए, तो यह कहना मुश्किल है कि वे अपनी अत्यधिक भीड़भाड़ वाली स्थितियों को छोड़कर कहां जाना पसंद करेंगे। अधिक मजदूरी के लोभ में ही वे दूसरे देशों के प्रति आकर्षित होते हैं, जो वहां के उद्योग उन्हें देने की पेशकश करते हैं; और भारत में, कॉफी, चाय आदि यूरोपियन मांग की वस्तुओं ने यूरोपियन उद्यम को आकर्षित किया है। जहां उसी तरह की मजदूरी देने का प्रस्ताव दिया गया, वहां काफी संख्या में श्रमिक उपलब्ध हुये हैं। इन जंगली इलाकों को खेती योग्य बनाने के लिए यह आवश्यक लगता है कि कुछ विशेष प्रकार के उद्योग की स्थापना की जाए, जिससे यूरोपियन ऊर्जा और पूंजी आकर्षित हो सके। तभी बड़ी संख्या में भारतीय श्रमिकों का एक भाग से दूसरे भाग में आना-जाना हो सकेगा। इस बात में कोई शक नहीं है कि यहां इन उद्योगों की स्थापना हो सकती है। चाय, कॉफी और सिकोना आदि विदेशी विषयों को छोड़ भी दिया जाए, जो अभी तक भारत के लिए उपयुक्त सिद्ध नहीं हो पाए हैं, तो भारत एक ऐसे बिन्दु तक पहुंच रहा है कि यह अपने पुराने और अच्छी तरह आजमाये हुये मुख्य खाद्यान्नों के उत्पादन में निवेश के लिए आयातित पूंजी दे सकता है, विशेषकर ऐसी सुधरी हुई वैज्ञानिक स्थितियों में और उन विधियों के लिए जो यूरोपियन ज्ञान से मिलने की उम्मीद की जाती है। संचार साधनों में सुधार के फलस्वरूप देश के विभिन्न भागों में मूल्यों में इतनी समानता आ गयी है कि अकेले पश्चिमी भारत में कपास की खेती के विस्तार से भारत के अधिकतर भाग में सभी तरह के कृषि उत्पादों का स्थानीय मूल्य दोगुना से ज्यादा हो गया है। मवेशियों की कीमत दस साल पहले की तुलना में लगभग तीन गुना बढ़ गयी है। भूमि तथा इससे संबंधित सभी उत्पादों के मूल्य में 1857 की क्रांति के बाद से जैसा उछाल आया है, वैसा दुनिया के किसी देश में पहले कभी नहीं आया। यह भी चकित कर देने वाली बात है कि जागरूक लोग इस बात को नहीं मानते कि यह स्थायी हो सकता है। इसका स्थायित्व, ऐसा लगता है कि, इस बात पर निर्भर करेगा कि आगामी कुछ वर्षों में अंतिम शेष क्या रहता है। यदि कपास की कीमत ऐसी ही बनी रहती है, तो हर चीज के विषय में ऐसी उम्मीद

की जा सकती है। यह एक ऐसा लक्षण है, जिस पर भारत के हर शुभचिन्तक को प्रसन्न होना चाहिए कि इस बार हमारी फसल वैसी ही है, जैसी युद्ध के पहले अमेरिका में थी। कपास की कीमत बाजार में अब भी स्थिर बनी हुई है, जबकि अमेरिका का कपास उत्पादक इस डर से अपना उत्पादन क्षेत्र नहीं बढ़ा रहे कि कहीं कीमत नीचे न आ जाए। बेशक, भारत में आगामी कुछ वर्षों में अनाज की कीमत में कुछ कमी आ जाएगी। इसमें कोई शक नहीं कि हाल ही में इनकी कीमतों में जो जबर्दस्त वृद्धि हुई है उसका एक कारण कपास के लिए जमीन हथियाए जाने के कारण उत्पन्न वास्तविक अभाव है। बुआई क्षेत्र का विस्तार कर इसका तेजी से समाधान किया जा रहा है। कीमतें जल्दी ही घटकर उपयुक्त स्तर तक आ जाएंगी।

अनेक परिस्थितियां यही इंगित करती हैं। अतः यह उम्मीद की जा सकती है कि शीघ्र ही इन क्षेत्रों में संभव कृषि कार्यों के लिए विदेशी पूंजी का निवेश होना शुरू हो जाएगा। यह निवेश वैज्ञानिक रूप से व्यापक स्तर पर होगा, जिससे समुद्र तटीय क्षेत्रों से बड़ी संख्या में श्रमिक यहां आएंगे। वर्तमान में, पशु-प्रजनन कार्य से शुरुआत करना सबसे ज्यादा उपयुक्त लगता है, क्योंकि इसमें सबसे कम लोगों की जरूरत होती है और इस व्यवसाय में अच्छी सड़कें न होने से कोई खास बुरा असर नहीं होता। इससे इन क्षेत्रों में सरकार अपनी सम्पति के बंदोबस्त के रूप में पहला कदम उठाने को प्रेरित होगी कि नहीं यह एक प्रश्न हो सकता है। भारत सरकार ने इस तरह के अनेक उद्यमों में सफल उदाहरण प्रस्तुत किये हैं। यदि वैज्ञानिक रूप से तथ्य सामने रखे जाएं, तो इस मामले में भी इसके पीछे हटने के कोई लक्षण नहीं है। मुझे निश्चित रूप से ऐसा लगता है कि मंडला जिले से होकर एक बेहतरीन सड़क का निर्माण कर कृषि योग्य की जा सकने वाली बंजर भूमि और इसके शानदार साल वृक्षों को जबलपुर स्थित रेलवे से यदि जोड़ दिया जाए तो आज की एक बहुत बड़ी ज़रूरत पूरी हो जाएगी। पहले भी इस संबंध में आग्रह किया जा चुका है और इसकी तत्काल आवश्यकता को बार-बार स्वीकार किया गया है। सिर्फ पैसे की कमी रही है। यह कमी संभवतः आने वाले अनेक वर्षों तक जारी रह सकती है।

हमने भारत में हाल ही की आर्थिक तंगी के बारे में काफी सुना है और उन बातों को लेकर सरकार की कड़ी आलोचना की गयी, जो एक-दूसरे से अत्यधिक अलग थीं। इसका बराबर दोष अतिरिक्त करारोपण तथा देश के विकास को प्रभावित करने वाले विषयों पर खर्च न करने को दिया गया। इनमें से किसी भी आलोचक ने देश की वर्तमान अवस्था को वास्तविक रूप में नहीं देखा। यह स्थिति बहुत विचित्र है, जिसके कारण वर्तमान में अत्यधिक परेशानी तो उत्पन्न हो रही है, लेकिन इसमें भविष्य के लिए बहुत आशा है। मैंने कीमतों की स्थिति का जिक्र किया और मुझे ऐसा लगता है कि इसी में सभी वर्तमान कठिनाइयों के समाधान की कुंजी निहित है। दस सालों में श्रम का मूल्य दोगुना हो गया है, जबकि खाद्य सामग्री की कीमतों में लगभग

तीन गुना वृद्धि हुई है। सरकार को ज्यादातर राजस्व जमीन से प्राप्त होता है, और कृषि की समृद्धता के ऐसे समय में वह लगान को बढ़ाकर अपने अत्यधिक बढ़े हुए खर्चों को पूरा कर सकती है, जो कीमतों और मजदूरी में वृद्धि के कारण बढ़ गये हैं। लेकिन कृषि की उन्नति में दखल दिये बिना लगान को बढ़ाना असंभव पाया गया है। कारण स्पष्ट है। अधिक जमीन पर कपास की खेती किये जाने से खाद्यान्न की खेती के लिए क्षेत्र में कमी आयी है। अनेक अकाल भी पड़े हैं और देश में खाद्यान्न की आपूर्ति कुछ ज्यादा ही कम हो गयी। कीमतें असीमित रूप से बढ़ गयीं। ये मजदूरी में हुई वृद्धि से भी ज्यादा हो गयीं। स्थिति अभाव तक पहुंच गयी। इस स्थिति से निपटने के लिए कृषि में होने वाले ज्यादा लाभ के कारण जमीन ली जाने लगी। यह प्रक्रिया अभी जारी है, लेकिन इसके लिए यह ज़रूरी है कि वर्तमान में मिलने वाले लाभ जारी रहें। सरकार द्वारा अत्यधिक लगान बढ़ाने से ये लाभ कम हो जाएंगे। वर्तमान में ऐसा करना संभव नहीं है। इसके अलावा, अभाव के कारण ज़मीन को छोड़कर अन्य साधनों से सभी आमदनी पर विपरीत प्रभाव पड़ा है। इस प्रकार करारोपण की सभी अन्य शाखाएं भी अनुत्पादक हैं। वाणिज्य के लाभ, जो मुख्य रूप से जमीन के उत्पादों से संबंधित हैं, भी वर्तमान में कम हैं और इन पर करारोपण करना बहुत कठिन है। लेकिन बहुत शीघ्र यह स्थिति नहीं रह जाएगी। कृषि भूमि का विस्तार हो जाने से लोगों को शीघ्र ही पर्याप्त खाद्यान्न मिल सकेगा। कीमतें अपने आप कुछ कम हो जाएंगी, लेकिन फिर भी किसान के लिए लाभकारी रहेंगी। यदि सरकार के पास दूरदृष्टि रही, तो यह देश की बदली हुई परिस्थितियों के साथ अपनी आमदनी का तालमेन बैठा लेगी। अतः यह उम्मीद की जा सकती है कि मंडला जिले जैसे व्यापक बंजर क्षेत्र को खोलने जैसे उद्यम पर लोगों का भी ध्यान जाएगा। इस तरह के प्रयास में एक अन्य खतरा दूरी को लेकर है। अंतर प्रांतीय ईर्ष्या भारत की ज़मीन में निहित अपार सार्वजनिक सम्पत्ति के समुचित विकास में गंभीर बाधा बन सकती है। इस बात पर भरोसा नहीं होता कि भारतीय सार्वजनिक लेखकों का एक शोर मचाने वाला वर्ग है, जो साम्राज्य द्वारा एक प्रांत में प्राप्त किये गये राजस्व के किसी भी भाग को किसी और प्रांत में खर्च करने की नीति की मुखरता से आलोचना करता है। वह चाहता है कि समृद्ध बॉम्बे या मद्रास अपने यहां प्राप्त पूरे राजस्व को अपने पर ही खर्च करें और मध्य प्रांतों जैसे गरीब और अर्द्ध-कृषि क्षेत्र सिर्फ उतना ही राजस्व खर्च करें, जितना ये उगाहते हैं। मुझे तो यह नीति वैसी ही लगती है, जैसे कोई माली अपने बगीचे की एक या दो खास क्यारियों पर कुछ भी खर्च करने से इसलिए इनकार कर दे कि, पहले दूसरी क्यारियों के विकास के लिए उनकी उपेक्षा की गयी थी और उन्होंने सामान्य रूप से अर्जित आय में कोई योगदान नहीं दिया है।

बंजर भूमि के इस विषय को छोड़ने से पहले मैं उस इकलौते प्रयास का ज़िक्र करना चाहूंगा, जो यूरोपियन लोगों के पर्यवेक्षण में वहां एक बस्ती बसाने के लिए किया

गया। यह प्रयास बुरी तरह विफल रहा। करीब तीस साल पहले, चार जर्मन मिशनरियों ने मोरवियन विधि से इन आदिम जातियों के बीच एक ऊपरी घाटी में कॉलोनी बनाने का प्रयास किया। इसके लिए उन्होंने अमरकंटक पठार के एकदम नीचे एक स्थल का चयन किया। यह स्थल करिंजिया नाम के एक छोटे गांव के पास और उर्वरक मिट्‌टी के एक बेहतरीन मैदान के मध्य स्थित था। नर्मदा से यह कुछ मील दक्षिण की तरफ था। इस स्थान की ऊंचाई 2,700 फिट थी और एक बात छोड़कर यह हर लिहाज से उपयुक्त था। छाया और पानी की प्रचुरता वाले एक इलाके में उन्होंने एक नंगे टीले पर डेरा जमाया, जहां कोई भी सदाबहार पेड़ नहीं था। निकटतम जल स्रोत इससे दो मील भी दूर नहीं था। वे गर्म मौसम में बाहर निकले और बारिश का मौसम शुरू होने से पहले उपयुक्त छाया नहीं कर पाये। लिहाजा, उन्हें लगातार नम और ठंडी हवाएं लगती रहीं। साथ ही, वे पानी के लिए एक छोटे अवरुद्ध पोखर पर निर्भर रहे, जो सड़ी हुई वनस्पतियों से होकर आने वाले पानी के कारण दूषित हो गया था। नतीजा यह हुआ कि हैजा अथवा किसी गंभीर पेट की गड़बड़ी से चार में से तीन की मौत हो गयी और चौथा भाग गया। यह प्रयास कितना भी प्रशंसनीय क्यों न हो, लेकिन इसे कोई अच्छा प्रयोग नहीं कहा जा सकता। इसके कारण आगे किये जा सकने वाले इस तरह के किसी भी प्रयास पर काली छाया पड़ गयी। इस तरह का प्रयास फिर कभी नहीं हुआ। बंगाल में कोल तथा बरमा में करेन जनजातियों के लिए जो मिशन हुये वे इसका उदाहरण हैं। इनमें सैद्धांतिक शिक्षा के साथ-साथ लाभकारी औद्योगिक प्रयास का मेल था, जिससे आदिम जनजातियों के बीच गोस्पल का प्रभावी प्रचार हो सका। यहां पर भी जंगली जनजातियों के बीच उन लोगों को कोई ऐसी ही विधि अपनानी चाहिए, जो धुर पश्चिम में अर्द्ध हिन्दू जनजातियों को शिक्षित करने का व्यर्थ प्रयास कर रहे हैं।

कुछ दिन पहले एक फ्रांसीसी ने इनमें से एक घाटी में इस बेहतरीन जमीन के बड़े टुकड़े पर काम शुरू किया। लेकिन शीघ्र ही यह स्पष्ट हो गया कि उसका इरादा वास्तविक रूप से कॉलोनी बसाने का नहीं था। वह सिर्फ इस जमीन की वनोपजों के मूल्य का अंदाज लगा रहा था। मेरा मानना है कि इस जमीन की दलाली के अन्य लक्षणों के कारण ही बंजर भूमि के विक्रय संबंधी नियमों पर पुनर्विचार किया गया। मैंने परिशिष्ट में इन नियमों को बताया है, लेकिन संभवतः अब इनमें कुछ परिवर्तन हो गये हैं। बहरहाल, एक चीज पर भरोसा किया जा सकता है–कि यहां बसने वाले को सरकार से जो भी अधिकार मिलेगा वह पूर्ण होगा। उपलब्ध बंजर भूमि को कानून के द्वारा राज्य की सम्पत्ति घोषित करने से पहले प्रत्येक विद्यमान अथवा संभावित निजी हित का पहले ही पूरी तरह निर्धारण किया जा चुका है।

इस ऊपरी नर्मदा घाटी जैसे प्रचुर जल, छाया और घास वाले क्षेत्र में बहुत अधिक जंगली जानवरों का होना लाजिमी है। घाटी को अलग करने वाली पर्वतीय श्रृंखला

में इस प्रांत के अन्य इसी तरह के अन्य भागों की तरह बाईसन, सांभर और काले भालू हैं। ये जानवर भारत के किसी अन्य भाग की विशेषता नहीं हैं। यही बात चीतल के बारे में कही जा सकती है, जो बड़े जलाशयों के किनारों पर सघन वन क्षेत्रों में रहते हैं। लेकिन, जैसा कि मैंने कहा, हम यहां विशाल साल वन क्षेत्र के भीतर हैं और हमें यहां संयोग से ही कुछ जानवर मिले हैं।

इनमें प्रमुख रूप से बारहसिंघा शामिल है। कश्मीरी हिरण को भी इसी नाम से बुलाया जाता है। इसका आकार सांभर और चीतल के बीच का और स्कॉटलैंड के लाल हिरण के बराबर होता है। ठंडे मौसम में इनका रंग अरूणिम धूसर होता है। बसंत में इनका रंग चटख आरक्त चेस्टनट और गर्मी में चटख सुनहरा हो जाता है। श्रृंगाभ बहुत सुन्दर और दुनिया के दूसरे हिरणों के श्रृंगाभ से अलग होते हैं। उनके कपाल पर सिर्फ एक आधार श्रृंग होती है और मध्य में श्रृंग होती ही नहीं है। अन्य सभी शाखाएं धरनी के शिखर पर व्यवस्थित होती हैं। यहां उनमें उनकी प्रवृत्ति रूसाइन जैसी हो जाती है, जिससे सांभर और चीतल संबंधित हैं। पहले धरनी एक अंतस्थ द्विशाख में बंट जाती है और इसके बाद हर एक की शाखा अनेक नोकों में विभाजित हो जाती है। आमतौर पर बाहरी शाखा में इस तरह के तीन और आंतरिक शाखा में दो नोकें होती हैं। इस तरह प्रत्येक सींग पर छह नोकें होती हैं। बहुत बूढ़े हिरणों के सींगों पर कभी-कभी अधिक सींग भी होते हैं। लेकिन रूसाइन की तरह, जब इनकी संख्या तीन से ज्यादा होती है, तो अतिरिक्त सींग अत्यंत विरूप होते हैं और मृगश्रृंग सामान्यतः बेडोल हो जाते हैं और इनका विकास रुक जाता है। सींग धूसर रंग के होते हैं तथा सतह पर ये सांभर के सींगों की तुलना में ज्यादा चिकने होते हैं। ये इतने ज्यादा बड़े या लंबे नहीं होते, लेकिन उनका बाहरी फैलाव काफी सुन्दर होता है। इसी कारण हिरणों के शिकारियों के लिए वे ज्यादा प्रभावी ट्रॉफी साबित होते हैं। पूरी तरह विकसित और परिपूर्ण सींग प्राप्त करना बहुत कठिन होता है। रूसाइन की अपेक्षा ये हिरण ज्यादा नियमित रूप से अपने सींग गिरा देते हैं। हिरण काफी लड़ाके प्रतीत होते हैं, अतः बारिश के मौसम के आसपास रोयें खो जाने के तुरंत बाद सींग की कुछ नोकें उस समय टूट जाती हैं, जब उनके रहवास पहली बार शिकारियों की पहुंच में आ जाते हैं। स्वरूप में रूसरवस इस परिवार का सबसे खूबसूरत हिरण होता है, जो वजन में हलका और शालीन होता है और इसकी चाल राजसी होती है। अपने बेहतरीन सुनहरी रंग और सुन्दर आकृति के सींगों के कारण पूरी हिरण बिरादरी का कोई भी सदस्य इससे बेहतर नहीं होता।

उत्तर-पूर्वी भारत में इस पशु को 'स्वेम्प डीयर' कहा जाता है, लेकिन यहां उसे दलदली जमीन के प्रति रुझान वाला नहीं पाया गया है। वे सुबह और शाम के समय चरते हैं, मुख्य रूप से छोटे जलाशयों के किनारे और झरनों के पास, जहां खुली घाटी

में घास हरी होती है, वे दिन के समय साल वनों के किनारे आराम करते हैं। आराम के लिए उनके पसंदीदा स्थान बांसों के कूपे होते हैं, जो खुले मैदान में बहुतायत में हैं। इनकी सघन वनों से ज्यादा दूरी नहीं है। वे सांभर की तरह रात में ज्यादा सक्रिय नहीं होते और पूर्वाह्न के समय और पुनः दोपहर के प्रारंभ में चरते हुए पाये जाते हैं। मैं नहीं समझता कि वे सांभर की तरह पूरी रात यहां-वहां घूमते हों। वे दोपहर में सिर्फ कुछ ही घंटे आराम करते हैं, लेकिन इस दौरान वे सांभर की तरह ही अपने को घास में छुपा लेते हैं। मैंने कभी नहीं सुना कि वे सांभर की तरह किसी कृषि क्षेत्र में जाते हों। यह भी नहीं सुना कि वे साल वनों में ही रहने के आदी हों। वे वृक्ष के किसी भी भाग को भोजन के रूप में ग्रहण कर लेते हैं।

दोपहर के समय लाल हिरणों (जैसा कि स्थानीय लोग तथा अक्सर यूरोपियन उन्हें बुलाते हैं) को, हाथी पर बैठकर घास में हांका करके पूर्व में वर्णित विधि से मारा जा सकता है। सर्दी जब अपने शवाब पर होती है, तो इस इलाके में आप सिर्फ हाथी पर बैठकर जा सकते हैं। अन्यथा ऐसे स्थानों पर शिकार करना असंभव होगा, क्योंकि जंगल की घास बहुत लंबी और घनी होती है। मंडला जिले में दिन के हांके के दौरान घासों की अनेक किस्में आसानी से देखने में आती हैं। एक बार, 1864 में जब मैं अपने दो मित्रों के साथ मटियारी घाटी में क्रिसमस की छुट्टियां मना रहा था, तब मंडला स्टेशन से पूर्व की तरफ दिनभर चलने के बाद हमें इस इलाके के प्रायः सभी जानवर वहां मिले। सिर्फ बाईसन और पेन्थर नहीं मिल सके। छब्बीस तारीख को बरटोला नामक स्थान से हम गोबरी गये। ये दोनों स्थान मटियारी पर हैं। यह एक स्वच्छ जीवंत सोता है, जो एक घाटी से होकर बहता है। यहां लंबी घास का आवरण है और इसके दोनों ओर निचली पर्वत श्रृंखलाएं हैं। इन पर्वतों के शिखर सपाट हैं और उनके दोनों तरफ छोटे पेड़ों का जंगल तथा बांस के झुरमुट हैं। हमने अलग-अलग रास्ते पकड़े। एफ. पगडंडी पर गया, डी. पहाड़ियों की शिखर के एक तरफ चला, जबकि मैं हाथी पर सवार हो नदी से लगकर चल पड़ा। थोड़ी ही दूर जाने पर लंबी घास में सांभरों का एक बड़ा झुंड दिखाई दिया। मैंने अंधाधुंध गोली चलाकर एक छोटे हिरण को मार गिराया और एक बड़े हिरण को घायल कर दिया, जिसके सींग बहुत शानदार थे। उसका रंग भैंसे की तरह काला था। मैं नीचे उतरा और लंबी ओसयुक्त घास से गुजरता हुआ उसके खून के निशानों का पीछा करता हुआ करीब तीन मील तक गया। मैं बुरी तरह भीग गया, मानों कि किसी तालाब में चलकर आ रहा हूं। चूंकि वह हिरण सघन बांस आवरण में पहुंच गया था और काफी मजबूत दिखाई दे रहा था, अतः मैंने उसका पीछा छोड़ दिया और वापस नदी की ओर चल पड़ा। रास्ते में मुझे लाल हिरणों का एक झुंड दिखाई दिया, जो एक खुली जगह पर निचले जंगलों में चर रहा था। पास ही बहते हुए एक झरने के कारण घास हरी और खूबसूरत बनी हुई थी। मैं गोली मारने की दूरी तक पहुंच पाता, इसके पहले ही

उन्होंने मुझे देख लिया, लेकिन मैं घास के आवरण में वापस आ गया। कुछ देर इंतजार करके मैं हाथी पर चढ़ा और लंबी घास में चल पड़ा। एक चौथाई मील चलने के बाद मैंने उस झुंड को देखा, जिसमें लगभग तीस सदस्य थे। उन्होंने एक गहरी घाटी में छलांग लगा दी, जो छोटी झाड़ियों से भरी थी। यह एकदम मेरे सामने हुआ। मैं कगार पर खड़ा दूर उनके पुनः दिखाई देने की प्रतीक्षा करने लगा। वे एक लंबी कतार में चलने लगे। हिरण और हिरणियां एक-दूसरे में मिल गये। उनमें सबसे पीछे एक बहुत बड़ा गहरे लाल रंग का हिरण था, जिसके सींग बहुत सुन्दर थे। जब वह दुलकी चाल से ऊपर चढ़ रहा था, तो सिर्फ उसके सींग ही दिखाई दे रहे थे। उसका विस्तृत पिछला भाग मेरी डबल रायफल के सामने थे। मैं ट्रिगर दबाने ही वाला था कि मेरे पीछे बैठे आदमी ने मेरी बांह को शिकंजे की तरह कसकर पकड़ लिया। वह क्षण चूक गया और मैंने पलटकर उसकी ओर गुस्से से भरकर देखा। उसने खामोशी से हमारे सिर के पास एक पेड़ पर किसी चीज की ओर इशारा किया। यह मधुमक्खियों का एक बड़ा छत्ता था। पिछले या उससे पिछले भ्रमण में मधुमक्खियों ने हमारे पूरे दल पर भयानक हमला कर दिया था जिसमें हमारा एक बड़ा टट्टू मारा गया था। यह तो किस्मत अच्छी थी कि मैंने गोली नहीं चलायी और इस खतरनाक इलाके से जल्दी ही बाहर निकलने के लिए मुझे खोये हुये हिरण का विचार न रहा। लगभग आधा मील आगे, नदी के पास, घास से आवृत्त जमीन के एक टुकड़े से एक मादा चीतल कूदकर बाहर आयी और दौड़कर मैदान के पार चली गयी। मेरा मन बहुत ललचाया। वह बहुत गोल और मोटी थी। मेरी एक गोली उसके कटिक्षेत्र में लगी और वह लुढ़क गयी। हम कैम्प से बहुत दूर नहीं थे। मैं कुछ लंबी घास में चल रहा था, तभी मैंने एक गोल चेहरे को इससे बाहर अपने हाथी की तरफ झांकते हुए देखा। कुछ देर तक तो मैं समझ नहीं पाया और वह गायब हो गया। घास की हलचल से पता चल रहा था कि कोई बड़ा शरीर नदी की तरफ जा रहा है। कुछ दूर चलकर वह रुक गया और वह गोल चेहरा फिर घास से झांककर मुझे देखने लगा। निश्चित ही यह शेर होना चाहिए। धारीदार रंग की खाल दिखाई देने पर इस बात की पुष्टि हो गयी। मैं उसे नदी तल से अलग करने के लिए कुछ नीचे की ओर बढ़ा। कुछ मिनट तक कहीं कोई हलचल नहीं हुई। इसके बाद धीरे-धीरे हिलती घास से उसके चुपके से एक गहरी धारी की तरफ आगे बढ़ने का पता चला, जहां नदी बहती है। थोड़ी दूर पर ही एक उथला बीहड़ था, जिसके नीचे वह छुप सकता था और कोई उसे देख नहीं पाता। सिर्फ एक जगह ऐसी थी जहां एक छोटा जंगली रास्ता इसे काटता था। मैंने करीब साठ गज की दूरी पर एक ऐसी जगह मोर्चा ले लिया, जहां से यह दिखाई देता था। मैं रायफल का कॉक चढ़ाकर तेजी से धड़कते दिल से उसका इंतजार करने लगा। अब वह खुले क्षेत्र के पास था और उसके ऊपर घास पर धीमी सरसराहट हो रही थी। नीचे रेंगता हुआ वह तेजी से निकला लेकिन आगे आवरण

में घुसने से पहले उसने एक क्षण रुककर फिर से देखा। यह रुकना ही घातक था। मेरी गोली सनसनाती हुई उसके कंधे में घुस गयी और वह दहाड़ता हुआ वापस उसी घाटी में चला गया। मैं समझा कि वह हमला करने का इरादा रखता है, अतः मैंने फुर्ती से अपनी ब्रीच-लोडर को फिर से लोड कर लिया, क्योंकि मेरे पास सिर्फ एक बंदूक थी। लेकिन वह नाला छोड़कर गलत तरफ चला गया। मेरी समझ से वह भूल गया होगा, क्योंकि वह अपने पर हमला करने वाले को तलाश रहा था। वह हर एक उछाल भरने पर घास से ऊपर दिखाई देता था। यह दृश्य वास्तव में बहुत सुन्दर था। उसकी चमकीली खाल, उठे हुये बाल और उसकी पूंछ पीछे लहरा रही थी। उसकी तीसरी उछाल पर मैंने एक और गोली चला दी और वह हवा में लहराता नीचे गिर गया।

वह ऐसा लग रहा था, मानो गोली लगने पर कोई तीतर गिर रहा हो। जब मैं उसके पास पहुंचा तो वह मर चुका था। इसमें आश्चर्य की कोई बात नहीं थी, क्योंकि मेरी गोली उसकी पूंछ के पास लगकर उसके पूरे शरीर को पार कर अब उसके कपाल के पास खाल में अटकी थी। मेरी रायफल बारहबोर ब्रीच लोडर थी। पहली गोली कंधे पर कुछ ऊपर लगी थी, लेकिन वह उसे शीघ्र ही खत्म कर देती। इसी कारण वह भ्रम में पड़कर कुछ समझ नहीं पाया था। स्पष्ट है कि वह शेर पानी पीने आने वाले चीतलों के लिए घात लगाये हुये था। जब हमारा मुकाबला चल रहा था, तब इन हिरणों का एक बड़ा झुंड घास से निकलकर बाहर आया। कैम्प लौटकर मैंने देखा कि एफ. ने सड़क पर एक काले बारहसिंघे को मारा था; जबकि डी. भी एक बारहसिंघा और चीतल को मारकर लौटा था। शाम को एफ. बाहर गया और उसने एक बड़े भालू को मार डाला, जो नदी पर पानी पीने आया था। अगले दिन हम लगभग उतने ही भाग्यशाली रहे; हालांकि हमें कोई शेर नहीं मिला। हमने उस दूरस्थ जंगली स्थान पर काफी आनंद के साथ क्रिसमस मनाया। मुझे याद पड़ता है कि हमारे डिनर में मोर तथा सांभर की जीभ, लाल हिरण का भुना कूल्हा, चीतल कटलेट और नीलगाय की जांघों का गोश्त शामिल था। इसके बाद हमने उबली हुई बटेरों तथा छोटी बत्तखों को खाया। हमारा डिनर पारम्परिक प्लम-पुडिंग और कीमे के समोसे के साथ समाप्त हुआ, जो क्रॉसी और ब्लेक बेल के डिब्बों में भरे थे। तंबुओं के सामने तेजी से जल रही आग के आसपास बैठकर हमारे द्वारा पी गयी ह्विस्की-टोडी के गिलास पड़े थे, सूर्यास्त के बाद बढ़ने वाली सर्दी के कारण इसे पीना वाजिब था।

जनवरी, 1863 में इस इलाके से जब हम पूर्वी जंगलों से होते हुए तेजी से गुजर रहे थे, तब मैं लाल हिरण का शिकार करने के लिए हालोन की ऊपरी घाटी में दो दिन तक रुका, जिसे मैंने पहले कभी नहीं देखा था। यहां घास काफी सघन और लंबी थी और अभी तक हरी होने के कारण पूरी तरह बिना जली थी। मोतीनाला

नामक एक स्थान पर एक गहरा नाला अनेक बार रास्ता काटता है। मैं अपने अनुयायियों के आगे चल रहा था। तभी मुझे एक पर्यटक के शरीर के अवशेष मिले। स्पष्ट था कि इसे हाल ही में किसी शेर ने मारा था। वह एक साधु था। उसका चिमटा, खोपड़ी से बना भिक्षा-पात्र तथा कोको से बना हुक्का नाले के तल में बिखरा पड़ा था। वह थककर वहीं पर आराम कर रहा होगा। उसकी लंबी जटाओं के अवशेष तथा कपड़ों के कुछ टुकड़े भी वहां पड़े थे। सारी हड्डियों के टुकड़े हो गये थे और अनेक तो पूरी तरह नदारद थीं। लगभग एक सप्ताह पहले इसी स्थल के पास से एक बंजारा चरवाहा को ले जाया गया था। अतः इस बात में कोई संदेह नहीं था कि मैं लाल हिरण की तलाश में मार्ग से भटककर पहाड़ियों के किनारे आ गया था। घास से आवृत इस विशाल क्षेत्र में शेर का शिकार करना निराशाजनक ही होता। मैं पहाड़ियों के पास से मार्ग के दायीं तरफ मुड़ गया, जहां मंगली में हमारा कैम्प-मैदान था। सुबह की ओस से गीली घास से गुजरते हुए मैं पूरी तरह भीग गया। पहाड़ियों की तरफ यह घास छोटी थी और मैदान में काली मिट्टी में गहरी दरारें थीं। मैंने हिरणों के अनेक छोटे झुंडों को देखा, जो पहाड़ियों के किनारे स्थित साल वन के झुरमुटों की तरफ जा रहे थे। आखिर में मैंने हिरणियों के एक छोटे झुंड को देखा, जिनमें से दो सुन्दर हिरणियां कुछ ऊंची जमीन पर उभरती हुई दिखीं। वे धीरे-धीरे चरते हुए वन की तरफ जा रहे थे। एक गहरे दर्रे की छाया का लाभ उठाने के लिए वे कुछ लंबा रास्ता अपना रहे थे, जो उस घाटी में जाता था, जिसमें उन्होंने प्रवेश किया। मैं सजग होता इसके पहले ही मैं उनके बीच पहुंच गया। मुझे वस्तुस्थिति की पहली सूचना एक हिरणी की आवाज से मिली। उसने किनारे के ऊपर उभरे मेरे सिर को देख लिया था। अगले ही क्षण पैरों के दौड़ने की आवाज से मुझे पता चला कि वह झुंड भाग गया है। किनारे पर पैर रखकर मैंने पहली गोली चलायी, जो साफ चूक गयी। लेकिन दूसरी बैरल से मैंने कुछ ज्यादा निशाना साधकर गोली चलायी। मैंने सबसे पीछे चल रहे हिरण को लहराकर गिरते देखा। बहरहाल, वह झुंड के साथ भागा। लेकिन वह उनसे पिछड़ गया और उसने मैदान के मध्य में लंबी घास के आवरण की ओर अपना रास्ता पकड़ लिया। मैंने उस जगह पर उसके निशानों को पकड़ लिया जहां से वह घास के भीतर गया था। वहां मैंने कुछ खून देखा। लेकिन चूंकि घास बहुत दूर तक मेरे सिर के ऊपर थी, अतः मैंने अपना हाथी वापस बुलवाया और उस पर बैठकर हिरण की खोज की। लगभग एक मील तक पीले ठूंठों पर खून के निशानों का पीछा करते हुए हम नदी के पास उसे घास के आवरण से बाहर निकालने में सफल हुये। जब वह भाग रहा था, तो मैंने पीछे से उस पर गोली चला दी।

हमारा कैम्प साल वन के बीच एक चौड़ी घाटी के मध्य टोपला में था। अगले दिन दोपहर में मैं हालोन नदी की ओर गया। यहां इलाका खुला और हराभरा था।

मैदान पर हरी घास थी और वनों के बड़े क्षेत्रों के बीच साल झुंड थे। नदी बहुत चमकीली और स्वच्छ थी और कंकरीले तल पर बह रही थी। मैंने अपने साथ दो छोटे अर्द्ध संकर शिकारी कुत्तों को ले लिया था, जो रामपुर और स्कॉच डीयरहाउण्ड नस्लों के बीच के थे। ऐसा मैंने उन्हें घायल लाल हिरण के पीछे दौड़ाने के लिए किया, क्योंकि अभी तक उन्होंने खून का स्वाद नहीं चखा था। उसकी मां, और भेड़िया मामले से प्रसिद्ध 'टिंकर' इस शिकार में मदद के लिए उनके साथ थे। दो कमजोर, काले और लगभग नंगे बैगा अपनी कुल्हाड़ियां सम्हाले दल का नेतृत्व कर रहे थे। दोपहर से पहले हम अनेक मील तक भटकते रहे और हमें कोई जानवर नहीं मिला, लेकिन मैं तो उद्यान जैसे आनंददायक दृश्य को देखकर संतुष्ट था। लगभग चार बजे, बैगाओं की सलाह पर हम एक छोटे से टीले पर बैठ गये, जिस पर साल वृक्षों का एक झुंड था। हमारा मकसद पानी पीने अथवा चरने के लिए आने वाले हिरणों को देखना था। जल्दी ही नदी के आगे एक लंबी घास की पट्टी के मध्य से एक बड़ा झुंड अचानक उभरा। अंगड़ाई लेने के बाद उन्होंने मस्ती की और फिर मजे से चरते हुए नदी के किनारे की तरफ बढ़ने लगे। हम अपनी चट्टान के किनारे पर तेजी से वापस आ गये। झाड़ियों के किनारों से सुरक्षित एक कंदरा में जाकर हम रेंगकर किनारे तक गये और पुनः टोह लेने लगे। उन्हें कोई संदेह नहीं था। हवा काफी अनुकूल चल रही थी। ऐसा लगता था कि वे एकदम हमारे सामने पानी पीने को आएंगे। बहरहाल, कुछ सौ गज दूरी रह जाने पर वे एक ऊंची उठी जमीन के पीछे कुछ लंबे समय तक ठहरे। मैं चिन्ता में था कि कहीं कुत्ते हमारे होने की सूचना न दे दें, क्योंकि चुपके-चुपके चलने की पाबंदी के बाद वे भयंकर रूप से उत्तेजित थे। उन्हें इस बात का पक्का पता था कि कोई शिकार पास ही है। एक हिरणी उस टीले के ऊपर आयी और पूरे पांच मिनट तक वह यहां-वहां सूंघती रही। उसके कान खड़े थे, जिससे उसे बेहतर सूंघने में मदद मिल रही थी। अंततः ऐसा लगा कि वह संतुष्ट हो गयी। वह धीरे-धीरे आगे बढ़ गयी और मुंह में घास भरने के लिए कुछ ठहरी। इसके बाद उसने चौंककर यहां-वहां देखा, जैसे कि उसने कुछ सुन अथवा सूंघ लिया हो। अब हिरण उसके पास से निकल गया और बिना कोई सावधानी बरते निडरता से पानी तक पहुंच गया। वह हमारे स्थान से करीब एक सौ गज की दूरी पर पानी में उतर गया। झुंड के बाकी हिरण उस टीले के पीछे अब भी काफी हद तक छुपे थे। झाड़ियों से रेंगते हुए मैं हिरण पर गोली चलाने को तैयार हुआ और मैंने आदेश दिया कि मेरे गोली चलाते ही कुत्तों को तत्काल छोड़ दिया जाए। एक कुत्ते की आवाज से चौकन्ना हुआ हिरण किनारे तक भाग पाता, इसके पहले ही मैंने गोली चला दी। वह कंकरीले किनारे पर गिर पड़ा। गोली उसके कंधे को चीर गयी थी। मैंने बंदूक का मुंह हिरणी की तरफ करके दूसरी गोली चला दी जो उसकी जंघा को चीर गयी। हालांकि, पहली गोली चलने पर वह चौकन्नी हो गयी थी। उसके कूल्हे का जोड़ ज़ख्मी हो गया था। वह

कुछ क्षणों के लिए अपने पिछले धड़ के बल गिर पड़ी, लेकिन दूसरी तरफ झुंड की आवाज सुनकर वह उठकर भागी। वह उठती इसके पहले ही, चारों कुत्ते उथले झरने को पार कर उसके काफी नजदीक पहुंच गये। बहरहाल, हिरणी उनसे कुछ सौ गज दूर जाने में कामयाब हो गयी। पुरानी कुतिया 'बेल', जो बहुत तेज दौड़ती थी, निरंतर उसके पास पहुंचने लगी। पिल्ले कुछ सौ गज पीछे थे और फॉक्सहाउण्ड की तरह जीभ लपलपा रहे थे। बूढ़ा टिंकर जिस जगह से वे चले थे उससे आधी दूरी तक ही पहुंच पाया था। 'बेल' उस हिरणी के काफी पास पहुंच गया। तभी मैंने उसे साहस के साथ एक कंदरा में गायब होते देखा। लेकिन अब हिरण की हिम्मत जवाब देने लगी थी। जंगल में जाने का कोई मौका न देखकर वह पीछे मुड़कर नदी की ओर वापस आ गया। पिल्ले और टिंकर छोटे रास्ते से दौड़कर बहुत शीघ्र उसके नजदीक पहुंच गये। जल्दी ही चितकबरा 'शेरू', जो काफी तेज दौड़ता था, उसके बराबर दौड़ने और उसके कंधे पर अंधाधुंध झपट्टे मारने लगा। पीला कुत्ता भी शीघ्र ही उससे जा मिला। दोनों ने मिलकर नदी के किनारे पहुंचने पर उसे धर दबोचा। वे तीनों एक साथ किनारे के नीचे लुढ़क गये। हिरण अपने आपको सम्हालता, इससे पहले ही टिंकर ने लपककर उसकी गर्दन को दबोच लिया।

कुतिया भी पीछे नहीं रही। सबने मिलकर उस बेचारे जानवर का अंग-अंग लगभग फाड़ डाला। टिंकर और छोटे कुत्तों के बीच लड़ाई की आशंका के कारण मैं जितना संभव था उतनी तेजी से दौड़ा, लेकिन एक बैगा हाथ में कुल्हाड़ी लिए मेरे आगे था। उसने कुत्तों से वह शिकार छीनने की कोशिश की। वह टिंकर को नहीं जानता था। वह हिरण की गर्दन छोड़कर उस बैगा पर उछला। बैगा ने कुल्हाड़ी के डंडे से अपने को यथासंभव बचाया। जंगली होते हुए भी उसने बड़ी समझदारी के साथ यह किया। उसने कुल्हाड़ी के फल का उपयोग नहीं किया। बहरहाल, उसको बचाने के लिए मेरे वहां पहुंचने से पहले उसकी बाहों और टांगों पर अनेक गहरी खरोंचे आ चुकी थीं। सामान्यतः टिंकर आदमी के साथ मेमने की तरह शांत रहता था, लेकिन जब वह खून देखकर भड़क जाता, तो पूरा शैतान बन जाता था। उसका आकार तथा वजन बहुत ज्यादा था, अतः मैं खुद भी उससे डरता था। उसका यह डील-डोल तथा कुछ बार इसी तरह भड़कना उसकी मौत का कारण बन गया। एक लड़के ने इसके कुछ माह बाद उसे ज़हर दे दिया। 'बेल' ने एक बारहसिंघे का एक अंधे कुएँ तक पीछा करके अपनी गर्दन तुड़वा ली। यह बात मेरे द्वारा वर्णित भ्रमण के कुछ और भ्रमणों के बाद की है। दो सर्वश्रेष्ठ पिल्लों को लेपर्ड या लकड़बग्घा ले गया। भारत में कुत्ता पालने के मामले में अपनी इस बदकिस्मती पर मैं इतना खिन्न हुआ कि मैंने ऐसा करना ही छोड़ दिया। मैं नहीं कह सकता कि इसके कारण शिकार में मुझे कोई नुकसान हुआ। मेरा मानना है कि कुत्ते घायल जानवरों को पकड़ने की जगह पहुंच से ज्यादा बाहर भगा देते हैं।

वापस लौटते समय मैंने एक और हिरणी को मारा, जो काफी दूरी पर खड़ी अनभ्यस्त घुसपैठियों को देख रही थी। मैंने मुलायम काली मिट्टी में गहरे धंसते हुए एक जंगली हाथी के निशानों को देखा। मुझे बाद में बताया गया कि यह वही हाथी था, जो दस साल पहले बंधन छुड़ाकर भाग गया था और तभी से हालोन नदी के शीर्ष के आसपास सघन वनों में रह रहा था। उसने आरक्षित वनों के आसपास वनकर्मियों द्वारा उठाई गयी पक्की चाहरदीवारी के स्तंभों को बहुत सुनियोजित ढंग से तोड़कर उन्हें नाराज कर दिया था। वास्तव में, जंगली हाथी अब पश्चिम में इतनी दूर तक नहीं आते। अमरकंटक (नर्मदा का उद्गम) के पूर्व अथवा ज्यादा-से-ज्यादा समनी घाटी के पूर्व के इलाके में ही वे रहते हैं। बहरहाल, पहले इस पूरे इलाके में जंगली हाथी रहा करते थे। 'एलीफेन्ट क्लोजर' तथा 'एलीफेन्ट पूल' जैसे नामों से इसकी पुष्टि होती है। लेकिन हमें इसका प्रत्यक्ष अभिलेख एक बहुमूल्य पुस्तक 'इंस्टीटयूट ऑफ अकबर' में मिलता है कि 16वीं सदी में नर्मदा घाटी में बीजागढ़ और हंडिया सिरकार तक जंगली हाथी पाये और पकड़े जाते थे। यह जगह महू तथा असीरगढ़ में वर्तमान सेना केन्द्रों के पश्चिम में है। संभवतः यह जंगली हाथियों की सर्वाधिक पश्चिमी रेन्ज है जो अभिलेखित है। इतने बड़े इलाके से उनका चला जाना इस अवधि में यहां हुये विकास का प्रमाण है।

जिस रात मैं टोपला में था, दो शेर हमारे कैम्प के आसपास ज़ोर से दहाड़ते रहे। हमारा कैम्प घास के समुद्र में एक छोटे से वन-गलियारे में लगा था। साफ सर्द रात में ठंड का प्रभाव बहुत ज्यादा नहीं था। रात में शेर की दहाड़ बहुत असरकारी होती है, जिससे उसकी असीम ताकत का पता चलता है। चार माह बाद, जब मैं सुदूर पूर्व के जंगल में मातिन के पास कैम्प लगाये हुये था, मैंने शेरों की कामोन्मत्त आवाजें सुनीं, जो मैंने पहले कभी नहीं सुनी थीं। एक अजीब सा लंबा विलाप, मानो कि कोई बड़ी बिल्ली देर तक आवाज निकाल रही हो, पहले मेरे तंबू से कुछ सौ गज की दूर पर सुनाई दी। इसके बाद नदी के ऊपर करीब एक मील की दूरी पर एक गहन कंपित गर्जना सुनाई दी। इसकी आवाज कम भी नहीं हो पायी थी कि हमारे कैम्प के एकदम पीछे से एक दूसरी आवाज आयी। अचानक इतने पास हुई इस आवाज से हम चौंक गये। ये तीनों आवाजें नियमित अंतराल से लगातार आती रहीं। ये तीनों शेर एक गहरे शुष्क नाले से लगकर चलते हुए एक-दूसरे के पास आते हुये ये आवाजें करते रहे। उनके बीच और ऊपर की तरफ हमारा कैम्प था। जब वे एक साथ हो गये, तो लगभग एक-चौथाई घंटे के लिए आवाजें रुक गयीं। मुझे नींद के झोखे आने लगे। अचानक उस जगह के पास से एक अत्यंत डरावना शोर उठा जहां से शेरनी ने सबसे पहले अपने प्रतिद्वन्द्वी प्रेमियों को प्रेम की पुकार लगायी थी। रात के समय बिल्लियों की कामोत्तेजना के समय निकलने वाली आवाज से मिलती-जुलती आवाज का यह शोर सौ गुना बढ़ गया। बीच-बीच की खामोशी इन व्याकुल चीखों और कराहों के विस्फोट

से टूट जाती थी। इससे रात के शेष समय में हमारी नींद में खलल पड़ा। जब वे शेर नदी के तट पर चले गये तो धीरे-धीरे ये आवाजें भी सुनाई पड़नी कम हो गयीं। सुबह मैंने देखा कि शेरों के जीवन पर आधारित तीन जिल्दों वाले किसी उपन्यास की सभी घटनाएं रेत पर अंकित थीं। खून के धब्बे बताते थे कि इस घटनाक्रम में लड़ाई वाला हिस्सा कितना वास्तविक था। कायरों को आश्वस्त करने के लिए मैं यह भी कह सकता हूं कि मेरे कैम्प पर कभी किसी शेर ने हमला नहीं किया, हालांकि मैंने बहुत कम लोगों को साथ लेकर तथा उनके ठिकानों के मध्य में बिना किसी एहतियात के अनेक बार कैम्प लगाये थे। जंगल के तौर-तरीकों से अनभिज्ञ किसी अनजान व्यक्ति को यह देखकर अजीब लग सकता है कि कोई आदमी गरमी की रातों में बहुत सहजता से अपना बिस्तर उठाकर तंबुओं से सौ गज दूर ले जाता है, वृक्षों के नीचे लेट जाता है, मुंह में पाइप दबाये जंगली जानवरों के शोर को आधा घंटे तक सुनता है और इसके बाद बड़े आराम से सो जाता है। उसे जल्दी ही स्वयं यह करना आ जाता है।

बरसात के अंत के आसपास, सितंबर और अक्टूबर में लाल हिरणों के बड़े झुंड पठारों के शिखर पर एकत्रित हैं। वे कामोन्मत्त होना शुरू हो गये हैं और उन्हें पकड़ना बहुत आसान है। गोंड और बैगा लोग अपनी कुल्हाड़ियों से बड़ी संख्या में उनका शिकार करते हैं। उनके ऊंचे और मजबूत कुत्ते इसमें उनकी मदद करते हैं। इन लोगों से श्रेष्ठतम सिर प्राप्त किये जा सकते हैं। नीचे हिरण का जो सिर दिखाया गया है, वह प्रतिनिधिक है। इस हिरण को या तो इस तरह या फिर किसी शेर द्वारा मारा गया था। मुझे दस नोकों से ज्यादा वाला पूर्ण सिर कभी नहीं मिला, हालांकि मुझे नीचे दिये गये बारह नोकों के सींग वाले हिरणों से भी भारी सींग मिल चुके हैं। प्रत्येक श्रृंग के मोड़ के आसपास इसका कुल फैलाव 36 इंच का है। इन जंगलों में कुछ इनसे भी बड़े सींग वाले हिरण मौजूद हैं।

बरसात में जंगली भैंसे झुंड बनाकर मंडला के पहाड़ी इलाकों में घूमते रहते हैं। बहरहाल, जब पालतू मवेशियों को खुले मौसम में चराने लाया जाता है तो वे गायब हो जाते हैं। उनमें से कुछ ही निर्जन घाटियों में बचे रह जाते हैं। इसके बाद वे जंगल के दक्षिण और पश्चिम के कम पहुंच वाले इलाकों में पाये जाते हैं। उस ओर मैं अपने पाठकों को इस जानवर से परिचित कराने ले जाऊंगा, क्योंकि जिस समय भैंसे मंडला जिले में पाये जाते हैं उस समय मैं कभी वहां नहीं रहा।

अध्याय-10

सुदूर पूर्व में एक खोज

एक ऊंचा अंतरीप-नर्मदा का उद्‌गम-शैव किंवदंतियां-सुन्दर दृश्य-एक लंबी खोज-जंगली भैंसा-इसकी रेन्ज और आदतें-आपराधिक अनाधिकार चेष्टा-पुलिस को बुलाया जाना-हमलावर की हमारे द्वारा हत्या-भैंसे की मजबूती-सींगों का आकार-महानदी के नीचे की ओर यात्रा-खोंडों का इलाका-और भैंसे-हरारती अंचल-घोड़े पर सवार होकर भैंसे का शिकार-एक बदमिजाज गाय-सांड की धमाचौकड़ी-'टिंकर' द्वारा बचाव-अद्‌भुत रक्षक-दुश्मन के क्षेत्र के लिए रवानगी-जर्जर शहर-एक दुर्भाग्यशाली बरामदगी-लाफागढ़ की ओर वापसी-मेहमान नवाज मुखिया-पुनः बैगा-आदिम पाइप-अद्‌भुत दृश्य-हस्ति देवता-लाफागढ़ का जीवन-परेशान डॉक्टर-जंगली पकवान-ठाकुर के कल्पित किस्से-तीर से शेर का शिकार-हाथी की हत्या-घिनौना कीड़ा-पहाड़ी पर जंगली जानवर-बोझिल बंदीगृह-दूसरी शुरुआत-शानदार आखेट क्षेत्र-हाथियों का एक झुंड-एकाकी हाथी-जोखिम जैसी स्थिति-दुष्ट अंत-क्षेत्र की खोज-भूमिया शिकारी-हाथियों के एक झुंड का भाग्य-विशाल साल वन-रास्ता खो जाना-एक भूमिया का हांका-भूमियाओं की आदतें-क्षेत्र का पहलू-दूरी का एक आदिम माप-जंगली हाथियों का पकड़ा जाना-कोयला माप-क्षेत्र की संभावनाएं-अमरकंटक का पठार-एक कठिन अभियान-खोज का अंत-धूप लगने के प्रभाव-जंगल प्रश्न-वनों की उपयोगिता-वनों की संभावनाएं-शिकार क्षेत्र के रूप में मध्य भारत-कहां जाएं-आउटफिट-बंदूकें और रायफलें-उपसंहार।

मध्य भारत के पहाड़ी इलाके के बारे में यह कहा जा सकता है कि यह मैकाल शृंखला के उन्नत दक्षिणी मुहाने पर समाप्त होता है। उत्तरपूर्व की ओर झुककर यह अमरकंटक के ऊंचे और सीधे अंतरीप में जाकर समाप्त हो जाता है। इस उच्च बिन्दु पर खड़े होकर, जो भारत का केन्द्र और नाभिस्थल है, नज़र एक ऐसी दृश्यावली पर पड़ती है, जो इस पूरे प्रायद्वीप में किसी भी जगह के दृश्य सौन्दर्य से किसी भी तरह दोयम नहीं है। बरसात के बाद यह कुछ वर्गमील तक विस्तृत

छोटा-सा पठार अद्वितीय हरियाली से आवृत्त हो जाता है। यहां की विशेषता यह है कि बरसात वर्ष के किसी भी भाग में कुछ ही दिन तक रुकी रहती है। यहां से तीन नदियों का उद्गम होता है, जिनका पानी बहकर भारत के दोनों तरफ विपरीत दिशाओं में बहकर समुद्र से मिलता है। नर्मदा के नये बुलबुले प्रेक्षक के पैरों पर लगते हैं, जिन्हें धार्मिक दृष्टि से पक्की चाहरदीवारी से घेर दिया गया है। इसके आसपास मंदिर बने हैं। यहां से एक संकरा वन गलियारा कुछ मील तक गया है, जिस पर सुन्दर घास बिछी है और किनारों पर साल का जंगल है। प्रारंभ में तो यह एक छोटे नाले जैसा है, लेकिन तेजी से आगे बढ़ने पर इसमें कई नाले आकर मिल जाते हैं। यह संगम स्रोत से करीब तीन मील दूर होता है। यह एक पठार के किनारे से टकराकर लगभग तीस फिट ऊपर उछलता है। साढ़े सात सौ मील बहने के बाद, यह विशाल नदी अरब खाड़ी में गिरती है। स्थानीय शैव पुराणशास्त्र के अनुसार नर्मदा प्रथम मैकाल-कन्या है, जिसकी भौंह से यह निकलती है। अपनी प्रतिरोधरहित शक्ति में, यह नदी अपने प्रथम जन्म से ही धरती पर एक विनाशकारी बाढ़ के रूप में उफनती हुई बही। प्रार्थना और इंसानी बलिदान के फलस्वरूप देवाधिदेव महादेव ने विंध्य पर्वत और उसके सात पुत्रों* को उसे नियंत्रित करने भेजा। नदी अपने वर्तमान संकरे रूप में आ गयी और अपने पीछे गंगा तथा अन्य नदियों को छोड़ दिया, क्योंकि उतरते ज्वार द्वारा कुंड बना दिये गये। इस तरह नर्मदा की पवित्रता अन्य सभी नदियों से ज्यादा है, हालांकि देवताओं ने कलियुग के प्रथम पांच हजार वर्षों तक गंगा को ज्यादा महत्त्व दिया। अब इस अवधि के सिर्फ अट्ठाइस साल बाकी रह गये हैं। स्थानीय ब्राह्मणों को पूरी आशा है कि यह स्थान भारत के सभी तीर्थ स्थलों की तुलना में सबसे ज्यादा महत्त्वपूर्ण हो जाएगा। अमरकंटक में मुख्य स्रोत तथा अन्य स्थानों को बहुत पवित्र माना जाता है और भारत के हर भाग से श्रद्धालु यहां तीर्थयात्रा पर आते हैं। रेलवे की मदद, जिस पर हिन्दू श्रद्धालु बिल्कुल एतराज नहीं करता, इस बात की ओर इंगित करती है कि पुराणों की यह भविष्यवाणी पूरी होगी। नर्मदा के स्रोत के उत्तर में कुछ दूरी पर जोहिल्ला स्रोत निकलता है, जो जल्दी ही सोन नदी में मिल जाता है। इस नदी का उद्गम भी इन्हीं पहाड़ों में है। यह जाकर गंगा में मिलती है। इनसे कुछ ही कदम की दूरी पर अर्पा नाम का एक छोटा सोता उफनता हुआ निकलता है। यह थोड़ी दूरी पर ही दक्षिण की तरफ एक खड़ी पहाड़ी से टकराकर विशाल महानदी में मिल जाती है, जो छत्तीसगढ़ के मैदानों से बहकर बंगाल की खाड़ी में गिरती है। इस 4,000 फिट की ऊंचाई से नज़र एक वृत्त के तीन-चौथाई भाग पर पड़ती है, जो किसी भी तरह से बाधित नहीं है, लेकिन दूरी होने तथा नीले धुंधलके की वजह से दृष्टि सीमित हो जाती है। नीचे की ओर दक्षिण में काफी दूर, किसी शतरंज

* इन पहाड़ों का नाम इसीलिए सतपुड़ा है। सत पुत्र का अर्थ है सात बेटे।

बोर्ड की तरह, छत्तीसगढ़ के खुले कृषि वाले मैदानी क्षेत्र में, यह काफी दूर तक विस्तृत दिखाई पड़ती है। पूर्व और उत्तर की तरफ 2000 फिट नीचे, हरियाली का एक सपाट समुद्र दिखता है, जिस पर जहां-तहां छिटपुट चोटियां है, जो प्रेक्षण के स्तर तक पहुंचती प्रतीत होती हैं। धुंधली दूरी के आगे चट्टान की एक और दीवार उठती है, जो सिर्फ साफ दिनों में ही दीख पड़ती है। यह एक धुंधली बैंजनी रंग की छाया के समान होती है। यह हरा मैदान एक विशाल साल वन है, जिस पर खेती की कोई ज़मीन नहीं है और इंसान का भी कुछ खास रहवास नहीं है। इसके आगे जो चट्टानी फसील है, वह एक अन्य पठारी जमीन का पुश्ता है, जिसे सरगुजा कहते हैं। यह कोल आदिवासियों का स्थान है और हमारे प्रांत की सीमाओं से बाहर है। आने वाले छह माह के लिए मेरा मिशन इस विशाल साल वन क्षेत्र की खोज करना था, जो अमरकंटक के उत्तर और पूर्व में विस्तृत है। यह छत्तीसगढ़ के मैदान के दक्षिण तक फैला है। यह हिस्सा गढ़जात राज्यों के अर्द्ध-स्वतंत्र इलाके में है।

इस पूरे इलाके में जंगली भैंसा घूमता है। अमरकंटक के उत्तर और पूर्व में उस समय विशाल जंगली हाथियों के झुंड घूमते थे। वे छत्तीसगढ़ की फसले पकने पर वनों के किनारों पर आकर बहुत ज्यादा नुकसान करते थे, जिससे इस इलाके में खेती के काम में गंभीर बाधाएं पैदा होती थीं। उनके ठिकानों की तलाश करना, उनकी संख्या निर्धारित करना तथा उनके विनाश के उपाय प्रस्तावित करना भी हमारी मुहिम का उद्देश्य था।

जनवरी के अंत में मैं मंडला जिले से रजाधार दर्रे से उतरकर छत्तीसगढ़ के मैदानी क्षेत्र की ओर चला गया। वहां बारहसिंघे, बतखें, चाहा पक्षी आदि बंदूक को सदा व्यस्त रखते थे। इस मैदान को पार कर मैं रायपुर स्टेशन गया, जहां मुझे चीफ कमिश्नर का कैम्प मिला, जो इस मुहिम में आगे मेरा साथी बना। उसका नाम केप्टन बी. था, जो हर मजेस्टी की रेजीमेंट का सदस्य था। वहां से हम पूर्वी और दक्षिणी वनक्षेत्र की ओर बढ़ गये और वन के एक क्षेत्र से दूसरे क्षेत्र की खोज में तेजी से आगे बढ़े। वहां पहाड़ों पर चलते और नोट्स लेते हुए दिन और सप्ताह बीत गये, जिसके विवरण का अधिकतर हिस्सा आम पाठकों की रुचि का नहीं होगा। काम करने के लिए कहीं भी शिकार की गरज से हम नहीं रुके। लेकिन इस इलाके के कुछ भागों में भैंसों के झुंड इतने ज्यादा थे कि उनसे सामना न हो यह लगभग असंभव था।

मध्य भारत में जंगली भैंसे की धुर पश्चिमी रेन्ज देशांतर के 80वें वृत्त से अभिहित है या भौतिक विशेषताओं में इसकी पहचान गोदावरी की सहायक नदी वैनगंगा से है। इनके संगम स्थल के नीचे प्रायः स्वयं गोदावरी बहती है। मैंने प्रायः शब्द का उपयोग इसलिए किया क्योंकि गोदावरी नदी से नीचे की ओर 1865 में बरसात के मौसम में मैंने भ्रमण किया था। उस समय मैंने उस नदी के पश्चिम की तरफ भैंसों के एक झुंड

के निशान देखे, जो चांदी स्टेशन के दक्षिण में तीसरे बेरियर पर थे। इसकी दूरी 80 वें वृत्त से पश्चिम की तरफ कम ही थी। बहरहाल, स्थानीय लोगों ने मुझे बताया कि वे सिर्फ बारिश के मौसम में इस नदी को पार नहीं करते और पश्चिम में बहुत दूर तक नहीं जाते, हां थोड़ा बहुत अपवाद हो सकता है। शिकारियों के बीच कहावत है कि जंगली भैंसा नर्मदा के दक्षिण की तरफ नहीं मिलता।* लेकिन सच्चाई यह है कि इस जानवर को यहां से उत्तर की तरफ नदी के दशांतर में कोई नहीं जानता। यह कहा गया है कि इन भागों के जंगली भैंसे पालतू भैंसों के वंशज हैं, जो जंगल में मिलते हैं। लेकिन इस बात में ज़रा भी दम नहीं है। उनमें पूरी तरह विकसित जंगली जानवरों की पूरी आदतें पायी जाती हैं। अपने रहवास स्थलों में उनकी संख्या बहुत ज्यादा होती है और इनका आकार तथा अन्य विशेषताएं पूर्वी बंगाल के मूल जंगली भैंसों की तरह ही होती हैं। भारत में दो किस्म के जंगली भैंसे माने जाते हैं, जो मुख्यतः अपने सींगों के आकार और आकृति में अलग होते हैं। इन्हें क्रमशः हांजसन बी. मेक्रोसेरस और बी. स्पेइरोसेरस कहा जाता है। पहले वाले के सींग लंबे, सीधे और अधिक पतले तथा दूसरे वाले के छोटे, मोटे और अधिक मुड़े होते हैं। मध्य भारत की जिन प्रजातियों को मैंने देखा, वे सभी दूसरी किस्म से संबंधित हैं। इसके परिपक्व सांड के सींग की औसत लंबाई साढ़े तीन से चार फिट होती है। पालतू बनने के बाद यह जानवर जितना कम बदला है, उतना कोई नहीं बदलता। देखने में जंगली भैंसा पालतू की तरह ही दिखता है, लेकिन यह उससे एक-तिहाई बड़ा, मांसल और फुर्तीला होता है, पालतू की तरह ढीलाढाला और मरियल नहीं। उसमें जंगली जानवरों वाली उन्मुक्तता तथा अन्य विशेषताएं होती हैं। मैंने कभी नहीं सुना कि उनका पालतू नस्लों के साथ कभी प्रजनन हुआ हो, हालांकि पालतू नस्ल के भैंसे कभी-कभी जंगली झुंड में मिल जाते हैं और उन्हें ढूंढ़ना मुश्किल होता है। मैंने कभी छह हाथ से ज्यादा ऊंचा जंगली भैंसा नहीं देखा। भैंसे की टांगें काफी छोटी होती हैं। यह बहुत मजबूत काठी का जानवर होता है। मोटापे और वजन में यह पहाड़ों के जंगली सांड से काफी ज्यादा होता है। वे एक-दूसरे के बीच कभी दखल नहीं देते। बाईसन पहाड़ी इलाकों में ही रहता है, जबकि भैंसा मूलरूप से मैदानी और समतल पठारों पर रहना पसंद करता है, जहां उसके पसंद का भोजन इफरात में उसे मिलता है। उनके खुरों की बनावट में भेद से ही इस बात की पुष्टि हो जाती है। भैंसे के खुर चौड़े और थाली जैसे होते हैं, जिनसे उसे मुलायम जमीन पर सहारा मिलता है, जबकि बाईसन के खुर, जिसे चट्टानों में अपना रास्ता चुनना पड़ता है उसके आकार को देखते हुए आश्चर्यजनक रूप से छोटे होते हैं। ये सांभर हिरण के खुरों से थोड़े बड़े और साफ होते हैं। भैंसा आदमी और उसके कार्य के प्रति बहुत कम सहिष्णु होता है। वह चावल के खेतों पर हमला करता है और गांवों के पास से उसे खदेड़ने के सभी प्रयासों की अवहेलना करता है। भैंसे

* शेक्सपीयर की 'वाइल्ड स्पोर्ट् ऑफ इंडिया' पृ. 210 देखिये।

आदमी की बहुत अवहेलना करते हैं। वे बाईसन के विपरीत, जहां उन्हें बहुत अधिक सताया नहीं गया हो वहां वे बिना छुपे हुए आदमी को अपने पास आने देते हैं। उन्हें अपनी ताकत पर इतना भरोसा होता है कि वे हमलावर को भागने पर मजबूर कर देते हैं। वे आमतौर पर इसमें सफल भी होते हैं। बार-बार आक्रमण किये जाने पर वे अंततः भाग जाते हैं और उन्हें दोबारा ढूंढ़ना बहुत आसान नहीं होता। निचले साल वनों के किनारे भैंसों के रहने की पसंदीदा जगह होती हैं। वहां वे खुले मैदान में भाग जाते हैं और उनके तथा इन क्षेत्रों के चावल के खेतों के बीच विशाल दलदली मैदानों में उगने वाली लंबी घास उन्हें आवश्यक आवरण उपलब्ध करा देती है।

इस भ्रमण में भैंसे से हमारा पहला परिचय रायपुर और संबलपुर के बीच एक मुख्य मार्ग पर हुआ, जब बी. ने एक गाय को मार डाला। (शिकार की तलाश में चुपके-चुपके बढ़ते हुए हम यह तय कर लेते थे कि पहले गोली कौन मारेगा)। हमने एक झुंड का दूर तक पीछा किया और एक और गाय को घायल कर दिया, लेकिन उसको मार नहीं पाये। इसके बाद लंबे समय तक हम जंगल में अपने काम में व्यस्त रहे। यद्यपि हमें कुछ भैंसे दिखे, लेकिन हमारे पास उनका शिकार करने का समय नहीं था। बहरहाल, महानदी के पास हम कृषि वाले मैदानी क्षेत्र में आ गये, जिस पर एक बड़े सांड और चार गायों ने पूरी तरह कब्जा किया हुआ था। वे चावल को बर्बाद कर रहे थे और अपने पास आने वाले सभी लोगों पर अंधाधुंध हमले कर रहे थे। कुछ देर पहले निकटतम पुलिस थाने का एक बाबू इस जगह को इन हमलावरों से मुक्त कराने आया था, लेकिन आधा मील दूर एक घर के ऊपर से अपना सारा गोला-बारूद चलाकर खत्म करने के सिवा वह कुछ नहीं कर सका। हम इस मैदान के भीतर गये ही थे कि बर्बाद चावल के खेत के मालिक ने अपने उन दुश्मनों की तरफ इशारा किया, जो क्षितिज में हाथियों की तरह दिखाई पड़ रहे थे। हमने तत्काल हमले की तैयारी कर ली। यह जगह बिलियर्ड-टेबल की तरह समतल थी, अतः हमें सिर्फ अपनी रायफलों पर निर्भर रहना पड़ा। हम दोनों के पास दो आउंस की रायफलें थीं। अनेक छोटी बंदूकें रिजर्व में थीं। लिहाजा, हमने सीधे दुश्मन की तरफ कूच किया। हमारे पास विविध प्रकार के कुत्ते थे और हमने हुक्म दे रखा था कि पहली गोली चलते ही उन्हें छोड़ दिया जाए। वह सांड और उसके साथी साहस के साथ हमारा मुकाबला करने नीचे आये। जब हम आगे बढ़े, तो उसने हमें भगाने के लिए सामान्यतः दिखाये जाने वाले सभी करतब किये–वह जमीन को पंजों से खोदने लगा, अपने विशाल सींगों को हिलाने लगा, और हमारी तरफ रुक-रुककर दौड़ने लगा। लेकिन हम दृढ़ता से बढ़ते गये और जब करीब अस्सी गज दूर रह गये, तब उस भैंसे का पूरा अगला भाग हमारे निशाने पर आ गया। पहली गोली चलाने की मेरी बारी थी। करीब आठ गज की दूरी रह जाने पर मैंने घुटनों पर बैठकर अपनी भारी रायफल से उसके कंधे का निशाना साधा। दो आउंस लीड निकलकर सीधे उसके कड़क चमड़े में घुस गयी।

वह अपने घुटनों पर गिर पड़ा। हमने धड़ाधड़ और अनेक गोलियां चला दीं। वह बुरी तरह लड़खड़ा कर गिर पड़ा हमारे कुत्ते, अब उसके आसपास जाकर भौंक रहे थे। हम उसे एक खुले मैदान में ले आये और उसे बार-बार वही डोज तब तक देते रहे, जब तक कि वह एक चावल के खेत की मेड़ से टिककर गिर नहीं पड़ा। मैंने आगे बढ़कर तीन आउंस का एक गोला उसके कंधे के पीछे दाग दिया। उसके पैरों में कंपन हुआ और वह मर गया। वह एक शानदार और जवान जानवर था। उसने जिस ताकत और जीवटता का प्रदर्शन किया उस पर हमें आश्चर्य हुआ। उसका एक-एक सींग तीन फिट दस इंच लंबा था, जो यहां उनका अधिकतम आकार होता है। मरने से पहले उसे सोलह गोलियां लगी थीं। इनमें से अनेक बड़ी तथा बहुत पास से लगी थीं। बहरहाल, हम प्लेन लीड की गोलियां चला रहे थे और मैंने देखा कि आठ ड्रेक्म्स के पावडर द्वारा चलाई गयी पहली दो आउंस की गोली से उसका कंधा चपटा हो गया, उसकी हड्डियों का चूरा हो गया और वह पूरी तरह लंगड़ा हो गया था। इसके बाद हमने कड़क प्रोजेक्टाइल्स से गोलियां चलाई थीं।

अगले दिन हम एक लंबी डोंगी पर सवार हुए, जिसे एक विशाल साल पेड़ के ठूंड को खोखला कर बनाया गया था। महानदी के बीच से हम दो दिन और एक रात की यात्रा कर संबलपुर पहुंचे। यह काफी उत्तेजनापूर्ण कार्य था। बीच-बीच में बहाव काफी दूर तक तेज हो जाता था। वहां पानी अनेक नलिकाओं में बिखर कर संकरे किनारों के बीच तेजी से बहने लगता था। ये किनारे झाड़ियों से आवृत्त थे। नाविक लोग लंबे बांसों से बहुत दक्षता से डोंगे को चला रहे थे। सामने कोई चट्टान आ जाने पर वह डोंगे के शीर्ष को उससे बचा लेते और कोई झाड़ी आ जाने पर डोंगे के तल में झुक जाते थे। डोंगा एक संकरे रास्ते से तेजी से निकला और पानी से उभरी एक चट्टान से बचता हुआ एक गहरे और शांत जलाशय में चला गया। वहां बड़ी मछलियां उछल रही थीं और मगरमच्छों की आंखें और खांचेदार पीठें तैरती दिखाई दे रही थीं। हमें पता चल गया कि हम एक ऐसी लंबी जगह पर पहुंच गये हैं, जहां नियमित अंतरालों पर पर्वतीय नदियां आकर गिरती हैं। मेरे साथी को तेज बुखार चढ़ गया, जिसने हमारे ऐसे भ्रमण का मजा बिगाड़ दिया, जो बहुत मजेदार हो सकता था। इस अत्यंत निर्जन स्थान पर कुछ देर ठहरने के बाद हम पुनः गढ़जात राज्यों की तरफ बढ़ गये, जहां हमारा अगला महीना ऊबड़-खाबड़ पहाड़ों में कड़ी मेहनत करते हुए बीता। यहां हम खोंड आदिवासियों के बीच थे, जो भयंकर काली देवी को मानव की मेरिया बली देने के लिए मशहूर थे। उन्हें हमारे मध्य भारत के गोंडों ने किस तरह हरा दिया, इसकी कल्पना मैं नहीं कर पा रहा। वे अधिक काले हैं और उनके शरीर की बनावट ज्यादा हब्शियों जैसी है। वे एकदम अलग भाषा बोलते हैं और इसके बहुत कम शब्द गोंडी की तरह दक्षिण तमिल से मिलते हैं। उनका इलाका पूरी तरह मध्य पर्वतीय क्षेत्रों की सीमाओं से आगे है। यहां इस जनजाति के विषय में बहुत ज्यादा

विस्तार से बात करना समीचीन नहीं होगा। हम यहां से बुखार से बुरी तरह ग्रस्त होकर लौटे, जो हमें बंद जंगलों में लग गया था। इन जंगलों में पानी के स्रोत बहुत कम हैं और वर्ष के इस समय (अप्रैल) में स्थिति बहुत खराब रहती है। जब हम पुनः उत्तर की तरफ बढ़े तब हम जोंक नदी की घाटी में पहुंच गये। यह महानदी की एक उपनदी है। हमें यहां भी भैंसों के बड़े झुंड मिल गये। हम यहां अपने साथियों को आराम देने तथा शिकार करने के लिए एक-दो दिन के लिए रुक गये। हमारा कैम्प जिल्दा गांव के पास एक निर्जन स्थान पर एक विशाल वृक्ष के नीचे लगा। भैंसों के भय से लोग एक कम खुले स्थान पर चले गये थे। हमारे आसपास लंबी घास का फैलाव था, जिसके आसपास निचले पर्वत और साल वन दूर तक फैले थे। हमारे बुखार पीड़ित लोग पंक्तियां बनाकर चल रहे थे ताकि उनके कांपते शरीर की हड्डियों में सूर्य की गर्माहट पहुंच सके। वे दिन में तीन बार कुनैन की खुराक लेते थे (पहले वे जलप की एक तेज खुराक ले चुके थे), जो स्थानीय लोगों को इस गर्म मौसम के बुखार से तेजी से मुक्ति दिला देता है।

सुबह के समय कैम्प से लगभग दो मील चलने पर हमने पचास-साठ भैंसों को लंबी घास के दलदल में घुटनों के बल खड़े देखा। अब गोली चलाने की बी. की बारी थी। हमें गोली चलाने लायक दूरी प्राप्त करने में कई घंटे लगे। भैंसे बहुत जंगली थे, जिन पर कुछ सप्ताह पहले एक शिकारी ने लांग रेन्ज स्माल-बोर रायफल से काफी गोलियां चलायी थीं। जब हम एक तरफ से आगे बढ़े तो वे दलदल में चलकर दूसरी तरफ पहुंच गये। हम जिस दिशा में जाते, वे उसकी विपरीत दिशा में चले जाते। आखिर, मैं अपने घोड़े पर सवार हुआ और एक लाइट ब्रीच लोडिंग बंदूक सम्हाली। मेरी कोशिश थी कि उन्हें बी. की दिशा में मोड़ दूं। अब वे चौकन्ने हो गये और दलदल के शीर्ष की तरफ बढ़ गये। दोनों किनारों पर हमारे द्वारा पीछा किये जाने पर वे इसे छोड़कर एक ऊंची जमीन पर चल दिये। वह जमीन उस इलाके को देखते हुए घुड़सवारी के लिए अच्छी थी। मैं पूरी रफ्तार से उनके पीछे चल पड़ा। मेरा जानवर एक अरबी टट्टू था। वह खराब जमीन पर भी दृढ़ता से चलता था। मेरे आश्चर्य और प्रसन्नता का ठिकाना नहीं रहा, जब मैं उनसे लगभग आधा मील आगे निकल गया। उस झुंड में गोली चलाने के लिए मैं किसी उपयुक्त भैंसे की तलाश करने लगा। मैंने लंबे सींग वाले एक सांड पर निशाना साधा, जिसके सींग की नोकें, धूप में चमक रही थीं। वह सबसे अलग दिख रहा था। मैं गोली चलाने ही वाला था कि मेरे टट्टू ने मुझे लगभग गिरा ही दिया। हम एक दुबली गाय के नुकीले सींगों से बाल-बाल बचे, जो मेरे पास से गुजरी थी। वह मेरे सामने आकर रुक गयी और सिर हिलाते हुए वह बहुत खतरनाक दिख रही थी। मैं बचकर अलग हो गया और उसे आगे जाकर झुंड में मिल जाने दिया। मैंने दो बैरलों से उस पर गोलियां दागीं और इसके बाद सैकड़ों गज की दूरी से एक और हमला

हुआ। आखिर वह पुनः भागते हुये झुंड की तरफ लपकी। लेकिन, चूंकि जमीन बहुत खराब हो गयी थी और इसकी काली मिट्टी में गहरी दरारें पड़ गयी थीं, अतः मैं इस लड़ाकू गाय की चुनौती से पीछे हटने वाला नहीं था। इस ज़मीन पर भैंसों के खुरों के पुराने निशान मौजूद थे। अपने ब्रीच-लोडर को पुनः लोड करने के बाद, मैं उसके पीछे भागा। जब वह काफी कम दूरी के भीतर आ गयी, तब मैं उस पर बहुत करीब से गोली चलाने के लिए बहुत तेज भागा। वह मुझसे भी तेज़ थी, लेकिन मैंने उसे मिला लिया। मेरी गोली उसके मुंह पर लगी, लेकिन मेरा मानना है कि उसे कोई नुकसान नहीं हुआ। उसने एक बार फिर मुझ पर हमला किया, लेकिन मैं बाल-बाल बच गया। उस खराब ज़मीन पर मेरा टट्टू कई बार लड़खड़ाया। वह फिर बच गयी और मैं फिर घोड़े पर सवार हो उसके पीछे लग गया। हालांकि इस बार मैं पहले की तरह उसके इतने पास नहीं था। मैंने बंदूक को पिस्टल की तरह पकड़ कर दोनों बैरलों से उस पर गोलियां चलायीं। गोलियां लगने के बाद उसने बहुत खतरनाक तरीके से अपना सिर हिलाया, लेकिन दोबारा हमला नहीं किया। अब वह धीरे-धीरे झुंड के पीछे चलने लगी। मैंने महसूस किया कि इस हथियार से मैं उसको नहीं मार सकता। मैं रुककर इंतजार करने लगा। मुझे आशा थी कि वह लेटेगी और भारी रायफल आ जाएगी। अचानक उसकी चाल धीमी हो गयी। मैं एक झाड़ी के पीछे से उसे देखता रहा। उसने चारों तरफ नज़र दौड़ाई और कुछ आगे बढ़ गयी। इसके बाद, लगभग पांच मिनट खड़े रहने के बाद वह लंबी घास में लेट गयी। मैंने उस जगह को ध्यान से देखा, जो एक झाड़ी के पास थी। मैं अपने घोड़े पर सवार हो भारी रायफल लाने के लिए तेजी से वापस गया। लौटते समय करीब एक मील पर मुझे बी मिला। उसके पास रायफल और कुत्ते थे। अतः हम दोनों उस गाय का काम तमाम करने चल पड़े। मेरी बड़ी रायफल की एक बैरल में कुछ उभार आ गया था, जिसके कारण इससे भैंसे का शिकार करना मुमकिन नहीं था। लिहाजा, मैं सिर्फ एक बैरल पर निर्भर था। हम घास में से होते हुए उस जगह के पास पहुंचे जिसकी मैंने निशानदेही की थी। लेकिन वह गाय वहां नहीं थी। मैंने अपना संतुलन खो दिया। जिस जगह की मैंने निशानदेही की थी, वैसी वहां पर करीब पचास झाड़ियां थीं। हम उसकी तलाश में आसपास भटकने लगे। अच्छी तरह देखने के बाद मैं एक पहाड़ पर चढ़ गया। तभी अपने बिल्कुल नीचे मुझे उसका सिर और लंबे सींग दिखाई दिये। वह मेरी तरफ घास में घुस गयी। उसकी गर्दन में गोली लगने से वह मुड़ गयी और बी. तथा मेरे बीच में भागने लगी, जिससे हम दोनों गोली नहीं चला पाये। अब कुत्तों ने उसे सम्हाला, खासतौर पर 'टिंकर' ने उसके नथुनों से उसे पकड़ने में पूरा जोर लगा दिया, लेकिन वह छूटकर भाग गयी। आगे दो सौ गज की दूरी पर वह एक और घास के आवृत भूखंड में जाकर रुक गयी। कुत्ते उसके आसपास भौंकते रहे। अत्यधिक गर्मी से थककर

'टिंकर' एक झाड़ी की छाया में लेट गया। लेकिन जैसे ही वह आगे बढ़ी, वह उस पर लपक गया। हम चलते रहे और अंततः एक ऐसी जगह पहुंच गये, जहां वह हमें नहीं देख सकती थी। मैंने देखा कि वह बी. को घूर रही थी और कुत्तों को झटकने का प्रयास कर रही थी। वह शेर की तरह चुपके से घास में आगे रेंग रही थी और उसे देखती जा रही थी। उसके सींग घास और झाड़ियों में छुपे थे। बहरहाल, बी. के आने से पहले ही मैंने उसकी गर्दन पर अपनी डबल चौदह गेज रायफल से निशाना साधकर गोली चला दी। वह मरकर गिर गयी। मैंने देखा कि उसके कंधे में पहले से ही एक गोली लगी थी। घाव पर कीड़े लगे थे। इससे पता चला कि वह इतनी कमजोर और गुस्से में क्यों थी। हमसे पहले किसी शिकारी ने काफी पहले इसे यह गोली मारी होगी। उसके सींग पूरी तरह विकसित थे। गोलाई, मोड़ तथा खोपड़ी के दोनों तरफ इनकी लंबाई आठ फिट चार इंच थी।

इस बीच वह झुंड एकदम नदारद हो गया। हम कैम्प लौट आये। रास्ते में बी. ने एक गाय को मारा और मैंने एक सांड को घायल किया। लेकिन वह लंबी घास में कहीं गायब हो गया। नाश्ता करने के बाद पाइप पीते समय, बी. के द्वारा घायल सांड की देखरेख करने वाले आदमियों में से एक ने आकर हमें बताया कि वह करीब एक मील दूर एक खुले मैदान में लेटा हुआ है और काफी गुस्से में है। हम उसका सामना करने तत्काल चल पड़े। वह एक छोटी पर्वत श्रेणी के पास लेटा हुआ था, जो चावल के खेत के किनारे थी। वहां खेती होती है, तब यह उसकी मेढ़ का काम करती है। लेकिन अभी इस पर लंबी घास उगी हुई थी। वह ऐसी जगह लेटा था, जहां से उस तक आने वाला हर रास्ता उसे दिखाई देता था। छुपने की कोई जगह नहीं थी, लिहाजा उठकर भागने के सिवा उसके पास और कोई चारा नहीं था। उससे करीब साठ गज की दूरी रह जाने पर मैंने एक छोटी रायफल से उस पर गोली चला दी। किनारे पर झुके हुए उसे सिर पर इसके सही निशाने पर लगने का मुझे पूरा भरोसा था। लेकिन एंगल गलत था, और गोली उसे लगे बिना ही निकल गयी। वह उछलकर खेत के बीच में चला गया। हमने कुत्तों को उसके पीछे छोड़ दिया। वे उस पर तब तक भौंकते रहे जब तक उसने उन्हें खेत के चारों तरफ दौड़ाना शुरू नहीं कर दिया। लेकिन घास के किनारे से जैसे ही हमारे सिर दिखाई देना शुरू हुए, वह उनको छोड़कर हमारी तरफ झपटा। वहां किसी तरह की छाया नहीं थी और हर किसी को अपनी सुरक्षा स्वयं करनी थी। उसके छह कदम के भीतर आने तक मैं खड़ा रहा और इसके बाद रास्ते से हटकर घास में कूद पड़ा। ऐसा मैंने बिल्कुल सही समय पर किया। मेरी रायफल हाथ से छिटक गयी और इसकी रेमरॉड टूट गयी। इसे उठाकर मैंने एक बैरल से उसके कंधे पर गोली चला दी और ठीक उसी वक्त बी. की रायफल का धमाका मुझे सुनाई पड़ा। अगले ही क्षण मैंने बी. को लहराकर एक तरफ गिरते हुए देखा, जबकि वह सांड अपने घुटनों पर खड़ा हो गया। टिंकर उसके

नथुनों से झूला हुआ था। अतिरिक्त बंदूक लेकर चलने वाला और डॉग-ब्वाय, कोई भी नज़र नहीं आया, जबकि मैं उस संघर्षशील सांड का काम तमाम करने के साधन के लिए हाथ-पांव मार रहा था। आखिर वे मुझे दिख गये। बंदूकें काली मिट्टी की दरार में कुछ नीचे घुस गयी थीं। दो बंदूकें लेकर जब मैं तेजी से कार्यवाही स्थल तक जा रहा था, तभी मुझे बी. मिला, जो पूरी तरह सुरक्षित था, हालांकि वह कुछ निस्तेज जरूर दिख रहा था। तभी मैंने एक गोली चलने की आवाज सुनी और सांड को मरकर गिरते देखा। मेरे एक मुसलमान शिकारी ने, जो शिकार का आदी था, किस्मत से अपने आपको मेरी रायफल के साथ उस जगह छुपा लिया था, जहां वह सांड बी. पर हमला करने के बाद रुका था। उसने मजल को उसके सिर पर रखकर एक साथ दोनों बेरलों के ट्रिगर दबा दिये थे। टिंकर कीचड़ और उस सांड के खून से नहा गया, लेकिन उसे कोई चोट नहीं लगी। भैंसे के नथुने का हाल देखकर पता लगता था कि टिंकर ने उसे कितने जबर्दस्त ढंग से कसकर पकड़ा था। किस्मत से बी. को उसके सींग का बाहरी किनारा लगा था। उसकी बांहों तथा पसलियों में थोड़ी चोट आयी थी, लेकिन इतनी ज्यादा चोट नहीं लगी थी कि वह होश खो बैठता।

अगले दिन बी. को बुखार आ गया और उसकी हालत इतनी बिगड़ गयी कि आराम करना ज़रूरी हो गया। मैं अकेला एक अन्य दिशा में गया। मुझे करीब चालीस भैंसों का एक झुंड मिला, जो कैम्प से लगभग दो मील दूर दक्षिण में चर रहा था। मैं उनके पास चल पड़ा। मेरे साथ एक हाथी था। मैंने उसे एक लंबा चक्कर लगाकर भेज दिया ताकि उनका ध्यान खींच सकूं और स्वयं रेंगकर जाने लगा। करीब एक सौ गज की दूरी रह जाने पर मैंने देखा कि भैंसों के साथ एक बुल नीलगाय थी, जो पैनी नज़र से चारों तरफ देख रही थी, जबकि भैंसे बेवकूफों की तरह हाथी को घूर रहे थे। मैं करीब तीन फिट ऊंची घास में घुटनों के बल बैठ गया और इस इकलौते प्रहरी के पास नहीं जा सका। अतः मैं चुपचाप बैठा रहा। इसके बाद हाथी किसी निचले जंगल में गायब हो गया और झुंड दोबारा चरने लगा। वे चरते-चरते मेरी तरफ आने लगे। करीब सत्तर गज दूरी रह जाने पर मैंने उनके नेता पर गोली चला दी, जो मेरी तरफ पीठ करके खड़ा था। गोली खाकर वह बुरी तरह दहल गया और गिर गया। उसके पैर ऊपर की तरफ थे। भागने की बजाय वह झुंड अपने साथी के आसपास इकट्ठा हो गया और दुलकी चाल से घूमने लगा। झुंड के भैंसे उसके रक्त को सूंघ रहे थे और उसके छुपे दुश्मन की खोज में चारों तरफ देख रहे थे। मेरी रायफल से निकलते धुयें से उन्हें हमारा पता चल गया। मैंने देखा कि वे अर्द्ध वृत्त बनाकर नथुने फड़काते हुए मेरे पास आ रहे हैं। उनके सिर पर चालीस जोड़ी सींग थे। मेरे बंदूकधारी, पीर खान और मैंने बहादुरी की जगह समझ से काम लेने का सोचा और अपनी दायीं तरफ बच निकलने का रास्ता तलाश करने लगे। हम सर्प की तरह घास से निकलते हुए वापस भागे और एक

नंगे साल वृक्ष के ऊपर चढ़ गये। ऊपर चढ़कर मैं इसकी चिकनी चोटी पर बैठ गया, जबकि पीर खान कौवे की तरह एक शाख पर जम गया। वह मुझसे एक या दो फिट नीचे था। मैंने झुंड पर गोली चला दी। पहली गोली मैंने बड़ी रायफल से चलायी, जिसके तेज झटके से मैं लगभग अपनी जगह से हट ही गया। मैं समझता हूं कि पीर खान, जिसने इसे पुनः लोड कर लिया था, ने पावडर का डबल चार्ज भर दिया था। इसके बाद मैंने चौदह बोर से दो राउण्ड चलाये। वह झुंड घबराकर ठहर गया और इसके बाद अचानक डर के मारे तितर-बितर होकर भाग गया। गोलियां लगने से उनके चमड़े से सूखी कीचड़ का गुबार उठा। एक भैंसा वहीं खड़ा रह गया, जबकि दूसरा बहुत लंगड़ाता हुआ झुंड से पिछड़ गया। मैंने आगे बढ़कर पहले वाले का काम तमाम किया और फिर दूसरे का लंबी दूरी तक तब तक पीछा किया, जब तक वह झुंड के साथ भारी दलदल में नहीं चला गया। मैं कैम्प वापस आ गया। इस सारी गफलत में मैं यह नहीं देख पाया कि नीलगाय का क्या हुआ। लेकिन जब मैं वापस चला तब वह झुंड के साथ नहीं थी।

जंगली भैंसों को लेकर हमारा अनुभव कुछ लोगों के अनुभव से भिन्न था, जिन्होंने हमें बताया था कि वे डरपोक, अनाक्रामक जानवर होते हैं। जैसा कि अधिकतर जंगली जानवरों के साथ होता है, यह इस बात पर निर्भर करता है कि आप उन पर तगड़ा दबाव बनाते हैं या नहीं। संभवतः ऐसा भी हो सकता है कि आप लंबी दूरी तक उन्हें मारते जाएं और वे आप पर हमला न करें। मैं पैदल उनके पीछे चला। मेरे ख्याल से भैंसे बाईसन से कहीं ज्यादा खतरनाक प्रतिद्वन्द्वी होते हैं, कम डरपोक होते हैं और उन इलाकों में भी पाये जाते हैं, जहां आमतौर पर पेड़ों और चट्टानों का संरक्षण नहीं होता। बंगाल में हाथी पर चढ़े बिना उनका शिकार करना अत्यंत कठिन होता है। ऐसा भी जानने में आया है कि वे हमला कर दें तो हाथी को भी जमीन पर पटक देते हैं। भैंसे का शिकार मुख्य रूप से घोड़े पर बैठकर किया जाता है। लेकिन सुरक्षित रूप से घुड़सवारी की जमीन मिलना बहुत दुर्लभ बात है। उपरोक्त घटना अपवाद थी, वरना ऐसा होते हुए मैंने कभी नहीं सुना था। लेकिन मुझे विश्वास है कि ऊबड़-खाबड़ जमीन पर चलने में माहिर घोड़े तथा एक लाइट ब्रीच-लोडिंग कार्बाइन के साथ भैंसों का सुरक्षित रूप से शिकार किया जा सकता है, बशर्ते कि आप इसके लिए उपयुक्त जमीन पर उनके पहुंचने का इंतजार करें। उन्हें भाले से मारने का तो सवाल ही नहीं उठता। हमने एक सांड के सीने को कुल्हाड़ी से यह देखने के लिए चीर डाला कि एकदम सामने से चलाई गयी हमारी गोलियों को किस चीज ने रोक लिया था। हमने देखा कि सीने में चलाई गयी गोली को फैंफड़ों के विवर में जाने से पहले दो फिट से ज्यादा चमड़े, हड्डियों तथा उपस्थियों को पार करना था। उसके भेजे को भेदना भी कठिन था। वह जानवर अपने सिर को, अपने नथुने को आंखों के समतल आने तक ऊंचा उठाये रखता

है या फिर हमला करते समय इसे अपनी अगली टांगों के बीच में कर लेता है। इस तरह भेजा गोली लगने से साफ बचा रहता है। एक आउंस वजन वाली कोई प्लेन लेडेन गोली तीन ड्रेक्म पावडर के साथ यदि सीधे दागी जाए, तो यह एकदम खोपड़ी को भेद सकती है। बहरहाल, ऐसा करना लगभग असंभव होता है। बाईसन और भैंसे, दोनों को गोली मारने की सही जगह कंधा है। यदि रायफल ताकतवर है तो कंधे के ऊपर की तरफ; और नहीं है, तो पीछे अथवा कोहनी के थोड़े ऊपर गोली चलाना चाहिए। गर्दन के बीच की जगह भी काफी घातक होती है, बशर्ते कि निशाना सही हो। स्थानीय लोग अपनी मेचलॉक से प्रायः हमेशा यहीं गोली मारते हैं। सांड की खोपड़ी और सींग इतने बड़े और भारी होते हैं कि अगर कोई शिकारी एक हल्का कैम्प लेकर चल रहा हो, तो इन चीजों को निशानी के रूप में लेकर जाना भी उसे भारी लगेगा। इसका मूल्य पूरी तरह नष्ट हो जाता है। बहरहाल, सींगों को आरी से काट कर खोपड़ी को फेंक दिया जाना चाहिए और अक्सर ऐसा ही किया जाता है। बेहतर तरीका यह है कि मांस को उबालकर अलग कर दिया जाए और कुछ समय इंतजार किया जाए। जब सींगों के आवरण हड्डीयुक्त गूदे पर ढीले पड़ जाएं, तब उन्हें ले जाया जा सकता है।

हम साल के क्षेत्र से होते हुए जोंक घाटी की तरफ बढ़े, जो 'ध्या' खेती के कारण महानदी तक काफी तबाह हो चुकी थी। इसके बाद हम इसकी सहायक नदी अर्पा और बिलासपुर सिविल स्टेशन पहुंचे। हम 28 अप्रैल को बिलासपुर पहुंचे और उत्तर की तरफ विशाल साल वन में हाथियों के ठिकानों पर मुहिम की तैयारी करने लगे। इस इलाके में यूरोपियन लोग कभी नहीं गये थे। कुछ वर्षों पहले सिर्फ शिकारियों का एक छोटा दल गया था, जिसने कुछ दूर भ्रमण कर एक हाथी को मारा था। वहां कुछ खास आबादी नहीं थी और सिर्फ कुछ बहुत ही असभ्य भूमिया लोग रहते थे। यह बात निश्चित थी कि यहां कुछ भी जरूरत की चीज मिल पाना संभव नहीं है। अतः हमारा पहला कार्य तो बंजारा बैलगाड़ियों को गाड़ीवानों सहित किराये पर प्राप्त करना और उन पर अनाज लदवाना था। इस उर्वरक इलाके की स्थितियां ऐसी थीं कि हमने अपनी जरूरत के मुताबिक काफी गेहूं, चना तथा चावल लगभग 100lbs प्रति शिलिंग की दर से खरीद लिया। पांच साल बाद इसी जिले में सभी कृषि उत्पादों की कीमत कपास की खेती तथा संचार साधनों में विकास के कारण, 16 से 25lbs प्रति शिलिंग तक हो गयी।

तीन मई को हम रतनपुर पहुंचे। यह एक राजपूत वंश की प्राचीन राजधानी थी, जिसने 18वीं सदी में मराठों का आक्रमण होने तक इस पूर्वी इलाके के अधिकतर भाग में राज किया। स्थानीय राजवंशों की समाप्ति के बाद पुराने हिन्दू नगरों का किस तरह पतन हुआ और पारम्परिक हिन्दू धार्मिक भावना में किस तरह गिरावट आयी, यह इसका उदाहरण था। एक छोटी केन्द्रीय पहाड़ी पर स्थित इस शहर की चोटी पर

एक मंदिर का सफेद पुता हुआ कलश था जो आसपास के इलाके की पहचान था। आंखों के सामने बरगद और आम के पेड़ों का दूर तक विस्तार था। इसकी गोद में डेढ़ सौ तालाबों को पानी जाता है। इसकी कंदराओं में, यहां-वहां कमरखी मंदिरों के कलश दिखाई देते थे। बड़ी संख्या में मंदिरों, महलों तथा किलों के अवशेष वहां बिखरे पड़े थे। दिनभर घूमने के बाद भी आप इस अपार पुरातात्त्विक सम्पदा का दसवां हिस्सा भी नहीं देख सकते, जिसे जिज्ञासुओं के निरीक्षण की प्रतीक्षा थी। शहर का ज्यादातर हिस्सा पूरी तरह नष्ट हो चुका था। खाली पड़े भवन कभी यहां रहने वाले लोगों की सम्पन्नता की कहानी कहते थे, जबकि इनकी दीवारों से लगकर बनी कच्ची झोंपड़ियां आधुनिक रहवासियों की गरीबी को दर्शाती थीं। जिस तरह पुराने मंदिरों का विनाश हुआ है उसी तरह पुरानी श्रद्धा में भी गिरावट आयी है। इस पूरे इलाके में हिन्दू धर्म की जगह देववाद ने ले ली है, जिसकी स्थापना लगभग पचास साल पहले छत्तीसगढ़ के चमार जाति के लोगों में उन्हीं की जाति के एक व्यक्ति ने की थी। यह पुराने बौद्ध धर्म की तरह था। ब्राह्मणवाद के खिलाफ नीची जाति के लोगों का यह एक विद्रोह जैसा था। पुजारीवाद तथा जाति को न मानना इसका प्रमुख सिद्धांत है। वे ब्राह्मणों के देवताओं की जगह 'सतनाम' का उच्चारण करते हैं। हिन्दू इतिहास की यह एक बहुत सशक्त सामाजिक और धार्मिक क्रांति है। यह इसी तरह के अन्य आंदोलनों का एक उदाहरण है, जो हिन्दू धर्म के भवन को जड़ से हिला रहे हैं। अभी यह देखना बाकी है कि ये आंदोलन, पहले के आंदोलनों की तरह, कुछ समय बाद पतन को प्राप्त होकर मूर्तिपूजा के निचले स्तर तक चले जाएंगे, जिससे वे उभरा है, या नहीं।

आसपास के पहाड़ों के बीच एक निचली घाटी में स्थित गंदे तालाब में सदियों से जमी कीचड़ से भयंकर बदबू आ रही थी और इससे रतनपुर के लोगों के बीच हर तरह की घिनौनी बीमारियां फैल रही थीं। इन वृक्ष-समूहों की छाया में आपको हर जगह कुरूप कोढ़ी तथा फीलपांव से ग्रसित लोग मिलेंगे। मेरी किस्मत में ऐसी महामारी से पीड़ित होना बदा था, जिसके कारण वहां आबादी तेजी से कम हो रही थी। घोड़े की सवारी के बाद हमें काफी गर्मी लग रही थी और टेंट आये नहीं थे। मैं इतना मूर्ख था कि एक पेड़ के नीचे पड़ी खटिया पर जाकर पसर गया और मुझे नींद लग गयी। शाम को मेरे शरीर में जलन महसूस हुई, जिसको मैं समझ नहीं सका। मुझे बुखार आ गया, लेकिन यह मलेरिया नहीं था, जिसका मैं आदी हो चुका था। अगली सुबह मैं चल दिया, हालांकि काफी बीमार महसूस कर रहा था। मैं ठहरने के अगले स्थान के लिए दस मील तक चला। अगले दिन मेरी हालत और बिगड़ गयी। मैं छह मील और ले जाया गया। पूरी रात करवटें बदलने के बाद मैंने अचानक जलते बुखार से राहत महसूस की और देखा कि मेरे पैरों में चेचक के बारीक दाने उभर आये हैं। इससे मेरी खोज का काम रुक जाना पक्का था। लेकिन चूंकि मुझे बाकायदा टीका लग चुका था, अतः मुझे उम्मीद थी कि यह आक्रमण हल्का होगा। मेरा दृढ़ निश्चय था कि मैं

स्टेशन वापस नहीं लौटूंगा। मेरे अंदर हाथी-क्षेत्र देखने की आशा बलवती थी। हम जिस जगह पर थे, वहां बहुत गर्मी थी, लेकिन लगभग सात मील आगे एक ऊंची शंक्वाकार पहाड़ी थी, जिस पर एक पुरानी गढ़ी स्थित थी, जिसे लाफागढ़ कहते थे। ऐसा लगता था कि इसकी ऊंचाई कम-से-कम 3,000 फीट थी। इसके बारे में पूछताछ करने पर मुझे पता चला कि इसके ऊपर छाया और पानी उपलब्ध है। मैंने उसी कम तापमान के स्थान पर पहुंचकर अपने कैम्प के साथ जुड़े देशी दवा विक्रेता की मदद से इस बीमारी से पार पाने का निश्चय किया। इस बीच बी. यथासंभव अपना खोज कार्य करने के लिए पहले ही चला गया था। अगले दिन मुझे पहाड़ी के आधे रास्ते पर स्थित एक गांव ले जाया गया जो समुद्र तल से लगभग 2,540 फिट की ऊंचाई पर था। मेरी वहां लाफा के ठाकुर से मुलाकात हुई। लाफागढ़ के पहाड़ी इलाके में उसके पास काफी जमीन थी। वह बहुत सभ्यता के साथ मुझे एक बड़ी झोंपड़ी में ले गया, जो उसने मेरे लिए बनवाई थी। एक बरगद के पेड़ के नीचे स्थित यह झोंपड़ी पत्तियों वाली डालियों से बनी थी। मेरे टेंट को पहाड़ के शिखर पर स्थित पुराने किले में सुविधायुक्त बनाया जा रहा था। ठाकुर के पहाड़ी गांवों के जंगली भूमियाओं के एक दल को मेरा सामान ऊपर ले जाने के काम में लगा दिया गया था। पूरे दिन उनके छोटे-छोटे समूह मेरा 'साक्षात्कार' लेते रहे। वे आहिस्ता से झोंपड़ी के दरवाजे तक आते और अपने कूल्हों के बल पर बैठ जाते। उनकी कुल्हाड़ियां उनके हाथों पर रखी रहतीं और उनके पत्ती के छोटे पाइप उनके कान के पीछे खुरसे होते। जब तक हम उन्हें वहां साहिब लोगों की उपस्थिति में पीने देते, तब तक वे संतुष्ट रहते। इन पूर्वी अंचलों में आपको कोई भूमिया बिना टोंगिया और पत्ती के पाइप (चोंगी) के बिना शायद ही मिलेगा। पलाश के पेड़ की पत्ती को मोड़ कर कुछ ही सेकंडों में चोंगी बन जाती है। इसे बहुत खास तरह से बहुत सलीके के साथ मोड़कर एक कटोरे का रूप दिया जाता है, जिसकी गर्दन संकरी होती है। यह बहुत आसान लगता है, लेकिन मैं ऐसा कभी नहीं कर पाया और मेरा पाइप ठीक से जलने से पहले ही बिखर जाता था। भूमिया लोग इसे एक या दो बार पीते हैं और फिर नया पाइप बना लेते हैं। वे खड़ी हिन्दी बोलते थे और बात करने में शर्माते नहीं थी, हालांकि देखने में वे उसी प्रजाति के लगते थे, जो मंडला में रहती है। यहां उन्हें भूमिया कहा जाता है और बैगा सिर्फ उनके पंडों और वैद्यों को कहा जाता है। यह बड़ी अजीब बात थी कि छोटी-छोटी-सी चीजों से उनके काले और बदसूरत लेकिन प्रसन्न मुख पर प्रसन्नता से भरी हंसी खेल जाती थी। मेरे तीन नींबू तथा सफेद रंग के स्पेनियल कुत्ते जब 'वाह कूकुट! के-ऊ-कू-रा'! करने लगे तब उनकी हंसी का ठिकाना नहीं रहा। जब वे मुझे झोंपड़ी में सोने के लिए छोड़कर चले गये, तब मैंने पत्तों की दीवार से बाहर देखा। वे सभी लोग मिलकर मेरे डॉग-व्वाय की मिन्नते कर रहे थे कि वह एक हड्डी की मदद से कुत्तों से वैसा ही एक बार और करवा दे। कई दिनों तक

इन सीधे-सादे जंगली लोगों के नये-नये दल पहाड़ी पर मेरे टेंट में आते रहे। वे उस मजेदार तमाशे को देखने की आशा में मेरे सामने बैठ जाते, जिसके बारे में पूरे जंगल में चर्चा फैल गयी थी। मेरे हाथी जब नीचे से मेरा टेंट और सामान लेकर आये, तो सभी भूमियाओं ने उनके चौड़े पदचिह्नों पर एक हाथ रखकर उसे माथे पर लगाकर उन्हें प्रणाम किया। उनके अनुसार, ये जंगली हाथी उस समय उनके देश के राजा और दानव थे। वे जहां चाहते वहां जाकर उनके चावल के खेतों को तबाह कर देते थे। जैसा कि सामान्य रूप से होता है कि जनजातियों में प्रकृति की आक्रमक शक्ति को बहुत माना जाता है, इन्हें देवता मानकर संतुष्ट किया जाता है। अगली सुबह मुझे पहाड़ी के शिखर पर ले जाया गया जहां एक छोटे जलाशय के किनारे एक छायादार वृक्ष के नीचे मेरा टेंट लगाया गया था। यह तालाब प्राचीन काल में किले में पानी की आपूर्ति के लिए खुदवाया गया था। ऊपर का रास्ता खड़ा, टेढ़ा-मेढ़ा और 750 फिट था। शिखर के पास एक हल्की धूसर चट्टान की कगार, एक वनावृत्त ढालू पर्वत से निकली हुई थी। इस पर जाने का एकमात्र वही रास्ता था, जिस पर हम गये थे। वहां खुदाई करके एक पगडंडी बना दी गयी थी और चट्टानों के अलंगों का एक बड़ा ढेर लगा दिया गया था। दो बड़ी चट्टानों के बीच से इसमें प्रवेश किया जाता था। ये चट्टाने वैसे ही रख दी गयी थीं। इसी तरह की विशाल संरचना की एक नीची दीवार बनी हुई थी। अब इसका अधिकतर भाग नष्ट हो गया था, जो नीचे जंगल में बड़े ढेरों के रूप में देखा जा सकता है। लेकिन कुछ स्थानों पर, विशेषकर बुर्जों पर इसका स्वरूप यथावत् था। इसका शीर्ष एक काफी समतल पठार था, जिस पर कहीं-कहीं चट्टाने थीं। इस पर उस वक्त लंबी पीली घास का आवरण था और जहां-तहां वृक्ष उगे हुये थे। इन वृक्षों में मुझे कुछ तेंदू के पेड़ भी दिखाई दिये, जो स्पष्ट था कि लगाये गये थे। इनके बैर जैसे रसीले फल जंगली प्रजातियों की तुलना में ज्यादा बड़े और गूदेदार थे। इनकी गुठलियां बहुत छोटी थीं। शिखर पर सिर्फ एक भवन था, जो शिव का छोटा-सा मंदिर था। मेरे टेंट से इस पहाड़ी की ऊंचाई एनेरॉइड बैरोमीटर के अनुसार 3,410 फिट थी, जो अमरकंटक में नर्मदा के उद्‌गम के लगभग समान थी।

मैं 15 मई तक वहां रुका। मैं अपनी बीमारी से तेजी से उबर रहा था, जिसके लिए मैंने साइडलिट्ज पावडर के अलावा कोई दवा नहीं ली थी। इससे 'डॉक्टर' को काफी बैचेनी थी। वह दस्तावर, पसीना लाने वाली तथा भगवान जाने किन-किन चीजों से मुझे तरबतर करना चाहता था, जो उसके टीन के बक्से में भरी थीं। मैंने इस काबिल डॉक्टर से सिर्फ एक दवा ली थी, जिसे वह 'वातहर' कहता था। यह दवा शीतज्वर में फिट आने पर दी जाती थी। लेकिन उसके जुलाब वमनकारी दवाओं, बातों और चिकित्सकीय ज्ञान का स्थानीय लोगों पर काफी असर होता था। ठाकुर बहुत अच्छा आदमी था। वह लगातार मुझसे मिलने आता और अपने जंगली इलाके के बारे

में घंटों बातें करता था। वह एक छरहरा, लंबा और अधेड़ आदमी था, जो शुद्ध राजपूत तथा रतनपुर के प्राचीन राजवंश का वंशज होने का दावा करता था। लाफागढ़ का किला कई सालों से उसका गढ़ था। वह जंगली वस्तुओं से बनी खाने की स्वादिष्ट चीजें मेरे लिए लाता था, जिनमें दो विशेष रूप से अच्छी थीं। एक शुद्ध आरारोट (टिकुर) थी, जिसे जंगली करक्यूमा एंगस्टीफोलिया तथा सीकर नाम के छोटे अनाज से बनाया जाता था। यह कुटकी नाम के अनाज के पुराने पौधों के एक उत्पाद के सिवा कुछ नहीं थी। आमतौर पर इसे 'ध्या' में उगाया जाता था। 'ध्या' छोड़ने के बाद कुटकी के पौधे तेजी से खराब हो जाते हैं और तीसरे तथा चौथे साल में यह अनाज सीकर बन जाता है। यह पूरी तरह विकसित दाने से काफी छोटा लेकिन बहुत मीठा और स्वादिष्ट होता है। इसको बहुत कम मात्रा में एकत्रित किया जाता है, क्योंकि इसमें बहुत मेहनत करने पर परिणाम बहुत थोड़ा मिलता है। लेकिन इसे इतना महत्त्व दिया जाता है कि आमतौर पर प्रसाद के रूप में रखा जाता है। मैंने इससे ज्यादा स्वादिष्ट दलिया कभी नहीं खाया। ठाकुर अपनी जवानी के दिनों में जबर्दस्त शिकारी रहा था और सुनाने के लिए उसके पास शिकार के बहुत क़िस्से थे। मुझे उनमें से कुछ याद हैं। मैं उस समय इतना सुस्त था कि उन्हें लिख नहीं पाया। उसने मुझे एक आदमखोर शेर के द्वारा दिया गया अपने शरीर के जख्म का निशान दिखाया। उस शेर को उसने और एक अन्य शिकारी ने अपने तीर-कमानों से मार डाला था। उसने मुझे जंगली हाथियों के विषय में बहुत कुछ बताया, जो उसके तथा पड़ोस के इलाकों में घूमते रहते थे। उनके मुख्यालय पच्चीस मील उत्तर में स्थित मातिन तथा उपरोरा थे। उसे सिर्फ एक हाथी का पता था, जिसे किसी स्थानीय व्यक्ति ने मारा था। वह एक बहुत बूढ़ा हाथी था, जिसका दांत टूटा हुआ था। एक विषयुक्त तीर 'बिसार' को उसकी सूंड पर मारकर उसे मारा गया था। उसे एक भूमिया ने एक पेड़ पर बैठकर मारा था, क्योंकि वह हाथी उसके धान के खेत को बर्बाद कर रहा था। वह आसपास के जंगल में दूर तक घूमता रहा और दुबला तथा कमज़ोर हो गया। अंततः वह असहाय होकर एक पोखर में डूब गया, जहां वह अपने कष्टमय शरीर को नहलाने गया था। इसके बाद पड़ोस का एक ठाकुर आया और दिनभर अपनी मेचलॉक से उस पर गोलियां चलाता रहा। हाथी के मरने के बाद उसके शरीर से गोलियों के दो बुशेल निकाले गये।

उसने एक और कहानी एक 'घृणास्पद कीड़े' की भी सुनायी, जो अपरोरा इलाके के जंगलों में रहता था–बड़ी इल्लियों की तरह चिपचिपा और वीभत्स, हाथभर लंबे इस कीड़े की मोटाई एक इंच होती है और इसका रंग हल्का भूरा होता है और सिर चमकीला। इसे देखने पर आदमी मर जाता था। अनेक लोगों ने इसे देखा था, लेकिन कहानी कहने के लिए कोई जिंदा नहीं बचा। इस कीड़े की इतनी सही तस्वीर बताने पर मैंने जब इस जानकारी के स्रोत के विषय में पूछा, तो उसने जबाव भी दिया।

अपरोरा का ठाकुर, एक नौकर के साथ यात्रा पर जा रहा था। एक सोते के मोड़ पर नौकर चिल्लाया "वह चिपचिपा इल्ली जैसा दानव कौन है, जिसका सिर चमक रहा है, आदि?" इस पर मालिक ने उसे चेतावनी दी कि वह उसे न देखे और उसने स्वयं भी उसे नहीं देखा। लेकिन देर हो चुकी थी, क्योंकि कुछ ही क्षणों में नौकर मर गया था।

हर शाम मैं पहाड़ी की सबसे ऊंची चोटी पर बैठ जाता और 'असंख्य चमगादड़ों' के लगातार संगीत को सुनता रहता। ऐसा लगता था कि पहाड़ के हर कोने और दर्रे में, पेड़ों पर तथा दूर तक फैले जंगलों में यह व्याप्त हों। छत्तीसगढ़ के जिस दक्षिणी खुले मैदान से हम आये थे, वहां से उत्तर में हाथी-क्षेत्र के विशाल हरे जंगलों तक यहां-वहां पहाड़ियां भरी पड़ी थीं। लाफागढ़ के निचले हिस्से से एक लंबी घाटी इस क्षेत्र तक जाती थी, जहां गांवों के सफाये के कुछ चिह्न देखे जा सकते थे। हर जगह उजाड़ पड़ी थी। दूर पश्चिम में डूबते सूर्य की रोशनी में एक गुलाबी उच्च अंतरीय धुंधला दिखाई दे रहा था। यह अमरकंटक था, जहां से नर्मदा निकली है, और जिसके बारे में अध्याय के प्रारंभ में मैंने चर्चा की थी।

पहाड़ी की वनावृत्त ढलानों पर अनेक जंगली जानवर रहते थे। पेन्थर के कानों को अच्छी न लगने वाली कर्कश गर्जना लगभग हर रात को सुनाई देती थी। कभी-कभी जल्दी सुबह के समय सांभर हिरण पहाड़ी पर जाते हुए दिख जाते थे। एक बार मैंने एक काले भालू को सूर्यास्त के काफी बाद चट्टानों पर अपनी गुफा की ओर जाते देखा। हनुमान बंदरों के समूह नष्ट परकोटों तथा उनके नीचे की खड़ी चट्टान पर इठलाकर विचर रहे थे। ऊपर शिखर पर अनेक खरगोश, मोर तथा रंगीन तीतर थे। मेरे कुत्ते पीली जंगली बिल्ली तथा ट्री केट के बुरी तरह पीछे लगे थे, जिनकी संख्या इस पहाड़ पर किसी भी अन्य पहाड़ की तुलना में कहीं अधिक थी। एक बार, धुंधलके में कैम्प के आसपास टहलते हुए मैं एक हरे कबूतर पर निशाना लगाने के लिए नज़र दौड़ा रहा था, जो हर रात जंगली फल खाने के लिए आता था। तभी मैंने एक घने बटवृक्ष की सघन छाया से दो चमकती आंखों को घूरते देखा। नंबर चार के एक हमले से कुत्तों के बीच एक शानदार बिडाल आकर गिरा, जिसे उसकी घायल अवस्था में कुत्तों ने मार डाला। कोई बिडाल अगर घायल न हो, तो बेहतरीन कुत्तों के लिए भी उससे लड़ पाना कठिन होता है। मेरे कुत्तों को इसका अनुभव था।

इस पहाड़ी पर कैद किये जाने पर मैं बहुत क्षुब्ध था। मौसम निचले क्षेत्र की तुलना में कई डिग्री ठंडा था। इतनी गर्मी के मौसम में भी यहां गर्म हवा नहीं थी। रातें तो बहुत ठंडी और सुहानी थीं, लेकिन शुष्क मौसम के कुछ ही सप्ताह शेष बचे थे। हाथी-क्षेत्र को छोड़कर जबलपुर पहुंचने के लिए हमें लगभग दो सौ मील चलना था। मैं जैसे ही चलने-फिरने लायक हुआ, वैसे ही पहाड़ी से नीचे उतर गया और हाथी पर बैठकर मातिन के लिए चल पड़ा। लाफागढ़ से पन्द्रह मील दूर सिरकी नामक स्थान पर हाल ही में जहर बुझे तीर से एक शेर को मारा गया था। ऐसा कहा जा रहा था कि उसक

साथी अब भी जंगल में है। मैं मूर्खतावश दिन की गर्मी में उसकी खोज में निकल पड़ा। मुझे बेहोशी की हालत में कैम्प वापस लाया गया। जब मैं मातिन पहुंचा, तो फिर से काफी बीमार था। वहां लाफागढ़ से कहीं ज्यादा गर्मी थी, क्योंकि यह पहाड़ियों से घिरी एक निचली घाटी में स्थित था। बी. अगले आठ दिनों तक मेरे पास नहीं लौटा और मेरा काफी समय नीरसता में बीता। आसपास बहुत शिकार था और मेरे कैम्प से एक मील से भी कम दूरी पर स्थित एक पोखर में अनेक गायें और हाथी पानी पीते थे। मादाओं तथा बूढ़े नरों को छोड़कर किसी भी जानवर के शिकार पर सरकारी पाबंदी थी। इसके पीछे इरादा उन्हें यहां जिन्दा पकड़ने के लिए खेड़ा बनाने का था। लेकिन एक बूढ़ा 'बदमाश' आसपास था, जिसने हाल ही में अनेक लोगों को मार डाला था। मैंने उसकी तलाश में कुछ भूमियाओं को भेजा। यहां आने की दूसरी रात मैं ठंडक के लिए बाहर सो रहा था, तभी मुझे बड़े भद्दे ढंग से जगाया गया। मैं उठकर बैठा तो मुझे गांव के ऊपर की तरफ पहाड़ी की ढलान पर हाथियों के झुंड की चिंघाड़ सुनाई दी। सुबह होने के कुछ घंटे पहले तक वे बांसों को तोड़ते और बीच-बीच में कर्कश आवाजें करते रहे। हमारे पालतू हाथी पूरे समय बहुत अशांत रहे। मैंने उन्हें अतिरिक्त रस्सियों से बांधने की सावधानी बरती और उनके पास भाले लिये हुये लोगों को खड़ा कर दिया, ताकि किसी भी आक्रमण को दबाया जा सके। शाम के समय मैं उस जगह पर गया। वहां मैंने जमीन को एकदम समतल पाया। हाथियों ने बांसों को तोड़कर दांतों के बीच रखकर पीस दिया था और उनकी अनेक ताजा शाखाओं को वे खा गये थे। बोसवेलिया के अनेक पेड़ों तक कमज़ोर जड़ वाले अन्य पेड़ों को उन्होंने उखाड़ दिया था और उनकी ऊपर की शाखाओं पर से नाजुक छाल को हटा दिया था।

बहरहाल, पेड़ों को उखाड़ फेंकने की उनकी ताकत की सीमा का पता चल गया कि वे आठ इंच व्यास से ज्यादा के पेड़ों को नहीं उखाड़ सकते थे। प्रशिक्षित पालतू हाथियों के साथ मेरा जो अनुभव था, उसका निष्कर्ष भी यही था। यहां तक कि ये भी जड़ से नहीं उखड़ पाते, बल्कि उनका पूरा वजन पड़ने से सिर्फ दब जाते हैं। वे अपने सिर और एक पांव का वजन इन पर रखते हैं। हाथियों के अफ्रीकन यात्रियों द्वारा बड़े पेड़ों को अस्त्र की तरह उपयोग किये जाने (किसी ने तो कहा कि उसने अट्ठारह इंच मोटाई को दो पेड़ों को दस-बारह गज तक फेंके जाते देखा है) की बातें महज मिथक हैं। जंगल के बीच एक चौड़ा रास्ता उस दिशा में जाता था जहां वह झुंड गया था। यह वह जगह थी, जहां से उसने मातिन नदी के शुष्क रेतीले तल को पार किया था। उनके पांवों के अलग-अलग आकार के निशान थे, जो डेढ़ फिट से लेकर चाय के कप के आकार तक के थे। इससे पता चलता था कि उस झुंड में करीब पचास-साठ हाथी थे। अलबत्ता, अपनी उस स्थिति में उनका पीछा करने में मैं बिल्कुल असमर्थ था।

दोपहर जब मैं सो रहा था, कुछ भूमिया लोग यह खबर लेकर आये कि वह अकेला हाथी कैम्प के आधा मील के भीतर ही है। मैं बीमार था, लेकिन मुझे सब्र नहीं हुआ। सोने के कपड़े तथा चप्पलें पहने ही मैं अपने टट्टू पर चढ़कर बाहर निकल गया कि कम-से-कम उसे देख तो लूं। वह मातिन नदी के रेतीले तल पर खड़ा हुआ था, जहां उसने नीचे नमी प्राप्त करने के लिए एक बड़ा गड्ढा कर लिया था और मक्खियों को अपने से दूर रखने के लिए अपने ऊपर गीली रेत डाल ली थी। वह बहुत बड़ा हाथी था और देखने में नेपाली नस्ल जैसा लगता था। पालतू और इस हाथी के बीच जो सबसे बड़ा अंतर मैंने देखा वह यह था कि उसकी गर्दन और अगले हिस्से में काफी मांस था। यही फर्क घरेलू और जंगली सांड में भी होता है। वह किनारे पर अपने दांतों को रखकर झुका हुआ खड़ा था और आराम से अपनी पूंछ हिला रहा था। वह स्पष्ट रूप से आधा सोया हुआ था। ऐसा कोई तरीका नहीं था कि उसके लगभग डेढ़ सौ गज से ज्यादा पास जाया जा सके।

हाथी पर गोली चलाने के लिए यह दूरी बहुत ज्यादा थी। मैं इस इंतजार में बैठा रहा कि वह आगे आएगा, लेकिन उसने ऐसा नहीं किया। इसके बाद मैं चला और मुझे वह रास्ता मिल गया, जिस पर से होकर वह सीधे किनारे तक गया था। मैं इसके पीछे खड़ा हो गया और एक भूमिया को भेजा ताकि उसे उसकी गंध आ जाए। जब हाथी को उस जंगली आदमी की पहली हवा लगी तो हाथी की हालत देखने लायक थी। वह दांतों को ज़मीन पर टिकाये अब भी खड़ा था, लेकिन उसकी पूंछ हिलना बंद हो गयी और उसकी सूंड घूमकर उसके कान के नीचे उस दिशा में घूम गयी जहां से गंध आ रही थी, जबकि उसके कान खड़े हो गये कि हल्की-से-हल्की आवाज सुन सकें। वह इस तरह देर तक खड़ा रहा और कोई हरकत नहीं की। भूमिया हवा की दिशा में और सीधा आगे बढ़ा, हालांकि हाथी उसे अब भी नहीं देख पा रहा था, और एक पेड़ पर चढ़ गया। ऐसा लगता था कि ये जंगल के आदिवासी अपने देवता के प्रति सात्विक भय का भाव रखते हैं। इसके बाद हाथी धीरे-धीरे गड्ढे से बाहर आया और उसने अपने दुश्मन को नहीं देखा। वह धीरे-धीरे मुझसे दो सौ गज की दूरी पर किनारे की तरफ एक अन्य दर्रे की ओर बढ़ा। मैं चुपके से घास से होता हुआ उतनी दूरी तक बढ़ा जहां से उसकी नज़र मुझ पर न पड़े। फिर मैं उस हाथी मार्ग के पास बैठ गया, जहां मुझे उसके आने की उम्मीद थी। मैं गलत साबित नहीं हुआ, क्योंकि एकाध मिनट के बाद ही उसका भारी सिर और चमकते दांत दिखाई दिये। वह आगे-पीछे लहराता चला आ रहा था। अपनी जगह से अस्सी या नब्बे कदम की दूरी रह जाने पर मुझे विश्वास हो गया कि यदि वह इसी मार्ग पर बढ़ता जाता है, तो मेरी बड़ी रायफल की जद में अवश्य आ जाएगा। मैंने दृढ़ निश्चय किया कि जब तक वह बहुत पास न आ जाए, मैं गोली नहीं चलाऊंगा। अब हमारे बीच सिर्फ चालीस गज की दूरी रह गयी थी और मैं अपनी रायफल को उठाकर निशाना लगा रहा था।

अचानक मेरे पीछे किसी के खांसने से मैंने पीछे मुड़कर देखा। एक लंबी आकृति पीला कोट और तेज लाल रंग की पगड़ी पहने एक पहाड़ी पर खड़ी थी और एक पेड़ पर चढ़ने का प्रयास कर रही थी। मैंने वापस मुड़कर हाथी की तरफ देखा। लेकिन उसका भारी पिछवाड़ा ही पेड़ों के बीच मुझे दिखाई दिया। मुझे थोड़ा गुस्सा आया। मैंने उस पीले कोट वाले आदमी को बद्दुआ देते हुए उस गायब होते हाथी के पीछे बेतहाशा दौड़ लगा दी। इसके बाद मुझे कुछ याद नहीं रहा, क्योंकि मुझे अपने टट्टू की पीठ पर लादकर कैम्प में लाया गया। लोगों ने बताया कि मैं करीब सौ गज दौड़कर बेहोश होकर घास में गिर गया था। पीला कोट पहने वह आदमी मातिन के ठाकुर का एक रिश्तेदार था, जो मेरे बाद चुपके से आगे बढ़ा और बिना दिखे घास में आगे बढ़ता गया। वह तब तक दम साधे लेटा रहा जब तक उस विशालकाय हाथी को देखकर उस अफीमची की सिट्टी-पिट्टी गुम नहीं हो गयी। वह इतना बदहाल और शर्मिंदा दिखाई दे रहा था कि मैं उसके बारे में क्या सोचता था, उसे बता नहीं सका। उस वक्त वहां आतंक का वातावरण था, क्योंकि थोड़े दिन पहले ही उपरोरा के ठाकुर के एक जवान बेटे को बिलासपुर के कुछ शिकारी कुछ हाथियों के पीछे ले गये थे, जो पास के मैदानी क्षेत्र से यहां आ गये थे। एक विशाल हाथी पीछा किये जाने और गोली चलाये जाने के बाद भड़क गया और उसने उस लड़के को कुचल डाला था। यह भयंकर निराशा की बात थी। न मैंने न बी. ने कभी किसी ऐसे हाथी के मामले में कोई जोखिम उठाया, जिसे हम निशाना बना सकते थे। मैंने मातिन से पड़ोस में हाथियों के मुख्य ठिकानों तक अनेक छोटे भ्रमण किये। हर तरफ हमें बड़ी संख्या में अन्य शिकार मिले। नालों के पास हमें चीतल तथा साल जंगल के लगभग हर एक वन-गलियारे के पास लाल हिरण दिखाई दिये। भालू भी काफी थे। मैंने कुछ भालुओं को जल्दी सुबह के समय यहां-वहां घूमते देखा। लेकिन पैरों पर खड़ा होने में असमर्थ होने के कारण मैंने कभी गोली नहीं चलायी। मैंने चार-पांच हिरणों को हाथी पर बैठे-बैठे ही मारा। अनेक घायल हिरणों के निशानों की पीछा करते हुए, मुझे भूमियाओं की पीछा करने की जबर्दस्त ताकत का पता चला, जिसकी तारीफ किये बिना मैं नहीं रह सकता। कोई मामूली निशान जिसे मैं मुश्किल से देख सकता था, वे उसका बिना जमीन को देखे तेज दौड़कर पीछा कर लेते थे। जब दूसरों को सभी निशान दिखाई पड़ना बंद हो जाते थे, तब उनके काम का सबसे दिलचस्प पहलू दिखाई देना शुरू हो जाता था। इस पहाड़ी क्षेत्र में वन-विद्या में भूमियाओं का मुकाबला कोई नहीं कर सकता। मातिन के उत्तर-पूर्व में कुछ दूरी पर मालिंदेह नाम की एक छोटी पहाड़ी है। इस पहाड़ी के एक कोने पर खड़ी कगार के नीचे हाथियों की हड्डियां बिखरी पड़ी थीं। ऐसा लगता था कि, हमारे आने के पिछले साल, किसी दुर्घटना में हाथियों का कोई छोटा झुंड पूरी तरह नष्ट हो गया था। ठाकुर और ग्रामीण संकरे रास्ते पर जा रहे थे, जहां से इस पर जाया जा सकता था। वे पहाड़ के देवता के प्रति अपनी श्रद्धा

व्यक्त करने के सालाना अनुष्ठान को पूरा करने जा रहे थे। जुलूस में नगाड़े बज रहे थे और देवता के सम्मान में नारे लग रहे थे। उन्हें बिल्कुल पता नहीं था कि वे उनके आगे चल रहे पांच हाथियों के झुंड को खदेड़ रहे हैं। चोटी पर पहुंचकर भी शोर उनका पीछा कर रहा था। हाथी भयभीत हो गये और उनमें से चार ने विपरीत दिशा में उतरने की कोशिश की। यहां से एक ढालू शैलखंड नीचे से गिरकर एक खड़ी चट्टान में रुक गया था। एक बार इस पर चढ़ने पर, उन वजनदार जानवरों के लिए वापस आना संभव नहीं था और वे बेचारे तेजी से सीधे नीचे गिर पड़े। ऐसा कहते हैं कि पांचवें बड़े हाथी, जो कुछ दिन पहले मुझे मिला था, ने मुड़कर उस जुलूस पर हमला कर दिया, जिससे इसमें शामिल लोग चोखर की तरह बिखर गये। वह हाथी नीचे के रास्ते भाग गया।

26 तारीख को बी. मुझसे फिर आ मिला। उसने कठिन भ्रमण कर काफी इलाके को घूम लिया था। उसने साल वन के पूर्वी भाग की खोज की थी, जिसमें उपरोरा के ठाकुर का हाथी-क्षेत्र शामिल था। उसे कोई जानवर नहीं मिला और उसने एक भी गोली नहीं चलायी। मातिन से हम पुनः एक साथ उत्तर की तरफ आगे बढ़े। हमारा मकसद इस इलाके तथा अमरकंटक के बीच के क्षेत्र का परीक्षण करना था। हमने माह के अंत तक यात्रा की। इस यात्रा मार्ग में साल के पेड़ों का अनंत जंगल था। इस जंगल में सिर्फ थोड़े से आदिम भूमिया लोग रहते थे। उन्हें देखना तभी संभव था जब हम उनकी ही जनजाति के लोगों को दूत बनाकर भेजें, जिन्हें हमने मातिन से साथ लिया था। एक बार, मैं हाथी मार्ग से भटककर सघन साल वन में चला गया। मेरे साथ कोई मार्गदर्शक नहीं था। मुझे भरोसा था कि थोड़ा बहुत भटकने के बाद मैं फिर रास्ते पर आ जाऊंगा। लेकिन यहां का इलाका इतना समतल है और साल के घूसर ठूंठों की अनंत पंक्तियों से इतना घिरा था कि मैंने पाया कि मैं पूरी तरह अपना रास्ता भूल गया हूं। दोपहर का सूरज मेरे सिर पर चांदी की गेंद की तरह लटक रहा था। छायाएं सिर्फ टेढ़ी पड़ रही थीं, जिससे कम्पास के पॉइंट्स को कोई दिशा नहीं मिलती। मैं एक हाथी पर सवार था और हम एक के बाद एक वन-गलियारों तथा साल वन के झुरमुटों में भटकते रहे। ये सभी एक जैसे दिखते थे। आखिर हम एक खुले स्थान में आ गये, जहां साल वृक्षों के कुछ लंबे नंगे ठूंठ खड़े थे। इन पेड़ों को घेरा बनाकर खत्म कर दिया गया था। इनके आसपास सघन झाड़ियां थीं जो काटे गये जंगल से उग आयी थीं। बीच में भूमियाओं का एक खेड़ा था, जहां बांस की कुछ झोंपड़ियां बनी थीं। इनके आसपास बांस की पिंचियों की ही बागड़ बनी थी। हम इस बाड़े के छोटे द्वार तक गये। कुत्तों के भौंकने पर दो-तीन रहवासी बाहर आ गये। हाथी पर एक गोरे व्यक्ति को बैठा देखकर उनकी आंखें हिरण की तरह हमें चकित होकर देखने लगीं। उनके लिए बागड़ कूदकर, चिल्लाते हुए बाहर आकर सघन जंगल में चले जाना एक क्षण का खेल था। लेकिन मैं किसी मार्गदर्शक के बिना अपने खोये

रास्ते पर वापस नहीं जा सकता था। अतः मैंने अपने हाथी को उनके पीछे लगा दिया। उनका पीछा करना किसी सघन झाड़ी में किसी भेड़की का पीछा करने जैसा था। वे नंगे काले जंगली लोग पास ही एक सघन झुरमुट में लेटे थे। हमारे हाथी ने उन पर अपना पैर रख ही दिया था, कि वे उठकर एक अन्य झुरमुट में घुटनों के बल भाग गये। मुझे लगा कि हम उन्हें पकड़ नहीं पाएंगे। अचानक मेरे पीछे बैठा आदमी हाथी की पूंछ के बल नीचे उतरा और आसपास दौड़ने लगा। उसने एक लड़के को पकड़ लिया जो आखिरी झाड़ी को छोड़कर खुले जंगल की ओर भाग रहा था। उसने कुछ संघर्ष किया फिर शांत हो गया। उसका हर अंग बुरी तरह कांप रहा था। हमें उससे कुछ बुलवाने में काफी मिनट लगे। वह किसी भी प्रश्न को पूरी तरह सुनने के पहले सिर्फ सिर हिला देता था, जिसका कोई मतलब नहीं होता था। बहुत समझाने-बुझाने तथा खाने के लिये तम्बाखू तथा पैसे दिये जाने और हाथी को कुछ दूर पीछे खींचे जाने के बाद उसकी जुबान खुली। वह हिन्दी बोलता था, लेकिन वह सिर्फ यही बता पाया कि उसे रास्ते के बारे में कुछ नहीं पता। जब हम एक पानी के गड्ढे की तरफ बढ़ रहे थे, जिसका नाम बूगलूगी था, तब वह बेचारा लड़का सच बोला। हमने उसे आजमाने पर जोर दिया। आखिर वह झोंपड़ियों की ओर वापस चल दिया। वह झाड़ियों में इस तरह झांक रहा था जैसे उसका कुछ खो गया हो। उसने अपने मुंह पर हाथ रखकर लगातार तीखी आवाजें निकालीं। उसकी आखिरी आवाज का उत्तर झाड़-झंखाड़ के जंगल से आया। थोड़ी ही देर में एक झुर्रीदार शरीर वाला बूढ़ा नाटा आदमी बाहर आया, जो अपने हाथ अपने सिकुड़े हुए पेट पर रखे था। इसका आशय था कि वह जंगल के हाथी देवता पर सवारी करने वाले की निंदा कर रहा है। कुछ और तम्बाखू और एक और करारा रुपया पाने तथा लड़के को सुरक्षित पाने के बाद उस वानर जैसे बूढ़े के मुख पर मुस्कान खेल गयी। वे दोनों पहले तो अपने पाइप और कुल्हाड़ियां लेने के लिए एक झोंपड़ी में कूद गये और फिर पेड़ों से होते हुए हमारे सामने ही धीरे से आगे बढ़ गये। जल्दी ही वे बातूनी हो गये और हाथी तथा उसके सवार को लेकर खूब बड़बड़ाने और खीसे निपोरने लगे! वे उन पर पीछे तिरछी नज़र रखे हुये थे। एक-दो बार मैंने उनके साहस की परीक्षा लेने के लिए छोटे रास्ते से जाकर हाथी को उनके पास जाकर लगा दिया। जिस फुर्ती के साथ वे बचकर करीब के पेड़ों के पीछे चले गये और वहां सुरक्षित स्थान पर जाकर खिसियाने लगे, वह देखते ही बनता था। वे बिना कोई गलती किये हमें सीधे बूगलूगी तक ले गये। जब हम वहां पहुंचे और हमने उन्हें अपने भंडार से भरपूर हिरण का मांस और रोटियां देकर उनके जनजातीय बंधुओं के बीच छोड़ा, तो वे बहुत खुश हुये।

इस क्षेत्र के भूमिया मंडला जिले के भूमियाओं से ज्यादा जंगली हैं। वे खेती बिल्कुल नहीं करते और अपने तीर-कमान तथा जंगल के कंदमूल और फलों के बल पर ही जिन्दा रहते हैं। वे साल का गोंद इकट्ठा कर उसके बदले व्यापारियों से

आवश्यकताओं की वे चीजें प्राप्त करते हैं, जो उनके जंगल में नहीं उगतीं। ये व्यापारी उनके ठाकुरों के मुख्यालयों पर रहते हैं। उन्हें पैसे-धैले के उपयोग का कुछ पता नहीं है। कभी कोई सिक्का उनके पास पहुंच भी जाता है, तो उसमें छेदकर उनकी औरतें उसे जेबर के रूप में पहन लेती हैं। ऐसा कहते हैं कि अपने छोटे खेड़ों के अलावा, जंगल के कुछ और अधिक निर्जन इलाके में भी उनका एक आश्रय स्थान होता है, जिसका पता उसी परिवार को होता है, जो उसका स्वामी होता है। इस जगह पर कुछ दिन की आवश्यकता की पूर्ति से ज्यादा जरूरी सामग्री रखी जाती है। उस जगह पर वे क्षण भर में ही पहुंच जाते हैं। अतः इस जगह साल वनों का काफी विनाश होने से बच गया है, जबकि जहां इन लोगों की संख्या ज्यादा होती है, वहां इन वनों का विनाश ज्यादा होता है। वे वहां 'ध्या' खेती के लिए इन्हें काट देते हैं। गोंद निकालने के लिए हर साल अनेक पेड़ों पर गोल कटाई कर दी जाती है। लेकिन यह वन इतना ज्यादा विस्तृत है कि इन मुट्ठीभर असभ्य लोगों द्वारा पहुंचाये जाने वाले नुकसान का इस पर कुछ खास असर नहीं हो सकता। इसके लिए सबसे ज्यादा पुराने पेड़ों को चुना जाता है, जिन्हें अगर नहीं काटा जाए, तो वे जल्दी ही सूखकर अनुपयोगी हो जाएंगे (यह साल की एक विशेषता है)। संभवतः उनके द्वारा इतने सुदूर तथा दुर्गम इलाके में बहुत कम नुकसान किया जाता है। जिस स्थान पर हम चल रहे थे उसकी सामान्य ऊंचाई समुद्र से लगभग 1700 फिट थी। यह जमीन बहुत समतल थी तथा इसकी मिट्टी कम छिद्रित थी, जिसका निर्माण प्राचीन चट्टानों के मलवे से हुआ है। यह मलवा अधिकतर सतह के पास पड़ा हुआ है। नाले चौड़े, उथले तथा रेतीले हैं, जिससे पता चलता है कि यहां ज्यादा बाढ़ नहीं आती। अतः गर्मी के मौसम में सतह पर बहुत कम या बिल्कुल पानी नहीं होता। लेकिन, थोड़े से ही नीचे हर जगह मिट्टी नम होती है। इस तरह साल वृक्षों की चमकदार हरियाली को भयंकर गर्मी के मौसम में भी पर्याप्त नमी मिलती रहती है। पानी की कमी के कारण जंगली जानवर बहुत कम हैं। लेकिन ऐसा कहते हैं कि बारिश के मौसम में हाथी, भैंसे, बाईसन और बड़ी संख्या में लाल हिरण यहां आते हैं। इस यात्रा में कुछ चौसिंगों के सुकुमाल निशान पोखरों पर दिखाई देते थे। सुबह के समय कोयल की कूक सुनाई देती थी और साल के पत्तों के बीच धनेश तथा कठफोड़वा पक्षियों की दुर्लभ झलक मिल जाया करती थी। हमें पशु जीवन के बस यही लक्षण दिखाई दिये।

इन विस्तृत समतल जंगलों में दूरियों का निर्धारण करना बहुत कठिन होता है। यहां ऐसे ऊंचे स्थान नहीं होते, जहां से इलाके का परीक्षण किया जा सके। हमने भूमियाओं द्वारा कोस के संबंध में कही गयी बातों के आधार पर अनेक कठिन भ्रमण किये। हमने माना कि कोस का निर्धारण किसी अनिश्चित आधार पर किया गया है। किसी पहाड़ी की चोटी से सुनाई देने वाली आवाज की दूरी भी उसी तरह अनिश्चित होती है, जितनी कोस की होनी चाहिए। उनकी लंबी दूरी की सारिणी इस प्रकार है :

2 किलकारियां	-	एक दाब (अथवा 'बिट्टोक')
2 'बिट्टोक'	-	एक कोस
12 कोस	-	एक दिन का भ्रमण,

जो लगभग तीस मील का प्रतीत होता है।

केण्डा और पेण्ड्रा के जंगलों में, जो इस जंगल के धुर पूर्वी भाग का निर्माण करते हैं, और मैकाल पहाड़ों की शृंखला के एकदम नीचे हैं, हमें बड़ी संख्या में भैंसों की उपस्थिति की जानकारी मिली। लेकिन हमारे पास उन्हें देखने का समय नहीं था। बेशक, वे इन इलाकों में मंडला के पहाड़ी इलाकों से उस समय आते हैं, जब वहां घरेलू मवेशी चरने आते हैं।

जहां तक हमें जानकारी मिली, लगभग 1,200 वर्ग मील क्षेत्र पर जंगली जानवरों के झुंडों का कब्जा था, जिनकी संख्या, हर लिहाज से, दो सौ से तीन सौ तक थी। बेशक उन्होंने आसपास के क्षेत्र में फसलों को बहुत नुकसान पहुंचाया था। इसी कारण अनेक वर्षों तक ठाकुरों का सालाना नज़राना माफ कर दिया गया था, जिनकी सम्पत्ति को उन्होंने नष्ट कर दिया था। इन ताकतवर दुश्मनों से अपनी रक्षा करने में लोग असमर्थ थे। जंगल के किनारों पर मुझे जो गांव मिले, उनमें से अधिकतर में ऊंचे पेड़ों पर मचान बने हुये थे। हमला होने पर लोग डरकर इन पर चढ़ जाते थे। जंगली हाथियों पर गोली चलाने से उनके द्वारा और ज्यादा नुकसान किया जाता है। वे झुंड से दूर टूटकर बहुत बड़े क्षेत्र में फैल जाते हैं और इससे वहां अधिक नुकसान होता है। इसके अलावा, किसी हाथी पर गोली चलाना, किसी आदमी को फांसी पर चढ़ाने की तरह है। यह उसका सबसे खराब उपयोग है। बहुत ज्यादा रिपोर्टिंग और पत्राचार के बाद, भारत सरकार ने इन जंगलों में अपनी नियमित संगठित हाथी पकड़ने वाली स्थापना को भेजा, जिसने 1865 से 1867 तक इन झुंडों पर हमले किये। इस इलाके में जो तरीका अपनाया गया, वह कुछ विचित्र था।

चश्मदीदों ने इसका विवरण इस प्रकार दिया है* :

"यहां पकड़ने के कई तरीके आजमाये गये, लेकिन सबसे आसान तरीका यह था कि, जहां हाथियों का पता चले उस स्थान के पास एक कटघरा खड़ा कर दिया जाए। इस प्रक्रिया को सफल बनाने के लिए एक बहुत बड़ी स्थापना की आवश्यकता है, क्योंकि सारे जरूरी इंतजाम एक साथ करने पड़ते हैं। एक बड़े क्षेत्र में बांसों की एक गोल फेन्स बनायी जाती है, जिसका घेरा दो या तीन मील का होता है। इसके भीतर हाथियों के चलने-फिरने की काफी जगह होती है। इस दड़बे में पानी और चारे का इंतजाम होना चाहिए वरना हाथी इसे तोड़कर निकल जाएंगे। थोड़ी-थोड़ी दूरी पर दो कुली होते हैं, जो एक-दूसरे को मुक्त करते हैं और एक लकड़ी

* सेन्ट्रल पॉविन्सेज के बिलासपुर जिले में व्यवस्थापन पर जो. डब्ल्यू. चिशोलम की रिपोर्ट।

से फेन्स पर चोट करते हुए लगातार खड़खड़ाहट करते हैं। इसके बाद प्रत्येक सौ गज अथवा इसके लगभग एक मेचलॉक लिए आदमी होता है, जिसके पास भरपूर गोला-बारूद होता है। इस फेन्स के पास जंगल को साफ कर दिया जाता है, ताकि हाथी के किसी भी स्थान पर आने पर वह तत्काल दिखाई पड़ जाए और वे आते हुए दिखें, तब लोगों का हुजूम तेजी से आवाज करता हुआ मेचलॉक चलाता हुआ उस स्थान की ओर दौड़ पड़े। इससे झुंड पीछे की तरफ खदेड़ दिया जाता है। चूंकि रात के समय ही ऐसे कदमों की आवश्यकता होती है, अतः इसमें बहुत सजगता और मेहनत लगती है। वस्तुतः रात के समय पूरा घेरा मानो आग का घेरा हो जाता है, क्योंकि प्रत्येक दल लकड़ी के एक बड़े ढेर को जलाता है। हाथी चारों तरफ इसकी रोशनी में घिर जाते हैं। वे इसे तोड़ने में अपने आपको असमर्थ पाते हैं, विशेषकर उस समय, जब वे बहुत करीब आक्रमण का शोर सुनते हैं। पड़ोस के कैम्प का दृश्य बहुत उत्तेजक होता है, क्योंकि पूरा पहाड़ी क्षेत्र आवाजों से गूंजता है और ऐसा लगता है कि गोला-बारूद लगातार चल रहा है, आंशिक रूप से जरूरी होने पर और आंशिक रूप से इसलिए कि एशिया के लोगों में चिल्लाने की सहजात प्रवृत्ति होती है। इस पूरे समय कटघरा बढ़ता जाता है। यह असीमित लकड़ियों के ढेर का बना होता है। यह कुछ सौ वर्ग गज के क्षेत्र को घेर लेता है। हाथियों के रास्ते स्पष्ट रूप से उनके पदचिह्नों से पता चल जाते हैं। इन रास्तों पर वे अक्सर चलते हैं। यह कटघरा उन्हीं रास्तों पर स्थित होता है। इनमें एक सिरे पर एक खुला द्वार होता है, जिससे दोनों तरफ लकड़ी के ठूंठों के ढेरों की एक पट्टी निकलती है, ताकि इस पट्टी में प्रवेश होने पर, यह धावा उस एक खुले भाग में प्रवेश कर जाए, जिसे छोड़ दिया गया है। कटघरे को पूरा करने के बाद पहले दिन उन्हें खदेड़ने का काम शुरू होता है। यदि किस्मत साथ दे जाए और चिल्लाने तथा पीछे से गोलियां चलने से झुंड चौकन्ना हो जाए, तो वे कटघरे के रास्ते पर भागते हैं और बिना किसी और परेशानी के घेरे में आ जाते हैं। यदि ऐसा न हो, तो उन्हें अनेक बार खदेड़ना पड़ता है। यह काम कठिन और खतरनाक होता है। हाथी जब दड़बे में घिर जाते हैं, तब फंसाने वाले हाथियों को प्रशिक्षित आदमियों के साथ भेजकर फंदा डालकर उन्हें बांध दिया जाता है।

इस बात में शंका की जाती है कि क्या ये हाथी वास्तव में भारत के इसी भाग के मूल निवासी हैं या फिर किन्हीं पालतू हाथियों के वंश के हैं, जो नागपुर के राजा की एक ट्रेन से छूटकर भाग गये थे, जब यह ट्रेन एक शताब्दी पहले इस इलाके से गुजर रही थी। खेड़ा अभियानों के सुपरिंटेंडेंट, लेफ्टीनेन्ट जॉनस्टोन का कहना है कि मध्य भारत के हाथी भारतीय प्रायद्वीप के बजाय सीलोन तथा आर्चीपेलागो के हाथियों से ज्यादा मिलते हैं। विशेषकर, भारतीय हाथियों में दो अतिरिक्त छोटी पसलियां होती हैं, जो भारतीय हाथियों में ही पायी जाती हैं। साथ ही, दांत वाले नरों

की संख्या भारतीय हाथियों में सामान्य रूप से पायी जाने वाली संख्या से कम होती है। लेकिन एशिया के हाथियों (अगर इनकी एक से अधिक प्रजातियां हैं) के अस्थि विज्ञान का अभी तक ठीक से निर्धारण नहीं हुआ है। अन्य दलीलें भी हैं, जिनसे विश्वास होता है कि ये हाथी वास्तव में स्थानीय हैं। यह बात पूरी तरह निश्चित है कि जंगली हाथी आज की तुलना में इन मध्य क्षेत्रों के पश्चिम में कभी बहुत आगे तक मिलते थे। बस्तियों के नाम भी हाथी के हिन्दू नाम पर ही होने से इस विश्वास को बल मिलता है कि सभ्यता के विकास से वे धीरे-धीरे पूर्व की ओर खदेड़ दिये गये। इसके अलावा, ये झुंड अलग-थलग नहीं हैं, बल्कि सरगुजा, छोटानागपुर तथा कटक के पहाड़ी क्षेत्रों के व्यापक हाथी क्षेत्र का ही पश्चिमी विस्तार हैं। अंततः इस जानवर के जन्म और विकास की दर को देखते हुए, इस बात की कोई संभावना नहीं है कि इतने कम समय में इतने कम हाथियों की संख्या इतनी ज्यादा बढ़ गयी होगी। संभवतः एक या दो सिंघली हाथियों के कैद से छूटकर आ जाने से इस प्रजाति के भीतर कुछ परिवर्तन आ गया हो। खेड्डा अभियान के दौरान, वास्तव में 117 हाथियों को पकड़ा गया, जिनमें से पैंतीस की बीमारी और लू लगने से मौत हो गयी, क्योंकि यहां पकड़े गये हाथियों को रखे जाने की समुचित व्यवस्था नहीं थी। इस कार्य पर कुल 8000 डॉलर खर्च हुये और जो बच गये उनका मूल्य 9650 डॉलर था। राज्य को काफी फायदा हुआ, और साथ ही खेती के काम और राजस्व संग्रहण की एक बड़ी बाधा दूर हो गयी। ऐसा माना गया कि करीब पचास और हाथी इस इलाके में रह गये, जो सुदूर पूर्व में भाग गये हाथियों के अलावा थे। उनका पीछा करने का कोई फायदा नहीं था, अतः उन्हें छोड़ दिया गया। लेकिन उन्हें पूरी तरह अहानिकर बना दिया गया। इस बात का कोई खेद नहीं होना चाहिए कि इस अत्यधिक उपयोगी जंगली जानवर के एक प्रजनक झुंड को एक ऐसे इलाके में छोड़ दिया गया, जिनका अनेक सालों से किसी अन्य उद्देश्य से उपयोग नहीं था।

इस इलाके के एक बड़े भाग पर यात्रा की गयी। यह भाग हासदू नदी तथा इसकी उपनदियों के पास था। वहां काफी मात्रा में कोयला पाया गया, जिसका पेशेवर तरीके से परीक्षण कराने पर पाया गया कि यह बहुमूल्य खनिज है। लेकिन किसी भी वाणिज्यिक अथवा परिवहन के बड़े केन्द्र से इन क्षेत्रों की अत्यधिक दूरी के कारण इस बात की कोई संभावना नहीं है कि निकट भविष्य में इस बहुमूल्य कोयले अथवा इमारती लकड़ी का उपयोग हो पाएगा। यही बात यहां बस्ती बसाने पर भी लागू होती है। धीरे-धीरे आबादी का यहां विस्तार हो सकता है, लेकिन यहां उसकी चर्चा का कोई अर्थ नहीं है। मंडला के पर्वतीय क्षेत्रों में हर लिहाज से कहीं बेहतर और ज्यादा विस्तृत जमीन और प्राकृतिक स्थितियां मौजूद हैं। अमरकंटक के सुदूर पूर्वी क्षेत्रों में हल चलाने से पहले वहां यह कार्य किया जाना चाहिए।

एक जुलाई को हम पूर्व की तरफ से अमरकंटक तक जाने वाली सीधी चढ़ाई चढ़े और वहां दो दिन तक रहे। मैं बहुत बीमार और कमजोर था और हाथी पर चढ़ने को मजबूर था। इस ऊंचे क्षेत्र में धीरे-धीरे चलने में बहुत मजा आता, क्योंकि नीचे मौसम बहुत गर्म था। एक छोटे से टेंट में पूरे दिन तापमान बहुत सुखकर था, जबकि रात में इतनी सर्दी थी कि दो कम्बल ओढ़ना पड़ता था। मौसम बहुत आगे बढ़ रहा था और क्षितिज पर बादल इकट्ठा होकर बारिश होने की सूचना दे रहे थे, जिससे जबलपुर का रास्ता अवरुद्ध हो जाता। लिहाजा, हमने नर्मदा के उत्तर की ओर से एक सीधे मार्ग से वहां जाने का निश्चय किया। वह भयानक यात्रा आज भी मेरे ख्वाबों में जिन्दा है। पहले दस दिन तक हम नदी के दक्षिण में ऊंचे इलाके में रहे, जिसे हमने बाद में पार किया। उत्तर की तरफ का इलाका काले बसाल्ट की एक नंगी परत की तरह था, जिस पर कोई पेड़ अथवा घास का एक तिनका भी नहीं था। काली चट्टानों पर सिर्फ सफेद स्फटिक के कण चमक रहे थे। सूर्य की तपिश पूरे शवाब पर थी और भारी गर्जना के साथ बादल आकाश में घिर आये, जिससे काफी परेशान करने वाली उमस आ गयी, जो प्रारंभिक गर्मी के मौसम के सबसे गर्म झौंकों से भी बदतर थी। दिन-ब-दिन हम भयंकर गर्मी में घूमते रहे। हम धूप में झुलसते मैदान में टेंट लगाते थे, जहां छांव का नामोनिशान नहीं था। मैंने वास्तव में यह सोचा कि 16 जुलाई को जबलपुर पहुंचने से पहले मैं आराम से बैठकर ही जाऊंगा। जनवरी में अपना स्टेशन छोड़ने के बाद से मैं लगभग एक हजार मील चल चुका था और कैम्प बदलता रहा। यह कहना आसान नहीं होगा कि अपनी खोज में हमें और कितना चलना पड़ेगा।

एक-दो दिन बाद मानसून फट पड़ा; और एक छोटे से सुंदर स्टेशन पर, वहां के अच्छे समाज में मैं अपनी परेशानी को भूल गया। बहरहाल, जंगलों में सभी मौसम में मलेरिया के वातावरण में रहकर मेरी सेहत बुरी तरह बिगड़ गयी थी। मेरा बुखार पूरी तरह कभी नहीं उतरा, जो पिछले साल मुझे लगा था। सच पूछिये तो 1867 में इंग्लैंड यात्रा तक यही स्थिति बनी रही। अतः मुझे थोड़े ही समय बाद वन विभाग को छोड़कर सिविल कार्य के शारीरिक श्रम वाले क्षेत्र में जाना पड़ा। लेकिन एक साल से कम समय में ही मुझे अपने दोस्त मेजर पियर्सन को कार्यमुक्त करने पुनः वापस आना पड़ा। वह भी इस बुखार की चपेट में बुरी तरह आ चुका था। इतने बड़े इलाके में कम समय में खोज करने से इसकी चपेट में आने की मजबूरी अब नहीं रह गयी थी। अब इस विभाग का काम पहले की अपेक्षा कम अस्वास्थ्यकर था।

मैं भारतीय वानिकी पर कोई शोध प्रबंध लिखने का प्रयास नहीं कर रहा हूं, जिसके लिए अभी बहुत ही कम सामग्री उपलब्ध है। लेकिन अपनी पुस्तक पूरी करने से पहले इस प्रश्न के वर्तमान पहलू पर कुछ टिप्पणियां करना असमीचीन नहीं होगा।

भारत सरकार में विगत दस वर्षों के भीतर जंगली क्षेत्रों में अपनी धरोहर के महत्त्वपूर्ण भाग की निगरानी करने की जरूरत के प्रति पूरी जागरूकता आयी है। यहां

अब भी इस बात में शंका है कि अभी तक जंगलों का जो सफाया हुआ है उससे देश की वर्षा में कोई गिरावट आयी है या नहीं। इससे उपयोगी इमारती लकड़ी की आपूर्ति में तो निश्चित रूप से बाधा आयी है। अनेक प्राचीन और आधुनिक देशों का उदाहरण इस बात की चेतावनी है कि ऐसे पहाड़ी क्षेत्रों के जीवनदायी वनों में अंधाधुंध हस्तक्षेप नहीं किया जाना चाहिए, जहां से नदियां निकलती हैं, जिनका वर्णन मैंने किया है। मैंने एक अन्य स्थान पर उन कुछेक गलतियों को बताया है, जो हमने इन केन्द्रीय वनों के प्रशासन में की हैं। लेकिन इस विषय में हमारे बहुत अल्प ज्ञान को देखते हुए, हमें जो परिणाम मिले, वे अद्‌भुत हैं। अब अन्वेषक की जगह वैज्ञानिक फॉरेस्टर को ले लेनी चाहिए। सरकार ने यह सही कदम उठाया है कि सभी नव-नियुक्त वन अधिकारियों को जर्मनी और फ्रांस में वानिकी के ऊंचे स्कूलों में शिक्षा ग्रहण करनी होगी। अब एकमात्र खतरा यह रहता है कि ऐसा न हो कि वनों के संबंध में इतना ज्यादा विशुद्ध पेशेवर रवैया अपना लिया जाए कि इसमें लोगों, विशेषकर पहाड़ी जनजातियों की सामान्य अर्थव्यवस्था ही गड़बड़ा जाए। कहीं ऐसा न हो कि नम शीतोष्ण जलवायु वाले क्षेत्रों के उदाहरण के आधार पर भिन्न ऊष्णकटिबंधीय स्थितियों में वैसे ही नियम यथावत् लागू कर दिये जाएं। उदाहरण के लिए, कांटिनेन्टल वानिकी की एक प्रथा यह है कि ब्लॉकों में वनों की वर्किंग बारी-बारी से की जाती है, जो संभवतः गर्म प्रदेश में लागू करने के योग्य बिल्कुल नहीं है, जहां जमीन से सभी पेड़ों को काट डालने से यह जमीन शुष्क रेगिस्थानी हो जाती है। हमारे भारतीय वनों में ऐसा किया जाता है, जिसके कारण पैसे की बहुत अधिक बर्बादी होती है। यहां तक कि आज भी अनेक महत्त्वपूर्ण विषयों पर प्रयोगात्मक रूप से काम किया जा सकता है और प्रशासक की समझ के साथ फॉरेस्टर के तकनीकी कौशल का मेल होना चाहिए ताकि श्रेष्ठतम परिणाम प्राप्त हो सके। एक बात और। कुछ उथले लेखकों द्वारा काफी हो-हल्ला किया जाता रहा है, जो अपने आपको भारतीय लोगों की मौन राय का प्रतिनिधि समझते हैं। परिणामों की प्रत्यक्ष अनुपस्थिति के कारण वे विरोध करते हैं।

वनों में कुछ वर्षों में किये गये प्रयासों एवं खर्च के बावजूद इमारती लकड़ी और शासकीय खजाने में धन की आपूर्ति सीधी नज़र न आने के विरुद्ध उथले लेखकों ने आवाज उठायी है, जो स्वयं को भारत की जनता का प्रतिनिधि मानते हैं। ये लोग यह भूल जाते हैं, कि इमारती लकड़ी देने वाले जो जंगल नष्ट हो गये हैं, उनके पुनरोत्पादन का काम न तो कुछ वर्षों का है, न ही एक इंसानी पीढ़ी का। इस काम में वृक्ष की एक पीढ़ी लग जाती है, जो 50 से 100 वर्ष की होती है। इस तरह से, वनों का पुनरोत्पादन करना देश के उन बचे हुए वनों, जो शासकीय नियंत्रण में हैं, के हित में है। यही एक कार्य है, जो तुरंत प्राप्त होने वाले व्यक्तिगत लाभों की इच्छा से ऊपर है, या होना चाहिए, क्योंकि इस तरह की इच्छा के कारण ही निजी स्वामित्व

के वन दूरदृष्टितापूर्ण तरीके से कटकर धन के रूप में लोगों की तिजोरियों में चले गये हैं। जिन देशों में वन निजी हाथों में सौंपे गये हैं, उन देशों में से इंग्लैंड ही एक ऐसा देश है, जो वनों के विनाश की कगार पर पहुंचने वाली इस आपदा से बचा हुआ है, क्योंकि यहां ऐसी व्यवस्था थी कि जमीनी सम्पत्ति एक पीढ़ी से दूसरी पीढ़ी को ही हस्तांतरित होगी और किसी अन्य को हस्तांतरित या बेची नहीं जाएगी। इसी कारण कई पीढ़ियों के संयुक्त संरक्षण के कारण ही ये जंगल बच पाये हैं।

यहां यह भी बताना आवश्यक है कि मध्य भारत के वनों से उन पर खर्च की गयी राशि की तुलना में अधिक राजस्व प्राप्त हो चुका है, जबकि केवल धन और देश की मांगों की आपूर्ति करने, दोनों ही दृष्टि से संसाधन के रूप में देखा जाए तो आने वाली पीढ़ी के लिए इसकी कीमत आकलन से बहुत पीछे है। अर्थात्, वनों के बिगड़ जाने के कारण उनसे इमारती लकड़ी का उत्पादन घट गया है, जिस कारण भविष्य में ऐसे वनों से राजस्व प्राप्त करने तथा देश में इमारती लकड़ी की मांग की आपूर्ति करने के लिए जो आकलन किया गया है, वह भावी पीढ़ियों के लिए कभी पूरा नहीं हो पाएगा।

अब मेरा विवरण पूरा हुआ। मैंने पाठक को मध्य भारत के पहाड़ी इलाके के हर भाग का भ्रमण करा दिया है और यहां तक कि उसे नीचे पूर्वी छोर तक एक कदम आगे ले गया। हमारे भ्रमण के दौरान उसका परिचय उन जंगली जानवरों से हो गया, जो उसे इन जंगलों में मिल सकते हैं। अब मुझे उन यात्रियों और शिकारियों को कुछ बातें बतानी हैं, जो इन क्षेत्रों में भ्रमण करने का विचार रखते हैं। इस केन्द्रीय वन क्षेत्र में सिर्फ शिकार करने के लिए संभवतः बहुत कम लोग भारत आएंगे। लेकिन सामान्य यात्रा और यहां तक कि शिकार क्षेत्र के रूप में भारत अंग्रेजों के भ्रमणशील वर्ग के लिए तेजी से लोकप्रिय हो रहा है। मुझे इस देश की सामान्य दिलचस्प बातों पर विस्तार से चर्चा करने की ज़रूरत नहीं है। यह आशा की जा सकती है कि अंग्रेजों को हमारे अधीन इस देश में यात्रा करने पर उतना ही फायदा होगा, जितना भारत की दुर्बोधता को बाहर से देखे और समझे जाने से स्वयं भारत को। मैं यहां पर सिर्फ उस शानदार क्षेत्र की बात करूंगा, जो शिकारियों को उपलब्ध है–जो दुनिया के किसी भी क्षेत्र की तुलना में सबसे शानदार है। अफ्रीका को बेहतर माना जा सकता है, लेकिन भारत को इसकी परिपूर्णता में देखने पर यह बात सही सिद्ध नहीं होती। शायद मध्य अफ्रीका में अधिक संख्या में और अधिक बड़े जानवारों का शिकार किया जा सकता हो, लेकिन इसका मतलब यह नहीं है कि यह शिकार बेहतर होगा। अफ्रीका में शिकार के विवरणों को पढ़ते समय मैं अक्सर सोचता था कि लोग रोजाना ऐसे अर्द्ध-पालतू जानवरों के सामूहिक संहार के वीभत्स विवरण को किस तरह पढ़ पाते होंगे, जो विशाल खुले मैदान में रायफल के सामने खुद ही खड़े रहते हैं। भारत में भले ही आप कम जानवरों का शिकार

करें, लेकिन इसके लिए आपको कड़ी मेहनत करनी होगी और कुछ के साथ संघर्ष भी करना होगा। यह शिकार कहीं अधिक बेहतर होगा और शिकारी भारत से शिकार की ऐसी निशानियां लेकर लौटेगा, जिनसे अफ्रीका का कोई मुकाबला नहीं हो सकता। अफ्रीका और भारत, दोनों में हाथी होते हैं। भारत में दरियाई घोड़े नहीं मिल सकते, लेकिन यहां गेंडा मिलता है, जो शिकार की दृष्टि से अफ्रीका की तुलना में बेहतर होता है। यहां पर जंगली भैंसे है, जिनके सींग अफ्रीकी प्रजातियों की अपेक्षा कहीं ज्यादा अच्छे होते हैं। इसके अलावा, यहां गाय परिवार की चार अन्य प्रजातियां हैं, जिनकी तुलना में अफ्रीकी प्रजातियां कुछ भी नहीं हैं। विडाल वंश में, सिंह के अलावा, पेन्थर और शिकारी-लेपर्ड प्रायः अफ्रीका की तरह ही हैं। यहां शेर तथा एक अन्य प्रजाति का लेपर्ड है। भारत के काले हिरण अफ्रीका के अनेक हिरणों की तुलना में कहीं ज्यादा शानदार हैं। इसके अलावा, यहां हिरण की चौदह अन्य प्रजातियां हैं तथा यहां के पहाड़ी और मैदानी इलाकों में जंगली बकरों तथा भेड़ों की विभिन्न प्रजातियां मौजूद है, जिनका चुपके से शिकार करने में जैसा मजा आता है, वैसा दुनिया में कहीं नहीं आता। अफ्रीका में सही मायने में कोई हिरण ही नहीं है। सिर्फ बार्बरी स्टेग है, जो शिकारियों की नियमित बीट से बाहर है। इसके विपरीत भारत में सींग वाले हिरणों की नौ प्रजातियां हैं। यहां तीन प्रकार के भालू हैं, जबकि अफ्रीका में भालू ही नहीं है। दुनिया में ऐसा कोई देश नहीं है, जिसमें भारत की तरह बड़े शिकार इतने ज्यादा उपलब्ध हों। छोटे शिकारों में चेड़ (पक्षी), तीतर तथा जंगली मुर्गों की बराबरी कौन कर सकता है?

यह सब बहुत आसानी से उपलब्ध भी है। स्थल मार्ग से इक्कीस दिन की यात्रा कर यात्री बॉम्बे से यहां पहुंच जाता है, जहां पर वह तट पर कदम रखता है। उसके पास भले ही वह चाहे तो एक कारपेट-बेग के सिवा कुछ न हो। इस देश में वह एक वर्ष के दौरे पर निकल सकता है। यदि वह 'मैदानों' में नियमित कैम्प में शामिल हो जाए, तो उसे खुले जीवन की कहीं भी विकसित शैली की तुलना में सबसे परिपूर्ण शैली देखने को मिलेगी।

ऐसा हो सकता है कि भारतीय कैम्प में एक हजार बूट-जेक्स न हों, लेकिन यात्री को वहां हर वह चीज मिल जाएगी, जिसकी किसी सभ्य आदमी को ज़रूरत होती है। ऐसे लोग मिल जाएंगे जो एक दिन में उसके साथ बारह से बीस मील चल सकते हैं। रेलवे की मदद से वह हिमालय के दक्षिण का पूरा इलाका देख सकता है। वह अक्टूबर से मार्च तक के सुहाने मौसम में वहां के सभी जानवरों का शिकार भी कर सकता है। अप्रैल तक गर्मी का विस्फोट होने तक अगर वह चाहे तो वह कश्मीर के बर्फ के बीच आइनेक्स का लुकछिप कर शिकार कर सकता है।

और अधिक शिकार के लिए, दिसंबर से पहले इंग्लैंड छोड़ने की ज़रूरत नहीं है, लेकिन यदि शिकारी के कोई अन्य उद्देश्य भी हों, जिसकी संभावना रहती है,

तो उसे एक-दो माह का अतिरिक्त समय लेना चाहिए, ताकि सभ्य स्थानों पर सिंहों को उनके श्रेष्ठतम स्वरूप में देखा जा सके। वह उस समय कुछ छोटे शिकार भी कर सकता है और अगर चाहे तो नवंबर और दिसंबर में सुअरों को भी वेध सकता है। यदि शिकारी द्वारा इन मध्य क्षेत्रों का चयन किया जाता है, तो यथासंभव शिकार कैम्प ग्रेट इंडिया पेनिन्सुलर रेलवे पर किसी स्टेशन पर पहले से ही लगा लेना चाहिए। लेकिन इसके लिए सही जगह क्या होगी यह बहुत कुछ इस बात पर निर्भर करता है कि उसकी मदद के लिए स्थल पर कोई दोस्त है या नहीं। बेशक, स्थानीय सिविल अधिकारियों की मदद सर्वाधिक मूल्यवान होती है और उनके इलाके में यात्रा करने वालों को यह मदद आसानी से मिल जाती है। सफलता सुनिश्चित करने के लिए यह जरूरी होता है कि आपको स्थानीय भाषा का थोड़ा-बहुत ज्ञान हो और इस बात का अंदाज हो कि ऐसी यात्रा में कम-से-कम एक दल को किन-किन वस्तुओं की आवश्यकता होती है। यदि देश के किसी और मार्ग पर जाने का प्रलोभन न हो, तो मेरा सुझाव है कि यात्री को निमाड़ जिले के बड़े शहर बुरहानपुर में ट्रेन छोड़ देनी चाहिए और ताप्ती की उपनदी मोना के शीर्ष के आसपास के इलाके से शिकार शुरू कर देना चाहिए। इन जगहों पर बाईसन, सांभर और भालू उतनी ही अधिक संख्या में आसानी से मिल जाते हैं, जितने अब मेरे परिचित किसी भी इलाके में मिलते हैं। रंगीन तीतर, जंगली मुर्ग और अन्य छोटे शिकार यहां मिल जाते हैं और बढ़िया भोजन बन जाते हैं। यहां से यात्री को बैतूल जिले में जाना चाहिए, जो ताप्ती के उत्तर में है। यहां शेर खूब मिलते हैं। उसे मार्च के पूरे महीने उनका पीछा करना चाहिए। चीतल, हिरण, नीलगाय और अन्य जानवर भी इस इलाके में खूब मिलते हैं। मार्च के आखिर में शिकारी पंचमढ़ी में बाईसन का शिकार कर सकता है। यदि वह गर्मी का मौसम भी इन्हीं क्षेत्रों में गुजारना चाहता है, तो उसे मंडला जिले और नर्मदा के उद्‌गम को चुनना चाहिए, जहां काफी संख्या में शेर मिल जाएंगे। साथ ही, सांभर, लाल हिरण तथा जंगली भैंसे भी उसके शिकार में विविधता ले आएंगे।

इस तरह के अभियान पर बहुत ज्यादा खर्च जरूरी नहीं है। अभियान की समाप्ति पर अधिकतर सामान पुनः बिक जाता है, और इसमें कुछ खास घाटा नहीं होता। दो शिकारियों के लिए दस फिट चौकोर एक पहाड़ी तम्बू तथा एक छोटा पाल पर्याप्त होगा। जबलपुर स्कूल ऑफ इंडस्ट्री से खरीदने पर (जहां पहले से ही ऑर्डर देकर रेलवे स्टेशन भेजा जा सकता है) इसकी कीमत लगभग 30+" होगी। अगर शिकार करने के लिए घुड़सवारी का आपका विचार न हो तो मजबूत टट्‌टू सवारी के लिए सबसे उपयुक्त होता है। कोई अच्छा अरबी घोड़ा बॉम्बे में खरीद लेना चाहिए। टट्‌टू हमेशा स्थल पर ही नहीं मिलते, अतः उन्हें बॉम्बे से ही 20+" में खरीदा जा सकता है। एक अच्छा अरबी घोड़ा 80 से 100+" तक मिल जाता है। किसी अच्छे शिकारी-

हाथी और हौदा को किराये पर ले लेना अथवा खरीद लेना चाहिए। हालांकि हाथी के बिना भी काफी अच्छा शिकार किया जा सकता है, लेकिन हाथी की मदद से कहीं ज्यादा बेहतर शिकार होगा। बहरहाल, इन्हें किसी भी समय प्राप्त करना आसान नहीं होता और वास्तव में कोई अच्छा हाथी 200+" से 300+" से कम में नहीं मिलता। अच्छे शिकारी स्थल पर ही मिल जाते हैं, लेकिन वे उन लोगों के पास नहीं जाते, जिन्हें शिकारी स्वयं अपने साथ काम पर लेकर आते हैं। यह सब प्राप्त करने पर वर्तमान में कुल खर्च प्रति शिकारी लगभग 30+" प्रतिमाह आएगा। अलबत्ता, खराब स्थलों पर कार्य करने का आदी कोई आदमी इससे भी काफी कम खर्च पर काफी अच्छा शिकार कर सकता है। पहले दिया हुआ खर्च एक ऐसे दल के लिए निर्धारित किया गया है, जो कैम्प में भारतीय शैली की सभी सुविधाएं लेना चाहता हो। ऐसे साहसी शिकारी को सिर्फ एक छोटे पाल तम्बू तथा यात्रा के कुछ आवश्यक सामान की जरूरत होगी। इसे लादकर ले जाने के लिए एक ऊंट किराये पर लेना होगा और 5 या 10+" पर एक मजबूत टट्टू खरीदना होगा। दो नौकर रखने होंगे और रायफल लेकर जंगल में उतर जाना होगा। यदि शिकारी को हिन्दी भाषा आती हो और वह जंगली लोगों के साथ अच्छा व्यवहार करना जानता हो, तो उसे शीघ्र ही अच्छे जंगली शिकारियों का दल प्राप्त हो जाएगा जो उसे शिकार के हर स्थल तक ले जाएगा। उसका मासिक खर्च 10 या 15+" से ज्यादा नहीं होगा। जीन की काठी, सभी तरह के शिकार उपकरण (भाले को छोड़कर, जो भारत में अच्छे बनते हैं), गोला-बारूद तथा कपड़े इंग्लैंड से लेकर आना चाहिए।

बंदूकों और रायफलों के मामले में सुधार इतनी तेजी से हो रहे हैं कि एक साल में बना डिक्टा अगले साल से पहले ही पुराना पड़ जाने की संभावना होती है। मैंने शिकारी रायफलों के विषय में अपनी एक छोटी-सी पुस्तक के अंतिम संस्करण का प्रकाशन 1867 में किया था। तब से अब तक इनके निर्माण में क्रांतिकारी बदलाव आ चुका है। पूरी दुनिया में ब्रीच-लोडिंग आ गयी है, जिसके उपयोग को 'एक्सप्रेस' सिस्टम कहा जाता है। ब्रीच-लोडिंग के बारे में इतना ही कहना काफी है कि पूरी दुनिया के शिकारी यह मानते हैं कि मजल-लोडर का उपयोग अब सिर्फ दूरदराज के इलाकों तक सीमित रह गया है, जहां गोलाबारूद की पेटियां नहीं जा सकतीं। भारत में इस तरह का कोई इलाका नहीं है और कहीं भी मजल-लोडर दुर्लभ रूप से ही देखने में आती है। एक्सप्रेस सिस्टम में शंकु आकार की छोटी गोली का उपयोग किया जाता है। यह गोली नोक पर सीपी की तरह खोखली होती है और अपने अनुपात के अनुसार भरे हुये बारूद के साथ बहुत तेज चलती है। यह बहुत तेजी से लगती है और लगते ही इसका खोखला स्थान मशरूम के आकार में खुल जाता है। कभी-कभी खोल बहुत गहरा होता है और रफ्तार बहुत तेज। जानवर को लगने के बाद गोली टुकड़ों में बिखरकर विभिन्न दिशाओं में फैल जाती है और बहुत भयानक घाव करती।

है। इस गोली का संपूर्ण बिखराव अभी तक बहुत कम गेज में प्राप्त किया जा सकता है, जिसका व्यास आधा इंच (.500) से ज्यादा नहीं होता। लेकिन इस आकार के प्रोजेक्टाइलों को हिरण वर्ग के सभी जानवरों को मारने के लिए काफी पर्याप्त पाया गया है। अब इस उद्देश्य के लिए किसी अन्य रायफल का प्रयोग शायद ही कहीं किया जाता हो।

इसमें बस एक कमी यह है कि यह गोली लगने के बाद काफी छोटा छेद करती है। किसी बड़े आकार के जानवर को यह भेदकर उस पर बहुत दुर्लभ रूप से कभी पार जाती है। यदि जानवर स्थल से भाग जाए, तो फिर उसे ढूंढ़ने का काम बहुत मुश्किल हो जाता है। मैंने पाया है कि सामान्यतः हिरण एक्सप्रेस बुलेट लगने के बाद, यहां तक कि फैफड़ों में लगने पर भी, गिरने से पहले पचास से सौ गज तक दौड़ता है। लेकिन उसके खून का छोटा-सा निशान भी नहीं मिलेगा। मेरे द्वारा एक्सप्रेस से कभी चलाई गयी पहली दो गोलियां इसका अच्छा उदाहरण हैं। पहली बार सुन्दर चीतल अचानक मेरे सामने एक प्रेत की तरह प्रगट हुआ था। वह लकोटा के दर्पण जैसे साफ पानी को पी रहा था। मैंने वापस लौटते समय उस पर दो सौ गज की दूरी से गोली चला दी। मैंने हैनरी से एक सिंगल एक्सप्रेस ले ली थी। मेरा इरादा तालाब के मध्य में सुरक्षित बैठे जंगली मुर्ग के झुंडों को उड़ाना था। मेरे गन-ब्वाय ने मुझे यह अनलोडेड रायफल थमा दी। मैं इसे लोड करता इससे पहले ही हिरण मुड़कर आराम से किनारे तक चला गया। जिस समय मैंने उसके कंधे पर गोली चलाई, उसके शानदार लंबे सींग स्काई लाइन पर दिखाई दे रहे थे। वह चौंककर और सिर झटककर घने जंगल में कूद गया। हमने कंकरीली मिट्टी पर उसके पदचिह्नों का करीब सौ गज तक पीछा किया। अचानक हमारे सामने अंधेरा हो गया, और हमने उसकी तलाश छोड़ दी। अगली सुबह, मैं वापस गया। उस समय एक अकेला कौवा एक डाल पर बैठा कांव-कांव कर एक मरे हुए हिरण की तरफ इशारा कर रहा था। वह अकड़कर उस स्थान से थोड़े कदमों की दूरी पर ही पड़ा था, जहां से हमने उसका पीछा करना छोड़ा था। इसके बाद मैंने इस रायफल को जब आजमाया, तब भी यह बहुत अप्रत्याशित मौका था। पुनासा के जंगल में लगभग दोपहर के समय एक छोटी पगडंडी पर चलते समय, मुझे पेड़ों में एक विशाल काली पीठ का सिरा दिखाई दिया। वह एक छोटी पहाड़ी के पीछे से धीरे-धीरे जा रहा था। यह एक शानदार सांभर था, जो एक छोटे सोते में पानी पीने के लिए भरी गर्मी में दोपहर के समय बाहर आ गया था। वह धूप से चुंधियाया हुआ लग रहा था और पगडंडी पर आ गया। वह तीन या चार घुड़सवारों, एक हाथी तथा दस-बारह पैदल लोगों की टुकड़ी को नहीं देख पाया। मैंने एक सौ सत्तर गज की दूरी से फायर किया और उसके मांसल कंधे पर गोली लगने की आवाज सुनी। लेकिन वह एक छोटे गलियारे में भाग गया। उसके खून का कोई निशान वहां नहीं था। मैं इतना खिन्न हो गया कि

मुझे लगा कि इस ससुरी रायफल को वहीं फेंक दूं। बहरहाल, पगडंडी से करीब सौ गज की दूरी पर वह विशाल हिरण पूरी तरह मरा पड़ा था। उसके कंधे के बीचों-बीच गोली लगी थी। इसके बाद इस हथियार पर मेरा पूरा विश्वास जम गया। इसके बाद मैंने इस हथियार से जितने जानवर मारे उतने किसी और से नहीं मारे थे। एक बार मैंने अपने सामने से गुजर रहे चिंकारा हिरणों के झुंड में तीन को मारा, जो मुझसे सौ गज की दूरी पर थे। यह सबसे कम दूरी थी। मैं किसी अन्य रायफल से यह काम नहीं कर सकता था।

बहरहाल, ये छोटी गोलियां शेर, भैंसे, बाईसन आदि बड़े जानवरों को मारने में उतनी प्रभावी नहीं पायी गयी हैं। इस गोली के फटने पर इसके टुकड़े जितने भीतर तक जा पाते हैं, उससे इन जानवरों के घातक स्थानों पर चोट नहीं लग पाती। बड़े और खतरनाक जानवरों की बड़ी हड्डियों को तोड़ना बहुत महत्त्वपूर्ण होता है, ताकि वे तत्काल अशक्त हो जाएं और कोई दुर्घटना न हो सके। यह काम इस छोटी एक्सप्रेस रायफल की बहुत खोखली गोली नहीं कर सकती। इन गोलियों में इन बड़े जानवरों की हड्डियां तोड़ने की ताकत पैदा करने के लिए इनके खाली स्थान को कम करके या पूरी तरह खत्म करके ही बढ़ाया जा सकता है। छोटे गेज की गोली का ठोस प्रोजेक्टाइलों के साथ उपयोग करते हुए हेडशॉट से काफी संख्या में हाथियों को मारा गया है। छोटी खोलों वाली बड़ी रायफलों का शेरों तथा भालुओं के खिलाफ सफल उपयोग किया गया है।

एक्स्रप्रेस सिस्टम का एक और फायदा यह है कि जहां अपनी मारक क्षमता के कारण यह बहुत उपयुक्त है, वहीं शिकार के मैदान में हल्की गोली तथा भारी बारूद का उपयोग कर इससे ज्यादा दूर तक मार की जा सकती है। आजकल जो छोटी एक्सप्रेस रायफलें बनाई जा रही हैं, उनमें छोटी एक इंच की .450 इंच की तथा बड़ी इंच की .500 होती है, जिनमें क्रमशः चार ड्रेक्म और पांच ड्रेक्म बारूद भरा जाता है। पहली वाली रायफल से एक सौ साठ गज तक की पॉइंट ब्लेंक तथा ढाई सौ गज तक की अत्यधिक प्रभावी रेन्ज मिलती है। दूसरे तरह की रायफल से दो सौ गज से अधिक की पॉइंट ब्लेंक तथा चार सौ गज की अत्यधिक प्रभावी रेन्ज मिलती है। इन रेन्जों के भीतर इनसे निशाना बहुत सटीक लगता है। छोटी रायफल का वजन साढ़े सात पौंड तथा बड़ी का सवा आठ पौंड होता है। आधा इंच वजन बढ़ा देने पर इनका निशाना और सधा हुआ लगता है।

किसी भी एक्सप्रेस रायफल का उपयोग करने वाले शिकारी के शिकार में इस तरह का सुधार आने से पुरानी वाइड-बोर्ड रायफलों की तुलना में मारक क्षमता में आने वाली कमी की क्षतिपूर्ति हो जाती है। लिहाजा, मैं बेझिझक सिफारिश करता हूं कि सभी साधारण उद्देश्यों के लिए .450 या .500 एक्सप्रेस का उपयोग किया जाए। यदि इसके ज्यादा वजन पर आपत्ति न हो तो बड़ी रायफल हर लिहाज से बेहतर है।

लेकिन छोटी बोर से भी काफी अच्छा कार्य किया जा सकता है और इन पहाड़ों में वजन की कमी बहुत फायदेमंद होती है।

शेर जैसे खतरनाक जानवरों के लिए उस बड़ी रायफल से बेहतर कुछ भी नहीं है, जिससे गोलाकार गोलियां चलाई जाती हैं। या फिर मेरे द्वारा इजाद किये गये विस्फोटक शेल का उपयोग किया जाए, जिसका मैंने पिछली किताब में वर्णन किया है। यह कम-से-कम बारह गेज का होना चाहिए। इन रायफलों में ब्रीच-लोडिंग के उपयोग से उसी रायफल से गोलाकार अथवा छोटी शंकुकार गोली का उपयोग भी संभव हो जाता है। दोनों से शेल की अपेक्षा ज्यादा सपाट प्रक्षेप-पक्ष प्राप्त होता है। कुछ शिकारी इसे ही ज्यादा पसंद करते हैं। यदि शिकार हाथी पर बैठकर किया जाना है, तो मेरे ख्याल से गोलाकार बारह बोर ही पर्याप्त है।

मैं कुछ समय से एक अच्छे वजन के प्रक्षेपक को प्राप्त करने के लिए प्रयोग कर रहा हूं, जिसका इन बड़े जानवरों पर वैसा ही असर हो, जैसा छोटी एक्सप्रेस का हिरण आदि पर होता है। जहां तक लक्ष्य संबंधी प्रयोगों का सवाल है, तो मेरे ख्याल से एक बारह या सोलह गेज की छोटी शंकुकार, जो टुकड़ों में बनी होती है, का उपयोग इस प्रकार किया जा सकता है, इसके कितने भी खंड (चार हों तो बेहतर) हो सकते हैं। इन्हें लीड के बने जेकेट में एक साथ रखा जा सकता है। उद्देश्य यह है कि गोली तुलनात्मक रूप से कम बारूद के उपयोग से ही किसी एक्सप्रेस की तरह फट जाए। इस तरह के गेज में रायफल की सीमा के कारण इसे किया जा सकता है। इसे हम 'सेगमेन्ट' बुलेट कह सकते हैं। इस काम को यह बखूबी कर सकती है, जबकि ऐसा करने के लिए आवश्यक झटका फिर भी इतना तेज होगा कि यह बिखरने से पहले ही जानवर के घातक अंगों के भीतर समा जाएगी। मैं सोचता हूं कि यह प्रोजेक्टाइल समान गेज के विस्फोटक शेल से ज्यादा विनाशकारी होगा। विस्फोटक शेल को टुकड़ों में बिखरने के लिए एक बड़े प्रकोष्ठ की आवश्यकता होगी, जो इसकी सामग्री के वजन को कम कर देता है और इसके कारण इसके टुकड़े अनिश्चित विमाओं वाले होंगे। अक्सर इनका आकार बहुत छोटा होगा। शेल के विस्फोट से इसकी प्रगति काफी रुक जाती है, जबकि सेगमेन्ट बुलेट के साथ ऐसी कोई क्रिया नहीं होती, जानवर के शरीर में इसका बिखराव इसे मिलने वाले प्रतिरोध से होता है। इस प्रक्रिया में काफी क्षति भी हो जाती है। सोलह गेज में इस तरह की गोली में चार ड्रेक्म तक बारूद होती है, जिसका वजन साढ़े नौ पौंड होता है। बारह गेज में पांच ड्रेक्म पावडर होता है और इसका वजन ग्यारह पौंड होता है। छह ड्रेक्म का वजन बारह पौंड होता है। जो शिकारी नहीं चाहते कि इसे चलाने पर पीछे झटका लगे, उन्हें आधा पौंड वजन बढ़ा देना चाहिए। मेरा मानना है कि अभी तक जितने भी बड़े जानवरों के बारे में बताया गया है, उनमें से किसी पर भी यह सर्वाधिक प्रभावी होगा। मैं भारतीय चौपायों पर वास्तव में आजमाये बिना यह लिख रहा हूं। लेकिन चूंकि

मैंने अनेक बंदूक बनाने वालों से इन्हें बनवाया है, जिन्हें दुनिया के विभिन्न भागों में भेजा जाता है, अतः इसके परिणाम शीघ्र ही पता लग जाएंगे। ख़ैर, इसी रायफल का एक छोटी, ठोस शंकुकार, अथवा खोखली एक्सप्रेस, अथवा गोलाकार बुलेट के साथ उपयोग किया जा सकता है। यदि मैं स्वयं भी कल अपने पुराने शिकार स्थलों पर जाऊं, तो मैं अपने साथ दो रायफलें ले जाऊंगा–एक .500 एक्सप्रेस और दूसरी बारह गेज के सेगमेन्टल और ठोस बुलेट वाली सिर्फ पहाड़ों पर ही मैं .500 एक्सप्रेस और एक नंबर 16 ले जाऊंगा, जिसका वजन 10lbs होता है, ताकि उससे सेगमेन्ट गोली और पांच ड्रेक्म बारूद का उपयोग किया जा सके।

जहां तक रायफलें बनाने वालों का सवाल है, तो वे अब पुराने लार्ज-बोर प्लान पर गोलाकार गोली तथा शेल के लिए इतने अच्छे हथियार बनाते हैं कि चुनना मुश्किल हो जाता है। बेशक, अनेक अन्य बराबरी की योग्यता वाले निर्माता हैं, लेकिन अपने वास्तविक अनुभव से मैं यह जानता हूं कि मेसर्स बिरमिंघम के डब्ल्यू.डब्ल्यू. ग्रीनर, लंदन के रैली और एडिनबर्ग के हैनरी पर इन हथियारों के मामले में भरोसा किया जा सकता है। एक्सप्रेस सिस्टम के साथ मेरा एकमात्र सफल अनुभव एडिनवर्ग के मिस्टर हैनरी के साथ रहा। ये रायफलें बनाना आसान नहीं होता। जिन निर्माताओं को मैंने आजमाया है, उनमें से अधिकतर तो इस सिस्टम पर वास्तव में काम ही नहीं करते, कम बारूद से भारी बुलेट चलाना या फिर उनकी गोली बहुत घटिया चलती है। प्रायः हर एक बंदूक निर्माता सेगमेन्ट गोली बनाने में समर्थ हो सकता है; लेकिन मेसर्स ग्रीनर और हैनरी ने उन्हें सिर्फ मेरे लिए बनाया है।

यही बेहतर होगा कि सभी रायफलें डबल बैरल वाली हों। एक सिंगल रायफल का उपयोग करने से अनेक अवसर चूक जाएंगे, जबकि एक अच्छी तरह से बनी डबल बैरल की तुलना में इसका कोई लाभ नहीं मिलता। बहरहाल, अच्छा शिकार करने में समर्थ डबल रायफल प्राप्त करने में पैसा जरूर ज्यादा खर्च करना पड़ेगा। लेकिन सबसे पहले ब्रीच-लोडिंग सिंगल एक्सप्रेस पर ही विचार करना चाहिए, जिससे गोली बड़ी अच्छी चलती है। मेरे ख्याल से, एडिनबर्ग के मिस्टर हैनरी की रायफल से सिंगल रायफल के किसी भी ब्रीच-लोडिंग सिस्टम की तुलना नहीं की जा सकती। यह संभव है कि हमारी सरकार नये सैन्य शस्त्र खरीदने में गुणवत्ता की सही जानकारी के अभाव में हैनरी की जगह मार्टिनी को अपनाने के प्रति आकर्षित हो जाए, लेकिन शिकारी मिस्टर हैनरी की रायफल को ही पसंद करते रहेंगे, जो कहीं अधिक आसान और ज्यादा दिन तक काम करने वाली होती है, इसका इग्निशन ज्यादा निश्चित होता है और इसे बैरल से देखने तथा साफ करने में अधिक आसानी होती है। इसमें हाफ और फुल कॉक एक्शन साधारण बंदूकों की तरह ही होता है। मार्टिनी में ऐसा कोई एक्शन नहीं होता। अतः इस रायफल को या तो खाली अथवा फुल कॉक पर ही लेकर चलना होता है। आपात स्थिति में इससे काम नहीं चलेगा। सभी व्यवहारिक लोगों की राय

मार्टिनी और नयी वेस्टली-रिचर्डस के एक्शन्स के खिलाफ है। आमतौर पर बंदूक निर्माताओं द्वारा अपनाई जाने वाली 'डबल ग्रिप' एक्शन को ब्रीच-लोडिंग डबल रायफल में लागू करने की कोई योजना नहीं है। कुछ पेटेन्टेड एक्शन ऐसे होते हैं, जो डबल ग्रिप के समान ही मजबूत और टिकाऊ होते हैं। लेकिन इनके लिए अधिक कुशल कारीगरी आवश्यक होती है, जबकि पेटेन्टी का एकाधिकार होने से अक्सर इसके विपरीत ही होता है। लिहाजा, कुल मिलाकर मेरा अनुभव यह है कि शिकारी अपनी रायफलों में इससे परहेज करें। भारी रायफल के लिए कोई भी 'स्नेप' एक्शन पर्याप्त रूप से सशक्त नहीं होती। हालांकि मैं शॉटगन के रूप में उन्हें ही तरजीह देता हूं। मेरे ख्याल से शॉटगन के लिए बिरनिंघम के मेसर्स पॉवले एण्ड सन्स तथा उनके बाद मेसर्स रैली एण्ड को. द्वारा निर्मित स्प्रिंग डबल ग्रिप बेहतर हैं। मेरे विचार में सभी अन्य मामलों में ये दोनों काफी भरोसेमंद हैं।

रायफलों को छोटे, सुविधाजनक और ठोस चमड़े के केस में रखा जाना चाहिए। इसमें अन्य उपकरणों को बहुत ज्यादा नहीं रखना चाहिए और गोलियों से भी ज्यादा जगह नहीं भरना चाहिए। गोलियों को एक टिन के डिब्बे में रखना चाहिए। एक डिब्बे में ढाई सौ गोलियां होनी चाहिए। जब तक शिकार के लिए न जाना हो, तब तक रायफल को खाली ही रखना चाहिए।

●●●